U0134865

中外文學關係論稿

李奭學◎著

聯經出版事業公司

2015

紀念
劉守宜教授

新序

　　多年來，我寫過不少有關中外文學關係的文章，本書脫胎自舊作《中西文學因緣》[1]，篇幅則遠邁之，增加者超過二十五萬字以上。我原本撰有一篇自序，日前也曾重予補葺，是以這裡本不應疊床架屋，另添新序。但是重編全書，我自覺仍應再贅數語，至少要為書中近半的新文章說幾句話。「文學關係」(literary relations) 是比較文學的子題之一，強調文學的外緣研究，也就是國與國之間的文學互動或影響。但是隨著時間推移，西方國家所謂「比較文學研究」，如今幾乎已經讓「跨文化研究」一詞給取代了[2]，「文學關係」 的內涵故得重估。西方人向有「比較文學的危機」之說，我則毫無此感，總視為危言聳聽，而且每覺得沒有「比較」，何來「文學」？但是話說回來，我實則也不應無睹於時移勢易。職是使然，兩個一新一舊的話題乘興而來：跨學科與跨語際的研究。

　　顧名思義，「跨學科研究」是以文學為中心的科際整合，有其歷史性，也有其思想性，再也不是傳統所稱文學的「外緣研究」能夠局限。在這方面，我的研究多以文學與宗教關係的探討為主，尤其看重明清之際的西學東漸，而天主教耶穌會士的文學譯著無形中就變成研究上的主要對象。本書有數文因此寫成。在這個課題上，我已經寫了三本專著，目前還在為下一本書準備，然而有些相關題目必需獨立處理，更有學刊好意請我撮述舊著，新成蕪文。本書中的

1　李奭學，《中西文學因緣》（臺北：聯經出版公司，1991）。

2　可參見René Wellek, "The Crisis of Comparative Literature," *Comparative Literature: Proceedings of the Second Congress of the ICLA*, ed. W.P. Friederich. 2 vols. (Chapel Hill: University of Carolina Press, 1959), 2: 149-159.

〈明末耶穌會與歐洲文學〉一文，便因日本一家學報擬推出中國基督宗教（Christianity）的專號所請，應命草成，其後再經日譯發表。專題性的書籍總是沉甸甸的，濃縮而成的文章卻可收一目了然之效，是以三思之後，我還是決定把拙撰列入本書，希望可為有心的讀者試作導論，何況其中我仍有新見加入。集中多數和明清之際有關的文章，寫來各有機緣，操作上每有先來後到，因此偶有內容上的重疊，我盡力刪冗，剔除重複，但有時為保持文氣暢通，內容完整；有時則因題旨使然，上下文容不得我隨意芟葺，故而只能徒呼負負而「原文照登」。這點我得請讀者鑑宥。

近幾年來，「跨語際研究」是東西方學術界的顯學，早已把「文學關係」轉成「內緣研究」。我完全能理解巴絲納特（Susan Basnette）認為沒有翻譯就沒比較文學的論點[3]，我甚至想往前再跨一步，替她說一句：沒有翻譯研究，大致上也就沒有比較文學上的「文學關係」。乍看之下，如是之見和傳統比較文學鑿枘不合，因為比較文學一向不願假手翻譯，總希望直接閱讀原文。不過仔細尋繹，兩者顯然不能混為一談，因為一著墨的乃學術方法，是工具；一指的是研究上得面對的語言新局，是資料。翻譯不會僅指語言的互換便罷，也不完全是文字修為的高下之分。翻譯不折不扣，正是「跨文化」的問題，是文化搬運上詮釋的結果。如此理解，讀者就不難想見本書何以收錄了三篇關乎翻譯的文章：拙論所涉，無一非屬文字因緣的邂逅，正是「中外文學關係」的嚆矢。

上個世紀以來，比較文學者特表關心的研究範疇，本書所收諸文幾可謂網羅殆盡[4]。這些篇什，我再三潤飾，也增補材料，和原發表者多有差異，心中所願唯讀者開卷有益，而我也如是相信。集內諸文的編排，大致依循年代順序為之。不過遇到時空都難以抽刀釐清者，我在排序上就難免武斷，謹能依主題或操作前的發想而強予范圍，而這點又得委請讀者寬宥。好在本書乃論文合集，並非嚴絲密縫，體系齊整的專著，故而篇篇自成一格。從何讀起，止於何

---

3 Susan Bassnett, *Comparative Literature: A Critical Introduction* (Oxford UK and Cambridge USA: Blackwell, 1993), pp. 138-161.

4 Anthony C. Yu, "Problems and Prospects in Chinese-Western Literary Relations," in his *Comparative Journey: Essays on Literature and Religion East and West* (New York: Columbia University Press, 2009), pp. 96-107.

處，讀者可以隨興決定。雖然如此，我還是得強調本書並非「史稿」。撰史所需的學問與能力，我自知力有未逮，尚難企及。本書冠以「論稿」，端的正表示個人才疏學淺，有待博雅高明不吝指正。

此外，全書能以目前的形式付梓，有太多單位和個人我應該致謝。首先是科技部和我任職的中央研究院，其次是香港中文大學的華瑋、臺灣清華大學的黃一農和中研院的胡曉真、廖肇亨、楊晉龍與呂妙芬等教授學者。本書多篇新文都拜上述單位資助或上述個人提供資料，為我解蔽，高誼可感，希望眼前這本拙著沒令他們太感失望。諸文重新整理的過程中，我的助理林怡劭、楊文馨、吳珮琳、張孟軒和陳懿安每奔走於中央研究院六、七座的人文圖書館之間，或代我詳為再校諸文，我因而得以在繁忙的研究、教學與行政外多得時間改稿、潤稿，謹此申謝。儘管如此，書稿依舊隨我數度浪遊在北大、北京清華大學、中嶽嵩陽書院、上海師範大學、香港中文大學、東京大學、墨爾本大學和芝加哥大學旅次，說來有愧。當然，我一得機會，無不就各地館藏再理內文。全書諸文與體例，我有個人的看法，但知我罪我，我都曾反覆推敲，虛心受教，務求盡善盡美，期能符合，也不辱出版單位出書的旨意。

李奭學

2014年冬臺北‧南港

自序

　　文學研究之有內緣外緣的區隔，大概是20世紀才開始的現象。我一向認為這種區隔意義不大，因為無論強調內緣或外緣，呈現的總是某種單一的向度，早已拆碎七寶樓臺。何況自20世紀60年代以還，各種文論大興，今日生者焉知明日不死，螳螂捕蟬又何嘗揣知黃雀在後？文論的一言堂在時序都已進入21世紀的今天，恐怕難免形單影隻。這樣看來，人文學科的任何一環，便都值得文學研究者力加調合，至少要能夠互相參證。所謂內緣外緣，應作一體之兩面觀。

　　收在這本集子裡的蕪文，上述內緣外緣，說來各有強調，但傳統比較文學各道關目裡所謂「中外」或「中西文學關係」（Sino-Western literary relations），或許最能稱其名，狀其相，此所以本書稍作增改而徑以為題，這點我應先予指出。

　　跨國文學關係的研究，說起來並不是新鮮事，從翻譯問題到譽輿學的論列，我們早就時而可聞。以中國古代的著述言，佛典的漢文疏證多的是這方面的並比，明末西僧的中文著作也常見類似之舉。就西方言之，由於其近代文明乃以希臘、拉丁文為共同基礎，跨地域性的詮釋傳統早已形成。史上較具新意的東西文學互涉，最晚到了20世紀50年代，美國也首開風氣，召開了幾場正式的學術會議，寫下歷史新頁[1]。70年代在臺灣舉辦的比較文學國際盛會，一開

1　參見1962及1966年的 *Yearbook of Comparative and General Literature*（Bloomington: Indiana University Press）.

頭也是在為這個基礎錦上添花，或許更是東西界限稍泯的一道力證[2]，可見時間的巨輪往前滾，我們的經驗也在往前移。

　　拙作是名副其實的「拙作」，設非《當代》雜誌總編輯金恒煒兄力催，以及《中外文學》前後任主編不棄，一半以上的篇目大概還要稽延幾年才寫得成。不過，因為多數的篇什都是在倉促的情況下趕出，意猶未盡者有之，功夫下得不夠深者也比比皆是。我雖然在出書的過程裡盡力補訂，闕漏依然可見。好在盛情的師友每能攻我之錯，濟我未逮，像戈寶權的「明代中譯伊索寓言史話」系列專文，我便是在本書相關文章發表後，才承臺灣清華大學陳萬益教授寄下一覽。多年後，我進入中央研究院中國文哲研究所服務，幸遇文哲所的書目學家林耀椿先生，承他厚愛，又贈我戈寶權(1913-2000)的專著和他書[3]，而我也在國科會、中央研究院及中研院中國文哲研究所資助下親赴歐洲及日本研究，得見本書尤屬明清間天主教文獻的原稿。摩娑親炙，大開眼界。此外，現任北京大學比較文學教授的康士林(Nick Koss)博士原為我課堂課外的良師益友，也惠我匪淺，高誼可感。

　　戈寶權生前係中國社會科學院外國文學研究所的研究員，早在20世紀50年代就開始注意伊索漢譯的問題。他的「明代中譯伊索寓言史話」系列和拙撰並無論點上的衝突，因為我強調的是天主教的證道傳統，尤重寓言解經法與布道修辭的東漸，而他的大作基本上是以史料的鉤沉為主。不過，戈氏所考證的問題也都是我的問題，整理出來的原典又異常完整，早該是拙作極其重要的參考資料，而我卻因連年閉門造車而失之交臂，不免懊惱萬分。就以曾助金尼閣筆錄《況義》的張賡的資料為例，我拜戈寶權的考證所賜者就不少。以前，我

2　參見A. Owen Aldridge, *The Reemergence of World Literature: A Study of Asia and the West* (Newark: University of Delaware Press; London and Toronto: Associated University Presses, 1986), pp. 77-138。

3　戈寶權，〈談利瑪竇著作中翻譯介紹的伊索寓言──明代中譯伊索寓言史話之一〉，《中國比較文學》1(1984)：222-235；〈談龐迪我著作中翻譯介紹的伊索寓言──明代中譯伊索寓言史話之二〉，《中國比較文學》2(1985)：202-305；〈談金尼閣口授、張賡筆傳的伊索寓言《況義》──明代中譯伊索寓言史話之三〉，《中國比較文學》3(1986)：272-290；〈談金尼閣口授、張賡筆傳的伊索寓言《況義》──明代中譯伊索寓言史話之四〉，《中國比較文學》4(1987)：287-298。這一系列的專文，業經收入戈寶權，《中外文學因緣──戈寶權比較文學論文集》(北京：北京出版社，1992)，頁375-436。

僅能據周作人近七十年前得自新村出的材料判斷，難免不足之譏。如今，戈氏
卻有專文告訴我們：

> 據《泉州府志》明循績傳載：「張賡，晉江人，萬曆丁酉舉人，授平
> 湖教諭，卻修脯，絕饋贈。同官貧而不能給者，分俸資之。所獎拔士
> 多登高第。萬曆己未（1619）丁艱去，弔賻悉謝不受，歸橐蕭然。」……
> 關於張賡何時信仰天主教，現從他寫的〈閱楊淇園先生事蹟有感〉……
> 一文可以看出：「假緣辛酉之春，讀書浙湖上，乃得聞天主正教，一
> 時目傳言者，耳傳教言者，亦知吾死，朝聞夕可。」辛酉即明天啟元
> 年（1621）時，他已五十餘歲。查1621年金尼閣曾因各地仇教之事避居
> 杭州，可能他當年即同張賡相識。張賡在天啟三年（1623）授中州教
> 諭，當指在河南開封一帶〔任官而言〕。查金尼閣在1623年至開封開
> 教，翌年經山西，繼〔而〕又赴陝西。從此可以推測，金尼閣可能在
> 開封又同張賡相見，他們合作翻譯伊索寓言，可能是這個時期的事，
> 書成後於1625年，用《況義》的書名在西安刊行問世……[4]。

這段話證據充分，在譯史上的重要性自不待言，雖然我的體知稍異。戈寶
權又據友人傳書云：「《況義》一書可能原刻於涇陽縣魯橋鎮王徵家中。」他還
批閱過巴黎藏本，發現「第二手抄本後面」另附十六則寓言，使金譯總數可能
「達三十八則之多」[5]。涇陽本秦邑，因昭王弟悝封涇陽君而得名，在明末清
初皆隸西安府。至於王徵，則為中國最早接受西洋文化的士子之一。據陳垣考，
他應該是最早研習拉丁文的中國人，可能也譯過部分《新約》[6]。果真如此，
拙撰想強調的另一重點——西洋器物未必是中國人接受天主教唯一的助

4　戈寶權，〈談牛津大學所藏《況義》手抄本及其筆傳者張賡——明代中譯伊索寓言史
　　話〉，《中國比較文學》1（1988）：109。
5　戈寶權，〈談金尼閣口授、張賡筆傳的伊索寓言《況義》——明代中譯伊索寓言史話之
　　三〉，頁227及272。
6　陳垣，〈涇陽王徵傳〉，載陳垣等著，《民元以來天主教史論集》（新莊：輔仁大學出版
　　社，1985），頁76及78。

力——便可獲得進一步的佐證,而金譯《況義》的始末也可得一大致的輪廓。

戈寶權的「明代中譯伊索寓言史話」系列還涉及西僧龐迪我的中文著作《七克》[7]。戈文雖然仍以伊索漢譯為強調重點,但就寓言布道此一「證道藝術」(*ars praedicandi*)的形式觀之,龐迪我引用伊索的情況,卻是西洋傳統的嫡裔,簡直在複製耶穌的〈山上寶訓〉。在華教士嘗為中國教徒祭祖祭天的問題迭有爭議,而就在歷史出現罅隙的當口,龐迪我站在龍華民一邊對抗利瑪竇。儘管如此,《七克》的宣教手法和《畸人十篇》顯然也有某種意義上的異曲同工之妙,值得我們從宗教與文學的角度再予挖掘。當然,這個問題不是目前這篇贅〈序〉澄清得了,我已撰有《中國晚明與歐洲文學——明末耶穌會古典型證道故事考詮》為之補綴[8],深入探討。雖然如此,倘若此時我可再放肆高言,則我們或可說東來西僧的歐洲中世紀式寓言布道法,幾乎把古希臘傳統和希伯來文化冶為一爐,而其結果卻出以中文,閱讀對象多半也是華夏基督徒,說來妙甚。宗教與文學的結合,再也沒有比這類轉折更富戲劇性了。

天主教傳教士的貢獻,另應包含他們和中國固有文化的對話。其中固然有意氣與派別之爭,但也夾雜著不少介於文哲之間的討論。前述祭祖祭天的問題,便涉及傳教士對儒家——甚至佛教和道教——的看法。本書涉此之處皆有語焉不詳之嫌,這是因為注意到這些問題的中外學者頗有其人,而我的闕漏可以在陳受頤(1899-1978)或朱謙之(1899-1972)等前輩學者的著作中補正,此地當然不應多贅[9]。在反思洛夫喬伊所論中西園林之異與文學的關係時,我的重點仍然以後者為主,但對前一課題有興趣的讀者,也會發現傳教士的西文著作貢獻頗巨。

有關莎士比亞的作品在華傳布的情形,前人的述論早可彙為專書數帙,拙

7　戈寶權,〈明代中譯《伊索寓言》史話〉,見所著《中外文學因緣——戈寶權比較文學論文集》(北京:北京出版社,1992),頁375-400。

8　李奭學,《中國晚明與歐洲文學——明末耶穌會古典型證道故事考詮》(臺北:中央研究院與聯經出版公司,2005);修訂版(北京:生活・新知與讀書三聯書店,2010)。

9　陳受頤,〈明末清初耶穌會士的儒教觀及其反應〉,載陳受頤,《中歐文化交流史事論叢》(臺北:臺灣商務印書館,1970),頁1-56;朱謙之,《中國思想對於歐洲文化之影響》(臺北:眾文圖書公司,1977),頁68-111;沈福偉,《中西文化交流史》(臺北:東華書局,1989),頁381-385。

作只不過在這些基礎上添磚加瓦，「溝通」數十年來台海兩岸因政治所造成的「不通」。拙作發表後，莎劇傳布的情形一日千里，臺灣改編自《馬克白》的《慾望城國》糅合京劇與現代劇場的手法，上演之際，轟動一時，更已受到部分世人的肯定。這段歷史就近在眼前，彞輿資料不虞匱乏，雖拙作僅僅嘗鼎一臠，依舊稱不上盡善盡美[10]。雖然如此，我仍然盡力補葺，讓拙作可以層樓更上，而不足之處，我就得向博雅的讀者告罪了。

　　類似本書諸文的研究，中外學者近年來投注了不少心力，確實有許多專文專著令人耳目一新。就文學文本的影響面而言，西方學者最重要的著作應推高利克的《中西文學關係的里程碑》(*Milestones in Sino-Western Literary Confrontation, 1898-1979*)[11]。這本書一經面世，北京大學出版社的「比較文學研究叢書」旋即收入，中譯本於1988年推出。高利克研究梁啟超和王國維，但是對梁、王的同輩蘇曼殊卻沒有專章探討，誠為美中不足。拙作把焦點鎖在蘇曼殊和拜倫的關係上，多少也承認蘇氏有引介之功。然而，這並不表示蘇曼殊是最早體知拜倫的中國先行者。從可稽的文獻看，光緒八年(1882)就有匿名者在所著《舟行紀略》中問道：「龍飛露為美國詩人，至英國亦有詩人拜倫，均為歐人傳頌。未審二子詩學孰優？」[12] 咸豐年間總理衙門一名不識英文的官員董恂(1810-1892)，也在入華洋人的「協助」下譯過《哈羅而特公子》(*Childe Harold's*

10　不過清末以來莎劇在華的翻譯、演出與改編，下面這本近著寫得幾近盡善盡美，可為我補過：Alexander C.Y. Huang, *Chinese Shakespeares: Two Centuries of Cultural Exchange* (New York: Columbia University Press, 2009).

11　Marián Gálik, *Milestones in Sino-Western Literary Confrontation, 1898-1979* (Wiesbaden: Harrassowitz, 1986). 另請參見張大明，《三十年代文學札記》(天津：天津人民出版社，1986)，頁41-62；李天綱，〈略論王韜對中西文化的認識〉，載馬勇、公婷等編，《中西文化新認識》(上海：復旦大學出版社，1988)，頁196-211；陳山，〈前驅與中堅：五四時期的留學生作家群〉，載中國現代文學研究會編，《在東西古今的碰撞中——對五四新文學的文化反思》(北京：中國城市經濟社會出版社，1989)，頁188-200；劉烜，〈聞一多與中外文化〉，載季鎮淮主編，《聞一多研究四十年》(北京：清華大學出版社，1988)，頁464-483。尤請參考孫乃修，《屠格涅夫與中國》(上海：學林出版社，1988)；李萬鈞，《歐美文學史和中國文學》(福州：福建教育出版社，1989)等書。

12　見錢鍾書，〈漢譯第一首英語詩《人生頌》及有關二三事〉，載《也是集》(香港：廣角鏡出版社，1984)，頁43。「龍飛露」者，錢譯為「朗費羅」。

Pilgrimage），錢鍾書曾經就此略事考證[13]。

　　中國學者最近數十年來在中外文學關係上最大的貢獻,恐怕得應推鐘叔河編集的大部頭「走向世界叢書」。是編把清朝中葉以來曾經履西(包括東洋)的華人日記、遊記匯為數帙,提供的俱為原典,必能嘉惠各國際關係領域的學者。鐘氏還為各編撰寫長序,1984年又合諸序成為一書,氣魄之大,近年僅見。我在這本書裡,曾讀到一條單士厘(1863-1945)對托爾斯泰的印象,可為拙作論托翁與左翼文人一文補一前言:

> 托為俄國大名小說家,名震歐美。一度病氣,歐美電詢起居者日以百數,其見重世界可知。所著小說,多曲肖各種社會情狀,最足開啟民智,故俄政府禁之甚嚴。以行於俄境者,乃尋常筆墨;而精撰則行於外國,禁入俄境。俄廷待托極酷,剝其公權,擯於教外(擯教為人生莫大辱事,而托澹然);徒以各國欽重,且但有筆墨而無實事,故雖恨之入骨,不敢殺也。曾受芬蘭人之苦訴:欲逃無資。托憫之,窮日夜力,撰一小說,售其版權,得十萬盧布,盡借芬蘭人之欲逃者,借資入美洲,其豪如此[14]。

　　單士厘的「簡介」寫於1903年,不能算是最早介紹托翁的文字,但讀來卻無異於早歲魯迅與郭沫若等人眼中的托翁,可見民國前後的華人皆視之為扶弱抑強之士:千夫所指,無所懼也。

　　另一位中國人亦視之為「翁」級大老的西方聞人蕭伯納,在華的形象就屢經嬗變,拙作〈從啟示之鏡到滑稽之雄〉言之甚詳。不過,拙作忽略了魯迅收在《南腔北調集》內的三篇記蕭專文。原來蕭翁抵華不久,就身陷記者的採訪戰中。當時各報的報導,顯示蕭翁在華的答客問略有矛盾之處,但魯迅登高一吼,反問了一聲:「誰的矛盾?」他企圖為蕭翁圓場,認為他像是一面鏡子,

---

13　錢鍾書,〈漢譯第一首英語詩〈人生頌〉及有關二三事〉,載《也是集》,頁35。《哈羅而特公子》指的是《恰爾德‧哈羅爾德遊記》,蘇曼殊譯為《哈絡爾遊草》。

14　〔清〕單士厘,〈癸卯旅行記〉,載鐘叔河編著,《走向世界——近代中國知識份子接觸東西洋文化的前驅者》(臺北:百川書店,1989),頁566-567。

照見的反而是斯時中國各派人馬的嘴臉。自己眼中的大師呢？初會面後魯迅的觀感倒無異於蔡元培所見，頗有惺惜之感（參閱本書頁312-318）。

在宋慶齡宅邸接受午宴款待後，蕭伯納又蒞臨上海世界學院的一場歡迎會。到場者包括梅蘭芳、邵洵美(1906-1968)與張若穀(1905-1967)等文化界名流——當然也少不了魯迅。這場盛會中的蕭翁更像一面鏡子，使人性的虛偽一一現形。魯迅爾後為樂雯(瞿秋白)編的《蕭伯納在上海》撰序，也一再重複這個調子[15]；樂雯所見，當然師承魯迅而來。其實，堪任鏡鑑的不僅是蕭伯納，整個民國政治文化圈也一樣，充分把蕭翁在中國載浮載沉的一頁歷史反映出來。傅斯年由擁蕭到反蕭的過程，幾乎就在象徵蕭翁在華地位的滄桑史。傅氏剛去世，他的友人為他蓋棺論定，罕人不提他晚年的反蕭言論[16]。即使事隔四十年，傅斯年當年僚屬憶及其人人格與成就，仍然不忘舊話重提[17]。所以一般人比附傅、蕭，其實其來有自。如此情形倒很像談到周作人，也不能不提布雷克(William Blake)或西方神秘思想，可惜一般人徒知晚年的周作人有反宗教的傾向，卻忽略了他在《知堂回想錄》裡承認的早年宗教性格[18]。握管疾書〈聖書與中國文學〉的周作人，畢竟生活在北京學界的自由空氣裡。待他提筆回憶一生，人事已非。

至於和中國有實質淵源的西方作家，研究者一向不乏其人。布萊希特與龐德等人，不但中國人研究他們，西方人也在東方主義的心態下分析他們。我處理了幾個類似的個案。談毛姆中國行的文章不是沒有，拙作針對的卻是他無意間流露出來的優越感與復古心態。今天讀來，這篇文章似乎過苛，然而證諸毛姆的東方小說，我也不能不說他多少戴著有色眼鏡在看中國。最近研究毛姆中國經驗的一篇短文，乃出自趙毅衡之手，其中就曾如此為毛姆辯護：「……毛

---

15 魯迅，〈誰的矛盾〉、〈看蕭和「看蕭的人們」記〉及〈《蕭伯納在上海》序〉，俱見《南腔北調集》，載《魯迅全集》(16卷。北京：人民文學出版社，1981)，4：491-503。這裡冒號前一數字指卷數，其後者指頁數。以下類似之套書注法，同。

16 例如程滄波與毛子水的評論，見傅樂成編，〈傅孟真先生年譜〉，載《傅斯年全集》(7冊。臺北：聯經出版公司，1980)，7：334-335。

17 周天健，〈高明克柔的人格典型——傅孟真先生逝世四十週年志感〉，載《聯合報·聯合副刊》，1990年12月17日。

18 周作人，《知堂回想錄》(香港：三育圖書公司，1980)，頁395-397。

姆筆下大部分中國人秉性善良、勤勞刻苦，有一種人性美。中國的縴夫號子優
美動聽，中國官員擺架子，但體憫下情。」相對的，毛姆小說中的東方洋人「幾
乎沒有一個像樣的好人」[19]。類似的說詞多半是由《中國小景》立論，表面上
看來言之成理，其實仔細推敲，毛姆的筆法仍然不脫替天行道（Manifest Destiny）
的白種人優越論，此所以當年我認為應該嚴加批判，如今依然。

　　美國劇作家威爾德出身典型的外交官家庭，但仰慕中國古典的心情就比毛
姆理性。他的中國淵源素為人知，令人扼腕的是這點總是某篇論文或某一本書
的部分，不是主體。討論其人其劇的拙作，脫胎自我數年前所寫的一篇英文評
論。可惜從茲以還，我尚未看到任何新的材料問世。雖然這樣，我倒在一本新
編的近人年譜中，欣見傳統史家也注意到了西方文人與中國人士的交往。黃仲
文所編的《民國余上將漢謀年譜》，記載海明威在粵的行蹤，筆法雖簡，仍可
補拙作和宋廣仁的論文不詳之處。謹錄相關片段於此：

　　〔民國三十年辛巳三月〕美國名小說家、《午報》記者海明威夫婦，
　　來華搜集抗戰資料。廿五日，由香港飛抵韶關。廿六日上午，訪謁余
　　司令長官，陳述來華願望。先生對海氏此行，除熱烈歡迎外，並將中
　　國抗戰情勢及最後勝利把握，一一詳加分析。旋設午餐招待，戰區高
　　級長官均作陪，賓主異常歡洽。廿八日上午，由七戰區政治部主任李
　　煦寰派員，陪同海氏夫婦出發粵北前線參觀，為期一星期。海氏盛讚
　　我前方部隊紀律嚴明，將士英勇，軍民合作，必定獲致最後勝利[20]。

　　寫到這裡，我得向臺灣師範大學英語系的戴維揚教授特致謝意：拙作初稿
發表後，承他惠借宋廣仁的英文論文，頓使魯魚亥豕搖身一變，蓬蓽生輝。近
年來，我也讀到楊仁敬的《海明威在中國》一書[21]，又長了點見識，收在這本
集內的〈海明威筆下的戰時中國〉才能再加補訂，幾乎以新的面貌出現。

19　趙毅衡，〈毛姆與持槍女俠〉，載《首都早報》人文版，1990年6月18日。
20　黃仲文編纂，《民國余上將漢謀年譜》（臺北：臺灣商務印書館，1990），頁52。
21　楊仁敬，《海明威在中國》（增訂版。廈門：廈門大學出版社，2006）。

　　集內諸文寫得最刻意也最從容者，應屬討論梁遇春散文源流的一篇。梁氏，少年人傑也，惜乎英年早逝。他的文筆洗煉，揮灑自如。同樣以散文見重於近代中國文壇的思果，老早即就梁氏問過一個「十分比較文學」的問題：「中國有沒有倍根（案指培根），有沒有藍姆（案即蘭姆）？……以『中國伊里亞』出名的梁遇春受19世紀英國散文影響，可以從他的作品看出。但他是中國的藍姆嗎？」[22]「伊里亞」係蘭姆筆名，一譯「伊利亞」，我希望我的分析能夠肯定思果的問題。從比喻的角度來看，我也希望我的論說能肯定另外一個問題：梁遇春是中國的蒙田嗎？當然，這類的問題如果不從內緣——也就是散文的美學成分——的層面析論，意義可能會打上一點折扣。但是，若缺乏外緣的證據支持，比附仍然會流於玄想。兩執用中：拙作固然離此一理想甚遠，這卻是我懸為鵠的的準據，雖則我也不諱言我對文學思想的興趣，遠遠超過我對文藝美學的愛好。

　　和梁遇春同代的蕭乾，算來要比老舍小一輩。集內整理老舍英倫書簡一文，已經把這位小說大家赴英的經過交代清楚，但讀者可能不知道懷疑精神同梁遇春一樣強烈的蕭乾，當年也步上老舍的後塵，拿著年薪250鎊的薄俸到倫敦大學亞非學院教中文[23]。幸好倫敦大學的刻薄待遇不但替中國激發了一位諷刺大家的天才，也為這個東方古國誘發出一位文體卓絕的新聞從業者與文化溝通者。我多年前在芝加哥大學讀到蕭乾的英文著作《龍須與藍圖》，實在有感於此，才寫下〈蕭乾論易卜生在中國〉這篇短文。意見多半是蕭乾的，但我實則借他人之酒在澆自己塊壘，抒發的仍為個人雜感。

　　從這篇贅〈序〉的行文與補充來看，讀者不難想見，我何以一開頭就說本書不避內緣的文學研究，外緣者也會加以探索。我如此道之，一點也不意味著我否認各種新興文論的價值。相反，這方面的書刊還是我多年來時常涉獵者。但是，我總覺得不從閱讀經驗的累積與整體環境的了解來認識文學，則根不扎實，果必虛有其表。袁鶴翔一向措詞溫文，長年來也有鑑於空談理論的流弊，

22　思果，〈中英美散文比較〉，載思果，《看花集》（臺北：大地出版社，1976），頁174。

23　蕭乾，《我要採訪人生》（臺北：經濟與生活出版公司，1988），頁74。另請參見蕭乾，《人生採訪》（臺北：聯經出版公司，1990），頁127-183；王雲五，《紀舊遊》（臺北：自由談雜誌社，1964），頁124。

三十年前在一篇檢討比較文學發展的文章裡早就強烈指責道:「不少學習或應用新理論來研究中西比較文學的人是有急功好利之嫌。」[24] 我不敢說袁氏的指陳呼應了拙作的觀察,可是我確能體會他希望研究者能全面了解文學的苦心:

> 我所說的全面性的了解是文學研究的縱橫關係。縱者所指是歷史,橫者所言是社會、經濟和政治等因素。文學作品本身所反映的,既是動態,亦是靜態的人生。這亦是為什麼我認為文學作品(所有藝術產品在內)既是歷史性的,亦是非歷史性的。前者可為史跡,後者卻是因不同時代而構成的詮釋。不過從事研究的人,卻需二者兼顧[25]。

本書多屬蕪文,内涵渺小,充其量只能做到袁鶴翔所稱的「史跡」,離所謂「二者兼顧」的要求還遠,連「言之過早」都稱不上。儘管如此,我仍然願以袁氏的理想結束這篇拙序,兼以自勉,至少懸為座右[26]。

李奭學
2014年底修改於臺北南港

---

24 袁鶴翔,〈從慕尼克到烏托邦——中西比較文學再回顧再展望〉,《中外文學》17.11(1989年4月):17。

25 同上,頁23。

26 附帶一提,不論就本書所論人物或就其他有關中外文學關係而言,下書均有值得參考之處:趙毅衡,《雙單行道:中西文化交流人物》(臺北:九歌出版公司,2004)。

目次

新序 ·· i

自序 ·· v

第一輯

從《賢愚經》到《西遊記》：論佛教祇園母題在中國敘事文學裡的轉化 ···· 3

全真語言的嘉年華會——余國藩英譯本《西遊記》修訂版問世小識 ········· 27

第二輯

希臘寓言與明末天主教東傳初探 ······································· 47

明末耶穌會與歐洲文學 ·· 73

如何製造中國式的善書？——試窺趙韓《欖言》及其與明末西學的關係 ··· 93

中國「文學」的現代性與晚明耶穌會文學翻譯 ·················· 131

阿哩原來是荷馬！——明清傳教士筆下的荷馬及其史詩 ············· 181

第三輯

從巧奪天工到諧和自然——中國園林藝術對西方文學的影響 ········· 211

莎士比亞入華記 ··· 227

可能異域為招魂——蘇曼殊漢譯拜倫緣起 ························· 249

在東西方的夾縫中思考——傅斯年「西學為用」的五四文學觀 ······ 261

托爾斯泰與中國左翼文人 ··· 279

從啟示之鏡到滑稽之雄——中國文人眼中的蕭伯納 ……………………295

周作人‧布雷克‧神秘主義 ………………………………………………319

傲慢與偏見——毛姆的中國印象記 ………………………………………333

老舍倫敦書簡及其他 ………………………………………………………349

另一種浪漫主義——梁遇春與英法散文傳統 ……………………………361

尋找象徵的劇作家——談桑登‧威爾德的中國經驗 ……………………379

烽火行——中國抗日戰爭裡的奧登與依舍伍德 …………………………393

海明威筆下的戰時中國 ……………………………………………………407

蕭乾論易卜生在中國 ………………………………………………………419

第四輯

普洛透斯變形記——從金隄《尤利西斯》看文體翻譯的問題 ……………429

西秦飲渭水，東洛薦河圖——我所知道的「龍」字歐譯的始末 ………………443

第一輯

從《賢愚經》到《西遊記》：

論佛教祇園母題在中國敘事文學裡的轉化

一、故事開講

　　歷來研究敦煌文學的學者，罕見不了解〈降魔變文〉（約748-749）與《賢愚經》（約435）的淵源者。按照鄭振鐸（1898-1958）早年的分類，〈降魔變文〉乃敷衍佛教先賢的故事；其創作目的當在用講唱傳布信仰[1]，故主題雖隸說經的傳統，形式上卻擁有類似法國中古說唱文學（*chantefable*）的特色[2]，就文學史衡之，稱之「變文」，當之無愧，和講經文的區別顯然。但就〈降魔變文〉文類傳統再看，類此名篇不唯上承佛門唱導的遺緒，下則亦開諸宮調與白話小說的先河[3]，敦煌學者同樣言之鑿鑿，垂數十年而不墜。惜乎罕人以文本為基礎，探討其間的傳承，遑論從主題出發，剖陳各自的精神[4]。因此，在這篇短文裡，

1　鄭振鐸，《中國俗文學史》（臺北：明倫出版社，1975），頁219。另見陳寅恪，〈須達起精舍因緣曲跋〉，載《陳寅恪先生全集》（臺北：九思出版公司，1977），頁1407-1409；羅宗濤，《敦煌講經變文研究》（臺北：文史哲出版社，1972），頁158-184。

2　參見Li-li Ch'en, "*Pien-wen* Chantefable and *Aucassin et Nicolette*," *Comparative Literature* 23.3(1971): 255-261.

3　有關「唱導」與「變文」關係的討論，參見林聰明，《敦煌俗文學研究》（臺北：私立東吳大學學術著作獎助委員會，1984），頁32-35。至於「變文」影響「諸宮調」的問題，最佳論述應推Li-li Ch'en, "Outer and Inner Forms of *Chu-kung-tiao*, with Reference to *Pien-wen, Tz'u* and Vernacular Fiction," *Harvard Journal of Asiatic Studies* 32(1972): 124-149. 《敦煌俗文學研究》也曾簡單論及「變文」對後世白話小說的影響，見頁303-308。

4　羅宗濤可能是唯一的例外。參見羅宗濤，〈賢愚經與祇園因由記、降魔變文的比較研究〉，載靜宜文理學院中國古典小說研究中心編，《中國古典小說研究專集》，第2集（臺北：聯經出版公司，1980），頁109-188。羅氏鴻文深具原創性，只可惜誠如他自己所說，

我擬以〈降魔變文〉為中心，略述其與《賢愚經》之間的形式因緣，再論到了中國晚明，兩者重心所在的祇園母題如何擴展到小說《西遊記》中的某些章回去。

從事類此探討時，我明白我首先會遭逢版本上的困擾。比方說，〈降魔變文〉傳世的抄本至少有四種，分布世界各地，其中除巴黎舊藏伯4524號為畫卷與唱詞外，餘者皆屬講唱文，或長或短，視保留的狀況而定 [5]。究竟我們應以何本為準，才不失其論證上的代表性？再如《西遊記》一向版本紛雜，朱本、楊本與世本互有異同，相去不可以道里計，也是論證上的一大困擾 [6]。如果我們循例一一考釋版本，再進入主題的探討，則所需篇幅恐怕數倍於本文。因此，我的釜底抽薪之道，是在通行的校訂本中，擇取學界公認的定本，以為討論上的憑據。如此一來，王重民(1903-1975)在1957年收入《敦煌變文集》的〈降魔變文〉[7]，以及1954年作家出版社梓行的百回本《西遊記》[8]，無疑便是最好的選擇。至於《賢愚經》雖有成書等問題待考，但因其乃佛教聖賢的專集，更易

(續)————————————

此文「主要目的，是將有關的重要資料排列在一起」，於變文對佛經的藝術創新處，著墨並不多。

5 參見鄭振鐸，《中國俗文學史》，頁182-188及223。〈降魔變文畫卷〉現僅存殘卷，描寫舍利弗與勞度叉的鬥法，附有唱詞。原本影印可參見羅宗濤，〈降魔變文畫卷〉，載靜宜文理學院中國古典小說研究中心編，《中國古典小說研究專集》，第1集(臺北：聯經出版公司，1979)，頁285。

6 《西遊記》版本方面的論述可謂汗牛充棟，可參見劉勇強，《西遊記論要》(臺北：文津出版社，1991)，頁5-34；鄭明娳，〈論西遊記三版本之關係〉，載靜宜文理學院中國古典小說研究中心編，《中國古典小說研究專集》，第6集(臺北：聯經出版公司，1983)，頁173-234。較早的英文專論參見Glen Dudbridge, "The Hundred-chapter *Hsi-yu Chi* and Its Early Versions," *Asia Major* N.S. 14.2(1969): 141-191. 用力最深的專著，應推Nicholas Koss, "The *Xiyou Ji* in Its Formative Stages: The Late Ming Editions," Ph. D. dissertation (Indiana University, 1981).

7 下引〈降魔變文〉皆引自王重民等編，《敦煌變文集》，收於楊家駱主編，《中國小說名著》第一輯(臺北：世界書局，1983重印)。《敦煌變文集》下文簡稱《變文》，引文頁碼隨文夾註。

8 〔明〕吳承恩，《西遊記》(北京：作家出版社，1954)。下文引《西遊記》第93至95回文字，皆出自據作家重排之《白話大字本西遊記》(臺北：河洛出版社，1981)；該書下文簡稱《西》，引文頁碼隨文夾註。作家版《西遊記》係以1591年金陵世德堂《新刻出像官版大字西遊記》為底本，並參考清代刻本校訂增補而成。此外，吳承恩的著作權迄今猶疑雲重重，下文概循往例，僅稱「作者」。

不大，問題較少。我所依據的本子，是1924年日本《大正新脩大藏經》中所收者[9]。

二、變形轉化

〈降魔變文〉的作者如今已不可考，我們僅知其人可能是唐玄宗使用「開元天寶聖文神武應道皇帝」尊號期間的俗講僧[10]。至於變文講述的目的，則在開演《金剛經》，亦即史上釋迦在祇園精舍內所講的經籍。〈降魔變文〉恐前人所譯「義未合於聖心，理或乖於中道」（《變文》：361），故有經變之舉。然而就像其他講經變文一樣，進入故事之後，〈降魔變文〉的內容四溢，反而大大超出《金剛經》的囿限。變文稍前的陳述於此有剴切鋪陳，道是南天竺舍衛國賢相須達怠慢三寶，以致淪為外道。不過在為子籌婚的過程中，須達卻因緣感化，體認到正信的重要，進而瞻禮世尊，深為所動，乃隨舍利弗同返舍衛，擬尋找伽藍之地，建造精舍，延請如來講經說法。一日，他們同涖太子祇陀之園，既讚賞其地清淨不染，有別於四鄰污穢喧鬧，復有感於諸佛仙聖嘗遊其間，深覺應為建造精舍最稱理想的所在。而尾隨其來的故事，便圍繞著建造祇園精舍這個廣泛出現在佛經中的母題次第開展，及於爾後的神行變化、政教衝突，以及「祇樹給孤獨園」的命名由來。

〈降魔變文〉的故事所本乃《賢愚經》卷10〈須達起精舍品第四十一〉，嫻習佛經者，這點一眼立辨。此經譯於高昌，其後嘗繁衍於敦煌一帶，其中的

9　〔隋〕慧覺等譯，《賢愚經》，載高楠順次郎、渡邊海旭編，《大正新脩大藏經》（東京：大正一切經刊行會，1924），4：349-445。下文引〈須達起精舍品第四十一〉（《賢愚經》卷10），乃出自此一版本。《大正新脩大藏經》下文簡稱《大正藏》，引文頁碼隨文夾註。《賢愚經》成書的前後，〔南朝〕僧佑編，《出三藏記集》早有追述，見《大正藏》，55：67。

10　這點我從陸永峰之說，見所著《敦煌變文研究》（成都：巴蜀書社，2000），頁164。另請參見羅宗濤，《敦煌講經變文研究》（政治大學博士論文，1972），頁1030-1035；羅宗濤，〈賢愚經與祇園因由記、降魔變文的比較研究〉，頁113-115；鄭振鐸，〈從變文到彈詞〉，載西諦（鄭振鐸），《中國文學研究（新編）》（臺北：明倫出版社，1973），頁1104。

祇園故事還帶出如〈祇園因由記〉等許多變文與變相,形成一「祇園家庭」[11]。
當然,《賢愚經》這個故事尚不僅見於上述的變文之中;馬鳴菩薩(fl. 110)撰寫,
北涼天竺遊華僧曇無讖(385-433)所譯的《佛所行讚經》中,也有同一故事的衍
述,唯以五言詩出之,內容稍異變文與佛經而益形簡略[12]。《賢愚經》係北涼
沙門曇學(生卒年不詳)等八人所編譯,定稿於涼州[13]。但曇學等人所本為何,
我們已不得而知了,而且因係隨緣聽於於闐大寺般遮於瑟之會,乃集眾經雜湊
成書,於各自原本也有增損,故今日實難稽考。卷10述及須達詣太子所,當然
是個故事中的故事。他在出價購園前,僅謂因親家護彌虔信佛法,致令欲窮三
寶為何。在這一節的敘述中,《賢愚經》缺乏〈降魔變文〉先述須達「每以邪見
居懷,未崇三寶」(《變文》:362)的戲劇性對照。之所以如此,原因不難想像:
佛典志在傳述,所以少假修飾,符合宗教要求即可。況且祇園精舍的興立,乃
佛教史上的大事,《賢愚經》一如其他記載此事的經卷,負有見證歷史的責任,
自然不容在傳史之外另添枝節。〈降魔變文〉則反是。如果我們同意張錫厚所
謂變文乃佛僧借由說唱的形式,「向聽眾衍述佛經神變故事的一種文體」[14],
則為吸引聽眾的注意,為完遂宣教的目的,變文當然非假藝術手法以營造戲劇
衝突,以滿足聽眾的心理要求不可。所以〈降魔變文〉增飾須達改宗的過程,
可謂因文類演進而不得不爾。

　　同類現象還出現在護彌之女忽聞阿難乞食,出而布施一景。在《賢愚經》
中,乞食者原為須達派出訪女的婆羅門。佛經的敘述十分簡略,僅謂「護彌長

11　參見梁麗玲,〈《賢愚經》在敦煌的流傳與發展〉,載《中華佛學研究》第5期(2001年
　　3月),頁125-134。

12　《佛所行讚經》卷第四〈化給孤獨品第十八〉,載《大正藏》,4:34-36。此外,據羅
　　宗濤所見,述及祇園故事的佛典另有《大般涅盤經》卷第二十九至第三十〈獅子吼菩
　　薩品〉;《根本說一切有部毗奈耶破僧事》卷第八;《中本起經》卷下〈須達品第七〉;
　　《雜阿含經》卷第二十二第592條;《佛說字經抄》;《佛說眾許摩訶帝經》卷第十一;《四
　　分律》卷第五十;《分別功德論》卷第二;《十誦律》卷第三十四〈八法中臥具法第七〉
　　等等,見羅宗濤,《敦煌講經變文研究》,頁159-163;〈賢愚經與祇園因由記、降魔變文
　　的比較研究〉,頁115-116。

13　參見Sylvain Lévi, "Le Sutra du sage et du Fou dans la littérature de l'Asie centrale," *Journal
　　Asiatique* 2 (1925): 305-332.

14　張錫厚,《敦煌文學》(上海:上海古籍出版社,1980),頁67。

者，時有一女，威容端正，顏色殊妙，即持食出施婆羅門」（《大正藏》4：418）。
其平鋪直敘之體雖有簡樸之風，猶存古詩韻致，但是尚難強過《佛所行讚經》。
反觀〈降魔變文〉，說唱的俗講僧顯然也不滿足於此一情形。他強行變更佛經
的敘述而娓娓道來，把《賢愚經》中的片段推衍為首尾44字，有承有轉，深符
戲劇要求的一小節：「小女雖居閨禁，忽聞乞食之聲，良為敬重尤深，奔走出
於門外，五輪投地，瞻禮阿難。問化道之勤勞，啟能仁之納慶。」（《變文》：
362）此外，《賢愚經》談到須達的使者初見護彌女時的情況，仍然一本平實的
態度，道出事實即煞車收尾，不遑多所鋪陳：「婆羅門見，心大歡喜：我所覓
者，今日見之。」（《變文》：362）話說回來，變文的作者則緊緊抓住這幾句話，
開始踵事增華，加油添醋，致令娛樂效果十足：「使影牆（墻）忽見，儀貌絕倫，
西施不足比神姿，洛浦詎齊其艷綵。直衝審視，恐犯於禮儀；遂即緩步抽身，
徐問鄰人……。」（《變文》：362-363）

　　儘管如此，我非指《賢愚經》毫無修辭可言。須達見佛，經云：「遙見世
尊，猶如金山，相好威儀，儼然炳著……。」（《大正藏》4：419）形容世尊的
過去身剎羅伽利（蓋事），則謂「身色晃曜，如紫金山，頭髮奕奕，如紺琉璃……。」
（《大正藏》4：403）這一連串的明喻，充分呼應了日本學者東元慶喜對於印度
佛教修辭學的觀察[15]。然而，僅就須達的使者初見護彌女的情況而言，我們倘
令其方之〈降魔變文〉中對等的片段，應可發現敘述體式大不相同。變文不僅
詳陳細節，三、四句且平仄分布有致，和其他變文一樣，頗具駢文或賦體的氣
勢，可見作者已不願自限於佛經常見的四字格的套式[16]，頗有另行創作的雄心
大志。如再就修辭手法詳而言之，其中更有隱喻，如以佛語「五輪」喻肢體；
有誇大，如其形容護彌女美貌之狀；同時，又利用迴旋複沓的句子來提升護彌
女的形象，使一介印度女子堂而皇之進入中國文學的修辭堂奧，和歷史及神話

15　東元慶喜，《佛典に見える譬喻の種類》，載《印度佛教學研究》7.1（1968年12月）：
　　374-377。

16　參見朱慶之，《佛典與中古漢語辭彙研究》（臺北：文津出版社，1992），頁8-15。另請
　　參見陸永峰，《敦煌變文研究》，頁133-134。變文——包括講經文的文體——有謂出自
　　漢譯佛典，有謂和古來的賦體有關，參見平野顯照，《唐代文學と佛教の研究》（京都：
　　大谷大學中國文學會，1978），頁229-283。

上的美女如西施或洛神宓妃相抗衡[17]。有趣的是，變文述及初見所使用的語
句，亦具心理學上的深度，每具現於「直衝」與「緩步」或「審視」與「徐問」
這兩對互為正反的詞組上。藝術上的講究，昭然若揭。

　　類此深富內在吸引力的敘述技巧，在〈降魔變文〉中比比皆是，說明變文
的作者已經體會到藝術手法才是拉攏聽眾注意的主力。諷刺的是，這種敘寫手
法有如歐洲中古聖壇上的證道故事（*exemplum*），使用過度，宗教目的可能反而
不彰，甚至相形見絀[18]。唐玄宗視俗講為「事涉虛玄，眇同河漢」，因而在〈降
魔變文〉撰就前的西元731年（開元19年）曾下令斷講[19]。反觀《賢愚經》，這部
經典既為記錄與解釋佛教而存在，就不能不傾力照顧相關的細節。所以同樣在
追憶佛祖出世，〈降魔變文〉可以變易經文次序，置之於次要的地位，不若《賢
愚經》一旦道及世尊，必先詳加縷述，唯恐怠慢。有關精舍起造及落成後的情
形，〈降魔變文〉也不如《賢愚經》寫得清楚詳細。變文的作者急於強調與凸
顯的，乃故事在情節布局上的巧妙。必要時，他還會竄改源頭的敘述，以便迎
合自己的藝術目的。最顯著的例證，當見於須達購買祇園的行動上。《賢愚經》
述須達往詣太子，直言：「我今欲為如來起立精舍，太子園好，今欲買之。」（《大
正藏》4：419）如此單純的行動一落入〈降魔變文〉的作者手中，即橫添枝蔓
而使之變得複雜不已：須達唯恐太子愛園，拒其請賞，因「權設詭詐之詞」（《變
文》：376），乃輾轉取得太子祇園。

　　上文所謂「詭詐之詞」，同樣見於〈祇園因由記〉（《變文》：450-467），涉
及祇園母題構成環節中最為重要的敘述模式之一。須達侜騙太子，誆稱祇園不
祥，「必須轉賣與人」，渠可公告擬購該園之人，若「平地遍布黃金，樹枝銀錢

17　所謂「洛浦詎齊其豔綠」中的「洛浦」，至少有三種不同解法：或指洛神，或為羅敷的
　　誤寫，或指洛水之濱的女神。參見Victor H. Mair, *Tun-huang Popular Narratives* (Cambridge:
　　Cambridge University Press, 1983), p. 181. 我從項楚之說，以為指洛水之濱較有可能，
　　亦即張衡〈思玄賦〉中所謂「載太華之玉女兮，召洛浦之宓妃」，見項楚，《敦煌變文
　　選注》（成都：巴蜀書社，1990），頁473及501。敦煌文獻中另有〈破魔變〉及〈無常
　　經講經文〉亦提及「洛浦」，均指洛神。

18　有關歐洲證道故事的研究，參見李奭學，《中國晚明與歐洲文學——明末耶穌會古典型
　　證道故事考詮》（臺北：中央研究院及聯經出版公司，2005）一書。

19　唐開元十九年四月〈誡勵僧尼敕〉，見〔宋〕宋敏求輯，《唐大詔令集》，卷113，載《叢
　　書集成續編》史部第45冊（上海：上海書店，1994），頁718-719。

皆滿」(《變文》：367)，便可買得祇園。太子以為天下斷無人願為區區一園而
斥資若此，乃依從允順，書榜四門。須達見計已熟，隨即命人傾府庫所藏，布
金滿地，以太子身為儲君，料無出爾反爾之虞，遂巧妙購得太子祇園。羅宗濤
的研究指出，歷來衍述祇園母題的佛經每述及此一變化，皆稱太子自懸高價，
以為遏阻購園者的手段。《賢愚經》亦然。不意〈降魔變文〉更易傳統布局，
以須達為布金購園的建議者，致使故事再啟疑竇，益形錯綜。羅宗濤從佛教正
統的角度出發，在評論〈祇園因由記〉中相關的段落時，因有如下針對俗講僧
更動的批評：「祇樹給孤獨園是釋迦生前重要的宣法地方，如果一開頭就用誑
騙的手段得來，這不免玷污了聖地。但是俗講僧卻不顧慮這一層，只想增加一
點趣味，而賣弄一下淺俗的機智。」[20]

　　我們且不談變文作者的「機智」是否「淺俗」，毫無疑問，這種情節上的
變更，適足為變文的「變」字進一解[21]。如單就〈降魔變文〉而言，這也正是
變文的藝術設計賴以建立，其情節結構得以吸引聽眾的地方。如此設計所傳達
出來的懸宕性，絕非任何〈降魔變文〉的源頭經書可以相提並論。如果詳加考
察，我們還可辯道：作者在安排此一設計之前，早已於篇首預設伏筆，力稱未
崇尚三寶之前的須達「每以邪見居懷」，則其為達目的而權出欺誑，不乃一貫
作者對他的性格刻畫？須達的性格既然毫無矛盾之處，略予凸顯，適可加強〈降
魔變文〉一開頭即急於彰顯的戲劇性衝突。諸如此等泉源的變易，中外文學上，
史不乏書。莎士比亞(William Shakespeare, 1564-1616)利用《不列顛諸王傳》
(*Historia regum Britanniae*)中不及7頁的記載，漫添枝葉，逞其想像力而創作出
一部劇力萬鈞的《李爾王》(*King Lear*)[22]，不就是絕佳的說明？

　　兩者間所不同者在於，莎劇的改編略無原作的傳史意味，目的僅在供娛樂
與人生真相的探討；〈降魔變文〉所為，卻在原作的宗教目的之外，添加了豐

---

20 羅宗濤：〈賢愚經與祇園因由記、降魔變文的比較研究〉，載《中國古典小說研究專集》
　　第2集，頁176-177。

21 參見Mair, *Tun-huang Popular Narratives*, pp.1-3.

22 參見Geoffrey of Monmouth, *The History of the Kings of Britain*, trans. Lewis Thorpe
　　(Harmondsworth: Penguin, 1979), pp. 80-86. 當然，除了這部寫於1136年的神話性歷史
　　外，莎士比亞改編《李爾王》時，可能還參考了其他著作。參見Kenneth Muir, "Introduction"
　　to his ed., *King Lear* (London: Methuen, 1980), pp. XXIV-XXXIX.

厚的娛樂色彩。這一層色彩，在舍利弗與六師外道的鬥法上，表現得尤為明顯。
按《賢愚經》載，六師聞知太子鬻園，乃逕自投訴於舍衛王，欲與瞿曇沙門共
拚術，以便阻止精舍的建立。但〈降魔變文〉可能因佛經中鬥法的緣起交待不
清，於是擅添枝蔓，謂須達與太子完成購園的交易後，二人乃輕騎簡從，擬返
王宮。途中他們忽遇六師，後者以兩人貴為朝中顯要，居然僕從不過數騎，乃
出言詬責。六師復因太子「罔顧國法」，賣園於佛門弟子，遂奔走龍庭，擊鼓
哭訴於舍衛王。如此一來，故事要求的戲劇張力隨即升高。舍衛王旋命須達遣
舍利弗與六師競鬥法力，以勝者理直，可避嚴懲，並聽其起立精舍。這一段改
編顯露俗講僧結合史實與趣味的痕跡，曲折而富於變化，娛樂性亦強。縱使我
們置其娛樂性不論，六師與舍利弗鬥法一景也具有宗教史上的意義，不但影射
佛教初興時在印度遭遇到的層層阻力，也說明信仰的建立，往往有賴先聖先賢
的奮鬥。戲劇化這層意義時，〈降魔變文〉踵事增華，每詳數過程中的細節。
其雕金鏤玉的精彩之處，方之〈出埃及記〉中摩西與法老王的鬥爭，尤有過之
而無不及。

　　下面且舉〈降魔變文〉中六師遣徒眾勞度叉與舍利弗鬥法一景為例，再作
說明。《賢愚經》載勞度叉化為一山，其勢崢嶸，但舍利弗毫不畏懼，「即便化
作金剛力士，以金剛杵遙用指之，山即破壞」（《大正藏》4：420）。如此敘述
單刀直入，但刻畫稍嫌平板，恰可為〈降魔變文〉提供發展大要，以便摹寫金
剛法相：「其金剛乃頭圓像天，天圓只堪為蓋；足方萬里，大地才足為鑽。眉
郁翠如青山之兩崇，口喍喍猶江海之廣闊，手執寶杵，杵上火焰衝天。」（《變
文》：382-383）

　　細心的讀者從上引文不難見出，〈降魔變文〉在處理金剛的法相上，非特
具備史詩的氣魄，其譬喻手法層遞而出，聯鎖頻頻，尤富荷馬式明喻(Homeric
simile)的丰采：鏤刻仔細，發展恣意，連綿不絕。這種刻畫在中國文學的傳統
上並不多見；〈降魔變文〉可能以佛經梵典為橋樑，間接自印度史詩取得靈感，
而印度史詩如《摩訶婆羅多》(The Mahābhārata)和《羅摩衍那》(Rāmāyaṇa)等，
本身即為印歐史詩這個大家族中的成員，和希臘兩大史詩《伊利亞特》(The

Illiad)與《奧德賽》(*The Odyssey*)之間有傳承上的關係[23]。這點或可為〈降魔變文〉保有歐洲史詩的特徵略進一解。且不論變文中這類譬喻上的特色，單就前引文采的絢燦，亦可看出〈降魔變文〉早已脫離六朝志怪平板的狀物傳統，而與當時正在蓬勃發展的傳奇合流共進，為往後長篇敘事文學如寶卷，尤其是小說的生發提供基礎[24]。其想像力之豐富，語言之瑰麗，也顯示作者確乎匠心獨運，以藝術的追求為創作鵠的。如若通篇僅為宣揚教義或解經而作，俗講僧大可不必費神於變化場景或特殊事例的衍枝生葉。

在另一個層次上，這種對於藝術或美學的特別看重，又令〈降魔變文〉超越印度佛學的羈絆，逐漸與中土思潮結合。如此結合也是變文能夠發揮宣教作用，進入人心，使大眾產生共鳴的手段之一。前引〈降魔變文〉描寫護彌之女貌美的片段，已經將該女比為西施與洛神，再不以地道的印度女子視之，就是佳例。變文裡角色的舉手投足或言談之間，因而也不乏漢化的例證。須達談到幼子的婚姻狀態，用的是「未婚冠」(《變文》：362)，頗具儒家儀禮的風味[25]；韻文提到祇陀，每每呼之「東宮皇太子」(《變文》：366)，一仍傳統中國宮闈的色彩[26]，而不遑使用任何印度稱號。當然，通篇最具中國色彩的一段文字，出現在六師怒責須達與太子時所講的話：

> 太子為一國儲君，往來須擁半杖（仗）；長者榮居輔相，匡國佐理之臣，何得辱國自輕，僕從不過十騎？既堯橡不卓（琢），為揚儉素之名，舜甌無鮮（韘），約除奢侈之患，加以長纓廣袖，還成壯國之威，金柱玉階，顯譽先王之貴。此乃《詩》、《書》所載，非擅胸襟，因何行李

23　參見Edward C. Dimock, Jr., et al., *The Literatures of India: An Introduction* (Chicago: University of Chicago Press, 1974), pp. 47-81. 另請參見柳無忌，《印度文學》（臺北：聯經出版公司，1982），頁6。柳著中提到古印度的吠陀頌（Vedic hymns）時，亦謂：「吠陀詩人的血系與古歐洲民族如希臘、羅馬及條頓人的很相近，他們是印度歐羅巴民族的一個支流，所以他們的那些讚頌是歐洲比較文字、比較神話與比較宗教的起始點。」

24　參見車錫倫，《信仰・教化・娛樂──中國寶卷研究及其他》（臺北：學生書局，2002），頁53。

25　參見《辭源》（北京：商務印書館，1980），頁323。

26　參見《辭源》，頁1527。

匆匆[27]，輕身單騎！為當欲謀社稷？為復別有情懷？（《變文》：372-373）

　　姑且不論六師話中包含的傳統中國思想，僅以引文中出現的儒家意象如堯舜與《詩》、《書》等而論，這一段話便足以化入任何地道的中國典籍之中，而且羚羊掛角，一無外來色彩。如單獨成篇，想來更難有人猜測得出發話者居然是一介天竺行腳，從未浸淫在儒家的思想之中。1978年宣立敦（Richard E. Strassberg）在考察變相本的降魔故事時，曾經指出其中要角的造型皆已漢化，不僅身著華夏衣冠，體態抑且直如唐人[28]。難怪六師話中隱然以中國聖賢自居，語句更可置諸古文運動以來的任何道德散文之中而無失色之虞。

　　就歷史寓言的角度看，六師與舍利弗之爭也是中國傳統與異教的抗衡。這一點倒可能源出印度，因為論者早已指出，印度傳統常以文學中的神變鬥法來隱喻知識與宗教上的對駁[29]。我們知道，佛教初入中土，爭議不少，不僅漢代有佛老之爭，唐代也有武宗辟佛，而韓愈（768-824）從儒家思想出發拒迎佛骨，更是宗教史上的大事[30]。由是觀之，〈降魔變文〉裡的六師幾乎就是中國本土宗教傳統的代言人；他不但語如儒者，變文寫其初現鬥法的場景更以道流視之，非特「駕鶴乘龍」，周遭「仙歌聊（繚）亂」，一旁還有「諸仙遊觀」（《變文》：382）。職是之故，羅宗濤才以為鬥法一景實寓佛道相爭的史實[31]。如此一來，變文開頭所謂玄宗即位，「每弘揚於三教」（《變文》：361），可能就是俗講

27　「匆匆」一詞在這裡似乎應作「匆遽」解，和其他變文所指之悲哀不同。參見蔣禮鴻，《敦煌變文字義通釋》（上海：上海古籍出版社，1997），頁317-318。

28　Richard E. Strassberg, "Buddhist Storytelling Texts from Tun-huang," *Chinoperl Papers* 8 (1978): 30. 另請參見金維諾，〈敦煌壁畫《祇園記圖》考〉、〈《祇園記圖》與變文〉，載周紹良、白化文編，《敦煌變文論文錄》（上海：上海古籍出版社，1982），頁34-60。

29　Phyllis Granoff, "Scholars and Wonder-Workers: Some Remarks on the Role of the Supernatural in Philosophical Contests in Vedānta Hagiographies," *Journal of the American Oriental Society* 105/3（July and August, 1985）: 459-467. 另請參見Victor H. Mair, *T'ang Transformation Texts*(Cambridge: Council on East Asian Studies, Harvard University, 1989), p. 99.

30　參見Wing-Tsit Chan, trans. and comp., *A Source Book in Chinese Philosophy*（Princeton: Princeton University Press, 1973), p. 450.

31　羅宗濤，〈賢愚經與祇園因由記、降魔變文的比較研究〉，頁184。另請參見陸永峰，《敦煌變文研究》，頁45-48。

僧面對儒道勢力之強而勉強妥協的結果。任何宗教傳布之初，其實都免不了和固有傳統直接、間接對峙。宗教文學的歷史職責之一，就在反映類此現象。中世紀法國史詩《羅蘭之歌》（*La Chanson de Roland*）中，大將羅蘭和西班牙境內的薩拉辛人之間慘烈的戰役，早有批評家從宗教史的角度點明：其敘寫方式，實為寓言化了的天主教與伊斯蘭教的衝突，歷史意義絕不亞於實際上的十字軍東征[32]。〈降魔變文〉在處理宗教寓言時則更形直接，把《賢愚經》中印度婆羅門教與佛教的對抗，轉化為中國本土的儒道與佛門的爭執。這一點亦可說明《賢愚經》中須達派出訪女的使者，為何是一名婆羅門，而〈降魔變文〉裡的同一角色卻隱去稱謂，逕以籠統的「使者」呼之。變文的作者顯然已深切了解，佛經中的印度情況得符合演義本中的中國國情。

此外，變文的作者還深切了解，他的佛典故事要引起廣大俗眾的興趣，在寫景方面非得變易印度色彩，使之結合中國人的自然觀不可。〈降魔變文〉裡的祇園景致，故而不是印度的園林之勝。其中有佛語，如「樹動揚三寶之名」，但「祥鸞瑞鳳，爭呈錦羽之暉；玉女仙童，競奏長生之樂」（《變文》：365），卻教我們想起《十洲記》中的蓬萊三島，以及福祿壽三星仙隱的所在[33]。直接描寫自然的片斷，更是竹林蓊鬱，「三春九夏，物色芳鮮」，而「千種池亭，萬般果藥，香紛芳而撲鼻，鳥噪咶而和鳴」（同上），全然又是一派中國亭林景色，可以媲美園林文學鼎盛時期曹雪芹（1715-1763）筆下的大觀園[34]。凡此種種，都可說明〈降魔變文〉在處理祇園母題時，其手法與重點已經跳出《賢愚經》中祇園故事的雛形，從而結合了中國傳統，聽其自然演化，也順應了唐代聽眾的品味要求。如果變文對於佛教的傳布有任何推波助瀾之力，當緣於類此的結合已經把域外宗教化為本土傳統。陳觀勝以為佛教入華，大致上業已「變形轉化

---

32 Dorothy L. Sayers, "Introduction" to her trans. *The Song of Roland* (Harmondsworth: Penguin, 1980), pp. 18-21 and 25-27.

33 參見李豐楙，〈十洲傳說的形成及其演變〉，載靜宜文理學院中國古典小說研究中心編，《中國古典小說研究專集》，第6集，頁35-88。

34 參見Andrew H. Plaks, *Archetype and Allegory in the Dream of the Red Chamber* (Princeton: Princeton University Press, 1976), pp. 146-211.

了」（transformed）[35]，證諸〈降魔變文〉，此語洵然。

三、三教歸一

從《賢愚經》純粹以顯揚佛門聖徒為主的原始祇園母題開始，到〈降魔變文〉以情節布局與中國色彩為重的同一母題的蛻變為止的轉變，至少在中國文學史上已歷三百年左右的光陰。待祇園故事發展到16世紀，上述演化又是峰迴路轉，別有進境，對明末百回本《西遊記》（1592）的影響尤大[36]。孫悟空大鬧天宮與車遲國鬥法兩大故事的情節，學界公認乃循《賢愚經》寫成[37]。百回本《西遊記》係明代最重要的白話小說之一，但恕我斗膽直言，此書編次者嘗據某祇園故事，至少為整本小說的敘述間架又添加了三回首尾渾然為一的環節。

《西遊記》打第93回開始，玄奘師徒便已遠離了慈雲寺，一路餐風露宿，來到舍衛國界，但見巍巍峨峨聳立著一座高山。他們行經幾個山崗，赫然看見路旁一座古剎，山門上且大書「布金禪寺」與「上古遺跡」等字樣（《西》：1156）。玄奘看見寺名，一時覺得眼熟，而作者也掉了個書袋子，讓玄奘脫口便回憶起這布金寺的由來：

> 我常看經誦典，說是佛在舍衛城祇樹給孤園。這園說是給孤獨長者問太子買了，請佛講經。太子說：「我這園不賣。他若要買我的時，除

---

35 參見Kenneth K.S. Ch'en, *The Chinese Transformation of Buddhism*（Princeton: Princeton University Press, 1973）.

36 顯例如芝加哥大學東亞圖書館藏影本朱鼎臣本《鼎鍥全相唐三藏西遊傳》卷10（癸集）頁10b-12a，述悟空與玉兔為公主被逐事互起爭執。不過小說中將此一情節併入慈雲寺故事，不著一字於布金寺之名的源起。此外，楊致和本《西遊記》第三十九回雖然寫的是布金寺故事，但這部分顯然不如百回本受祇園母題影響大。這部學界或疑為簡本的明代著作，已不見玄奘自述布金寺由來，更不著祇園之名。就口述文學發展的常軌來看，楊本不敘因由即轉入故事正題的寫法，頗類荷馬史詩與希臘悲劇在承襲民間神話後，往往略去或倒敘故事背景的筆法。這一點，或許也可為楊本為簡本的說法提供佐證。不過，《西遊記》的版本問題一向聚訟紛紜，難有定論。參見〔明/清〕吳元泰、余象斗、陽致和合撰，《西遊記》（臺北：世界書局，1978），頁164-167；鄭明娳，〈論西遊記三版本之關係〉，頁173-234。

37 參見梁麗玲，《賢愚經研究》（臺北：法鼓文化公司，2002），頁500-504。

非黃金滿布園地。」給孤獨長者聽說，隨以黃金為磚，布滿園地，纔買得太子祇園，才請得世尊說法。我想這布金寺莫非就是這個故事？（《西》：1156）

是的，當然就是這個故事。玄奘回憶中的給孤獨長者，乃《賢愚經》與〈降魔變文〉裡的須達：後者之名本義為「善施」，宗密(784-841)《佛說盂蘭盆經疏》與〈祇園因由記〉俱已詳之。而在信佛崇法與興立精舍之後，須達又廣結善緣，布施濟貧，供給孤獨，因而也獲得「給孤獨」的美稱[38]。至於祇樹給孤園一名，則因祇陀太子有感於須達禮佛之心堅定，相與貢獻祇園，後世佛徒為紀念這兩位佛門先賢，乃取二人之名，稱該園為「祇樹給孤園」。

史上的玄奘確實曾如小說所述，訪問過舍衛國，也曾經親臨祇園。釋迦悟道後四十年，常駐祇園精舍說法，但玄奘到訪之時，精舍已因天災兵禍連連，舍衛國又數易其主，即便是重建後的輪奐伽藍，也已荒廢傾圮[39]，只能供玄奘回眸憑弔。由是觀之，《西遊記》中玄奘曾經留宿，且有「迴廊香積」(《西》：1157)的「給孤布金寺」(《西》：1158)，無疑是小說作者的想像與虛構：「上古遺跡」不但轉到了山丘之中，這四個字也頗堪玩味，頗令小說帶有後設色彩。此外，正史上的玄奘想必十分熟稔祇園興亡的歷史，但是小說中取經人的回憶，卻有為《西遊記》的作者炫學的傾向：他對著三徒講出來的故事，的確是《賢愚經》與〈降魔變文〉中的祇園傳奇的白話文撮要。乍看之下，尤可能取典乎〈祇園因由記〉，蓋此卷殘存的開頭就曾即興演義道：「又到祇樹處，是僧園也，說經處。稻疏言：『祇者，祇陁(陀)也。……言祇樹者，有其因由……。』」(《變文》：405) 如此敘寫，倒和玄奘的自問自答若合符節。

儘管如此，從《西遊記》中玄奘自述所以得知布金寺的由來，乃因經常「看經誦典」；或從他所知的太子自懸高價賣園的模式判斷，小說的作者在推演故

---

38 參見〔唐〕宗密述，《佛說盂蘭盆經疏》卷下，載《大正藏》，39：507。宗密所疏之祇園故事又和《賢愚經》略異，謂布金之說乃祇陀太子自己的戲言，而須達亦因財庫不足，布金於祇園後尚缺一隅，後太子因受感動而自行補足。另請參見《變文》，頁405。

39 參見前嶋信次著，李君奭譯，《玄奘三藏》(彰化：專心出版社，1971)，頁53-56。

事時，心中所存或許為《賢愚經》或其他相關的梵籍[40]，而非「權設詭詐之詞」的〈降魔變文〉。不過，由於晚近學者在討論《西遊記》故事早期的演化時，鮮少排除變文的影響[41]，加以陳寅恪(1890-1969)、劉大杰(1904-1977)、羅宗濤與林聰明等人亦一再肯定《西遊記》中的語言與鬥法難逃〈降魔變文〉故事的啟發[42]，而且小說中的布金寺位於百腳山上，雞鳴關內，作者的想像也和《賢愚經》不合，故而我們不宜妄斷，驟謂《西遊記》的作者在敘及祇園由來時，心中但知《賢愚經》而已。尤其從《西遊記》的寓言手法及主旨所繫一貫以儒道粉飾佛理，或因佛理而增益儒道的事實看來[43]，〈降魔變文〉所拓展出來的中國色彩，所表現出來的驚人的想像力，仍然有可能為《西遊記》的作者貢獻過轉化上的來源出處。這種可能，在《賢愚經》或其他經書中以單一宗教為主而又單調貧乏的想像裡，絕難發現。

　　〈降魔變文〉的押座文中，早已明言弘揚三教，又指出三教共存的法則為何。其情節推進的過程裡，往往又三教的意象並出，前文已及。像這種主題上的微妙寄託，雖然因作者仍難擺脫弘揚佛法的創作企圖，因而顯得疲弱不堪，其寓言主旨卻是數百年後的百回本《西遊記》所急於傳布者。所以，三藏進入佛門廟宇後屢屢告誡弟子者，是要他們謹守儒家的克己之禮：「進得山門，……

40　參見Anthony C. Yu, *The Journey to the West*, vol. 4(Chicago and London: University of Chicago Press, 1984), p. 444. 該書首度指出玄奘對布金寺與祇園關係的溯源性回憶，有其宗教史與佛典上的來源與根據。不過，余氏所據乃一巴利文專有名詞典記載的祇園故事：G.P. Malalasekera, *Dictionary of Pali Proper Names*(London: Luzac and Company, 1960), 1: 963-966. 這個巴利文祇園故事模式與中譯本《賢愚經》略有出入，或可說明巴利佛典的祇園母題另有一套敘事模式。

41　例如林聰明，《敦煌俗文學研究》，頁304；黃柱華，《中國章回小說之產生》，碩士論文(臺灣政治大學中文系，1970)，頁89-90。後者指出宋人《大唐三藏取經詩話》中某些片段有明顯的變文遺跡。

42　陳寅恪，〈須達起精舍因緣曲跋〉，頁1409；劉大杰，《中國文學發展史》(臺北：中華書局，1976)，頁368；羅宗濤，〈賢愚經與祇園因由記、降魔變文的比較研究〉，頁182；林聰明，《敦煌俗文學研究》，頁307-311。

43　參見張靜二，《西遊記人物研究》(臺北：臺灣學生書局，1984)，頁17-21；鄭明娳，《西遊記探源》(臺北：文開出版社，1982)，頁44-61；高熙曾，〈《西遊記》裡的道教和道士〉，彭海，〈《西遊記》中對佛教的批判態度〉，載作家出版社編輯部編，《西遊記研究論文集》(北京：作家出版社，1957)，頁153-171。

三藏生怕惹事，口中不住只叫：『斯文！斯文！』」[44] 布金寺裡的僧眾，接待取經者一行時也以禮相待，儼然有如身在中土（《西》：1157）。此所以王國光《西遊記別論》敘及布金寺所在的天竺時，嘗謂之「表面上是〔寫〕印度，但作者卻又說」是「『神州天府』，可見還是寫中國社會」。王氏還注意到，「故事中〔天竺國〕皇宮裡的『永鎮華夷閣』，如果不立腳於中國這塊華夏大地，也是說不通的。」[45] 的確如此，玄奘的眾徒在此一枝節往後的發展中，一旦述及自己的出身，便糅雜道教語彙，有如身在中土[46]。整個布金寺情節，便以這種特殊的趣味為中心而逐一展開。待玄奘和寺僧確認了布金寺和祇園故事的前因後果，布金寺情節遂以佛道相爭為起點而一路開演，最後歸結於第九十五回回末二教以儒家觀念為主導的和諧收場。

　　佛道相爭的場面，《西遊記》中其實屢見不鮮。車遲國一節便是典型。在布金寺插曲中，代表佛的一方——至少在表面上——是悟空和取經人一行。在道的方面，則由月宮遁脫人間為禍的玉兔象徵。雙方之所以迭有爭執，即一如車遲國的故事，皆因某國國王而起。但是，我們如果從天竺國王愛女心切，為女籌婚，或由布金寺中蒙難的公主思親情切等等來推論，或許還可以象徵性地解釋道：布金寺情節裡的佛道之爭，仍然圍繞著儒家倫理思想拓展而來。這一類的敘述模式和主題關懷，固然不類〈降魔變文〉，更有別於《賢愚經》之以佛為宗旨的強調，但都以祇園故事為背景，以緬懷往日佛門聖徒，瞻望未來的宗教發展為依歸，當然有其特別看重之處，和《西遊記》所處的特殊時空背景，也難脫干係。

　　《西遊記》早在全書首二回，便因悟空尋仙訪道時遇到的樵夫和須菩提祖師的互動，顯示出作者對於「明代三教並峙、相互排斥的情況」有所不滿，「企圖以『三教合一』的主張來調和矛盾」[47]。第十二回唐廷內訌與四十七回車遲

44　有關孔門著作中「斯文」觀念的應用與發展情形，參見《辭源》，頁1527；諸橋轍次，《大漢和辭典》（13卷。臺北：中新書局，1979），5：627。

45　王國光，《西遊記別論》（上海：學林出版社，1990），頁31。

46　參見Anthony C. Yu, "Narrative Structure and the Problem of Chapter Nine in The 'Hsi-Yu Chi,'"*The Journal of Asian Studies* 34.2 (1975): 308-310.

47　吉林大學中文系中國古典小說講話編寫組，《中國古典小說講話》（長春：吉林人民出

國鬥法中，又借唐人傅奕(555-639)、蕭瑀(575-648)的爭論和悟空的話，進一步
宣揚三教歸一的理念。而這主旨一換，原始的祇園母題便不得不變：或為三教
的襯托，或為引導母題，要之都在引發爾後的爭執及其最終的和諧收場。所以，
三藏在布金寺香積廚用畢齋飯，經人延入住持房內而重提祇園舊事時，便揭開
玉兔下凡，以假素娥之身驅逐天竺國公主真素娥而鳩占鵲巢的序曲。三藏告訴
住持有意一履祇園遺址。待他親臨斯地，眼見一片荒蕪，廢墟寥涼，撫今追昔，
不禁賦詩嘆曰：

> 憶昔檀那須達多，曾將金寶濟貧疴。祇園千古留名在，長者何方伴覺
> 羅？（《西》：1158）

　　玄奘這一吟，馬上招來一陣哭聲，引發上述的公案，也波及爾後的鬥法。
哭聲原來是天竺國公主所發。她在前一年因看花而為怪風吹至布金寺，住持唯
恐生事，特地將她囚入石室，佯裝瘋狂。三藏既知原委，住持即趁機央求他到
天竺城後，暗中探訪公主迷失的緣由。等到小說進入第九十四回，悟空用火眼
金睛認清事因玉兔而起，免不了又是一陣打鬥，一路延展到第九十五回才鳴金
收兵，戛然而止。

　　這一場打鬥驚心動魄，饒富史詩意味。就其宗教寓意視之，也絕不下於
〈出埃及記〉中摩西與法老王的爭執，甚至遠邁舍利弗與六師之間的宇宙性
抗衡。後者隱寓的佛道爭執的主題，隨著祇園故事的移花接木，在《西遊記》
中變得更加明顯。小說中一再道及祇園的現象，也襯托出悟空和玉兔爭持不
下，乃寓有嚴肅的宗教抗衡的意味，更為《西遊記》的主題提供歷史性的說明。

　　談到這裡，或許我應該稍微岔開，回顧一下祇園母題在第九十三回的發
展。在這一回裡，《西遊記》的作者不但緊緊扣住祇園故事以往的嚴肅性，讓
玄奘追憶前賢往聖為弘揚佛法所做的努力，還顯露一手他一貫在嚴肅中穿插詼
諧的手法，舒緩讀者閱讀上的壓力[48]。寺僧帶領玄奘參觀祇園遺址後，誇張地

(續)────────────────
　　版社，1981)，頁106。
48　參見劉勇強，《西遊記論要》，頁152-159。

對著取經人說道：「近年間，若遇時雨滂沱，還淋出金銀珠兒，有造化的，每每拾著。」（《西》：1158）這一段話有微諷的成分，但是若與八戒進入布金寺前，聽畢唐僧的故事溯源後講出來的話對照觀之，其中夾雜的幽默更顯突出。八戒說：「造化！若是就是這個故事，我們也去摸他塊把〔金〕磚兒送人。」（《西》：1156）作者苦心孤詣的促狹，在祇園舊事與今名的聯想之下，一覽無遺。此一設計，當然又非無的放矢，而是深具宗教意涵在焉。余國藩曾經指出，《西遊記》深受禪宗影響，時或師法禪門語錄莊諧並出的現象，藉以點醒佛眼天心[49]。布金寺情節恰為一例，可以說明宗教上的嚴肅可與世俗的幽默並行不悖，而這兩者的結合，一方面通俗化深奧的佛理，再方面也因故事性強而又引人入勝，願入寶山一窮究竟。作者在第九十三回開頭因而指出如今的寺院，再也不是往昔印度的祇園精舍，而是充分漢化了的布金禪寺。如此一來，祇園故事早期的嚴肅精神，似乎也不必陳陳因襲。由是再看，《西遊記》中由莊諧並出所顯現出來的祇園母題，比起〈降魔變文〉中的處理，毋寧更加漢化，風華益盛。

　　如此處理，當然難免有如前述而有諷刺的成分。布金寺情節裡，令人忍俊不禁的場景還有不少。第九十四回三藏接到繡球，陷入玉兔所設的圈套，奉旨入贅天竺國為駙馬。作者在國王擬送三徒獨往西天取經時，又為八戒提供了一次耍嘴皮子的機會。三人在驛館等候送行的使者來臨之際，八戒說道：「送行必定有千百兩黃金白銀，我們也好買些人事回去。到我那丈人家，也再會親耍子兒去耶！」（《西》：1157）在《西遊記》中，作者一向把八戒刻畫得滑稽突梯[50]，但我們得留意一點：他在此一場合所說的「千百兩黃金白銀」寓意深遠，足以呼應祇園故事再三強調的以「布金」為主的宣教手法。如果我可以效余國

49 余國藩著，李奭學譯，〈宗教與中國文學——論西遊記的「玄道」〉，載《中外文學》15.6(1986年11月)：44-46。

50 參見張靜二，《西遊記人物研究》，頁137-169；張默生，〈西遊記研究〉，載《明清小說研究論文集續編》(香港：中國語文學社，1970)，頁252；李希凡，《論中國古典小說的藝術形象》(上海：上海文藝出版社，1961)，頁189-208；胡光舟等，《吳承恩與西遊記》(臺北：木鐸出版社，1983)，頁124-132；劉毓忱，〈論《西遊記》塑造人物的藝術特色〉，載江蘇省社會科學院文學研究所編，《西遊記研究——首屆西遊記學術討論會論文選》(南京：江蘇古籍出版社，1983)，頁104-108。

藩的口吻，那麼八戒這種深刻的幽默正是禪宗「呵祖罵佛」，以插科打諢來譏諷佛門宣教的傳統手段[51]，也正是《西遊記》的作者刻意跳脫祇園窠臼的地方。至於八戒所以渴望使者送來黃金白銀，係因思念俗家使然，當在暗諷三藏貴為聖僧，居然會受情勢左右而佯作入贅的荒謬。第九十四回的布局如此巧妙，幽默中又含有深刻的諷刺成分，令我們不得不承認《西遊記》作者筆下的祇園傳奇，早已蒙上一層詭譎的氛圍。

我所以回過頭來先談《西遊記》裡的幽默，當然不是沒有原因：《賢愚經》和〈降魔變文〉裡最為缺乏的就是這種感性，處理的題材每每嚴肅無比。當然，《西遊記》裡的神聖場面也不少，但作者卻能以寬廣的戲謔之筆予以擁抱，可以看出這部明代說部的視野開闊，遠非尋常通俗之作可比。非特如此，〈降魔變文〉對三教的表面興趣，終因佛門色彩過重，而難以判明作者確實有心歸一。《西遊記》則不然；這本小說慣用打鬥寄意幽微，可以彌補六師和舍利弗鬥法諸景在寓言層次上的不足。我們只消翻開第九十五回，在第三首韻文的地方，便可看出佛道相爭的主題一一剝露。結尾部分那大團圓的場面，又掀開儒家思想命意的所在。下面我先談韻文部分。

悟空和玉兔俱躍上雲端開始驚天動地的打鬥之時，小說的敘述者突然縱身介入故事，賦詩如次：

> 金箍鐵棒有名聲，碓嘴短棍無人識。一個因取真經到此方，一個為愛奇花來住跡。那怪久知唐聖僧，要求配合元精液。舊年攝去真公主，變作人身欽愛惜。今逢大聖認妖氛，救援活命分虛實。短棍行兇著頂丟，鐵棒施威迎面擊。喧喧嚷嚷兩相持，雲霧滿天遮白日。（《西》：1180）

丹術的傳統上，男為陽，多用鉛代喻。北宋全真道士石泰(1022-1158)的《還源篇》故謂丹道總訣為：「汞鉛同一鼎，日月要同爐。進火須防忌，教君結玉

51　參見余國藩著，李奭學譯，〈宗教與中國文學──論西遊記的「玄道」〉，頁45。

酥。」[52] 不論是妊女和嬰兒或是金烏與玉兔的結合，都是內丹修煉中陰陽交合或同鼎共爐的象徵。而我們從這個角度著眼，悟空與玉兔的抗衡，正說明韻文最後六行所縮影出來的打鬥已非正邪之爭，而是佛道的衝突了（參見本書頁35-36）。

石泰的《還源篇》由八十一首五言詩組成。中野美代子認為《西遊記》雖道「佛門九九歸真」，小說中唐僧的八十一難卻可能為對應石泰所寫的這組道詩而設計[53]。煉丹的各個階段進境，這八十一首詩都可稱之。所以理論上唐僧每歷一難，心性也該成熟一分。是否如此，當然有待商榷：以夏志清為首的評論家就覺得不管經歷過多少災難，唐僧還是渾噩懦弱，似乎從未因苦難而讓人格成長一分[54]。我們且不管當代論者的是非，從汪象旭（fl. 1611）、黃周星（1611-1680）到陳士斌（fl. 1696）、劉一明（1734-1832）等明清評點家，其實都力主《西遊記》乃《周易》和丹道合一的託喻，並不認為八十一難全無層次與進境之別。全真道的內丹術講煉精化氣，由此步步為營，最後可以達到煉氣化神與煉神還虛兩階段。完成煉神還虛時，煉氣者更可以抵達返本歸元的最高修煉境界。王國光以為《西遊記》由第三十二至六十三回都在託喻內丹功，第六十三回講小西天的故事，玄奘所歷之難正代表丹功中小周天的完成[55]。但王崗以為其後另有下文，第六十四回以降，回應的其實都朝煉氣的大周天推進，祇園故事也是其中一環，而且是最後的環節之一，因為寓言已完遂取坎填離之

52　轉引自〔清〕閔一得口授，閔陽林述，蔡陽倪訂，《還源篇闡微》，載高雅峰等整理、編校，《道藏男女性命雙修秘功》（瀋陽：遼寧古籍出版社，1994），頁336。

53　中野美代子，《西遊記の秘密》（東京：福武書店，1987），頁118-119。所謂「佛門九九歸真」的說法其實大有可議。劉一明〈《西遊原旨》讀法〉卷上早就指出：「《西遊》貫通三教一家之理，……以西天取經發《金剛》、《法華》之秘，以九九歸真闡《參同》、《悟真》之幽，以唐僧師徒演《河洛》、《周易》之義。」見劉著〈《西遊原旨》讀法〉，載悟元子詮解，《西遊記》，頁1。而乾隆年間汪澹漪子評的《西遊證道大奇書》亦謂：「九九歸真非佛門事，讀者切勿誤認。」此語我轉引自荒木見悟，〈頓悟漸修論と《西遊記》──《西遊証道大奇書》の觀點〉，載《臨濟宗妙心寺派教學研究紀要》第1號（2003年4月），頁11及19。

54　C.T. Hsia, *The Classic Chinese Novel: A Critical Introduction* (New York: Columbia University Press, 1968), p. 130. 另請參見余國藩著，李奭學譯，《余國藩西遊記論集》，頁112-113。

55　王國光，《西遊記別論》，頁71-108。

功[56]，已由煉氣化神走到了煉神還虛的境界，唐僧——或煉氣者——的修行即將功德圓滿[57]。布金寺的「金」字，因此幾乎也是「出離金海悟真空」中「金海」的代喻。佛門的祇園故事，至此又轉成道教寓言[58]，而在主題上，《西遊記》似乎也已擺脫〈降魔變文〉，乃至《賢愚經》的框架。

回到故事表面。悟空與玉兔的衝突劇烈非常，具體而微重複了車遲國中悟空與佯裝道士的虎力、鹿力、羊力三仙的鬥法。所不同者，車遲國裡佛道所以能夠復歸和諧，乃因悟空在鬥法中獲勝。那一場競賽雖然攸關性命，本質上卻屬文鬥，儒家思想所以在競賽末了為人看重，僅因悟空一語道及，並未藉由適當的寓言處理。但是布金寺情節裡的佛道相爭，卻以武鬥始，最後才因太陰星君出面而化解衝突，圓滿收場。有趣的是，玉兔將敗未敗之際，悟空猶擬逞強，而月君一旦現身，卻以「佛理」輪迴作為勸阻悟空繼續拼鬥的藉口。儘管道教早在東漢末年即已將佛家輪迴的觀念據為己有，月君的託詞仍然可以視為佛道歸一的憑據。是以玉兔下凡逐走天竺公主，目的之一依然和佛教有關，亦即要她回報前世的惡業宿怨。即使頑強好勝者如悟空，面對輪迴的佛家基要也敬畏有加，聽聞之下乃退而收回金箍棒，不使發威。玉兔因而得以復歸月宮，天竺公主也重獲自由之身。

這種結局尚稱圓滿，但設非作者最後著力引入儒家思想，缺憾恐將難免，其感人處亦必不深。悟空逐退玉兔後，天竺國王順理即可親駕布金寺，迎回失散已久的公主。這一景，若就《西遊記》架構其寓言體系的儒釋道三教觀之，實蘊有強烈的孔門倫理思想，未可等閒視之。第九十五回三藏面奏國王公主所處困境，而他一語方罷，我們看到這位外邦元首居然不顧九五之尊，放聲慟哭，全然以兒女安危為念。其聲震天，三宮六院愀然，俱為之悲痛不已。國王隨即傳旨，擺駕臨幸布金寺。祇園遺址重會公主一幕，是剛強的《西遊記》中難得一見的感人場面。國王抵達公主遭囚的石室，隨令手下開門。敘述者繼而強調道：「國王與皇后見了公主，認得形容，不顧污穢，近前一把摟抱道：『我的受

---

56 這點參見陳敦甫，《西遊記釋義：龍門心傳》（臺北：全真教出版社，1988），頁1114。
57 王崗，《浪漫情感與宗教精神——晚明文學與文學思潮》（香港：天地圖書公司，1999），頁203-205。
58 參見唐遨，《西遊話古今》（臺北：遠流出版公司，1992），頁29-30。

苦的兒啊！你怎麼遭這等折磨，在此受罪。』」（《西》：1187）

　　如果上引這一段話尚不足以說明作者所要傳達的孔門親情，那麼，敘述者接下去的按語，應該就把這點揭露無遺了：「真是父母子女相逢，比他人不同。」（同上）孔門一向要求事親至孝，同時也要父嚴母慈，構成社會的倫理秩序。《西遊記》第一回的楔子，是「父母在不遠遊」的典型例子；第十三回雙叉嶺上的劉伯欽，同樣在宣揚孔門孝道。第九十五回又以天竺國王父女重逢，再度回應了中國傳統的親情觀。凡此應非隨興之筆，而是有其深意[59]。

　　上舉儒家的動機，在敦煌發現的以推衍佛經為主的變文如〈大目乾蓮冥間救母變文〉（《變文》：714-755）中雖也十分見重[60]，但是如以〈降魔變文〉而論，則涓滴不見，《賢愚經》中的祇園故事更無論矣！道教終極的理想是羽化登仙，然而一旦位列仙班即絕聖棄智，斷抑俗情。佛門成佛的門道，也是要拋家離親，不染塵埃。兩者俱不以親情為重，唯獨儒家明文維護人倫，難怪《西遊記》的作者會在布金寺故事行將結束前帶進儒家的思想，藉以調和佛道過分出世的缺陷。尤有甚者，〈降魔變文〉的情節進展到舍衛國王聞知太子擅自鬻園之際，甚至寫道國王大怒，敕令所司「生擒須達，并（並）祇陁（陀）太子，生杖圍身」（《變文》：375）；復言須達一方若在鬥法時失敗，他和祇陀太子「二人總須受誅」（《變文》：378），更視親情為無物。由此可見：《賢愚經》留傳後世的祇園母題，如果視為往後小說家可以普遍遵循的故事模式，則〈降魔變文〉仍然沒有放棄佛門的親情觀。但是《西遊記》就不一樣。這部明代奇書的作者，不但擁有優秀的情節設計的技巧，不以正面敷衍佛經為能事，同時也了解傳統祇園故事過於出世的弱點，勢必予以改寫，才能挽回浸潤儒家文化已久的明代讀者。如是撰作，不僅符合小說中三教共存、和諧相處的寓言關懷，也暗合作者對明代百姓信仰習慣的期許[61]，更透露出在《西遊記》借為時間背景的唐代，

59　參見唐遨，《西遊話古今》，頁30-31；何錫章，《吳承恩話西遊》（臺北：亞太出版社，1995），頁129-134。

60　參見陳芳英，〈目蓮救母故事的基型及其演進〉，載靜宜文理學院中國古典小說研究中心編，《中國古典小說研究專集》，第4集（臺北：聯經出版公司，1982），頁47-94；C.T. Hsia, *The Classic Chinese Novel: A Critical Introduction*, p. 7.

61　參見吉林大學中文系中國古典小說講話編寫組：《中國古典小說講話》，頁106。

民間對於儒釋道三教一般的看法[62]。

四、差異的力量

儘管佛經一再引介，祇園母題在變文之後興起的宗教文學如寶卷中或亦可見，足供討論的例證想必不少。但我相信到目前為止，我已擇要論釋，指出此一母題的形式和內容在文學史上大略的轉化。這種轉化的軌跡，非但可以看出白話小說進展的過程，同時也昭示宗教思想變遷的實況，適可助人了解文學的內外緣難以分隔的古今至理。

在結束本文之前，我想重覆一下前文大要，藉以說明白話小說演化過程一二，以及隨之引發的若干問題。如同先前我一再暗示的，祇園母題得以大備，具有為往後作家演義的條件，應該肇始於《賢愚經》的迻譯。這部佛教典籍在中國的影響力不及《西遊記》中玄奘反覆致意的《般若波羅蜜多心經》[63]，卻以其豐富的內容吸引唐代俗講僧的注意，因有〈祇園因由記〉與本文重點之一的〈降魔變文〉的創作。經文中平鋪直敘的敘事方式，在變文作者驚人的想像力轉化之下，當然豐富了不少，充分反映其時敘事文學的作者已經體會到藝術性的重要，而不願自囿於六朝志怪的傳統之中。變文的活力，便存在於俗講僧這種毫不淺俗的機智裡。

俗講僧此類的機智，除了屬辭狀物充滿想像力之外，人物的刻畫和情節布局尤富巧思。如此技巧上的發展，或有違宗教修辭上的要求，卻為後世的長短篇虛構打下技術上的基礎，吸引力遠達16世紀的明代中國。如果說〈降魔變文〉已經逼使一個印度母題放棄在佛經傳統上的外觀，那麼，明末的《西遊記》則再度改變了這一母題的內在思想。借由章回完整的三位一體，《西遊記》的作者不但改變了《賢愚經》原始祇園故事的精神，使之從單一宗教的信仰蛻變為寓言化了的三教歸一，也發揚了〈降魔變文〉闡揚不及的中國固有宗教的特

62　參見James R. Hightower, *Topics in Chinese Literature* (Cambridge: Harvard University Press, 1953), pp. 77-78.

63　《心經》在中國傳播與盛行的簡述，參見東初法師，《般若心經思想史》（臺北：天華出版公司，1979），頁6-9。

色。因此我們才能讀到悟空與玉兔之間乍看為佛道相爭的打鬥，也因此我們才能見到這一場爭執最後歸入以儒家思想為主導的和諧之狀。凡此主題上的轉變，不能不說是祇園母題在中國文學傳統裡的開花結果，饒富文學史與宗教史的意義。

尾隨此類意義的產生而引發的，是文學文本與取材對象之間屬於創作自由的問題。這一點，想必是羅宗濤認為〈祇園因由記〉的改作手法淺俗的主因。尤斯特（François Jost）在一篇有關貝克特（Thomas à Becket, c.1118-1170）的主題學論文裡，同樣有感於歷史主題的轉化會產生創作自由的問題，因而歸結所論道：原本與改作之間，當然會有某些程度上的差異，只要尊重作品的美學成分與主題力量，這種差異恰可為藝術的生發提供靈感[64]。

尤斯特的結論乃針對歐洲傳統而發，卻也適用於本文探討的中國宗教母題的演化。宗教經典的目的性強，其權威在教徒眼中往往無與匹敵，但是文學上的改編，不論是有意或無意的行為，都已涉及藝術的層面，具有某種程度的自由。〈降魔變文〉所以能夠鵠立於唐代敦煌變文之中，具備獨特的藝術價值，泰半要歸功於俗講僧發揮創造性的想像力，體認到創作自由的重要性，而不是墨守《賢愚經》的敘事規模[65]。作家可以根據舊有的母題再予塑造，重予發揮；可以同意曩昔的敘事模式，也可以自成一格，重塑模式，以符合一己獨特的藝術要求，完遂創作目的。此所以《西遊記》的祇園故事從《賢愚經》出發，卻緊隨〈降魔變文〉處理原本的態度，抑且變本加厲，轉化舊有的形態，將之推衍為完全漢化的布金寺情節而猶能契合八十一難的設計。如果我們可以更開放的襟懷觀之，則明代百回本《西遊記》處理祇園故事的手法，我以為正是此一佛教母題在中國敘事文學上最為恰當的形式。

---

64 François Jost, *Introduction to Comparative Literature* (Indianapolis and New York: Pegasus, 1974), p. 207.

65 參見羅宗濤，〈賢愚經與祇園因由記、降魔變文的比較研究〉，頁184及188。

全真語言的嘉年華會

——余國藩英譯本《西遊記》修訂版問世小識

　　20世紀80年代初，余國藩以英文譯畢《西遊記》，皇皇四巨冊，近二千二百頁。此書最大之特點有三：一、余國藩緊扣黃肅秋在1592年百回本(金陵世德堂本)的基礎上編定的《西遊記》英譯。原文中沒有一個字句，沒有一首詩，沒有一首詞，也沒有一首賦，他略過不譯，乃是時之前所有英譯本中，唯一可稱「真正」的足本《西遊記》英譯，和亞瑟・衛理(Arthur Waley, 1889-1966)諸氏所譯大異其趣[1]。二、衛理等人乃為一般讀者而譯，而余譯本卻著眼於學界，是為學者而譯。所以譯本中〈導論〉與「箋注」等所謂「副文本」(paratext)並出，充分反映余國藩的學術見解。我們明乎此，再剔除某些余國藩為保留原文旨趣而作的異化(foreignization)翻譯的句式，則——第三——這套《西遊記》英文之典雅，當世英語譯者罕見其匹，故而也是內化(domestication)翻譯的典型[2]。上述三個大特點中，尤以〈導論〉之精與「箋注」之詳，向為學界稱道。

　　歲月不居，如今物換星移，三十載歲月匆匆已過，而余譯本《西遊記》的修訂版也在去年秋冬之交出版面世。首版的英譯，余國藩耗時十三載有餘，始克有成。新版也非順手推出：2004年，余國藩為完成新版，毅然從執教近三十載的芝加哥大學引退，在書房裡中又窮七年之力，完成這四冊二千頁的修訂大

1　參見李奭學，〈兩腳踏東西文化・一心評宇宙文章——《余國藩西遊記論集》編譯序〉，載余國藩著，李奭學譯，《余國藩西遊記論集》(臺北：聯經出版公司，1989)，頁(三)-(五)。

2　Anthony C. Yu, trans. and ed., *The Journey to the West*, revised ed., 4 vols. (Chicago: University of Chicago Press, 2012). 此書以下簡稱 2 *JW*，其1983年完成的初版則簡稱 1 *JW*。

業。方之舊版，修訂版英譯本《西遊記》同樣特色顯然。此其間，他還應芝大出版社之請，為一般讀者整理出一本節本《西遊記》，依舊是特色顯然[3]。余國藩所修訂者，非唯小說中人物之名的羅馬音譯，將之由昔日通行的威翟氏系統易為今日「政治正確」的中文拼音。某些當時為符合中文語境而不得不生硬譯來的語句，如今也隨著余國藩筆端益發成熟而改得更為精緻。話說回來，羅馬拼音乃皮相之易，而余國藩的英文頗受古典拉丁文風影響，原本就是當世一流，從用字遣詞到句法皆稱祭酒，不在話下。新版余譯本《西遊記》最大的特色，我以為「詮釋」二字，盡得風流[4]。

我們對於宇宙萬象的看法，有文明以來，幾唯「詮釋」而已。這點中西皆然，但是余國藩以英文詮釋《西遊記》，根本言之，觀念應該衍自歐洲傳統，荷馬詮釋學或費羅(Philo, c.20-c.50BCE)到聖奧斯定(St. Augustine of Hippo, 354-430)一脈的《聖經》解經學，乃他繼承的西方遺澤。百回本《西遊記》不是童稚遊戲之書，蓋從1592年首見以來，多數傳統批家評者都以「證道書」視之。所證者何道？這才是癥結，是翻譯時余國藩必須面對的「詮釋」問題。由此延伸者，乃西方人所謂的「寓言」(allegory)或中國傳統文論所稱的「託喻」。余譯本《西遊記》首版的〈導論〉中，余國藩再三強調是書所述係儒釋道三教一家的傳統之見，而這明顯可見的小說家言，自是首回須菩提祖師仙駕所在的「靈台方寸山，斜月三星洞」的象徵意涵[5]。修訂版的余譯，這方面的強調當在首版之上，這可由版式上特地凸顯(indented)上引兩句話而得窺一斑，蓋版式也是翻譯策略之一。余譯如下：

The Mountain of Mind and Heart;

---

3 Anthony C. Yu, *The Monkey and the Monk* (Chicago: University of Chicago Press, 2006). 雖然是為一般讀者節譯，此書仍保留章回小說的回目與插詩等等特色，毫不含糊。

4 「翻譯為詮釋」的本質，高達美也有類似之見，詳Hans-Georg Gadamer, *Truth and Method* (London: Sheed and Ward, 1989), p. 384.

5 吳承恩，《西遊記》(臺北：華正書局，1982)，頁10。另見Anthony C. Yu, "The Formation of Fiction in *The Journey to the West*," *Asia Major* 3rd series, 21.1(2008): 30-33. 華正版的《西遊記》即1954年北京作家出版社黃肅秋編訂本的臺灣重印本；此書下文簡稱《西》，頁碼隨文夾註。

The Cave of Slanting Moon and Three Stars.

（2 *JW*, 1: 113）

　　「靈台」與「方寸」固然都指「心」，但是不譯字而譯音，這裡也不能算錯。既然譯之以字，就表示余國藩開顯了山名的隱喻，開始以寓言詮釋《西遊記》。斜月三星洞是字謎，乃譯家最難過的關卡，非賴說明不為功。字謎一旦破解了，「心」的重要性再增，就像小說中須菩提祖師繼之由「猢」字拆到「猻」字，終於決定讓猴王姓「孫」名「悟空」一般。祖師問悟空之「姓」，而悟空答以無「性」（《西》：11）。在這裡，「姓」與「性」諧音雙關，兩者又變成整本小說眾多的宗教文字遊戲之一，乃寓言的大關目，涉及《西遊記》隨後的人物刻畫。總而言之，《西遊記》首回悟空所遊的山名與洞名象「心」，已挑明全書大旨為何，所寓也不僅是小說接下來屢屢以「心猿」稱之的小說要角孫悟空。時迄於明，中國宗教傳統——無論是釋是道是儒——早已累積出一套以「修心」為慎獨的重要工夫，而在陽明學派的心學上發展到了巔峰。「心」字代表三教，《西遊記》以此開書，深意饒富。此一託喻式的稗官章法，譯家若老練，筆底必然見真章。

　　話雖如此，英譯本《西遊記》修訂之後，余國藩對全書的解讀恐怕已把原先所以為的三教合一的意圖稍稍給降低了。第七十回中，朱紫國王因妖道賽太歲的先鋒吵擾內庭，懷疑悟空是否能轉危為安，逼得一向好面子的孫大聖賦詩自證，像須菩提祖師一樣，提到他能令「三家會在金丹路」（《西》：796）。而這裡的「家」，不完全是儒家、道家或佛家那個「家」字，「派別」的內涵強過其他。余國藩原來直譯為"Three Houses"（1 *JW*, 3: 325），語意太強，修訂版改為"Three Parties"（2 *JW*, 3: 287），就比較符合此地的文化語境，也表示小說的詮釋生變。講得清楚一點，"Three Parties"可以回譯為「三個志同道合的團體」，比原先所譯更近中文原意。此外，此一名詞的注文也大變，特別費辭要我們回想第二回寫須菩提祖師的往事。祖師登壇「妙演三乘教」，他「說一會道，講一會禪，三家配合本如然」（《西》：13）。祖師話雖如此，所演此刻顯遭變質，蓋悟空硬把我們的回想轉成了「金丹之會」，亦即上述「三家」已從儒、釋、道轉為

丹家特重的「精」、「氣」、「神」(2 *JW*, 3: 508n2 and 4; also see 1 *JW*, 3: 450n6)。「三家」既然「會在金丹路」,所謂「三教合一」,似乎也就變成了小說家的幌子,所寓實則是胡適(1891-1962)寫《西遊記》考證時並不以為意的「金丹大道」[6]。須菩提所稱的「三家配合本如然」中的「本」,我故以為應指「金丹路」這個三教之「本」而言,否則我們就無從解釋第三十六回悟空解釋月之圓缺(上弦、下弦)時所吟的兩句詩:「前弦之後後弦前,藥味平平氣象全。採得歸來爐裡煉,志心功果即西天。」這個「本」,也是沙悟淨聽罷悟空所吟之詩後,隨口又道「三家會同無爭競,水在長江月在天」的緣故(《西》:419-420)。

在佛教史上,須菩提祖師絕非小角色。他本是佛祖座下十大弟子之一,《維摩詰經・弟子品》特謂之「解空第一」[7]。此所以他為猴王命名為「悟空」。話說回來,佛門解空的概念,宋人石泰(1022-1158)的《還原篇》卻以「不識神仙術」而譏之為「釋門打頑空」(《秘功》:300)。或因此故,《西遊記》的敘述者在第一回才說要「打破頑空須悟空」(《西》:12),從而把佛道結合為一了——或許還得添加個孔門的訓示!小說所寫的須菩提既有「西方妙相」,也外加了個仙家「祖師」的封號,居然還形容他演的是「三家」的妙義,儼然又具儒門的神韻(《西》:10及13)。有趣的是這位「須菩提祖師」教會悟空神變之道後,隨即尋了個藉口,將猴王逐出師門,還嚴令他在外不得自報家門。此後,「須菩提祖師」就從《西遊記》消失,說來詭異,係小說結構中罕見的出格之舉。我想這點應和他為釋迦座下聖僧的地位有關[8]。余國藩或應在這上面做點文章:他師承新亞里斯多德學派中人[9],小說結構是閱讀訓練上的重點。

---

6 胡適,〈《西遊記》考證〉,見《胡適文存》(共4集。臺北:遠東圖書公司,1953),2:390。另見Yu, "The Formation of Fiction in *The Journey to the West*," pp. 36-37.

7 〔後秦〕僧肇選,《維摩詰經・弟子品》,見高楠順次郎、渡邊海旭主編,《大正新脩大藏經》(東京:大正一切經刊行會,1924),38:349。這一點,陸揚也談過,不過他是從《金剛經》立論,見所著〈中國佛教文學中祖師形象的演變——以道安、惠能和孫悟空為中心〉,見田浩(Hoyt Tillman)編,《文化與歷史的追索:余英時教授八秩壽慶論文集》(臺北:聯經出版公司,2009),頁655。

8 李奭學,〈欲望小說・小說欲望:論《紅樓夢》與《西遊記》〉,《國際漢學研究通訊》(北京大學國際漢學家研修基地)第7期(2013年6月),頁67-68。此文以下簡稱「李著」。

9 參見李奭學,〈兩腳踏東西文化・一心評宇宙文章——《余國藩西遊記論集》編譯序〉,載余國藩著,李奭學譯,《余國藩西遊記論集》,頁(二)。

　　再談余譯本的詮釋中最重要的丹道。我們細瞧《西遊記》第一回：須菩提祖師命猴王的姓氏時，把「孫」字拆為「子系」，在隨後的丹道寓言中，馬上又說出一句關係全書的關鍵語：「正合嬰兒之本論。」（《西》：11）此處的「嬰兒」，指的當係對應於「姹女」的道教內丹術語。在譯本首版中，余國藩已十分看重《西遊記》中的丹術，尤其是煉氣還虛的內丹功，且曾另行撰文再三強調之[10]。修訂版裡他濃墨再抹，這方面的強調遠遠超乎我們的想像。余國藩翻修《西遊記》的英譯本，自此幾可謂從丹道寓言出發了。此中和柳存仁(1917-2009)的契合頗有趣。柳氏發表在《明報月刊》上的〈全真教與小說《西遊記》〉[11]，把前人著作如《西遊記龍門心傳》中發明未盡之處重予發微，舉證歷歷，而一句「撰寫者是全真教中人」(2 JW, 1: 31)，已足以令余國藩重探卷帙浩繁的《道藏》，把王重陽(1113-1170)、全真七子及金元兩代全真道的著作再予覆案，為英譯本從詮釋到注釋增添風華，何況小說第33回那平頂山的土地早已指出為太上老君看丹爐的童子逃到下界後，「愛的是燒丹煉藥，喜的是全真道人」（《西》：382）。據我粗估，除了《鳴鶴餘音》等初版中即已詳究的著作外，修訂版中余國藩另行詳探了《洞玄金玉集》、《洞淵集》、《水雲集》、《磻溪集》與《漸悟集》等不下十餘部早期的全真教詩集(2 JW, 1: 43-51)，而且大有發明。所以修訂後的英譯《西遊記》，再非曩昔魯迅單純所以為的「神魔小說」，而是如史賓塞(Edmund Spenser, c. 1552-1599)《仙后》（The Faerie Queene）一般寓意多重的「託喻」之作。新版便在此一概念下修正譯文，重新詮釋，而要如此修訂，余國藩當然得採「稠密翻譯」(thick translation)的策略，再用〈導論〉，用「章節附註」等等「副文本」強化自己的翻譯詮釋學。

　　瘦辭隱語之外，道教早期如《太平經》——甚至包括魏伯陽(fl. 147-167)

10　參見Anthony C. Yu, "Two Literary Examples of Religious Journey: *The Commedia* and *The Journey to the West*"; "Religion and Literature in China: The 'Obscure Way' of *The Journey to the West*"; and "The Real Tripitaka Revisited: International Religion and National Politics" 三文，俱見Yu, *Comparative Journeys: Essays on Literature and Religion East and West* (New York: Columbia University, 2009), pp. 129-203.

11　〈全真教與小說《西遊記》〉原載香港《明報月刊》第233-237期(1985)，依序為頁55-62、59-64、85-94、85-90，以及70-74；現已收入柳存仁，《和風堂文集》(3冊。上海：上海古籍出版社，1991)，3：1319-1391。

的《周易參同契》──中的語言,大多師法漢末開始流行的駢儷文風,騷體的味道強,而用韻的現象更是顯著。不過這些道經用語古拙,語彙神秘,仍然可見文學之美,如今業已研究者眾[12]。全真教雖隸道教,但遲至金代才發軔,宋元則已分有南北兩宗。北宗早期的人物如王重陽與馬丹陽(1123-1183)等人,乃一批苦修傾向頗重的文人或半文人。他們如上所舉的著作,其實長於道情而拙於技術性的論述。舉例言之,《西遊記》第五十回的回前詩〈南柯子〉,正是全真七子中的馬當陽所填,不過《西遊記》稍有更動,藉以發顯全書的全真氣息[13]:

> 心地頻頻掃,塵情細細除,莫教坑塹陷毘盧。本體常清淨,方可論元初。
> 性燭須挑別,曹溪任呼吸,勿令猿馬氣聲粗。晝夜綿綿息,方顯是工夫。
>
> (《西》,頁575)

這首詞除了強調「心」的重要外,表面上沒有一語提及修行內丹的方法,也就是只講「性」,不講「命」,係典型的金代全真教的文學代表。余譯本《西遊記》初版,也只當是道情之作而英譯之。「曹溪」是禪宗六祖惠能(638-713)弘法之處,而〈南柯子〉打一開頭實則就在回應惠能擊敗神秀(601-675)那首著名的佛偈,以故像《西遊記》結合佛道一樣,又讓全真的堅忍搭上了佛教的禪心。北宗早期的文學,〈南柯子〉當可窺一斑而見全豹,唯《易經》以還的丹術談得確欠火候。

余國藩的英譯本《西遊記》初版時,我想並未意識到〈南柯子〉乃馬丹陽所填,所以譯罷之後,僅在「曹溪」上加了一條小注(1 JW, 2: 438n1),要求讀者參看〈導論〉中另一條注釋(1 JW, 1: 513n8),而這條所注也不過如上所述,並未將全詩中那早期全真的況味給盡情道出。三十年後,余國藩對《西遊記》

---

12 劉祖國,〈漢語學界道經語言研究的回顧與展望〉,《漢學研究通訊》32.3(2013年8月):8-16。有關《周易參同契》所用之韻,參見蕭聖中,〈周易參同契的韻轍與平仄〉,載《宗教實踐與文學創作暨〈中國宗教文學史〉編撰國際學術研討會論文集》(3卷。高雄:佛光山,2014),1:427-433。

13 這首詞可見於《正統道藏》787《漸悟集》卷下(臺北:新文豐,1985),頁1-2。相關探討及其改動處可參見柳存仁,《和風堂文集》,3:1344。但柳氏以為〈南柯子〉無關第五十回,這點我覺得仍有商榷的餘地。

認識大增,〈南柯子〉的絕妙處他已可擇其精華而譯出。所謂「工夫」,他也了解係全真借禪修所求的內丹之道("internal and meditative alchemy," 2 *JW*, 2: 392n1),而緊隨此一體認而來的,當然是重修舊譯,而且幾乎是全盤改譯。余國藩所耗工夫之大,可以想見。

全真北宗始自王重陽的努力,包括信仰與修持等等,借一句吳光正的話,乃「多以口傳密授和文學書寫的方式實施和呈現」,不但示範了苦修道士苦行的工夫,也刷新了整部道教文學史[14]。然而這些口傳密授和文學書寫必定有其目的,沒有撰者不想登上最高的修煉境界而成仙了道。談到這一點,修煉者豈可沒有丹道口訣等技術性的論述,豈能不探討修「性」與修「命」的進境?包括馬當陽——甚至是王重陽——在內的金元全真道,確實不擅類此的論述。所幸他們仍能在中國道教文獻中自尋「師承」,而就《西遊記》言之,這類修「命」的技術文本多從《易經》出發,我以為最稱典型者有三:一為東漢末年魏伯陽的《周易參同契》;二為宋人張伯端(987-1082)的《悟真篇》;第三是余國藩英譯《西遊記》時可能未及參看的一本副文本頗眾的專著,亦即上舉石泰的《還原篇》及其元明從者的箋注。

我們猶記得《西遊記》首回,須菩提祖師擬為悟空覓一「姓」氏。他因悟空為猴,故而從「猢猻」替他取「姓」為「孫」,又把「孫」字拆為「子系」,其後隨口便評道:「正合嬰兒之本論。」余譯本譯「子」為"boy",把「系」解為"baby"(諧「細」嬰),其實都是在為那「嬰兒之本論」("fundamental Doctrine of the Baby Boy")預奠理論基礎(2 *JW*, 1: 115),以便接下來可藉翻譯申論內丹之道。上引括弧中的"Baby Boy",是認識「嬰兒」真諦之後的直譯,英文讀來應有慣用法之異,就好像把「效犬馬之勞」(《西》,頁40)直譯為"to serve one as dogs or as horses" (2 *JW*, 1: 150) 一樣生硬,講英語的人士讀來或感「洋腔洋調」。是的,學術翻譯的譯者常見類此的直譯策略,我們無足為異,何況由上述"Baby Boy"讀來,我們應該也可了解須菩提何以會由佛前高弟變成全真道士口中的「祖師」。

14　吳光正,〈苦行與試煉——全真七子的宗教修辭與文學創作〉,《中國文哲研究通訊》23.1 (2013年3月):39。

　　至於「嬰兒」一詞，丹家初則取法老莊，形容青春永駐，如人之初始的嬰
兒狀態[15]。《參同契》第80章〈法象成功〉謂「升熬於甑山」，必不使火妄動，
必壓之而使如「嗷嗷聲悲」的「慕母」之「嬰兒」[16]。劉一明稱這裡的瘦辭所
喻象火之「燥性消化」，亦即修煉者已回復那出生之「專氣致柔」之態。「嬰兒」
一詞，此後在丹道上因指氣功化境，相對於我上文曾經提及的「姹女」，而後
者自亦出乎《周易參同契》，是〈二土全功〉一章中所謂「老翁復丁壯，耆嫗
成姹女」之所指（《注》，頁61）。在《西遊記》裡，「嬰兒姹女」這對名詞出現
的次數甚多，多到由不得讀者不加注意。《周易參同契》借《易經》論命，「嬰
兒姹女」遂變成全真道修命的關鍵字之一。「嬰兒」不用再贅；「姹女」者，「美
女」也，余國藩從首版起就譯之為"fair girl"（e.g., 1 *JW*, 4: 70 and 123; 2 *JW*, 4: 63
and 96），既合本意，也傳神，因為《西遊記》中此詞多指漂亮的女妖，不但青
春長駐，同時也指她們在修煉上所欲化至的理想境界（參見本書頁21）。不過在
丹道的技術上，「姹女」指「汞」。魏伯陽嘗謂「河上姹女，靈而最神」（《注》，
頁69）。然而魏氏不作此說便罷，說了反而令後世論者眾說紛紜，隔代互駁：
中野美代子認為魏氏之說典出「黃河邊上」的仙人「河上公」的舊說[17]。清人
劉一明乃全真教龍門派傳人，嘗融攝儒佛，另從《詩經》的〈王風・大車〉中
那「淫奔之女」而詮解道：「姹女者，離中之陰，在人心為人心之靈」，但也因
「靈」而演為「識神」。其本色正如「水銀」而「流性不定」，故而會「逐風揚
波」而「喜動不喜靜」，只要「心火稍起，則飛揚騰空」[18]。方之中野的溯源，
劉一明係就技術面而論「姹女」，我以為較合丹道之理。

15　李叔還，《道教大辭典》（杭州：浙江古籍出版社，1990），頁242「嬰兒」條。另參同
　　書頁240「姹女」條。
16　〔東漢〕魏伯陽著，無名氏注，《周易參同契注》，見張繼禹主編，《中華道藏》48冊（北
　　京：華夏出版社，2004），16：73。《周易參同契注》以下簡稱《注》，引用頁碼隨文夾
　　註。
17　中野美代子，《西遊記の秘密》（東京：福武書店，1987），頁94。《西遊記の秘密》以
　　下以作者名簡稱「中野」。
18　魏伯陽著，〔清〕劉一明解，《參同契直指》（臺北：真善美出版社，1983），頁7及
　　56-57。另見陳子展，《詩經直解》（臺北：書林出版公司，1992），頁223-226；以及余
　　國藩著，李奭學譯，《重讀石頭記：〈紅樓夢〉裡的情欲與虛構》（臺北：麥田出版，2004），
　　頁132-134。《參同契直指》以下簡稱《直指》。

　　「姹女」既然相對於「嬰兒」，而「嬰兒」——即使不就比喻而就其實體言之——可想仍寓南宋道士蕭應叟(fl. 1226)所謂「陰剝陽純」的修煉結果，受佛教戒欲觀影響大，而此即《西遊記》第83回「陽精月燼，真身化生」所成就的「聖胎」更上層樓的表現[19]。「嬰兒」與「聖胎」這兩個名詞，余譯修訂版以為「同」(none other than; 2 JW, 1: 86)，理解和蕭應叟有異，不過相去並不遠，因為後者長成後才會變成前者。所以修訂版《西遊記》的〈導論〉裡，余國藩並不以「嬰兒」今日通譯譯之，而是解為「小娃兒」(baby boy)。類似之譯，書中例子還真不少(e.g., 2 JW, 1: 86-87 and 1: 115)，比首版僅以"baby"說之強多了，可見三十年來余國藩對丹經的認識已臻化境，閱讀愈廣愈博，也愈精愈深。

　　有關「聖胎」一詞，第83回示範得最佳。回中悟空化身為桃子，計騙陷空山無底洞的地湧夫人吞下，從而在她腹內大肆凌虐了一翻。待他跳出口外，兩造當又是一陣廝殺。此時敘述者再賦一詩，其中有對句如下，吟唱目的分別為鼠精及猴王修煉之所欲，而「聖胎」一詞出焉：

> 那個要取元陽成配偶，
> 這個要戰純陰結聖胎。
>
> （《西》：943）

　　地湧夫人是靈山鼠精化身的「姹女」，在陷空山苦等唐僧三百年，因為她本擬匹配這長保元陽的嬰兒。悟空代三藏出戰，但他可也不是個空殼的行者，當有意效法乃師，讓自己也變成是位剝陰存陽的嬰兒。上面這兩句詩，余譯本修訂版並未改動，連「聖胎」亦英譯為"holy babe"，把「胎」字給實體化了。修訂版注「聖胎」依舊，道是隱喻「內丹論述中修煉上的成仙了道之境」(the attainment of realized immortality in the discourse of internal alchemy; 2 JW, 4: 392)。不論譯文或注文，余國藩從之而作的翻譯詮釋，我以為都無可挑剔，幾達爐火純青的化境。

19　這裡有關「嬰兒」與「聖胎」之別，我引自〔宋〕蕭應叟，《元始無量度人上品妙經內義》，見張繼禹主編，《中華道藏》，3：552。

話雖如此，譯文中有一處，我仍然覺得或可稍稍再議：

That one desires primal *yang* to be her mate;
This one fights pure *yin* to form the holy babe.

（1 *JW*, 4: 123; 2 *JW*, 4: 113）

坦白說，這一聯譯得甚佳，不論平仄（metrics）或尾韻（rhyme），余國藩都押得極其工整，漂亮之至，可比18世紀英國的新古典詩風（Neo-classicism），尤其是蒲伯（Alexander Pope, 1688 -1744）式的英雄雙行體（heroic couplet）。難怪修訂版一仍舊貫，未曾再修。兩句詩中相對的動詞一為「取」，用"desire"而不借字典直譯之，高明得很。我吹毛求疵的是「戰」字的譯法。此字這裡未必全指「作戰」而言。此「戰」之目的乃在「結聖胎」，所以——除非我們以道教房中術看待這兩行詩——此「戰」反而有「力拒」（fight against）或王重陽所謂「戰退」狐魅之意。全真教係道教中的堅忍學派，色戒斷不容犯。詩中的「戰」字固有「性」的聯想，然而魏伯陽以來，丹詩中每每容許性意象，筆法一貫，也一致，而全真道用得更多，王重陽乾脆稱之為「假名」[20]。此一「假名」，劉一明的說法是「託物寓言」[21]：全真道若不如此看待丹經中的性意象，則如此之「戰」怎又可能「結聖胎」或——延而申之——「結嬰兒」？全真典籍筆下的「嬰兒」乃「聖胎」化育而成，而清代全真道士閔一得（1758-1836年）訂正的《尹真人東華正脈皇極闔辟證道仙經》對「嬰兒」的看法，則從《性命圭旨》而有另解（1: *JW*, 508n1），謂之乃釋門的「法身」，猶言其性體清淨無垢，一塵不染[22]。

《西遊記》中刻畫的「姹女」，陳士斌（fl. 1692）的《西遊真詮》重回《易

20　以上王重陽語，見〔金〕王嚞，《重陽真人金關玉瑣訣》，載張繼禹主編，《中華道藏》，26：395及397。

21　見〔北宋〕張伯端著，〔清〕知幾子（仇兆鼇）纂輯，《悟真篇集解》，載《秘書集成》第3冊（北京：團結出版社，1994），頁27；另參2 *JW*, 1: 91-93。《悟真篇集解》以下簡稱《悟》。

22　〔清〕閔一得訂正，《尹真人東華正脈皇極闔辟證道仙經》，見高雅峰等整理、編校，《道藏男女性命雙修秘功》（瀋陽：遼寧古籍出版社，1994），頁125。這位「尹真人」，應指全真道第六代掌教尹志平（1169-1251）。我所用的現代版，係青羊宮傳抄本。《道藏男女性命雙修秘功》下文簡稱《秘功》。

經》，稱之為「坤象；坤得乾之中爻而成坎，乾易坤之中爻而成離」。職是之故，「姹女」才會變成丹術中「汞」的隱語。「文王後天八卦」形成於唐末，係偽託的《易》象之論。其中陰性化了「離卦」，陽性化了「坎卦」，因使「離女」對應於「坎男」，在四獸圖中且解之為「青龍」，使之與「白虎」交媾而結成金丹（中野：79）。凡此種種，張伯端的《悟真篇》道得最精，而《西遊記》亦常引之。我們從上述名詞再看，張派全真當然大受《易經》的影響。《西遊記》開書的宇宙觀，便從《易經》而來（《西》：1-2），走的是《悟真篇》一脈的思想。三藏十世修行，「元陽未泄」，而此亦《西遊記》因《周易參同契》而察悉的修命之道。余國藩的〈導論〉於此有深論（2 *JW*, 1: 82-95; 525n5 for chap 17; and 528n10-529n12），不過張伯端此處的指涉，反而源自佛門，並非《易經》。

所謂「修命」，當然是要延年益壽，長生不死，《悟真篇》就此所論，多用隱語，此元人陳觀吾所以謂之「多假喻辭而不截然直指」（《悟》：20；另參見2 *JW*, 1: 91-93）。佛教以色為戒，崇拜真陽，但在《悟真篇》中，張伯端處處反使之帶有性的暗示，「龍虎交媾」與「捉坎填離」等詞故而看似南宗偏支的房中術，從而又比為「姹女嬰兒」與「金烏玉兔」的結合，也就是《西遊記》第2回繼之所稱的「龜蛇盤結」（《悟》：176）。張伯端還指出這些對比的喻詞非得「匹配成既濟」不可，蓋其「本是真陰陽」，故而「夫妻同一義」（《悟》：17）。佛教和全真南宗的矛盾，《西遊記》借《悟真篇》如此調合，編次者顯然不含糊。儘管如此，這種調和卻生出一極端的弔詭，乃西行道上多數的妖魔幾乎都不問原由，從第13回三藏初離兩界山，進入西域那蠻陌之境開始（《西》：152），便設為他們修煉上的終極目的，以為吃了這十世修行的和尚的肉，便可正壽長生而金丹得度，化為張伯端所說的紫微「太極之精」了[23]。在這種狀況下，內丹術在《西遊記》中諷刺地卻反轉成了葛洪（284-363）等外丹家提倡的服餌之術，亦即以玄奘為還丹金液，而食其肉便可「得道飛升，畢天不朽」[24]。

23　〔宋〕石泰著，閔一得授，閔陽林述，蔡陽倪訂，《還原篇闡微》，見《秘功》，頁299。
　　另見吳光正，《神道設教：明清章回小說敘事的民族傳統》（武漢：武漢大學出版社，2012），頁81-86。

24　參見李著頁63-64。另見〔東晉〕葛洪著，李中華注譯，黃志民校閱，《抱朴子》（2冊。臺北：三民書局，1996），1：83-126；以及柳存仁，〈全真教和小說《西遊記》〉，載於

　　我們認識《西遊記》，張伯端的《悟真篇》才是相對重要的理論要著，對小說成書影響尤大，而這相關種種，余譯本〈導論〉與各分冊之章節附注，敘之甚詳，修訂本就不用贅述了。《西遊記》開書須菩提祖師所教的「逆修之法」，係所謂「攢簇義廣五行顛倒用」在小說中的實例解說(2 JW, 1: 509n10)。此等「逆修之法」無不攸關性命，正是《西遊記》令孫悟空自稱「齊天大聖」的諸多原因之一，蓋《悟真篇》繼之所述乃「溫養十月，以成真人，與天齊壽」(《悟》：176)。悟空撐起「齊天大聖」這張大纛，並非太田辰夫就第41回故事表面悟空那「平天大聖」一干舊交六人的民間傳說所致[25]，而是有其丹道意義上的成因。簡言之，這面大旗同樣涉及性命雙修。在「性」上，這旗幟乃因靈霄寶殿上玉帝輕賢，亦即悟空對「弼馬瘟」一職的極端反動煽起(《西》：41)；在「命」上，則是天上數日，下得凡界卻是年壽飛逝，而如此仙凡不一，悟空哪裡心甘，是以務必討個公道所致。雙題並發，猴王當然要來個「與天齊壽」，作個跳出輪迴，在天界為人所重的神仙了(《西》：40)。余譯本中，「齊天大聖」一詞均用對等語，作"the Great Sage, Equal to Heaven"(e.g., 2 JW, 1: 151)，確把上述寓意網羅殆盡，不失為佳譯。

　　不過《悟真篇》還有令《西遊記》的作者更難釋懷的地方。用基督宗教的觀念講，「齊天大聖」就像興立一座巴別塔(The Tower of Babel)，就像上帝座下反出天界的大天使露西弗爾(Lucifer)，幾乎是「驕傲」(hubris)的代名詞，絕不容於天地間。《西遊記》中倒沒有如此嚴重的罪宗首端，所以玉帝下令開打的那場「天上的戰爭」(heavenly war)，就不比彌爾頓(John Milton, 1608-1674)《失樂園》(Paradise Lost)裡的那一場[26]，而兵敗既成事實，「齊天大聖」一稱遂將就授與悟空了。通《悟真篇》全書，下面一詩或許才是「齊天大聖」一名靈感所自，至少有詮釋上的聯繫，英譯本《西遊記》兩版倒都忽略了：

　　　　了了心猿方寸機，

(續)————
　　　　所著《和風堂文集》，3：1319-1391。
　25　太田辰夫，《西遊記の研究》(東京：研文出版，1984)，頁80。另見《西》，頁471。
　26　John Milton, *Paradise Lost* (Oxford and New York: Oxford University Press, 2008), VI.

三千功行與天齊。

自然有鼎烹龍虎，

何必擔家戀子妻？

　　　（《悟》：247-248）

　　我在他文中也曾提過這首詩，同樣認為攸關「齊天大聖」這個名頭（李著：68）：「三千」之數，在此不過形容功行之多，而「心猿」一方面結合「方寸」，回應了《西遊記》首回的「靈臺方寸山」，另方面又告訴我們修行得力，金丹練成，「心猿」在性命上都可以「與天齊」。是以上引《悟真篇》中的詩，不管從哪個角度看，在在教人都難以不想起孫大聖！全詩的後兩句，不論是丹家的喻詞或「行者」的自了漢性格，悟空又無一不能擔當。余譯本為悟空作了許多源流考證，「齊天大聖」的由來，上引詩或可供參考。

　　《西遊記》名為「遊記」，實為「心法」。《心經》在小說中的關鍵地位，因此而得。小說為強調「心」的重要，除了文前提到的字謎外，不惜長篇抄錄所謂《多心經》（即《心經》），而這點《悟真篇》早已有呼應，不但作〈《心經》頌〉以頌之，還吟出了〈無心頌〉以和之，而〈即心是佛頌〉在小說中雖經小幅改易（《悟》：302-306），幾乎句句也都抄為第十四回的回前詩（《西》：153）。《悟真篇》在《西遊記》中之為德也，由此又可窺一斑。凡此，余譯《西遊記》的修訂版當然不會放過（2 JW, 1: 13），而且闡述精甚，已非首版可比。

　　上述「太極之精」一語，我從石泰的《還原篇》引出。石泰嘗於驛中遇張伯端，知仙之可習，其書乃成（《秘功》：273）。張伯端走的既屬丹道的技術路線，《還原篇》當然不會有如全真七子而以道情為內文主旨。石泰認為修真者「只尋身內藥」便可，實則「不用檢丹書」（《秘功》：304），《還原篇》所傳者，因此可稱全真教內的禪宗。話說回來，《還原篇》中的口訣也最多，不檢丹書卻又以注解之，這弔詭要理解可不易。前文述及悟空變成桃子，計騙地湧夫人吞下，而他真身一現，在地湧夫人腹內左踢右踹，讓她疼得滿地打滾，最後只好告饒投降。《西遊記》第83回這段故事，看在全真道眼裡，當然也是寓言，陳士斌引《悟真篇》形容之，曰：「果生枝上終期熟，子在胞中豈有殊？」這

兩句詩，實為《悟真篇》中張伯端另一首七律的下半部，其上另有兩句云：「虎躍龍騰風浪麤，中央正位產玄珠。」(《悟》：77-78) 這兩行詩，我在他文同樣也談過(李著：67)。余譯修訂本的〈導論〉從李約瑟(Joseph Needham, 1900- 1995)的《中國科技史》(*Science and Civilisation in China*)第五冊取了一幅佛陀像，其中但見一嬰兒從其袈裟中探出頭來[27]，而如此繪圖實乃以圖像喻丹道(2 *JW*, 1: 87)，所謂「玄珠」，正是這裡的「嬰兒」或其前身的「聖胎」。質而再言，整首詩不啻前述「龍虎交媾」的隱喻，而《還原篇》此地說得更精，更近《西遊記》的丹道瘦辭：「姹女乘鉛虎，金翁跨汞龍，甲庚明正令，練取一爐紅。」(《秘功》：281) 修煉技術既如此，「姹女」和「汞」及「青龍」的關係在短短兩行的詩內便就道盡，而「嬰兒」即「金翁」，正是丹術中的「鉛」或「白虎」。全真南宗的正統雖也不近女色，卻比北宗更好性意象，藉以隱喻修煉的技術(參見三藏三徒修煉成仙的三首「自報家門」的排律，在《西》：192-193；212-213；及247-248)。石泰這兩行詩講陰陽合和，看似合乎《易》道，卻不合丹道，比喻的仍為《西遊記》開書須菩提祖師教給悟空的「逆修之法」，亦即所謂「攢簇五行顛倒用」在小說中的實例解說。《還原篇》是一套八十一章的五言詩，講「金液交結，聖胎圓成」(《秘功》：273)，除可印證內丹修行的大、小周天之數外，如前所述也在回應唐僧在《西遊記》中的八十一難。若視為《西遊記》的作者藉以形塑故事的丹術間架，應該也說得通。

　　《西遊記》中，三藏嘗借住烏雞國寶林寺。他夜來見銀輪當空，不禁賦詩懷歸。余譯本的〈導論〉對這段插曲特感興趣，從舊版起就頻見討論(e.g., 1 *JW*, 1: 49)。三藏才剛感嘆何日可以取得真經返故園，悟空便近前為他說明月家之意。悟空詩中頂真所述，無非是晦朔間，月之上弦與下弦俱有其意，牽涉到所謂「先天采練」之術，也就是上文我所引的「前弦之後後弦前，藥味平平氣象全」。這首詩實則變化自《悟真篇》所吟[28]，涉及養丹之道。悟空繼之所謂「采得歸來爐裡煉」，不過用了個「爐」字，指顧間就把外丹轉成了內丹了。繼「煆

27　Joseph Needham, *Science and Civilisation in China*, vol 5 (Cambridge: Cambridge University Press, 1954), pp. 81, 83-84, and 90.

28　在 1 *JW*, 1: 49 中，余國藩引的是南宋理宗淳佑己酉年(1249)王慶升的《爰清子至命篇》(《道藏》84：742)，不過王氏卻道自己所從乃紫陽真人之作，亦即張伯端的《悟真篇》。

成溫養自烹煎」（《悟》：187）之後的「志心功果即西天」（《西》：419-420），
有趣的卻又如我前之所示，把佛道縮為一體（2 *JW*, 1: 67-68）。全真道雖稱「道」，
生活中的實踐卻是三教一家，或將三教宗旨解為自家大道。元初道士李道純（fl.
1306）著《中和集》，書題本身即出自《禮記》，亦因所習而以釋家之「圓覺」
或「真如」、儒家之「太極」與道教的「金丹」視同一體，認為唯「體同名異」
罷了，不必強分[29]。《西遊記》中另可見諸上引詩後──我稍前亦曾引出的──
沙僧所吟「三家同會無競爭」，也可因悟空的議論而得窺其真義：「我等若能溫
養二八，九九成功，那時節，見佛容易，返故田亦易也。」（《西》：419-420）這
些故事情節，余譯兩版都強調，可見重視，而就《西遊記》的詮釋來講，也是
慧見。

「溫養二八」與「九九成功」俱屬煉丹術語，因旨隱意晦，歷來解法不一。
中野美代子有驚人之論：她把《西遊記》中的丹詩視為房中術的託喻，「二八」
遂解為年在「十六」的處女，是採陰補陽最佳的丹爐（中野：108）。由是中野又
予引申，把「九九」當成至高聖數，隱喻「龍虎交媾」的性高潮，難怪她認為
唐僧的「取經行」根本是一場眾女妖並五聖的「取精行」[30]。從好談房中術者
的角度觀之，中野的說辭頗能服人，而《西遊記》不就變成一部房中術的寓言？
唐三藏經歷的八十一難，經此觀照，跟著也變成了性交逐步走向高潮的長篇隱
喻了（中野：118-119）。儘管如此，反對如此看待丹經者仍有其人，葛洪在《神
仙傳》中態度清楚：從房中術的角度閱讀《周易參同契》，他難以苟同，故謂
「世之儒者不知神丹之事，多作陰陽注之」，正可謂「殊失其旨」[31]。後世《悟
真篇》的注者，多數持論相同。閔一得（1758-1836）向以北宗龍門後人自居，所
著《還原篇闡微》首開以《易》卦象數看待「二八」的風氣，是以若非視之為

29　〔元〕李道純，《中和集》，見《正統道藏》，4：497。另參郭健，《取經之道與務本之
　　道：《西遊記》內丹學發微》（成都：巴蜀書社，2008），頁84-86。《禮記・中庸》云：「喜
　　怒哀樂，未發謂之中，發而皆中節謂之和。」見華義姜譯注，黃俊郎閱校，《新譯禮記
　　讀本》（臺北：三民書局，1997），頁737。

30　見中野美代子，《西遊記──トリック・ワールド探訪》（東京：岩波書店，2000），頁
　　48-52。

31　葛洪，《神仙傳》，與〔清〕隱夫玉簡，《疑仙傳》、〔漢〕劉向及《列仙傳》合刊（臺北：
　　廣文書局，1988），頁11。

日期，就是證為鉛汞等等的藥量。余國藩在舊譯中走的詮釋路線，原為乾隆年間的全真道董德寧的《悟真篇正義》，把二八解為月之前弦與後弦（1 *JW*, 2: 430n2），不過董氏雖從時間解釋此一名詞，所解卻和接下來的詩重複而自我矛盾了。修訂版中，余國藩故而再修訂自己的前見，同意以藥量解釋這裡的「二八」，符合動詞「溫養」擬設的受詞。余國藩勇於挑戰、修正自己，確實令人佩服（2 *JW*, 2: 383n23-25）。至於上述的閔一得之說，當因《還原篇》有「但知行二八，便可煉金丹」之說，又有「姹女方二八，金翁正九三」使然（《秘功》：278及289）。我們只要想到第78回三藏在比丘國面聖之際，業已明示「採陰補陽，誠為謬語」，連那「服餌長壽」，他也批為「虛詞」（《西》：897），則中野之說若然，豈非指取經五聖都得破那「色戒」不可，否則難以證成正果？如此論述，業已和全真丹術得保「元陽之身」方能「結聖胎」或「結嬰兒」的戒律牴牾，當然也跳不出佛門「一心不動，萬行俱全」的超越法門（《西》：897），從而犯下今人所謂「詮釋過當」之病而致走火入魔。

我們倘無《還原篇》這類丹書的輔助，上面的數字就只能任人定義，甚至各取所需，而全真教也會變成孫思邈（541?-682）一脈的道教。中國宗教傳統中，「性命雙修」一向懸為理想，但說其根本，則只有道教能夠成雙兼顧。就《西遊記》的文學一面而言，「修性」是刻畫人物的動力，而「修命」當然就是推動情節的力量。全真道士無不以「性命雙修」為生命大任，所以特別講究袪色戒欲。既然如此，何以整部《西遊記》所借魏伯陽、張伯端、石泰，乃至其他丹書中的語句或語彙大多又充滿情色色彩，讓中野美代子一類的論者「想入非非」呢？

余譯本《西遊記》修訂版的〈導論〉，於上述問題新寫數頁，但求三致其意。煉丹名詞每常互稱「夫妻」，合為「交媾」等等，上引劉一明的話把此一關係說得甚明：「託物寓言」。但上文我沒再予徵引的是下一句劉文「旁引曲證」，亦即邏輯關係並非丹家書寫之所重。百回本《西遊紀》的序者乃陳元之（fl. 1592），他同樣認為是書係以佛道設喻，評得甚至更絕：「此其書直寓言者哉！」陳氏這句話，余譯本新添之，順勢寫進了《西遊記》的〈導論〉中（2 *JW*, 1: 42-43），而且還以「宗教寓言」直呼《西遊記》的本質，似乎在向胡適等人

開戰。所謂「寓言」（allegory/ extended metaphor），我們鬆散稱之為「譬喻」（metaphor），亦無不可。修訂後的余譯本〈導論〉，最後另附「體象陰陽升降圖」一幀，其中即以「譬喻」代「寓言」（2 *JW*, 1: 92-93），而不論「譬喻」或「寓言」，這兩個名詞──容我再借王重陽的話──都是佛教所稱的「假名」。《西遊記》因此設為託喻，假名成書，而凡此確需經驗老到的讀者或譯者一一勘破，方能中天見月明。

在道經丹書中，「體象陰陽升降圖」名氣大，所出乃前文提及的蕭應叟著《元始無量度人上品妙經內義》[32]。蕭氏嘗試以圖代文，把內丹修煉示之以山，譬之以身，使人易知易懂。但也因此，《論語‧雍也篇》所謂「能近取譬」的推己及人理想[33]，全真道士才可謂念茲在茲。《西遊記》的作者當然也牢記在心，而余國藩更據之──此外，當然也涵容大量全真北宗如王重陽等人的道詩的研究──為翻譯此一明代說部偉構的基礎，從而詳究之，細勘之，甚至視之為戲語趣譚，以諧謔插曲表現在小說中。故事因而益顯生動，活潑無比，活脫一幅巴克汀（Mikhail Bakhtin, 1895-1975）式的全真語言的嘉年華會。

當然，我們若退回《西遊記》的宗教傳統，則此書絕對是中國三教孕育而出的長篇說部，某個意義上亦有如一部中國宗教百科全書。三教中，道教的基礎無疑最稱雄厚，余國藩緣此而由丹經出發，予以重詮，下手傳譯，《西遊記》幾乎換上了新裝，重新西遊。余國藩眼光獨到，由此可窺一斑，而他下筆秀出班行，恐怕也是世無可疑。

32　蕭應叟，《元始無量度人上品妙經內義》，3：551。

33　〔宋〕朱熹，《四書集注》（臺北：世界書局，1956），頁100。

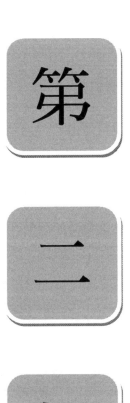

第

二

輯

希臘寓言與明末天主教東傳初探

一

　　中國成語「結草銜環」裡的「結草」一典，方家咸認為出自《左傳》宣公十五年，即魏顆從治命嫁父妾，因得老人助其克敵的故事。明人余邵魚(fl. 1566)編次的《東周列國志》第五十五回，於此情節另有精彩的通俗演義。晚近寓言文學研究殷盛，陳蒲清所著《中國古代寓言史》復以為上述史典乃中國最早的寓言。我們姑且不論陳氏所謂「寓言」的定義為何，其著作繼而譏評魏顆夜夢老人未免「迷信色彩太濃」[1]，即令人踟躕不安：蓋古史難免增損，而多數寓言的虛構性眾議僉同，《左傳》故事更在強調略如今日西人所稱「生前遺囑」(living will)的意涵，以凸顯治命、亂命之別，目之為迷信，實無異清人陳士斌(fl. 1692)之偶以寫實標準看待幻想偉構《西遊記》[2]。

　　話分兩頭，陳蒲清的批評若用在希臘上古寓言與中國最早的接觸史上，或許有部分就不失其正確性了，因為這些寓言漢譯的首例，幾乎都和明末天主教入華的活動有關，正是在為馬克思(Karl Marx, 1818-1883)認為是「迷信」的「群眾鴉片」(opiate of the masses)服務[3]。

　　考奉主耶教擬牧領華夏之心，唐、元兩朝即已見諸敘利亞聶斯脫利派景教

1　陳蒲清，《中國古代寓言史》(板橋：駱駝出版社，1987)，頁10。
2　參見〔清〕悟一子(陳士斌)詮解，悟元子(劉一明)評釋，《西遊真詮》(臺北：老古文化公司，1983)，頁104-106。
3　見Karl Marx, "Contribution to the Critique of Hegel's Philosophy of Law," in Marx and Frederick Engles, *Collected Works* (London: Lawrence and Wishart, 1975), 3: 175.

(Nestorian Christianity)的活動，而近世羅馬教會轄下的會派之亟亟謀求，當以耶穌會在16世紀的活動為嚆矢。斯時也，方濟各‧沙勿略(Francis Xavier, 1506-1552)往還於麻六甲、摩鹿加群島與日本列嶼之間，終極目的是要揮軍西向，「征服」中國。可惜大明王朝閉關自守，堅拒外人，沙氏在不得其門而入的情況下，最後飲恨於廣東外海的上川島。但同會范禮安(Alessandro Valignano, 1538-1606)稍後曾落腳澳門，體認到研習華語才是打開中國關卡的當務之急。就在此等認識的啟牖下，另一率「團」前來東方布道的耶穌會士羅明堅(Michele Ruggieri, 1543-1607)，便於1580年左右開始從澳門中國畫師勤習華語。所著教義綱領《天竺國天主聖教實錄》(1584)又得風氣之先，為歐人以中文著述之始。可惜《天竺國天主聖教實錄》的內容唯天堂與地獄之說，於宗教史或有貢獻，對文學浸染實乏顯著影響。西洋文學──尤其是表面上不合基督義理的教外著作欲駸然叩關──仍得俟諸羅氏「團員」利瑪竇(Matteo Ricci, 1552-1610)及其後繼者如金尼閣(Nicolas Trigault, 1577-1628)等人進入中國內地，始克有成 [4]。

　　利、金二公皆珪璋特達之士，嫻熟本教與異教典籍，更挾其淵博的科學與人文知識與中國士子論交，影響廣泛，而其首布之教外人文著作，以今日可稽者而言，乃為古希臘歷史與文學，其中寓言作品尤占大宗。不過，在回顧這段歷史之前，我得先說明一點：本文所謂「寓言」係一大而化之的用法，不僅可指西洋詩學通指之動物寓言(beast fable)，抑且兼及宗教上的比喻故事(parable)，又及上述兩者都可指稱的「證道故事」(exemplum)，甚至連敘述性的「譬喻」(comparison/ analogy)我偶爾也會籠統納入。其中內容彼此重疊，甚至交雜為一。唯擬人化的「德行寓言」(allegory)如班揚(John Bunyan, 1628-1688)的《天路歷程》(The Pilgrim's Progress)等長篇述作，則不在本文考慮之列，因利、金所布尚未廣被及此。其次，我得再強調一點：利瑪竇與金尼閣所介紹的希臘寓言和他們的宗教活動互倚互恃，因此，我們也有必要回顧其人的宣教手法。此一問題複雜，下面我僅借利瑪竇的述作，權引數例以說明一端。

4　關於天主教在明末由沿海進入中國內地的歷程，參見德禮賢，《中國天主教傳教史》(臺北：臺灣商務印書館，1968)，頁55-84。較扼要的文獻參見林東陽，〈明末耶穌會士在中國的傳教活動〉，《歷史月刊》9(1988年10月)：64-74。

　　史家咸知，唐代景教僧侶每糅雜佛道語彙，甚或以域外醫學廣邀信眾[5]。沙勿略雖非聶斯脫利派中人，而羅馬教會也曾斥責該派為異端[6]，然而沙氏在扶桑推廣福音有成，即因深諳類似景眾的手法，因地制宜故也。利瑪竇才智不下同門先賢，其布教策略更為靈活有力，即使有悖教規，亦曲予穿鑿。他通曉中華語文，社會現象尤其觀察入微，而且身體力行一般儀禮，同代李卓吾(1527-1602)因稱之「極標致人也」[7]。布教之始，利氏削髮薙鬚，身披袈裟，自稱天竺胡僧，以免招妒。非特如此，他也見機而從舊說以強解中國史乘與外道異典，用副己意。《後漢書》與牟子(170-?)《理惑論》皆曾記載東漢孝明帝夜夢神人，遣使西去，佛法因而東來。雖然有學者認為此時東傳的所謂「佛法」，很可能只是印度貴霜王朝受希臘人像畫影響所製的佛像，殆非傳統所信之《四十二章經》[8]，但利瑪竇所著《中國傳教史》(Storia dell'Introduzione del Cristianesimo in Cina)卻從天主教歷來深信不疑、流傳多年的舊說，對此一中國佛教源起論曲予附會，從而膨脹本教，使其重要性大增。利瑪竇謂佛教東來之際，恰值福音四布之時，而宗徒聖巴爾多祿茂(St. Bartholomew the Apostle)也在印度北部傳教，包括相鄰各地。至於宗徒聖多默(St. Thomas the Apostle)，則奉遣至印度南部布道。職是之故，中國人遣使到印度求法，本為天主教而去。然而求法使臣卻因得罪當地人士或因某錯誤而致為人訛詐，攜回佛典而忘所懷來[9]。

　　在類此移花接木式的曲筆下，利瑪竇不但可把異教教理說得一無是處，只是雜抄剽竊，而且任何事、物也都可轉用假借，以供弘法驅馳，其犖犖大者即中華士人如楊廷筠(1562-1627)所讚嘆的「器象圖數有跡可揣之物」[10]。然而科

5　參見方豪，《中西交通史》(5冊。臺北：華崗出版公司，1977)，2：224。
6　見方豪，《中西交通史》，2：216。
7　轉引自林東陽，〈明末耶穌會士在中國的傳教活動〉，《歷史月刊》9：66。
8　參見呂澂，《中國佛學源流略講》(臺北：里仁書局，1985)，頁22。
9　Matteo Ricci, *Storia dell'Introduzione del Cristianesimo in Cina*, in Pasquale M. D'Elia, S. I., ed. *Fonti Ricciane*, 3 vols (Rome: La Libreria dello stato, 1942), 1: 121-123. 天主教的相關傳說基野，另見"The Preaching of Saint Thomas in India"與"The Acts of St. Thomas in India"等天主教文獻，俱收於A. Wallis Budge, *Baralam and Yewasef: The Ethiopic Version of a Christianized Recension of the Buddhist Legend of the Buddha and the Bodhisattva* (London: Kegan Paul, 2004), pp. 279-338.
10　〔明〕楊廷筠，〈刻西學凡‧序〉，載李之藻輯，《天學初函》(6冊。臺北：臺灣學生書

學器物如自鳴鐘等殊難別構他用，而表圖一類形諸筆墨的科學，卻可因應穿鑿，用副己意。明神宗萬曆8年(1580)，王泮(fl. 1580-1620)任肇慶知府，後遷廣東按察司副使，仍駐肇慶，嘗助其時人在當地的利瑪竇與羅明堅興建天主堂僊花寺。同年，利瑪竇又在王氏襄贊下開始修刻《山海輿地圖》。終萬曆之世，此圖數經整修，鐫刊人地殊多且廣，洪業(1893-1980)與黃時鑒等人言之已詳，茲不贅[11]。在當時中國人心態閉塞，世界觀不全而又自以為是的情況下，利瑪竇當可曲附事實，方便傳教。

《十六世的中國：利瑪竇札記》(*China in the Sixteenth Century: The Journals of Matteo Ricci, 1583-1610*)中，金尼閣曾指出利瑪竇傳教手法靈活，而繪製世界地圖符合傳布福音的策略。他又稱以此為餌，已有不少中國人上了教會的鉤[12]。至於布餌之法，可從數修的輿圖之一看出。金尼閣的話，洪業譯得好，下面我權引之，為上文再贅一二：

> 有一事頗可注意者，利神甫之善於迎合中國人之心理也。彼等信天圓而地方，而中國居地之正中，故見西洋地理學家置中國於地圖之極東一角，則怒。雖以數理論之：地與海既合成球形，無所謂東西終始，然終不能曉也。利氏於是稍變更吾人繪地圖之常法，移福島(案指加那利群島之費魯島)及其零度經線出圖之中央，而置之於圖之左右兩邊。如是，則中國竟移居至圖之中，而中國人遂大滿意[13]。

《中國傳教史》所記，可見利瑪竇四兩撥千斤的造勢策略。他或許出於無心，不過上引金尼閣在《利瑪竇札記》內的追憶，卻足以推見利氏卯足全力，

(續)————————————
局，1965)，1：11。《天學初函》下文簡稱「李輯」，凡涉及其內所收各書的引文，均出自此版，頁碼隨文夾附。
11　洪業，〈考利瑪竇的世界地圖〉，見洪著《洪業論學集》(臺北：明文書局，1982)，頁150-192；以及黃時鑒、龔纓晏，《利瑪竇世界地圖研究》(上海：上海古籍出版社，2004)一書。下引〈考利瑪竇的世界地圖〉概稱「洪著」，頁碼隨文夾註。
12　*China in the Sixteenth Century: The Journals of Matteo Ricci, 1583-1610*, trans. Louis J. Gallagher, S.J. (New York : Random House, 1953), pp. 182-183.
13　洪業，〈考利瑪竇的世界地圖〉，頁158。

擬策動教務的心態：一切唯以爭取教眾為要。他稍後與教會內部人士就祭祖與尊孔問題引發的齟齬，同樣著眼於此。是以謂利氏為傳教而極盡手段雖有刻薄之嫌，未免唐突其人終生堅忍的興教人格，但取之以說明其宗教熱忱與宣教方法之梗概，應非全然錯解。

二

　　徐光啟等(1562-1633)早期華人天主教賢達，皆曾讚賞西洋神器之妙，甚或因此而受洗入教。此事學界已多所論及，唯在數器之外，利瑪竇與金尼閣諸人亦嘗以西洋文學為宣教工具，其方式且和前文所稱者殊少差異。遺憾的是，前此學界於此尚乏恰當注意，雖然1623年艾儒略(Giulio Alenio, 1582-1649)的《西學凡》即曾舉出「勒鐸理加」(rhetorica)一稱而譯以「文科」之名，暗示耶穌會士於西洋文學並不陌生，所了解的西洋文學也有其特定內容(李輯，1：27)。

　　根據艾儒略，西洋文學凡分四類：古賢名訓、各國史書、各種詩文與自撰文章議論(李輯，1：28)。這四道關目，利瑪竇無不嫻熟，古賢名訓尤能投其所好，而且不限於天主教時代的西賢垂言，希臘羅馬上古名家同獲青睞，以為甚具教中前輩如聖保祿(Saint Paul)與聖奧古斯丁或聖奧斯定(Saint Augustine of Hippo, 354-430)的精神。1578年，羅明堅進駐肇慶，利瑪竇隨之，和中國時賢交往頻繁。自此以後，利瑪竇尤其不斷融合異教學問，包括人所共知的中國儒門群籍，使之成為自己雄辯的資產，進而堂皇化為基督真理的指路明燈，以號召中國群黎聚集門下。1608年，亦即明神宗萬曆三十六年，利瑪竇在友教人士汪汝淳(1537?-1624)協助下[14]，刊刻了生平壓軸的教義析辯之作《畸人十篇》，又把上述精神上推層樓，古希臘群彥的金語格言乃登堂形諸方塊文字，正式和中國人在宗教和文學史上因緣際會。是書之中西合璧，古典與耶教共存，中國史上並不多見。

　　以體例言之，《畸人十篇》略仿《論語》，亦即出以有如西人教義問答

14　汪汝淳約略的生卒年及生平事蹟，參見胡金平，〈晚明「汪汝淳」考〉，《基督教文化學刊》23(2010春)：235-247。

（catechism）或禪門語錄的體裁。其內容全為友朋問道增潤而成——「雖不能視
為紀實的文章，但十次談道的事實和所談的問題，一定是有過的。」[15] 書中所
述對話時地不一，從肇慶、南雄時代一直北移至南昌、北京時代不等。對話人
則涵蓋賢達如吏部尚書李戴（fl. 1598-1603）與大學士徐光啟等人。談話之時，利
瑪竇往往就問題引申，再用「先聖賢所言」證以天主實義，發為宏言讜論。各
篇警喻博證盈載，李之藻（1571-1630）故謂「今人讀之而迷者醒，貪者廉，傲者
謙，妒者仁，悍者悌」（李輯，1：103-10）。《畸人十篇》所引當然不乏《聖經》
篇章，如卷上所述〈創世紀〉人類墮落之典（李輯，1：132）等，但利瑪竇更常
用到的警喻，史事與寓言兼而有之。前者從亞歷山大大帝（Alexander the Great,
356-323 BCE）辭世後的哀榮（李輯，1：165-166）到柏拉圖（Plao, 428?-348? BCE）《答
辯辭三篇》（*Apology*）所記「束格剌得」（案即蘇格拉底）等人之事蹟皆有之（李輯，
1：185-186）。後者包羅更廣，可謂博採上古各家之說。舉例言之，第五篇〈君
子希言而欲無言〉便引到希羅多德（Herodotus, *c.* 484-425 BCE）和早期羅馬學者
希吉努斯（Gaius Julius Hyginus, *c.* 64 BCE-AD 17）的《寓言書》（*Fabulae*）中共同提
到的某些希臘寓言，用以回答大明御史曹於汴（1558-1634）所提聖人是否應該慎
言的問題。

　　毫無疑問，利瑪竇肯定此一問題的答案。不過他也深知人類心理，尤其是
強忍不足為外人道者之難。因此，非珪璋特達之士，實不足與言慎言：若要人
不知，除非己莫為！蓋「言欲遂而強止之，如以口含滅炎燭，豈不難耶？」（李
輯，1：182）在說明這個道理時，利氏借用的希臘寓言，正是我曾提到的驢耳
朵的米達斯（Midas）的神話歷史。利瑪竇辯才無礙，言辭犀利，加上有筆潤之
助，《畸人十篇》中的米達斯故事從心理揣摩與情節上的加油添醋，都掌握得
細緻生動，聲咳如聞：

　　誌載：昔非里亞（案即Phrygia，今譯弗里吉亞）國王彌大氏（案即米達斯），
　　生而廣長其耳，翌然如驢，恒以耳璫蔽之，人莫知焉。顧其方俗，男

15　羅光，《利瑪竇傳》（新莊：輔仁大學出版社，1982），頁180。除非必要，該書引文頁
　　碼以下均夾註於正文中。

子不蓄髮，月鬄之。〔王〕恐其鬄工露之，則使鬄之後一一殺之。殺
已眾，心不忍，則擇一謹厚者，令鬄髮畢，語以前諸工之被殺之狀：
「若爾能抱含所見絕不言，則宥爾。」工大誓願曰：「寧死不言。」
遂生。出之數年，抱蓄不勝其勞，如腹腫而欲裂焉。乃之野外屏處，
四顧無人，獨自穴地作一坎。向坎俛首小聲言曰：「彌大王有驢耳。」
如是者三，即復填土而去，乃安矣。後王耳之怪傳播多方，或遂神其
說，曰：「此坎中從此忽生怪竹，以製簫管，吹便發聲如人言曰：『彌
大王有驢耳。』」國民因而得知其事也。（李輯，1：182-183）

米達斯的故事有微言大義，一眼可辨，頗能符合〈君子希言而欲無言〉所
欲傳達之旨。由是觀之，希臘古人或視為歷史，或視為神話的這則故事，在中
國明代業已轉化成為警世恒言，和傳統史家眼中歷史的功能正可比擬。精確地
講，利瑪竇其實是把米達斯的偽史當作道德譬喻，使其以證道故事的形貌現
身。由於此故，難怪周炳謨(1560-1625)的〈重刻《畸人十篇》引〉會認為利著
「神理畢現」，有如寓言般可以為人指引處世迷津(李輯，1：109)。對今日的中
國人而言，米達斯的寓言想必不陌生，著錄之童話性或寓言性書籍應該不少。
不過這裡我應該積極指出來的是：倘若不計景教徒在唐代漢譯的片斷《聖經》
故事與聖詩[16]，這則寓言可能是見諸漢籍的第一個完整的西洋文學的情節。

我稱呼上引利著為「情節」而不敢逕謂「翻譯」，原因是我目前研究所及，
實在確定不了敷衍問答之時，利瑪竇手頭是否有希羅多德、希吉那士，或是其
他曾衍述過同一故事者的作品，例如希臘遊記作家保薩尼阿斯(Pausanias, c. 110-
180)的《希臘紀實》(Description of Greece)與羅馬詩人奧維德(Ovid, 43 BCE-AD
17)的《變形記》(Metamorphoses)等書。雖然如此，我們仍應了解一點：從肇
慶時代開始，利瑪竇行止所之，除自鳴鐘與聖像等器物外，西方基本典籍幾乎
未嘗離身，而且隨著時光荏苒，還有增多之勢。他所述的米達斯故事情節完整，
手頭或有相關書籍可供參考亦未可知。

---

16 羅香林，《唐元二代之景教》(香港：中國學社，1996)，頁36。另請參見方豪，《中西
交通史》，頁229-231。

　　雖然利瑪竇講的此一故事的底本難以查考，這並不等於《畸人十篇》其他的西方寓言皆乏清楚出處。從西元前4世紀以來，《伊索寓言》即已傳誦於西方世界[17]，然而為中國人廣開一境，首譯或首述《伊索寓言》的故事者，仍然要推利瑪竇。他提及的是書故事，大多出以證道故事的形態，抑且是《畸人十篇》重要的徵引對象。倘若利氏借用米達斯故事僅在教人處世方法一端，則他利用《伊索寓言》的時機，宗教原因就遠甚於世俗考慮了。我所以稱之「證道故事」，原因在此。《畸人十篇》卷下有〈善惡之報在身之後〉一篇，主旨為典型耶教精神所寄；其頌揚天堂而警人以地獄慘相的方法，實則「與瞿曇氏奚異？」[18] 在〈善惡之報在身之後〉中與利瑪竇對話的人，係明賢龔大參(道立，fl. 1592)，對話的地點則為兩京之一。我推度利氏此際所引的伊索寓言，當為今日中文譯本或稱為〈獅子和狐狸〉的一條[19]。下面即〈善惡之報在身之後〉中的相關片段：

> 自古人死少有復生者，益復不知死後事情也。既不知其情，誰願往乎？譬如人情戀土，若有人從他鄉還，明知彼處利樂，便願裹糧從之。若去者自古及今無一人還，非萬不得已，誰欣然肯行哉？狐最智，偶入獅子窟。未至也，輒驚而走。彼見远中百獸跡，有入者無出者故也。夫死亦人之獅子远矣！故懼之。懼死則願生，何疑焉？仁人君子信有天堂，自不懼死戀生。惡人應入地獄，則懼死戀生。(李輯，1：224)

　　生死問題乃人類最古老的困惑，幾乎也是所有原始宗教的濫觴。在利瑪竇入華前不久互於東西輝映的兩部文學偉構，都把情節根苗播種在此萬人矚目的焦點之上：15世紀英國道德劇(Morality Play)《凡人》(Everyman)和1592年的百回本《西遊記》。利瑪竇為龔大參解釋的報應說，自然和佛道二教有立足點

17　參見John Dryden trans., Arthur Hugh Clough, rev. with an introduction, *Plutarch's Lives* (London: J. M. Dent & Sons, 1961), 1: 140-141.

18　〔明〕涼庵居士，《畸人十篇・跋》，見李輯，1：116。

19　例如沈吾泉譯，《伊索寓言》(臺北：志文出版社，1988)，頁162。此書下文簡稱「沈譯」，頁碼隨夾註。

上的差異，但他借《伊索寓言》為典構設出的講道詞，本身卻已變成另一自成形態的寓言，是一由動物寓言轉化而成道德譬喻的宗教寓言。倘消除前引文中顯著的耶教因素，這則寓言讀來還真像《雜寶藏經》一類佛教的譬喻故事。

以今日通行本《伊索寓言》對勘，利瑪竇所述獅狐寓言確實言之過簡，而且不乏斷章取義之嫌，因為「原著」的中狐狸並非偶入獅窟，而是萬獸之王年邁體弱，擬智取食源，乃裝病誘捕前來探望的動物，最後卻為狐狸識破，功敗垂成。現代版的《伊索寓言》中，此一故事每有寓意總批，曰：「聰明人從徵候中就可知道是否危險，而能適時避開。」（沈譯，頁168）利瑪竇所法式者，其實是歐洲中世紀證道故事的傳統[20]，不過這個傳統也「扭曲」了「原著」的精神，以故利氏所布之希臘寓言每能和他強解中國史乘，或和他個人的製圖之法相提並論。儘管如此，我無意批評利瑪竇如此行事風格，因為曲解異典為己教所用，歐洲文藝復興時期——甚至從中古早期——以來，即為西方宗教文化的常態。包括佛道在內的東方社會裡的宗教，也都不免類此的移植行為。我反應著力再予說明的是，由於利瑪竇在獅狐寓言上使用了曲筆，此一最早可稽的中文版伊索寓言文例，方能顯現其宗教與文學史二合一的價值，而不僅僅在歷史上拔得某種頭籌而已。即使我們退而以後者論，利瑪竇與龔大參對話之時正當萬曆乙巳年（1605），二人用到的伊索寓言式故事，除了龐迪我（Diego de Pantoja, 1571-1618）在《七克》（1608）中所用者外，也要比其他明譯伊索式寓言提早了20年左右。若非在為「迷信」服務，中國人哪能在佛教寓言外，此時便得見西方動物寓言的新猷？來華之前，利瑪竇曾在耶穌會羅馬學院（Collegio Romano）接受過強有力的西方神學與文哲訓練，中世紀廣傳的伊索寓言式證道故事，應已納入他的知識背景中（參見《晚明》：23-40）。

一如荷馬（Homer）的身分，「伊索問題」在希臘文學史上也難以撥雲見日。有學者以為真有其人，也有人以為係「發明出來為各式寓言領銜的虛構人物」[21]。饒是如此，《畸人十篇》勾勒的伊索形象既是史上的真實人物，也是虛構中的

20　參見李奭學，《中國晚明與歐洲文學——明末耶穌會古典型語道故事考詮》（臺北：中央研究院與聯經出版公司，2005）。本書以下簡稱《晚明》。

21　Gilbert Murray, *The Literature of Ancient Greece*(Chicago: University of Chicago Press, 1957), p. 89.

寓言英雄，帶有濃郁的傳奇色彩。現代版《伊索寓言》中，有〈到造船廠去的愛索柏斯〉一篇，也重複到上述耐人尋味但並不詭異的伊索的兩面觀。這位伊索才思敏捷，言辭銳利（沈譯，頁54），不過利瑪竇筆下的同一角色，更是鼓舌能士，而且深諳語言可以載舟覆舟的弔詭性。〈君子希言而欲無言〉以米達斯王故事警世之後，隨即介紹伊索登場，時機允稱得當。利瑪竇音譯之為「阨瑣伯」，而且先以上古明士定其身分，然後再遵從希羅多德等人「散布的傳說」[22]，謂其「不幸本國被伐，身為俘虜，鬻於藏德氏」。後者乃上古「聞人先達也，其門下弟子以千計」（李輯，1：187）。在〈君子希言而欲無言〉的文義格式裡，藏德(Xanthus)在性情上尤屬平原、信陵一流的人物，而伊索雖為其奴，卻以才智故，同時登上證道的檯面，化為篇中語言寓言的主角：

〔藏德氏〕一日設席宴其高弟，命阨瑣伯治具。問何品？曰：「惟覓最佳物。」阨瑣伯唯而去。之屠家，市舌數十枚，烹治之。客坐，阨瑣伯行炙則每客下舌一器。客喜而私念：「是必師以狀傳教者，蘊有微旨也。」次後，每肴異醬異治，而充席無非舌耳。客異之，主慚怒，咤之曰：「癡僕！乃爾辱主。市無他肴乎？」對曰：「主命耳。」藏德滋怒曰：「我命汝市最佳物，誰命汝特市舌耶？」阨瑣伯曰：「鄙僕之意，以為莫佳於舌也。」主曰：「狂人！舌何佳之有？」曰：「今日幸得高士在席，可為判此。天下何物佳於舌乎？百家高論，無舌孰論之？聖賢達道，無舌何以傳之？何以振之？天地性理、造化之妙，無舌孰究之？不論奧微難通，以舌可講而釋之矣。無舌，商賈不得交易；有無官吏不得審獄訟。辯黑白以舌發，相交男女合配以舌，神樂成音，敵國說而和，大眾聚而營宮室，立城國，皆舌之功也。贊聖賢，誦謝上帝重恩，造化大德，孰非舌乎？無此舌之助，茲世界無美矣。是故鄙僕市之以稱嘉會矣。」客聞此理辯，則躍然喜，請賫之，因辭去。厥明日，共詣師，謝語昨事，以謂非僕所及，意師之豫示也。師

22　E.H. Blakeney ed., George Rawlinson trans., *The History of Herodotus* (London: J. M. Dent & Sons, 1933), 1: 183.

曰：「否，否。僕近慧，欲見其聰穎耳。」眾猶未信，師曰：「若爾，請復之。」隨命阨瑣伯曰：「速之市，市肴宴。昨客不須佳物，惟須最醜者，第得鮮足矣！」阨瑣伯唯唯去，則如昨市耳，畢無他穀也。席設數下，饌特見舌，視昨無異。客益異之，主忿怒大詈之，問曰：「舌既佳饈，命汝市佳者。何弗若我而惟欲辱我乎？」對曰：「僕敢冒主乎？鄙意舌乃最醜物耳。」主曰：「舌佳矣，何為醜乎？」曰：「吾解鄙見，請諸客加思而審之。天下何物醜於舌乎？諸家眾流，無舌孰亂世俗乎？逆主道邪言淫辭，無舌何以普天之下乎？冒天荒誕妄論紛欺下民，無舌孰云之？易知易從大道至理，以利口可辨而毀矣。無舌，商賈何得詐偽罔市？細民何得虛誣諍訟而官不得別黑白乎？以舌之謗諫，故友相疏，夫婦相離。以舌淫樂，邪音導欲溺心。夫友邦作讎而家敗城壞國滅，皆舌之愆也。傷神詆上帝，背恩違大德，孰非舌乎？無此舌之流禍，世世安樂矣！是故鄙僕承命市醜物，徧簡之，惟見舌至不祥矣！」客累聞二義陳說，既正音吐雅，俱離席，敬謝教。是後，主視之如學士先生也。（李輯，1：187-191）

　　傳說中的伊索以才智博得主人敬佩，之後獲釋而還以自由民之身，繼之遊歷希臘各邦，最後偶爾涉足政壇，因財貨細故，在德爾斐（Delphi）為暴民所害。不過，這些事蹟顯非利瑪竇的重點。終有明之世，上引故實，可能是最長的一則淵源自希臘的西方證道故事。令人莞爾的是，利瑪竇彷彿視此一故事為正牌《伊索寓言》的內容，因效時下此書一般形式，總批之曰：「以是觀之，舌也本善，人枉用之。非禮而言，即壞其善，是故反須致默立希言之教，以遂造物所賦原旨矣。」（李輯，1：191）利瑪竇和曹於汴對答慎言問題之初，還一面聆聽曹氏依據孔門教訓所出見解，另方面又仿《老子》而成其「希言之教」[23]，再從宗教觀點合璧西方上古垂訓，終而成其一貫說寓言的方式：「天主經典及西土聖賢莫不戒繁言，而望學者以無言矣。」（李輯，1：175）

23　《老子》第二章的用語是「不言之教」，見朱章之，《老子校釋》（臺北：里仁書局，1985），頁6。

在〈君子希言而欲無言〉的上下文中,利瑪竇弔詭的是,他欲明那戒繁言之道,實則反得賴之以為功。此所以《畸人十篇》到處借典,反覆致意。然而,和明人熟悉的佛教寓言比較起來,利瑪竇的寓言也因借典故而缺乏顯著的創造性。雖然如此,其中的變化未付闕如。為彰顯道德或宗教目的,利瑪竇不斷師法聖奧斯定式的傳統,即使事涉異教,也要使之能為基督真理所用。《畸人十篇》最後一篇〈富而貪吝苦於貧屢〉所記,是南昌時期和朋友就此一主題所作的問答。利瑪竇此際再度用到上述手法,以便發揚《新約》中有關富與仁的教訓。他除了徵引古典寓言外,連古典神話也化為《新約》式的神學寓言:

> 〔富而吝者何異〕但大氏之渴也,而不得飲近水焉?古有云:但大氏
> 生世,饕惏而吝。死置地獄中,不受他刑,惟居良水澤中。口不勝渴,
> 水僅至下唇。晝夜欲就水,隨口所就,其水輒下,徒煩冤,竟不獲飲
> 之。是其咎殃焉!(李輯,1:277-278)

上引神話顯然已經變成基督式的比喻故事:「是其咎殃焉」所反映者正是利瑪竇的說教企圖。所謂但大氏,當為坦塔羅斯(Tantalus)的縮音,乃神話中的宙斯(Zeus)之子。古希臘各家所述此人行誼不一,然以《奧德賽》(*The Odyssey*)第11卷衡之,其人在地獄受罰,不外乎偷竊上天玉食瓊漿,又殺子饗宴諸神使然。從希臘宗教內容深入再看,則但大氏擬試測神威之心,才是他馴至吳剛伐木、薛西弗斯(Sisyphus)推石的嚴懲地步的主因。懲處之道,還不僅水難入口一端。不過,利瑪竇非但沒有利用這點說明《舊約‧約納書》(Book of Jonah)的神學內容,反而取「饕惏而吝」的世俗針砭來綜合耶穌論貧富的觀點,以便製造出一則披著維納斯(Venus)的外衣的基督寓言。

此種「製造」誠然有其價值,但較諸唐迄五代佛僧之變經為詩為文,想像力自是屈居下風;和中世紀西方宗教詩人以史詩形式演義《聖經》的做法相較,更不可同日而語。話說回來,宗教寓言自成傳統,中西皆然。原始佛典中的「阿波陀那」(*apadana*)與「阿婆陀那」(*avadāna*)皆取譬以設喻,手法豐富而洋洋

大觀，俱印度文學中的瑰寶[24]。《畸人十篇》的警世博喻固然不敵佛教寓言的創造性，然而利瑪竇苦心蒐羅，慘澹經營，書中涵蓋面綰合中西與古今，當時在華天主教僧侶的著作罕見其匹。至於其人大開中國士子新境，使之了解世界之奇之大，而不再唯華夏郁郁乎文哉，尤具歷史意義。我們質而再言，利瑪竇輸入的希臘寓言，至少在中國開啟了宗教與文化兩皆有之的積極意義。不過，在繼續分析此一問題之前，我想把焦點轉移到明末另一西洋教士傳布希臘寓言的努力上：金尼閣1625年的系統性伊索或伊索式寓言漢譯。

三

和利瑪竇一樣，金尼閣也是耶穌會士。兩人不但是舊交，還有神職上的僚屬關係。利著《中國傳教史》即經金氏「譯」為拉丁文，並予增補刪削，垂三百年而不廢。至於金尼閣鳩占鵲巢，將《中國傳教史》據為己著，動機迄今不明，變成他終生的恥辱[25]。儘管如此，金尼閣篤信天主，功在宗教，教眾咸服，依舊為不爭之事實。金氏浮槎萬里，兩度遠涉重洋，往還中國與歐洲，信心與毅力又都足為耶穌會士的表率。早在初履華夏之前，金尼閣在西方文學藝術上即已下過苦工。加入耶穌會後，又勤習天文醫學地理數術，欲以所學布教奉主。1610年，他經印度臥亞(Goa)抵澳門，又入南京習華語，並於杭州友李之藻。越二年，乃銜龍華民(Niccolo Longobardi, 1559-1654)之命返歐，謁見教宗，備陳中華教務。保祿五世(Paul V, 1552-1621, 1605-1621在位)嘉許其人，特頒「教翰」殊榮，又允許他在教廷彌撒禮上用華語禱告。1618年，金尼閣由歐返華，所率領的布道團團員包括後來聲名籍甚的鄧玉涵(Jean Terrenz, 1576-1630)及湯若望(Johann Adam Schall von Bell, 1591-1666)諸人。

就文化交通的層面而言，金尼閣居功亦偉。1620年重返澳門後，他攜回教宗並歐洲他人所贈歐籍七千冊，又轉交教廷要員給徐光啟的信札。四年後，金

24　有關佛教的譬喻文學，參見印順，《原始佛教聖典之集成》(臺北：正聞出版社，1986)，頁598-616；或丁敏，《佛教譬喻文學研究》(臺北：東初出版社，1996)，頁6-73。

25　參見羅光，《利瑪竇傳》，頁217；洪業，《洪業論學集》，頁151-152。

氏北上山西，勸化教眾數百。旋入陝西，於西安籌設教堂與印刷廠，刊行漢文
與拉丁文書籍匪鮮，堪比前此佛僧的印經事業。隨著來華這種種過程的進展，
金尼閣的貢獻日增，人文學科建樹尤巨，1626年著《西儒耳目資》即其一例。
當時「華人曾言〔其〕詞理文筆之優，歐羅巴諸司鐸中殆無能及之者。其遠非
常人所能及之記憶力，其好學不倦，雖疾病而不輟。其時常從事之譯業，或譯
拉丁文為漢文，或譯漢文為拉丁文，使之諳練語言文字，故言談寫作均佳，無
論文言或俚語也」[26]。金尼閣故此踵繼利瑪竇翻譯《四書》的事業，又取《五
經》譯注為拉丁文，在廣州刊行。凡此，皆為中西文化交流史上的首例。

　　明熹宗天啟五年(1625)，大秦景教流行中國碑在長安出土，耶穌會士咸感
振奮，認為係中華教史大事。金尼閣奉會命就近研究，復偕鄧玉涵將碑上所勒
中文及敘利亞文譯為拉丁文，傳訊羅馬，視為宣教工具[27]。就在這座當時的西
安府，金尼閣結識了教名斐理伯(Phillippe)的進士王徵(1571-1644)，《西儒耳目
資》即和王氏合作的比較語言學著作，一度影響到明末清初方以智(1611-
1671)、劉獻廷(1648-1695)等人所製新音字母[28]。然而，從文學史的角度看，此
時金尼閣最大的收穫當在勸化後來教名保祿(Paulo)的舉人張賡(1570-1649?)。
張氏後為艾儒略的格言集《五十言餘》題記介紹[29]，助譯與昭事天主皆可謂不
遺餘力。就在景教碑出土這二、三年，金尼閣繼利瑪竇及龐迪我《七克》中零
星見之的希臘寓言[30]，正式「譯輯」伊索或伊索式寓言22則，張賡承命筆受，
彙為一卷，鐫版刊行於西安府[31]。

26　費賴之(Aloys Pfister)著，馮承鈞譯，《入華耶穌會士列傳》（臺北：臺灣商務印書館，
　　1960），頁137。
27　參見王渥，《明清之際中學之西漸》（臺北：臺灣商務印書館，1979），頁59。
28　參見張星烺，《歐化東漸史》（臺北：大林出版社，1976），頁153。
29　〔明〕張賡，〈題五十言餘〉，載吳相湘編，《天主教東傳文獻三編》（6冊。臺北：臺灣
　　學生書局，1972），1：363-409；載徐宗澤編著，《明清間耶穌會士譯著提要》（臺北：
　　中華書局，1958），頁330。前者所收為閩中天主堂刻本，後者則為新式標點重排本。《天
　　主教東傳文獻三編》下文簡稱《三編》，引文頁碼夾注於正文中。
30　〔明〕龐迪我《七克》中譯引的伊索寓言或伊索式故事共六則，參見本書頁104注41。
31　有關《況義》「譯」成內情，參見內田慶市，〈談《遐邇貫珍》中的伊索寓言——伊索
　　寓言漢譯小史〉，見沈國威、內田慶市及松浦章編著，《遐邇貫珍——附解題·索引》
　　（上海：上海辭書出版社，2005），頁68-70。

　　金譯本伊索式寓言集題為《況義》。20世紀初，日本京都大學教授新村出（1876-1967）曾在巴黎圖書館見到明抄本兩部，詳載所見於所著《南蠻廣記》之中[32]。除此之外，明本《況義》──尤其是刊本──我們幾無所知。戈寶權在巴黎所見而稱之為第一抄本者，應該最近《況義》原貌，蓋其中微言大義，幾乎都和明清間李世熊（1602-1686）的《物感》所挪用者若符合節，而李氏當然不可能據晚出的清抄本撰著[33]。在法國國家圖書館外，《況義》抄本如今在牛津大學勃德蘭圖書館（Bodleian Library, Oxford University）亦可一見，抄寫時代更晚。三本之間，且有異文。據周作人〈明譯伊索寓言〉一文載，他昔年在東京上野圖書館讀書，嘗見1840年出版的《意拾蒙引》，乃英漢對照本。由此看來，所指當為英人羅伯聃（Robert Thom, 1807-1846）其後連載於《遐邇貫珍》上的譯本，亦名《意拾喻言》[34]。周氏又讀《南蠻廣記》，同時有筆記記之，錄下新村氏抄讀的明刊原作兩條[35]。1980年以前，周作人的轉錄，可能是我們親炙金譯伊索式故事最為稱便的本子，雖則所錄不過原著十分之一而已。周著〈明譯伊索寓言〉發表於1925年，上距金尼閣譯輯之時非但朝代二更，歲數也已逾三百矣！

　　上文所述周作人提到的1840年粵版《意拾蒙引》（*Esop's Fables*），實則乃一附有漢字羅馬拼音的本子，中譯目的在供外人學習中文。其原本刊於廣州，但同時又於澳門鐫版，改題《意拾喻言》，仍為英漢對照本，看來反似為供華人研習英語而設計[36]。書題「意拾」二字，即「伊索」一音的別譯，金尼閣與張賡議定的譯名《況義》，另有微旨寓焉。張賡同代人鷲山謝懋明嘗讀《況義》，

32　新村出，〈伊曾保物語漢譯〉，見所著《南蠻廣記》（東京：岩波書店，1925），頁294-324。

33　〔明/清〕李世熊，《史感‧物感》（寧化：寧化修志局重刻，1908）。

34　《意拾蒙引》最稱便給的現代版見顏瑞芳編著，《清代伊索寓言三種》（臺北：五南圖書公司，2011），頁19-47。據《意拾蒙引》之〈敘〉，羅伯聃中譯此書，目的在為「大英及諸外國欲習漢文者，……細心玩索，漸次可通……漢道之梯行也。」見顏編，頁19。不過窺諸此書若干寓言後曾收入每期的《遐邇貫珍》之中，顯然羅伯聃也了解伊索故事可為宗教啟蒙所用。

35　周作人，〈明譯伊索寓言〉，見周著《自己的園地》，收入《周作人先生文集》（臺北：里仁書局，1982），頁194-197。《自己的園地》下文簡稱《園地》。

36　參見顏瑞芳編著，《清代伊索寓言三種》，頁3。

不能解題，求助於張氏，對曰「蓋言比也」[37]，可見兩位原譯者擬以譬喻警世
的苦心。謝氏又就是書緣起與內容籠統又撰跋道：

> 張先生憫世人之懵懵也，西海金公口授之旨，而諷切之，須直指其意
> 義之所在，多方開陳之，顏之曰《況義》，所稱寬而密，罕譬而喻者
> 則非耶。且夫義者，宜也；義者，意也，師其意矣，須知其宜，雖偶
> 比一事，觸一物，皆可得悟，況於諷說之昭昭者乎？然則余之與先生
> 之與世人，其於所謂義，一也，何必況義，何必不況義哉？後有讀者
> 取其意而悟之，其於先生立言之旨，思過半矣。（《法國圖》4：325）

謝懋明稱其與張賡「所謂義，一也」，當指他們俱為天主教徒，信仰的真
理一致，故「何必況義，何必不況義哉」？儘管如此，對一般蒙昧百姓而言，
若不以比喻開導啟迪，如何令其得悟而歸主呢？故謝懋明的跋語若可採信，則
金尼閣與張賡初譯伊索或伊索式寓言的動機，應與利瑪竇或其他教中嫻熟古
典學問的學者如龐迪我無異，都要用寓言為馬克思認為是「鴉片」的「宗教」
服務！然則寓言與傳教之間的關係又單純若此，或舍此之外則別無其他？非
也。西洋教士在明末雖已紛紛入華，但明人排外輿情高漲，中西宗教間的對峙
更未鬆弛。利瑪竇與明僧蓮池(1535-1615)之爭，即摻雜著各種不同動機與情
緒，論者皆知[38]。在這樣的社會氛圍下，金尼閣布教的行動當然更加謹慎，以
免授人把柄，坐實不軌之圖或牟利之嫌的罪名[39]。他迻譯伊索式故事，用寓言
化民，因此頗有政治社會層面上的不得已處，且不論教中的證道傳統！下引之
金譯《況義》首則，乍見下並無宗教色彩，卻是最佳的傳教護身符：

37　〔明〕金尼閣口授，張賡筆傳，《況義》，見鐘鳴旦等編，《法國國家圖書館明清天主教
　　文獻》（26冊。臺北：利氏學社，2009），4：325。《法國國家圖書館明清天主教文獻》
　　以下簡稱《法國圖》，引文隨文夾注。

38　參見王煜，〈明末淨土宗蓮池大師雲棲祩宏之佛化儒道及其逼近耆那教與反駁天主
　　教〉，載王煜，《明清思想家論集》（臺北：聯經出版事業公司，1981），頁145-152。

39　參見Jacques Gernet, *China and the Christian Impact: A Conflict of Cultures*, Janet Lloyd
　　trans.（Cambridge: Cambridge University Press, 1985), p. 42.

一日形體交疑，亂也，相告語曰：「我何繁勞不休？首主思慮，察以
目，聽以耳，論宣以舌，吃嚌以齒，揮握奔走以手足；如是，各司形
役，但彼腹中脾肚，受享晏如，胡為乎宜？」遂相與誓盟，勿再奉之，
絕其食飲。不日肢體漸憊，莫覺其故也。首運，目瞀耳瞶，舌槁齒搖，
手氈足慸，於是腹乃吁曰：「慎局勿乖哉，謂予無用，夫脾源也，血
脈派流，全體一家。抑脾庖也，爾饔爾餐（飧），和合飽滿，且咸寧矣。」
（《法國圖》4：309）

　　宗教和道德倫常本即脈息相關，金尼閣雖不言天主而宗教精神實已寓於所
譯之中，寓於其中的首、目、口、手與胃互為一體這個比喻上的宗教網脈中，
而其布道之目的達矣。在《畸人十篇》裡，利瑪竇猶以儒釋道三教三分華夏心
靈為慮（李輯，1：128），及至金尼閣，萬流復歸一家，而證此大義者，蓋微言
若上引之教耳。以明末政教環境言之，還有什麼能比得上這種方法來得安全而
又有效？

　　周作人素來服膺希臘文學[40]，讀新村出《南蠻廣記》之時，對《況義》良
窳念茲在茲。他的結論一如新村氏：「譯文殊不高明。」[41]但從近代比較文學
的觀點看這部譯作，我們的結論或許就不能這麼草率。首先，我至少應從大處
指出：即使以前引〈形體交疑〉這則寓言為例，這恐怕也是傳釋過程中原文非
但沒有影響到譯文，抑且受制於「目的語」（target language）的文學傳統的特例
之一，適可說明劉禾《跨語際實踐》提出的「主方語言」（host language）之說，
因為其中《莊子》筆法斧鑿可見，雖然學得成功與否是另一回事。方之多數漢
譯佛典之良莠不齊，甚至語意不清，〈形體交疑〉無疑是登樓再進之作。其次，
《畸人十篇》誠然博採各家之說，但金尼閣的新譯寓言雜糅龐迪我的舊作，此
書卻才真屬系統性傳播西洋專著的作品，其文學、文化史意義尤勝一籌。從這
一點推衍，我們還可以拿《畸人十篇》並比，確定一事：金尼閣不可能以記憶

40　參見楊牧，〈周作人與希臘古典〉，載楊牧，《文學的源流》（臺北：洪範書店，1984），
　　頁91-141；廖健行，〈周作人前期的希臘文學介紹工作及其貢獻〉，載《中外文學》，
　　18.4（1989年9月）：73-89。

41　《園地》，頁195；新村出，《南蠻廣記》，頁303。

譯書；1625年，他手邊必有某種版本的伊索寓言或伊索式證道故事集，譯作的形式才能大致保留西方通行本《伊索》的章法，而在每篇篇末皆有寓意解說出現。〈形體交疑〉篇尾即有「義曰」：「天下一體，君元首，臣為腹，其五司四肢皆民也。君疑臣曰，爾靡大官俸；愚民亦曰，厲我為。不思相養相安，物各有酬，不則相傷，無民之國無腹之體而已。」（《法國圖》4：310）

上古以還，伊索寓言幾無定本可言，此乃民間智慧結晶的形式特色。若取金譯〈形體交疑〉一篇與現代版《伊索寓言》對照，差異更大。我手邊取捨尚稱不惡的現代版中譯，故事即和金氏所譯相去懸殊，而係胃與腿各自認為力大無比，因起爭執，最後胃以負責輸送養分的大功能，辯倒了腿的挑釁。整條寓言的寓意，因而指指揮若定的將領與部隊之間的關係（沈譯，頁145-146）。金尼閣所譯情節，倒接近時代稍後法人拉封丹的詩體《東西寓言詩集》（*Fables*）。這兩個文本的譯釋定然皆有所本，不過金尼閣或張賡添枝加葉的本領顯然略遜一籌[42]。然而他似乎不以巧拙為意，而這點應與中世紀證道故事集的傳統有關（參見《晚明》：1-7）。

中國文學的傳統中，像《況義》首例這種身體寓言並不乏見。《左傳》僖公五年中唇亡齒寒的譬喻，即為其具體而微的對應顯例。既然如此，身體寓言當非伊索的大特色。現代版之中，數量最多的仍推動物寓言。耐人尋味的是，列斯基（Albin Lesky）《希臘文學史》曾經反省道：「在荷馬的著作中，沒有〔動物寓言〕的先例。首開風氣的，反而是赫西奧德（Hesiod）……〔《工作與時日》（*Erga*）裡，〕老鷹與夜鶯的故事；〔西元前7年的詩人〕阿奇維卡士（Archilochus）……也說過某狐猿的故事，甚至還提及一則老鷹食言，狐狸復仇的情節。〔西元前6至前5世紀的詩人〕西蒙尼底士（Semonides）……〔的著作中〕，則又有片段源出老鷹傲慢自大，冀金龜子加以痛懲的〔民間〕故事[43]。」細考這些早期的希臘動物寓言，可見印度文學的影響，但集此種寓言之大成者，卻

---

42 "Les Membres et l'Estomac," *Les Fables de la Fontaine* (Paris: Librairie Hachette, 1938), pp. 93-94. 另請參見莫渝譯，《拉封登寓言》（臺北：志文出版社，1983），頁96-97。下文拉封登作品中譯引文，概據莫譯。

43 Albin Lesky, *A History of Greek Literature*, trans., Cornelis de Heer and James Willis (New York: Thomas Y. Crowell Company, 1957), p. 154.

仍推晚出的《伊索寓言》，此所以有人認為伊索係偽託的人物，是一複數作者。
金尼閣譯〈形體交疑〉之際，若非別有異本傳述，就是像民俗寓言成長的方式
一樣在增飾原著。他所譯的典型動物寓言，也曾出現過類似情形。《況義》中
編號第六的一條寓言，現代版中譯通作〈叼著肉的狗〉，即是這般在重蹈覆轍，
十分有趣：

> 一犬噬肉而跑，緣木梁渡河，下顧水中肉影，又復云肉也。急貪屬啖，
> 口不能噤，而噬者倏墜。河上群兒為之撫掌大笑。
> 義曰：其欲逐逐，喪所懷來，尨也可使忘影哉！（《法國圖》4：314）

　　現代版《伊索寓言》並無群兒撫掌的情節，其寓意亦僅止於為貪者戒而已
（沈譯，頁161）。但方之拉封丹的《東西寓言詩集》，同一故事仍然有情節上的
變動，而且連寓意也已再經詮解：「世間上的每個人都會上當。／我們看過那
麼多的瘋子／逐影而跑，但我／卻不知到底為數有多少？／伊索提到的狗，應
該是個明證。」（莫譯，頁220）金尼閣係今天法國北部杜埃城(Douai)人，很可
能和拉封登一樣，母語也是法語。這或許可以凸顯一個假設：17世紀左右的法
語社會，流傳著某種增飾過的法譯伊索寓言或伊索式證道故事集，而講法語的
人士本身也不以譯作或改寫應符合原著為意。《況義》首篇〈形體交疑〉的情
節固然雷同於40年後拉封登的〈四肢與胃〉，但金氏所本歐語譯本的「義曰」，
在拉氏的詩中卻演化為情節的一部分，而且還屬雜史事，以證明這篇寓言的力
量。後面這點，愈可說明上述假設或有可能。在中國文學中，動物寓言亦非陌
生的故事形態，〈中山狼傳〉與〈黔之驢〉都是膾炙人口的例子。金尼閣在動
物扮演的寓言戲劇中添加一句帶有人味的尾巴，或許也跟利瑪竇扭曲中國史
乘與世界地圖一樣，目的都在迎合傳教需求，討好中國國情，而這就是「證
道故事」慣見的特色了：多數中國動物寓言若非有人物穿插其間，就是從人的
角度敘述或看待[44]。

44　參見譚達先，《中國民間寓言研究》（臺北：臺灣商務印書館，1988），頁17-94。

四

　　金尼閣主譯的《況義》在明末流行的狀況，尚可考得一二（參見《晚明》：
53）。日人小堀桂一郎〈東西方的伊索〉一文指出，這卷譯作曾經轉抄數則，
傳往日本，可惜當時德川幕府鎖國，禁止外教，而《況義》也因內文有為天主
教服務之嫌而慘遭查禁。以故日人雖知《況義》一書，幸而得閱者卻少之又少[45]。
周作人寫完〈明譯伊索寓言〉後不久，又發表了一篇〈再關於伊索〉，根據讀
到的資料，告訴我們一條清版《意拾蒙引》的趣聞。周氏從英人約瑟・雅各（Joseph
Jacobs, 1854-1916）的英文本《伊索寓言小史》中了解到1925年以前，某摩理斯
（R. Morris）者曾在《現代評論》（*Contemporary Review*）第39卷上撰文談及此書：
「《意拾蒙引》出版後風行一時，大家都津津樂道，後來為一個大官所知，他
說道：『這裡是一定說著我們！』遂命令將這部寓言列入違礙書目中。」然而
周作人並不相信這位摩理斯所述，因為《意拾蒙引》「總是什麼教會的附屬機
關發行，我們參照現在廣學會的那種推銷法，可以想見他的銷行一定不會很廣
的，因此也就不容易為大官所知道，倘若不是由著者自己送上去〔的話〕……。」
（《園地》：198）周作人從愛書立場出發，關心金譯《況義》嫡傳是否遭到查禁。
他可能不知道除了粵版外，清代的《意拾蒙引》尚有滬刻本及其他手抄本。改
版重訂的改題本《意拾喻言》，原書非但未曾遭到查禁，清末還流傳到了日本。
小堀氏的研究又顯示：1850年以前，中國似乎仍有原譯本的新潤筆梓行，蓋此
時輸往日本的中文雜誌《遐邇貫珍》中，就曾逐期選登《伊索寓言》內的故事。
日本新派思想家吉田松陰（1830-1859）曾注意到選刊本《伊索寓言》中的政治諷
刺性寓言，還曾為此類寓言的某一抄本撰序[46]。

　　不管日本人看待《況義》的態度如何，也不管中國人印行《意拾喻言》後
的反應如何，這部歷經兩朝且祖孫同源的希臘古寓言的選譯本，在中日兩地皆

45　Kobori Kei-ichiro, "Aesop in the East and the West," trans., Margaret Fittkau Mitsutani,
　　Tamkang Review 14.1, 2, 3, 4（1983-1984），p. 110.

46　參見Kobori Kei-ichiro, "Aesop in the East and West," pp. 111-112.

曾和宗教結下不解之緣，無庸置疑。

　　花開兩朵，我們回頭再看率先引介伊索式寓言的《畸人十篇》的興譽情況。要了解這一點，金尼閣為《利瑪竇札記》續作的尾卷，是現成的現場見證。金氏提到，利著博引旁徵，內容充實，古哲先聖均為教理服務，足以令人聽來津津有味。由於此書是利瑪竇和中國達官貴人的對話錄，常人頗能信任其中內容。這一點，《中國傳教史》亦詳予明陳，謂其相關評論若合而成書，恐怕比《畸人十篇》的原文還要長許多。書中序文眾多，皆出自名家，不但極美書內諸章，對歐人也是態度景仰；教會及基督信仰，同持敬意。書刻印完成後，利瑪竇慷慨饋人，首版在一年內即分送完畢；隔年在南昌與南京，又分別重印，以應各方索求，可見歡迎[47]。

　　利瑪竇的話或許誇張了些，不過曾為《畸人十篇》撰寫序跋推薦的明末時賢，包括李之藻、馮應京（1555-1606）、徐光啟、王家植（生卒年不詳）、陳田（生卒年不詳）、曹於汴、董其昌（1555-1636）、劉胤昌（fl. 1604）與汪汝淳諸人，不啻暗示在器象圖數之外，吸引徐光啟等人改宗天主教的因素還得添上歐洲文化一環；精確地說，還得加上歐洲文學或源出希臘上古的伊索式寓言。上述諸人和利瑪竇交談時印象最感深刻的，正是他所用警世博喻咄咄逼人的力量。徐光啟曾說過，利瑪竇以「傳播其書」故，「興起有眾」，而其書內容均「未之聞也」[48]。此言倘非溢美之詞，則〈獅狐故事〉一類證道性的伊索式寓言當真功在天主教入華；一般史冊中論及耶教東傳所持的重科學輕人文之見，恐怕得據此而加以修訂或改寫了。誠哉徐光啟之言：因為即使《畸人十篇》中的小寓言如獅狐者，1806年左右也已跨海東渡日本，像景教讚美耶穌的詩曾摻入道教《呂祖全書》一般[49]，影響到日本神道教的著作了：該教學者平田篤胤（1776-1843）的教義書籍《本教外篇》，即借之闡幽發微。當然，在日本當時鎖國時代的政治氣壓下，平田絕對不敢如明末中國士子一般公然提到天主教典

47　Ricci, *Storia dell'Introduzione del Cristianesimo in Cina*, in D'Elia, S. I., ed. *Fonti Ricciane*, 2: 302-303.

48　〔明〕徐光啟，〈景教堂碑記〉，載王重民輯校，《徐光啟集》（臺北：明文書局，1986），頁531。

49　參見羅香林，《唐元二代之景教》，頁135-152。

故，頂多以「上帝」一詞帶過[50]。即便如此，利瑪竇為推銷本教所付出的心血，也已經功不唐捐了。

諷刺的是，就在平田引用《畸人十篇》之際，中國卻已禁絕耶穌會士的人文著作了。《本教外篇》刻於清仁宗嘉慶年間，前此二十餘年的乾隆一朝所修的《四庫全書》，僅存《畸人十篇》等書之目，不見其書，《況義》更付闕如。紀昀（1724-1805）的理由冠冕堂皇：「西學所長在於測算，其短則在於崇奉天主，以眩惑人心。所謂自天地之大，以至蠕動之細，無一非天主所手造，悠謬姑不深辨，即欲人舍其父母，而以天主為至親；後其君長，而以傳天主之教者執國命，悖亂綱常，莫斯為甚！豈可行於中國者哉？」[51] 易言之，希臘寓言或與之相關的證道故事因宗教故而引進中國，但此刻也已因宗教故而見棄於《四庫全書》之外了。紀昀振振之詞所本實為儒家綱常，而其所斷送者非僅天主一教而已，明亡以來繫若游絲的中外文學關係的臍帶也遭到誅連：彌大氏、阨瑣伯與但大氏本非天主門生，在清朝中葉卻已弔詭地變成為基督殉道的聖人了。

姑且不談紀昀的《閱微草堂筆記》本身就「悠謬」一如蒲松齡（1640-1715）的《聊齊誌異》，他本人在乾隆年間的禁書舉措，後代學者也已多方撻伐[52]。不過禁者自禁，閱者反因禁者而更感好奇，人數再添。中國幅員廣大，歷史綿長，社會階層九流十教。耶穌會士的著作不論如何吸引士人注意，終究也不過眾流之一。一旦禁絕，其後反不乏殷殷索求者。此所以1915年以來，該教舊籍不斷彙編，有如佛藏一般，而我們幸而也賴以得悉希臘寓言以證道故事的形式在華傳布的早期情況。話說回來，《況義》內的寓言在道光年間多已重譯，迭經修葺重刊。其事初在英軍攻陷舟山，入侵寧波前後。惟二者刊刻動機，皆難逃借力宣教之嫌。其世俗影響若何，我目前尚難查考。不過，我曾在現代人改

---

50 參見平田篤胤，《本教外篇》，載平田篤胤，《本教外篇》上，在上田萬年、山本信哉與平田盛胤編，《平田篤胤全集》第二卷（東京：內外書籍，1932），頁25。但此地平田篤胤易「獅」為「狼」。此外，另見小堀桂一郎，《イソップ寓話──その伝承と變容》（東京：講談社，2001），頁255。

51 〔清〕紀昀，《天學初函》條，《四庫全書總目提要》，卷134，子部44雜家類存目11。

52 參見方豪，〈李之藻輯刻天學初函考──李之藻誕生四百年紀念論文〉，載李之藻輯，《天學初函》，1：6-8。另請參見洪業，〈四庫全書總目及未收書目引得序〉，載《洪業論學集》，頁51-55。

寫的中國傳統寓言故事集中，找到清人張義臣(生卒年不詳)《雅言》內〈器官之爭〉的寓言一條，內容雖略異於前引《況義》首則，然而精神庶幾乎近之。該寓言的文言原文我尚難檢索寓目，下面僅引現代人的白話改寫本權供參考：

> 有一個人，五官四肢互相發生爭執。
>
> 最先大家一齊指摘眼睛，認為天下一切的美色，都被眼睛單獨享受了。
>
> 其次共同反對耳朵，認為人間最悠揚的音樂都被耳朵獨佔了。
>
> 再次集體鬥爭舌頭，認為世界上所有的珍饈美味，都被舌頭嘗盡了。
>
> 紛爭終於激怒了雙手，認為終日勞動，一切生產成果都應歸他，可是到頭來總是兩手空空。其他器官不勞而獲，太不公平。
>
> 可是雙足不表同意，認為如果它們罷工，不去行動，雙手亦無用武之地。
>
> 手終於忍氣不過，攫把刀來。
>
> 挖了眼睛，看不見了；割下耳朵，聽不見了；剟出舌頭，不能說話了；砍下雙腳，不能走路了。
>
> 最後，身體因傷重死亡，雙手也隨著腐爛無存[53]。

成語「皮之不存，毛將焉附」與前述「脣亡齒寒」式的身體寓言，古來慣見，但上述〈器官之爭〉卻帶有一絲金尼閣〈形體交疑〉的影子，應為確論。若以上引為例衡之，乍看之下，還真像金譯的語體文再譯。張義臣與《雅言》二者，我目前所知有限，但其間果有聯繫，則希臘寓言對近代中國民間文學的啟發，確有可能演變成為另一足堪研究的學術課題。

這篇拙文因屬初探性質，所以不擬就上述再作文章。最後，我謹簡述利瑪竇與金尼閣所布寓言與天主教布道傳統的關係及其後續發展的大要，藉以說明二公所作所為並非倉促成軍。人所共知，《聖經·舊約》早天主教存在，其中抑且不乏寓言譬喻。〈民長紀〉第九章約堂(Jonathan)所述眾樹立王的爭辯，可

---

53 張用寰改寫，〈器官之爭〉，載張用寰編著，《中國寓言選輯》(臺北：遠東圖書公司，1985)，頁42-43。

能是開啟傳統的寓言之一，其源流亦本於伊索式故事。經文的寓意則更為明
顯：約堂要示人知道，除非「你們認為作的真誠正直」，除非「你們認為是善
待了耶魯巴耳和他的家族」，否則「你們立阿彼默肋客為王」是一件愚不可及
的事[54]。猶太人的傳說還認為，神「具有不受限制的特性，為了要把祂的旨意
啟示給有限的人」，神「必須使用人們所熟悉的事物」。因此，「真理要傳給人
之前」，必須「穿上」涵蓋各式寓言在內的「比喻和類比的外衣」[55]。天主教
眾相信《聖經》乃經天主的默示寫下，寫經人卻很少忽略寓言深入人心的力量。
後世學者承認，即使《新約》裡的耶穌，也是寓言布道法的魁楚，雖則他所用
者通稱「比喻故事」。巴特里克(George A. Butterick)便認為，「寓言是耶穌傳信
息的主要文體特色，不但具有他傳道當時的時代意義，同時也具有整個歷史普
遍性，為靈命所繫」（《比喻》：239）。在耶穌精神的光照之下，2世紀的拉丁教
父特土良(Tertullian, c. 160-c. 225)等人，遂認為自然萬物和天主之間有一種「寓
言性的聯繫」，因為天主「不單單講比喻，祂也用行動來表現比喻」（《比喻》：
13）。職是之故，從西方宗教史的大傳統來看，利瑪竇與金尼閣用希臘寓言在
華為傳教布椿，只能說是順應教中前賢帶動的潮流之舉。

　　明乎此，我們便不難了解和曹於汴高談阨瑣伯個人的寓言之時，利瑪竇何
以語鋒突轉，冒出一句無關阨瑣伯所處希臘時空與文化背景的話：舌之愆也，
足以「傷神誶上帝，背恩違大德」。細心的讀者還可揣見，這句話指涉到〈創
世紀〉厄娃(Eve)受言誘而唆使亞當一起背棄天主的墮落神話，讀起來更像在
聽17世紀的彌爾頓(John Milton, 1608-1674)高聲用英語朗誦《失樂園》(Paradise
Lost)。利瑪竇移花接木，借力使力的寓言倘屬歷史時空乍現的曇花，則其意
義也不值得我們費神討論。問題是：利瑪竇不但承襲了西方宗教文學裡的寓言
傳統，也因所徵寓言多經穿鑿，故可讓我們更進一步，深入了解天主教廣受矚
目的變儒為耶的現象所由。在距離歐陸九萬里外的華夏古國，若非利瑪竇體會
到再續本教寓言式證道故事的重要，天主教興教功成的契機可能還要拖上數

54　〈民長紀〉9：16。我所用的《聖經》係天主教思高聖經學會譯釋，《千禧版聖經》（香
　　港：香港思高聖經學會，2000）。

55　駱其雅(Herbert Lockyer)著，詹正義、周天麒譯，《聖經中所有的比喻》（臺北：臺灣主
　　日協會，1987），頁7。《聖經中所有的比喻》以下簡稱《比喻》，引文頁碼夾注於正文。

年。《畸人十篇》的出現，適時填補了此時在譯事上早已呈強弩之末的佛教寓言的空白，使中國宗教文學邁向真正多元化的新紀元。

在這個新時代裡，寓言的名目迭有衍異，然而實質未變，都是證道之屬，數量抑且大有苗長。金尼閣不論，曾經和利瑪竇幾乎同時在為寓言的譯述前仆後繼的，至少還要包括高一志(Alfonso Vagnoni, 1566-1640)、艾儒略與湯若望(Johann Adam Schall von Bell, 1591-1666)諸人。就中高氏尤為重要。他初名王豐肅，於西籍無所不窺，於古典文學及修辭學尤見功力，故此益感寓言及譬喻化導人心之效。入華之後，因譯《譬學》與《達道紀言》諸書躬行理論(《三編》2：565-754)。韓霖(1596?-1649)在明崇禎癸酉年(1633)為《譬學》作序時，便美高氏曰：「能博喻，然後能為師，先生之謂夫。」(《三編》2：571)這裡的「喻」雖然是「譬喻」，不過「譬喻」本為「寓言」的基礎結構(infrastructure)，兩者的道理一，不可須臾離。倘就本文的關懷言，《譬學》中更重要的是高氏親撰的〈譬學自引〉，以其不類一般序跋故也，而是長篇理論文字，幾可謂綜合了此刻在華天主教士對於譬喻性文字的看法，更像在代利瑪竇與金尼閣傳譯希臘寓言說明目的：

> 人雖萬物之靈哉，不若天神，不煩推測。洞徹物理也，則必由顯推隱，以所已曉，測所未曉，從其然，漸知其所以然。此格致之學也。夫明隱之道多端，設譬居一焉。故聖賢經典，無不取譬。雖夫婦之愚，皆可令明所不明也，且此譬法，非特使理之暗者明，又使辭之直者文，弱者力……。古今書籍，汗牛充棟，皆具美譬之資。即天文地理，山崎水流，空際萬眾，四行乖和，卉花之鮮美，羽禽走獸之異性奇情，無不可藉以為譬。(《三編》2：575-576)

高一志自引裡的設譬之法，十分類似〈叼著肉的狗〉一類的伊索寓言，且舉其一為例：「西海有魚，身極微而附於舟底，即足止其速行矣。故心中微欲，亦足滯大學之進。」(《三編》2：595)上引〈譬學自引〉中的理論，其實也涵蓋了中文「寓言」一詞的各種範疇，正可說明本文開篇所設的定義及利瑪竇、

金尼閣二人所刊寓言的廣度及影響。其所指的教化功能,更無論矣。故前引韓霖的序言又謂,高一志的「寓言十九非不縱橫跌宕,⋯⋯悟之則在人矣。」此一觀點,實無異於李之藻為《畸人十篇》設定的寓言目的,更堪比謝懋明〈跋況義後〉的說明:「凡立言者,其言粹然,其言凜然,莫不歸之於中,至於多方誘勸,則比之為用居多:是故或和而莊,或寬而密,或罕譬而喻,能使讀之者遷善遠罪而不自知。」(《法國圖》4:325-326)

　　以寓言理論之精審而言,高一志堪稱耶穌會士第一,蓋利瑪竇、金尼閣二公俱不見長於此。惜乎其人所作或譯多為短篇,汪洋恣意處固乏《莊子》之雄偉,即使以創意觀之,也沒有慧巧如〈秋水篇〉中北海若之與河伯對談者。因此,1608年《畸人十篇》的出版與1625年《況義》的刊就,在入華天主教的寓言傳統中,便具有不可動搖的劃時代的文學意義。其深邃之篇幅所加予人者,不僅屬精密的情節效果,同時還涵括更高的閱讀情趣。利瑪竇與金尼閣之作且都曾為原著添油加醋,故可稍補單方面的中譯創意不足之憾,進而使徐光啟讚嘆前所未聞,使謝懋明規規然若有所失。由是觀之,這些寓言另又功在溝通西洋上古與東方近世,使不同的文學、文化融合為一,而凡此種種,正可見翻譯在文學傳播中的地位,亦可謂天主教入華的意外收穫。

明末耶穌會與歐洲文學

　　天主教在中國的歷史不短,從唐代的景教算起,說來已歷千年而有餘。但就羅馬公教大規模入華而言,時間則得遲至明末,元代的孟高維諾(John of Montecorvino, 1247-1328)只是曇花一現。話說回來,如果以本文關懷的中西文學互動而言,則在中國悠悠的歷史長廊裡,明末耶穌會的表現尚稱不晚。一般而言,中外史家多認為此刻耶穌會士功在科技傳播,頂多涉及音樂、美術等今人定義下的人文範疇,而談到文學,學者幾乎瞠目結舌,不知何以對,懵懂間甚至有人認為幾乏貢獻,荷蘭學者許理和(Erik Zürcher, 1928-2008)就是一例[1]。我嘗予以反駁,而拙作《中國晚明與歐洲文學──明末耶穌會古典型證道故事考詮》即從文學的角度切入,試圖改寫歷史,還明末耶穌會士文學家的另一面貌[2]。這裡所謂文學,除了拙作所談證道故事(*exemplum*,或譯喻道故事)外,另包括聖歌、格言、傳奇(romance)、聖傳(hagiography)、辯論詩(debate poetry)、對話錄(dialogue)與修辭學(rhetoric)著作等等[3]。耶穌會入華,事見於明神宗萬曆年間,約當南歐文藝復興晚期。斯時以降,羅明堅(Michele Ruggieri, 1543-1607)與利瑪

1　Erik Zürcher, "Renaissance Rhetoric in Late Ming China: Alfonso Vagnoni's Introduction to His *Science of Comparison*," in *Western Humanistic Culture Presented to China by Jesuit Missionaries (XVII-XVIII Centuries): Proceedings of the Conference Held in Rome, October 25-27, 1993*, ed. Federico Masini (Rome: Institutum Historicum S. I., 1996), pp. 331-332.

2　李奭學,《中國晚明與歐洲文學──明末耶穌會古典型證道故事考詮》(臺北:中央研究院與聯經出版公司,2005)。下文此書簡稱《晚明》,引文頁碼夾注於正文中。

3　耶穌會士於晚明譯介的西方修辭學著作,本文難以殫述,請參見李奭學,《譯述:明末耶穌會翻譯文學論》(香港:香港中文大學出版社,2012),頁255-309。此書以下簡稱《譯述》,引用頁碼隨文夾注。

竇(Matteo Ricci, 1552-1610)等初代教士開始漢譯上述文類,而就原作完成或就其使用之盛觀之,這些文類涵容的歐洲文學,幾乎都源出中世紀,下文所談,故多以耶穌會士所譯的這類作品為主。

　　證道故事常為文學素材,但如是觀之,其實也有小覷之嫌。古希臘羅馬開始,這類故事不僅常為作家取用,敷衍成長篇詩文,其本身也是獨立文類,多為一家之言,有如中國傳統筆記小說,而又奄有西洋古典與天主教兩型。顧名思義,古典型證道故事以有關古希臘羅馬人物之故事為限,通常是修辭學家或演辯家取資說明或佐證的示範故事(《晚明》,頁2-5)。亞里斯多德乃將希臘修辭學系統化的第一人,所著《修辭術》(*Tekhne rhetorika*)載演辯家舉證的故事形態,認為有二:一為虛構者(what is invented),一為史上曾經發生者(what has happened)。前者亞氏以伊索寓言為例說明(chaps 1-3)[4],所以在古希臘與古羅馬修辭學轉為歐洲中世紀的證道藝術(*ars praedicandi*)之後,伊索式寓言便在歐洲聖壇上風行一時,各種相關故事集紛紛加入使用的行列中。明末耶穌會士或許曾登壇講道,但如今可見最早的伊索寓言式證道故事,卻已筆記成書,淪為紙上證道,而非口頭傳播。利瑪竇嘗自比莊子筆下的畸人,撰有《畸人十篇》(1608)一書,詳載自己和明末顯宦如徐光啟(1562-1633)、李之藻(1565-1630)等人共論天主教道。亞里斯多德《修辭術》第二卷所舉史特西科羅斯(Stesichorus, 632?-556? BCE)的寓言(2.20.5),就曾出現在《畸人十篇》第十篇裡。利瑪竇和友人共論貧富,而他為讓後者了解未雨綢繆的生命必要,遂舉某上古「傳聞」道:「馬與鹿共居於野而爭水草也。馬將失地,因服於人,借人力助之,因以伐鹿。馬雖勝,已服於人,脊不離鞍,口不脫銜也;悔晚矣!」[5]

　　此一故事利瑪竇講於1595年以前,在歐洲則早見於古羅馬人如巴布里烏斯(Babrius, 約2世紀)與費德魯斯(Phaedrus, *c.* 15 BCE-*c.* 50 AD)等人之作。他們分別用韻、散文重寫伊索寓言,各有專集面世。此外,在歐洲證道故事集如德‧維特里(Jacques de Vitry, 1180-1240)的《日常證道詞》(*Sermones Vulgares*)中,上

4　Aristotle, *On Rhetoric: A Theory of Civic Discourse*, trans. George A. Kennedy (New York and Oxford: Oxford University Press, 2007), pp. 27-51.

5　〔明〕利瑪竇,《畸人十篇》,載〔明〕李之藻輯,《天學初函》(6冊。臺北:臺灣學生書局,1965),1:280。《天學初函》下文簡稱「李輯」,引文頁碼隨文夾注。

述寓言另可見得[6]。從故事形態觀之，利瑪竇所引顯然出自中世紀，不是羅馬上古。

　　明末善於利用伊索式證道故事者，另有西班牙耶穌會士龐迪我（Diego de Pantoja, 1571-1618）與義大利籍會中同修如高一志（Alfonso Vagnoni, 1566-1640）、艾儒略（Giulio Aleni, 1582-1649）和衛匡國（Martino Martini, 1614-1661）等人。當時伊索式證道故事中譯得較完善者，首推佛蘭芒耶穌會士金尼閣（Nicolas Trigault, 1577-1628）。金氏在閩人張賡（1570-1649?）筆受襄助下，於1625年在西安刊刻所輯並譯《況義》。其中收錄的二十餘則故事，除了某些例外，皆出自傳統的伊索寓言[7]。文前我之所以用「伊索式證道故事」形容《況義》，緣於書中某些寓言的形態與寓意業已天主教化，而且還輯有利瑪竇和龐迪我的譯文，甚至連中國傳統故事與「偽伊索寓言」也都搜羅在內，顯見金尼閣譯書與編書之志，都非《伊索寓言》的譯介，而是有實用的目的在焉。在古希臘，伊索寓言集最早的用途之一，其實是演辯的例證手冊。所以《況義》之譯也，可能確在踵武中古時人，以編譯一冊專供耶穌會士布教用的證道故事集為首要目的（參見《晚明》: 45-123）。

　　所謂「偽伊索寓言」，我指的是貌似伊索寓言的寓言。傳統上，這些寓言不見於一般伊索寓言集。我在《中國晚明與歐洲文學》中稱之為〈三友〉的一則即屬之。其開筆還頗有荀賦的架式：

　　　有人於此，三友與交。甲慕密，乙慕疏，而丙在疏密間，大氐猶（憂）
　　　戚之也。此人行貪穢，事主不忠，上詔逮之。急惶遽求援，念吾最密
　　　之友，逢人見愛，權動公卿，請與偕往。曰：「急難相拯，實在友矣。」
　　　友曰：「爾所往遠而險，我艱步趨，方奈何？」爾時罪人深懊恨，自
　　　以生平密交如是如是，更向誰憐？沉於淵者，不問所持，則姑向丙家

6　參見Thomas F. Crane ed., *The Exempla or Illustrative Stories from the Sermones Vulgares of Jacques De Vitry* (London: The Folklore Society, 1890), p. 51.

7　明末耶穌會士所譯伊索寓言之絕大多數，俱見戈寶權，《中外文學因緣——戈寶權比較文學論文集》（北京：北京出版社，1992），頁375-436。《中外文學因緣》下文簡稱「戈著」，頁碼夾注於正文中。相關論述亦請參見該書頁1-36。

友叩情。丙家友曰：「我未便與俱也。但誼不可失，相將至郭外而反
（返）。」此人回思，悲念無復之矣。異日者交疏友生，又何敢告？是
友翻來慰勞曰：「而（爾）勿憂，而（爾）還從我，可不失望也。彼二友
者，不能同往，往亦不能救若。我且先，若後來，能令主上赦若罪。
若立功，復若舊寵矣。」（戈著，頁410-411）

《況義》之外，此一故事亦見於利瑪竇的《畸人十篇》，作教理佐證用（李
輯，1：160-162）。後書所講情節稍異，不過寓意並無不同，要之，都以上引那第
一友為酒肉朋友，第二友為妻子親人，第三友為個人之「善行」。對15世紀英
國戲劇有所涉獵者來說，這個故事想不陌生，因為不少西方學者都認為當時英
國盛行的《凡人》（Everyman）一劇，其基本情節即本於此一故事的系統而來[8]。

《凡人》乃道德劇（Morality Play）的典型，同一劇碼也曾出現在荷蘭與歐洲
其他國家早期的文學史上（《晚明》，頁371-380）[9]。〈三友〉果然為《凡人》的底
本，則可知這個故事在歐洲中世紀見重之一般。有趣的是，〈三友〉不僅在1605
年以口述筆錄的方式和中國讀者見面，我在日本以羅馬字譯出的古活字版《伊
曾保物語》（Esopo no fabvlas）中也見有日文譯本[10]，時為後陽成天皇文祿年間
（1592-1596），精確說來是1593年，比《畸人十篇》中的譯本還早了五年。根據
高橋源次（1899-?）早年之說，《凡人》最早出自梵典，乃《阿含經》中的四婦
喻[11]。不過歐語系統中的此一故事，最早乃出現在大馬士革的聖若望或天主教
所稱聖若望達瑪瑟（Saint John Damascene, 675?-749）所著之希臘文本《巴拉姆和
約薩法》（Barlaam and Ioasaph）之中[12]，其後再經拉丁譯本輾轉而化成各種中世

8　Karl Goedeke, *Every-Man, Homulus und Hekastus* (Hanover: Rümpler, 1865), p. 7; and
　　Geoffrey Copper, and Christopher Wortham, eds., *The Summoning of Everyman* (Nedlands:
　　University of Western Australia Press, 1980), pp. xviii-xix.

9　荷蘭稱之為*Elckerlijc*，亦可譯為《凡人》。

10　〈三人より中の事〉，載中川芳雄解題，《古活字版伊曾保物語》（東京：勉誠社，1981），
　　頁226-229。

11　Genji Takahashi, "An Approach to the Plot of *Everyman*," *Eibungaku kenkyu* 18.4 (1938):
　　476-485.

12　St. John Damascene, *Barlaam and Ioasaph*, trans. G.R. Woodward and H. Mattingly
　　(Cambridge Mass.: Harvard University Press, 1983).

紀俗語的本子。其中有散體，也有韻體。有關《巴拉姆和約薩法》一書的中譯，下文會再述及，但此書聲名最著者乃五個連環而來的比喻故事，而〈三友〉正居此一系列比喻之首，故事形態也是西方可見最早者，內容則和利瑪竇及金尼閣本大同小異，即使古活字版《伊曾保物語》中的〈三人より中の事〉亦然。

《巴拉姆和約薩法》中另有〈空井〉一喻，講某人為躲避一隻獨角獸，攀緣樹根，懸身於某「空井」之中。不料井底有火龍噴火窺伺，上有黑白蟻群啃噬根鬚。值此生死存亡之際，樹上滴下蜂蜜，適巧掉在此人口中。此人嚐得甜味，居然忘卻此刻仍然處身險境。〈空井喻〉在西方雖不曾發展為長篇敘事文學，但在歐洲中世紀，其俗語衍本同樣北見於冰島，南傳至地中海沿岸，西陲的英國就更不用說了（《晚明》：380-398）。《畸人十篇》中，利瑪竇講過這個寓言（李輯，1：157-158），高一志的《天主聖教四末論》也曾重譯再用[13]。不過，明代耶穌會士顯然都不知道〈空井喻〉本出梵典，從3、4世紀的鳩摩羅什（?334-?413）以來，漢藏中至少四傳。話說回來，為利瑪竇筆潤《畸人十篇》者是徐光啟（1562-1633），我懷疑早已察知兩者互文（intertextalized），因為《畸人十篇》中的故事和佛典一樣，都將獨角獸還原為「象」，而後者正是梵文原本載之的獸類。和〈三友〉一樣，在日耶穌會士也曾搶先一步，將〈空井喻〉迻為日文，日本學者如松原秀一等都卓有研究。可惜的是，論者如松原或稍後的小堀桂一郎及池上惠子等，都沒注意到利瑪竇等人的中譯不過稍晚於日譯，否則〈空井喻〉的普世性格，他們必有更深的認識[14]。

所謂普世性格，其實仍和《巴拉姆和約薩法》的梵文源頭有關。在聖若望‧達瑪瑟之前，《巴拉姆和約薩法》因摩尼教帶動，已有中亞與西亞各國語言的

13　〔明〕高一志，《天主聖教四末論》，巴黎法國國家圖書館藏明刊本，編號6857，卷4，頁29a-29b。

14　松原秀一，《中世ヨーロッパの說話——東と西の出會い》（東京：中央公論社，1992），頁123以下；小堀桂一郎，〈日月の鼠——說話流傳の一事例〉，載《紀要比較文化研究》（東京大學教養學部），第15期（1976），頁47-100；Keiko Ikegami（池上惠子），*Barlaam and Josaphat: A Transcription of MS Egerton 876 with Notes, Glossary, and Comparative Study of the Middle English and Japanese Versions*（New York: AMS Press, 1999），pp. 31-65 and pp. 117ff.

版本，連非洲的埃塞俄比亞都可一見[15]。但不論何者，內容都是印度王子約薩
法不顧父王禁令出城遊觀，從而得遇生老病死，最後再經巴蘭度脫，出家野修。
這段故事顯然取材自《普曜經》等釋迦生經。「約薩法」一音，學者咸信即由
「菩薩」本音「菩提薩埵」(bodhisattva)轉化而來。聖若望在7或8世紀用希臘
文寫下《巴拉姆和約薩法》後，所作旋即經人翻譯成拉丁文，而簡本在12、13
世紀中古鼎盛時期，又收入沃拉吉納的雅各(Jacobus de Voragine, 1229-1298)編著
的《聖傳金庫》(*Legenda aurea*)之中，並因該書而廣為耶穌會吸納，置之於《沙
漠聖父傳》(*Vitae patrum*)的背景中。1602年，《聖傳金庫》裡的〈巴拉姆和約
薩法〉經龍華民(Nicholas Longobardi, 1559-1654)中譯成書，題為《聖若撒法始
末》。根據利瑪竇的《中國傳教史》(*Storia dell'Introduzione del Cristianesimo in
Cina*)，《聖若撒法始末》之所以中譯，乃因龍華民在廣東韶州傳教時屢受佛教
徒質疑，以為天主教內典有限，不如佛藏之多，故憤起而選譯教內聖傳一種，
以為回應或反駁[16]。19世紀中葉，《聖若撒法始末》的佛傳本質為英國與德國
學者相繼證實，天主教從此不傳此傳。不過在此之前，《聖若撒法始末》乃該
教聖傳中聲譽最為崇隆者之一，東方教會尤其重視。龍華民中譯在17世紀初，
當然懵懂於自己舉以攻佛者居然是佛傳，而這確實也是中國天主教史上的一大
諷刺。池上惠子也注意到類此諷刺，因為《聖傳金庫》亦曾在16世紀末迻為日
文。據池上研究，日譯的底本應該是西班牙文本。我讀後的了解，相去不遠(參
見《譯述》，頁61-106)。

　　天主教聖傳的研究者，大致以「傳奇」(romance)為《聖若撒法始末》的原
本定位，以其文學性及超自然色彩重故也。龍華民的原譯如今已尋覓不易，可
見者多為南明隆武元年(1645)的閩中刊本，而這一版業經前及張賡筆潤過[17]。就

15　參見E.A. Wallis Budge, *Baralam and Yewasef: The Ethiopic Version of a Christianized
　　Recension of the Legend of the Buddha and the Bodhisattva*(London: Kegan Paul, 2004)—
　　書。

16　Pasquale M. D'Elia, S.J. ed., *Fonti Ricciane*, 3 vols. (Rome: La Libreria dello stato, 1942),
　　2: 229-233. 有關《聖若撒法始末》之研究，參見《譯述》，頁61-106。

17　〔明〕龍精華(華民)譯，張賡筆潤，《聖若撒法始末》，載鐘鳴旦(Nicolas Standaert)、
　　杜鼎克(Adrian Dudink)編，《耶穌會羅馬檔案館明清天主教文獻》(12冊。臺北：利氏
　　學社，2002)，6：435-464。

隆武版觀之,《聖若撒法始末》可謂文采斐然,除高一志譯的《聖母行實》(1631)外,明末聖傳傳奇難得一見如此文字可觀而情節亦復委婉曲折者。就敘事文的演化而言,或就中國傳統文學的定義觀之,稱《聖若撒法始末》為中譯首見的西方小說,我想並不過分,可和新教在咸豐年間譯成的《天路歷程》(*The Pilgrims Progress*)桴鼓相應,前後媲美。

亞里斯多德所稱的第二類修辭例證是歷史,亦即歷史軼事(2.20.2),而這又是明末耶穌會證道故事中的大宗。耶穌會士連譯帶講而引進中國者至少可分兩類,一為古希臘羅馬流傳下來的所謂古典型證道故事,一為天主教型的證道故事。前者為數甚多,舉凡蘇格拉底、柏拉圖、亞里斯多德、西賽羅(Cicero, 106-43 BCE)與亞歷山大大帝等西方上古聞人的生平,耶穌會士都曾用口講出或以手寫出。這類故事,據我所知,多半取自1世紀瓦勒里烏斯·馬克西穆斯(Valerius Maximus)的《善言懿行錄》(*Factorum et dictorum memorabilium libri*)與編者不詳的《羅馬人傳奇》(*Gesta Romanorum*)等流行於歐洲中古的證道故事集[18]。後兩本書其實另有源頭,亦即普魯塔克(Plutarch, *c.* 46-120)的《希臘羅馬名人傳》(*Vitae parallelae*)或西賽羅的《圖斯庫盧姆談話錄》(*Tusculanae disputationes*)等古典名著。下面一條為軼事型證道故事的典型,我引自衛匡國譯於1647年的《述友篇》:

> 昔有虐王氏阿尼,詔繫一臣,名大漫,將殺之。大漫之友比帝亞謀救大漫,自質於王,求暫釋友數日,得處置家事。王許之曰:「限至不至,代死。」因錮之。大漫急返家,竣事而至。大漫之來也甚遲,乃限時已盡,王命殺比帝亞。將刑,大漫至,大呼:「我至,我至。」王駭異,輟怒,并(並)釋大漫,且求與二人交,為三密友焉[19]。

18　此二書我用的版本是 Valerius Maximus, *Collections of the Memorable Acts and Sayings of Orators, Philosophers, Statesmen, and other Illustrious Persons of the Ancient Romans, and other Foreign Nations, upon Various Subjects: Together with the life of that Famous Historian*, trans. Samuel Speed (London: Printed for Benjamin Crayle and John Fish, 1684);Charles Swan trans., Wynnard Hooper ed., *Gesta Romanorum, or, Entertaining Moral Stories* (London: George Bell and Sons, 1891).

19　〔明〕衛匡國譯,《述友篇》,載吳相湘主編,《天主教東傳文獻三編》(臺北:臺灣

　　《述友篇》的原文出自何處，我愧無所知，但是大漫與比帝亞乃畢達哥拉斯學派著名的友誼故事，西方上古以來無人不曉，而最遲至西賽羅的《圖斯庫盧姆談話錄》，上引故事已是載籍不闕，而且著稱迄今，連近人所編之《泰西五十軼事》都改寫而錄之[20]。引文中所謂「虐王氏阿尼」，如今多半譯為「敘拉古的狄奧尼西奧斯」（Dionysius of Syracuse, 430-367 BCE），他和大漫、比帝亞的互動，瓦勒里烏斯的《善言懿行錄》首先改寫為示範故事，隨著瓦氏所著而在歐洲中世紀風行一時，從而為天主教收編，終而融入是時的證道故事集中；晚明之際，再隨耶穌會來華，進入中文世界（《晚明》，頁266-270）。

　　耶穌會古典型證道故事中，我覺得最值得一提的是一種名為「克雷亞」（Gk: χρεία; Ltn: chria; Eng: chreia）的小故事，我譯之為「世說」。此一文類發源於希臘上古，結構特色以記言為主，記事為輔。我們倘借唐人劉知幾（661-721）《史通》的話再予形容，則可謂其內容多同於古，或者根本就是裁古而來，用劉語譯為「瑣言」亦無不可[21]。職是之故，晚明首部克雷亞專集，高一志就名之為《勵學古言》，而其次者亦經題為《達道紀言》。從古希臘時代開始，克雷亞多用於修辭學，4世紀亞普通尼士（Aphthonius of Antioch）的《修辭初階》（*Progymnasmata*）係其最佳的理論說明。亞氏的克雷亞定義在中世紀更是廣為人知：這類故事乃「短小精煉之追記」，而其中人物的言與行，「必恰如其分地依託於某人」[22]。

　　這個定義的第一個重點是「某人」，他必須是歷史實人，而且通常來頭不小。前述蘇格拉底諸人故常化身為克雷亞中人，而相關哲人如犬儒學派的創始人第歐根尼（Diogenes of Sinope, ?-320?BCE），也扮演過關鍵的角色。克雷亞的寫

（續）───────────────

　　學生書局，1984），1：50-51。《天主教東傳文獻三編》下文簡稱《三編》，引文頁碼夾
　　注於正文中。

20　Cicero, *Tusculan Disputations*, trans. J. E. King (Cambridge, Mass.: Harvard University
　　Press, 1996), v.22；許小美譯，《泰西五十軼事》（台南：新世紀出版社，1974），頁79-81。
　　《泰西五十軼事》原著者為美國人鮑德溫（James Baldwin，1841-1925），林琴南早在民
　　國五年即有此書之譯，時稱《秋燈譚屑》，由商務印書館梓行，鮑氏之名則音譯為「包
　　魯烏因」。

21　〔唐〕劉知幾撰，〔清〕浦起龍釋，《史通通釋》（臺北：里仁書局，1980），頁152。

22　Aphthonius, "On the Chreia," in *The Chreia in Ancient Rhetoric*. volume I: *The
　　Progymnasmata*, eds. Ronald F. Hock and Edward N. O'Neil (Atlanta: Scholars Press,
　　1986), pp. 224-225.

作有套式，通常由故事中的上古名人領銜述行，而就在他做了某一動作或說了某一句話後，馬上有匿名者一，問其動作或言語的因由，領銜者回應之後，故事即告曲終奏雅。一般而言，領銜者回應的話必然深刻雋永，時而有如禪門機鋒，哲思翩然。克雷亞因此精簡異常，讀後口齒留香，每令人掩卷深思（《晚明》，頁125-136）。下面一例引自高一志的《達道紀言》，是克雷亞的典型，也是古希臘悲劇詩人歐里庇得斯（Euripides, 484?-406 BCE）之名見於中國之始：「歐里彼德，古名詩士，甚敬慕一賢而長者。或問其故，答曰：『幼之春多發美花，猶未結實。惟老之秋多垂美果，豈可不敬？』」[23]

這個故事翻譯的痕跡顯然，可由「歐里彼德，古名詩士」一語看出，因為這種同位語的句構，傳統中文並不多見。只可惜高一志所本的中世紀修辭學專書，如今已難稽考，幾成「佚著」。話說回來，設使我們在古希臘或拉丁文學中再覓，《達道紀言》或《勵學古言》裡的克雷亞也不是不可求得其最早的根源。這類根源不乏名著，顯例是3世紀第歐根尼‧拉爾修（Diogenes Laertius）的《名哲列傳》（*Lives of Eminent Philosphers*）與普魯塔克的《名王名將嘉言錄》（*Sayings of Kings and Commanders*），或昆體良（Marcus Fabius Quintilianus, 35?-96?）用拉丁文寫的修辭學專著《雄辯家的培訓》（*Institutio oratoria*）。在歐洲中古，克雷亞尤為「修辭初階」這門課的基本教材，學生得背誦並予增麗，以練習口才。此一文類歷史悠久，可惜罕見英、法與德語等現代語言譯本，至少我迄今尚未尋獲。有趣的是，明末耶穌會士中，高一志以一人之力就譯得兩種中文專集，而且廣泛應用在證道文本裡。在歐洲教牧或護教文學（pastoral or apologetic writings）史上，這種情況並不多見，可稱耶穌會在華的創舉之一。

天主教型的證道故事，多半取材自《沙漠聖父傳》或天主教歷代聖人（saints）與教宗行實。這類故事裡，古教父如聖奧斯定（St. Augustine of Hippo, 54-430）等人，必然扮演重要的角色。利瑪竇的《天主實義》（1601）堪稱天主教在華第一部重要的教理著作，其中就用到《字母序列證道故事集》（*Libro de los exemplos por a. b. c*）中某聖奧斯定著稱於世的故事，述其有關三位一體的沉思：「西土聖人

23　《三編》，2：713。原典出自Aelian, *Historical Miscellany*, 13.4.

名謂噐梧斯悌諾，欲一概通天主之說而書之於冊。一日浪遊海濱，心正尋思，
忽見一童子掘地作小窩，手執蠔殼汲海水灌入窩中也……。聖人笑曰：『若何
甚愚！欲以小器竭大海入小窩。』童子曰：『爾既知大海之水小器不可汲，小
窩不盡容，又何為勞心焦思，欲以人力竟天主之大義而入之微冊耶？』語畢，
不見」（李輯，1：395）[24]。在歐洲中世紀，聖奧斯定此一故事的變體不少，連六
百年後里爾的阿蘭（Alain of Lille, 1128?-1202）都曾化身而變成附會者之一，可見
流傳之廣與使用之巧。就天主教型證道故事而言，上引恐怕才是此一類型首見
於中國者。

　　清軍入關前，前及張賡也曾潤改過歐洲中世紀另一名著的譯本：艾儒略譯
《聖夢歌》。艾譯乃一長篇敘事詩，艾氏意下擬以中國音韻出之，結果所用乃
七言古詩的歌行體，長達二百七十六行左右。《聖夢歌》另有特色一，中國古
代印刷文化中罕見：崇禎十年（1637）問世時，福建晉江天主堂即以單行本梓行
之。首版以來，《聖夢歌》在中國教徒中廣受歡迎，截至康熙年間，至少四刷，
而且分有南版與北版（《譯述》，頁311-364）。據晉江版張賡序，《聖夢歌》的原
作者，艾儒略以為係12世紀明谷的聖伯爾納（Saint Bernard of Clairvaux, 1090-
1153）[25]，不過我從其他研究考得，此詩之作也，實則和聖伯爾納幾無關係。全
詩乃對話體，講某天暮色將落，某人入夢，夢見道旁有人剛剛去世，「靈魂」
（anima）從其軀體分離而出，而且對著躺在地上自己的「屍身」（corpus）罵將起
來，斥之在世時只知吃喝玩樂，壞事幹盡，致使他如今不僅難登天堂，而且還
要遭受天主嚴厲的審判。屍身聽了氣急敗壞，馬上從地上躍起，反詰道自己不
過奉靈魂的意志行事，如今怎能把一切歸咎於「他」呢？靈魂與身體就此一問
一答，開始爭辯作孽者誰。而這一問難下去，全詩走了大約二百行方休。此時
群魔湧現，跳上舞臺，詬責魂屍，張牙舞爪就把二者都擄獲而遁入地獄。這一

24　另請參見Clemente Sánchez, *The Book of Tales by A. B. C.*(*Libro de los Exemplos por A. B.
　　C.*), trans. John E. Keller, L. Clark Keating and Eric M. Furr (New York: Peter Lang, 1992),
　　p. 277.

25　艾儒略對張賡道：《聖夢歌》係「粗述聖人伯而納一夢」而得；林一儁亦指出《聖夢歌》
　　所述「出自西聖伯爾納」。見張賡，《聖夢歌‧序》；林一儁，《聖夢歌‧小引》，載艾儒
　　略譯，《聖夢歌》（絳州：絳州天主堂，1639），序頁5a及3a。

景生動而可怖，驚醒那做夢之人，嚇得他趕緊跪地懺悔，在拉丁原文第485行處懇求天主，祈求赦免自己以往的罪愆。由此看來，《聖夢歌》也可稱之為「戲劇詩」。

類似《聖夢歌》的故事雖然早有淵源，在歐洲，卻得遲至12世紀才有人將之寫下。我的研究顯示，《聖夢歌》的原本係12或13世紀之交的《聖伯爾納的異象》（*Visio Sancti Bernardi*），在文類上屬於其時盛行全歐的辯論詩（debate poetry），而詩題雖冠有明谷的聖伯爾納之名，卻是假借偽託，作者實為其時英格蘭的某神職人員，作詩之目的在借地獄之可怕勸人行善，毋違天主所設戒律。從文學的角度看，《聖夢歌》屬於英國拉丁文學的一部分，所衍乃「朝如青絲暮成雪」（*ubi sunt*）的典型中世紀母題，勉人走避「及時行樂」（*carpe diem*）的惡果。全詩譯成中文後，中國人初以莊周夢蝶的人世物化視之，最後才認清在宗教上另有警世作用，積極進取。在中國翻譯史上，《聖夢歌》彌足珍貴，可謂第一首譯為中文的英國詩，而且譯文秀異，不輸時人的七言古詩（參見《譯述》，頁311-364）。

中國嘗因西域新音傳入而致傳統詩歌變種，詞體隨之興起，中唐迄宋最為明顯，有明一代是復興時期。不過，明代此刻同樣有「西域」新音傳入，知者可能有限。此一「西域」，非指今天的中亞一帶，而是我們所謂的西方，是「歐羅巴」。1600年左右，利瑪竇初抵北京，嘗上表神宗准其在華傳教。他的表奏另附貢品，其一即西琴一張，或為我們今天所知的「大鍵琴」（harpsichord/manichord）。利氏副手郭居靜（Lazaro Cattaneo, 1560-1640）應請入宮彈奏，而神宗聞聲「奇之」，乃要求利瑪竇附以本國唱詞，此所以利氏又有《西琴曲意八章》之譯（參見《譯述》，頁35-59）。

《西琴曲意八章》當然是第一本譯成中文的歐洲歌詞集，雖和有明詞體重振無關，但佳句也頗有一些。曲意指歌詞，尤指歷代詩人佳構的「集句」（*cento*），如就其可以演唱的意義衡之，可謂抒情詩之一。除天主教中所傳的中世紀證道文化外，這類抒情詩還含納中世紀猶存的羅馬古典，「定命」或「死神」（Death）的思想即居其一，利瑪竇藉以勸人「何用勞勞而避夏猛炎，奚用勤勤而防秋風不祥？」（李輯，1：290)何以如此勸人？利瑪竇也以譯詞答之：

縱有深室青金明朗，

外客或將居之，

豈無所愛苑園百樹，

非松楸皆不殉主喪也。

（李輯，1：290）

從上引詩中所傳意義觀之，談的不外人世乃過客逆旅，我們何必斤斤計較，又何必苟苟營營？上引〈定命四達〉一首方才以此勸人，而另一曲文〈悔老無德〉馬上又謂：

辛獲今日一日，

即亟用之勿失。

吁！毋許明日，

明日難保來日之望。

（李輯，1：287）

此地那「一日」的動詞，利瑪竇用的是「獲」字，出典想係羅馬詩人賀拉斯(Horace, 65-27 BCE)的《歌謠集》(*Carmina*)第一卷第一首。拉丁原文用的是「抓」(*carpo*)。原詩下一句中的拉丁動詞「信任」(*crēdō*)，利氏作「許」，在某種程度上，也有「相信」與「委託」等事涉信任的意涵。歐洲中世紀晚期，賀拉斯「抓住這一天」——即前及"carpe diem"的說法——常見於歌詞之中[26]。上引利瑪竇所譯，我相信是賀拉斯詩句入華之始，在中西詩歌交流史上意義重大。

《西琴曲意八章》雖為歌詞，不過利瑪竇也在其中典射《沙漠聖父傳》裡的故事(李輯，1：288)。《沙漠聖父傳》在中世紀嘗經人改編，廣泛譯為拉丁文。

26　參見Paul F. Grendler, *Schooling in Renaissance Italy: Literacy and Learning, 1300-1600* (Baltimore: Johns Hopkins University Press, 1989), pp. 204-205; Claude V. Palisca, *Humanism in Italian Renaissance Musical Thought* (New Haven: Yale University Press, 1985), pp. 8-9.

就在艾儒略刊刻《聖夢歌》前後，湯若望（Johann Adam Schall von Bell, 1591-1666）口譯，王徵（1571-1644）筆受了《崇一堂日記隨筆》（《三編》2：755-837），將《沙漠聖父傳》的拉丁文改編本的一部分融入書中。不過，《沙漠聖父傳》真正的精華集的改寫本，我們得覓諸前及《聖傳金庫》。此書作者前文已及，成書年代約在13世紀。書成之後，後人另有改動，增刪不少，形成版本學上的一大困擾。就中世紀聖傳的傳統而言，雅各自是名家，而《聖傳金庫》也可稱集大成者。高一志曾節譯此書，也曾將之擴大，甚至把創會者聖依納爵（San Ignacio de Loyola, 1491-1556）的傳記也包羅進去，變成包含文藝復興時人的中世紀聖傳。1629年，高氏在山西傳教，《聖傳金庫》或其衍本便於此時譯得。全書共七卷，題為《天主聖教聖人行實》。有趣的是，譯畢當年，此書卻由北方南送，於武林（杭州）超性堂鐫板。何以如此，原因待考，或與李之藻或楊廷筠有關[27]。《天主聖教聖人行實》的歐洲原典內含《聖若撒法始末》，不過中譯本略過不傳，顯示高一志深諳會中譯著的歷史。由於《崇一堂日記隨筆》與《天主聖教聖人行實》的刊刻，再加上前此龐迪我的名著《七克》亦包有天主教型證道故事，所以，清朝定鼎中原前夕，歐洲上古迄中古的天主教著名聖傳，可以說大多已經譯出，頗為齊全。聖傳中人之犖犖大者，有創立隱修制度鼎鼎大名的聖安當（Saint Anthony, 251?-355），也有聖奧斯定、聖方濟（Francesco d'Assisi, 1181?-1226）與聖多瑪或聖阿奎那（San Tommaso D'Aquino, 1224?-1274）等人，明末某些親耶穌會者——不論他們是否為教徒——應該都已知曉這些人的生平。在此之前，日本耶穌會士也譯出了《聖傳金庫》，題為《サントスの御作業》，於天正十九年（1591）刊行[28]。日文本係用羅馬字翻得，所收也僅部分，選譯的聖徒傳記只有22篇，遠不如高一志的《天主聖教聖人行實》來得周全，工程浩大。

　　明末耶穌會士中，高一志的文筆最好，也是文學譯述最多者之一。《天主聖教聖人行實》之外，他另刊有《聖母行實》，而這又是一部開山之作，乃中世紀瑪利亞傳說之集大成者。整個基督宗教界，瑪利亞崇拜最強的是天主教，

27　高一志，《天主聖教聖人行實》，梵蒂岡教廷圖書館藏崇禎二年武林超性堂本，編號：Borg. Cinese. 325，7卷。

28　現代影印本有H.チースリタ、福島邦道、三橋健解說，《サントスの御作業》（東京：勉誠社，1976）。

耶穌會尤然。雖然迄今我猶難考悉高譯《聖母行實》的歐語原本為何，然而就其第3卷的情節看來，此書應當與中世紀歐洲盛行的各種瑪利亞傳奇如貝爾塞奧(Gonzalo de Berceo, 1198?-1264?)的《聖母神蹟集》(*Milagros de Nuestra Señora*)等著作有關。這類傳奇有韻體，有散體。高一志雖以散體中譯，這卻不代表他的底本必然也為散體。如果不限於中世紀文學這一課題，明末艾儒略其實還譯有南歐文藝復興時人薩克森的魯道發(Ludolphus de Saxonia, 1300-1378)的簡本《耶穌傳》(*Vita Iesu Christi*, 1474)，題為《天主降生言行紀略》[29]。若再加上西班牙會士陽瑪諾(Emmanuel Diaz, 1574-1659)的《聖若瑟行實》(1640年間譯成)，則耶穌在俗世的一家人的生平，耶穌會在明朝覆亡之前都已如數譯出。特別值得一提的是，《天主聖教聖人行實》及《天主降生言行紀略》的歐語本，都是聖依納爵特別欣賞的聖傳。前者是他由一介軍人改宗基督的關鍵，當然也是耶穌會所以創會的間接因素，而後者則影響了該會澡雪精神用的《神操》(*Exercitia Spiritualia*)一書。對耶穌會中人而言，《神操》是靈修的技術指南[30]。

　　歐洲中世紀是個信仰的時代，神學家每有獨到之見，經院哲學的集大成者聖多瑪的《神學大全》(*Summa Theologica*, 1265-1274)的節譯本，也在明末譯成，題為《超性學要》[31]。不過，中世紀尋常教徒所讀之書，當非嚴肅若此之專著，而是聖傳一類的通俗文學。即便非此之屬，應當也以宗教性的靈修文學為其大宗，耿稗思(Thomas à Kempis, 1379?-1471)的《遵主聖範》(*De Imitatione christi*)可以為例。晚明八十年的悠悠歲月裡，這類著作早已悄然譯成。《遵主聖範》的譯者是前及陽瑪諾，刊刻時間大約在1640年左右，當時乃沿用文藝復興時期常見的書題《輕世金書》(*Contemputus mundi*)刊行。在歐洲，《遵主聖範》一出即洛陽紙貴，歷數世紀而不衰，讀者之多，有道是僅次於《聖經》，因其拉丁原文明白曉暢，言簡意賅而又對仗工整，而音韻鏗鏘就不在話下。故易於誦記，遂乃風行一時。16世紀，日本耶穌會士也先中國譯出此書，同樣以羅馬字翻譯。

29　艾儒略譯，《天主降生言行紀略》，載鐘鳴旦、杜鼎克編，《耶穌會羅馬檔案館明清天主教文獻》，4：1-336。

30　Ignatius of Loyola, *Autobiography*, in *Ignatius of Loyola: Spiritual Exercises and Selected Works*, ed. George E. Ganss, S. J. (New York: Paulist Press, 1991), pp. 70 and 377.

31　不過，此書目前可見最早刊本，乃清順治11年(1654)北京天主堂梓行者。

不過，陽瑪諾的《輕世金書》譯來卻不類其拉丁原文，也不類日文本之口語化，
更不比用歐洲各地俗語所譯者。陽瑪諾採用的，令人不無驚詫的反為中國文言
中最為深奧的《尚書》誥謨體。《輕世金書》開篇第一句譯《新約》，即令人有
莫測高深之感：「主曰：『人從余，罔履冥崎，恒享神生真光。』」[32] 陽瑪諾何
以用《尚書》體中譯，答案我猶在探索之中。這裡我只能指出陽氏另譯《聖經
直解》（1636），其文體亦左近《尚書》，頗有復古之意。至於《遵主聖範》的
書題，陽瑪諾譯本──甚至包括日譯本──遵從的都是中世紀聖壇上的常譚
（topos）。有謂陽譯非從拉丁文譯出，而是由格拉納達的路易斯（Luis de Granada,
1505-1588）的西班牙文譯本重譯而得。格拉納達原籍西班牙，後入葡籍，擔任
多明我會葡國省長。他的譯本雖出以西班牙文，書題卻用拉丁文，而且就作《輕
世金書》（參見《譯述》：365-394）。「輕世」二字，這裡是「不值塵俗」之意。

　　耶穌會士當然還有不少可以「文學」視之的譯作，利瑪竇的《交友論》或
《二十五言》俱屬格言，最稱明顯。《二十五言》乃愛比克泰德（Epictetus, 55?-
135?）《手冊》（Encheiridion）的節譯本，或許難稱中世紀文學，不過，《交友論》
中的警句和後面數條克雷亞，就與中世紀文學有直、間接的關係了。篇幅所限，
這方面的詳情容後另文再稟。本文既從古典型證道故事談起，我想自然也應以
這個範疇內十分獨特的神話型證道故事結尾。眾所周知，希臘羅馬神話乃歐洲
各國共同的資產，不過，天主教在接受前曾經過一段掙扎，後來是以收編的方
式結束爭論。其收編手法，在中世紀所沿襲者乃上古遺緒，係由畢達哥拉斯學
派迄5世紀的馬克羅比烏斯（Ambrosius Theodosius Macrobius）等人的荷馬詮釋學
（Homeric mythography）重詮所得。這方面的中古名作有席維斯特利（Bernardus
Silvestris, 12世紀）的《維吉爾〈埃涅阿斯紀〉前六卷箋注》（Commentary on the First
Six Books of Virgil's Aeneid）和柏丘利（Petrus Berchorius, 1290-1362）於1340年所撰之
《奧維德心傳》（Ovidius moralizatus）。這些書看待荷馬式神話──不論是希臘
或羅馬人所寫──多由寓言入手，而所謂寓言的類型，則包括上古以還而尤盛
於中世紀的道德寓言（moral allegory）、自然寓言（etiology）、字源托喻法

32　〔明〕陽瑪諾譯，《輕世金書》，梵蒂岡圖書館藏1848年刊本，編號：R. G. Oriente. III.
　　1165，卷1，頁1a。

（etymology），以及英雄化神說（euhemerism）等等。在歐洲，此刻基督徒仍難擺脫維吉爾（Virgil, 70-19 BCE）及奧維德（Ovid, 43 BCE-17 AD）的古典神話，所以像新柏拉圖主義一樣，每每會從天主教的角度重新詮釋，以副所需。

上述維吉爾與奧維德兩人沿襲的荷馬，可以棄置時，在華耶穌會士絕口不提；倘難以忽略，他們通常轉而視之為某「古賢」，且視其史詩中的故事為「寓言」。法國耶穌會士馬若瑟（Joseph H.M. Prémare, 1666-1735）在清初來華，他對待荷馬，就如明末同會的先驅一般。《天學總論》中，馬若瑟嘗云：

> 昔有一賢名曰何默樂，作深奧之詩五十餘卷，詞富意秘，寓言甚多。終不得其解，反大不幸〔於〕後世之愚民，將何默樂所謳之諸象，欣欣然雕鑄其形，不日攻成大廟以供之，邪神從而棲之，而左道始入西土矣。君子儒者如畢達我、索嘉德、白臘多等，艴然怒而嫉其蔽，非徒不為之屈，又欲驅而滅之[33]。

換句話說，對耶穌會士來講，荷馬的《奧德賽》及《依里亞特》雖內容「深奧」而又「詞富意秘」，但不過上古「寓言」而已，不必盡信。果然如此，則明末傳入的荷馬式神話型證道故事，無論利瑪竇、高一志或陽瑪諾所用者，都得在前述神話詮釋學下一一轉成寓言，方不違其天主教的信仰（《晚明》：236- 244）。

高一志刻於1625至1630年間刊刻的《十慰》，也是如此看待他音譯為「意加落」（Icarus）者的神話。高氏也不理會奧維德；他先以「西有寓言」開場，然後再為明代的中國人把故事話說從頭：

> 狂者意加落欲圖飛空，則為兩翅於背，而以蠟膠之。將飛，其父附耳囑之曰：「爾既圖飛，則上勿太近太陽，下勿臨江海也。」意加落飛去，翩翩然不勝樂，而忘其父之言也。漸高近日，熱甚，蠟熔翅脫，

33　〔清〕馬若瑟，《天學總論》，見鐘鳴旦、杜鼎克與蒙曦（Nathalie Monnet）編，《法國國家圖書館藏明清天主教文獻》（26冊。臺北：利氏學社，2009），26：491。畢達我、索嘉德、白臘多三人即畢達哥拉斯、蘇格拉底與柏拉圖。《法國國家圖書館藏明清天主教文獻》以下簡稱「法國圖」。

墮海死矣！（《法國圖》，4：138）

意加落的故事，高一志是在華首布者。他說來還算地道，和1636年陽瑪諾在《聖經直解》中的敘寫有顯著差別：稱意加落為「狂者」，首見於高氏，而陽氏則呼之為「愚子」；次見於情節上，一為「臨江海」，一為「觸山林」。但論到寓意，差別甚近。陽瑪諾晚出的故事勸人「貴中」（《三編》5：2076），高一志則謂「順吉者，日也。凶逆者，海也。人性者，蠟翅也。故以人性之弱而灼於順光，必將被鑠；汩於逆苦，亦必將沒。唯彼此之間不鑠於順，不沒於逆，方可免耳。」（《法國圖》4：138）易言之，《十慰》中的意加落故事的道德教訓也是「貴中」，不應因高而喜，也不因低而憂。總之，這是古賢的「寓言」，而且必須如此視之，一如歐洲中世紀的神話詮釋學者般[34]。

明末耶穌會士中，最早使用神話型證道故事者，仍推利瑪竇，事涉《天主教東傳與希臘寓言》中我曾引述的米達斯王（King Midas）的傳奇（見本書頁52-53），而利氏口譯時間應在1608年以前。此一國王的神話，這裡謹略，但我仍應再贅數語，以窺晚明耶穌會用法之一斑。《畸人十篇》中，利瑪竇引此一故事說明官場慎言的重要，但也在強調《聖經》中相關的修身之論（如竇5：33-37，7：1-6，15：1-20）[35]，藉以勸喻耳聆其道的明吏曹於汴（1558-1634）。利瑪竇如果只是把故事說完便罷，那麼他所傳也不過是希臘上古廣為人知的一則神話。然則事有不然者，利瑪竇逕言米達士耳長如驢後，快筆便切入彌達斯和剃工之間的互動。如此一來，故事重點隨即改變，變為剃工的心理狀態，從而令人懷疑利瑪竇話中別有用意。果然，在抱言禁語之難外，利瑪竇的神話仍帶弦音。他方才講罷，就像一般著重道德寓言的神話詮釋者一般，馬上把整個敘事帶向前及的「自然寓言」，使之再非西方一般神話可比：那剃工所挖坎中自此「忽生怪竹，以製簫管」，而一吹便發聲如人言曰：「彌大王有驢耳。」（李輯，1：183）

34　《十慰》中罕見的例外是希臘神話中第一勇士赫丘力士（Hercules）的故事，雖然高氏借此也想傳遞點道德教訓，勸人埋骨不須桑梓地：「厄爾姑肋，古勇士也，嘗云：『吾非一郡人，宇內之郡，皆吾郡也。』」見《法國圖》，4：95。

35　這裡所引《聖經》，均出自天主教的《千禧版聖經》（香港：思高聖經學會，2000）。

　　自然寓言乃斯多葛學派從古希臘神話淬煉而出，之所以稱「自然」，原因在類此神話所強調者通常非關超自然，而是在解釋自然界中可見可聞的各種現象[36]。上舉利瑪竇故事裡的坎中怪竹，乃他為適應中國國情所做的情節改編。希臘或羅馬上古神話中，「竹」字通常作「蘆葦」，而且也沒有簫管之製。換句話說，「彌大王有驢耳」一事，歐洲中世紀的神話詮釋者莫不用以解釋風吹草「鳴」的自然現象，超自然的情節無非喻依而已。如此一來，米達士神話裡的道德寓言頓轉為「虛」，自然寓言才是說故事者希望聽眾或讀者從中習得的「實」（《晚明》：196-198）。如此解讀或有違利瑪竇的初衷，不過他在引述米達士神話之際，確實也在「無意」中演示了中世紀神話詮釋學的閱讀方式。這點說來巧甚，但也飽含文學批評上的深意。

　　終明末八十年，耶穌會使用的神話型證道故事並不多。然而米達士神話解來有趣，不但由原先的道德寓言走向自然寓言，而且，若移之以就中國經典中神話的詮譯，利瑪竇還可謂號角先驅，清初的馬若瑟或白晉（Joachim Bouvet, 1656-1730）及孫璋（Alexander de la Charme, 1695-1767）等人，莫不受到其直、間接的影響。這些耶穌會內的中國經典詮釋學者的解釋法門，研究者通常稱之為象徵論或索隱派方法（figurism），清初以還，對基督徒的影響不可謂淺，連清末新教的李提摩太（Timothy Richard, 1845-1919）英譯《西遊記》，都受到衝擊。自然寓言含攝的邏輯，當然也曾在象徵論者的著作中發酵。他們曲為之解，挪轉之為《易經》、《尚書》與《詩經》等中國上古經籍中的自然神學[37]。這方面，明末的耶穌會士尚處草創階段，發展有限，不過，若就神話型證道故事質而再言，則前述各種寓言解讀法，他們非特一個不漏，而且用來成熟；利瑪竇之後，陽瑪諾使用尤多，而且是用在《聖經》的箋注上，形成許多看似諷刺卻深刻無比的見解（《晚明》：200-244）。這方面迄有發明者不止陽氏，但本文實難罄述，

36　參見H. David Brumble, *Classical Myths and Legends in the Middle Ages and Renaissance: A Dictionary of Allegorical Meanings* (Westport: Greenwood Press, 1998), p. xx.

37　這方面的論述不少，其中較簡潔者如下：Michael Lackner, "Jesuit Figurism," in *China and Europe: Images and Influences in Sixteenth to Eighteenth Centuries*, ed. Thomas H. C. Lee (Hong Kong: The Chinese University of Hong Kong Press, 1991), pp. 129-149; Nicolas Standaert ed., *Handbook of Christianity in China*, vol 1: 635-1800 (Leiden: E. J. Brill, 2001), pp. 668-679.

可參見拙著《中國晚明與歐洲文學》第四章。總之，荷馬、奧維德或維吉爾居然可以和耶穌共處一室，令人不得不讚嘆歐洲中世紀神話詮釋學的力量之大，大到無遠弗屆，東西同調。

如何製造中國式的善書？
——試窺趙韓《欖言》及其與明末西學的關係

趙韓家世並董其昌的因緣

　　趙韓(fl. 1612-1635)，字退之，晚年自號「欖生」。在這之前，他嘗輯有《欖言》一書，亦稱《欖言集》[1]，廣採萬曆年間利瑪竇(Matteo Ricci, 1552-1610)刊行的《二十五言》(1604年刻)、《畸人十篇》(1608)和龐迪我(Diego de Pantoja, 1571-1618)的名著《七克》(1614)內文成書。《明史》趙韓無傳，但《四庫全書》卷20沈季友(1654-1699)纂《檇李詩繫》及乾隆《平湖縣志》均有其人簡傳。《檇李詩繫》且收趙韓詩作20首，沈季友評其詩並人曰：「雄雋傲兀，刊落常調，誠一時之豪也。」[2] 從明末至清初，趙韓在嘉興一帶似乎詩名藉甚，《平湖縣志》還稱他繼其父趙無聲(1563-1644)起，「文名動海內」而有「大許小許之目」[3]。縱然如此，我們對趙韓所知依舊有限，他和西學的淵源，尤難查考。《欖言》何以廣採利瑪竇和龐迪我著作中的珠璣與敘事文(narrative)成書，尤其成謎。本文擬從趙韓先世和交遊入手，蠡測他和西學搭上關係的原因，由此再探《欖言》的編輯策略，藉以了解明清之際，利瑪竇和龐迪我等人的名著為人挪用的方式之一，順此——最後——再窺當時西學影響力為人忽略的一章。

1　見〔清〕張憲和編，《當湖詩文逸》(8冊。哈佛大學燕京學社藏光緒二十年版)，5：4a。
2　〔清〕沈季友，《檇李詩繫》，見〔清〕紀昀等編，《〔景印〕文淵閣四庫全書》第1475冊(臺北：臺灣商務印書館，1983)，卷20，頁23a。《檇李詩繫》以下簡稱《詩繫》。
3　〔清〕高國楹修，沈光曾等纂，《平湖縣志》(乾隆十年嘉興刻本)，見中國科學院圖書館編，《稀見中國地方志匯刊》第46冊(北京：中國書店，1992)，頁250。

在友生或縣志的記述中，趙韓詩才文名冠天下。是否如此，我尚難肯定，但推之趙韓先世，當真聲名赫赫，乃有明之前趙宋一朝的締建者，而且係宋太祖趙匡胤(927-976)的嫡脈。趙氏另有太宗一脈，和趙韓也頗富淵源。南宋初年，太宗一脈已經南遷，落籍浙江嘉興府平湖(當湖)縣。趙韓父趙無聲(fl. 1600-1635)和太宗支脈趙孟堅(1199-1264)先後移居海鹽，時距三百年而前後輝映，並稱詩畫雙傑，俱為趙韓之前，平湖地區重要的騷人墨客。無聲名維寰，嘗從黃宏憲(1544-?)習《尚書》，從遊者包括董其昌(1555-1636)與馮夢真(1548-1595)等人。

嘉興府在明末係科舉名府，登龍者多，平湖尤著，是後人所謂「第一科舉大縣」[4]。萬曆二十八年(1600)，趙無聲中舉，乃直隸順天府鄉試第一，看來順理成章，惜乎其後累試不第，遂任杭州府海寧教諭，史家談遷(1593-1657)嘗在帳下，共修縣志。無聲著有《尚書蠱》與《讀史快編》等書，對《尚書》琢磨尤細，頗得意於《尚書蠱》。崇禎八年(1635)，此書初刊，董其昌為之作序，稱：「吾友趙無聲興起當湖」，即「用《尚書》冠北闈」而「傾動海內外」，馮夢真且美其為「三十年所希覯」[5]。所以趙韓一族雖移居嘉興，文名不減，可謂平湖顯世。

趙韓「初名京翰」，本字「右翰」，後改「退之」，係「萬曆四十年壬子副榜」，而來年的平湖教諭，就是有明一代在徐光啟(1562-1633)、李之藻(1571-1630)與楊廷筠(1562-1627)外最重要的基督徒之一閩人張賡(1570-1649?)。張氏擔任縣學生員訓導後五年(1621)，因楊廷筠故而入天主教[6]。松江府或整個大

4　吳宜德，《明代進士的地理分布》（香港：香港中文大學出版社，2009），頁260-262。

5　〔明〕董其昌，〈趙維寰《尚書蠱》序〉，見陸惟鎏編，《平湖經籍志》，在賈貴榮與杜澤遜輯，《地方經籍志彙編》（46冊。北京：北京圖書館出版社，2008），26：209。另參〔清〕朱彝尊，《經義考》（6冊。臺北：中央研究院中國文哲研究所籌備處，1997），3：525。董其昌本人於《尚書》似有偏好，曾在松江城內建有牌坊一座，迄今尚存，名曰《尚書》坊」，據稱係「松江石坊之冠」，詳王成義，《徐光啟家世》（上海：上海大學出版社，2009），頁267-268。

6　〔清〕陸惟鎏編，《平湖經籍志》，見賈貴榮與杜澤遜輯，《地方經籍志彙編》，26：260。張賡任平湖教諭六年，見高國楹修、沈光曾等纂，《平湖縣志》，載中國社會科學院圖書館選編，《稀見中國地方志匯刊》，16：139及158。

東吳地區，明末曾在此傳教的耶穌會士多達28人，西學風行，可以想見[7]。趙
韓本人似乎視功名為陌路，重視的乃「李白腰間無媚骨，荊卿髮上有悲風」，
王子後且自謂「得意皆莊子，渾身是楚詞」，寧可「探梅雲酒情，空似鶴人意」
（《詩繫》：23a），講究的自是生活情調，故而寄情於山水間。所居虹島在嘉興
南城門外，彭潤章修光緒《平湖縣志》，曾謂趙韓「家園久廢」，寓虹島只為「詩
心」二字[8]，所以沈季友甚重其人而評之曰：「退之文雄奇，故才大如海」（《詩
繫》：23a）。沈氏的《檇李詩繫》，編輯自漢晉迄清嘉興一郡之詩，而「檇李」
正是「嘉興」的別名。張賡居平湖六年，「辛酉春」又嘗「讀書浙江湖上」[9]，
和趙韓一家是否有公誼私交，尚待查考。但話說回來，趙韓先世輝煌，平湖附
近傳教士又多，對我們了解他和西學淵源的關聯確大，至少我們所知道的趙
韓，為人有如同時的陳繼儒(1558-1639)與屠隆(1543-1605)等清言家，寫詩之
外，也好以言體勸世，《欖言》可以為證。

　　董其昌為《尚書蠡》撰序，稱趙無聲為「吾友」，又稱與其子「同舍」而
居，顯示兩人從受業於黃宏憲開始，交情匪淺，惺惜亦然。然而此中淵源最明
白者，仍為《尚書蠡》實成於董其昌結社平湖之際，而且是由董氏偕其子並趙
無聲、趙韓父子於董府論校而成。董氏之序另謂趙韓是時曾「執經於余」，兩
人故可以「師生」稱，學有淵源[10]。趙韓的西學，可能循此而來。董其昌盛年
之際，正當利瑪竇和龐迪我行走於華北之時。他是否認識龐氏，載籍有闕，我
們不得而知，不過和利瑪竇的聯繫，信而有徵：1595年，程大約(生卒年不詳)
刊《程氏墨苑》，董其昌為當代畫壇巨擘，也是政壇顯宦，不能無序[11]。1606
年前後，程大約在所輯書末，再添印利瑪竇所獻圖、文數幅，此即後人所謂《西

7　詳劉耘華，〈清代前中期東吳文人與西學〉（上），《基督教文化學刊》第29輯（2013年春季號），頁130。

8　〔清〕彭潤章，《平湖縣志》（光諸12年刊本），見《中國地方志集成》第20輯（上海：上海書店出版社，1993），頁292。

9　〔明〕張賡，〈讀《楊淇園先生事蹟》有感〉，引自黃一農，《兩頭蛇：明末清初第一代的天主教徒》（新竹：國立清華大學出版社，2005），頁95。

10　董其昌，〈趙維寰《尚書蠡》序〉，見陸惟鎏編，《平湖經籍志》，26：210。

11　董其昌，〈《程氏墨苑》序〉，見董著《容臺集》卷1，在四庫禁燬書叢刊編纂委員會編，《四庫禁燬書叢刊》集部第32冊（北京：北京出版社，2000），頁139。

字奇蹟》部分。其中利氏不但親自撰專文贈程子，還附有他由西方攜來的《聖經》圖畫數幅，藝史上早已交響有加，視為中國最早引進的歐洲美術[12]。董其昌和利瑪竇即使未曾謀面，早也應已神交於《程氏墨苑》的墨林畫叢中。莫小也抑且認為董其昌的山水畫，還「具有中國繪畫史上不曾有過的抽象性」，因其「構圖新穎，明暗對比強烈，還出現了使傳統的青綠山水畫法面目一新的色彩絢麗的沒骨畫法」，而這一切正可見董其昌對西洋畫風絕不陌生，大有可能還因利瑪竇及其他耶穌會士所攜西方繪畫影響所致——雖則此事董氏或囿於夷夏之防，生前從未明白道及[13]。儘管如此，董其昌生前結交的友生，天主教徒實則不少：絳州韓霖(1596?-1649)向稱莫逆，為文字交；而在公務上，他也曾極力支持徐光啟的救國大業。再據李約瑟(Joseph Needham, 1900-1995)，董其昌大有可能還讀過畢方濟的(Francesco Sambiasi, 1582-1649)《睡畫二答》(1629)，並在耶穌會所攜器物或所布傳說的影響下以西畫筆法繪過和音樂、算學及地圖學有關的希臘繆思的圖像。這幅圖像頗不尋常，1909年經人在西安起出[14]。

董其昌的《容臺集》刻於崇禎庚午年(1630)，為之作序者係其「老友」陳繼儒(1558-1639)[15]。兩人出身同郡，俱松江府治華亭人氏，在畫壇亦齊名。然而熟悉明末西學東漸史的學者都知道，陳繼儒於東來耶穌會士的著作熟稔異常，所刊《顏寶堂秘笈》不但收有利瑪竇的《交友論》，而且還為之撰序，於五倫中「朋友」一倫的序位嘗發驚人之語，早已蓋棺論定，頗近後人謝文洊「人生於五倫之中，朋友最為關係」之說[16]。董其昌和西學的聯繫，陳繼儒乃關係

---

12 見〔明〕程大約編，《程氏墨苑》，下冊，在上海古籍出版社編，《中國古代版畫叢刊二編》第六輯下(上海：上海古籍出版社，1994)，附錄頁1-16。利瑪竇《西字奇蹟》之納入《程氏墨苑》的大略，見陳垣，〈跋明季之歐化美術及羅馬字注音〉，載陳智超編，《陳垣全集》(23冊。合肥：安徽大學出版社，2009)，頁509-511。

13 莫小也，《十七—十八世紀傳教士與西畫東漸》(杭州：中國美術學院出版社，2002)，頁147。

14 黃一農，《兩頭蛇》，頁230-238。另見Joseph Needham, *Science and Civilisation in China*, 4.2 (Rpt. Taipei: Caves Books, 1986), p. 436.

15 〔明〕陳繼儒，〈敘〉，見董其昌，《容臺集》，在《四庫禁燬書叢刊》集部第32冊，頁2-9。〔明〕謝文洊語見《謝程山集十八卷附錄三卷年譜一卷》卷之四〈講義〉，載四庫存目叢書編輯委員會編，《四庫存目叢書》(臺南：莊嚴出版公司，1997)，集部209：90。《四庫存目叢書》以下簡稱《存目》。

16 見陳繼儒，〈《友論》小敘〉，在朱維錚編，《利瑪竇中文著譯集》(上海：復旦大學出版

人之一，然而最直接的說明有二。一為董氏曾為利瑪竇的《畸人十篇》撰序，而其文雖佚，其事利瑪竇的《中國開教史》(*Storia dell'introduczione dell Cristianesimo in Cina*)卻暗示頗強，料應無誤[17]。其次，董其昌另撰有《畫禪室隨筆》，詳載某「曹孝廉」曾「視余以所演西國天主教，首言利瑪竇，年五十餘，曰已無五十餘年矣」[18]。董其昌是佛教徒，所著《容臺集》有詩文自況，《畫禪室隨筆》這個書名更表明所宗為何。上引所示，一為董氏對天主教或其涵容的西學絕不陌生，故能「演」之。二則指出前此他應與利瑪竇會過面，否者無可指正「曹孝廉」，告以是時利氏歲數「已無五十餘年矣」。三則因有互文使然，更可指出董其昌讀過《畸人十篇》，故能「演」其中之義。既然讀過《畸人十篇》，又能「演」其義，董氏確可能如《中國傳教史》暗示的嘗為《畸人十篇》撰序。

這種種關係，可以說明董其昌於西人西學並不生疏。他的《玄賞齋書目》又臚列了利瑪竇的著作五種：雖然《同文算指》與《幾何原本》等這五本書殆屬科學之作，但以董氏的中國中心論衡之，書目所刻未必就等同於家中所藏，何況上述諸書俱屬《天學初函》中的「器編」之作，而「道編」中的《西學凡》也臚列於其中[19]，其他文科與宗教類著作當也可能廁身其間，而上述書籍果為《天學初函》的「器編」內典，「理編」中除《西學凡》外，必然也包含龐迪我的《七克》。差別僅在如其畫作，董其昌的中國中心論又起，不予刻入《玄賞齋書目》罷了。在某〈題畫贈陳眉公〉文中，董其昌自謂嘗為「圖昆山讀書小景」而有橋李之遊，上述平湖結社的往事，或因此而來[20]。不過董其昌遊嘉

（續）

社，2001），頁119。另請參較呂妙芬，《陽明學士人社群——歷史、思想與實踐》（臺北：中央研究院近代史研究所，2003），頁295-325，以及方豪，《中國天主教史人物傳》（3冊。香港：公教真理學會；台中：光啟出版社，1967），1：38。

17 Matteo Ricci, *Storia dell'introduczione dell Cristianesimo in Cina*, in Pasquale M. D'Elia, S.I., ed., *Fonti Ricciane*, 3 vols.(Rome: La Libreria dello stato, 1949), 2: 304n4+305n. *Fonti Ricciane*以下簡稱*FR*。

18 董其昌，《畫禪室隨筆》（臺北：廣文書局重印，1978），頁102。董其昌的認識，明清之際對西學認識最深的教外人之一李世熊(1602-1686)也持類似之見，參見本書頁165-166。

19 董其昌，《玄賞齋書目》，見中華書局編輯部編，《宋元明清書目題跋叢刊》（19冊。北京：中華書局，2006），5：68-69。

20 董其昌，《畫禪室隨筆》，頁59。

興，理應不止一次。他和平湖趙氏的關係之深，不言可喻，和趙無聲互為文友，和趙韓誼在師友間，更是證據確鑿，而這適又可說明對於西學，趙韓不僅可從董氏而有耳聞，甚至深入。他和龐迪我的《七克》及利瑪竇的《二十五言》、《畸人十篇》之間的互動，興許便肇始乎此。

諫果回甘之道

前文提到《欖言》之外，趙韓另著有《蠟言》、《蔗言》及《竹枝詞》等書，沈季友《檇李詩繫》及相關他著均稱「並未刻藁」（《詩繫》：23a）[21]。是否如此，《蠟言》、《蔗言》及《竹枝詞》等書待考，然而《欖言》則非，而且早在明末即有刊本，併入套書《日乾初揲》之中，而且置於全套之首，可知見重[22]。《日乾初揲》為宗教性善書，酒井忠夫嘗謂刊刻於明末，約介於1631迄1641年間[23]。我所見的《日乾初揲》係日本國立公文書館內閣文庫的庋藏，共五冊，第一冊除《欖言》外，另收《至情語》，其餘諸冊則有《迪吉拈評》（第二冊）、《紀訓》、《心律》、《課則》、《讀書日記》、《防淫警訓》（第三冊）、《廣愛選言一》（第四冊），《廣愛選言二》（第五冊），甚至還有《牛戒彙鈔》一編（第五冊），多為當時著名的家訓、格言、功過格、戒律甚至是勸學類的儒釋道善書。再據酒井，《日乾初揲》乃明末陳智錫（明卿；生卒年待考）編纂《勸戒全書》（1641）取材的對象之一，明白收錄於書首《採用古今書目》之中，而該書也曾東傳日本，影響甚且擴及德川時代日本的儒學家。在中國，清人在光緒年間曾

21　許憲和編，《當湖詩文逸》卷15，5：4b指出，所謂「未刻」實乃始自沈南疑（季友）所云。

22　〔明〕趙韓（趙退之），《欖言》，收於《日乾初揲》（6冊。日本國立公文書館藏明刻本，編號：9815），第1冊。《日乾初揲》以下簡稱《初揲》；其內所收諸書之引文，冊數及頁碼隨文夾附。

23　這裡所述時限，我乃據Cynthia J. Brokaw, *The Ledgers of Merit and Demerit: Social Change and Moral Order in Late Imperial China* (Princeton: Princeton University Press, 1991), p. 241n4而得，而Brokaw的結論又據酒井忠夫，《中國善書の研究》（東京：弘文堂，1960），頁382而得。不過我翻查了此版酒井的研究，並未找到上述時間。儘管如此，下文會提到的陳智錫的《勸戒全書》（修省亭藏板，全閩錢學周梓行，日本國立公文書館藏明刻本，12冊）序於崇禎辛巳年，正是1641年，倒合Brokaw的說法。相關問題，下文再詳。

予以刪節，又輯為《刪訂勸戒全書》，可見《日乾初揲》間接的力量。此外，《日乾初揲》中如《心律》者，對同時或後世的功過格影響極大[24]。至於《迪吉拈評》，顯然則裒輯自晚明福建士人顏茂猷(1578-1637)的《迪吉錄》(成書於1622，初刻於1631)。顏著以儒學為本而出以宗教上的果報之說，確實看透了孔門的宗教本質[25]，乃袁黃(1533-1607)《了凡四訓》以外明末最重要的善書。酒井舉出來的《日乾初揲》的成書上限，或許便因顏茂猷《迪吉錄》的初刻時間而得，而其下限，或因《勸戒全書》刊梓於1641年使然。

內閣文庫本的《日乾初揲》目錄載，這套書係豐後國佐伯藩第八代藩主毛利高標(1755-1801)所獻。毛利家族藏書頗富，而內閣文庫本既指《日乾初揲》為明末刊本[26]，當非和刻，而是漢刻而後流入日本。《欖言》志在格言或清言類的輯集，儒家色彩重過其他，因此應該刻於《日乾初揲》成套之際：其卷頭有案語，而這案語果為趙韓撰，則《日乾初揲》理應為趙氏親「揲」。《廣愛選言》與最後一冊的《牛戒彙抄》，雙雙承襲《迪吉錄》的勸善企圖，從先秦經傳選到湯顯祖(1550-1616)、虞淳熙(1553-1621)、焦竑(1540-1620)、雲棲袾宏(1535-1615)、顧錫疇(fl. 1618-1645)與《道藏》、《大明律》等人、書之文，儒釋道三家俱見，說來係當時陽明學派影響下的放生思想的極致表現。《牛戒彙抄》在清初力量極大，順治皇帝(1638-1661)曾予重印，大學士魏裔介(1616-1686)也因此而裒集諸書，再成《牛戒續鈔》3卷[27]。《日乾初揲》中，趙韓輯《牛戒彙抄》所用的動詞和他輯《欖言》一樣，都是「揲」字：「揲《牛戒》」[28]。《欖

---

24 酒井忠夫，《增補中國善書の研究》(2冊。東京：國書刊行會，1999)，1：482-483；以及493。另見張崑將，《德川日本儒學思想的特質：神道、徂徠學與陽明學》(臺北：台大出版中心，2007)，頁219-221；以及〔明〕陳明卿輯，《刪訂勸戒全書》(〔西寧？〕：光裕堂光緒年間刊本)。

25 參見吳震，《明末勸善思想研究》(臺北：台大出版中心，2009)，頁107；另見荒木見悟，《陽明學の開展と佛教》(東京：研文出版，1984)，頁197-218。《明末勸善思想研究》以下簡稱《勸善》。不過我想指出就祭祖祭天與祭地等儀式而言，中國民間早以宗教視儒家——雖然這是個不辯自明的老生常談。

26 見日本國立公文書館「簿冊情報」，http://www.digital.archives.go.jp/DAS/meta/MetSearch.cgi，檢索日期2012年6月4日。

27 〔清〕永瑢等撰，《四庫全書總目》(2冊。北京：中華書局，1965)，1：1130(卷133子部雜家類存目10)。

28 見《初揲》，6：1a。有關陽明學與放生思想之關係，參見荒木見悟，《陽明學の開展と

言》刻成,看來確實就在1641年之前,因為《廣愛選言》或《牛戒彙抄》中似無選文的撰作年代遲於這個年份。

趙韓撰《欖言》,大致以儒門清言集自居,不過在功能上,我們可將之收為《福壽寶藏》歸納的「格言類善書」,一如范立本(生卒年不詳)的《明心寶鑑》、呂坤(1536-1618)的《呻吟語》或上述袁黃的《了凡四訓》。但是綜觀《欖言》全書,趙韓所輯固多龐迪我《七克》、利瑪竇《畸人十篇》與《二十五言》中他所喜好的文句,其中卻也不乏敘述性的故事。趙韓編選的方法亦頗詭異,從《畸人十篇》撰出之文乃都為一體,夾在撰自《七克》者之中,不加注意,我們幾難察覺,而摘自《二十五言》的段落,則都集中於《欖言》最後,非屬行家,同樣辨認不易。何以如此,原因殊難斷定,趙韓或有隱藏之意,不欲為人知曉《日乾初撰》在儒釋道等中國三教的傳統之外,另有出諸天主教的文本。這些文本,容我再強調一次,記言與記事皆備,區別是:即使是敘事文,趙韓多半也會令其包含廣義的「格言」在內,是以稱《欖言》為「格言類善書」,不為過。

《檇李詩繫》收趙韓〈贈徐冶山國醫〉詩,首句為「卻怪枚生〈七發〉詩」。明代一般士子,均以〈七發〉為龐迪我《七克》名稱的來源,趙韓想亦知曉。至於「克」字,當取自《孟子・離婁上》的「克有罪」一句[29]。《欖言》從《七克》所出者,其數約在208言;從《二十五言》中,趙韓又選取了十三言,而《畸人十篇》則輯錄了五言。此一總數在225言間的合輯,每一言選來,趙韓幾乎都有策略性的考慮,手法頗似比他稍晚的江西士人謝文洊(1616-1682)的《七克易》。謝氏書名中的「易」字有玄機,因為他認為《七克》即「吾儒克己之法」,故而「為刪其中失正者」,並「取其長而棄其短」以「置諸案頭」,

(續)————

　　佛教》,頁219-244。劉耘華指出清初馮班「曾質疑天主教『殺生無報應』之論」,而且論道馮氏的「依據不是來自佛教,而是儒家的『全其仁心』」,而「儒家不主『殺生』,是因其仁心天然地具有民胞物與、天人一體的生命感應」。劉氏所據乃馮班撰《鈍吟雜錄》卷2,輯入《叢書集成新編》第八冊(臺北:新文豐出版公司,1985-1986),頁701。此外,劉文亦指出文廷式撰《純常子枝語四十卷》卷18曾引述此言,見續修四庫全書編纂委員會編,《續修四庫全書》(上海:上海古籍出版社,1995-2002)子部,1165:258。以上見劉耘華,〈清代前中期東吳文人與西學〉(上),頁13-139及頁139注1。

29　《孟子・離婁上》,見〔宋〕朱熹,《四書集注》,頁313。《四書集注》以下簡稱朱注。

視同「修省之助」。《七克》全書7卷，「易」後僅得兩卷，刪削幅度頗大[30]。《日乾初撲》中的「撲」字所蘊，也不是依《七克》原書之樣畫葫蘆：「撲」字本意為「抽取」，但在《欖言》中，趙韓一無「占圖」式的隨興抓取之意，而是條條抓來皆有深意。如果所取西學或天學可稱「原文」，趙韓所選可稱「撲文」，那麼兩者間，趙韓絕無意依利瑪竇、龐迪我之意為意而編書，反有其個人的目的在焉，主要亦為表彰儒家「克己復禮」的思想，用為修身日省，以成其立命之學。

利瑪竇與龐迪我的原文，在《欖言》中顯然都已遭趙韓挪用。這點酒井忠夫似乎也有所悉，所著《增補中國善書の研究》一書，嘗謂《日乾初撲》中「教會」的色彩悉遭抹除[31]，而即使在日文中，這「教會」二字，指的應該也是天主教會，差別僅在酒井對《欖言》似難論斷，不知所出之「教會」色彩係指何者，係出何書。我們細案《欖言》，反過頭來亦可見從明神宗開始，利瑪竇與龐迪我為中國明人接受確深，而《七克》、《畸人十篇》與《二十五言》在時人心中的烙痕不淺。

《日乾初撲》中的「日乾」一詞，出自成語「日乾夕惕」。李贄〈代深有告文〉謂：「夫出家修行者，必日乾而夕惕。」[32] 這句成語又有出典，係《易經‧乾卦九三爻辭》：「君子終日乾乾，夕惕若厲，無咎。」[33] 易言之，趙韓撲《七克》與《二十五言》等書成《欖言》，首要目的當在以格言為鑑，惕勵自省，甚且不乏出世之思。前謂《欖言》正文之前有趙韓的案語，可藉以了解他撲文的準則與目的：「欖雖澀，味轉則長。言雖微，繹思則益。昔人謂橄欖為諫果，我亦將以諫世也。」他因之而「撲《欖言》」。易言之，除了「諫果回甘」外，趙韓選輯《欖言》也有以書中格言諫世、醒世與警世的弦外之音。故撲文

---

30 謝文洊，《七克易‧序》，見所著《謝程山集十八卷附錄三卷年譜一卷》卷之十四，載《存目》209：251。謝文洊另有其「三教」的問題，詳呂妙芬，〈從儒釋耶三教會遇的背景讀謝文洊〉，《新史學》23.1(2012年3月)：105-158；另見劉耘華，〈清初「程山之學」與西學：以謝文洊為中心〉，《史林》1(2011)：74-85；以及《勸善》，頁486-487。
31 酒井忠夫，《增補中國善書の研究》，1：462。
32 〔明〕李贄，〈代深有告文〉，在所著《焚書》，見張建業編，《李贄全集注》(26冊。北京：社會科學文獻出版社，2010)，2：35。
33 見阮元刻，《十三經注疏》(2冊。北京：中華書局，1980)，2：15。

必須「言雖微，繹思則益」，讀來有餘味（《初撰》1：1a）。《攬言》所屬，正是善書「格言」類中的「清言」一類，最接近的自是陳繼儒與屠隆等人所著。

在1608年之前，利瑪竇重要的文學著譯都已完成，龐迪我的《七克》在1614年前亦已鐫版功成。我們且不談龐著，單就趙韓摭拾利瑪竇的《二十五言》，就可以想見「言體」在明末的文化界幾乎無所不在。當其之世，高一志（Alfonso Vagnone, 1566-1640）還譯有《勵學古言》（1632）與《達道紀言》（1636），艾儒略（Giulio Aleni, 1582-1649）則效《二十五言》別撰《五十言餘》（1645）一書。這些耶穌會士所譯或著，沒有一本像《二十五言》——我們還可外加龐迪我《七克》中的多數言條——如此合乎趙韓「日乾夕惕」或「惕勵自省」的慎獨與修身標準？何況趙韓之志有甚於此者，每每希望所輯能如諫果回甘，讀之而得思其然，從而諫世警世，勸人進德修業。

上述趙韓輯《攬言》的「準則與目的」，儒門「克己復禮」之說可以一言以蔽之，頂多外加佛道的醒世見解。我如是言之，不是毫無根據：《攬言》中的撰文，以龐迪我的《七克》為先，抑且占了全書三分之二強，而《七克》雖為西學，龐迪我卻有意自我儒化，以故取《論語·顏淵》中「克己復禮」為綱，而以宋儒周敦頤（1017-1073）的「主靜」標榜全書[34]，勸人藉此修養，蓋「無欲故靜」。眾所周知，《七克》雖步武枚乘（?-140）〈七發〉等中國古典之名，所「克」者「七」，樣樣卻都是天主教——乃至於整個基督宗教——力加排斥的「七罪宗」（Seven Deadly Sins）。用龐迪我的譯詞及排序，亦即驕傲（Pride）、嫉妒（Envy）、慳吝（Avarice）、忿怒（Wrath）、迷飲食（Gluttony）、迷色（Lechery）與懈惰於善（Sloth）等七宗（李輯，2：715）。靜則無欲，七罪不犯。

天主教的七罪宗，原有《聖經》的根源（如寶，5：21-22或27-28），但最早為之排序者卻是東方教父龐義伐（Evagrius Ponticus, 345-399）。他草擬了各種有損靈性的惡德，內容含括「悲嘆」與「自負」等八種。西元6世紀，教宗大額我略（Gregory the Great, c. 540-604）再將這八種惡德略為裁併，約為七種。大額我略的排序，係依世人對「愛」過濫的程度為準出之。到了13世紀，阿奎那（St. Thomas

---

34　〔明〕鄭以偉，〈《七克》序〉，見〔明〕李之藻輯，《天學初函》（6冊。臺北：臺灣學生書局，1965），2：698。《天學初函》以下簡稱「李輯」。

Aquinas, *c.* 1225-1274)集士林神學之大全，方將「驕傲」定為諸罪之首，但要排列出如上龐迪我所定的順序，我們卻得歸諸13世紀《教會法典》(*The Canon Law*)的箋注者奧斯帝亞的亨利(Henry of Ostia, d. 1271)，而其大行於後世，則得待反宗教改革時代的耶穌會士，也就是龐迪我的會中先賢[35]。

從龐義伐到阿奎那的時代，歐洲神學界眾議僉同的是，「驕傲」乃諸罪宗之首，而「七」雖為猶太/基督宗教的聖數，卻也是天主教《聖經》邪靈特屬的數目。以《若望默示錄》為例，其中便提到有一條水龍，其尾有「七」。他帶隊作亂的惡黨，其數亦為「七」。這條龍指的當然是撒殫(12：3)，「七」字在《若望默示錄》裡遂為邪數，而「七罪宗」的數目由來，自此奠下，並挾其所涵變成天主教的基本教義[36]。阿奎那以還，討論七罪宗及如何克之的美德的教牧手冊(preacher's handbooks)紛陳，其數不可以量計[37]。龐迪我的《七克》雖名為「著」，其實也應有所本，乃譯或轉述自其書待考的證道手冊，例如14世紀某道明會士著的《道德集說》(*Faciculus morum*)，或稍後西班牙證道大師伊斯迪拉(Diego de Estella, 1524-1578)的《浮世論》(*Tratado de la Vanidad del Mundo*)等等[38]，最後再自行添加儒門節欲導情的思想成書。就其文類歸屬而言，《七克》可納為「惡德與美德專著」(*tractatus de vitiis et virtutibus*)[39]，應無疑義。

35　參較Thomas Aquinas, *Summa Theologica*, trans. Fathers of the English Dominican Province, 5 vols (Notre Dame: Christian Calssics, 1948), PT. 1-2. Q. 72 Art. 3; Solomon Schimmel, *The Seven Deadly Sins: Jewish, Christian, and Classical Reflections on Human Nature* (New York: The Free Press, 1992), pp. 10-26；以及韓思藝，〈從罪過之辯到克罪改過之道——以《七克》與《人譜》為中心〉(香港浸會大學博士論文，2009)，頁66-78；尤其是Morton W. Bloomfield, *The Seven Deadly Sins: An Introduction to the History of a Religious Concept with Special Reference to Medieval English Literature* (Ann Arbor: Michigan State College Press, 1952), p. 86.

36　參見〔周國祥等〕譯，《天主教理》，合訂本(臺北：天主教教務協進會出版社，1996)，#1866及#1876。

37　See Richard Newhauser, *The Treatise on Vices and Virtues in Latin and the Vernacular* (Berpols: Turnhout, 1993), pp. 21-54.

38　Henri Bernard, *Le P. Matteo Ricci et la société chinoise de son temps (1552-1610)*, 2 vols (Tianjin: n.p., 1937), 2: 170n.「道德集說」(*faciculus morum*)一名是我的譯詞，其拉丁文書名原意為「道德火把」，詳目見本文注46。

39　See Newhauser, *The Treatise on Vices and Virtues in Latin and the Vernacular*, p. 13.

　　七罪宗的每一宗，都是天主教認定的人世大罪，既然有礙靈性，儒門修身無疑也會避之唯恐不及。龐迪我強調凡人若想「克己復禮」，則必先以天主教提出的「七天德」（Seven Heavenly Virtues）克服「七罪宗」（李輯，2：715-716），此即徐光啟《克罪七德》所稱之「謙遜以克驕傲」、「樂捨以克慳吝」、「貞潔以克婬慾」、「含忍以克忿怒」、「淡泊以克貪饕」、「仁愛以克嫉妒」，以及「忻勤以克懈墮於善」[40]。趙韓絕非基督徒，但因明末嘉興天主教盛行，重要的基督徒輩出，兼有師門與家學之便，從而得見《七克》等書，遂遊走在七罪宗與七天德之間。龐迪我等人的文句，《欖言》大加裁剪改訂，使之更加順從儒門之旨而「去天主教化」，終於蛻變而為晚明善書中的一大言體新編。

　　至於《欖言》摽《七克》內文的手法，可用「多矣」形容。其中之一乃將紀事改為記言。再案《七克》，龐迪我中譯了不少歐洲上古與天主教時代的名人軼事，甚至還引證了六則虛構性的伊索式寓言[41]。其中不僅有耶穌會會祖聖意納爵（St. Ignatius of Loyola, 1491-1556）的「驕傲問答」（李輯，2：782），也有現代人耳熟能詳的伊索寓言如〈烏鴉與狐狸〉（李輯，2：752-753）[42]。然而《欖言》裡，趙韓時而剔除其中人事，獨留相關警語成言。《七克‧解貪第三》中，龐迪我提到羅馬卓有清譽的政治家「加德」（Marcus Porcius Cato Uticensis, 95-46 BCE），謂之「將終，以黃白金數億寄其友人曰：『我死之後，子孫作德善用，全予之；否，毫末勿予。』或問故。曰：『金錢者，善用之為德器，否則為惡器。我子孫不必其為善，不願助其為惡。』」（李輯，2：858）《欖言》裡，趙韓刈除了「加德」之名，連他以黃白金寄友的故事也悉予剔芟，而最終所得，唯加德答友人之語：「金錢者，善用之為德器，否則為惡器。我子孫不必其為善，

40　〔明〕徐光啟，〈克罪七德〉，見朱維錚、李天綱編，《徐光啟全集》（10冊。上海：上海古籍出版社，2012），9：422。徐光啟的七德用詞，其天主教傳統出自普勒登提烏（Aurelius Clemens Prudentius, c. 410）的天主教史詩《靈魂之戰》（Psychomachia），不是古教父所指的「七大德」（The Seven Cardinal Virtues）。

41　除了下文會提到的〈烏鴉與狐狸〉外，《七克》中的伊索式寓言另有〈杅木與橄欖樹〉、〈兔子和青蛙〉、〈獅子、狼和狐狸〉、〈胃和腳〉與〈孔雀足醜〉等等，分見李輯，2：765-766；2：921；2：809-810；2：822-823；以及2：784。

42　談到戒聽阿諛之辭，〈烏鴉與狐狸〉似乎是耶穌會士最愛的證道故事，高一志的《則聖十篇》第二篇〈譽言乃損〉亦用之，見鐘鳴旦、杜鼎克與蒙曦（Nathalie Monnet）編，《法國國家圖書館藏明清天主教文獻》（26冊。臺北：利氏學社，2009），4：215。

不願助其為惡。」（《初撰》1：29a）這裡的「我」字可為泛指，而趙韓同類的
撰文，使不諳西學者觀之，必以為係儒門嘉言警語，誨人教化之態顯然。如此
「去敘事化」即「去西方化」，也可謂「去天學化」，《欖言》用來非僅嫻熟不
已，也足與前述《明心寶鑑》中的勸善之言媲美。

　　儘管如此，《欖言》有「例外」，道德性的敘事文仍不乏見，而且「史構」
與「虛構」並存，各自保有不少。趙韓的刪削，偶爾亦有其不可解的一面，「史
構」中之尤者，乃波斯名王「實爾瑟」（Xerxes, 485-465 BCE在位）的故事。《七
克》原文中的第一句話是「昔有國王」，其後則為此王──

　　　統百萬眾，布陣原野，私念：「百萬之眾，誰能禦之？我為其主，尊
　　　矣！大矣！」忽反念曰：「不然，不及百年，彼百萬皆死，我亦死。
　　　以一死為眾死主，何足矜？」（頁5b）

　　《欖言》中，趙韓刪除了「昔有國王」這一句，致使整個故事的主詞佚亡，
我們讀來遂不知所云。中文非屬曲折語，固可省略主詞，但在上引中，這「統
百萬眾者」卻不然，倘無主詞引導，而讀者如果也未曾得見高一志《達道紀言》
中此一世說的原型，讀來必定會因趙韓刪削而生茫然之感，不知其後以生死自
我惕勵者究為何人：「實爾瑟大王統百萬軍。一日，從高望之，泣數行下。王
叔問故，答曰：『此眾不百年，無一在矣。乃王者反以其民之眾而傲之？』」[43]
就《欖言》所引的這則世說言之，趙韓把主詞刪得實無道理，彷彿只為隱藏「實
爾瑟」之名，令人昧於其出自西學而已。可是這又不盡然，因為《欖言》引的
是龐迪我，《七克》中的「昔有國王」並無西方人名的暗示，大可不必將之揮
筆刪去。如果這是刻工漏刻所致，情尚可原；設為趙韓個人的舉措，那就令人
生畫虎不成之感了。

　　趙韓倘保住了主詞，並其身分，他的刪削實則不差。除了文句益簡益潔之
外，生動依然。《七克》第1卷中，上引故事全文如下：

43　〔明〕高一志，《達道紀言》，見吳相湘編，《天主教東傳文獻三編》（6冊。臺北：臺
　　灣學生書局，1984），2：679。《天主教東傳文獻三編》以下簡稱《三編》。

昔有國王統百萬眾征行,布陣原野,登高望之,輒生雄心,私念百萬
之眾,誰能禦之?我其為主,尊矣!大矣!忽覺為傲,反念曰:「不
然,不及百年,被(彼)百萬皆死,我亦死。以一死為眾死主,何足矜
矣!」(李輯,2:758)

兩相對照,趙韓荄除了百萬眾「征行」二字,減少文意上的矛盾(既「征行」,
又「布陣」),也砍除了「登高望之,輒生雄心」兩句,亦即馬上轉到國王私念
兵眾雖多,但總有一日必死,自己擁尊榮之身,無上權力,來日卻也不過是眾
鬼之王,「何足矜?」龐迪我的原譯裡,這三字之後另有「矣」字,口氣是感
嘆的。趙韓削去「矣」,「何足矜?」反倒變成了個地道的問句,而且是修辭
反問(*erotesis*),「百萬」與「一」所形成的數差辭效,益發可見,全句力量隨
而再增,可垺高一志的世說原型——雖然較之故事取典的希羅多德(Herodotus,
c. 484-425 BCE)《歷史》(*The History*)中的原文,則又已纖瘦了許多[44]。

　　同一個故事,我無以揣測趙韓何以荄冗,因何又生錯削?唯一可以解釋的
是,他深知龐迪我筆底乃高一志明言的「伯西亞國人」。如此一來,趙韓對《達
道紀言》似乎就不生疏了,而他欲儒化《七克》的故事,看來就非得拿掉主詞
不可。此外,還有個屬於歐洲修辭學(*rhetorica*)的問題:龐迪我的故事在世說
「背誦」技巧下,枝葉稍繁,而且龐氏還是東來西僧,中文總嫌不足,必有可
刪之處,改之應無不可。像最後一句話,由《七克》的感喟轉為《欖言》的詰
問,消極的語氣隨即變成積極,可窺趙韓何其手巧與心靈!這一來一往間,趙
韓變成了反向在演練西方人的「修辭初階」,將之「化繁為簡」,而不是歐人習
見的「由簡入繁」。方之《達道紀言》,《欖言》果真大為不類[45]。

　　然而不管趙韓如何參與這套西方人的修辭演習,他仍然不改「修辭初階」

44 Herodotus, *The History*, trans. David Grene (Chicago: University of Chicago Press, 1926),
　 7.44-46.
45 有關「修辭初階」類此理論的原典,參見Ronald F. Hock and Edward N. O'Neil, *The Chreia
　 and Ancient Rhetoric: Classroom Exercises* (Atlanta: Society of Biblical Exercises, 2002), p.
　 359. 並請參較李奭學,《中國晚明與歐洲文學——明末耶穌會證道故事考詮》(臺北:
　 中央研究院及聯經出版公司,2005),頁138-147。李著以下簡稱《晚明》。

以「世說」為修辭演練的基要，亦即不管世說的精神為何，由繁入簡後，世說仍舊可以保有其原來的精神。實爾瑟的故事勸人終究難免一死，所以官大權大又何足傲？凡人皆應了解「伏傲」這個《七克》首布的篇章之旨，趙韓筆下的實爾瑟故事因可謂「一葉知秋」，蓋「傲乃過分之榮顯」，係「輕人而自以為異於眾人」的心態（李輯，2：717），不足為訓。中國文言好以卑微之態言事，「傲」字不輕易見之，「伏傲」這種軍事化的語言自不必說。同樣的概念，趙韓用的是較為激烈的儒門說法：「鳴謙。」（1a）

再回到形式問題。《七克》所含的虛構性敘述文，《欖言》更動較多，但仍有一字不易者。如上所述，《七克》中有六則伊索式寓言，其中《欖言》引出而完璧保存者唯下面一則：

> 孔雀，文鳥也，人視之，輒自喜，展翅尾示人；忽見其趾醜，則厭然自廢，斂其采矣。禽獸無知，猶知以微惡廢全美，人欲以微美掩全惡乎？（《初撰》，1：2b；李輯，2：784）[46]

拙作《中國晚明與歐洲文學》中，曾約略論及此一故事，除了取利瑪竇在《畸人十篇》所引的同一比喻對比之外，我也取高一志《譬學》一條以說明「敘事」與「陳述」之間的不同（《晚明》，頁55-59）。高氏的譯文如次：「孔雀，文鳥也，以足之醜不敢傲其羽之美。智者恒視己短，省己過，以為克傲之資也。」（《三編》，2：631-632）其間差異，當然在龐迪我所譯用了一個「忽」字。這個副詞一添，其後的「見」字隨即轉為動詞。《七克》前半句乃一陳述，但後半句轉為敘述，全賴「忽見」之功，而「忽」字當然又使「見」字變得生動，讀來有驚詫之感，稱之為此一「故事」所以為「敘事文」的鑰字，可也。若再方

46　在西方證道故事的傳統中，此一「孔雀寓言」可見於 *Fasiculus Morum: A Fourteen-Century Preacher's Handbook* (University Park: Pennsylvania State University Press, 1989), pp. 613-615. 至於俗諺或早期羅馬或天主教名人的言說中，則可見於 T. H. White, trans. *The Book of Beasts* (New York: Dover, 1984), p. 194n; Pliny〔the Elder〕, *Natural History*, trans. Harris Rackham, rev. ed., vol. 4 (Cambridge: Harvard University Press, 1968), X. xxii. 43-44，以及 Ad de Vries, *Dictionary of Symbols and Imagery* (Amsterdam and London: North-Holland, 1974), p. 360.

之高一志《譬學》中的同一述說，則高「譯」只見描述，毫無動作，誠格言矣！我的比較並非無端，可藉以說明培里(Ben Edwin Perry, 1892-1968)之見：寓言與格言之別確在一線間，唯敘述與陳述有異耳[47]。

上文旨在說明《欖言》挪用《七克》敘事文的另一方式，而趙韓喜歡敘事文，說來一點也不奇。顏茂猷的《迪吉錄》，通書幾乎都用敘事勸善，稗官野史俱入之。《日乾初揲》的第二冊據《迪吉錄》揲出了《迪吉拈評》一「書」，其中的揲文，讀來即有如中國三教的「證道故事」(《勸善》：161-167)。其中趙韓的文字增損亦大，單是《迪吉拈評》的序文，他在不避顏茂猷的著作權的情況下就割裂了原本，也刪削了顧錫疇的《迪吉錄·序》，使各自都形成一新序(《初揲》，2：序1a-3b)。《欖言》中趙韓其餘所挪用者，《七克》裡的證道故事仍多，而且以「世說」稱最，蓋「世說」本即含箴銘或訓格之言的史事，讀來確有諫果回甘之感。當然，一切西方史上的實人，趙韓早已消隱其名，龐迪我的名姓固無論矣。

《七克》言條的本身若不列名，趙韓揲來更為方便，《欖言》幾乎一字不脫，直接引之。下面一則，可作範例觀：

> 一人病，其師慰之曰：「爾為鐵，以病錯，則除鏽。爾為黃金，以病
> 煉，則增光，何憂乎？」(頁18b)

這一條世說的前一條，乃某我尚難辨認的「聖若翰」(St. Johann)近似的訓諭(李輯，2：942)。但一路走到了引文中這某人之「師」處，《七克》既省文了，趙韓當也可姑隱其名。世說的重點乃在借人說格言，不在故事本身，而《七克》這裡本來就沒名沒姓，「原文如此」(sic.)，趙韓似乎連「中國化」的程式都免了，照抄便是。

談到格言，《欖言》身為言體，對之興趣當然大了許多，而這也最符合中國經籍經常呈現的書寫形式。趙韓為讓《七克》的天主教格言變成儒家的清言，

---

47 Ben Edwin Perry, "Fable," in Pack Carnes, ed., *Proverbia in Fabula: Essays on the Relationship of the Proverb and the Fable* (New York: Peter Lang, 1988), pp. 68-69.

慣使的手法，乃是竄除天主教的聖人之名，包括業經天主教化的希臘、羅馬異教的古賢。既然關乎西聖，則「天主」二字當然也在剔除之列，否則就得刈除「主」字，使之變成孔子或先秦他典常用的「天」字。下面一條故事又是世說，龐迪我寫來如下──

> 或問天主讎傲，猶有在高位者，何故？曰：「使傲人登高，非增其榮，獨重其隕。」（李輯，2：720）

　　趙韓刪除「或問」這個世說常套，改「天主」為「天」，其餘一仍其舊，通文因此變成「天讎傲，猶有在高位者，何故？曰：『使傲人登高，非增其榮，獨重其隕。』」（《初撰》，1：7a）世說精煉整飭的特色，《欖言》此地依舊保存，雖然懵懂者並不會知道這是歐洲修辭學特有的形式。由是觀之而話說回來，趙韓的西學絕佳。他知道中國信仰中幾無「天主」的概念，儒家教人的是尊「天」。刪去「主」字，耶穌在世說中就變成了孔聖。加以「克己」的首要確為「節欲」，而「欲」之大者「傲」，是以孔孟都主謙。從宗教的角度看，儒家所尊之「天」，時而為人格神，時而非[48]，可信的是這「天」絕非天主教所稱那超越性的「天主」。只要把這個名詞刪個字，歐羅巴人龐迪我也會變成中國──尤其是儒家──的代言人，而且會變得神不知，鬼不覺。順治與康熙在位時，都曾為天主教頒發「欽崇天道」與「敬天」的匾額[49]。所謂「天」者何？順治或康熙題字時當然心知肚明：一字之差，他們實則化西學為中學了。衡之《欖言》裡趙韓所為，順治與康熙在清代不過複製了他在晚明早已「玩」過的「易道」！
　　由是再看，趙韓的西學造詣確實不凡。縱然《史記》中已有「天主」一

48　參見李杜，《中西哲學思想中的天道與上帝》（臺北：聯經出版公司，1978），頁2-23。
49　鐘鳴旦、孫尚揚，《一八四○年前的中國基督教》（北京：學苑出版社，2004），頁327及337。另參João de Deus Ramos, "Tomás Pereira, *Jing Tian*, and Nerchinsk: Evolving World View During the Kangxi Period," in Artur K. Wardega, SJ. and António Vasconcelos de Saldanha, eds., *Under the Light of an Emperor: Thmás Perira, SJ (1645-1708), the Kangxi Emperor and the Jesuit Mission in China* (New Castle upon Tyne: Cambridge Scholars, 2012), pp. 521-524；以及Gianni Criveller, "La controversia dei riti cinese," in Angelo S. Lazzarotto, *Quale futuro per la Chiesa in Cina?* (Bologna: EMI, 2012), p. 50.

詞[50]，他也知道就《七克》的語境觀之，同樣的「天主」語意不同。趙韓撰《欖言》的時間殊難論斷，下面我會再詳。然而就《迪吉錄》迄1631年才刊刻衡之，《日乾初揲》裡《欖言》的刻本不可能早於此刻，而「此刻」距禮儀之爭雖仍有年，但從1628年起，天主教在華業已禁用「上帝」一詞，而且禁用的相關會議就在嘉定召開，距嘉興並不遠，何況此詞《詩經》、《書經》與《易經》上俱可見，中國人讀來未必帶有天學的意涵。趙韓幼習墳典，乃傳統士子，「上帝」一詞必然知之甚稔，而這點幾乎可解釋《欖言》下引長言裡，趙韓何以不避「上帝」二字。《七克》步欲步，《欖言》趨愈趨：

> 人相愛有三。其一習愛，同居、同業、同情、同議等，相習生愛也。是者，易聚、易散，鳥獸亦有之，縱不惡，固非上帝所責我愛人之德矣。其一理愛。人皆自知生斯世也，同斯人也，不友愛任卹，不能成世道，不能立世事，不能備世變，是故恆求己所愛人，及愛己之人。此人間之事為愛也私，為德也微，惡人亦有之，亦非上帝所責我也。其一仁愛。仁者，視人與己同性，故愛之，而願其得福。孰為福？生時能識上帝，行實德，死時升享天福，則真福、大福也。仁者，自先真愛上帝，轉以上帝之愛愛人，故望人識愛上帝，以享生死真福，冀改諸惡，脫永殃也。若他福，無妨于此福，望之，否則惡之，是謂仁愛，乃上帝所責於我焉。若以是相愛者，真友也。非除貪妒、傲淫諸惡情，非心契于上帝真道實德，雖合於外事，弗能得焉。（《初揲》，1：22b-23a）

上文中，我評道：《欖言》於《七克》此一長言「幾乎」是「趨愈趨」，原因在趙引仍有異文：「仁者，視人與己同性」二句，《七克》中原為「仁者，視人為天主之子，與己同性」（李輯，2：821-822）；趙韓抹除了《七克》這一句，再度避開「天主」二字，獨留「上帝」這個原為儒家經籍中的至高神。趙

---

50 《史記·封禪書》（卷28）：「天神，一曰天主，祠天齊。天齊淵水，居臨淄南郊山下者」。見〔漢〕司馬遷，《史記》（10冊。北京：中華書局，1982），4：1367。

韓稍後的明人中，基督徒如楊廷筠或韓霖等都堅持先秦古籍中的「上帝」就是
己教的「天主」，即使非基督徒如魏禧（1624-1681），亦復如是，謝文洊就不用
說了[51]。魏禧嘗為文評《七克》，稱其中「所尊天主，細求之，即古聖所云上
帝，先儒所云天之主宰，絕無奇異。」以故《七克》等書「每每於說理時無故
按入天主，甚為強贅。」謝文洊也有近似之論：「與友論西學，力辟其〔耶穌〕
降生〔為人〕之說。試問上帝有否？予謂上帝載之六經，何可說無？」[52] 繇
是觀之，趙韓縱不以儒家收編的先秦經籍為意，《欖言》中他也不會刪除「上
帝」一詞，況且《日乾初揲》中的《迪吉拈評》或其所出的《迪吉錄》，根本
就是一本打著「上帝」或「天帝」名號敘事的勸善之書。《迪吉錄》另又結合
佛門的天堂觀與儒家的地獄說，形成二教交混的果報觀念，而顏茂猷通書就以
此等思想構成，令「上帝」在人類史上獎善懲惡[53]。趙韓既然沒讓《日乾初揲》
錯過《迪吉錄》，則所揲怎可能抹除「天」或「上帝」？

　　此外，「愛」的觀念也值得在此一提，中國古人好以「情」字代之，《日乾
初揲》所收第二本書《至情語》的論述，主要是家中父子、夫婦、兄弟這三倫
之愛，甚至還涉及情欲的問題。趙韓的前言用的便如書題，是「情」字，而其
語法彷如清初盛世《紅樓夢》的脂硯齋評筆：「世人多不情，當治以何法？仍

51　見楊廷筠，《七克‧序》，載李天綱編注，《明末天主教三柱石文箋注》（香港：道風書
　　社，2007），頁342-343；〔明〕韓霖著，孫尚揚、蕭清和等校注，《鐸書校注》（北京：
　　華夏出版社，2007），頁167；〔明/清〕魏禧，《魏叔子日知錄》卷2，見胡守仁等點校，
　　《魏叔子文集》（3冊。北京：中華書局，2003），3：1129。此中之異者幾唯謝文洊與時
　　人孫蘭（生卒年不詳），蓋《七克易‧序》開篇云：「西士之學，似得吾儒畏天命與昭事
　　上帝之旨，而實有不同。」而孫蘭亦謂：「泰西之人……溫文儒雅，誠樸不欺，……
　　獨其所以膜拜天神，口中所言，不離天堂地獄，〔人聞之，〕則不自知其忽入於異教。」
　　謝說見所著《謝程山集十八卷附錄三卷年譜一卷》卷3《日錄》，載《存目》，209：72；
　　孫說見〔清〕孫蘭，《柳庭輿地隅說》，載《叢書集成續編》（上海：上海書店，1994）
　　子部第88冊，頁429。

52　魏禧，《魏叔子日知錄》卷2，見胡守仁等點校，《魏叔子文集》，3：1129；謝文洊，《七
　　克易‧序》，見《謝程山集十八卷附錄三卷年譜一卷》卷14，載《存目》，209：251。

53　〔明〕顏茂猷，《迪吉錄》，見《存目》子部，150：309-702。有關《迪吉錄》取用「上
　　帝」的緣由，詳《勸善》，頁150。另參見張鎧，〈龐迪我與中國──耶穌會適應策略研
　　究〉（北京：北京圖書館出版社，1997），頁233-242。《四庫全書存目叢書》以下簡稱《存
　　目》。

治之以情而已。」[54] 中國古來，其實也會將「愛」用於親朋之間，而對象若為世人，「博愛」一類說詞用得益切，和天主教從《聖經》起即大力強調者實有落差。這一點，李之藻在《代疑篇》（1621）中早已歷歷指陳[55]：這世人之愛必需擴及天主，而這點中國人可萬難料到。龐迪我處理的方式是使之結合「仁」字，而既有「仁愛」，仁者也就「自先」要「真愛上帝，轉以上帝之愛愛人」（李輯，2：821）。龐氏之論當然是典型的《聖經》論調，不過趙韓合「仁」以「上帝」，在明人的想像中幾可免除天學色彩，至少減輕了許多。故上引文所成者，自是《顏氏家訓》一類的儒門格言。不過儒家與西學這裡有一矛盾，十分顯然。《日乾初揲》諸書中，「愛」字用得最為尋常的，乃《廣愛選言》與《牛戒彙抄》，其中滿布由古迄明的涉「愛」之文。仔細看來，這「愛」的對象居然多非為人，趙韓揲得其實頗似儒門的「戒殺生」思想，而儒門的「全其仁心」、「民胞物與」等觀念較此一基礎再深一層，趙韓抑且乾脆就承認思出儒門：「『戒殺』一事，載吾儒經傳，如日中天。奈何護生之功，專使佛氏主說於天下，甚矣！我輩咎也！……」（《初揲》，4：8a）。趙韓以儒自居而論愛，當然無可厚非，可是類此論調一和《欖言》源始的萬物為人而設之說並比，矛盾立現，而且就出現在「放生」這種「廣愛」思想上。如依錢謙益（1582-1664）的弟子馮班（1604-1671）的觀察，中國人的「廣愛」根本和基督徒主張的「殺生無報應」等《聖經》之說牛馬互攻，理念絕難調和。不管如何，《欖言》調和的西學之「愛」，近似中國後儒以天地萬物為一這種參雜佛道精神的大愛[56]。

　　《七克》裡，《聖經》中言可想引之甚勤，不過趙韓揲《欖言》，可真詳予篩檢，「《聖經》曰」或「《經》曰」等詞，絕難逃其法眼，絕難在趙韓筆下現

54　《日乾初揲‧至情語》，1：1a。脂硯齋用「情情」和「情不情」論林黛玉和賈寶玉對「情」的不同態度，就是一例，見陳慶浩編，《新編〈石頭記〉脂硯齋評語輯校》（增訂本。臺北：聯經，1986），頁81和827。另見余國藩著，李奭學譯，《重讀石頭記——《紅樓夢》裡的虛構與情欲》（臺北：麥田出版，2004），頁150注2，以及同書頁97-98。

55　參較李之藻，《代疑篇‧區愛》，見李天綱編注，《明末天主教三柱石文箋注——徐光啟、李之藻、楊廷筠論教文集》，頁324-327。

56　見本文注27，另見利瑪竇，《天主實義》，在李輯，1：377-399；並參較〔明〕艾儒略著，向達校，《合校本大西西泰利先生行跡》（北平：上智編譯館，1947），頁12：利瑪竇「貶萬物一體之說」。

形。下引《七克》言則不但有天主教名聖「係辣戀」或「喜辣戀」(St. Hilarion, c. 291-c. 371)現身其間，而且喜氏極可能還援引了〈瑪竇福音〉論「真福八端」(The Beatitudes)最後數語(5：11-12)，以解其自身的窘困，係典型的聖人言行與《聖經》交迭合一的敘事筆法：

> 係辣戀聖跡甚眾，名播萬方，來訪者日眾。聖人不悅，數徙避之，不獲而哭。門人問故。答曰：「聖經云：『凡欲循仁，必受窘迫。吾考前輩諸聖賢有實德者，無不因世苦辱，密就其德，以蒙天報。』今敬譽我者多，恐天主以是足我報於世乎？」(李輯，2：743)

聖傑魯姆(St. Jerome, c. 347-420)嘗手書聖喜辣戀的傳記。由所作來看，上引實為這位隱修聖人平生的行事風格：他常為了躲避俗譽而遁走林泉或荒野。不過聖傑魯姆的喜傳並無所答《聖經》一段[57]，龐迪我或許有其「美德與惡德專著」中之所本。不管如何，上引經中之語，確為〈瑪竇福音〉中「真福八端」最後數語。我們不難想像，龐迪我如此一言，《欖言》會剔除者何：聖喜辣戀的故事過於獨特，不可能保留；在《七克》的語境中，《聖經》之名本身就是天主教的表徵，趙韓不可能容許其存在。話說回來，這絕非意味著《聖經》箴言會見棄於《欖言》。相反，終《欖言》全書，至少五引《聖經》的訓示。上引〈瑪竇福音〉的話，趙韓抹除了礙他之眼的「《聖經》」與「天主」的「主」字後，隨即照單全收，而「修改」後的言則，西學色彩幾乎同樣蕩然無存：

> 凡欲循仁，必受窘迫。吾考前輩諸聖賢有實德者，無不因世苦辱，密就其德，以蒙天報。今敬譽我者多，恐以是足我報於世乎？故曰：藏德以避虛譽，聖人也。(《初撰》1：10a)

我之所以說此言中西學色彩「幾乎」不存，係因此一「新言」趙韓撲來乍

57　St. Jerome, "The Life of S. Hilarion," in *The Principle Works of St. Jerome*, trans. W. H. Fremantle and W. G. Martley (Rpt. Peabody: Hendrickson, 1995), pp. 303-315.

看百密，實則仍有一疏：中國古籍不用標點符號，是以趙韓難以辨明言中的
「吾」或「我」字有別。前者乃《新約》中耶穌的自我指涉，所以那「考前
輩諸聖賢有實德者」是耶穌，而所謂「今敬譽我者」中的「我」才是聖喜辣戀。
〈瑪竇福音〉的上下文中，「前輩諸聖賢」實乃我們今天譯為「先知」(*prophetas*)
的猶太/天主教人物，而後一名詞，龐迪我的時代未見[58]，天主教中人多解為「聖
人」或「聖賢」，加以全本《聖經》此時仍未譯成，趙韓理解有誤，情有可原。
然而話再說回來，撰文內《聖經》和天主俱者，這第一人稱誰屬並不重要。明
代不解西學者，讀《欖言》這段話，也不一定會聯想到天學。非特如此，為補
足文氣，強調「前輩諸聖賢」大多曾「因世苦辱密就其德」，趙韓復從《七克》
毗鄰聖喜辣戀傳文的「聖泥哥老故事」再取一語，置於撰文之末，前面再加「故
曰」二字以造成因果關係。因此他所成者，乍看下已像煞儒門的堅忍格言，而
且還是包裹著耶穌或《新約》名言的「儒門」格言。羅香林考唐代《呂祖全書》，
發現其內含有景教傳來的天主教讚美詩。上引《欖言》，幾乎也步上前塵，複
製了《聖經》名句[59]！不明就理，我們當會如趙韓所求於我們理解者，而知其
然者，但覺有趣，或許還會打內心一笑：難道趙韓要人以為引文中的「吾」或

---

58 Robert Morrison, *A Dictionary of the Chinese Language* (Macao: East India Press, 1822),
vol. 6, p. 341將"prophet"這個英文字譯為「先知者」，不過馬禮遜內心所涵卻不完全是猶
太/基督宗教地位崇高的「先知」，而是也包括「未卜先知」這種中國「算命先生」在內。
我疑「先知者」一譯，Morrison可能引自〔清〕賀清泰(Louis de Poirot, 1735-1841)，《古
新聖經》(上海徐家匯藏書樓藏清末抄本)。賀清泰中譯時，「先知」與「先知者」時常
並用——例子見《聖徒瑪竇萬日略》，頁4a及5b——偶爾則稱之「先知聖人」，如《眾王
四本經書序》，1a。賀清泰這兩個譯詞，其實都出自龐迪我以後的耶穌會傳統，例如〔
明〕高一志的《天主聖教聖人行實》(7卷。武林：超性堂，1629)，3：2b及4：52b有
「先知之聖」或「先知聖人」之稱。〔明〕湯若望(Johann Adam Schall von Bell, 1591-1666)
譯，《崇一堂日記隨筆》(1628)，吳相湘編，《天主教東傳文獻三編》(6冊。臺北：臺
灣學生書局，1984)，2：793則如今天之譯，稱「先知」。高氏的《則聖十篇》(1630)，
在鐘鳴旦(Nicholas Standaert)、杜鼎克(Adrian Dudink)、蒙曦(Natahlie Monnet)編，《法
國國家圖書館明清天主教文獻》(26冊。臺北：利氏學社，2009)，4：239亦用「先知
者」一稱，而〔明〕艾儒略，《天主降生言行紀略》(1635)，收於鐘鳴旦與杜鼎克編，
《耶穌會羅馬檔案館明清天主教文獻》(12冊。臺北：利氏學社，2002)，4：56、61及
69等頁中，上述諸詞則都用到。
59 羅香林，《唐元二代之景教》(香港：中國學社，1966)，頁135-152。龐迪我的「聖泥哥
老故事」，明末亦曾稍經改寫而收化為〔明〕韓霖，《鐸書》的一部分，見《徐匯樓》，
2：688-689。

「我」就是他本人？

所謂「聖泥哥老故事」，我指世傳為聖誕老人（Santa Claus, or Saint Nicholas, Father of Christmas）的聖尼哥老的日常善舉。《七克》謂「泥哥老」有同鄉人甚貧，三女難以出嫁，而「泥哥老」聞悉，遂於「暮夜挾貲，潛擲其家」，因使其長女於歸有方。嫁次女，又復如是。待么女臨嫁，這鄉人乃於夜間潛伏，欲窺何方仁者行此善舉，乃遇「泥哥老」。鄉人當然感恩非常，「問何以報也？」而「聖誕老人」答以「我之行此，惟為天主，故恐人知。當我生時，爾弗告人，是報我矣。」龐迪我的敘述者講到這裡，就聖泥哥老所下之評，就是上引《欖言》最後一語：「藏德以避虛譽，聖人也。」（李輯，2：743-744）《欖言》中這整個故事的趣味——包括其歷史意義——當然不僅在「聖賢」及「聖人」（sanctus）趙韓混合用之，也不僅在「聖泥哥老故事」乃真人真事，是「聖誕老人」的源起首次在華現身[60]，更在趙韓結合聖喜辣戀、聖泥哥老故事及《聖經》經文，終而化為一條就《七克》而言乃拼貼而成的三合一的《欖言》清言，在中文——不止中國——格言史上似乎前無古人，即使是嚴肅的來者也不多見。

趙韓刪其名而存其言的天主教聖人為數不少，教宗大厄勒臥略（額我略）次數最多，餘者中之犖犖大者尚有聖百爾納（聖伯爾納；St. Bernard of Clairvaux, 1090-1153）、聖契理瑣（聖基瑣；St. Chrysostom, c. 347-407）、聖法蘭濟（聖方濟；Saint Francis of Assisi, c. 1181-1226）與聖亞吾斯丁（聖奧斯定；St. Augustine of Hippo, 354-430）等人。《聖經》中的人物，在耶穌之外，趙韓援用者，可想以聖葆琭（聖保祿；St. Paul the Apostle）盛名最負。至於異教中人，亞歷山大大帝（亞立山；Alexander the Great, c. 21-323 BCE）在中世紀早已天主教化，其師「亞利思多」（亞里斯多德；Aristotle, 384-322 BCE）亦然，趙韓撰得不少，而斯多葛學派和天主教關係密切，色掭加（Seneca, Jr., c. 4 BCE-65 AD）亦常經挪用。這一長串的西方上古與中古人名，可惜趙韓每因嚴於夷夏之防而刪除了，否則《欖言》可能會是轉錄歐洲古人連「名」帶「言」最多的一本純由明代非基督徒士子所輯的專著。如其如此，《欖言》的意義就不止於撰選耶穌會的著作成書，而是另涵多端了。

60　方豪，〈三百五十年前傳入我國的聖誕老人〉，見《方豪六十自定稿》（2冊。臺北：作者自印，1969），2：1304。

　　《七克》的重點在「伏傲」與「平妒」等等龐迪我用儒家「克己」以形容之的天主教德行，趙韓在《欖言》中則易之為「鳴謙」、「強恕」、「寧澹」、「閑情」與「榮進」等五個立命關目。不過「坊淫」一詞，《日乾初摟》並未舍之，第三冊便是《防淫警訓》，而在《迪吉拈評》的《貞淫之報》欄首，趙韓甚且「指示」讀者道：此欄「當與《欖言》中〈閑情〉與《防淫警訓》參看」（《初摟》，2：12a）。這句話也是我認為《日乾初摟》係趙韓所摟的內證之一。職是之故，《日乾初摟》可非漫無計畫之編，而是精心設計的善書。《防淫警訓》的內容，我們觀其名可以思之過半，〈閑情〉卻不易猜透。七罪宗的克服之道自然有七，但趙韓約之為上述五個關目，〈閑情〉的摟文，大致包括《七克》以「坊淫」克淫的「方法論」。就某一意義言之，天主教士——耶穌會士尤然——大多是所謂「憎恨女人者」（misogynists），每視女人為紅顏禍水。趙韓從《七克》中得出「男女俱善，相近則汙」這種極端之論（《初摟》，1：38a），無足為奇。他還讓《欖言》摟出下文，似乎藉《七克》在強調高一志《齊家西學》中的情色之見：

> 淫色者，如狹口之井也：入易出難。初意可蹔嘗而後巳，不知未試，發微易敵。既發，猛敵難矣！故自德墮淫者多，自淫遷德者寡：如魚入筍焉，其入甚順，出乃甚逆，萬人無一出焉。（《初摟》1：39a）

　　此一摟文意象鮮明，所謂淫色「如魚入筍焉，其入甚順，出乃甚逆，萬人無一出焉」，可稱妙喻，和高一志《齊家西學》（1630?）所稱「束格辣（蘇格拉底）恆悔結婚」的原因近似，或許就是從典故部分所出第歐根尼・拉爾修（Diogenes Laertius, 3rd century）的《名哲列傳》變化而來。至於《齊家西學》繼而之說，當從1世紀瓦勒流（Valerius Maximus）的羅馬類書《嘉言懿行錄》（*Facta et dicta memorabilia*）變化而出：「他日，或以婚問，〔蘇格拉底〕答曰：『魚欲入筍易，欲出筍難。』」瓦勒流的世說，反映出羅馬「新式高尚人格的修辭」（rhetoric of new nobility)[61]，無異於《齊家西學》的修身勸誡。然而龐迪我勸人以貞戒淫，倒純從天主教的角度立論，為此他連耶穌會當時不敢對抗的儒家也公然擷之：《七克》多屬譯文，龐迪我硬在〈坊淫〉一支最後加進了自編的〈婚娶正議〉一節（李輯，2：1042-1052），藉之大肆抨擊中國古來的納妾之風，認為是男性好色的表現，再不理孟子或官律「無後為大」的說法[62]。就中國傳統而言，如此「補儒」的論調似乎補過了頭，和《舊約》合理化某些名人名王的多妻之風的說詞也不合。不論如何，龐迪我堅持一夫一妻制，看出納妾衍生的家庭問題，令人不得不讚嘆一聲：龐氏以及明代耶穌會整體，早在《七克》中就為某種中國現代性預埋前提了[63]。

　　儘管如此，趙韓以「閑情」概括「坊淫」，不無反將龐迪我一軍的言外之意：淫念確實不可生，但非關國家大事，耶穌會反對納妾這個重點，更不在他考慮之列。《欖言》從「榮進」的第三言開始，摸文正式轉入利瑪竇的《畸人十篇》，而由此蜓回《七克》後，趙韓又進入利氏所譯羅馬大哲愛比克泰德（Epictetus, 55-135）的《二十五言》：《七克》退居一旁了。《欖言》辟以取代《七克》的關目「容進」，理解較難。這個名詞，史上並非鮮見，但以「接納進用，拔擢任官」的常義度之[64]，則恰與趙韓的命意相反。他可能因《世說新語》有〈容止〉一目，從而自創新意，略指人生不過白駒過隙，我們應珍惜眼前所有，

61　高一志，《齊家西學》，在鐘鳴旦等編，《徐家匯藏書樓明清天主教文獻》（5冊。臺北：方濟出版社，1996），2：496。瓦勒流的記錄，詳Valerius Maximus, *Collections of the Memorable Acts and Sayings of the Ancient Romans and Other Foreign Nations*, trans. Samuel Speed(London: Printed for Benjamin Crayle at the Lamb, 1684)，7.2.F1；獲奧吉尼的記載，見Diogenes Laertius, *Lives of the Eminent Philosophers*, trans. R. D. Hicks (Cambridge: Harvard University Press, 1995), II.33。有關羅馬「新式高尚人格的修辭」，參見W. Martin Bloomer, *Valerius Maximus and the Rhetoric of New Nobility* (Chapel Hill: The University of North Carolina Press, 1992), pp. 230-259。

62　《孟子‧離婁上》，見朱注，頁313，有關龐迪我之見的討論，見張鎧，《龐迪我與中國》，頁217-219。

63　參見康志傑，〈論明清之際來華耶穌會士對中國納妾婚俗的批評〉，載《世界宗教研究》2(1998)：136-143。

64　例如〔明〕凌迪知(1529-1600)，《萬姓統譜》卷73〈上聲‧四紙‧李茂弘〉：「善吟詩，志尚淡薄，不慕容進，方六十餘，即乞致仕，優遊十載而卒。」見李學勤主編，《中華漢語工具書書庫》第74-76冊（合肥：安徽教育出版社，2002），75：501。

但也不用強求，所謂「順其自然」可也；倘能抓住時間，進德修業，更佳。《畸人十篇》的揲文，僅有五言，俱裁剪自首篇〈人壽既過誤猶為有〉。

這篇對話錄裡，利瑪竇談話的對象是曾任南京吏部尚書的李戴(fl. 1598-1603)。後者和利氏頗有私交，不過他篤信佛教，而佛教對壽無金石固的時間之見雖和天主教差異不大，對人世倏忽與生乃僑寓的看法更見合拍，但是一提到輪迴之說則矛盾立見。〈人壽既過誤猶為有〉不以壽長為念，反而以年壽既過，即消逝無蹤為意，所以利瑪竇和李戴會面時雖當利氏五十初度，李氏問其年壽，利氏卻以遞減之法回道：「已無五旬矣。」（李輯，1：117）如此答法，董其昌稍後也見證其然，文前已及：他提到利氏年已五十餘，卻對董氏道：「已無五十餘年矣」。

利瑪竇對有關自己年壽的答法的解釋，出以荀賦開頭慣用的句型，隨之當然會像荀賦一樣是個比喻，而且也用修辭反問為之收稍：「有人於此，獲粟五十斛，得金五十鎰，藏之在其廩，若橐中則可出而用之，資給任意，斯謂之有，巳巳空廩，橐費之猶有乎？」（李輯，1：117）利氏繼之的解釋，則以議論陳述，又以修辭反問為之結尾，其意甚明：

> 夫年以月，月以日累結之。吾生世一日，日輪既入地，則年與月與吾壽悉減一日也。月至晦，年至冬，亦如是。吾斯無日無年焉。身日長而命日消矣，年歲已過，云有謬耶，云無謬耶？（李輯，1：117-118）

利瑪竇回李戴的話，和董其昌其後對他的解釋頗為一致，趙韓讀過《畫禪室隨筆》，可能性大增，所以《畸人十篇》中，他特揲利、李的年壽問答。董其昌之見發自釋門，出自《法句經‧無常品》，《明心寶鑑》亦曾引之，雖不可證《欖言》與《畫禪室隨筆》的關係，但可藉以說明前舉天佛的比較：「此佛家所謂『是日已過，命亦隨減』，無常義耳。」[65] 至於前引利瑪竇的比喻與議

---

65 董其昌，《畫禪室隨筆》，頁102。董其昌所引佛語出自〔天竺〕法救撰，〔吳〕維祇難等譯，《法句經‧無常品》，見高楠順次郎、渡邊海旭主編，《大正新脩大藏經》（100卷。東京：大正一切經刊行會，1934），4：559；另見〔明〕范立本，《明心寶鑑》（中

論，《欖言》字字皆撲之（《初撲》1：44b），而天學與佛學，看來在此似可共存，差異不大。《畸人十篇》中，吏部高官李戴（隆慶二年進士）對利瑪竇的釋詞同樣有惺惜之感，而利氏因此也做了一段〈日咎箴〉（李輯，1：119），《欖言》同樣沒有放過，逐字照抄（《初撲》1：45a）。〈人壽既過誤猶為有〉中，李戴和利瑪竇談得賓主盡歡，原因在利氏未曾當面辟佛，否則李氏必然不快。我相信兩人如就時間問題續談，結果必也如雪浪洪恩（1535-1607）與利氏之論心與物，又是風馬牛不相干。儘管如此，在珍惜時間，勤篤修行這方面，利瑪竇的話不惟無妨李戴心中所存[66]，連趙韓應也一無異議。下面這一句話，趙韓只添了一個「故」字，使裁剪之句再度形成因與果，乃《七克》之外，他聯璧而成的又一典型，而其主旨便在勸人珍惜光陰，從容生命，進德修業：「智者知日也，知日之為大寶矣，一日一辰猶不忍空棄也。『故』至人者，惟寸景是寶而恆覺日如短焉；愚人無所用心，則覓戲玩以遣日。我日不暇給，猶將滅事以就日也，暇嬉遊哉！」（《初撲》，1：45b；李輯，1：120-121）所謂「進德修業」，利瑪竇指對越天主，但聽在李戴耳中，卻可能是修習菩薩道。不論何者為是，趙韓撲之入《欖言》，志在勸善，無可懷疑。

趙韓從《二十五言》撲得的言則，大多也帶有一絲佛道二教的意味，尤其是佛教，不過每一言如實卻也在反應儒家的實用哲學觀。以下一例雖僅嘗鼎一臠，仍然可概其餘：

> 物無非假也，則毋言已失之，惟言已還之耳。妻死，則已還之；兒女死，則已還之；田地被攘奪，不亦還之乎？彼攘奪者，固惡也，然有主之者矣。譬如原主使人索所假之物，吾豈論其使者之善歟，惡歟？但物在我手際，則須存護之，如他人物焉。（李輯，1：338）

（續）

國國家圖書館藏明洪武二十六年序本》，頁48a。

66　參見FR, 2: 157；羅光，《利瑪竇傳》，見所著《羅光全書》（42冊。臺北：臺灣學生書局，1996），28：137。另見R. Po-chia Hsia, *A Jesuit in the Forbidden City: Matteo Ricci, 1552-1610* (Oxford: Oxford University Press, 2010), pp. 214-215；以及侯明，〈明朝士大夫與利瑪竇的《畸人十篇》〉，《國際漢學》11（2004）：148。

此言趙韓選自《二十五言》的第十言[67]，在《欖言》中則已推進至第二一八言了(《初撰》，1：53a-53b)。利瑪竇譯來雖隱帶天主教——甚至是一般傳統中國宗教如佛與道——的色彩，然而通言收尾的三句話，畢竟和《論語·學而篇》「泛愛眾而親仁」的精神契合(朱注：63)。愛比克泰德是羅馬斯多葛學派的重要哲人之一，乃實用哲學的鼓吹者：「學貴乎用」這類概念，他如實實踐。《欖言》所撰上引，利瑪竇實則譯自愛氏的《道德手冊》(Enchiridion)，而6世紀以希臘文箋注愛氏此書的柏拉圖主義者辛普里基烏(Simplicius of Cilicia, c. 490- c. 560)有分教，認為強調的是「理性的知識」(rational knowledge)，亦即人生世間，不應我執太甚。利瑪竇的譯法特異，因使上引含具萬物皆有造之者之意，亦即把《道德手冊》天主教化了[68]，和辛普里基烏的柏拉圖主義所差無幾，也和中國民間信仰詮釋下的佛道的物起論差別不大。但那理性思維帶動的「隨遇而安」之說最值得注意，說來幾乎等同於孔門的世相之見。

較之愛比克泰德的《道德手冊》，《二十五言》實乃節譯，而且愛氏的五十三言中，利瑪竇僅選二十四言迻之。第四言似為利氏自撰[69]。《二十五言》的開譯，據徐光啟的跋文，始自利瑪竇仍滯留南京的萬曆己亥年(1599；李輯，1：327)。到了萬曆壬寅年(1602)之前，利瑪竇至少已譯得十四言，因為是年王肯堂(1549- 1613)撰《鬱岡齋筆塵》，第三冊就以《近言》為題全錄之(《存目》，107：684-686)。不無意義的是，《欖言》不過從《二十五言》選了十三言，除了殿軍的一言外，餘者居然全部和《鬱岡齋筆塵》重疊。但趙韓不可能抄自王肯堂，蓋《鬱岡齋筆塵》這十四言的文字和《天學初函》本有異，顯然是王氏自己的筆削添改。可以確定的是，趙韓乃抄自《二十五言》的單行本或《天學

---

67 利瑪竇從《道德手冊》選譯的《二十五言》的次序見Spalatin, *Matteo Ricci's Use of Epictectus*, pp. 21-50; and Margherita Redaelli, *Il mappamondo con la Cina al centro: Fonti antiche e mediazione culturale nell'opera di Matteo Riocci S.J.* (Pisa: Edizioni ETS, 2007), pp. 99-112.

68 Simplicius, *On Epictetus' Handbook 1-26*, trans. Charles Brittain and Tad Brennan (Ithaca: Cornell University Press, 2002), pp. 40-41.

69 《二十五言》的第四言例外，《道德手冊》中不見對應者，可能為利瑪竇自撰，詳見 Christopher A. Spalatin, *Matteo Ricci's Use of Epictectus*, Ph. D. dissertation (Pontificae Universitatis Gregoriane, Wagan, Korea, 1975), p. 18.

初函》本，不過他應該也參考過《鬱岡齋筆塵》，故雖重疊，文字卻異乎王本。王肯堂是醫家，博覽群籍，明末亦卓有文名。他曾從遊於利瑪竇，《鬱岡齋筆塵》故長文另演利氏的天文觀（《存目》，107：680-682），並收錄《交友論》（1595）全文（《存目》，107：682-684），還談及利氏所贈歐洲紙質之佳（《存目》，107：715）。王肯堂係江蘇金壇（常州武進）人，選為翰林檢討後，官至福建參政，萬曆二十年（1592）因故稱病辭歸。他的書第四冊（成於1603年之後）頗多金壇之介紹（《存目》，107：747-752），應該刻於故里。趙韓有地利之便，日後不難窺見全豹。從《鬱岡齋筆塵》四冊所論或所收，我們可見王肯堂好佛，而他又是儒生，利瑪竇「貽」其所成之十四言（《存目》，107：684），就夾雜在佛典儒籍與醫家的論說裡。

《欖言》其他出自《二十五言》的撲文，大多深具理性精神，而且入世者多過於出世者，如「遇不美事，即諦思何以應之」，或視人世如舞臺，而帝王將相與那士庶奴隸不過「一時粧飾者耳」（《初撲》，1：53b-54a），勸人的是處世應有道，不必執著於世相。類此之見或比喻，把《欖言》撲自《二十五言》之言——甚至包括《欖言》其餘諸言——都轉成了以儒家為主而副以釋道的「應用倫理學」，不僅和傳統三教善書的目的桴鼓相應，也和善書中的功過格的形式若合符節。愛比克泰德這類的思想，《二十五言》的最後一言言之最切（李輯，1：349），趙韓不可能看不出來，故此引之以終《欖言》全書：

> 學之要處，第一在乎作用，若行事之不為非也。第二在乎討論，以徵非之不可為也。第三在乎明辯是非也。則第三所以為第二，第二所以為第一，所宜為主，為止極，乃在第一耳。我曹反焉，終身泥濡乎第三而莫顧其第一矣。所為悉非也，而口譚非之不可為，高聲滿堂，妙議滿篇。（《初撲》1：55a）

此言看似勸學文，但利瑪竇譯之為「學」者，愛比克泰德實指「哲學」（philosophy）而言，而所謂「作用」，《道德手冊》的原文係「定理的應用」（applying theorem）。「哲學」一說，辛普里基烏二度發揮柏拉圖精神，解之為「科學性的

知識」（scientific knowledge），是要能通過檢驗查證的「真理」（what is true），而他所稱驗證之道無他，乃柏拉圖慣用的「邏輯」（logic）精神帶出來的「討論」與「是非之明辯」[70]。這一言，辛普里基烏編纂的《手冊》列為倒數第二言，利瑪竇則置於《二十五言》之末。趙韓同之，可知視同《欖言》壓軸。不過，好一句「所宜為主，為止極，乃在第一耳」！趙韓不啻借此說明《欖言》通書所宗唯「作用」，唯四書五經，乃至於唯《論語》所強調的實用哲學或「學以致用」等觀念是問。換言之，羅馬大師愛比克泰德穿越重重的時空，親自蒞華鼓吹中士西儒都同意的某種「實學」，而趙韓也穿越宗教的雲山霧海，用善書在響應明清之際這個「實學運動」了。《欖言》撰畢，趙韓如書前序言，加了句他以上引終《欖言》的原因：「自警也，亦所以警人也」，而且勸人道：「觀者毋忽諸」（《初撰》，1：55a），應慎思詳省，庶幾不枉人世一遊！

繫年與意義

　　《欖言》上引《二十五言》的撰文，句句皆具「諫果回甘」之效。王肯堂稱《二十五言》最早譯成的十四言為「近言」，除了利瑪竇初則可能如此題名之外，另有是編「若淺近而其言深遠」的況味，可以為「座右」（《存目》，107：684），我們讀來益可作「諫果回甘」的另類觀。

　　雖然如此，趙韓的撰文多數仍然出自《七克》。我們從中國三教善書的角度看，這點不意外。儒家講「謙」，佛、道也視「傲」為大罪：《西遊記》前七回，孫悟空非但不「悟空」，反而反出「天帝」與「釋天」的「天界」，思與天齊，甚至心比天高，天兵天將並諸佛菩薩要逮他，在某種程度上，不啻視之如一中國式的「露際弗爾」（Lucifer）[71]！「傲」是首罪，阿奎那論之已詳，而此罪以外《七克》指出的諸罪，中國人其實多半也饒不得。天學諸「罪宗」，本身即中文「過」字最好的說明：我指的是「愛」得「過猶不及」中的「過」，

70　Simplicius, *On Epictetus' Handbook 27-53*, trans. Charles Brittain and Tad Brennan（Ithaca: Cornell University Press, 2002）, pp. 40-41.

71　〔明〕吳承恩，《西遊記》（臺北：華正書局，1982），頁1-77。

略如劉宗周(1578-1645)《人譜》所稱「六重過」之「過」，或是但丁(Dante Alighieri, c. 1265-1321)《神曲》(*Divine Comedy*)中對「罪」(*troppo*)的解釋之一[72]。故從《論語》有年齡之限的「戒淫論」到明末性別歧視強的「防淫觀」在內，三教的衛道之士幾乎都沒放過[73]。趙韓當然一一也都從《七克》中揀出，使《欖言》這部分變成了中西最早非理論化的「比較倫理學」，也是中西交流史上做得可能還要早於《七克易》的「應用倫理學」。

謝文洊重《七克》，比他年輕幾歲的魏禧亦然。魏氏是江西寧都人，他評《七克》文非難天主，大諷耶穌為「荒誕鄙陋」而「可笑」，萬沒料到自己出身的「寧都」，日後在另一耶穌會士馬若瑟(Joseph Henri-Marie de Prémare, 1666-1736)的〈夢美土記〉(1709)中，也變成天主教「天堂寓言」的一部分[74]。不過從謝文洊到魏禧，倒都認為拔除耶穌或天主之後的《七克》，其說理之精更在釋道之上，最足以合儒：「泰西書，其言理較二氏與吾儒最合，如《七克》等類皆切己之學，所最重者曰『亞尼瑪』，即《大學》所云『明德』；『至美好』即《大學》所云『至善』。特支分節解，雜以靈幻之辭耳。」[75] 易言之，若非

---

72 例子見Dante Alighieri, *The Divine Comedy: Purgatorio*, translated with a commentary by Charles S. Singleton, 2 vols (Princeton: Princeton University Press, 1973), 1:XVII.136。劉宗周原文見所著《人譜》，在戴璉璋等編，《劉周宗全集》(6冊。臺北：中央研究院中國文哲研究所籌備處，1996)，2：11-18。但丁的看法，詳V. S. Benfell, "'Blessed are they that hunger after justice': From Vice to Beatitude in Dante's *Purgatorio*," in Richard Newhauser, ed., *The Seven Deadly Sins: From Communities to Individuals* (Leiden: Brill, 2007), p. 198. 另參閱韓思藝，〈「罪」與「過」論述的會通——以《七克》與《人譜》為例〉，《哲學與文化》37.11(2010年11月)：14-16。

73 Cf. Wolfram Eberhard, *Guilt and Sin in Traditional China* (Berkeley: University of California Press, 1967), pp. 12-81.

74 李奭學，〈中西合璧的小說新體——清初耶穌會士馬若瑟著《夢美土記》初探〉，《漢學研究》29.2 (2011年6月)：104-105。

75 魏禧，《魏叔子文集》，3：1129。〔清〕馬若瑟，《夢美土記》(法國國家圖書館藏王若翰抄本，編號：Chinois 4989)，頁〔3b〕。明清之際的士人中，有不少人認為為《七克》「合儒」。若不論為《七克》作序者或其時之基督徒，明人中方以智即稱之「為理學者也」，見所著《寓膝信筆》收於方昌翰等輯，《桐城方氏七代遺書》(日本東洋文庫藏清光緒16年版)，頁26a；而孫蘭，《柳庭輿地隅說》亦有如下之說：「泰西之人」如龐迪我「以《七克》為教，似無異於孔門所謂『克己復禮』。」見《叢書集成續編》子部，88：429。另參見鄒振環，《晚明漢文經典：編譯、流傳與影響》(上海：復旦大學出版社，2011)，頁141-143。

「雜以靈幻之辭」,《七克》幾乎是儒籍。魏禧之見,反映的當然是《論語》不語怪力亂神的基本立場。但只要去除「靈幻之辭」,天主教合儒,而此說甚至往下蔓延到了康熙盛世的彭師度(1624-1692),則變成明末以來開明士子對西學的一般看法。彭詩《贈西洋潘子》云:「緇流糜金錢,玄宗匿浮藋。此獨勤且廉,不廢人間力。」劉耘華所云甚是,以為這裡的「此」,特指「彭氏力辟釋道,而認定天主教合乎儒家不棄人倫之義」[76]。

趙韓詩名冠浙省,常與當湖名士遊,詩酒唱和,所為詩〈題雙溪竹亭〉中「六逸無如李白放,七賢唯笑阿戎低」(《詩繫》,頁23a)雖取他典,卻有自況之意。他的詩友之首為陸啟浤(生卒年不詳),嘗客燕京二十余載,余者如陸芝房(1625年進士)、馮茂遠(fl. 1703)、孫弘祖(生卒年不詳)等人,似乎也都不諳西學,獨董其昌例外。《尚書蠡》在董寓論成的1635年,並非董其昌首度蒞平湖,趙、董早有通家之好,是以在此之前,趙韓應該也已是西學老手,對天主教的信理認識不淺。

前文指出,趙韓晚年自號「欖生」,但這並不能解釋在「晚年」之前,《欖言》尚未撰成。至於《四庫全書》與光緒《平湖縣志》所稱這「晚年」,到底又有多晚,我們目前也僅能約略蠡測。倘據高國楹與沈光曾等修纂的乾隆《平湖縣志》(1745),我們知道「束髮時」,趙韓承父命拜師,於萬曆壬午(1582)年入南雍,師事南京大理卿董基(1580年進士),並於崇禎末年為董纂的今、古《略書》(1638?)撰序,頗為其人「雖工為制舉業,然意殊不屑焉」折服。趙韓這句話,似乎同為個人的寫照,令其終身絕意仕途,從而效乃師「偃偃絕塵」,使「名利都盡」[77]。這句話也可解釋趙韓取法李白與竹林七賢,詩酒一生而好

76　劉耘華,〈清代前中期東吳文人與西學〉(上),載《基督教文化學刊》29:137。彭師度的〈贈西洋潘子〉,見所撰《彭省廬先生文集七卷詩集》,在《存目》集部,209:726。彭詩中的「西洋潘子」,指在松江府一帶傳教的耶穌會士潘國光(Francesco Brancati, 1624-1671)。

77　趙韓,〈《略書》小敘〉,見〔明〕董基,《古略書》(與《今略書》合輯,崇禎年間承陽山房刊本,董氏序之於崇禎戊寅春),頁〔1a-1b〕。國立中央圖書館編,《明人傳記資料索引》(臺北:國立中央圖書館,1966),頁736謂:「董基,字巢雄,祓縣人。萬曆八年進士,官刑部主事。十二年帝集內豎三千人,授以戈甲,操於內庭,基抗疏諫,謫萬全都司都事,終南京大理卿。」

讀性命之書，進而以書勸善，撰《欖言》，輯《日乾初揲》。入南雍之前，趙韓已因「過成山先生器重之」而「入北雍，與四方才士交」。所以入南雍之際的趙韓，年應近二十，而乾隆《平湖縣志》猶拱之入「國朝」文苑[78]，可見壽命不短，至少由萬曆年間走到了順治初期，是跨明入清的人物代表。如此長壽今人產生的疑問是，《欖言》可能撰於明思宗崇禎中、上期，蓋日本國立公文書館的目錄載，我們如今可見的《日乾初揲》係明末刻本。李之藻輯《天學初函》，事在1629年，亦即崇禎二年。此函頗見流通，明清士人擁有並不難，當湖隔邑鑑湖祁理孫（1625-1675）的《奕慶藏書樓書目》即明載之，連康熙年間曹雪芹（1724-1763）之祖曹寅（1658-1712）的《棟亭書目》亦曾登錄[79]。至於單行本的《七克》、《畸人十篇》與《二十五言》，明載其上的書目總數更達五家以上，書肆多備。《欖言》的輯稿，若從趙韓與董其昌的因緣看來，當在李輯書成前後。

　　此外，趙韓這「晚年」的問題，同時顯示《欖言》刻成最早的時間無過於1631年，因為除非趙韓早就認識閩人顏茂猷，看過《迪吉錄》的手稿，否則顏書迄崇禎四年才刻成，趙韓無從撰之為《迪吉拈評》，無從併之入《日乾初揲》，而1631年這一刻，趙韓應已年近花甲，以時人的標準看，堪稱「晚年」了。《欖言》所用的《七克》、《畸人十篇》與《二十五言》等書，縱非《天學初函》所收錄者，單行本欲得更不難，文前已及，而我可以再加補充的是函中的《靈言蠡勺》（1624）到了雍正年間，一般書坊猶可訪得[80]。至於《七克》，1857年還曾由遣使會士（味增爵會士）迻為官話二卷，題為《七克真訓》，使非傳播之廣，斷難出現方言改寫本[81]。就人物言，《七克》聲名更響：明末徐光啟（1562-1633）

78　高國楹修，沈光曾等纂，《平湖縣志》，見中國科學院選編，《稀見中國地方志匯刊》第16冊，頁250。

79　〔清〕祁理孫，《奕慶藏書樓書目》，見林夕編，《中國著名藏書家書目匯刊・明清卷》，30冊（北京：商務印書館，2005），14：198。祁目同頁另登錄有〔明〕金尼閣（Nicolas Trigault, 1577-1629）著《西儒耳目資》。〔清〕曹寅，《棟亭書目》，見林夕編，《中國著名藏書家書目匯刊・明清卷》，15：425。另參徐海松，《清初士人與西學》（北京：東方出版社，2000），頁53-82；以及吳欣芳，〈無聲的說法者：利瑪竇的著書過程與讀者理解〉（臺灣大學歷史研究所碩士論文，2009），頁127-131。

80　方豪，《中國天主教人物傳》，3：53。另請參較鐘鳴旦、杜鼎克著、尚揚譯，〈簡論明末清初耶穌會著作在中國的流傳〉，《史林》2（1999）：58-62。

81　〔明〕陽瑪諾著，〔清〕沙勿略顧語譯，《七克真訓》（香港：香港主教公署，1857）。

在〈聖教規誡箴贊〉中為〈克罪七德〉寫過箴銘；王徵(1571-1644)改宗天主教，是因讀了《七克》使然；鄭璟(生卒年不詳)吟詩唱過閱讀《七克》的感想；吳歷(1632-1718)也曾化約龐迪我，在康熙年間將《七克》諸罪及其克服之道逐一演成一套七首的詩組《七克頌》，而教外中人如方以智，更在入清前就曾寓目《七克》，書為感想了[82]。趙韓的「欖生」之號，若非命於崇禎晚期，就是在入清後不久。

趙韓子趙汭(生卒年待考)有父傳，惜乎我仍緣慳一面，否則上述問題應可迎刃而解。《欖言》想來並無單行本，以致歷代方志叢書皆稱「未刻」。縱然如此，書成之後，而且大有可能還是刻成之後，康熙年間已留有閱讀記錄。時人楊萬基(生卒年不詳)著《西亭集》[83]，其中有〈讀趙退之先生《欖言集》〉一詩。楊萬基出身柘湖，而柘湖乃古地名，明清之際隸屬於松江府金山縣，多盜匪[84]。柘湖又毗鄰平湖，楊萬基慕趙韓之名並不奇，所為詩開頭故此贊道「退之先生名久揚」，而楊氏是「髫年握髮早景慕」。不過楊萬基也隱喻趙韓的書不易得，蓋「深山大澤藏其珍，出入蛟龍不敢搶」。楊萬基終於得而翻閱，謂之「開卷灑灑復洋洋，韓潮蘇海誰能仿」。讀書的結論中，楊萬基從而謂趙韓可稱「筆搖五嶽鼎足扛，力吞金牛勢無兩」，而且文走實在，「不誇偽體成獨是，即挾齊竽濫縹響」，進而力讚其人為當時文壇的中流砥柱[85]。楊萬基顯然不通西學，不知《欖言》乃掇自龐迪我與利瑪竇的著譯而成，因此他才會盛道趙韓，極美《欖言》，而這一切不啻又以詩在稱揚《七克》、《畸人十篇》與《二十五言》。在1630以前，這幾本書與收錄之的《天學初函》早已超邁中國，東向傳

82　朱維錚、李天剛編，《徐光啟全集》，9：422-423；〔明〕王徵，《畏天愛人極論》(1628)，見王著，林樂昌編校《王徵全集》(西安：三秦出版社，2011)，頁119；晉江天學堂輯，《熙朝崇正集》，在吳相湘編，《天主教東傳文獻》(臺北：臺灣學生書局，1965)，頁672；章文欽編，《吳漁山集箋注》(北京：中華書局，2007)，頁250-257；方以智，《寓膝信筆》，頁26a。

83　〔清〕楊萬基，字禦青，柘湖人。所著《西亭集》不分卷，收詞十闋，乃康熙刻本，有顧人龍、張家漢等為之序，南京圖書館有藏本。《西亭集》我未見，以上資料，我得悉自下面網址：http://www.redlib.cn/html/14554/2008/57631108.htm，檢索日期：2012年5月21日。

84　參較〔清〕張良朔，《柘湖宦遊錄》(永和：文海出版社，1988重印)，頁4a-53b。

85　見許憲和編，《當湖詩文逸》卷15，5：4a-4b。

入了三韓與扶桑之地[86]，可謂聲名遠播。

　　趙韓不像楊萬基，他能夠清楚辨別「上帝」與「天主」，嫻熟西學可稱想當然耳。連《天學初函》中的《天主實義》，趙韓應該也讀過，因為利瑪竇此書曾力辯中國古經中的「上帝」就是天主教的「天主」(李輯，1：415-418)。不過《欖言》成書，最大的意義非唯趙韓雜抄西學，可藉以說明《天學初函》──或約之而為《七克》、《畸人十篇》與《二十五言》──在明末盛行的情況，更在《欖言》收於《日乾初撲》之首。此帙內收的他著如《廣愛選言》與《牛戒彙鈔》等書，皆可謂儒釋道三家的勸善之書，輯錄了不少「克己復禮」、「愛眾親仁」與「博愛眾生」的嘉言警語，煞似范立本「撮通俗類書、蒙書與善書而成」的《明心寶鑑》[87]。《欖言》確從三教立場收編天學著譯，然而從天主教的角度反面觀之，可以相拶者也不缺：韓霖稍後編著的《鐸書》(1641)就是佳例，因為只要勸人為善，韓著縱為天主教鄉約，也不避三教善書，同樣將顏茂猷的《迪吉錄》及袁黃(1533-1606)的《了凡四訓》等書雜糅入書了(《徐匯樓》：709及820-826)，再不理會其中三教和本教有無干係。《日乾初撲》的「日乾」隱喻修行，就像前舉李贄的詩，有其宗教內涵。所以《日乾初撲》一名，想亦效法李之藻的《天學初函》得來。趙韓可能想效李氏輯書，初撲之後還有二撲之集──雖則在歷史上，兩人都「功敗垂成」。

　　在這種狀況下，《欖言》不僅是明末言體著作的新例，深具宗教文學史上的意義，趙韓的撲文，也擴大了中國傳統「善書」的範疇，使之連西學都可涵括進去，而這恐怕不是顏茂猷可以想見。崇禎丁丑年(1637)孟冬，顏氏嘗應弟子黃貞(生卒年待考)之請於北京為《聖朝破邪集》撰序。他聽聞艾儒略抵漳，「入其教者比比皆是」，而且「入欲買地構堂」，時人「目擊心怖」，特為黃氏所集撰文，力主「三教並興」已足，「治世治身治心之事不容減，亦不容增」[88]。

86　見李元淳著，王玉潔等譯，《朝鮮西學史研究》(北京：中國社會科學出版社，2001)，頁74-77；方豪，《方豪六十自定稿》，1：133。

87　周安邦，〈試析《明心寶鑑》一書的定位〉，《逢甲人文社會學報》16(2008年6月)：63。《明心寶鑑》也是記言記事並陳，例如〈立教篇〉，頁51a-53b。

88　〔明〕顏茂猷，《聖朝破邪集‧序》，見〔明〕徐昌治編，《聖朝破邪集》，在周弨方編校，《明末清初天主教文獻叢編》(5冊。北京：北京圖書館出版社，2001)，3：146a。

他豈知趙韓將《欖言》與《迪吉拈評》或《迪吉錄》並列於《日乾初揲》中，輕易就把「三教並興」暗地偷換，改為「四教共榮」，霍地形成歷史反諷！

從天主教的角度再看，《日乾初揲》之集，甚至也削弱了馮應京(1555-1606)在萬曆甲辰年(1604)刊行《二十五言》，擬辟佛皈主的本意[89]。而凡此之大者，厥為消解了徐光啟〈正道題綱〉借下引之詞攻擊釋道而一心向主的咄咄之力，再開歷史新局：

> 總總魔障，欺世轟轟。立多教而遂各異，信孔孟略知根宗，笑李老燒丹煉汞，嘆釋迦暮鼓晨鐘。說甚麼齋僧佈施，受福重重！打僧罵道，地獄魔中。事釋迦而為僧役，禮十王借道行兇。嗚呼惜哉，何不返本追蹤[90]？

《欖言》輯入《日乾初揲》中，因此說明了趙韓和謝文洊、魏禧心中同存宋儒陸象山(1139-1192)的語錄：東聖西聖，心同理同[91]。西學天教倘可如此包裝，裹進顯然以三教為主的宗教著作中，恐怕仍屬中國善書文化史上的第一遭，從而又使「四教合一」，再非「三教一家」了！

《日乾初揲》中，《心律》對其時及後世影響最大，其中的功過格有下面一條，明末耶穌會士讀來必然心有戚戚焉，而我們如果睽諸高一志與艾儒略等利瑪竇、龐迪我時人的著作，則意義愈顯，關係到《欖言》揲編的性質：「造野史、小說、戲文、曲歌者，一事為廿過，因而污蔑貞良，五十過，傳播人陰私及閨事者，一事為十過。」（《初揲》，3：20b-21a)如此嚴苛的他律道德，足

(續)

　　　另參Jacques Gernet, *China and the Christian Impact: A Conflict of Cultures*, trans., Janet Lloyd (Cambridge: Cambridge University Press, 1985), p. 11; and Brokaw, *The Ledgers of Merit and Demerit*, p. 158。

89　李輯，1：327；馮應京的〈重刻《二十五言》序〉，見李輯，1：321-323。另參見*FR*, 2: 162-163及286-288；以及羅光，《利瑪竇傳》，在羅著《羅光全書》，1：143-144及182-183。

90　徐光啟，〈正道題綱〉，見朱維錚、李天綱編，《徐光啟全集》，9：420。

91　〔宋〕陸九淵，《象山全集》，《四部備要》版(臺北：臺灣中華書局，1981)，卷36，頁3。

以把湯顯祖一類曲家之作如《牡丹亭》(1598)等「文藝之學」打入地獄[92]，顯示中國明末，民間自有一套不同於官府的宗教性約束機轉。功過格或——擴而大之——「善書」的功能，由此可見一般。

　　話說回來，三教如此，天主教何嘗不然？且不談《鐸書》這類鄉約攏聚天主教徒倫理的力量，單就高一志某些著作言之，他寫或譯來，其實也有效法三教「善書」的企圖。高氏《民治西學》就像上舉《心律》中的功過格，明文嚴禁「淫戲」[93]。在《童幼教育》(1631)中，他又痛貶歐洲古來文界之「美文」，並引柏拉圖為權威，稱之為「邪書」，譬如「毒泉流行，推萬民而斃之」[94]。凡是可以砥勵人心之作，尤其是專論天學的書籍，高一志才稱之為「正書」，而狹義說來，「正書」多數亦即教外所稱之「善書」。趙韓揲《欖言》，其功在道德倫理與處世之道的教導與提升，自然同屬高一志所稱之「正書」，而凡屬「正書」，高氏亦稱之為「善書」[95]。論述之際，高一志自然沒有料到耶穌會同志的他著，當時的中國人來日或已經「重製」之而為《了凡四訓》或《心律》以外的另類中國「善書」了。趙韓的貢獻，因此在以偷樑換柱、移花接木的方式，提升了利瑪竇與龐迪我等初代耶穌會士的倫理位階，使《七克》、《畸人十篇》與《二十五言》堂皇現身於天主教外，一概挪為儒門——當然也兼帶佛道意味——的著作，既「脫胎」，也「換骨」了。凡此種種，我們再說也奇，因

92　「文藝之學」即為今義下的「文學」，係艾儒略的用詞，見所著《西學凡》，在李輯，1：28。另見李奭學，《譯述：明末耶穌會翻譯文學論》(香港：香港中文大學出版社，2012)，頁414-427。

93　高一志，《民治西學》，頁37b及1a-2b。所謂「淫戲」，高一志並無清楚界說，不過應指搬演男女私情的戲劇。「淫戲」一詞，應套自「淫詩」一說，參見余國藩著，李奭學譯，《重讀石頭記——《紅樓夢》裡的虛構與情欲》，頁130-134。我在《晚明》頁332-334亦指出，「史上貶『淫戲』之作，大多出自理學家」，像宋人陳淳(1159-1223)即有《上傅寺丞論淫戲》一文，應為最重要的文獻，而「所指大致不外乎誘人『動邪僻之思』的劇作」。陳淳之文，見所著《北溪大全集》，在紀昀等編，《〔景印〕文淵閣四庫全書》集部第107冊，1168：875-876。

94　高一志，《童幼教育》，見鐘鳴旦等編，《徐家匯藏書樓明清天主教文獻》，1：365及369。在《譬學》下卷(崇禎六年絳州刻本)，頁14b，高一志亦指出：「飲毒泉者隕命，讀邪書者失心。然邪書之毒更虐，故曰：『欲讀邪書，寧入巨火。火止焚身而已，邪書既焚爾身，並燃爾神。』」

95　《晚明》，頁332-334；另參較Nicholas Standaert, ed., *Handbook of Christianity in China*, Vol One 635-1800 (Leiden: E. J. Brill, 2001), p. 601.

其無不反諷地又以另類形式，體現了晚明上述天主教傳教士在文化上擬會通中西，尤其是擬與儒家結合的來華初衷。《攬言》之為德也大矣！

中國「文學」的現代性與明末耶穌會的文學翻譯

從中國「文學」的現代性談起

　　民國二十一年(1932)三月，周作人(1885-1967)應沈兼士(1887-1947)之邀，赴北平輔仁大學演講，幾個月後《中國新文學的源流》書成。周作人向來佩服晚明公安、竟陵諸士，於袁宏道(1568-1610)尤為傾倒。觀諸上述周著，重點不外乎袁氏為文「獨抒性靈」，主張文學有其進化。周氏之論，近人仍有風從者，任訪秋(1909-2000)的《中國新文學淵源》最稱深刻。任氏開書首標李贄(1527-1602)，謂之不但衝破孔孟一尊的羅網，而令人尤其為之側目的，是李氏由焦竑(1540-1620)序《西廂記》摘出「童心」的重要；由此出發，李氏又在自撰〈童心說〉中一反當時復古思想，標舉說部如「傳奇、院本、雜劇」，以及《西廂曲》、《水滸傳》等時人以為難登大雅之作，許之為「古今至文」。李贄晚年出家，尤惡程朱理學，主張思想與個人解放，任訪秋無一又不為之傾倒。他由李贄再讀到袁宏道，由〈觴政〉一文出發，推許中郎重「樂府」，宗「董解元、王實甫、馬東籬、高則誠」等人，而在「傳奇」上，則以「《水滸傳》、《金瓶梅》等為逸典」，再外加一點五四期間外國文學的影響，遂認為這就是周作人——當然也包括他自己——所以為的「中國新文學的源流」[1]。

1　周作人之見見所著，《中國新文學的源流》，收於《周作人先生文集》(臺北：里仁書局，1982)，頁34-53。任訪秋之見見所著《中國新文學淵源》(鄭州：河南人民出版社，1986)，

　　周作人與任訪秋在各自的專書中之所見，談的最少的乃我們今天公認五四
文學與文化運動之所以為「現代性」的多重「外國文學的影響」，蓋其餘者在
中國文化中，實則稱不上是史上第一遭。我們倘不健忘，從公安諸子迄張岱
（1597-1679）的「性靈」說，甚至是循此而互為因果的「個人解放」等觀念，余
英時早已指出漢末迄魏晉時期早已可見，蓋其時士人每結合玄學而形成「士之
個體自覺」，而此際的竹林七賢也因崇尚老莊以致於「越名教而任自然」了，
生活上可是既「真」而又不拘禮法 [2]。如就「個人解放」以及隨之而來的「性
靈觀」尋覓新文學的源流，阮籍（210-263）與嵇康（223-263）等人恐怕也已得風氣
之先，可以當之而無愧。至於文學進化論，劉勰（c. 465-c. 540）《文心雕龍・時
序》開篇便云：「時運交移，質文代變」，而這豈非其說之先聲？[3] 反觀李贄尚
佛老，其實頗違五四時期舉國稱許的「賽先生」，又哪裡是想衝破中國傳統樊
籠的新青年所樂見？如果我們談的是明清文人對於說部的重視，則其真正的實
踐者也應從徐渭（1521-1593）、淩濛初（1580-1644）、馮夢龍（1574-1646）與金聖歎
（1608-1661）等「文化人」談起。入清以後，李漁（1610-1680）說曲並行，最後乾
脆自營戲班，走馬天下，則比起李贄、袁中郎，那才是「身體力行」！

　　依我淺見，周作人與任訪秋等人講得最是可稱「切中肯綮」者，乃李贄與
袁宏道都強調「說部」，都將其多數的地位提升到金聖歎所謂「才子書」的高
度 [4]。儘管如此，李贄與袁宏道仍然有周、任二公未及指出的一大問題：他們
都不用中國古已有之的「文學」一詞形容他們的「才子書」。「文學」與「才子
書」或其他文學文類要產生聯繫，我們反而得應將問題上推，推到與李贄及公

（續）───────────────

　　　頁5-56；另見任著《中國近代文學史》（鄭州：河南大學出版社，1988），頁394-404。〔明〕
　　　李贄，〈童心說〉，見張建業編，《李贄全集注》（26冊。北京：社會科學文獻出版社，
　　　2010），1：276-277。袁宏道之說見〈觴政〉，在《袁宏道集》，載《傳世藏書・集庫・
　　　別集9》（海口：海南國際出版中心，1996），頁236。

2　余英時，《中國知識階層史論・古代篇》（臺北：聯經出版公司，1980），頁231-274。「越
　　　名教而任自然」乃〔三國〕嵇康名文中的名言，見所著〈釋私論〉，在魯迅輯校，《嵇
　　　康集》（香港：中華書局香港分局，1974），第6卷，頁1a。

3　〔南朝・梁〕劉勰著，周振甫注，《文心雕龍注釋》（臺北：里仁書局，1994），頁813。

4　「才子書」一說，近乎我們今天所稱「文學」的大部分。就我所知，此說首見於金聖
　　　歎：〈讀第五才子書法〉一文，見《金聖歎全集》（4冊。臺北：長安出版社，1986），
　　　1：17。但金氏此一概念，端倪首見於其全集序一，見同書，1：1-6。

安、竟陵，乃至於張岱都曾直、間接接觸過的晚明耶穌會士 [5]。

羅馬天主教大舉入華，耶穌會是先遣部隊。從羅明堅（Michele Ruggieri, 1543-1607）到賀清泰（Louis de Poirot, 1735-1813）為止的這一大群天主教傳教士，在宗教活動以外，對中國文學文化最大的貢獻，確實就在重新定義「文學」上。此事說來話長，而且我們還得將基督信仰中的新舊兩教整合為一，由明代走到清代，方能將其中幽微開顯明白。1635年，楊廷筠（1562-1627）親炙天主教已逾30年。這一年，他在一本介紹西學的小冊子《代疑續篇》中寫下了這麼幾句話：「西教〔之學〕……有次第，……最初有文學，次有窮理之學，……其書不知幾千百種也。」[6]楊廷筠這裡所稱的「文學」所指為何，下文會再詳談。不過眾所周知，「文學」最早出自《論語‧先進篇》，乃孔門四科之一，意思偏向文字與行為的結合，因此《韓非子》才會有「學道」者乃「文學之士」的說法，而自此以後，「文學」，遂多指「通經籍者」而言，甚至也有「學校教育」的內涵 [7]。1583年，羅明堅和利瑪竇進入中國，他們所編的《葡漢辭典》中不見「文學」一條，唯見古人翰墨所謂「文詞」與「文章」而已，而字典中率皆也以「高雅的虛構」（*elegante fabula*）解釋之。隸屬於今義「文學家」這個大家族的詞目，則只有和「詩人」相關的幾個詞，羅明堅和利瑪竇二人統稱之為「波伊搭士」（*poetas*）[8]。

5　這些人與耶穌會士——尤其是利瑪竇——的關係，見〔明〕李贄，《續焚書》（與《焚書》合刊；北京：中華書局，1975），頁35；有關袁宏道，見鐘鳴旦、孫尚揚，《一八四〇年前的中國基督教》（北京：學苑出版社，2004），頁118；竟陵派人士中，〔明〕劉侗（c. 1594-1637）在《帝京景物略》中也有關於利瑪竇的記載，參見張智編，《風土志叢刊》第15冊（揚州：廣陵詩社，2003），頁415-417；入清後，張岱則撰有專文〈利瑪竇列傳〉，見〔清〕張岱，《石匱書》卷204，在續修四庫全書編纂委員會編，《續修四庫全書》（上海：上海古籍出版社，2002），史部別史類，320：205-207。張文下文再詳。

6　〔明〕楊廷筠，《代疑續篇》，見鐘鳴旦（Nicolas Standaert）、杜鼎克（Adrian Dudink）、蒙曦（Nathalie Monnet）編，《法國國家圖書館明清天主教文獻》（26冊。臺北：利氏學社，2009），6：419-420。《法國國家圖書館明清天主教文獻》下文簡稱《法國圖》。

7　〔南宋〕朱熹編，《四書集注》（臺北：世界書局，1997），頁129；〔戰國〕韓非著、邵增樺注譯，《韓非子今注今譯》（修訂本，2冊。臺北：臺灣商務印書館，1992），1：81-82。

8　Michele Ruggieri and Matteo Ricci. *Dicionário Português-Chinês*, ed. John W. Witek, S.J. (Lisbon and San Francisco: Biblioteca Nacional Portugal, Instituto Português do Oriente, Ricci Institute for Chinese-Western Cultural History, University of San Francisco, 2001), p. 131（Mss part）.

　　在華耶穌會的傳統中，和「波伊搭士」關係最密切者，首推艾儒略(Giulio Aleni, 1582-1649)的《西學凡》(1623)。其中我們已可見「文藝之學」一詞，接近中國古人所稱的詩賦詞章或今人所了解的「文學」。「文藝」二字出自《大戴禮記》，指「撰述」或「寫作」[9]。但艾儒略應借為拉丁文"literaria"(文學)的中譯，由文藝復興時代耶穌會學校的《研究綱領》(Ratio studiorum)譯出。他從歐人角度設想，歸之於四種書寫：一、「古賢名訓」；二、「各國史書」；三、「各種詩文」；四、「自撰文章議論」。1623年稍後，艾儒略另又刊行了《職方外紀》一書，將上述「文藝之學」易名為「文科」，而12年後，楊廷筠在其護教之作《代疑續篇》上寫下來的「文學」二字，內容正是《職方外紀》所指的「文科」，更是《西學凡》中的「文藝之學」[10]。二百餘年後的新教傳教士，嘗在不經意間以具體細緻的方式呼應了上述耶穌會綱舉目張的概念，雖然這又是後話。

　　從艾儒略到楊廷筠所談的耶穌會的「文藝之學」、「文科」或「文學」的內涵，實為舶來品，但中國士人足足看了近兩百年，才因馬禮遜(Robert Morrison, 1782-1834)在1822年編成《華英字典》(A Dictionary of the Chinese Language)後而另有新說。馬禮遜用來中譯英語「立特拉丘」(literature)的中文名詞，是一個看來怪異的「學文」[11]，和楊廷筠「文學」的字序恰好相反。不過歷史演變至此，我倒是可以肯定言之了：至少到了明末，楊廷筠已率先發難，提出了我們今天所了解的「文學」的內涵，而「中國文學現代性的起源語境」，因此就不應由清末談起，明末耶穌會及相關的中國士人圈子，才是我們正本清源的所在。

　　20世紀以前，楊廷筠的《代疑續篇》稱不上是重要的歷史文獻，是否擔任

9　〔漢〕戴德，《大戴禮記》(2冊。北京：中華書局，1985)卷10〈文王官人〉，2：163曰：「有隱於知者者，有隱於文藝者。」〔晉〕葛洪，《抱朴子》(2冊。臺北：三民書局，1996)，2：576：「洪祖父學無不涉，究測精微，文藝之高，一時莫倫。」這些古人話中的「文藝」，或和《漢書‧藝文志》有前因後果，參較李奭學，《譯述：明末耶穌會翻譯文學論》(香港：香港中文大學出版社，2012)，頁416。後書以下簡稱《譯述》。

10　參見〔明〕艾儒略，《西學凡》，見〔明〕李之藻輯，《天學初函》(6冊。臺北：臺灣學生書局，1965)，1：28。《天學初函》以下簡稱「李輯」。另見艾儒略，《職方外紀》，在李輯，3：1860。另見Ratio studiorum et Institutiones scholasticae Soc J. 2, in Karl Kchrbach, ed., Monumenta Germaniae Paedagogica, Bond 5(Berlin: A. Hofmann, 1887), p. 27.

11　Robert Morrison, A Dictionary of the Chinese Language, 6 vols (London: Black, Parbury, and Allen, 1822), 6: 258.

得了「文學」近義的傳播要角，不無疑問。清代中葉，首用「文學」以指我們今天所謂「文學創作」的第一人是魏源(1794-1857)。道光年間，魏氏完成《海國圖志》(1843-1852)，其中〈大西洋各國總沿革〉一章中，魏源嘗道羅馬本無「文學」，待降服了希臘之後，才接受各國「文藝精華」而「爰修文學，常取高才，置諸高位，文章詩賦，著作撰述，不乏出類拔萃之人」[12]。撰寫《海國圖志》之際，魏源雖未指出他參考過《職方外紀》與《西學凡》，但這些書都是當世盛行的西學名著，不可能逃得過魏源的法眼。他所稱的「文學」，已接近艾儒略摘出的內容，和楊廷筠的「文學」幾無差別。《海國圖志》是清代中國人認識世界最重要的書籍之一。若謂〈大西洋各國總沿革〉一章讓某些中國人改變了「文學」的認識，縮小為我們今天的定義，我以為是。

《海國圖志》以後，「文學」的今義或已獨立使用，或今其廣、狹二義並舉，要之已非傳統文教等定義所能局限[13]。從出洋使東的清廷官吏或在野名士開始，中國知識份子便時常如此使用「文學」，而在朝為官或為國政而奔走於海內外的各方大員，亦復如是：光緒年間維新派的大將康有為(1858-1927)和梁啟超(1873-1929)，在某種程度上都改用了新義。「文學」自此蛻變，變成他們和當局或國人討論國家興亡的關目之一。1904年，梁氏像稍後的王國維(1877-1927)一樣，在《飲冰室詩話》伊始即謂「我生愛朋友，又愛文學；每於師友之詩之辭，芳馨菲惻，輒諷誦之，以印於腦」，從而把「文學」和「詩詞」統合為一，賦其有如今天的美學意義了[14]。在所創刊物《新小說》中尤使「文

12　〔清〕魏源，《海國圖志》(鄭州：中州古籍出版社，1999)，頁283-284。

13　以魏源同代人徐繼畬(1795-1873)為例，他的《瀛寰志略》(1848)所用「文學」即兩義兼顧，合併為一：「余嘗聞之英官李太郭云：『雅典最講文學，肄習之精，為泰西之鄒魯。凡西國文士，未遊學於額里士，則以為未登大雅之堂也。』」余氏此地所引的英國外文官李太郭(George Tradescant Lay, c. 1800-1845)以孔、孟所出的「鄒魯」限定「文學」二字，固然半指「哲學」而言，但以雅典所出詩文經典之驗證之，至少其半仍近我們今天所謂的「文學創作」，見〔清〕余繼畬著、宋大川校注，《瀛寰志略校注》(北京：文物出版社，2007)，頁194。

14　〔清/民國〕梁啟超，《飲冰室詩話》，在所著《飲冰室文集》(臺北：新興書局，1967)，卷4文苑類，頁74。王國維的「文學」用法，首見於〈教育偶感〉中的〈文學與教育〉部分。他形容的「文學家」，包括「鄂謨爾」(荷馬)、「唐旦」(但丁)、「格代」(歌德)與「狹斯丕爾」(莎士比亞)等，見王著《王觀堂先生全集》(16冊。臺北：文華出版公司，1968)，5：1760-1761。

學」包含此一「新」的文類,從而隨耶穌會與新教教士而有「小說為『文學』之最上乘」者之說,進一步引發了五四新文學的思潮。在這稍前投身翻譯事業的中國士子中,嚴復(1854-1921)所譯《天演論》(1897-1898)的案語裡,我們其實早見「文學」一詞;嚴復兼用新義,今之演為對譯「立特拉丘」不假思索便可得之的名詞[15]。

　　「文學」要走到此等定義新局,仍非朝夕間之事。道咸年間新教傳教士的發揚光大,和魏源等政治洋務派的努力實在並進中。1857年,《六合叢談》出刊,繼耶穌會之後,由上海出發為「文學」的現代意義在中國打下最堅固的基椿,因為接下來近兩年的歲月裡,這份雜誌幾乎每期都由艾約瑟(Joseph Edkins, 1823-1905)主筆,蔣復敦(1808-1867)副之,推出《西學說》專欄,以近15篇的系列專文介紹「西洋文學」。就當時推動西學入華的文化界言之,聲勢不但浩大,而且稱得上驚人。

　　《六合叢談》點出來的西洋文學的獨特處,不僅在其中包含了史學撰述(historiography)等中國人眾議僉同的文類,甚至連「修辭學」(rhetoric)都屬之。中西文學觀念的異同,艾約瑟同樣不放過,無形中呼應了明清間耶穌會士的努力。艾約瑟尤有宏大的歷史觀,幾乎都是由史入手討論西洋文學。1848年,徐繼畬在《瀛寰志略》稱「歐羅巴之開淳悶,通文學,實自希臘始」[16]。其中所用「文學」,詞意猶晦。而約莫10年後,1857年1月《六合叢談・西學說》出刊,首篇就是希臘「文學」的整體介紹,題為〈希臘為西國文學之祖〉,題目本身當然展示了「文學」在中國的新身分。就我在本文裡的關懷而言,艾約瑟這篇文章最大的貢獻應在介紹史詩,一面由歷史的角度謂之創自荷馬(Homer, fl. *c.* 850 BCE)與赫西奧德(Hesiod, fl. 750 or 650 BCE),一面則取明人楊慎(1488-1559)的《二十一史彈詞》以較諸《伊里亞德》(*The Iliad*)與《奧德賽》(*The Odyssey*)。

15　見康有為,〈進呈「日本明治變政考」序〉,收入石峻編,《中國近代思想史參考資料簡編》(北京:生活・讀書・新知三聯書店,1957),頁281;另見〔清〕梁啟超,〈論小說與群治之關係〉,在所著《飲冰室文集》卷3學術類2,頁13;以及梁啟超,《小說叢話》,見阿英編,《晚清文學叢鈔・小說戲曲研究卷》(北京:中華書局,1960),頁308及312。此外,亦請見〔清〕嚴復,《天演論》(臺北:臺灣商務印書館,1987),頁7及33。

16　徐繼畬著,宋大川校注,《瀛寰志略〔校注〕》,頁187。

艾約瑟把「史詩詩人」譯為「詩史」，並且補充說明道：「唐杜甫作詩關係國事，謂之『詩史』，西國則真有『詩史』也。」當其肇創之際，正值「姬周中葉」，而且「傳寫無多，均由口授，每臨勝會，歌以動人」。羅馬人也好為史詩，以魏吉爾（Publius Vergilius Maro, 70-19 BCE）所吟的《埃涅阿斯紀》（*The Aeneid*）仿荷馬最勝。希臘羅馬史詩的情節大要，艾約瑟更是不吝筆墨，文中一一介紹。他甚至在《六合叢談》第3期又寫了一篇〈希臘詩人略說〉，指出荷馬史詩中「虛構」不少，因其「紀實者參半，餘出自匠心」，而赫西奧德所歌詠者乃「農田及鬼神之事」，虛構益富（《譯述》：424-425）[17]。杜甫（712-770）的地位，當然用不著艾約瑟提升，但是「詩史」可傳「國政」之說，幾乎在向中國「詩言志」這個所謂「抒情的傳統」挑戰，更在中國建立起一套全新的文學價值觀！

熟悉早期基督教出版品的人都曉得，1832年創刊的《東西洋考每月統記傳》才是新教率先提到荷馬的刊物，雖然晚明的高一志（Alfonso Vagnone, *c.* 1566-1640）與清初的馬若瑟（Joseph de Prémare, 1666-1736）早已談過荷馬及其史詩[18]。1837年正月號的《東西洋考每月統記傳》上，郭實獵（Karl Friedrich August Gützlaff, 1803-1851）為文談〈詩〉，稱道李白（701-762）之外，極力著墨的歐洲詩魁有二：荷馬與密爾頓（John Milton, 1608-1674）。郭實獵綜論荷馬的史詩後，兼論希臘當世的背景，而上文接下來所用的「文學」一詞，意義就更近楊廷筠在《代疑續篇》裡的用法：荷馬「興於周朝穆王年間，歐羅巴王等振屬文學，詔求遺書搜羅。自此以來，學士讀之，且看其詩」[19]。郭實獵不僅再為「文學」貢獻新義，他也以荷馬的介紹，在建立中國西洋文學的知識系統上一馬當先，拔得基督新教的頭籌，比艾約瑟足足早了20年（《譯述》：422）。

艾約瑟雖將荷馬史詩方諸楊慎的彈詞，並以杜詩和國事之聯繫比於《伊里

17　〔清〕艾約瑟，〈希臘為西國文學之祖〉，見沈國威編著，《六合叢談・附題解・索引》（上海：上海辭書出版社，2006），頁524-525，以及艾著，《和馬傳》、《希臘詩人略說》，見沈國威等編著，《六合叢談・附題解・索引》，頁698-699及頁556-557。

18　參見《晚明》，頁238-242；以及李奭學，〈阿哩原來是荷馬！——明清傳教士筆下的荷馬及其史詩〉，《道風：漢語基督教文化評論》37（2012年秋季號）：241-275的綜述。

19　〔清〕郭實獵，〈詩〉，見愛漢者（郭實獵）等編、黃時鑒整理，《東西洋考每月統記傳》（北京：中華書局，1997），頁195。

亞德》諸詩的吟唱，然而行家都知道，比較的兩端實則不能並比[20]，艾約瑟努力的意義乃在賡續一新的文學知識系統的建構。就希臘羅馬這兩個相互傳承的文化與政權而言，這個系統還應擴及「悲劇」(tragedy)與「喜劇」(comedy)這兩個「文學」的大領域。艾約瑟對歐洲上古文學的了解絕非泛泛，所以《希臘詩人略說》稱周定王(?-586 BCE)之時，希臘人開演悲劇，「每裝束登場，令人驚愕者多，怡悅者少」，並提及伊斯奇勒士(Aeschylus, *c.* 525-*c.* 456 BCE)尚存的七種「傳奇」，而他之後另有索福克里士(Sophocles, *c.* 497-*c.* 406 BCE)與優里皮底士(Euripides, *c.* 480-406 BCE)二人[21]。前者亦傳傳奇七種，齗齗感人肺腑。這三大悲劇詩人所作「長於言哀，覽之輒生悲悼」，唯亞里士多芬尼士(Aristophanes, *c.* 446-*c.* 386 BCE)的11種喜劇可以與之抗擷。其詩文詞彬彬，多「譏刺名流」之作。艾約瑟繼而回顧中國傳統，不禁有感而發，講出一段足以和李贄、袁宏道前後輝映的「文學」新論，值得我們大書特書，全文照引：

> 考中國傳奇曲本，盛於元代，然人皆以為無足重輕，碩學名儒，且摒而不談，而毛氏所刊六才子書，詞采斐然，可歌可泣，何莫非勸懲之一端[22]？

艾約瑟語極不平，一為中國戲曲請命，二則強調施耐庵(1296-1371)的《水滸傳》等書都有其「勸化」的功能，可與希臘悲、喜劇相提並論，至是在史詩之外又為中國建立起一套「文學」的系統與概念，而且講得比語焉不詳的李贄、袁宏道清楚多了，時間上也比周作人、胡適等新文學運動的旗手早了許多年。

我們可以循此再談者，更大的關目是歐人有史以來未嘗須臾離的修辭學，

---

20 梁啟超的《飲冰室詩話》早有此見，載梁啟超著，吳松等點校，《飲冰室文集點校》(6冊。昆明：雲南教育出版社，2001)，6：3792。

21 優里皮底士之名，高一志的《達道紀言》早已提及，稱之為「歐里彼得」，見吳湘相編，《天主教東傳文獻三編》(臺北：臺灣學生書局，1984)，2：713。高氏此一世說的史學本源，應為Aelian, *Historical Miscellany*, trans. N. G. Wilson (Cambridge: Harvard University Press, 1997), 13.4. 吳編以下簡稱《三編》。

22 以上見艾約瑟，〈希臘詩人略說〉，在沈國威等編著，《六合叢談‧附題解‧索引》，頁556-557。另見《譯述》，頁423。

以及由此衍生而出的所謂「文章辭令之學」(oration)或雄辯術。艾約瑟為中國人解釋道：歐洲因為有一套中國所缺乏的議會制度，所以自古以來，歐人修辭學蓬勃發展。《六合叢談》有專文論及「凱撒」(Julius Caesar, 100-44 BCE)、西塞羅(Marcus Tullius Cicero, 106-43 BCE)，甚至是柏拉圖(Plato, *c.* 424-*c.* 348 BCE)或修西底地斯(Thucydides, *c.* 460-*c.* 395 BCE)。在西方上古，這些人多半是雄辯滔滔之士。所謂「辭令之學」，高一志或艾儒略在明代即有專文介紹，或以「文科」籠統稱之，或以「勒鐸里加」(*rhetorica*)音譯而精細說之。在〈基改羅傳〉中，艾約瑟藉西塞羅生平的介紹，首先令哲學結合辭令之學，繼而顛覆了柏拉圖以哲學駁斥修辭學之舉，反為修辭學的正當性充分背書[23]。《六合叢談》裡，艾約瑟重彈了明末耶穌會已經彈過的老調，但和明末耶穌會士稍異的是：他為中國開出了一帖現代化國家講求「現代」必備的「良方」，不僅關乎政體與國體，也關乎文學系統強調之一的「文體」(genre)。

上文所述艾約瑟建構的西方上古文學知識系統，奄有艾儒略在《西學凡》等書述「文藝之學」時所指「自撰文章議論」、「各種詩文」與「古賢名訓」等關目。《六合叢談》甚至連「各國史書」也一併論及了，所以談到希羅多德(Herodotus, *c.* 484-*c.* 425 BCE)與前及修西底地斯兩家。順理成章，《歷史》(*The History*)和《波羅奔尼撒戰爭史》(*The Peloponnesian War*)，也都納入了西方「文學」的範疇裡。老蒲林尼(Pliny the Elder, 23-79)膾炙人口的《博物誌》(*Natural History*)，在某個意義上既屬「各國史書」，也是宇宙萬象的「自撰議論文章」，視之為「文學」，並非不合西方人「立特拉丘」的觀念，況且在文藝復興時代以前，歷史本身乃「文學」的一環。19世紀下半葉科學治史成風，不過也就在此一時刻，艾約瑟於《西學說》中仍然暗示修西底地斯的戰史所載「卿士議政，將帥誓師之辭」皆非他「耳聞目見」，實乃想像所成就者，而希羅多德作史雖「實事求是」，卻也文史不分，人神通括。至於老蒲林尼的《博物誌》，更是「呵神罵鬼」，多含「荒誕不經」的虛構言辭[24]。職是之故，《六合叢談》介紹的「各

23　艾約瑟，〈基改羅傳〉，在沈國威等編著，《六合叢談‧附題解‧索引》，頁638。
24　艾約瑟，〈土居提代傳〉、〈黑陸獨都傳〉與〈伯里尼傳〉，在沈國威等編著，《六合叢談‧附題解‧索引》，頁699及頁751-752。

國史書」確常讓「想像」高出「經驗」，由「史」馴至為「文」，頗有新歷史主義(New Historicism)的況味。艾約瑟一旦祭起比較文學的大纛，我們在他的譯介中看到的係中國傳統文學範疇慘遭摒棄，走入歷史的帷幕之後，而新起的文學觀已朝西方一步步走去。倘論這一切的起點，明末耶穌會士及從其遊的中國士子可謂當之無愧(《譯述》：395-443)。

明末翻譯與刻書中心

近代以前，在中國這片土地上發展的翻譯行為似乎都不是直接行之。信史可徵最早的翻譯活動，乃周公攝政期間越棠國經三象胥而「重譯」獻雉一事[25]。熟悉中國譯史的人都知道，古來「重譯」一詞指「輾轉重譯」而言，不是今天大家信口所謂的「重新翻譯」。東漢末年，佛法東來，梵客華僧之間的關係就是我們時常得聞的「口度」與「筆受」兩者，當然亦非直接翻譯的行為。即使隋唐之際，彥琮(557-610)與玄奘(602-664)等人出，而且都體會到傳統譯法有「筆人參製，……餘辭必混」之弊[26]，但大規模的翻譯活動，依舊是譯主決斷華梵，再由度語或筆受者記下音義，完成翻譯工作。三國——尤其是南北朝譯場大盛——之後，這一套翻譯制度參與者的職位動則十而有餘，但這仍非翻譯有其信實(fidelity)可言的保證。譯場翻譯，光是最後一道「欽定入藏」的手續早已表明縱為宗教經典[27]，沙門仍得敬於王者，何況出資者亦為王者，亦即從贊助行為到意識形態都已決定，不得有違國家政策，而凡此層層逼壓下來，佛典漢譯如何完全講究「信」字？類此情況，明末耶穌會也有教中規模：其「制度」雖然小而粗糙許多，中譯行為大致彷彿。

比起佛門譯場，明末天主教的翻譯仍有大異：一般而言，他們組織鬆散；

25　〔宋〕王欽若等纂，《冊府元龜》(3冊。北京：中華書局，1982)，卷996(外臣部)，頁1689。

26　〔隋〕彥琮，〈辯正論〉，見羅新璋編，《翻譯論集》(修訂本。北京：商務印書館，2009)，頁62。

27　參見曹仕邦，《中國佛教譯經史論集》(臺北：東初出版社，1992)，頁1-93。

除了所謂《崇禎曆書》(1635)之外，幾無政府單位籌組運作[28]。本文關注的文學譯事，更是隨興翻譯，罕得「王者」支持，憑藉的幾唯東來耶穌會與教眾的熱誠。儘管如此，此一沒有「典章制度」的翻譯仍然亂中有序，而且地有南北之分，人有東西之別，因為是歐人自西徂東所致，而且多數譯業上承梵典中譯，又是土洋合作的結果。我們從幾篇譯序看來，所謂「南」者多以閩浙為限，而「北」方譯事，晉陝則大致位居中心。在某種程度上，南北也有「通家之好」。西元1616年沈㴶翼佛，南京教案興，王豐肅（高一志）等耶穌會士押解廣州，繼而驅逐濠鏡。上距1611年金尼閣(Nicholas Trigault, 1577-1628)返歐募書，不過五年。就在教案稍弛的1620年，金尼閣把返歐募得而為數多達七千冊的歐籍運抵澳門。王豐肅適逢其會，可想在濠鏡必然大量閱讀，有部分還親攜北上，送抵晉省絳州，而王氏──此時已更名為高一志了──便大致以古絳為基地，在當地段、韓兩大士紳家族的支持下，開始其個人的譯書大業。

以絳州為中心的文學譯業，部分是高一志應請，部分則是他主動出擊而為。從《勵學古言》(1632)與《達道紀言》(1636)的譯序看來[29]，應請而為似乎才是高一志金口傳譯的初衷。我們倘不健忘，在《勵學古言》的個人引言中，高一志明白表示他所以有此書之譯，實乃陳所性(fl. 1659)問學所致[30]。有趣的是陳氏請譯還有「附帶條件」，要求高一志在「正常」的西方課學事例之外，

28　《崇禎曆書》從未集成，但單冊由明入清仍為要典，有關其翻譯及流變見Benjamin A. Elman, *On Their Own Terms: Science in China, 1550-1900* (Cambridge: Harvard University Press, 2005), pp. 95-98. 或見方豪，《中西交通史》(5冊。臺北：華岡出版公司，1977)，頁10-12。

29　《達道紀言》有韓雲的序言，謂其序乃「書於蓮勺官舍」。「蓮勺」是今天陝西渭南縣的別名，但據黃一農查考，韓雲似乎不曾任官於此，而高一志早在天啟四年(1624)即已進入絳州開教，加以撰序處也未必是譯書或刻書處，所以這裡我姑且仍將《達道紀言》的譯刻地定為絳州。《勵學古言》的高一志自序係撰於高氏司鐸的絳州欽崇堂，《達道紀言》或許也譯、刻於此。是書所用的底本應不止於一，在高氏駐鐸處中譯可收左右逢源之效，我以為合情入理。參見黃一農，《兩頭蛇：明末清初的第一代天主教徒》(新竹：國立清華大學出版社，2005)，頁232。

30　金文兵，〈高一志與「伊拉斯謨的普魯塔克」──明末耶穌會適應策略與16世紀歐洲學術風氣管窺〉，頁293謂《勵學古言》乃《童幼教育》的「輔助性讀本」，但我看不出理據為何。金文為未刊稿，宣讀於香港大學中文學院主辦：「絕域遠人：明清文化視野中的西方國際研討會」，2012年12月7-9日。陳所性生平，見黃一農，《兩頭蛇：明末清初的第一代天主教徒》，頁103。

所譯論學言則還應「輕撥冷刺」而以「機鋒」取勝(《法國圖》,4:6)。高一志雖感難為,最後仍拗不過陳所性請求,從而自第歐根尼‧拉爾修(Diogenes Laertius, 3rd century)的《名哲列傳》(*Lives of Eminent Philosophers*)等書選譯應卯,終成《勵學古言》此一歐洲東傳的「勸學篇」。我們再看四年後的《達道紀言》,則高一志和古絳士紳合作中譯的始末益發顯然。這回乃韓氏家族中的韓雲(1596-1649)對西學情有獨鍾,祈請垂教。高一志涖晉,本即應韓雲之請而來,何樂不為?不無意義的還有一事:韓雲此時又指出其時最早得益於西學者,均係徐光啟(1562-1633)一輩。他們在南京,在北京,都曾攬閱利瑪竇中譯的《交友論》(1595)、《二十五言》(1604)與《西琴曲意八章》(1602)等書,徐氏甚至請求利氏中譯震古鑠今的《幾何原本》(1607)。韓雲嘗師事徐光啟[31],而他既知上情,不免躍躍欲試,希望自己也有所請「譯」。高一志看出韓雲望譯心切,遂有「子欲急行,則以子行之」之說。《達道紀言》(1636)依五倫分類所譯,多為歐洲古賢軼事,長度則近360則之多。韓雲平日即曾就其內容受教,如今師尊雅願系統授之,自然欣喜若狂。《達道紀言》的序言不僅交代譯事始末,也把高一志刻畫得栩栩如生,留下一幅不亞於利瑪竇的高貴形象。

　　高一志乃學有專長的歐洲知識份子,當然不會僅止於應請而譯。1624年他再入中國,潛往絳州。隨身所攜多屬當世歐洲名著,包括天主教人文主義(Christian Humanism)的傳統要籍。1632年,高一志或許有感於自己也應譯有可埒《幾何原本》的傳世之作,遂將歐洲人文主義名作《譬喻集》(*Parabolæ sive similia*)譯出部分[32],合以他書搜集所得,組成《譬學》例句601條。《譬喻集》的作者並非無名小輩,乃北方文藝復興的代表性人物伊拉斯謨(Desiderius Erasmus Roterodamus, 1466-1536),也是天主教人文主義的操盤幹將。據傳在神學上,耶穌會祖聖依納爵(St. Ignatius of Loyola, 1491-1556)生前和伊拉斯謨爭執頗大。但他對其人的人文著作似乎並不反對,對伊氏本人也有某種程度的敬意。聖依納

31　〔明〕韓霖輯,《守圉全書》(北京:陳垣刊本,1919),卷3之1,頁83-85。

32　這是金文兵的發現,見所著〈高一志與「伊拉斯謨的普魯塔克」——明末耶穌會適應策略與16世紀歐洲學術風氣管窺〉,頁294。金文兵此文的結論仍然值得商榷,但卻是近年來在明清之際西學東漸的領域裡最重要的突破之一。另見金著《高一志與明末西學東傳研究》,廈門大學中國哲學科博士後出站報告(2013年4月),頁43-61。

爵生前常以《神操》(*Spiritual Exercises*)砥勵會士，令其堅守向主的志節，也要求他們觀想天主聖三和聖母瑪利亞，而這一切，有人認為多拜伊拉斯謨的影響。歐洲南北兩地的文藝復興融合為一，肇始於此。在16世紀，耶穌會會憲(*Constitutions*)係前衛而大膽的修會法規，伊拉斯謨在其中或許也有些微貢獻，而1526年聖依納爵猶處於巴塞隆納(Barcelona)的阿卡拉大學(University of Alcalá)之際，應該就已熟讀伊氏的著作。其後歐洲的耶穌會學府，更常以伊拉斯謨的人文著作為教材[33]。1620年，金尼閣運送伊拉斯謨之作來華，因非異舉。《譬喻集》登岸後，未嘗進京，日後也未曾典藏於北堂圖書館。高一志猶在濠鏡，早已讀之，隨身攜帶入晉，從而在古絳選譯為《譬學》的部分例句，光是第二版的上卷所得即達百餘條之多[34]。雖然如此，伊拉斯謨身後並不見重於梵蒂崗，從保祿四世(Paul IV, 1555-1559)到思道五世(Sixtus V, 1585-1590)，他的著作幾乎一步步走進歷任教宗的《禁書目錄》(*Index of Prohibited Books*)之中，最後則完全絕跡於當時的天主教世界[35]。高一志在17世紀的中國，可謂打破了16世紀羅馬教宗的敕令，令伊拉斯謨敗部復活，「觀光上國」。

從《譬學》的自引看來，此書絕非應請中譯。自引所反映者，實乃高一志主動譯書，願以生平擅長的「勒鐸里加」和中國傳統的修辭譬式並比說之，甚至較量(《譯述》：255-309)。高氏所譯，選擇性相當強，但以《譬喻集》中關乎普魯塔克(Plutarch, *c.* 46-120)、西尼加(Lucius Annaeus Seneca, *c.* 4 BCE-65 AD)及老蒲林尼者為大宗。他的中譯策略——從一般觀點言之——時而可謂「取材」而已，亦即據原文而大幅度變化「改寫」。《譬學》中有或可權名之為〈兩頭蛇〉者的一條，下面我謹將其拉丁原文及高一志的中譯並列一處，以見原文與中譯

---

33 John W. O'Malley, *The First Jesuits* (Cambridge: Harvard University Press, 1993), pp. 27 and 260-264. Also see A. H. T. Levi, "Erasmus, Scholastics, Humanists and Reformers," at http:// www.ourcivilisation.com/smartboard/shop/erasmus/intro/intro2.htm, accessed April 12, 2014; and A. Levi, "Notes and Comments: Ignatius of Loyola and Erasmus," *The Heythrop Journal* 11/4 (October 1970): 421-423.

34 金文兵，《高一志與「伊拉斯謨的普魯塔克」——明末耶穌會適應策略與16世紀歐洲學術風氣管窺》，頁294。不過金氏僅引出數則，並未如數析證，十分可惜。

35 Craig R. Thompson, "Introduction" to his R. A. B. Mynors, eds., *Collected Works of Erasmus: Literary and Educational Writings 1: Antibarbari/ Parabolae* (Toronto: University of Toronto Press, 1978), p. lvi.

間那並非緊密呼應，而是鬆散以對，兼有節略的翻譯關係：

> Amphisbena serpens vtring, caput habet, & vtralibet corporis parte pro cauda vtitur: Ita quidam ancipites, nunc hac, nunc diuersaratione se tuentur, & cùm est commodum ad ecclesiasticam libertatem confugiunt: cùm visum est, principum prætextu rem gerunt, canonum obliti.[36]
> 世所謂兩頭蛇者，西方多有之：乃隨時取便，互為首尾，奸狡之徒，利在則先，利不在則後，殆所謂兩頭蛇者耶！（《三編》，2：612）

伊拉斯謨所稱之歐洲蛇「安非斯必那」（amphisbaena），在希臘本有其古典神話上的淵源[37]，高一志當有文化障礙，譯來不易。他人又在絳州，連一本類似我們今天的英漢字典也沒有，當然也難以如同今人一手查閱，便得譯名。《譬學》略之，情有可原。譯文之善能處理者，也只是原文的精神，頂多略申其意便罷。伊拉斯謨的原文係在隱喻教會政治，但高一志志在宣教，教內的醜事怎可能外揚而依樣畫葫蘆？改為世俗界的內涵，想當然耳。不過原文若非如《兩頭蛇》之醜陋者，高一志譯來可就「忠實」多了。下面一句出自《譬學》上卷，若較之原文，則幾乎可稱逐字對譯：

> 蜜蜂不採朽花，潔人不讀穢史。
> （《三編》，2：617）

> A floribus marcidis apes abstinent: Ita non attingendus liber, qui putidas

---

36 Desiderius Erasmus, *Parabolæ siue Similia des. Eras. Rot. ex diligenti avctorvm collatione novissimvm regognita, cum vocabulorum aliquot non ita vulgarium explicatione. Accesservnt annotationes longè vtilissime, vna cum indice, quæ adolescentia vsum manifestè commonstrabunt, auctore Ioanne Artopæo Spirense. Similitudines aliæ etiam collectaneæ ex Cicerone, aliisque scriptoribus additæ* (Londini: Impensis Guilielmi Nortoni, 1587), p. 143. *Parabolæ sive Similia*以下簡稱*PS*.

37 See Isidore of Seville, *The Eymologies of Isidore of Seville*, trans. Stephen A. Barney, et al. (Cambridge: Cambridge University Press, 2006), pp. 256-257; or Pliny, *Natural History*, VIII.iiiv.85, in H. Rackham, trans., *Pliny: Natural History* (Cambridge: Harvard University Press, 1983), III, p. 63.

habet sententias....

（*PS*, p. 169）

原文的後半段的 "putidas ... sententias" 原指「冠冕堂皇的陳腔濫調」而言[38]。
高一志顯然從字面解 "putidas" 為「腐臭的」（rotten/ stinking），順手因而就把
「箴銘書本」改譯為「史冊」，而《北史·魏收傳》以來，「穢史」一稱乃中
文固有，也有骯髒的生活或史傳之意[39]，中國士子感受較強，加以高氏又把原
為中性的複數主詞改寫為「潔人」，使之對應「穢史」，從而產生中國修辭學
所稱的「反對」之效，全句力量因而驟增。不論如何，較之上面述及的「兩頭
蛇」一條，上引整句至少在句型上距今人所稱「信譯」已經不遠，在意義上也
沒打了多少折扣，堪稱「改寫」式操縱策略的典型。

　　當然，不管高一志的翻譯策略為何，也不管他的歐洲古典多已經過文藝復
興的人文主義加工，從《勵學古言》、《達道紀言》到《譬學》這一連串的古緯
貢獻，應該還可掃除某些認為耶穌會對歐洲古典一無譯介的現代人之見[40]。至
於伊拉斯謨甚為欣賞的《耶穌基督傳》（*De Vita Jesu Christi*, 1642），聖依納爵同
樣手不釋卷[41]，當然也衍生出一段中國故事。

　　就《譬學》這一脈的譯作觀之，高一志顯然已經擺脫被動中譯的往年積習。
嗣後他最大的貢獻係《聖母行實》（1631）和《天主聖教聖人行實》（1629）。這
兩本書各有側重。《聖母行實》的底本，我們迄今猶懵懂其然，僅知第一卷的
聖母傳合參不少《雅各伯原始福音書》（*Protoevangelium of James*）與《瑪利亞福

38　Thompson and R.A.B. Mynors, eds., *Collected Works of Erasmus: Literary and Educational
　　Writings 1: Antibarbari/ Parabolae*（Toronto: University of Toronto Press, 1978），p. 260對
　　"putidas .... sententias"的譯法是"outdated maxims"。「箴言」（maxims）而會「過時」
　　（outdated），當然是個西方修辭學上所稱的「矛盾語」（oxymeron），故我譯之為「冠冕
　　堂皇的陳腔濫調」。

39　參見《漢語大詞典》的「穢史」條，網路版本可見：http://www.zdic.net/c/d/a5/191233.htm，
　　檢索期2014年4月12日。

40　E.g., R. Po-chia Hsia, "The Catholic Mission and Translations in China, 1583-1700," in Peter
　　Burke and Hsia, eds., *Cultural Translation in Early Modern Europe*（Cambridge: Cambridge
　　University Press, 2007），p. 42.

41　See George E. Ganss, "General Introduction" to his ed., *Ignatius of Loyola: The Spiritual
　　Exercise and Selected Works*（New York: Paulist Press, 1991），pp. 19-26.

音書》(*Gospel of Mary*)等外經[42]，譯筆甚佳，連執筆者高一志時而都會跳入其中如簧鼓舌。第二卷是聖母論，高一志夾譯夾述，用詞之崇高令我們不得不岔開傳統基督論(Christology)而生天主「聖四」之感(《譯述》：196-197)。高一志譯筆下的神學確有遠見，早已為20世紀某些教宗的文告預樹先聲，也開啟了自由派神學研究機構就史上的「三一爭議」(Trinitarian controversy)再啟攻防[43]。凡此種種，高一志大概始料未及。最後一卷中，他刻意翻譯了約略百則瑪利亞的奧跡，而聖母這些故事的總數雖不如聖貝克特(St. Thomas à Becket; *c.* 1118-1170)之多，卻自成系統。尤其令人讚賞的是，高一志連9世紀的浮士德(Faust)母題也中譯了兩則。至於《尼伯龍根的指環》(*Der Ring des Nibelungen*)這類西方稗官的原型，他譯來同樣栩栩如生。中國人送子觀音的想像，在信教者身上自然移情而變成瑪利亞的中國屬性之一(《譯述》：153-191)。我們就甭談這百則故事各有來歷，在各自的地緣關係上各有意義。

至於《天主聖教聖人行實》的由來，我們可就清楚多了：這一函七卷的「巨譯」，係高一志有感於「聖人名蹟」可「丕揚天主全能神智」，所以中譯，和《聖母行實》一樣都是個人自發性的翻譯行為。我們猶為《聖母行實》的底本傷神之際，《天主聖教聖人行實》卻明擺著高一志有其大致屬之的底本線脈，亦即14世紀佛拉津的亞可伯(Jacobus de Voragine, *c.*1229-1298)所著《聖傳金庫》(*Legenda aurea*)。歐洲中世紀，亞可伯此書不但總集是時的聖傳精華，而且秀出班行，獨領風騷，為所有聖傳中最重要的一種，聖依納爵每受影響，奉為圭

42　《雅各伯原始福音書》及相關文獻可見於William Hone, ed., *The Lost Books of the Bible* (Rpt. New York: Bell, 1979), pp. 17-91. 《瑪利亞福音書》見Robert T. Miller, ed., *The Complete Gospels: Annotated Scholar Version* (Sonoma: Polebridge Press, 1994), pp. 357-367.

43　20世紀有包括庇護十二世(Pius XII, 1876-1958)在內的多位教宗，紛紛發表文告，擁護聖母為「救贖的合作者」(Co-redemptrix)之說，1950、1960年代以還，芝加哥大學神學院(Divinity School, University of Chicago)等開明派神學研究機構，每以為這不啻將聖母等同於耶穌，而梵蒂岡也有擴大「聖三」的傾向，基督論再非昔日的規模了。相關討論另請參見Alphonse Bossard, ed., *Dictionary of Mary*, pp. 78-80. 有關天主教早期「三一爭議」的文獻，見William G. Rusch, *Trinitarian Controversy* (Philadelphia: Fortress Press, 1980)一書。

桌[44]。高一志同樣夾譯夾敘，我們若不深入比對，由宗徒迄聖女所行一一查訪，則所本早已漫漶而原貌不復可辨了。在「新靈修運動」(Devotio moderna)崛起之前，在天主教改革派重返《聖經》之前，天主教的信仰所峙除了前述那「四位一體」之外，幾唯教宗、儀禮與傳統而已，而傳統之中，聖人幾乎是世人的言行準則，教中就此構成聖人崇拜[45]。慧皎(497-554)立下中國佛教《高僧傳》的基礎，天主教也是代有建樹，不敢偏廢聖傳的編寫。亞可伯寫作的基礎是歐洲上古的《沙漠聖父傳》(*Vitae patrum*)，他取其中各傳之大要而濃縮之，又附以聖人名姓的寓言性字源詮解(name symbolism)，創造出一本合乎時代的聖人新傳。後世在此基礎上還曾加磚添瓦，讓舊聖新聖共處一室。《天主聖教聖人行實》就是如此劃時代的翻譯工程，高一志用力之深，恐怕更在前述其他文學譯作之上。

　　進入絳州後，高一志在當地士紳支持下蓋了一間教堂，而除了鄰近的蒲州與鄰省陝西外，他棲身於此，終身罕見離去，早把他鄉化為埋骨的故鄉[46]。他在絳州的工作，非僅翻譯是問，另又創辦了各種育嬰堂及聖母會等慈善與傳教機構，賙濟鄉民，傳道救世[47]。上述文學譯作已足使高一志疲於奔命，但在此之外，我們且別忘記他另有宗教性賽過文學性的翻譯大業！這些譯作所本，多半也是他人猶在澳門時經金尼閣海運送達的七千冊歐籍。然而就在古絳一省之隔的陝西，我們另見西安與涇陽兩地皆有同屬北方的天主教譯業，王徵(1571-1644)個人的支持尤為成事的主力。最早進入陝西的耶穌會士，應該是艾儒略，其後金尼閣再來，最後是湯若望(Johann Adam Schall von Bell, 1591-1666)與曾德昭(Alvaro Semedo, 1585-1658)躧足其間。艾儒略乃為考察風俗民情而來，金尼閣功在發現大秦景教流行中國碑，而曾德昭也因南京教案逐後復還，與湯

44　George E. Ganss, "General Introduction" to his ed., *Ignatius of Loyola: The Spiritual Exercise and Selected Works*, pp. 15-18.

45　Lawrence S. Cunningham, *A Brief History of Saints* (Oxford: Blackwell, 2005), pp. 23-26.

46　高一志的墓拱雖朽，但墳場輪廓今日仍大致可見，參見黃一農，《兩頭蛇：明末清初第一代的天主教徒》，頁69。

47　Louis Aloys Pfister, *Notices biographiques et bibliographiques sur les Jésuites de L'ancienne mission de Chine, 1552-1773*, 2vols. (Shanghai: Imprimerie de la Mission Catholique, 1932), 1: 90-91.

若望一道進京修曆而後赴陝。這些耶穌會士不見得各有譯業，但若有之，大抵
都和王徵有關。比起高一志在鄰省的翻譯，三秦之地所出文學譯作遜色多了。
不過王徵戮力支持，我們看到金尼閣先應韓雲之請，成《西儒耳目資》初稿
（1625）。王徵善繪，其後乃和金尼閣為該書定稿，並把歐洲中古如魯爾（Ramon
Llull, c. 1232-1315）開創的記憶術中的「結合術」（ars combinatoria）與字母輪狀活
圖（alphabetization）合為「譯」體，供中文音韻之分析之用[48]。

王徵的合作者另包括鄧玉函，兩人合出《遠西奇器圖說》（1627），功在工
程巧具的譯入，而最重要的是，垂暮之年他再度上場，和湯若望合譯了前述《沙
漠聖父傳》，節譯出《崇一堂日記隨筆》（1629），使歐洲上古在聖奧斯定《懺
悔錄》（Confessions）外最重要的聖傳現身晚明（《譯述》：107-149）。1625年，金
尼閣入陝，嘗因病住進西安府附近王徵府邸。據載他在西安刊行過「所謂」中
國第一本伊索寓言集《況義》（1625）。我懷疑此書係私刻，若非由金尼閣開辦
的印書鋪刻之，就是由王徵家中的「景風館」總司其事[49]，而妙的是，我們今
天可見的《況義》三種抄本，無不顯示金氏此書極可能是在中國南端近海的杭
州譯輯而成，合作者是閩人張賡（1570-1649?），其時約在1622年前後[50]。無巧不
成書，我們確定譯於絳州的《天主聖教聖人行實》卻非刻於絳州，而是刻在距
晉省有數千里之遙的武林（杭州）超性堂，時為崇禎二年。之所以如此，除了杭
州本為明代出版重地之外[51]，應該也和前些年高一志南下嘉定開會有關。他隨
身攜帶譯稿，又嘗寓武林[52]，或於此時再交予李之藻，終於1629年鑴版功成。
1627年嘉定會議召開之際，高一志初出晉省，兼程與會，隨身另還帶著他仿《畸

---

48 Jian Hong-yi, "Loci, Image, and Lexicography: How Trigault's Learning Influenced the *Siju Ulmoçu*?" MA thesis (National Taiwan Normal Univerity, 2010), pp. 4-96. Also see Mark D. Johnston, *The Evangelical Rhetoric of Ramon Llull: Lay Learning and Piety in the Christian West Around 1300* (Oxford: Oxford University Press, 1996), pp. 12-33. 另見譚慧穎，《〈西儒耳目資〉源流辨析》（北京：外語教學與研究出版社，2008），頁59-70。

49 參較王雪，《基督教與陝西》（北京：中國社會科學出版社，2007），頁50。另見魯深，〈陝西雕版源流考〉，《人文雜誌》4(1985年8月)：95-99。

50 參較邱詩雯，〈張賡簡譜〉，《中國文哲研究通訊》22.2(2012年6月)：132。

51 繆詠禾，《明代出版史稿》（南京：江蘇人民出版社，2000），頁91-92。

52 高一志，《十慰‧慰懺悔者第十篇》謂：「歲之往者，余寓武林」，應指此刻，見《法國圖》，4：166。

人十篇》(1608)所寫的《則聖十篇》,唯其梓行地點不詳。1627年稍後,《西儒耳目資》再版,同樣刻於武林,唯刻印場所稱為「李衙」。中國南北兩地的耶穌會間,確有一條交通管道。

《況義》的中譯,雖有成書於開封之說,但我認為實則成於楊廷筠的天主堂住院。其時張賡方辭平湖教諭,為舉業更上層樓而「讀書浙湖上」[53],也就是寓居杭城西子湖畔。在楊廷筠的天主堂中譯的天主教文學偉構不少。1630年代福建再興教案,其後西班牙耶穌會教士陽瑪諾(Emmanuel Diaz, Jr., 1574-1659)左遷杭州,視為避秦之地。他名重一時的翻譯大業乃《天主降生聖經直解》(簡稱《聖經直解》,1636);此書系統中譯了巴拉達(Sebastian Barradas, S.J., 1542-1615)《福音史義箋注》(*Commentaria in Concordiam et Historiam Evangelicam*)之大要,再敷以陽氏祖述的「舊聞」,著為直解,都14卷,所以可謂艾儒略《天主降生言行紀略》(1635)之後,殷弘緒(Père François Xavier d'Entrecolles, *c.* 1662-1741)《訓慰神編》(1730)、白日陞(Jean Basset, *c.* 1662-1707)《四史攸編》(*c.* 1702-1707)與賀清泰《古新聖經》(*c.* 1790-1805)之前最重要的《聖經》譯事。《聖經直解》密布箋注,稱之為中國最早的解經專著,亦不為過。至於陽瑪諾譯體一致,《訓慰神編》踵武其後,但用力之深且廣,恐非推賀清泰的《古新聖經》不可。儘管如此,《聖經》中譯乃獨門學問,這裡我僅能指出武林天主堂在晚明譯業上的樞紐地位,餘者仍有待高明詳予再探。

陽瑪諾在武林天主堂另又譯有《輕世金書》(1640),而《聖若瑟行實》大約也於同年中譯於此間。陽瑪諾所譯,我獨鍾《輕世金書》,原因是此書風格(style)獨特,陽瑪諾開筆中譯,心裡早有體式應之,充分具備了19世紀人士如泰特勒(Alexander Fraser Tytler, 1747-1813)對於翻譯風格的看法[54]。《輕世金書》乃文藝復興時代較為流行的書名,因「輕世」(*contemptus mundi*)兩字由歐洲中古一路流為教中話題的俗套(*topos*)而來,至於另一名《遵主聖範》或《師主篇》(*Imitatione christi*),則為耿稗思(Thomas à Kempis, *c.* 1380-1471)書首的用詞,後世

---

53 〔明〕張賡,〈閱《楊淇園先生事蹟》有感〉,見〔清〕劉凝編,《天學集解》(聖彼德堡圖書館抄本),4:35b-37a。

54 Alexander Fraser Tytler, "Principles of Translation," in André Lefevere, trans. and ed., *Translation/ History/ Culture: A Sourcebook* (London: Routledge, 1992), p. 128.

採為書名者更夥。從今人的觀點衡之,陽瑪諾選《尚書》「謨誥體」中譯,似嫌鑿枘(《譯述》: 376-377),明代人能欣賞者想來也有限。這裡用「鑿枘」形容,原因在耿稗思的拉丁原文思路清晰,音韻鏗鏘,對仗工整,完全是為印刷術尚未發明前的「朗誦」與「記憶」式閱讀而設計。然而陽瑪諾卻以「經」視《輕世金書》,因有差池。揚雄「事辭稱則經」的觀念固為中國人,甚至為清初耶穌會士公然所取[55],但陽瑪諾以為在華稱「經」者,其體唯《尚書》可得,卻是認識太過,中國士子恐亦難以苟同。奈何陽瑪諾從澳門入境,在聖保祿書院求學時灌輸的就是此見,已然演為他個人翻譯上的意識形態[56]。我相信《輕世金書》四卷全譯於武林住院,但說其刊刻——我得修正前見——可能已近清代中葉,否則清初何公介(fl. 1672)也不必取稿以補人在鑑湖的孫方濟斯所缺。待全璧合成,孫方濟斯方才抄出我們今天可見最早的《輕世金書》(《譯述》: 366-367)。總而言之,從本文這裡的關懷看來,武林一地絕對是晚明耶穌會士譯書、刻書的南方據點之一。即使時序已入南明,衛匡國的《逑友篇》(1647)猶譯於於潛玲巖,同樣也刻於杭城。

中國南方其實不止一個文學譯刻的中心,我們還得包括艾儒略入閩後所到之處。三山(福州)尤為刻印首府。艾儒略來華的時間不早,已遲至1613年,利瑪竇去世都已三年了。不過艾氏下筆甚勤,而且廣採前人之說,《西學凡》中對西學的介紹,即參有高一志《童幼教育》的影子[57],而《職方外紀》又複製了《西學凡》中艾氏的話,自我互文明顯(李輯,1: 28;3: 1960)。不過這裡我的關懷當然不止於上述;艾儒略屐痕處處,剛才入華,他即奉派入京,其後又隨徐光啟至滬,同年更赴開封,訪求其時仍存的猶太人的宗教經籍。未果,他又同信徒往遊陝西,然後入晉,在絳州為韓雲全家付洗,1620年再迤邐南下杭州,從遊於李之藻與楊廷筠等人,來往於常熟之間。待葉向高(1559-1627)致仕

55　〔漢〕揚雄,《法言·吾子》(臺北:臺灣中華書局,1968),頁2b:「事勝辭則伉,辭勝事則賦,事辭稱則經。」另見Joseph de Prémare, *Notitia linguæ Sinicæ* (Malaccæ: Academiæ Anglo-Sinensis, 1831), p. 190.

56　Liam Matthew Brockey, *Journey to the East: The Jesuit Mission to China, 1579–1724* (Princeton: Princeton University Press, 2007), p. 266.

57　李奭學,《中國晚明與歐洲文學——明末耶穌會古典型證道故事考詮》(臺北:中央研究院及聯經出版公司,2005),頁28-30。此書以下簡稱《晚明》。

歸田，終於武林邀他入閩，奄留於福州與漳泉之間，最後則因避清軍而終老於延平山中。艾儒略的兩部教中文學偉稱，殆中譯於八閩之地。《天主降生言行紀略》大略取材乎前述薩松尼亞的盧道福(Ludolphus de Saxonia, c. 12 95- 1378)的簡本《耶穌基督傳》。至於《聖夢歌》(1637)則晚一步譯成，時在1637年，乃耶穌會中人唯一自覺性的文學翻譯。全詩出以七古，凡二百七十六句，譯自英國某教士以拉丁文寫下的辯論詩(verse debate)。若不論語種，《聖夢歌》確屬中國史上首見的英詩中譯，而且以單行本行世，史上罕見。艾儒略門弟李九功(d. 1681)嘗編纂《勵修一鑑》(1639/1645)，可視為中國首部天主教型的證道故事集。此書既編於艾氏駐鐸最久的三山，當然也刊刻於此地。羅雅谷(Giacomo Rho, 1593-1638)中譯聖女大德蘭(St. Teresa of Avila, 1515-1582)的《聖記百言》(1632)，同樣成就於三山景教堂，當亦於堂中刻出面世。高一志南下之際，另攜《十慰》一書，其主旨可能部分取材或改譯自西尼加(Seneca the Younger, c. 4 BCE-65 AD)的相關著作[58]，而於1630年前後，由閩中景教堂刊布。由是觀之，福州譯刻天主教文學之盛，幾唯絳州可以媲美。

　　不論是中國北方的絳州或西安，也不論是中國南方的武林或福州，這些地方所譯當然另含文學性較弱的其他耶穌會譯籍。若以年代為準，則零星言之，我們還得添加南方的廣東韶州一地，龍華民(Nicholas Longobardi, 1559-1654)中譯的歐洲傳奇小說(romance)《聖若撒法始末》(1602)據傳首刊於此，南明隆武元年方見閩中所出的「校訂版」[59]。此外，我們還得加上華中的南昌。利瑪竇為傳教而預為準備的《交友論》[60]，最早譯出的76論就是在此地應建安王之請而完稿。南京一地，則為《二十五言》完成的所在地。其時利瑪竇已分別於南昌

58　〔明〕羅雅谷，《哀矜行詮》卷三第四節嘗提及高一志《十慰》，而節中另譯有西尼加(色搦加)的慰憂者言十條，稱「右十慰乃色搦加所述」，見鐘鳴旦、杜鼎克編，《耶穌會羅馬檔案館明清天主教文獻》，5：219。《哀矜行詮》刻於1633年，故《十慰》不可能完成於這一年之前。方豪，《中國天主教史人物傳》，1：153謂「《十慰》，……絳州刊行」，不知所據為何。

59　Matteo Ricci, *Storia dell'Introduzione del Cristianesimo in Cina*, in Pasquale M., D'Elia, S. I., ed., *Fonti Ricciane*, 3 vols (Rome: La Libreria dello stato, 1942), 2: 232.

60　Cf. Yu Liu, "The Preparation for Proselytizing: Matteo Ricci's Treatise *Jiao-You-Lun (On Friendship)*," *Mosaic* 43/3 (September 2010): 167-183.

和南京從一班顯宦及名士遊，雖則《二十五言》最後完成之地仍為北京。利瑪竇方才入京，早已應崇禎皇帝之請中譯了《西琴曲意八章》。北京當然是譯書大本營之一，固亦刻書之中心也。據傳陽瑪諾譯得《輕世金書》，最早刊刻之地即為北京，歲在1640年。其他非關文學譯籍者，那就不僅此數了：前述徐光啟與利瑪竇合譯的名作《幾何原本》的譯刊，都在京中完成。

　　綜上所述，我們可見明末耶穌會的文學中譯地點幾乎遍布整個中國。細而察之，北有北京，西北有晉陝兩省的絳州與西安，南則從集散稱最的杭州到與其不相上下的福州都是，還要外加廣東的韶州一地。絳州譯作的底本，多數應屬金尼閣返歐募來，但因高一志乃從澳門攜去，上世紀編纂的《北堂藏書目錄》不可能登錄。其他世間仍存者如《交友論》所本的《金言與證道故事集》（*Sententiae et exempla*），如今仍庋藏在中國國家圖書館（原北京圖書館）[61]，少數則可見於上海圖書館徐家匯藏書樓。從北京到杭州與福州的此一譯書刻書大致的分布圖，幾乎也是明末中國基督徒的主要根據地。儘管如此，基督徒的分布並非本文的關懷，我更感興趣的是上述文學譯作對明末或清代各類文化的影響，甚至可以聞得的迴響，而這就不能以地區為限而論之了。

明末文學譯籍的影響與迴響

　　明清之際來華的天主教傳教士中，就數量而言，以耶穌會稱最。就著譯的成就觀之，也以耶穌會稱最，幾達千種之多。這些文獻中，當然以宗教類為大宗，人文者次之，一般人以為影響力最大的科技類反而退居殿軍。然而不管哪一類，讀之者都頗有其人，而且數量恐怕遠在前此我們所知之上。讀之者也是九流十教，似乎不盡然都是天主教徒。他們閱讀耶穌會士的著譯之後，某些人確曾深受衝擊，在他們的著作中留下蛛絲馬跡，甚至可用「影響」或「迴響」等詞予以形容。

　　歐人典籍的中譯，不僅在明清之際越國跨洲而來，時而也跨過了教門的侷

61　孫尚揚，《明末天主教與儒學的交流和衝突》（臺北：文津出版社，1992），頁36注70。

限，向中國廣土眾民開放。明人張坦翁(生卒年不詳)嘗寓北京及黃蘗山諸地，持《金剛經》三十餘載，著《金剛經如是解》。他苦思經中佛對座下弟子須菩提所述「三千大千世界」這個地球經緯時，終於佛教與儒家之外，在湯若望的譯作中覓得「證入」的法門，可為後者之例。張坦翁所證入者，乃是時的中國科學新知，係出湯若望等編譯的《崇禎曆書》某冊的書序，我且引之如下：

> 湯若望曰：「欲明地球之廣，當論經緯一度為幾何里。今約二百五十里為一度，乘以周地之數得九萬里，……。」[62]

《崇禎曆書》是有明覆亡以前，徐光啟等人奉詔主持纂修的大書，全帙共四十六種。我取手頭最稱方便的和刻本《活字崇禎曆書曆引》對照之，張坦翁上引居然幾無隻字之差[63]，可見熟悉，而讓人深感奇之者，是張氏不以外道之作而心存芥蒂，更以公器而坦然面對。更奇的是，《金剛經如是解》此處又合天主教和儒、佛二教的世界觀冶而一鼎烹之，可見明清有識之士確實心胸開闊，殆非鍾始聲(1599-1665)、徐昌治(1582-1672)等編之《破邪集》與《辟學集》內文作者可以企及[64]。

　　時迄明季，《金剛經》內化已久，其實不宜再視為僅屬天竺的文本傳統。

62　〔明〕張坦翁，《金剛經如是解》，載修訂中華大藏經會編審部編，《中華大藏經》第2輯第73冊(臺北：修訂中華大藏經會，1968)，38：29868。明清之際，語如湯若望者多矣，熊三拔(Sabatino de Ursis, 1575-1620)譯《表度說》可引以為例：「……地週三百六十度，每度二百五十里，其周圍實獨有九萬里。」見李輯，5：2550。另請參見李奭學，《書話東西文學地圖》(臺北：九歌出版公司，2009)，頁79-80。

63　見〔明〕羅雅谷(Giacomo Rho, 1593-1638)、龍華民(Nicholas Longobardi, 1559-1654)譔，高橋子春句讀，澀川元孚校正，《活字崇禎曆書曆引》(2卷。日本安政乙卯年〔1855〕春渡邊靫藏板)，1：3a。但張坦翁不可能引自此一日本版，所引當為明末《崇禎曆書》中湯若望所撰的《交食曆指》、《恒星出沒表》、《南北高弧表》或《五緯諸表》中某卷。書名也有可能不是《崇禎曆書》，因為後書乃一套四十六冊的大書，由徐光啟與李天經(1579-1659)在崇禎七年(1634)修畢。入清以後，此書再經湯若望刪削，成《西洋新法曆書》。《崇禎曆書》版本複雜，但「書引」之屬於其原有之一環，已為確論，參見祝平一，〈《崇禎曆書》考〉，《明代研究》11(2008年12月)：135-138。

64　參見〔明〕徐昌治編輯，《破邪集》及〔明〕鍾始聲等撰，《辟邪集》，載周駬方編校，《明末清初天主教史文獻叢編》(5冊。北京：北京圖書館出版社，2001)，第2至第5冊頁1a-279a。

但張坦翁徵引泰西科學以為中土文本佐證，說其實也，並非時人僅見。崇禎早期，朱朝瑛(1605-1670)著《讀詩略記》，首開以利瑪竇中譯的日月食之說釋《詩》的先例[65]。康、雍年間，蔣驥(生卒年不詳)撰《山帶閣注〈楚辭〉》，其中〈天問〉一卷，也援引利瑪竇所著或譯的《天主實義》、《幾何原本》、傅泛際(Francois Furtado, 1589-1653)譯《寰有詮》，以及湯若望入清後修改《崇禎曆書》而得的《西洋新法曆書》注之，陳垣早已指陳歷歷[66]。乾隆時期，戴震(1724-1777)著《屈原賦注初稿》，再注〈天問〉，也力主「地寰」而非「地平」，顯然亦因泰西天文學的影響有以致之[67]，我們固可再引以為證矣！

明清間的中國士子，當然也有不以西學為然者。朱日濬(c.1666-c.1690)據稱系出朱熹(1130-1200)一脈，天啟迄崇禎末年嘗著《朱氏訓蒙》一帙[68]，其中《詩門》注《詩經》，而注到《十月之交》時，朱日濬乃發揮其博學多聞的長才，從張載(1020-1077)、朱熹等人的太極圖說，一路注到距他最近的利瑪竇的天文學。《朱氏訓蒙·詩門》所引乃利氏所譯《乾坤體義》，對日月食都有籠統但不失翔實的謄錄；洋洋灑灑近二頁，蔚為奇觀[69]。這二頁注文的內容，用利瑪竇會中同志高一志(Alfonso Vagnone, 1566-1640)所譯《譬學》之語簡言之，就

---

65 〔明〕朱朝瑛，《讀詩略記》，載《景印文淵閣四庫全書》第82冊(臺北：臺灣商務印書館，1983)，頁456。另見楊晉龍，〈經學與基督宗教：明清詩經學專著內的西學概念〉，國立政治大學中國文學系編，《第五屆中國經學國際學術研討會論文集》(臺北：國立政治大學中國文學系，2009)，頁422。

66 陳垣，〈從教外典籍見明末清初之天主教〉，載陳智超編，《陳垣全集》(23冊。合肥：安徽大學出版社，2009)，2：603-604。另見〔清〕蔣驥注，《山帶閣注楚辭》，與〔宋〕洪興祖，《楚辭補注》合刊(臺北：長安出版社，1991)，頁70-81。

67 例如〔清〕戴震，《屈原賦注初稿》，見戴震研究會、徽州師範專科學校古籍整理研究室、戴震紀念館編纂，《戴震全集》(6冊。北京：清華大學出版社，1991)，2：917。

68 朱日濬為楚人，或由贛遷楚，其事難考。其門人王材律有跋，稱《詩門》「草自天啟初年，成於崇禎末年」，如此則《朱氏訓蒙》應刻於入清以後。《胡廣通志》卷57〈人物志〉云：「朱日濬，字菊盧，黃岡歲貢，均州訓導。博洽有文行，闡揚正學，士人奉為典型。著有《五經門》，卒於官。」但王材律亦稱朱氏「字靜源」，材律則其孫朱熙之同窗。上引俱見劉毓慶、賈培俊，《歷代詩經著述考·明代》(北京：中華書局，2008)，頁318-319。

69 朱日濬的整個概念見利瑪竇〔譯〕，《乾坤體義》，載《景印文淵閣四庫全書》第787冊(臺北：臺灣商務印書館，1983)，頁767-776。

是「月失其光，地間之也；日失其光，月間之也」[70]。高一志用到天文學，志在做「比」(comparison)，作「類比」(analogy)，或作「聯比」(syncrisis)。至於利瑪竇，則純粹在解釋天文現象，故而從地球繞行的方向，連食由東啟而西吐或西啟而東吐，都詳細予以說明。朱日濬鑿鑿言之，似頗折服於利瑪竇之見，但提到諸家之後，孰是孰非，《朱氏訓蒙‧詩門》卻一反邏輯，自問自答而踅回朱氏自己的祖訓道：「須以文公之言為正。」[71]

由明入清，西學裡的天文學，稱許者不知凡幾，而各種技藝，即使保守的四庫館臣也得附和，阮元(1764-1849)等人稍後的疇人之說，可稱代表，而前此亦可見心思反省的中國士子。康熙時人戴榕(文昭，1656-?)收藏了不少科技西學的著譯，黃履莊(1656-?)嘗據之而習得各種製具工夫，時稱發表大家。戴榕乃為之作傳，而張潮(山來，1650-?)復收之於所集《虞初新志》中。面對傳末黃履莊所製巧器之目，張潮遂效史家評贊，在不鄙薄自己的狀況下感嘆道：

> 泰西人巧思，百倍中華，豈天地靈秀之氣，獨鍾厚彼方耶？予友梅子定九、吳子師邵，皆能通乎其術。今又有黃子履莊。可見華人之巧，未嘗或讓於彼。只因不欲以技藝成名，且復竭其心思於富貴利達，不能旁及諸技，是以巧思遜泰西一籌耳[72]。

張潮省思所得，「君子不器」與「功名富貴」可以形容。但儘管有類張潮與黃履莊等輩代不乏人，朱日濬非但不圖師法而躬自省思，反而心存懷疑，寧可取徑於徐昌治的《聖朝破邪集》(1639)，再效中國古來那套虛無飄緲的理氣之說以為〈十月之交〉的科學理據，說來諷刺。不過前及朱日濬所見仍屬非常，我暫且帶過，下面把重點放在近年來困學所知，而所談多為文學，乃個人偏好使然，如是而已。

首先，我得坦承明末耶穌會文獻——尤其是中譯所得者——流通的程度，

---

70 高一志，《譬學》，見《三編》，2：591。另見《譯述》，頁284。

71 〔明〕朱日濬，《朱氏訓蒙‧詩門》，卷20《十月之交》（中央研究院中國文哲研究所藏微卷，原書現藏於日本國立公文書館），頁35a-36b。

72 〔清〕張山來(張潮)，《虞初新志》(4冊。臺北：廣文書局，1968)，卷6，2：10b。

目前尚難精算。這些著譯對中國文學或文化本身的影響，我也難以細估。雖然如此，相關的研究如今已略有進展，過去神秘的面紗逐漸揭開。若論此刻文學翻譯在當代或對後世的衝擊，利瑪竇的《交友論》（1595）無疑仍執諸譯牛耳。此書流傳的狀況，論者已夥[73]，下面我謹舉其大要，再述一二，以供嘗鼎一臠。

明末陽明學派盛行，陽明後人焦竑（1540-1620）曾在新安聚會講學，學生金伯祥（生卒年不詳）請問友誼，而焦竑的回答居然是《交友論》的第一論：朋友係「我之半」，乃「第二我」也[74]。《交友論》廣收歐洲名哲偉人的友論，譯出後一再重刻[75]，深受肯定，新安之會應該是最佳說明。反面論調雖然也可見得，但似清人周中孚（1768-1831）《鄭堂讀書記》所載，則為後世井蛙之見的代表。周氏謂《交友論》雖百條，而「每條不盡一行者居其大半」。這是以字數多寡衡量歐洲友論精華，稱之浮薄淺見亦無不可。周氏又說這些酊餖「大旨多向利害上計較而強人以所難，亦不過托諸空言」而已[76]，則是以上國心態藐視友誼論述遠比中國強的歐人，更不懂從亞里斯多德（384-322 BCE）迄西塞羅（Marcus Tullius Cicero, 106-43 BCE）等人的「友誼的政治學」（politics of friendship）[77]。不過話說回來，周中孚此一有如四庫館臣式的反彈，反而以負面之見凸顯一事：即使時迄於清，中國士子已經不能不正視《交友論》，已經不得不貶抑之，以免自滅文化上的威風。

利瑪竇名氣大，大到去世時連官方邸報都發出訃聞，袁中道（1570-1623）的日記《游居柿錄》記之甚詳，而褚人獲（1635-?）在《堅瓠秘集》中也因其故

---

73 參見鄒振環，《晚明漢文西學經典：編譯、詮釋與影響》（上海：復旦大學出版社，2011），頁82-101。

74 〔明〕焦竑，〈古城問答〉，在所著《澹園集》（2冊。北京：中華書局，1999），2：735。參見《晚明》，頁272-275。

75 據陳垣的〈從教外典籍見明末清初之天主教〉，民國以前，至少有《寶顏堂秘集》、《一瓻筆存》、《廣百川學海》、《小窗別紀》、《山林經濟籍》、《讀說郭》、《堅瓠秘集》與《鬱岡齋筆塵》等八種叢書收有《交友論》，見陳智超編，《陳垣全集》，2：603。不過褚人獲《堅瓠集》（杭州：浙江人民出版社，1986）四冊之中，《交友論》並未見收，不知是陳垣誤記抑版本有異使然。

76 〔清〕周中孚，《鄭堂讀書記》（8冊。臺北：臺灣商務印書館，1978），3：1057。

77 這是德希達的書題，見Jacques Derrida, *Politics of Friendship*, trans. George Collins (London: Verso, 1997).

而撰有《大西國三主》一條，明載其人像貌[78]。方利氏入華之際，韶州同知劉承範(fl. 1583-1591)奇之，撰有〈利瑪竇傳〉一文，其中除記有利氏在粵的種種事蹟外，也稱許利氏的數學才能與天文學知識，尤美其數學之專精，甚至「難度和深度」都已超越爾後他和徐光啟合譯的《幾何原本》[79]。劉承範此文，可能是中國人為利瑪竇所作最早的傳記。不過劉氏雖官至兵部侍郎，惜乎文名不彰。正式為利瑪竇作傳者中，文名最盛的應推明清間公認的散文大家張岱(1597-1679)。他承襲晚明公安竟陵的文字心法，是清初性靈小品文的斲輪好手。然而張岱亦擅史學，所著《石匱書》名噪一時，所撰〈利瑪竇列傳〉便收於此書第204卷中[80]。張岱和西學的淵源一向罕人言及，但實為「家學淵源」。張府乃官宦世家，張岱之前的父祖兩輩皆曾在朝為官，祖父張汝霖(fl. 1595)且曾官拜廣西參議。利瑪竇刊刻《畸人十篇》，張汝霖讀之，「深有味也」，尤受其中「常念死候」(memoria mortis)等天主教言談俗套(topos)的影響，竟至擇其出塵之句而刻之，成《西士超言》一書。此書後世雖佚，書序〈《西士超言》小引〉仍經楊廷筠收入所輯《絕徼同文紀》(1617)，因而倖存[81]。志學以來，張岱盡發家中所藏，而他和祖父感情尤洽，時常同遊，倘佯於名園幽山。正因張汝霖使然，西人著作，張岱甚熟，利瑪竇和高一志所著尤然。祖父輯得的《西士超言》，張岱目為近儒，雖評道「平平無奇」，然而也認為褒之訾之，皆非合宜，〈利瑪竇列傳〉於焉問世[82]。

　　就文學質而再言，利瑪竇對明清時人的影響顯然。劉侗(c. 1593-1637)和于

78　見〔明〕袁中道，《游居柿錄》，見陳文新譯注，《日記四種》(武漢：湖北辭書出版社，1997)，頁224-225；以及褚人獲，《堅瓠秘集》，見所著《堅瓠集》，卷4，頁4a-4b。

79　黎玉琴、劉明強，《利瑪竇史海鉤沉一則》，見閻純德編，《漢學研究》第13集(北京：學苑出版社，2011)，頁379。另見〔明〕劉承範，〈利瑪竇傳〉，見閻純德編，《漢學研究》第13集(北京：學苑出版社，2011)，頁372-376。

80　〔清〕張岱，《石匱書‧利瑪竇列傳》(卷204)，載續修四庫全書編纂委員會編，《續修四庫全書》史部別史類(上海：上海古籍出版社，2002)，320：206。張岱和西學、西人的關係見Jonathan D. Spence, *Return to Dragon Mountain: Memories of a Late Ming Man* (Toronto: Penguin Group, 2007), pp. 128-134.

81　〔明〕張汝霖，〈《西士超言》小引〉，見楊廷筠輯，《絕徼同文紀》，載《法國圖》，6：281-282。

82　張岱，《石匱書‧利瑪竇列傳》(第204卷)，見續修四庫全書編纂委員會編，《續修四庫全書》320：207。

奕正(1597-1636)著《帝京景物略》，其中引到譚元春(1586-1637)的〈景陵譚元春過利西泰墓〉，有「行盡松楸中國大，不教奇骨任荒寒」一聯[83]。譚氏此地所稱「松楸」者，分明在呼應利瑪竇譯《西琴曲意八章》(1601)裡《定命四達》所稱定命或氣數一到，「非松即楸，皆不殉主喪也」[84]！《西琴曲意八章》首二章〈吾願在上〉與〈牧童游山〉，甚至在18世紀跨海走到東瀛，走進江戶時代日本國學大師平田篤胤(1776-1843)的《本教外篇》中，以驗證、說明神道教所重的教理[85]。縱使我們撇開譯作，試看今人所謂的「撰作」，仍會發覺包括文學批評此一獨特的領域，利瑪竇也有其影響，不可小覷。湯顯祖(1550-1616)的《牡丹亭》，雍正年間有吳震生(1695-1769)、程瓊(生卒年不詳)夫婦嘗加評點，成《才子牡丹亭》一書。其中把《天主實義》喻人世之美乃天上之美的投影這個概念，套用在杜麗娘〈驚夢〉一折上，而且連利作中我稱之為〈暗獄喻〉的比喻，吳氏夫婦也取為他們批語的「引證」，說明杜麗娘在「驚夢」中因嚐人事而啟蒙(initiated)，所見世界已和曩昔不同，更在解明她「可知我常一生兒愛『好』是天然」一語無訛：

> 西儒謂：「不信天堂佛國者，如囚婦懷胎，產子暗獄，只以大燭為日，小燭為月，以獄內人物為固然，則不覺獄中之苦。若其母語以日月之光輝，貴顯之妝飾，方始日夜圖脫其囹圄之窄穢，而出尋親戚朋友矣。」不知婆娑之美好，實以有「好」可愛，不可如是譬，……[86]。

吳震生與程瓊果然心思過人，利瑪竇的〈暗獄喻〉一經他們提點，硬把《牡

---

83 劉侗、於奕正著，孫小力校注，《帝京景物略》，頁417。譚元春(1586-1637)也是竟陵派的文學健將之一。

84 「非松即楸」一句，這裡用的是朱維錚的校訂本，見朱維錚，《利瑪竇中文著譯集》(上海：復旦大學出版社，2001)，頁244。

85 見平田篤胤，《本教外篇》上，在上田萬年、山本信哉與平田盛胤編，《平田篤胤全集》第2卷(東京：內外書籍，1932)，頁1。另參較平川佑弘，《マッテオリッチ伝》(3冊。東京：平凡社，1997)，2：263-265的詮解。《本教外篇》下，作《本教外編》，上下兩編，以下均以作者姓簡稱為「平田」。

86 〔明〕湯顯祖原著，〔清〕吳震生、程瓊批評，華瑋、江巨榮點校，《才子牡丹亭》(臺北：臺灣學生書局，2004)，頁131。另見《晚明》，頁107-110。

丹亭》裡那驚夢中即將發生的巫山雲雨預示得正當而合理。中國戲曲評點史
上,《才子牡丹亭》首次用到西學,利瑪竇的寓言確實可比石破天驚。而今人
更吃驚的是,即使是艾儒略的《西學凡》,在《才子牡丹亭》的批語中也軋上
了一角,吳震生與程瓊有其特殊用意。不過這點他處我業已論及,茲不贅[87]。

　　《才子牡丹亭》刊刻之前,利瑪竇《畸人十篇》所譯古希臘的傳奇人物「阨
瑣伯」——或今人譯之為「伊索」(Aesop, fl. 620-560 BCE)者——的生平傳奇,
早經李贄門下張萱(萬曆時人)取為《西園聞見錄》(1627)有關世人「往行」之
佳者的見證[88],把虛構變成了歷史。前提朱日濬不好利瑪竇的曆算與天文之
學,但對利氏的首部文學譯作《交友論》卻另眼相看,《朱氏訓蒙・詩門》中,
即曾引之而為《詩經》經解。《小雅・伐木》向來以為是友論專詩,《詩門》故
效利瑪竇訓「友」,認為「從二『又』」字,注中繼而故搬出前引《交友論》道:

> 西洋利瑪竇以友「即我之半,乃第二我也」,因「當視友如己」。「天
> 下無友,則無樂」也。其論友云:「交友之先,宜察;交友之後,宜
> 信。」又云:「我榮時請而方來,患時不請而自來,真友也。」又云:
> 「古有二人同行,一極富,一極貧。或曰:『二人密友也。』」賓法
> 德聞之曰:「既然,則何一為極富,一為極貧哉?」又云:「北方是
> 的亞國俗,獨以得友多者稱之謂富。」[89]

　　朱日濬上引和1629年《天學初函》版的《交友論》稍有異文,而且引來次
序也不同,但他並未扭曲利瑪竇的原意。非特如此,他還一反前及有關利氏的
日食月食之說,稱許有加,並用案語比而評道「遐方荒裔,尚知此義,況道德
之族乎?」(〈伐木〉:43b)朱日濬言下之意是:中國人的友論,反不如絕域遠

87　〔明〕艾儒略的《西學凡》,吳震生、程瓊用為〈詗藥〉一折的批語,見華瑋、江巨榮
　　點校,《才子牡丹亭》,頁463。另參見《晚明》,頁311-312。

88　〔明〕張萱,《西園聞見錄》,在周駿富輯,《明代傳記叢刊》(臺北:明文書局,1991),
　　117:818-820。

89　朱日濬,《朱氏訓蒙・詩門》卷16《伐木》第1章,頁43b。朱日濬所引的這些文句,分
　　別見李輯,1:300、301、309-311及319。

人或夷狄之邦的歐羅巴！

　　《交友論》第一百條乃某有關「墨臥皮」者的世說(chreia)，朱日濬亦取為〈伐木〉一章的箋注：

> 墨臥皮，大西主也，折大石榴。或問曰：「夫子何物願如其子之多？」
> 曰：「忠友也。」（〈伐木〉：43b）

這一個故事(李輯，2：320)，最早述及者乃普魯塔克(Plutarch, *c.* 46-120)的《名王名將嘉言錄》(*Regum et imperatorum apophtegmata*)[90]。利瑪竇或他所本萊申特(André de Resende, 1498-1573)的《金言與證道故事集》(*Sententiae et exempla*)或曾稍加變異。不過這是另一回事。朱日濬所引的問題癥結是，此一故事稍後也曾出現在高一志譯的《達道紀言》裡，而朱日濬似曾嚴肅參考過。原因如下：「墨臥皮」之名，利瑪竇有注曰：「古聞士也。」《朱氏訓蒙》裡的稱謂，此地有乖利氏之說。晚明東來西人中，唯高一志方如普魯塔克而以西方君主稱呼墨臥皮。其實這「西方君王」也不對，因為故事真正的角色乃大名鼎鼎的波斯王大流士(Darius I, 550-486 BCE)，人處亞洲。高一志的原譯如下：「〔伯〕西亞國名王幾席，偶有柘榴露其房。寵臣問曰：『王欲何寶物如此榴子之多？』答曰：『忠臣而已。』」（《三編》，2：685）高一志另著《王政須臣》中，則隱去大流士之名，仍稱之為某「西國名王」（《法國圖》，1：333-334）。朱日濬倘未看過《達道紀言》或《王政須臣》，如何能把「古聞士」易以「大西主」這個更近普魯塔克筆下的「史實」？顯而易見，〈伐木〉的經解中，《達道紀言》或《王政須臣》都扮演了某種我尚難證悉的角色。

　　由上可知，利瑪竇的著譯──在文學評注上──至少曾影響過戲曲和詩歌這兩種文類。就後世基督徒的著作觀之，上引〈暗獄喻〉出現的頻率並不低，在天主教圈內時聞迴響[91]。我繼而想岔開，稍談中國人最早對西洋書籍的看

90　Plutarch, *Sayings of Kings and Commanders*, 173.3, in Frank Cole Babbitt, trans., *Plutarch's Moralia III* (Cambridge: Harvard University Press, 1989), p. 15.

91　例如無名氏，《醒述篇》，在《耶檔案》，9：263。

法。再以利瑪竇為例。方其入華之際，中國人常以「異人」形容之，而褚人穫的《堅瓠秘集》且極美其攜來之歐洲經典，狀之乃以「彩闢金寶雜飾之」；簡而言之，這是我們今天所稱的「燙金精裝」的書籍裝幀形式。連書中的紙質，褚人穫也有所狀摹：「其紙如美婦之肌，云其國之樹皮治薄之耳。」上文所謂「歐洲經典」，由此看來係《聖經》，而褚氏形容之歐紙，亦我們今天所稱的「聖經紙」[92]。

　　書籍乃文字的載體，中國人對利瑪竇隨身所帶的《聖經》及「聖經紙」的興趣甚大，而其描繪之詳，我看無過於萬曆壬寅年（1602）之前，王肯堂（1549-1613）《鬱岡齋筆塵》卷4所述：

> 余見西域歐邏巴國人利瑪竇出示彼中書籍，其紙白色如繭薄而堅好，兩面皆字，不相映奪。贈余十餘番，受墨不滲，著水不濡，甚異之。問何物所造，利云：「以故布浸搗為之。」乃知蔡倫故魚網作紙，即此類爾[93]。

王肯堂上引製紙之法，可能不如褚人穫正確，但歐人印書紙張的堅韌與受墨的耐力，王氏形容得倒甚確，而經此對照，中國舊籍的紙質便顯粗夯，看來不是一句「蔡倫故魚網作紙，即此類爾」可以掩飾得了。

　　上文談過西學對詩與戲曲評點的影響，下面我再轉個話題，換成西學與中國小說創作的關係。乾隆年間的《紅樓夢》，方豪（1910-1980）與商偉有極其細微的發微[94]，茲不贅。這裡我擬一談者，是比《紅樓夢》早了近130年的《十二樓》（1658）。此一話本小說集乃前及清初說部干將李漁的名作，其中〈夏宜樓〉一卷寫某書生妙用「千里鏡」，嘗從高山上某寺的僧房偷窺某名門閨女房

92　褚人穫，《堅瓠秘集》第4卷，見所著《堅瓠集》，4：4b。

93　〔明〕王肯堂，《鬱岡齋筆塵》，見四庫全書存目叢書編纂委員會編，《四庫全書存目叢書》子部雜家類（台南：莊嚴文化公司，1995），107：720。

94　方豪，〈從《紅樓夢》所記西洋物品考故事的背景〉，見所著《方豪六十自定稿》（2冊。臺北：作者自印，1969），1：413-496；商偉，〈逼真的幻象：西洋鏡、線法畫與大觀園的夢幻魅影〉，見林玫儀編，《文學經典的傳播與詮釋》，中央研究院第四屆國際漢學會議論文集（臺北：中央研究院，2013），頁91-136。

內與荷園的動靜，連她手書的詩句都瞧得如在目前。這書生隨後訛稱自己有神目，誆得閨女好感，乃賺得美眷歸。自此供奉這支千里鏡，敬之如神明，且作占卜用。

李漁在〈夏宜樓〉中說道，千里鏡乃二百年前西人東來設教時傳入，製鏡之技術自是中不如外。其時獨有武林諸曦庵諱某者能得真傳，「好奇訪異的人家都收藏得有，不是什麼荒唐之物」[95]。在清初，單筒望遠鏡自西傳來已非新聞，利瑪竇的時代知者即甚夥，鄭仲夔(fl. 1636)《耳新》寫得聲咳如聞：「番僧利瑪竇有千里鏡，能燭見千里之外，如在目前。」日月星辰，均可縮近而觀，「又能照數百步蠅頭字，朗朗可誦」[96]。〈夏宜樓〉故事的部分靈感，似乎源出後引，李漁恐讀過鄭仲夔的《耳新》。但說那「好奇訪異的人家都收藏得有」，即使時序入清，恐怕也誇大了些，應係小說家言。

個人用的單筒望遠鏡，利瑪竇或羅明堅攜有實物，《帝京景物略》言之甚詳，謂乃「狀如尺許竹筍，抽而出，出五尺許，節節玻璃，眼光過此，則視小大，視遠近」[97]。果真要如〈夏宜樓〉中的千里鏡之可洞悉數百公尺外紙張上

---

95 〔清〕李漁，《十二樓》，見浙江古籍出版社編，《李漁全集》(16冊。杭州：浙江古籍出版社，1991)，9：82-84。〈夏宜樓〉的喜劇性及其在歷史上的新穎處，韓南(Patrick Hanan)下書中有洞見，雖然他把千里鏡傳入中國的歷史誤成「不過在《十二樓》成書前」數十年前而已(not many decades before)：*The Invention of Li Yu* (Cambridge: Harvard University Press, 1988), pp. 78-81. 千里鏡外，《夏宜樓》另外臚列的光學製品有顯微鏡、焚香鏡、端容鏡與取火鏡等四種。若不計焚香鏡與端容鏡，康熙癸亥年(1683)，前述這些巧具俱亦見諸戴榕的〈黃履莊小傳〉，而且又都屬從西來教士著譯學習製成者，包括千里鏡在內，見張潮，《虞初新志》卷6，2：9a-9b。《夏宜樓》諸鏡——尤其是千里鏡——的相關討論，見商偉，《逼真的幻象：西洋鏡、線法畫與大觀園的夢幻魅影》，載林玫儀編，《文學經典的傳播與詮釋》，頁121-124。明代與清代引入的這些西洋巧具的簡論，另可見劉善齡，《西洋風：西洋發明在中國》(上海：上海古籍出版社，1999)，頁6-15。不過劉著偶見舛誤。

96 〔明〕鄭仲夔，《耳新》(北京：中華書局，叢書集成版，1985)，頁53。鄭仲夔雖謂利瑪竇去世後，「其徒某道人挾〔此千里鏡〕以游南州，好事者皆得見之，但較之李漁寫《十二樓》的時代，這已是兩百年前事，利氏那支千里鏡早已下落不明了。《耳新》成書於崇禎六年，紀建勳，〈我國製造望遠鏡第一人薄珏與西學〉，《史林》1(2013)：77-87以為，攜鏡者乃下文會提到的湯若望而非利瑪竇，見劉耘華，〈清代前中期東吳文人與西學〉(下)，載《基督教文化學刊》，第30輯(2013年秋)，頁95注2。另參見江曉原、鈕衛星，《天文西學東漸集》(上海：上海書店出版社，2001)，頁355-357。

97 劉侗、于奕正，《帝京景物略》，頁223。

的詩句，非得略如伽利略(Galileo Galilei, 1564-1642)所製之天文望遠鏡不可。如此之「千里鏡」，陽瑪諾(Emmanuel Dias, Jr., 1574-1659)《天問略》(1615)曾經略說之，又稱加伽利略為「近世西洋精於曆法一名士」，他「嘗製此器，觀六十里遠一尺大小之物，明視之，無異在目前也」。持此鏡觀宿天諸星，遠者則可至河漢。《天問略》書末，陽瑪諾承諾要「待此器〔運〕至中國之日，而後詳言其妙用也」[98]。話雖如此，陽氏的諾言仍得待五年後金尼閣(Nicolas Trigault, 1577-1629)由歐返華，帶來一具天文觀測用的望遠鏡，也帶來了湯若望，方才實現得了。天啟六年(1626)，湯若望取伽利略的《星際信使》(Sidereus Nuncius, 1610)部分，再合以賽都利(Girolamo Sirtori, fl. 1618)的《論伽利略觀星所用之望遠鏡》(Telescopium, Sive ars perficiendi novum illud Galilaei Visorium Instrumentum ad Sidera, 1618)部分，編譯成《遠鏡說》一書。其中所述天文望遠鏡有圖有文，湯氏且曾按圖索驥，製造了一具而用於崇禎曆局的欽天監。組合望遠鏡的各種光學原理，終於大白於中國。

李漁在《十二樓》裡的文學性「發明」，和《遠鏡說》的編譯關係顯然。下文的描述與例示，想來或許也曾激發過李漁的想像：

> 居室中用……〔千里鏡〕，則照見諸遠物；其體其色，活潑潑地各現
> 本相。大西洋有一畫士，〔曾〕秘用此〔一千里鏡之〕法畫種種物像，
> 儼然如生，舉國奇之[99]。

《遠鏡說》中另有一幅顯然架在山上的天文望遠鏡圖，理當更可供李漁馳逞靈感，撰寫〈夏宜樓〉，影響甚至遠抵東瀛，令江戶後期的作家笠亭仙果(1804-1868)

---

98 〔明〕陽瑪諾《天問略》，見李輯，5：2717-2718。
99 參見〔明〕湯如(若)望，《遠鏡說》，與《星象考》、《星經》與《經天該》合刊，叢書集成版(北京：中華書局，1985)，頁13-14；另參閱邱韻如，〈欲窮千里目——伽利略與《遠鏡說》〉，《中華科技史學會學刊》17(2012年12月)：46-56。清兵入關前，蘇州奇人薄鈺(fl. 1631)據說已可自製「千里鏡」，而且配置在所製火砲上，藉以偵測敵人之動靜。薄鈺所為，開啟了中國人最早將望遠鏡用在軍事上的紀錄，見〔明〕鄒漪，《啟禎野乘》，載沈雲龍編，《明清史料彙編五集》(臺北縣：文海出版社，1968)，頁245-246。

「翻案」而改寫成《七組入子枕》中的合卷故事之一[100]。李氏嘗友吳偉業（1609-1671）、尤侗（1618-1704）與龔鼎孳（1615-1673）諸人[101]，而他們都是清初和西學頗有淵源者，因此於《遠鏡說》，李漁絕不陌生。〈夏宜樓〉裡偷窺用的千里鏡，有部分他是讀了湯若望所譯而現買現賣了。

我們若衡之以文學譯作，則利瑪竇依然有足資再談者，《二十五言》適居其一。此書原文乃羅馬上古斯多葛學派的台柱之一愛比克泰德（Epictectus, c. 50-c. 138）的《道德手冊》（Encheiridion）。伊氏之名，高一志嘗在所譯《勵學古言》中音譯為「厄比德篤」（《法國圖》，4：65）。《道德手冊》共收愛比克泰德講堂論述五十三、四言，原文是希臘文，利瑪竇之前，已有拉丁譯本三種，且不談另有三種天主教化的希臘文本子。利瑪竇的希臘文甚佳，來華前曾在印度臥亞（Goa）的耶穌會神學院教授此一古典語言[102]，但他中譯所據為何，尚待研究。《二十五言》最早在南京譯成的十四言，王肯堂曾收於所著《鬱岡齋筆塵》之中，後十言陸續譯成後，利瑪竇為湊足《易經》裡的「二十五」這個「天數」，遂自己加寫一言，終於成書，最後假手他人而於北京出版[103]。利瑪竇之所以中譯《二十五言》，目的在宣揚天主教義，故其中言則經常在儒化外，同時也天主教化了。斯多葛學派和天主教的關係欲解還結，歐洲中世紀之前就是如此，無足為異。有趣的是，《二十五言》這本總共不過25段話的小書，其中有13言不無意義的卻曾收錄在明清間奇人趙韓（fl. 1632-1641）的《欖言》中。

《欖言》成書的時間待考，大抵介於1632至1641年間。趙韓在本貫當湖詩名藉甚，《欖言》所撰卻全為言體，而且也抹除了其中的歐洲語境。趙韓收之

---

100 湯若望，《遠鏡說》，頁5。參見蕭涵珍，〈中國文藝的傳播與改編：論笠亭仙果《七組入子枕》與李漁《十二樓》〉，中央研究院中國文哲所主辦之「創新與創造：明清知識建構與文化交流」國際學術研討會（2014年12月5-6日）宣讀論文。

101 蕭欣橋，《李漁全集‧序》，見李漁，《李漁全集》，1：4。

102 羅光，《利瑪竇傳》，見《羅光全書》，28：21。

103 《二十五言》的研究，可以參見Christopher A. Spalatin, S.J., *Matteo Ricci's Use of Epictetus* (Waegwan: Pontificia Univesitas Gregoriana, 1975); Margherita Redaelli, *Il mappamondo con la Cina al centro: Fonti antiche e mediazione culturale nell'opera di Matteo Riocci S.J.* (Pisa: Edizioni ETS, 2007), pp. 99-127；潘薇綺，〈跨文化之友倫──利瑪竇《二十五言》的翻譯修辭與證道藝術〉，《輔仁歷史學報》31（2013年9月）：95-142；鄭海娟，〈跨文化交流與翻譯文本的建構〉，《編譯論叢》5.1（2012年3月）：205-224。

於所纂《日乾初撥》首冊之首[104]，可想見重。《日乾初撥》一函六冊，善書也，廣收儒釋道三教的勸善篇什，連功過格或顏茂猷(1578-1637)的名著《迪吉錄》亦收之。後者趙韓易名為《迪吉拈評》，錄之於《日乾初撥》的第二冊，可見《欖言》之撥，趙韓確實待之如同三教的「善書」。在這種狀況下，《二十五言》乃變成趙韓眼中的勸善經典，而《欖言》加入《日乾初撥》的行列，更呼應了耶穌會士如艾儒略或高一志稱其所著或譯為「善書」之說，不啻也宣告中國開始出現某種「四教一家」的善書觀，而且只要旨在勸善，天主教典籍還可排名第一。歷史上，這是前無古人的善書編纂行為，即使來者都罕見[105]。翻譯而一至於此，意義可就獨特了，至少改寫了部分傳統的中國善書觀。趙韓沒有料到的是：《二十五言》係羅馬斯多葛學派的名著，而此派中人——尤其是愛比克泰德——有一套自己獨特的宗教思想，趙韓之撥之入《欖言》，等於也把羅馬宗教帶進中國的善書文化裡，從而由「四教一家」又幻形變身，變為「五教一家」[106]！利瑪竇所著或譯的影響力，上達名門公卿，下則因《欖言》而迄市井庶人，意義確實不凡。

《二十五言》固然重要，利瑪竇的護教文獻《畸人十篇》聲名更響，明人知者甚夥，入清後還包括遺民一類人士如李世熊(1602-1686)等人[107]。《畸人十篇》固名為「著」，而且有其歷史情境，然而書中引述之言或所陳之語，相當複雜，半數乃「譯」，毋庸置疑。李世熊是福建寧化人，所著《寒支集》顯示對《畸人十篇》的了解絕非泛泛。對利瑪竇而言，「既往之年，皆以為死」(李輯，1：136)；董其昌(1555-1636)著《畫禪室隨筆》，故而詳載某「曹孝廉」曾「視余以所演西國天主教；首言利瑪竇，年五十餘，曰：『已無五十餘年矣！』」[108]。

---

104 〔明〕趙韓(趙退之)，《欖言》，收於《日乾初撥》(6冊。日本國立公文書館藏明刻本，編號：9815)，第1冊。《日乾初撥》以下簡稱《初撥》。

105 韓霖稍後所撰的《鐸書》(1641)，是我唯一可以想到的明清之際的例子，詳見本書頁127。

106 有關《欖言》與傳統三教善書的關係，見本書頁93-130。斯多葛學派——尤其是愛比克泰德的羅馬斯多葛學派——的宗教性格——尤請參見W.A. Oldfather, "Introduction" to his trans., *Epictetus I* (Cambridge: Harvard University Press, 1995), pp. xxiii-xxix.

107 李世熊的傳記見〔清〕孫靜庵，《明遺民錄》卷16，與《明末民族藝人傳》合刊，載周駿富，《清代傳記叢刊‧遺逸類2》第68冊(臺北：明文書局，1985重印)，頁276。

108 〔明〕董其昌，《畫禪室隨筆》(臺北：廣文書局重印，1978)，頁102。利瑪竇這句話，

董氏還以《法句經・無常品》中的名言「是日已過，命亦隨減」解之[109]。李世熊的《寒支二集》卷五〈答王振子〉亦云大西人「問年壽，每以見在者為無有，如賤辰七十，則云：『已無七十矣。』此語淒痛，足發深省。」較之董其昌所記，李世熊筆下的數目有別，當因誤記或記憶有誤有以致之，而他既然說得出「此語淒痛，足發深省」，則亦可見嫻熟天主教「常念死候」之義，讀過《畸人十篇》自是毫無疑問了！《寒支初集》卷7另有〈答彭躬庵〉一札，其中李氏因謂自己深知「岩牆之下不無正命，聖賢亦有論說未到處。惟西教無生，天學念死，刻刻惺惺，差是受用處耳」[110]，可見傾心。利瑪竇的《畸人十篇》，董其昌舉一反三，但於李世熊則是深刻的影響。

從中國文學史的角度看，縱為金尼閣譯輯的薄薄一冊《況義》，也在寓言文學的撰作上衝擊到明清之際的中國士子。李世熊性耿介，重氣節，明亡後嘗撰《物感》，譏刺明末官場與社會腐敗，以致家破國亡。《物感》深受金尼閣啟發，其中截取金氏——有可能也是合譯者張賡——所集或所譯伊索式寓言集《況義》約五則，再附以他個人集或寫得者而成書[111]。金尼閣所謂「口授」，某些其實是金氏共筆受者張賡摘取前人如龐迪我（Diego de Pantoja, 1571-1618）《七克》中所譯者而成[112]，目的在譯製一本耶穌會同修可便於援引，並藉以傳教的動物寓言式證道故事集。李世熊談禪說道，本人顯非基督徒，不可能領略得了尤其是金尼閣譯書的用意，故而仍以動物寓言集視《況義》。中國動物寓言本身的傳統，他不會——也不可能——不知道，筆下「收錄」的《況義》因

（續）─────────────────────

　　見李輯，1：117。

109 〔天竺〕法救撰，〔三國・吳〕維祇難等譯，《法句經・無常品》，見高楠順次郎、渡邊海旭主編，《大正新脩大藏經》（100卷。東京：大正一切經刊行會，1934），4：559a。《大正新脩大藏經》以下簡稱《大正藏》。

110 〔清〕李世熊，《寒支集》，在國家清史編纂委員會編，《清代詩文集彙編》（上海：上海古籍出版社，2010），第18冊《寒支二集》，頁114；及《寒支初集》頁649。另請參見錢鍾書，《錢鍾書手稿集：容安館札記》（3冊。北京：商務印書館，2003），3：2138。

111 《物感》顯然取自《況義》的這五則寓言分別是〈肉影〉、〈效猙〉、〈佞狐〉、〈禮驢〉與〈蛙怖〉，見李世熊，《物感》（與《史感》合刻。寧化：寧化縣誌局，1918），頁5a-6b。下引《物感》內文均隨文夾注。

112 內田慶市，〈談《遐邇貫珍》中的伊索寓言——伊索寓言漢譯小史〉，見沈國威、內田慶市及松浦章編著，《遐邇貫珍——附解題・索引》（上海：上海辭書出版社，2005），頁68-70。

有一成不變照抄者，也有因應諷時諫世而變易者，同時還可見為配合中國傳統而在伊索式動物寓言中擅添「人物」者，所謂：「寧物唯是，人實有之於物焉，寓然！」（《物感》：1b）總之，李世熊的《物感》確和《況義》有關（《晚明》：81-83）。李氏還改寫金尼閣的「義曰」為「西士曰」，把尤為《天主實義》那套耶穌會制式的對話情境拉進來，使《物感》的西方色彩益形濃郁，從而道出所取寓言的命意。下面〈蛙怖〉一則可窺一斑：

> 獸中兔膽最小。一日眾兔議曰：「我等作獸最苦。人搏我，犬狼噬我，即鷹鷲亦得攫我，無時可安。與其生而多懼，不若死而懼止矣。」相嚮往湖中。將溺死，湖岸有蛙，見兔駭亂入水。前兔遽泥眾曰：「止！止！尚有怖過我者。」（《物感》：6a-6b）

李世熊挪用的此一故事，實非金尼閣所譯，本源乃龐迪我《七克》的第四卷（李輯，2：921），其「義曰」當然得由某「西士」說出，而其意在萬物自有相克之理，不必因位小階低便自暴自棄。這「西士」則如上述，應該出諸利瑪竇《天主實義》中那相對於「中士」者（例見李輯，1：377-378）。對李世熊而言，萬物存活於宇內六合之中，理當「不憂不懼」，如此才不會為他物所制：

> 西士曰：「有生者，夫各有所制矣，毋自愜（戚）也。雖然不憂不懼，豈為人制？」（《物感》：6a-6b）

李世熊筆下此一「西士」，稱之為龐迪我，可也；稱之為抄譯《況義》的金尼閣，亦無不可，或可謂根本就是一虛擬的人物混合體。李世熊謄錄所自的《況義》，理論上若非西安刻本，就是最近此一刻本的抄本。此外，李世熊的《物感》畢竟晚出：他就金尼閣或龐迪我的「譯作」再「譯」者，不僅自成章法，還自創脈絡，效那《二十五言》而予以中國化了。金尼閣與張賡輯譯的《況義》，早有華化的傾向，而李世熊更重，有幾則幾乎都以本國文化為改寫上的考慮，尤可稱清末羅伯聃（Robert Thom, 1807-1846）「飜案」式翻譯策略的先聲。道光

年間，羅氏為教西方人華文而譯得《意拾喻言》，嘗在《遐邇貫珍》上重刊不
少，對中國人也有道德與宗教上的風化之效，因此不少故事都華化得相當徹
底[113]。《物感》與《況義》聯手出擊，在證道故事的勸善功能外，中國人算是
首次感受到《伊索寓言》無堅不摧的政治諷喻力量。

　　朱日濬的《朱氏訓蒙‧詩門》受到的影響不止利瑪竇的《交友論》，還要
包括高一志的《達道紀言》，文前已及。後書恐怕更具深意，《達道紀言》中的
「達道」一詞出自《中庸》[114]，《朱氏訓蒙》訓〈伐木〉，特予摘出，並加解說。
他熟悉高一志的譯作，由此可以再得一證[115]，而耶穌會翻譯文學的影響力，另
亦可見。如果我們跳開國別，其實何止利瑪竇或高一志，和明清之際的中國只
有一海之隔的日本，龐迪我的影響力也甚強。不過，回頭再談龐迪我之前，且
讓我重訪利瑪竇，因為《西琴曲意八章》之外，平田篤胤可也曾師法趙韓，在
《本教外篇》的上卷中抹去西方與中國的特定人名，將那《畸人十篇》逐章撮
譯而收之。平田迷戀《天主實義》，重到會讓某「儒生」和他本人在《本教外
篇》中共論《畸人十篇》首重的「常念死候」及「世如僑寓」等等天主教——
也包含神道教——的教理(平田，2：1-47)。至於龐迪我的《七克》，平田大概
等不及摘要撮譯了：他乾脆大段徵引原文，從首章有關「伏傲」部分就開始，
最後才由尾章〈策怠以勤〉曲終奏雅(平田，2：49-83)。

　　歐洲中世紀有所謂「主題證道辭」(thematic sermons)，也盛行所謂「惡德
與美德專論」(*tractatus de vitiis et virtutibus*)這類教牧手冊[116]。龐迪我的《七克》
是中文顯例，應有其尚待考出的歐語原本。主題證道辭的集子，一大特徵是主
題分明，一氣呵成，如《七克》所欲「克」的天主教七罪宗(Seven Cardinal Sins)
等等。大主題之下，主題證道辭另有分支的小主題，如「以貞防淫」等。這些

---

113 羅氏所譯的《意拾喻言》，見顏瑞芳編，《清代伊索寓言漢譯三種》(臺北：五南圖書公
　　司，2011)，頁19-47。另請參見《譯述》，頁408-409。

114 見〔南宋〕朱熹集注，《四書集注》(臺北：世界書局，1956)，頁26。另參較〔明〕韓
　　霖，《鐸書》，在鐘鳴旦、杜鼎克編，《徐家匯藏書樓明清天主教文獻》(5冊。臺北：利
　　氏學社，1995)，2：629。《徐家匯藏書樓明清天主教文獻》以下簡稱《徐匯樓》。

115 朱日濬，《朱氏訓蒙‧詩門》，卷16，《伐木》第1章，頁43b及頁44b。

116 Richard Newhauser, *The Treatise on Vices and Virtues in Latin and the Vernacular*
　　(Turnhout: Brepols, 1993), pp.13 and 54-202.

分支的內容，少數為論述文字，泰半則為各種正反面的證道故事。舉例言之，〈伏傲〉一篇第八支乃〈戒好貴〉，龐迪我或他所用的底本，即舉羅馬史上聲名赫赫的加當(Cato the Censor, 234-149 BCE)為例，謂其功勳大，卻雅不好名，更不願從俗讓人為他塑身立像：

> 西國古俗：有大功者得立像。加當者功最大，未立像。或問故，對曰：
> 「我願人問加當何故不立像，不願人問加當何故立像。」（李輯，2：
> 768）

這個小故事，敘述目的當在《七克》支名所示的「戒好貴」，意在克制傲念，修身也修心。平田篤胤在《本教外編》下卷中，即如前及趙韓在《欖言》中之所為，匿名而又抹除其西方色彩，所引終而變成如下：

> 一國古俗：有大功者得立像，〔但〕一賢者功最大，……〔卻〕未立
> 像。或問故，答曰：「我願人問何故不立像，不願人問何故立像矣！」
> （平田，2：52）

從文類上看，上引故事乃《達道紀言》中常見的「世說」，而《達道紀言》中確實也有這麼一則：「人立奇功者是人之像，何需不言之像以旌之？」（《三編》，2：679）若據普魯塔克的《名王名將嘉言錄》，這則故事的發話者係斯巴達賢君「亞日西老」(Agesilaus II, 444-360 BCE)[117]。但立像之俗，羅馬時代確實較為盛行，平田篤胤取龐迪我的故事，目的同樣在強調神道教的教中人士理應克傲，不可以世俗聲名為念。《本教外篇》上、下卷中，平田篤胤乃如此這般把耶穌會士攜帶入華的西學轉為「本教自鞭策」而「未許他見」的「蘭學」。他內心雖有矛盾，心胸卻不算小。周作人(1885-1967)嘗撰文談《況義》，所據是新村出(1876-1967)寫於大正十四年(1925)的《南蠻廣記》，蓋其中已有專文論

---

117 Plutarch, *Sayings of Kings and Commanders*, 191.D.12, in his *Moralia III*, p. 133. 參見《晚明》，頁140注37。

及明代中譯的《況義》[118]。我另可指出，某些故事如我在《中國晚明與歐洲文學》中所謂〈智狐喻〉或〈孔雀足醜〉等明譯伊索式寓言，早也已潛入《本教外編》中(平田，2：25及53)，甚至連天主教化的〈空阱喻〉和——依然是《畸人十篇》所引《伊索傳》(*Vita Aesopi*)中守吉的部分——率皆因平田摘要日譯而亦滲入《本教外編》裡(平田，2：23-28及34)，從而在書裡形成某種歐、中、日等宗教與文學會遇上的雙重三角奇景[119]。

耶穌會這些人文著譯，即使教外人士也認為合乎儒家思想，龐迪我的《七克》尤多如此認定。謝文洊(1616-1682)乃江西南豐士子，他不但以為《七克》和「吾儒克己之法」若合符節，還「為刪其中失正者」，並「取其長而棄其短」以「置諸案頭」，視同「修省之助」，因得《七克易》。不過謝文洊並非友教人士，《七克易》所稱「易」者，即剔刈《七克》的天主教思想。所成二卷雖已失傳，其序仍存[120]，稍可想見內文何如。如此刪書而成新帙之法，康熙年間的士子陸次雲(fl. 1680)亦曾為之，但他感興趣的是艾儒略的《職方外紀》，從之而成《八紘譯史》一書。艾儒略成書的來源複雜，《職方外紀》充其量只能說是他廣泛取材，編譯而成。陸次雲除詳略東西兩洋各國及相關名詞之音義外，一併還記綠了《職方外紀》中荒誕不經的傳說，煞似一部清代版的《山海經》。陸次雲雖稱《職方外紀》「處處闡明……〔天主〕教，聽倦言繁」，故而「僅取

---

118 新村出，〈伊曾保物語漢譯〉，見所著《南蠻廣記》(東京：岩波書店，1925)，頁294-324。另見周作人，〈明譯《伊索寓言》〉及〈再關於《伊索》〉，載於所著《自己的園地》，收於《周作人先生文集》(臺北：里仁書局，1982)，頁194-199。

119 〈智狐喻〉的原作講獅子年老稱病，計誘百獸入內供其撲食，獨狐狸見眾獸有入而無出之跡而起疑，故智保一命。此一故事實乃正宗的伊索寓言。《畸人十篇》第七所述，當然係其證道故事式的變體，平田篤胤在《本教外篇》中則易「獅」為「虎」，其餘「情節」，一仍舊貫。相關之簡論見《晚明》，頁110-114；小崛桂一郎，《イソップ寓話——その伝承と變容》(東京：講談社，2001)，頁255。《本教外篇》和《畸人十篇》的關係，見同書頁252-255。

120 〔清〕謝文洊，〈《七克易》序〉，見所著《謝程山集十八卷附錄三卷年譜一卷》卷之14，載四庫全書存目叢書編纂委員會編：《四庫全書存目叢書》，集部別集類(台南：莊嚴文化公司，1995)，209；251。謝文洊另有其關乎「三教」的問題，詳呂妙芬，〈從儒釋耶三教會遇的背景讀謝文洊〉，《新史學》23.1(2012年3月)：105-158；另見劉耘華，〈清初「程山之學」與西學：以謝文洊為中心〉，《史林》1(2011)：74-85；以及吳震，《明末勸善思想研究》(臺北：台大出版中心，2009)，頁486-487。

其三之一」，但歐俗之異於中國者，《八紘譯史》則不吝複述。舉例言之，談到
西班牙(España)的〈以西巴尼亞〉一條，陸氏就無視儒家古訓，反而濃墨強調
《七克》以來的婚娶正議，謂該國「奉天主教，皆一夫一婦，無有二色」，明
清間士人罕見。明清間耶穌會士常用的「教化皇」或「教化王」(Pope)等詞，
艾儒略已改為今人俗稱的「教皇」，《八紘譯史》述羅馬教廷，從之，可見相扣
之緊與關係之密[121]。《職方外紀》問世以來，讀者不少，陸次雲不但重讀之，
而且重寫之，挪用此書的方式倒顯別緻，有異於時人如熊人霖(1604-1667)的《地
緯》、尤侗(1678-1704)的《外國傳》、查繼佐(1601-1676)的《罪惟錄》、王宏翰
(1648-1700)的《乾坤格鏡》與方以智(1611-1671)的《物理小識》等書[122]。

　　《職方外紀》與《七克》等耶穌會著譯，教中「迴響」頻仍，可想其然。
下面我且重返《七克》，取例其中，一探三十餘年後韓霖(1598?-1649)纂就的名
著《鐸書》。韓霖(1602-1644)是韓雲之弟，1641年奉絳州知州孫順(1637年進士)
之命為明太祖的〈聖諭六言〉再言進解，乃踵武南方的趙韓而於中國北方作《鐸
書》[123]，集傳統三教善書與天主教群籍為一體。而這為數不少的「天主教群籍」
中，龐迪我的《七克》當然函括其內，函括了所譯的證道故事如「聖尼哥老的
故事」，也函括了如下一則：

> 德默者，國王也，有兩寵臣，未知其心，令傳語其後宮。其一還，王
> 問曰：「爾瞟後何若？」對曰：「傾城傾國，絕世獨立。」其一還，
> 王問如何，對曰：「王命臣傳語，弗命臣視也。但聞其言溫惠耳。」王
> 大喜，厚賞任用之，謂先一臣曰：「汝目不貞，汝心亦爾矣。」據遣

---

121 在《八紘譯史》中，陸次雲誤稱《職方外紀》為《職方外史》。以上並見〔清〕陸次雲，
《八紘譯史》，叢書集成版(北京：中華書局，1985)，頁1及頁34。有關陸次雲的《八
紘譯史》，我拜下文所賜不少：胡曉真，〈好奇領異與八紘之思——明清文人的西南書
寫〉，中央研究院與國家圖書館主辦之「圖書、知識建構與文化傳播國際學術研討會」
宣讀論文，2013年12月12-13日。

122 參見鄒振環，《晚明漢文西學經典：編譯、詮釋與影響》，頁260-265，以及頁280-281。

123 通有明一代，以白話為太祖的聖諭直解之書不勝枚舉，清代為康熙的聖諭作直解者亦
夥，參見Victor Mair, "The Sacred Edict: Language and Ideology in the Written Popularization,"
in his *China and Beyond: A Collection of Essays* (Amherst and New York: Cambria Press,
2013), pp. 39-92.

之。（《徐匯樓》，2：767）

　　韓雲轉述此一故事，志在「維風」──維護善良的風俗習慣。所稱「德默」
者，應指馬其頓國王德默催烏士一世(Demetrius I, r. 294-288 BCE)。他是安第格
尼王朝(Antigonid Dynasty)的統治者之一，系出亞歷山大大帝的部將。諷刺的是
「德默」性好漁色，但也慷慨雍容，評價兩極。上引故事或出自普魯塔克為他
所立之傳，細節待考，不過倘就本文目前的關懷而言，《鐸書》轉引的此一故
事，總之字字出自《七克》卷6，仍以「防淫」為念（李輯，2：1025-1026）。近
代學者校注《鐸書》，雖然漏列「德默」故事所本，倒也清楚指出其中龐迪我
的影響[124]。我們迫而察之，《鐸書》實則另又包含了《七克》中聖尼哥老(Saint
Nicholas, 270-343)濟助貧戶嫁女的故事。巧的是，此一後世尊為聖誕老人(Santa
Claus)的天主教聖人的同一故事，趙韓的《欖言》也自龐迪我撰得，而且勾勒
拼湊，辨認不易，可見不遑多讓[125]。韓霖出身絳州，高一志他當然熟稔，向來
以師禮待之。高氏所譯《達道紀言》中論「昆弟」部分，韓霖亦曾毫不客氣，
擇要於《鐸書》中再述。高一志認為兄弟之勢應「均平如准，勿使或登或降」，
韓霖乃堂皇收之而為《鐸書》部分。高一志的話有本源，係他中譯時亦常援引
的普魯塔克的《道德論叢》(Moralia)，尤其是其中論兄友弟恭的專章[126]。東方
西方，天學內外，似乎都在這些互涉文本中會遇為一了。

　　僅就高一志一人，我們至少可以再談《聖母行實》與那卷帙龐然的《天主
聖教聖人行實》。據高龍鞶(Aug. M. Colombel, S.J., 1833-1905)對清末天主教圈內
的觀察，其時中國教徒，罕人不曾讀過《聖母行實》[127]。高龍鞶所見並不誇大，

---

124 孫尚揚、肖清和，《鐸書校注》，頁121。孫氏等人另指出《鐸書》亦大量援引高一志《齊
　　家西學》、《童幼教育》、《神鬼正紀》、艾儒略《滌罪正規》與羅雅谷《哀矜行詮》等書
　　內文，洋洋大觀，可見教中回聲之大。見同書頁7。

125 有關趙韓的《欖言》者，見《初撰》，1：10a；有關《七克》者，見李輯，2：743-744；
　　有關《鐸書》者，見《徐匯樓》，2：820-826。

126 Plutarch, "On Brotherly Love," VI, 485: F, in his *Moralia VI*, trans. W. C. Helmbold
　　(Cambridge: Harvard University Press, 1989), p. 291. 另見韓霖，《鐸書》，在《徐匯樓》，
　　2：741。韓氏所本原文見高一志，《達道紀言》，在《三編》，2：709。

127 〔清〕高龍鞶著，周士良譯，《江南傳教史》(*Histoire de la mission du Kiang-nan*)第1冊
　　（臺北：輔仁大學出版社，2009），頁7。

高一志方才譯畢此書，艾儒略繼之譯述的《天主降生言行紀略》(1635)馬上就下一注文，請人酌參(耶檔館，4：45)，而雍乾以降的各種教案，教徒家中經常搜出《聖母行實》，變成清廷斷案的呈堂證據之一[128]。至於《天主聖教聖人行實》諸卷，更是李九功淬錄《勵修一鑑》的19本著作中比例最高的一本，上下卷所收總數在15則以上。李氏另纂《問答彙抄》，亦舉為入教可以升天的證據，而張星曜(1625-1696)的《聖教贊銘》詠聖人的詩組，同樣引之為重要異常的參考泉源。17、18世紀中國最重要的天主教詩人無疑是吳歷(1632-1719)，《天主聖教聖人行實》當然是他筆下頌揚諸聖的靈感所出。《三巴集》內一連串歌頌聖人的詩文如〈聖達尼老·格斯加〉就是其中之一[129]。雍乾之前，《天主聖教聖人行實》內所譯聖人，都是耶穌會中國從者禮贊吟詠的對象，頗值得我們細訪此書和來作之間的互文，尤其是各種意象的巍然形成。

耶穌會譯籍的教中迴響，當然不止上述。清初劉凝(1620-c. 1715)的著作中，我們另可見之。劉氏和謝文洊一樣，俱江西南豐著名人士，而劉氏還是天主教徒，編有《天學集解》，其中有自撰文〈交述合錄序〉，合利瑪竇譯《交友論》與衛匡國譯《述友篇》並論。劉凝開篇就明告我們：二書他不僅置諸座右，朝夕捧誦，而且還解釋道：「《交》之名，見諸《中庸》之篇，《述》之說，見〈伐木之什〉者」。非特如此，劉凝同時還以為廣交遊乃「性命之事」，蓋利、衛二公都「以性命之人道性命之語」。劉凝如此論述，已把友誼提升至傳統「性命雙修」的三教修身理想去，和陳繼儒(1558-1639)《友論·小敘》，以友倫居首的做法幾可並比[130]。〈交述合錄序〉篇尾，劉凝透露他的文章雖寫於長安，

---

128 例子見吳旻、韓琦編校，《歐洲所藏雍正乾隆朝天主教文獻彙編》(上海：人民出版社，2008)，頁104。

129 〔清〕張星曜，《聖教贊銘》，見《法國圖》，8：561-587。〔清〕吳歷著，章文欽箋注，《吳漁山集箋注》(北京：中華書局，2007)，頁217；除此之外，另見同頁206-221，以及〔清〕李九功，《勵修一鑑》的〈採用書目〉，見《法國圖》，8：93。我所用的《天主聖教聖人行實》(崇禎二年武林超性堂刻本)乃梵蒂岡圖書館藏本，編號：Borgia Cinese 325；鐘鳴旦、杜鼎克、王仁芳編，《徐家匯藏書樓明清天主教文獻續編》(34冊。臺北：利氏學社，2013)，第23至25所收者並非武林全璧，其中卷2、5、7乃經手抄補足。《問答彙抄》相關之處，見《耶檔館》，8：426。

130 〔明〕陳繼儒，〈交友論〉小敘，見《寶顏堂秘笈》第24冊(上海：文明書局，1922)中的《交友論》卷首(無頁碼)。參見呂妙芬，〈陽明學者的講會與友論〉，《漢學研究》

然而在故里南豐，《交友論》與《述友篇》的閱者不乏其人，包括他的親戚與好友在內[131]。

除了利瑪竇的《交友論》，《輕世金書》恐怕是耶穌會從者最想一讀的譯籍。此書的拉丁原文——套一句乾隆時期為耶穌會士趙聖修（Louis des Roberts, 1703-1760）的注本撰序的李若翰的話——「語近而旨遠，集簡而義鴻」[132]；然而陽瑪諾文體古奧，筆下無非周誥殷盤，讀來詰屈聱牙，每每令人望而興嘆。所以此書問世以來，注本不斷，我們所知者已不下五種之多，從清初迄清末都有人為之「直解」或「句解」（《譯述》：390-394），看來受歡迎的程度並不因陽氏循艱澀的《尚書》體譯書而有所虧損。即使《聖若撒法始末》這類傳奇小說，清代中葉也有人以簡本的形式加以濃縮改寫，使之變成某種教中往聖的入門讀本（《譯述》：105）。這一、二年，西方世界已開始注意到龍華民此一中文譯本，同樣深覺有予以論列的必要[133]。不過譯本的各種迴響，最有意思的莫過於唱和。《聖夢歌》是詩，1637年三山譯出後兩年，旋見古絳再版，而段衮（字九章，生卒年不詳）趁機特以詩名對比之，從而吟出《愚覺詩》以應和，晚明譯史同樣罕見。段詩其實談不上是《聖夢歌》真正的知音，但段衮吟來情真意摯。其虔信之篤，令人感佩（《譯述》：153-154）。

武林所刻或譯的《輕世金書》，其原文是歐洲中世紀拉丁文學中的散文極品。三山的譯刻，則以《天主降生言行紀略》的前身《耶穌基督傳》為《四福音書》以外，耶穌最早也最重要的傳記文學，在華的教中回聲之大，僅次於《輕世金書》，閱讀人口同樣不見得少。就「回聲」或就「改編」言之，1635年《天主降生言行紀略》刊刻以降，我們至少已四見，一為稍後《天主降生出像經解》

（續）

17.1（1999年6月）：80-125。

131 〔清〕劉凝，〈《交》、《述》合錄序〉，見《天學集解》（聖彼德堡俄國公共圖書館〔The Russian Public Library, St. Petersburg〕藏抄本），第6卷，頁12b-14a。

132 〔清〕李若翰，〈《輕世金書口鐸句解》小引〉，見趙聖修與蔣友仁（彌額爾）合著，《輕世金書口鐸句解》（上海圖書館徐家匯藏書樓藏抄本），〔3a〕。

133 Cf. Nicolas Standaert, "The Jesuits' Preaching of the Buddha in China," *Chinese Mission Studies (1550–1800) Bulletin* 9 (1987): 38-41; Silvia Ronchey, "Introduzion" to her and Palo Cesaretti, eds, *Storia di Barlaam e Ioasaf: La Vita bizantina del Buddha* (Torino: Einaudi, 2012.), p. civ.

(1635)的中譯(艾儒略譯);二為可能刻於康熙年間的《天主耶穌聖蹟》,其中收錄了七十則《天主降生言行紀略》中的耶穌靈驗故事;三為道光年間的改編本《耶穌言行紀略》,文字上已經「由雅變俗」,亦即語言上較近口語。最後,清末的《道原精萃》又重刊了《天主降生言行紀略》(1887),並且讓某法國人繪製的耶穌生平合以上述艾譯,再度形成以圖回聲的特殊現象[134]。

古絳諸譯,《譬學》無疑是文學偉構,最值得我們大書特書。就我所知,此書在崇禎五年(1632)初刻,六年再版,其間偶有異文,而初刻本並無韓霖之序,再版時才予以添補。是書曾經徐光啟潤筆,可窺教中重視之一斑。我們且不談李九功等福建教徒使用《譬學》例句的情形(《譯述》:298),後人的相關挪轉益見奇特,因為其中有少數內文業經吳歷改作,而且別開生面,為此譯創造了一新而真正的「繼起的生命」(afterlife)。

《譬學》下面這兩句話,前後兩版如一,未曾因徐光啟筆潤而更動。伊拉斯謨的《譬喻集》內的原文,高一志譯來雖斷其句,切其筆,但他斷或切來卻是文從字順,幾乎不悖伊氏原文的精神。首句他踐行金尼閣《況義》那種在地化的「翻案」譯法,讓原文中的「北風」(Aquiloni)與「西風」(Zephyrum)等歐洲語境化為中國修辭學上的「反對」,繼而出以「南北」的方位,證明所譯乃典型而高明的意譯策略,結果自是改寫中的翹楚:

Vt in arboribus robustiores sunt partes Aquiloni oppositæ, quàm quæ Austrum aut Zephyrum spectant: Ita fortiores ac firmiores sumus in his, in quibus nos duris casibus fortuna exercuit.[135]

---

134 以上參見宋剛,〈從經典到通俗:《天主降生言行紀略》及其清代改編本的流變〉,《天主教研究學報》2(2011):208-259。

135 Desiderius Erasmus, *Parabolæ siue Similia des. Eras. Rot. ex diligenti avctorvm collatione novissimvm regognita, cum vocabulorum aliquot non ita vulgarium explicatione. Accesservnt annotationes longè vtilissime, vna cum indice, quæ adolescentia vsum manifestè commonstrabunt, auctore Ioanne Artopæo Spirense. Similitudines aliæ etiam collectaneæ ex Cicerone, aliisque scriptoribus additæ* (Londini: Impensis Guilielmi Nortoni, 1587), p. 181. 有關高一志譯引用伊拉斯瑪士《譬喻集》的大要,見金文兵,〈高一志與「伊拉斯謨的普魯塔克」——明末耶穌會適應策略與16世紀歐洲學術風氣管窺〉,未刊稿,宣讀於香港大學中文學院主辦「絕域遠人:明清文化視野中的西方國際研討會」,2012年12月

樹枝北向者，強固於南向者也。人心之習逆，堅且勇於習順者類此。
（《三編》，2：605）

　　伊拉斯瑪士的拉丁原文的第二句，高一志幾乎一字不刪，將之「直譯」到
底。中文文言精煉，幾個字往往可以道盡拉丁文數行，以故高一志可在數字間
即盡括伊拉斯謨冗長的拉丁聯比。《譬喻集》與《譬學》遂可比對如下，「忠」
而且「信」，令人驚豔：

Vt palme arboris ramus, imposito onere non deflectitur in terram
cæterarum more, sed remittitur, & vltro aduersus sarcinæ pondus erigit
sese: Ita viri fortis animus, quo plus negotiis premitur, quòque magis
sæuit fortuna, hoc est erectior. (*PS*, 173)
掌樹愈加重，其力愈奮。志士愈屈抑，其力愈堅。（《三編》，2：605）

康熙年間，吳歷曾為某「明試老道翁」的扇面題詞。他就上引這兩句再加剪裁，
予以拼貼，使二者結合為一，等於另創新品，耶穌會文學譯史上並不多見，我
曾戲稱之為另一種《譬學》的閱讀方法（《譯述》：297）：

掌樹愈見加重，愈即奮逆。志士愈見屈抑，愈即奮志。樹枝凡北向者，
強固於南向者也。人之習逆，堅勇於習順者也[136]。

　　明末耶穌會士翻譯，倩人潤筆是常情。《譬學》中譯了不少改寫過的歐洲
古人的聯比，所以《譬喻集》或《譬學》的文學性特重，其筆法非待高明為之
不可，此所以徐光啟到了桑榆暮景，都還搦管再予詳潤。《譬學》既為徐氏生
前替耶穌會代工的殿軍之作，比起前此高譯，後出轉精，不難想見。然而上引
《譬學》內文一經吳歷再予點化，聯比的形式稍變，反而精煉益見，力量再添

（續）────────────────────
　　7-9日。
136 〔清〕吳歷著，章文欽箋注，《吳漁山集箋注》，頁525。

（《譯述》：297-298），而即使是伊拉斯謨的原作，看來也不過如此！此地我特引吳歷為例，目的在示知來者：耶穌會士的文學翻譯，我們往往會在有意無意間聞得最為精彩的隔代迴響，而且聞來令人振奮，會為這段曾經失落的文學史及文學譯史沉吟再三。中國文學現代性的暮鼓晨鐘，說來就懸掛在這些充滿文藝復興時代人文主義的語句的轉換之中。

　　明清之際，徐光啟無疑是中國基督徒中的帶頭領軍者，地位重要。本文伊始，我用了一個以西學解佛經的例子。既然如此，這裡我不妨就用「天主教」徒徐光啟以「佛經」解《詩經》的例子為本文收梢。1604年徐氏進士及第，然而前此下幃期間——也就是在1597至1604年間——他撰成了《毛詩六帖講意》。其後既點翰林，此書1617年即經人私刻了。然而書成，徐光啟旋命之毀版。唯據徐氏孫爾默（1610-1669）稱，徐家是時仍在續書，所以我們今天可得《毛詩六帖講意》全帙。徐光啟受洗入天主教的時間是1603年，施洗者為耶穌會士羅如望（Jean de Rocha, 1566-1623）。然而1593年徐氏在廣東韶州任職期間，早就結識了同屬耶穌會的郭居靜（Lazzaro Cattaneo, 1560-1640），有心望教，何況1600年，他早已夢見三位一體，望教之心益熾[137]。明清間，《詩經》乃耶穌會士常加援引的中國經籍，每藉之索隱天主教的自然神學（參較《晚明》：225-228）。徐光啟於此並非茫然，是以若按常理，《毛詩六帖講意》縱為科考指南，理應也要援引天學入書，解釋風雅頌。有趣的是，《毛詩六帖講意》非但不著一字於天學，若加細案，我們發現望教者——或根本就是基督徒——徐光啟，引證的居然是佛經，抑且以之為判準，確定孰人方可與聞《詩經》。《周南·卷耳》一章可以為例，徐光啟才開卷講意，旋見如下斷語：

　　佛經云：能知大地，皆屬想持，如是得成初發心菩薩。若入得此意，即許讀《詩》[138]。

---

137 〔清〕柏應理（Philippe Couplet, 1623-1693），《徐光啟行略》，見《法國圖》，12：536-538。

138 〔明〕徐光啟，《毛詩六帖講義》，見朱維錚、李天綱編，《徐光啟全集》（10冊。上海：上海古籍出版社，2013），1：38。

　　這句話所指的「佛經」，當為唐朝提雲般若(fl. *c.* 689-691)譯《大方廣佛華嚴經修慈分》。其中有云：「當知我身亦復如是，一切國土，亦唯想念。」但徐光啟所引，可能出自五代禪門永明延壽(904-975)的《宗鏡錄》：「經云：『若知一切國土，唯想持之』，是則名為初發心菩薩。」[139] 不論《華嚴經》或《宗鏡錄》，所謂「能知大地，皆屬想持」中的「想持」，徐光啟殆指「幻想」，亦即我們今日所稱的「想像」。全句因指這個世界或世事不過因人「想像」成形，而我們也要以此觀世，才能追尋那菩薩正道。而實體之世或世事一旦如此看待，不就變成了「寓言」或「託喻」(allegory)？對此，徐光啟有另說，稱之為「託言」：讀《詩》如同觀世，殆屬「託喻」或「托言」的活動。此等閱讀方式，中國從《詩經‧毛傳》以來，見者頻繁。天主教相去不遠，自奧利根(Origen, *c.* 184-253)即有之，最後才大備於凱西安(John Cassian, *c.* 360-435)的「四義解經法」(fourfold allegory)或「屬靈讀法」(spiritual reading)之中[140]。儘管如此，徐光啟無如卻不願引己教固有，反而借佛經說《詩經》，而且也令「初發心菩薩」一句帶有近乎宗教性的道德色彩。如是說《詩》，對任何基督徒而言，顯非常態，即使望教前徐氏好佛，亦然。至若又打破宗教藩籬，不以己教之說說中國古典，則其人胸懷必大，殆非《破邪集》與《辟邪集》等書內文可比。《毛詩六帖講意》不論是徐光啟原作或其孫爾默續成，他們祖孫都是天主教徒，其心胸之大固可等同於編寫《本教外篇》的平田篤胤，恐怕也都可比那撰寫《金剛經如是解》的張坦翁[141]！

　　是以倘由上述質而再言，此等跨國越教的坦蕩襟懷，不正是明清之際以西學為中國古典文學作注的張朝瑛、蔣驥、戴震或朱日濬等人的寫照，不也正是

---

139 〔武周〕提雲般若等譯，《大方廣佛華嚴經修慈分》，見《大正藏》，10：960b；另見〔五代/宋〕釋延壽，《宗鏡錄》，載《大正藏》，48：847c。以上資料我得悉自倪瑋均，〈徐光啟詩經學研究〉(高雄師範大學經學研究所碩士論文，2009)，頁52-54。

140 見Origen, *On First Principles*, trans. Henri de Lubac (Gloucester: Peter Smith, 1973), pp. 269-287; John Cassian, *Conferences*, trans. Colm Luibheid (New York: Paulist Press, 1985), pp. 160-161.有關奧利根解經學的發微，近人有精彩的論述：Peter W. Martens, *Origen and Sripture: The Contours of the Exegetical Life* (Oxford: Oxford Unversity Pres, 2012), pp. 133-226.

141 參見鐘鳴旦著，蕭清和等譯，〈徐光啟多層面的皈依過程〉，載閻純德編，《漢學研究》第12集(北京：學苑出版社，2010)，頁433-447。

其時中國教內教外的文人如趙韓、吳歷、李漁或李世熊的基本為學或為人態度？在雍乾與嘉慶三朝，天主教歷經了中國史上未曾有之的嚴格考驗，禁教令雷厲風行。儘管如此，教門的魂魄依舊「一息尚存」，甚至在風聲最為嚴峻的嘉慶時代，在官方治罪條例的威脅下，民間都還有少數四散的傳教士「用漢字編造西洋經卷」[142]，也就是譯書活動涓水細流，幾未間斷。我們明乎此，則至少從文學的角度看，明清之際確可稱為中國文學批評——甚至是文學創作——開始「向西看」的嚆矢，而某種文學上的「早期現代性」蠢然欲動，早已如響箭之待發了[143]。

---

142 例子可見中國第一歷史檔案館編，《清中前期西洋天主教在華活動檔案史料》（4冊。北京：中華書局，2003），2：839。

143 這是李天剛的用語，原指全球化的形成與學術典範的轉移。顯而易見，中國傳統文學批評的典範，在明清之際確實也有變動的跡象。李天剛的用詞見Li Tiengang, "Chinese Renaissance: The Role of Jesuits in the Early Modernity of China," in Yang Huilin and Daniel H.N. Yeung, eds., *Sino-Christian Studies in China* (Newcastle: Cambridge Scholars Press, 2006), pp. 27-37. 另請參見《譯述》，頁432-443。

阿哩原來是荷馬！

——明清傳教士筆下的荷馬及其史詩

　　西元1623年，艾儒略(Giulio Aleni, 1582-1649)在《職方外記》上寫道希臘「聲名天下傳聞，凡禮樂法度文字典籍，皆為西土之宗」[1]，而歷史不過才閱三百年左右，基督新教教士郭實獵(Karl Friederich August Gützlaff, 1803-1851)便在所編《東西洋考每月統記傳》上撰文大肆稱道荷馬，譽之為西方萬代的「諸詩之魁」[2]。郭氏之見，如今已為文學史上不移的定論。然而縱使如此，歐洲史上仍然有個百代不易的「荷馬問題」(Homeric Question)，為荷馬其人的真身爭論不休：有人認為「荷馬」是個「集合名詞」，有人相信確有其人。果如後者，則《伊里亞德》(The Iliad)與《奧德塞》(The Odyssey)必為荷馬終生最大的成就。西方人幾乎從黃口或幼學之年就開始聽誦、閱讀荷馬，而且就其納入教育體制(paideia)而言，早在希臘人猶在環地中海岸稱雄的時代就已開啟[3]。即使到了對希臘羅馬古典敵意頗大的天主教時代，荷馬依舊陰魂不散，誰都難以不讀《伊里亞德》與《奧德塞》。荷馬重要性若此，整個基督宗教想要將他放逐驅離，戛戛乎其難。聖奧斯定(St. Augustine of Hippo, 354-430)的《天主之城》(The City of God)首部幾乎都在攻擊奧林帕斯山(Olympus)上的諸神[4]，反映的是荷馬深入羅

1　〔明〕艾儒略，《職方外記》，見李之藻輯，《天學初函》(6冊。臺北：臺灣學生書局，1965)，3：1403。《天學初函》以下簡稱「李輯」。

2　〔清〕郭實獵，《詩》，在愛漢者(郭實獵)等編，黃時鑒整理，《東西洋考每月統記傳》(北京：中華書局，1997)，頁195。《東西洋考每月統記傳》以下簡稱《統記傳》。

3　有關荷馬史詩的教育功能，參見Werner Jaeger, *Paideia: The Ideals of Greek Culture*, translated by Gilbert Highet, 3 vols (Oxford: Oxford University Press, 1967), 1: 35-56.

4　Saint Augustine, *The City of God*, trans. John Healey and ed. R.V.D. Tasker, 2 vols (London: J. M. Dent and Sons, 1962), I-VII.

馬人心的程度，而新柏拉圖主義興起後，奉行者乾脆收編之為天主教的文化遺澤。奧斯定前後的歐洲神話詮釋學者，則早就想方設法，擬將荷馬植入《聖經》解經學中[5]。荷馬地位崇隆，那麼他進入中國，當然不會遲至民國肇建之後：1911年以前，他的幽靈早已飄浮在神州大陸的天空，隨著歐人陸續來華而愈顯清晰，愈為具體。

歐人大舉來到中國，事在明朝晚期，而荷馬也隨著當時在中西文化交流上角色吃重的耶穌會士入華而在中國現身。不過這裡所謂「現身」，打一開始其實是以「隱身」的方式為之，亦即隱含在耶穌會的譯作裡，而非直接提及。1599年，就在利瑪竇(Matteo Ricci, 1552-1610)進入北京城的前一年，他在明代留都南京完成了一本小書，題為《二十五言》(1599)[6]。在《中國傳教史》(*Storia dell'Introduzione del Cristianesimo in Cina*)中，利瑪竇稱此書係他所「寫」或「譔」，然而就像四年前刊刻的《交友論》(1595)裡利氏的自署一樣(李輯，1：299)，這個「譔」字恐怕不能以今天的定義視之[7]，因為不論《交友論》或《二十五言》，兩書俱有所本，乃「譯」作。《交友論》譯自萊申特(André de Resende, 1498-1573)的《金言與證道故事集》(*Sententiae et exempla*, 1590)中〈論友誼〉("De Amicitia")一節的部分[8]，而《二十五言》呢？如同多數方家所知，其底本是羅馬斯多葛學派的創始人之一愛比克泰德(Epictetus, 55-135)的《道德手冊》(*Encheridion*)。後書係愛氏的授課內容，由其弟子亞里安(Arrian, fl. 108 AD)錄之傳世[9]。「愛比克泰德」之名，《中國開教史》闕[10]，不過比《二十五言》早四

---

5 參見李奭學，《中國晚明與歐洲文學──明末耶穌會古典型證道故事考詮》(臺北：中央研究院、聯經出版公司，2005)，頁189-244。此書以下簡稱《晚明》。另見Robert Lamberton, *Homer the Theologian: Neoplatonist Allegorical Reading and the Growth of the Epic Tradition* (Berkeley: University of California Press, 1986), pp. 83-297.

6 據〔明〕徐光啟(1562-1633)為《二十五言》撰寫的跋，《二十五言》應該譯於1599年。到了1604年，馮應京(1555-1606)閱之而大為賞識，乃出資刊刻，並為之撰序，見李輯，1：321-326。相關論述，另見Pasquale M., D'Elia, S. I., ed., *Fonti Ricciane*, 3 vols (Rome: La Libreria dello stato, 1942), 2: 286-288.

7 李輯中的《二十五言》乃重刻本，其頁1：331署利瑪竇「述」。

8 Pasquale M. D'Elia, S. I., "Il Trattato *sull' Amicizia*: Primo Libro scritto in cinese da Matteo Ricci S.I. (1595)," *Studia Missionalia* 7 (1952): 449-515.

9 See Christopher A. Spalatin, *Matteo Ricci's Use of Epictetus*, Ph. D. dissertation (Pontificae Universitatis Gregoriane, Wagan, Korea, 1975), pp. 21-50; and Margherita Redaelli, *Il*

年完成的《天主實義》(1595)裡[11]，利瑪竇卻已不經意指出其中片段乃引自歐羅巴某「師」所著(李輯，1：537)。我們覆案多年後高一志(Alfonso Vagnone, 1566-1640)編譯的《勵學古言》(1632)，方才知道這某「師」明代音譯為「厄比德篤」[12]，正是上文所稱的「愛比克泰德」。

對愛比克泰德而言，知識之重者非具實用價值不可，除了某些出世之思外，《道德手冊》中的堅忍思想大多繞著這個範疇申說，《二十五言》亦然。雖然如此，利瑪竇並未全譯愛比克泰德的講辭，而是在《周易》以「二十五」為「天數」的前提下[13]，從《道德手冊》五十三段話中抽取了近二十五段中譯成書。「荷馬」之名，甚至包括《伊里亞德》與《奧德塞》等書名，便都「隱身」在這二十五段話的第二十二段之中。原來愛比克泰德為了強調「實用哲學」[14]，在《道德手冊》此地特地舉出希臘哲學家克律西波斯(Chrisyppus, c. 280-207 BCE)，拿他凸顯史詩詩人荷馬的似是而非[15]。然而有趣的是，明末耶穌會士雖然不甚尊重克里斯普士，時而取他們最看重的狄奧根尼(Diogenes of Sinope, c.

(續)———————————

　　 mappamondo con la Cina al centro: Fonti antiche e mediazione culturale nell'opera di Matteo Ricci S.J. (Pisa: Edizioni ETS, 2007), pp. 99-112.

10　《中國傳教史》中的記載，見D'Elia, ed., *Fonti Ricciane*, 2: 286-301.

11　《天主實義》從編撰到刊刻的過程頗長，可能在1595年初假南昌刊刻，1601年再予以校正而於北京重刻，見Louis Pfister, *Notices biographiques et bibliographiques sur les Jesuites de L'ancienne mission de China, 1552-1773*, 2 vols (Shanghai: Imprimerie de la Mission Catholique, 1932-1934), 1: 34-35。《交友論》同樣刊於1595年，係利瑪竇在南昌應建安王的要求中譯而成，見李輯，1：299-300。有關這某「師」在《天主實義》出現的地方，見李輯，1：537。

12　〔明〕高一志，《勵學古言》，見鐘鳴旦(Nicholas Standaert)、杜鼎克(Adrian Dudink)、蒙曦(Natahlie Monnet)編，《法國國家圖書館明清天主教文獻》(26冊。臺北：利氏學社，2009)，4：65。鐘鳴旦等編，以下簡稱《法國圖》。

13　《易‧繫辭上》，在〔清〕阮元校刻，《十三經注疏》(2冊。北京：中華書局影印，1983)，1：80。

14　這點《二十五言》的第二十五言已自我說明了：「學之要處，第一在乎作用……。」(李輯，1：849) 明清之際的中國人，似乎也可讀出這個書旨來。其時有趙韓(fl. 1612-1617)者輯《攬言》一書，便在這句話後謂他以此語自營，也希望以此語「營人」，見〔明〕趙韓，《攬言》，收於〔趙韓編〕《日乾初揲》(6冊。日本國立公文書館藏明刻本)，1：55b。

15　Epictetus, *Encheiridion*, 49, in W.A. Oldfather, trans., *Epictetus*, vol II (Cambridge: Harvard University Press, 1996), pp. 532-535.

400-325 BCE)譏刺之（李輯，2: 864）[16]，在《二十五言》裡，利瑪竇卻借「改譯」
而稱道其「學」，謂之有如《易經》一般（李輯，1：346），因而在譯本中造成了
以《易》道說《易》經的自反式（self-reflexive）辭效。「荷馬」之名，中譯《道
德手冊》的利瑪竇不但將之隱去，而且還用「優伶」入替以喻之，既而又以「樂
府」暗示《伊里亞德》與《奧德塞》，刺其大不類「哲學」之屬（李輯，1：346），
而是有如「戲文」（texts of drama）的次流書寫[17]。《中國傳教史》中，利瑪竇對
明末戲曲文化有深刻的批評，謂「梨園優師每出資購買青樓女子，再授以歌唱
演戲和舞藝，使其形同搖錢樹一般」，而「社會中之行為不檢點者，莫過於徘
優，社會每亦輕之最甚」（FR, 1: 33-34）[18]。在這種時代與環境下，《二十五言》
視「荷馬」為「優伶」，又將他的「史詩」比同「戲文」，本身即屬諷喻，可見
利瑪竇執筆中譯之際，對西方萬代的「諸詩之魁」所持的態度絕非正面（《晚
明》：315-318）。

　　中國人原本在16世紀末就可借《二十五言》認識「荷馬」一名，惜乎在入
華耶穌會的天主教意識形態和利瑪竇「包容」（accomodation）中國國情式的「改
譯」策略下，反而錯失良機。即使當時利瑪竇如實中譯《道德手冊》，從他改
譯所用的語彙來看，荷馬大概也不會太走運。《二十五言》中荷馬的「不見」，
另可在三十餘年後高一志中譯的《達道紀言》（1636）裡看到，事涉有關亞歷山
大大帝的一條世說（chreia）：「歷山得最寶匱，即用以藏名士之詩。」（《三編》，
2：668）同一世說，在刻得猶早於《達道記言》的《勵學古言》（1632）中，曾併
入斯巴達賢王名將亞日西老（Agesilaus II, 444-360 BCE）的名字，另謂：「亞日西
老與歷山俱為名王，俱甚好學，枕下常有先賢之詩：晚將寢，必讀之；朝將起，
必讀之，不敢曠一旦一夕而不讀也。」（《法國圖》，4：58）普魯塔克（Plutarch, c.
46-120）的《希臘羅馬名人傳》（Parallel Lives）載，高一志這裡所謂的「名士」
或「先賢」，希臘史上俱指「荷馬」而言，而句中的「詩」無他，亦《伊里亞

16　另見吳相湘編，《天主教東傳文獻三編》（6冊。臺北：臺灣學生書局，1984），5：2357。
　　《天主教東傳文獻三編》以下簡稱《三編》。

17　這是下書的說法：Spalatin, Matteo Ricci's Use of Epictetus, p. 46.

18　明代青樓女子兼為勾闌者不少，詳見王安祈，《明代傳奇之劇場及其藝術》（臺北：臺
　　灣學生書局，1986），頁88-94。

德》也。《達道紀言》的故事所談，說來尤指世傳的「巾箱本」(casket copy)《伊里亞德》的起源。這個本子的評注者乃亞里斯多德(Aristotle, 384-322 BCE)，而他正是「歷山王」的授業恩師[19]。言歸正傳，上引高一志的兩條世說同時顯示，對於「荷馬」一名，高氏也有某種程度的保留，雅不願直呼其名，則所循似乎又回到利瑪竇的老路了。高一志所為還不僅止乎此，「歷山王」的世說隨後又把希臘原文裡頌揚有加的《伊里亞德》中譯易為廣義的「書」，至此仍然不著史詩之名。高氏的故事甚且另有下文，謂：「書至寶，宜以寶匱珍之。」(《三編》，2：668)現代人所譯的「巾箱」一詞，這裡倒明示了，不過《達道紀言》的中文轉述顯然也淡化了荷馬的史詩。在中國晚明，荷馬看來要三度「遭隱其身」了(《晚明》：315-330)。

　　所幸晚明來華的耶穌會士中，高一志學富五車，對西洋古典文學的認識絕對在同儕之上。上舉《達道紀言》的例子雖然讓荷馬「隱姓埋名」，然而諷刺的是，同樣也在這本中國史上罕見的西洋世說集中，「荷馬」之名出現了。這次高一志不是直述荷馬的故事，而是在敘述冉諾芬尼士(Xenophanes of Colophon, 570-480 BCE)的生平時，由某「賢」將之轉述出來：

> 詩士實諾每謗古詩名士，而以己為大也。一日，對賢訴其窮乏，不能給二僕，賢責之曰：「汝所謗阿哩汝死後猶足食二千人，而汝猶未足供其二，乃何以大焉！」(《三編》，2：752)

這條世說裡的「詩士實諾」，就是前譯「冉諾芬尼士」，係紀元前5、6世紀的希臘詩人，同時兼任宗教學者的身分。冉諾芬尼士素好以詩諷刺前輩詩人，荷馬及赫西奧德(Hesiod, fl. 750-650 BCE)都曾因史詩中的泛神論與人神同形思想(anthropomorphism)而「遇刺」。世說中冉諾芬尼士對之抱怨的某「賢」，其實一點也不賢，因為他乃紀元前5世紀的西西里國王希耶榮(Hieron, d. c. 467)，而

19　以上見Plutarch, *Lives*, translated by John Dryden, 2 vols (New York: Modern Library, 1992), 2: 144; cf. Rudolf Pfeiffer, *History of Classical Scholarship: From the Beginning to the End of the Hellenistic Age* (Oxford: Oxford University Press, 1968), pp. 71-72.

此王平素和戴奧尼西烏斯(Dionysius of Syracuse, *c.* 430-367 BCE)一樣，也有「雪城的暴君」(Tyrant of Syracuse)之稱。有意思的是，這位暴君有如他的羅馬對應者尼祿(Nero, 37-68)一樣，一向禮遇騷人墨客，曾接待過悲劇詩人伊斯奇勒士(Aeschylus, 5世紀)與抒情詩人品達(Pindar, *c.* 522-443 BCE)等人[20]。高一志中譯的世說的「源本」(the source text)有待查考，但其「原本」(the original text)最遲出自一世紀普魯塔克(Plutarch, *c.* 46-*c.* 120)的《名王名將嘉言錄》(*Sayings of Kings and Commanders*)，則信而有徵。我引相關部分的英譯如下：

> But addressing Xenophanes the Colophonian who was saying that he could hardly support two servants, Hieron said: 'But Homer, whom you disparage, supports more than ten thousand even though he is dead.[21]

高一志譯的中文世說裡的故事中人，最難查考者乃英譯本中的「荷馬」之名，因為他的句子句意含混，斷之不易。我及梅謙立(Thierry Meynard)合作英譯《達道紀言》，面對高譯這則世說，便是在多方分析之後，才確定「阿哩汝」係指「荷馬」而言。我們斷句之不易，當然在文言文裡，「汝」字多為第二人稱代名詞，每指白話文中的「你」，很難令人將之聯想到「荷馬」之名原文的音節去。我們今天習慣的「荷馬」一稱，乃由英文"Homer"轉出，只有兩個音節，「阿哩汝」卻有三個字，亦即三個音節。「汝」字雖滋混淆，「阿哩」一稱卻滿像個名字。不過除了當代美國黑人拳王「阿里」(Muhammad Ali)之外，我怎麼也想不出此名在歐洲上古可能的指涉對象。高一志是文藝復興時代的義大利人，據稱嘗由「文考、理考、道考」而得中「多篤耳」(doctor)，而且在歐還曾任修辭學(*rhetorica*)的教職多年，所以母語之外，語言上的訓練應該不止於拉丁文，希臘文必然也是專精之一[22]，而普魯塔克雖為一世紀的羅馬人，

---

20 See Andrew Dalby, *Rediscovering Homer* (New York and London: Norton, 2006), p. 123.

21 Plutarch, *Sayings of Kings and Commanders*, in his *Moralia III* (Cambridge: Harvard University Press, 1986), 175: C.

22 方豪，《中國天主教史人物傳》(3冊。香港：公教真理學會；臺北：光啟出版社，1967-1973)，1：147-155。

《名王名將嘉言錄》卻如他其他的著作一樣，係用希臘文寫成。所以從希臘文思考，「荷馬」一名的音節問題幾可迎刃而解。我們翻查《名王名將嘉言錄》的原文，荷馬的古希臘名"Oμηρος"隨即浮現，用拉丁字母音譯之，其一為"Hómēro"，乃由三個音節構成，可發為〔hómɛ:ro〕[23]。耶穌會士或受拉丁文影響，首音"h"不顯，故如「歷山」（亞歷山大）之名而省之，因此"Oμηρος"便可音譯為「歐馬汝」。就算高一志的源文是拉丁文譯的《名王名將嘉言錄》，拉丁文裡的"Homerus"仍然發音近似，蓋古典拉丁文人名裡的"h"並不發音，而尾一字母"s"亦然。我們若再退一步，以高氏的母語義大利文忖之，荷馬之名正如所有南歐語言一樣，都拼為"Omero"，則發音恐怕最近「歐馬汝」了。

「汝」字的混淆，至是廓清，而「歐」音用「阿」發之，大致仍在情理中，茲不贅。話雖如此，「阿哩汝」一名依然有問題，蓋「哩」字音「里」，除非高一志中譯《達道紀言》時的所在地──亦即山西絳州──另有土音，否則縱然在明代的北方或下江官話系統中，「哩」字也絕不可能發為「馬」音。如此則「阿哩」怎麼可能是「荷馬」？

這個問題，倘非我看過清初法國耶穌會士馬若瑟(Joseph de Prémare, 1666-1736)部分的著作，還真難解釋。馬氏寫的《天學總論》中，也提到了荷馬。他音譯之為「何默樂」[24]，應該是從上述古希臘音〔hómɛ:ro〕譯成，無關乎馬氏母語法文裡的"Homère"。荷馬名中「馬」這個音節，馬若瑟用「默」字譯

23　嚴復（1854-1921）在1897年譯《天演論》時，音譯「荷馬」為「鄂謨」。我們從他可以正確譯出「赫胥黎」（Thomas Henry Huxley, 1825-1895）之名的第一個音節看來，「鄂謨」他似非由英文音譯而成。嚴復之前，也有人譯荷馬為「賀麻」，唯不知是華人或入華傳教士所為，而此名當然應從英文音而得。到了單士厘（1863-1945）寫《歸潛記》的1910年，她則譯荷馬為「華曼爾」，我想亦應從英文音而來。嚴譯見赫胥黎著，〔清〕嚴復譯，《天演論》（臺北：臺灣商務印書館重印，1987），頁13。單士厘譯見〔清〕錢單士厘著、楊堅點校，《癸卯旅行記・歸潛記》（長沙：湖南人民出版社，1981），頁221。荷馬名的另一個拉丁字母的拼法是"Hómēros"，音〔hómɛ:ros〕，周作人（1885-1967）在民國七年講希臘古典文學時，譯之為今日我們慣用的「荷馬」，但是在民國十八年，他反從希臘音而譯之為「訶美洛思」了。以上俱見《周作人先生文集》裡的《歐洲文學史》（臺北：里仁書局，1982），頁6-18；以及《自己的園地》（臺北：里仁書局，1982），頁252。以上另請參閱本文注66。

24　〔清〕馬若瑟，《天學總論》（巴黎法國國家圖書館藏抄本，古朗氏編號：7165），頁〔9〕。另見《法國圖》，26：491。

之，那麼「阿哩汝」的「哩」字，有可能便是「默」字記音有訛造成，更可能是形近音同的「嘿嘿而行」中的「嘿」字的誤刻。此外，《達道紀言》乃韓雲（1596-1649）筆受，而且係私刻，並未經由耶穌會內的三位審查人「看詳」過，也未經當年的值會批准之，記音有誤或有訛刻之處，高一志本人若沒發覺，韓氏或絳州另一奉教甚篤的段袞(生卒年不詳)家族絕難校出，因為他們並無歐洲語言的背景。

上面我的推測如果站得住腳，那麼「阿哩」原來是「荷馬」，而後世方家對荷馬最早在華現身所下的結論，就有商榷的餘地了[25]。在高一志口中，「荷馬」原名的發音應為「阿默/嘿汝」。我們如此理解，《達道紀言》的冉諾芬尼士世說和《名王名將嘉言錄》的原文除少部分不符外，精神上可謂浹洽無間。至於荷馬「死後」何以仍能供養「一萬餘」人，普魯塔克的本意尚待研究，不過希耶榮意在責備冉諾芬尼士，態勢至顯。高一志的中譯看來「修改」了源文，使故事中的「二僕」和「二千人」形成偶對，倒擴大世說的數位修辭效果。如就高譯的內涵質而再言，他所擬凸顯者當然是「文人相輕，自古已然」這個中外共象，至少所指和「責人易，律己難」有關。歷史上，冉諾芬尼士確實以此聞，而有關冉氏的世說，從明末的一頁「荷馬史」看來，新意較顯的乃希耶榮對荷馬的評價正面。雖然如此，這可是希耶榮之見，若以高一志個人對「美文」者如部分史詩詩行的不悅觀之(《晚明》：330-331)，他個人是否欣賞荷馬恐怕是問號，至少態度不明。

終晚明之世，耶穌會提到荷馬的次數並不多，但看法大致如上，甚至更壞。到了清初，在前及馬若瑟筆下，荷馬就有點「十惡不赦」，頗似柏拉圖《共和國》中的刻畫，似乎認為《伊里亞德》和《奧德賽》都慘遭「誤讀」了，最好束諸高閣。《天學總論》的撰作時間已經到了康熙年間，馬若瑟所寫，我在他處曾經論過(《晚明》：238-240)，這裡不妨重複再引一次：

---

25 黃時鑒整理，〈《東西洋考每月統紀傳》影印本導言〉認為郭實獵之〈詩〉中所提及的「和馬」及其詩為「中文介紹荷馬史詩」的「最早」之作，恐有訛，所謂「最早」者，應為明代的「阿哩汝」（阿默/嘿汝），以及下文我會提及的清初「何默樂」中的相關文字。黃時鑒語見《統記傳》，頁24。

昔〔歐羅巴〕有一賢名曰何默樂，作深奧之詩五十餘卷，詞富意秘，
寓言甚多。終不得其解，反大不幸〔於〕後世之愚民，將何默樂所謳
之諸象欣欣然雕鑄其形，不日攻成大廟以供之，邪神從而棲之，而左
道始入西土矣。君子儒者如畢達我、索嘉德、白臘多等艴然怒而嫉其
蔽，非徒不為之屈，又欲驅而滅之。(《法國圖》，26：491)

　　這段話——甚至包括先前有關《二十五言》與《達道紀言》——裡的論述，
已經重複到了拙作《中國晚明與歐洲文學》裡的論述(《晚明》：238)。但在該
書中我不曾提到的是，在中國史上，馬若瑟首先以「賢」稱呼荷馬，而這可能
和他嫻熟希臘羅馬史詩有關，畢生又以文學為職志[26]。但是一談到《伊里亞德》
和《奧德賽》所刻畫的眾神[27]，馬氏似乎就得效古來天主教的神話詮釋者，評
之為「寓言甚多」。這些「寓言」果然「意秘」而不得其解，馬若瑟認為便得
嚴詞攻之，何況解得有誤，造成「淫祀」之風，徒然會讓「邪神」得逞，那就
「反大不幸」於一般人了。此所以馬若瑟從柏拉圖的《共和國》引蘇格拉底(索
嘉德)迎擊荷馬謳歌的希臘眾神[28]，也抬出史上的畢達哥拉斯(畢達我)與柏拉圖
(白臘多)本人，急欲滅之而後快[29]。
　　馬若瑟提到的「邪神」，陽瑪諾在明末倒曾明白引之，以故我們在《聖經
直解》中可見「西臘」(Scylla)的神話(《三編》，5：2291)，道是某海嶼之名，
其上「多女，美聲絕唱」(《三編》，5：2291)[30]。在《達道紀言》中，我們也可

26　Knud Lundbæk, *Joseph de Prémare (1666-1736), S.J.: Chinese Philology and Figurism*
　　(Aarhus: Aarhus University Press, 1991), pp. 18, 37, and 114.

27　現代版本中，《伊里亞德》和《奧德賽》各24卷(books)，兩詩共48卷。引文中馬若瑟謂
　　之「五十餘卷」，若非他記憶有誤，就是17世紀他所讀的版本分卷有異或馬氏之「卷」
　　另有定義。

28　Edith Hamilton and Huntington Cairns, eds., *Plato: The Collected Dialogues* (Princeton:
　　Princeton University Press, 1961), 600b.

29　畢達哥拉斯(Pythogras)對荷馬的負面看法，可見於Diogenes Laertius, *Lives of Eminent
　　Philosophers*, trans. R.D. Hicks, 2 vols. (Cambridge: Harvard University Press, 1995),
　　VIII.21.

30　A.T. Murray, trans., *Odyssey* (Cambridge: Harvard University Press, 1995), 12.73-126 and
　　12.222-259.

見從老蒲林尼(Pliny the Elder, 23-79 AD)《自然史》(*Naturalis historia*)引出的「歇納」(Sirens)的故事，稱之為「為水中獸，善效人聲，因近而嗑之」[31]。陽瑪諾錯把「西臘」當「歇納」，我曾詳論之(《晚明》：206-208)。但不管中文的故事是否讓牛頭接上了馬嘴，明末部分的中國人確已得悉《奧德賽》中部分的故事，《伊里亞德》也隱含在利瑪竇、高一志的筆下。就《達道紀言》言之，「歇納」的故事還是個連環比喻的一部分，而在《聖經直解》裡，「西臘」島上這些「美聲絕唱」的尤物又如馬若瑟所述，都是「詞富意秘」的「寓言」，蓋她們俱「心欲也」，我們「欲避其害」，就得「勿近而順心欲，勿聾耳而聞其聲」(《三編》，5：2291-2292)。

　　高一志不僅首揭荷馬之名，1630年左右刊刻的《則聖十篇》也率先引述《奧德賽》的部分內容。此書第二篇題為〈譽言乃損〉，頗類龐迪我(Diego de Pantoja, 1571-1618)《七克》(1608)卷一為勸人勿傲而提出來的〈戒聽譽〉一節。荷馬故事照例僅能視為「寓言」，高一志如是說道：

> 古賢嘗作寓言警世云：「昔地海中有妖倡，曰祭兒責，居小島隅，伏瞷四方，歌唱不息。度(渡)海者或迷淫聲，近岸就之，少日，則變為獸類奇醜狀，而不覺不回也。有大師名曰烏利色，有智計，即豫備以蜜臘塞其友之耳，不使媚音入而感懷，乃倖免非命之災矣。」(《法國圖》，4：208-209)

引文中的「地海中」，我們今稱「地中海」，妖倡「祭兒責」當從義大利文音譯，是我們慣以英文發音而稱之的「瑟西」(Circe)，而「烏利色」正是《奧德賽》的主角奧德修斯(Odysseus)的羅馬名「尤利西斯」(Ulysses)的明代音譯。此一故事，高一志說來並不完全符合《奧德賽》第10與第12卷的內容，因為他把有關瑟西的情節和上及「歇納」者混為一談了。儘管如此，瑟西將智多星手下變為豬豕的故事重點，《則聖十篇》倒都和盤托出，難能可貴。同一故事再

31　Pliny the Elder, *The Natural History* (Cambridge: Harvard University Press, 1962), X. 70.

要見請諸中文，則得遲至280年後的清末中國。和陽瑪諾一樣，一遇到希臘神話或荷馬故事，高一志除轉之為寓言外，還會加上寓意總批。瑟西的故事，他的說法是：「世則海也，生人則渡海者。此海中處處時時有侫諛者，不寡矣。愚者為之傾耳且信之，乃蠱惑而失忘其本性本業，竄入於鳥獸之情也。唯智者夙戒防閉其耳，庶免虛譽之災焉。」（《法國圖》：208-209）

荷馬故事之原始者，當然是詩體，拉丁文的「詩藝」，明末耶穌會士也曾以音譯「博厄第加」(poetica)介紹過，出現在傅泛際(Francisco Furtado, 1589-1653)與李之藻(1571-1630)合譯的《名理探》(1631)之中。但從明末到清初，耶穌會士似乎都不重視詩歌或文學裡的美學成分。除了艾儒略譯的《聖夢歌》外，他們偶爾在行文中漢譯西詩，譯得也毫無詩意可言，史詩「伊波斯」(ἔπος/epos)的命運又會好到哪裡去？此一「藝」別雖曾為古人如聖奧斯定所喜[32]，卻「有叛真向偽」的可能[33]，會引人走入歧途，非得想方設法，予以改造不可。

基督舊教的傳教士，就是如上所述在為中國人說荷馬。他們回到古希臘柏拉圖的傳統[34]，尤其回到歐洲中世紀與文藝復興時代新柏拉圖主義的實踐，不但不從史詩之為「詩」的角度看待《伊里亞德》或《奧德賽》，反而從道德或倫理學的角度評度之，此所以荷馬筆下的神魔都變成了「寓言」。如此詮釋或經過這番「寓言性的讀法」，荷馬才能博得「賢」或陽瑪若所稱的「古賢」之名(《三編》，5：2322)[35]。設非如此，那麼耶穌會士譯到荷馬時，非得像利瑪竇滅其口而消其音不可。在中國，荷馬要回復其詩家正面的真身，得俟諸羅馬教會「分袂的兄弟」——亦即基督新教的傳教士——抵華，方得一見，而在時間上，這已遲至19世紀上半葉了。新教傳教士出身複雜，我們再從郭實獵談起，因為如前所述，他在清末首議荷馬，又是中國第二本傳教士雜誌《東西洋考每月統記傳》的編者，也是主要的撰稿人。

32　Saint Augustine, *Confessions*, trans. Henry Chadwick（Oxford: Oxford University Press, 1991）, I.xiv（23）.

33　以上有關「詩」與「藝」之說，俱見傅泛際譯義，李之藻達辭，《名理探》(2冊。臺北：臺灣商務印書館，1965)，頁4-5。

34　Cf. Jaeger, *Paideia: The Idea of Greek Culture*, 2: 15-34.

35　Cf. Lamberton, *Homer the Theologian: Neoplatonist Allegorical Reading and the Growth of the Epic Tradition*, pp. 1-43.

1837年（道光丁酉年）正月號的《東西洋考每月統記傳》上有《詩》一文（《統記傳》：195），觀其文風與筆意，應為郭實獵所寫[36]。他像16世紀末利瑪竇批評中國人鮮適外國，不諳外語一樣（李輯，1：378），對這種「中國中心論」（Sinocentrism）從文學的角度大肆撻伐，斥責中國人唯讀自家詩歌如李白之作，對於「歐羅巴詩詞，忖思其外夷，無文無詞」，所以從明末以來就略之不讀，正可悲，又可嘆！歐羅巴實則「興詩流傳於世，自商迄今，詩翁顯世」，而「詩書萬世之法程於是乎備，善意尤然感物而興起，豪烈豪氣於是乎興」，甚至於各家編輯所輯都「無美不備」，正「可恨翻譯不得之也」！（《統記傳》：195）就在議論西詩法程全備而表現上無美不具之前，郭實獵談到了荷馬，譽之為西方「詩中之魁」。較諸今日的音譯，郭氏當時的譯名有一字之差。他先作「和馬」，後譯「何馬」：

〔歐羅巴〕諸詩之魁，為希臘國和馬之詩詞，……。希臘詩翁推論列國，圍征服城也，細講性情之正曲，哀樂之原由，所以人事決下天道，和馬可謂詩中之魁！此詩翁興於周朝穆王年間。歐羅巴王等振厲（勵）文學，詔求遺書搜羅。自此以來，學士讀之，且看其詩，相垺無少遜也。（同上）

郭實獵乃來華新教傳教士中的梟雄，連教中人對他都褒貶不一，不過韓南（Patrick Hanan）所謂新教的「傳教士小說家」中，我們仍得推郭氏為第一，對文學的認識絕不在同志之下[37]，而上引這段話更可謂行家言，也不再從舊教慣用的宗教與倫理學的角度批評荷馬，抑且承認英雄行徑才是史詩歌頌的對象。

---

36 這一期或隔期的《東西洋考每月統記傳》已西移到新加波的堅夏書院續刊，然而郭實獵仍為編委會的主力，在廣州遙控編務，並為之撰稿，見黃時鑒，〈《東西洋考每月統記傳》影印本導言〉，在《統記傳》，頁9-13。〈詩〉中對中國人以「夷」稱呼西方人頗不以為然，和《東西洋考每月統記傳》首期的序言遙相呼應，見《統記傳》，頁3；另見姚遠、張銀玲，〈東西洋考每月統記傳的編輯特色〉，《編輯之友》5（2001）：62-63。

37 Patrick Hanan, *Chinese Fiction of the Nineteenth and Early Twentieth Centuries* (New York: Columbia University Press, 2004), pp. 61-70. 另參陳虹，〈郭實獵評傳〉，《圖書館雜誌》5（2004）：72-75。

　　郭實獵前後的中國時人中，眼界之寬闊者首推魏源(1794-1857)，郭氏上引所謂「圍征服城」者，《海國圖志》(1843-1852)略曾引來一陳，而且是史實文學混而視之：「商太丁二年，〔希臘人等〕結群相鬥，圍古城陷之，其國詩人能述其事。」[38] 魏源所稱的「詩人」，當然指荷馬，而他自稱上引係取材自或為馬禮遜(Robert Morrison, 1782-1834)、馬儒翰(John Robert Morrison, 1814-1843)和馬理生(Martin C. Morrison, 1826-1870)父子三人所著的《外國史略》(1840年代完成？)[39]。若就魏氏之以史實與文學看待尤屬《伊里亞德》的「故事/故史」觀之，《外國史略》上這一部分[40]，大有可能借鑑自郭實獵發表在道光戊戌年(1838)二月的〈希臘國史〉一文，因為這篇長文一視「何馬」史詩為希臘「國史」，卻又評之為語雖「美矣」，卻「無憑據」(《統記傳》：327)，頗類再前一個月應該也是他所寫的〈希臘國史略〉之將傑生(Jason)、赫丘力士(Hercules)與奧迪帕斯(Oedipus)等神話或悲劇中人「入史」一般(《統記傳》：312-314)。《希臘國史》由實入虛，首述希臘人可能源自歐洲東南或亞洲西南[41]，而就在那歷史煙遠而不復為人記憶之時，我們今日所稱的「海倫」(Helen)出世。其美無與倫比，郭實獵以中國言情說部之筆，形容她「嬌如羞花，描眉如春山」。海倫長而為麥西尼國王孟內勞斯(Menelaus)迎娶，變成「娟若海棠，目秀眉清」而仙姿綽約的一國之后。但她也因其貌美而「招人耳目」，遂為「特羅呀」(特洛依)王子派里斯(Paris)輕率挑之，私奔而去，因而興起特洛依圍城十年的詩詞稗官。蓋「騷人儒客，取此圍城之情節，高興題詩作賦，言不盡唱喝之歡」。觀諸郭實獵的敘說，他所述的「騷人儒客」無他，分明就是「何馬詩翁」(《統記傳》：326-327)。

38　〔清〕魏源，《海國圖志》(百卷本)(3冊。長沙：嶽麓書社，1998)，2：1367。郭實獵的《希臘國史》謂木馬屠城，希臘人「凱旋」回國的史詩結尾，事已遲至「商朝帝乙七年」了(見《統記傳》，頁327)。

39　有關《外國史略》的作者問題，參見鄒振環，〈《外國史略》及其作者問題新探〉，《中山大學學報(社會科學版)》5(廣州，2008)：100-108。

40　署名〔清〕馬禮遜，《外國史略》，見王錫祺輯，《小方壺齋輿地叢鈔再補編》第12帙(上海：著易堂，1877?)，〔希臘國史略頁1〕。

41　這個說法後為多數中國輿地學者所取，敘說尤詳之例子見〔清〕余繼畬著，宋大川校注，《瀛寰志略校注》(北京：文物出版社，2007)，頁186-194。

上述《伊里亞德》這段故史事因海倫而起,而「圍征服城」在郭實獵筆下也已變成了「希臘國史」:他以小說家的文言筆法寫了近一千五百字,而其縷述之精,清代新舊兩教的傳教士中,無人可與比肩。他首先敘述希臘聯軍因故而戰帆不啟,不過既至特洛依,派里斯畏戰而又不得不戰,果為孟內勞斯所敗。派里斯之兄海克特(Hector)繼而率部再戰,最後因與希臘第一勇士阿基力士(Achilles)對陣,不敵而亡。阿基力士「將屍縛諸車」,飛疾蹂躪。海父普萊姆(Priam)見此「痛慘無地,心癈膽裂」,乃「立志赴敵營,伏求乞還」其子之屍。他「滿腔懷悲」,終於「言動鐵石之心」,蓋阿基力士見之「亦慟」,遂「解仇」而任由普萊姆攜子返城,「心內成灰」。待干戈再啟,希臘聯軍仍難破城,幸賴「狡猾君」奧迪修斯「百般用計,……造巨木馬像,內空藏兵」,使特洛依人迎之入城,待夜半再潛行而出,展開殺戮,而木馬屠城之計既售,希臘人遂「凱旋焉」(《統記傳》:326-327)。

上面有關《伊里亞德》的故事,郭實獵有評曰:「何馬詩翁之文詞卓然大雅,語譯華言甚難焉」(《統記傳》:327)。後面這句話,我們合《希臘國史》另外所稱的「余竊其語而述其略」思之(《統記傳》:326),實寓深意,啟人興味。郭實獵以「竊」字形容筆下,我想他手邊應有《伊里亞德》參考,然後夾「譯」夾「述」,摘要重彈從海倫淫奔而到木馬屠城,甚至是到特洛依官民妻離子散的人間慘劇。至於《詩》中郭實獵所謂史詩「細講性情之正曲,哀樂之原由」,則亦已把《伊里亞德》——包括《奧德賽》——中人的「性情」表出,甚至以「人事浹下天道」暗示特洛依城圍城十年的原因所在,亦即《奧德賽》中「歇納」唱出來的如下哀歌:

> 我們知道,所有特洛依人和希臘人,
> 都在諸神的意志下受苦受難,
> 而這一切,都發生在〔特洛依〕那廣土沃野之上[42]。

---

42 Homer, *The Odyssey*, with English translation by A.T. Murray, vol I (Cambridge: Harvard University Press, 1984), XII. 189-191.

希臘人與依里翁('Ίλιον/ Ilion)的英雄鑫戰不已，戰後又有人離鄉漂泊，凡此都因奧林帕斯雲巔或愛琴海深淵中那眾神棋盤上黑白離離的棋子擺布所致：「人事」乃由「天道」決定。亦因此故，英雄才有其為人尊敬的一面：他們明知自己身陷命運的網罟，依舊昂然面對，毫不退縮，而且愈挫愈勇，人格之高尚令人興敬慕與景仰之忱。所以縱為木馬屠城，其事也關乎希臘諸神的爭執，特洛依眾將哪能置喙？伊里翁城破，他們血濺沙場，氣數已經天定，而這點即使是聖奧斯定也都為之叫屈不已[43]。郭實獵生在奧氏之後千餘年，於此他應該也有同感。《希臘國史》指出荷馬詩中這一特色，而且認為較諸歐羅巴諸王已經搜得的上古「遺書」，《伊里亞德》與《奧德賽》殆無遜色，歷代「學士」眾議僉同。

對郭實獵而言，西方文學史上唯一可與荷馬諸作相埒者乃英人密爾頓（John Milton, 1608-1674）的《失樂園》。他總評其詞曰「力壯，筆力絕不類」，而「詩流轉圜，美如彈丸」，所謂「興觀群怨」，畢集於斯（同上）。誠哉郭評！然而郭實獵對《伊里亞德》與《奧德賽》的觀察才真是力透紙背。天主教痛斥荷馬，詬之病之，他們「分袂的兄弟」卻頌揚有加，其間才閱兩百寒暑，能令人不興歷史變革之大之速之嘆嗎？

19世紀前期來華的西方傳教士當然不止郭實獵一人，對荷馬卓有認識者另有其人，而依我看來，最值得再談的是倫敦傳道會（London Missionary Society）的英國會士艾約瑟（Joseph Edkins, 1823-1905）。1838年，《東西洋考每月統記傳》壽終正寢後，倫敦傳道會另刊《遐邇貫珍》（1853-1856），不過在中西文學關係史上，這本雜誌功在密爾頓的詩與《伊索寓言》的譯介，幾乎不著一字於荷馬。但是到了1857年，墨海書館旗下的偉烈亞力（Alexander Wylie, 1815-1887）開始主編《六合叢談》，局面丕然改觀。從第一期開始，《六合叢談》就刊出系列西洋文史的介紹，而其首篇便是艾約瑟所寫攸關荷馬的〈希臘為西國文學之祖〉[44]，其中荷馬之名一仍郭實獵時代的舊貫，作「和馬」。

43　Saint Augustine, *The City of God*, III.2.
44　〔清〕艾約瑟，〈希臘為西國文學之祖〉，見沈國威編著，《六合叢談・附解題・索引》（上海：上海辭書出版社，2006），頁524-526。沈編以下簡稱《六合》。

　　艾約瑟此文為劃時代之作，對希臘文學介紹之詳，前無古人，而幾乎打一開頭，艾氏便談及史詩，並舉楊慎(1488-1559)的《二十一史彈詞》以模擬之：「初希臘人作詩歌以敘史事，和馬、海修達二人創為之，餘子所作今失傳。」（《六合》：524）「海修達」就是前述「赫西奧德」，史上以善為「農事」與「鬼神之事」之詩著稱[45]，至於和馬或荷馬，艾約瑟比之為杜甫(712-770)，又因杜氏「作詩關係國事」，有「詩史」之稱，從而把史詩詩人也如此中譯了。《二十一史彈詞》放筆悲歌，雄壯淒涼，譜來淋漓酣暢。楊升庵薈萃古來諸史，高唱那「龍爭虎鬥幾春秋，何人肯向死前休」？是以「賢愚千載知誰是，滿眼蓬蒿共一丘」[46]！彈詞中如此的命定感，就杜甫為生民請命，以史入詩的風格觀之，想來也會滿懷同意。若不談史詩中眾神介入，靈異盈篇，艾約瑟宜乎其比，文學眼力果然不凡。

　　〈希臘為西國文學之祖〉中，艾約瑟還補了一句話，藉以強化歐人以詩詠史的傳統之盛：「西國……真有詩史也。」而說其始也，這「詩史」現身，「時當姬周中葉」，和郭實獵的說法相去不遠，雖然詳略不同。艾約瑟繼之又道史詩「傳寫無多，均由口授，每臨勝會，歌以動人」（同上頁）。此地艾氏所述，當然是希臘史詩的流傳模式，包括吟唱的時節與地點，而我們從《奧德賽》第八卷亞西諾王(King Alcinous)宮中吟唱史詩以招待來客觀之，或從《伊里亞德》第二卷阿基力士在帳中自彈自唱，扮起吟遊詩人推之[47]，確實也應該如此。〈希臘為西國文學之祖〉接下來，艾約瑟就從正面為中國人說起荷馬來：

　　　　和馬所作詩史，傳者二種。一《以利亞》，凡二十四卷，記希臘列邦
　　　　破特羅呀事。一《阿陀塞亞》，亦二十四卷，記阿陀蘇自海洋歸國事。
　　　　此二書皆每句十字，無均（原注：古「韻」字），以字音短長相間為步，

45　艾約瑟，〈希臘詩人略說〉，見《六合》，頁556。「農事」之作應指赫西奧德的《工作與
　　時日》(*Works and Days*)，而「鬼神之事」則喻所作《希臘神譜》(*Theogony*)。

46　〔明〕楊升庵（楊慎）編著，孫德盛輯注，楊達奇增訂，《二十五史彈詞〔輯注〕》（臺北：
　　老古出版社，1978），卷第一，頁1。

47　Homer, *The Odyssey*, VIII. 467-550; Homer, *The Iliad*, translated by A.T. Murry, vol 1
　　(Cambridge: Harvard University Press, 1988), II.9.189.

五步成句（原注：音十成章，其說類此），猶中國之論平仄也，和馬遂為
希臘詩人之祖。（《六合》：525）

　　所謂《以利亞》，當然指《伊里亞德》，而「特羅呀」文前已及，就是「特
洛依」。《以利亞》一題，應從希臘文而來（Ιλιάς/Iliás），至於《阿陀塞亞》或
《奧德賽》一詩，可想艾約瑟從希臘文音譯而成（Ὀδύσσεια/ Odysseia）。上引文
中的介紹，形式與內容兼具，而艾約瑟當然也有打盹的時候，下文再詳。

　　1857年《六合叢談》第1卷第20號（咸豐丁巳年十一月）上，艾約瑟另有〈和
馬傳〉一文，專論荷馬，頗可代表從古希臘迄19世紀西方古典文學界對「荷馬
問題」的認識，詳實有趣，當然也是中國首見。艾約瑟首先承認「和馬者，不
知何許人也」，既而提出生年問題，但他也只敢說個約數。至於荷馬的出生地，
艾氏之說略同今人，亦即希臘雖有七個城邦爭傳為荷馬的故鄉，但只有小亞
細亞的「士每拿城」（Smyrna）和靠近以弗所（Ephesus）的「基阿島」（the island of
Chios）最有可能。就希臘人種而言，荷馬本為「以阿尼人」（Ionian），先世遷自
希臘本土，首居之地為以弗所，其後移至「文風頗盛」的士每拿。在希臘史上，
以弗所的以阿尼人嘗為「愛鳥（烏）利人」（Aeolian）所逐，而「愛鳥利之先世戰
勝特羅呀事，流傳人口，和馬雖以阿尼遺種，而籍隸士每拿，亦每聞而知之。
會士土離亂，避居基阿，子孫家焉」。是故希臘語言雖有四種，《伊里亞德》與
《奧德賽》卻是「半用愛鳥利，半用以阿尼方言」混合吟就，乃「希臘群籍之
祖」也（《六合》：698）。

　　《伊里亞德》與《奧德賽》的故事，〈希臘為西國文學之祖〉有所述，但
〈和馬傳〉敘之較詳，奧德修斯的遭遇說之尤精，而這種種又具歷史意義，值
得我們長篇徵引：

《以利亞》詩言：亞基利斯其始怒希臘人，不與之共攻特羅呀。特羅
呀人赫格多爾為暴於亞基利斯之黨，亞基利斯亦怒而復仇，殺赫格多
爾。特羅呀勢遂衰，未幾城破……。《阿陀塞亞》詩中言：以加大國
王阿陀蘇自攻破特羅呀後，歸國周行希臘海中，自東至西，時已離都

十年，國事雜亂，世子出奔尋父，阿陀蘇歸途遇颶，漂流海中有年。
鄰國諸王貴人度彼已死，咸來求婚於王妃，入其宮，據其產。阿陀蘇
返至本國，乞食於田家，遇其子，與之偕歸。群不逞之徒以為乞人也，
眾辱之。一老犬識其主，歡躍大嗥；家人出援之，乃得入。王妃以阿
陀蘇之弓傳觀於眾，曰：「有能開此弓者，妾請夫之。」眾嘆嗟，卒
莫能開。阿陀蘇遂前，手弓注矢，射諸王貴人，盡殺之……。（《六
合》：698-699）

艾約瑟撮述的情節，有關《伊里亞德》者比較符合史詩吟唱的路數，一開頭就
談到「阿基利士之怒」(the wrath of Achilles)。易言之，艾約瑟也跟著荷馬史詩
的手法傳統(conventions)而「攔腰起述」(in medias res)了[48]，繼之才有阿基力士
之「黨」派屈克里士(Patroclus)被殺而令阿氏憤而出戰一事。談《奧德賽》一
段，多少也如此，以故乃自特洛依城破後，奧迪修斯在海上漂泊的最後一年談
起。返鄉途中的奇遇或巨難，艾約瑟倒都省略之。不過最後高潮的張弓復仇，
他卻縷述甚詳，連舊犬識主都沒有放過。一如前述，人間發生的這些高貴而又
令人心酸的往事，史詩每歸之於眾神的擺布。這點艾約瑟體之亦深，〈和馬傳〉
歸結《伊里亞德》，因此提到不少奧林帕斯山上的巨神，有「丟士」(Zeus)者，
「似佛經中帝釋，居諸天之首」；有「希耳米」(Hermes)者，「似佛經中諸天，
為丟士所使者」；而「丟士之婦曰希里」，亦即現代人中譯的「希拉」(Hera)：
「又有戰鬥之女神，曰亞底那」或「亞典娜」(Athena)。談到《奧德賽》，則
謂其中諸神幾「在虛空中，且其名目亦稍異」，暗寓詩中主要角色多神使、寧
芙(nymph)或海妖等仙魔，奧林帕斯巨神出現者並不多。艾約瑟乃基督教士，
他比希臘眾神於釋教的神佛，其實就像明清之際耶穌會士以佛教為主要敵人，
每比諸佛於妖魔，也帶有教爭的味道，所以語多負面，甚有不值之意。至於郭
實獵的〈希臘國史〉，眾神的爭執他幾乎不談，但敘人間本色，不言褒貶而褒
貶盡在其中。艾約瑟的評價，則在《伊里亞德》與《奧德賽》都「好言鬼神之

48　Northrop Frye, et al., eds., *The Harper Handbook to Literature* (Cambridge: Harper and
　　Row, 1985), p. 242.

事」一語上（《六合》：699）。

這裡所稱「鬼神」或「眾神」之事，我們若不健忘，呼應的不啻清初馬若瑟的荷馬之見，而郭實獵另文〈希臘國史略〉也有類似貶意：希臘本土之族欽崇「菩薩」，而「所崇之神明，俱是木偶石像。其異端流至後世，詩翁題詩作賦，以無稽之誕，吟詠異神，且迷惑世人，其關係重大」（《統記傳》：312）。《六合叢談》第1卷第3號（咸豐丁巳年三月）上的《希臘詩人略說》中，艾約瑟對此仍有短評，道是「希臘雖為聲明文物之邦」，而且「其詩學已可見一般」，但荷馬之時，「耶穌尚未降世，各國人情未免昧於真理，不知歸真返璞，全其天性」矣！（《六合》：557）易言之，《伊里亞德》或《奧德賽》以「詩」讀之，可也，而且應該鼓勵，但若論及其中諸神或鬼神，又是「淫祀」之屬，攻之伐之，絕不為過，不能手軟。

細讀艾約瑟這三篇涉及或專論荷馬的文章，我覺得最令人激賞的地方，是猶處咸豐在位的1850年代，在中國絕大多數人連拉丁字母都未曾之見的情況下，艾氏就知道縱使談的是希臘文的詩歌，他也應該為中國人說音韻。〈希臘為西國文學之祖〉中，他已經牛刀小試了一番，但那篇文章畢竟不是荷馬的專論，而且文中也把荷馬開創的六步格（hexameter）說成了五步格（pentameter）。〈和馬傳〉可不然，艾約瑟不僅訂正了幾個月前自己所犯的舛誤，而且還有更詳細的解說：

〔《伊里亞德》與《奧德賽》〕各二十四卷，〔每〕卷六、七百句，〔每〕句六步。〔一〕步或三字，或兩字，以聲之長短為節。前四步，一長聲，二短聲，或二長聲。第五步，一長二短。第六步，二長。長短猶中國平仄也，後希臘羅馬作詩步法准此，和馬又為詩人鼻祖云。（《六合》，頁698）

引文最後所稱的「詩人」，尤指「史詩詩人」，因為《奧德賽》以降，包括從赫西奧德到維吉爾（Virgil, 70-19 BCE）或奧維德（Ovid, 43 BCE-17 AD）等希臘、羅馬的史詩詩人，殆循荷馬立下的規模，都用六步格（hexameter）吟唱或書寫。

英國因為有其語音的限制,史上出現的史詩倒罕用類此體式。儘管如此,17
世紀古典詩風吹到了英倫,德萊登(John Dryden, 1631-1700)等人也曾將英雄雙行
體(heroic couplet)由五步格變為六步格,使之融入各自的田園詩中,形成另類
的抒情詩種。英詩中的「六步格」,從亞歷山大大帝之名或12世紀巴黎某同名
的詩人(Alexander of Paris)之名而另有「亞歷山大體」(alexandrine)之稱。

　　荷馬用的「六步格」,艾約瑟首談「音步」,謂之即中國詩中「平仄」的概
念。每一個音步,若非由三個希臘字構成,就是由兩個組成,而以聲之長短區
別之。《伊里亞德》或《奧德塞》中每行詩的前四個音步,俱由「一長聲,二
短聲」(dactyl)或「二長聲」(spondee)組成。艾約瑟所謂「聲」,指「音節」
(syllable),而其每行之變化始自第五個音步,乃一長聲二短聲,然後在第六個
音步才改為二長聲[49]。艾約瑟這裡沒有講到的是:史詩換行或詩句(verse)改換
時,通常會有一「轉」(enjambment),而行中每每也會在語意上有個「頓」
(caesura)。由上列因素構成的「揚抑抑六步格」(dactylic hexameter)的「平仄」
(metrics)或「節奏」(rhythm),因為肇端自《伊里亞德》,西方史上又稱「英雄
詩行」(heroic line)或「英雄六步格」(heroic hexameter),《埃涅阿斯紀》(*The Aeneid*)
及《變形記》(*Metamorphosis*)等後世史詩都沿用之(《六合》:525),例外者極少。

　　荷馬者,何許人也?這個「荷馬問題」的基本問題,艾約瑟說得還自在,
雖也不脫今天的西洋古典文學家的意見。但荷馬者,何時人也?艾約瑟的答案
就翻來覆去,差異頗大了。〈希臘為西國文學之祖〉猶稱荷馬為「姬周中葉」
人,〈希臘詩人略說〉即謂之生於「耶穌降生前九百餘年」,乃「中國周孝王時
人」(《六合》:頁556),而這兩個說法大抵都不離郭實獵所稱的「周穆王」時
代。話再拉回〈和馬傳〉,艾約瑟打伊始就花開二枝,時差確大:一謂荷馬生
於「耶穌前一千一百八十四年,當中國殷王帝乙時」,呼應了〈希臘國史〉之
說;一謂他生在紀元前「六百八十四年」,乃「周莊王時人」(《六合》:698)。
凡此說法,〈希臘詩人略說〉所本應該是紀元前5世紀的希羅多德(Herodotus,
c. 484 -*c.* 425 BCE),因為希氏的《歷史》(*The History*)明陳他「相信荷馬和赫西

49　N.G.L. Hammond and H.H. Scullard, eds., *The Oxford Classical Dictionary*, 2nd ed. (Oxford:
　　Oxford University Press, 1970), p. 680.

奧德都生於」他的時代之前「四百年，而且不會早於這個時間點」[50]。希羅多
德的說法，大致已為現代學界所接受。

　　生地與生年之外，當然還有個開篇時我即曾提及的問題：荷馬史詩是否都
是荷馬吟唱所得？問題的答案，艾約瑟答得「模稜兩可又堅定」：《伊里亞德》
與《奧德賽》「兩詩〔各〕二十四卷，非出自一人手筆」。他如是定調後，由版
本再開談，而說其始也，「雅典國」暴君「比西達多」（Peisistratus, c. 6th Century-527?
BCE）居功最偉，因為他曾「細加校勘」，為荷馬史詩勘訂定本。艾約瑟繼而再
引「乾隆時」德國學者「烏爾弗」（Friedrich August Wolf, 1759-1824）之說[51]，認
為「當時希臘人未知文字，所作詩歌皆口耳相傳，非筆之於書，故一人斷不能
作此二十四卷之詩也」。儘管如此，而我們話說回來，「此二詩」是否又「為眾
人合作」的結果？艾氏的答案仍然是「非是」（同上）！原因是我們若「統觀二
詩，敘事首尾相應，當出一人手筆」。至於最後的看法，則出自上文所引的「詩
中好言鬼神」這件「可疑」之事。艾約瑟回頭溯至「希臘人用兵時，每以神之
喜怒，卜戰之勝負」，而「《以利亞》詩中言諸神居一山頂，去地不遠」，名曰
「阿林布山」（奧林帕斯山），「猶佛教所云須彌山」。然而在「《阿陀塞亞》詩中，
諸神則在虛空中，且其名目亦稍異」。是以「以此度〔之〕」，兩詩又「非出一
手也」（《六合》：699）。艾約瑟左拉右扯後所下的定論，實則仍為荷馬研究界
的老生常譚[52]，在清末考據成風的中國卻是地道的澥外奇談。

　　從《六合叢談》看來，艾約瑟對荷馬所下工夫必然不少，一連三篇，而除
了「遠鬼神」外，篇篇都以美言讚之。〈希臘為西國文學之祖〉尊荷馬為「希
臘詩人之祖」，文前已及。〈希臘詩人略說〉則謂「其詩可以見人心之邪正，世
風之美惡，山川景物之奇怪美麗」。至於詩中之「紀實者」，艾氏評之曰「半出
自匠心，超乎流俗」，所謂機杼獨出者也。他最後所寫的〈和馬傳〉，則極盡美

50　Herodotus, *The History*, trans. David Grene（Chicago: University of Chicago Press, 1987），
　　2.53.

51　Cf. C.M. Bowra, *Homer*（London: Gerald Duckworth, 1979）, p. 4.

52　See, e.g., Hammond and Scullard, eds., *The Oxford Classical Dictionary*, p. 525. Also see
　　John Boardman, et al., *The Oxford History of the Classical World*（Oxford: Oxford
　　University Press, 1986）, pp. 50-75.

言之能事，以中國評點家的筆法先批《伊里亞德》，譽之為「金戈鐵馬，筆勢粗豪」，而《奧德塞》呢？艾氏的評語如下：「玉帛衣冠，文法秀潤。」（《六合》：556）

　　兩詩一剛一柔，似成對比，但不論是《伊里亞德》或《奧德塞》，「泰西武人」都愛之而不忍釋手，像《三國演義》之於入關前後的清人一樣，乃以「兵書」奉之[53]。文前我嘗提到明末天主教士高一志的《達道紀言》與《勵學古言》，其中有關巾箱本荷馬史詩的兩條世說，在〈和馬傳〉中我們又聞得迴響，其聲高亢：艾約瑟這個基督新教的傳教士，也拿舊教譯過的同一歷史傳奇總結自己的荷馬論述，儘管細節和高一志的傳本稍異：「馬其頓王亞力山大」每以「和馬二詩，置為枕中秘云」耳（《六合》：699）[54]。

　　《六合叢談》以後，來華新教教士也曾在《萬國公報》等其時盛行的教會雜誌上談過荷馬。下面僅舉一例，以概其餘。林樂知（Young John Allen, 1836-1907）主編《萬國公報》，志在瀹啟中國民智。他論及西方國俗，每以中國傳統對比之。奧迪修斯在外漂泊十年，一心返鄉，而皇后潘尼羅珀（Penelope）茹苦守節，令人感佩，林樂知曾譯〈論歐洲古今女人地位〉一文，概述其事，而且大有方之中國《烈女傳》之意，講來又似啟牖中國劣俗的證道故事（exemplum）一般，其目的當在闡揚基督宗教從明末以來即極力宣導的一夫一妻制[55]。〈論歐洲古今女人地位〉中，林樂知的譯筆下故有「希臘國俗定立獨娶一女之例」之說，也標舉「希臘古傳古詩中所載女子忠孝節義之故事」多端，令中國人讀而「驚奇嘆賞」。潘尼羅珀與奧迪修斯的故事，也就如此這般設為耶穌之「教」的明證：「古時……有節婦本納羅庇（潘尼羅珀），其夫〔奧迪修斯〕越海出征，多年不回，杳無音信。本氏望夫歸家之心，十餘年不改其初。其夫人在外，亦深

53　有關清人與《三國演義》的關係，見馬祖毅，《中國翻譯史》（漢口：湖北教育出版社，2009），上冊，頁385。

54　有關艾約瑟的「荷馬論述」的討論，較簡略者另可見何紹斌，《越界與想像：晚清新教傳教士譯介史論》（上海：三聯書店，2008），頁244。不過何氏認為艾約瑟此地的「荷馬論述」不以「文學」為目的，我則歉難苟同。

55　參見李奭學，《譯述：明末耶穌會翻譯文學論》（香港：香港中文大學出版社，2012），頁144-145。

信其妻之堅心守節，千古傳為美談。」[56]

林樂知此地轉述的《奧德賽》故事一端，當然精確，補足了艾約瑟〈希臘為西國文學之祖〉中有關《奧德賽》書旨上的一大不足之處。但為強調奧氏夫妻二人的冰清志節，奧德修斯在卡莉普索(Calypso)仙島上的風流奇遇（第一及第七卷），林樂知或他所傳譯的「美國女士美而文」當然就避而不談。這位「美而文」女士，我迄今仍不知其人身分，但以《萬國公報》在清末影響力之大，潘尼羅珀與奧迪修斯的故事在其時當真應該「傳為美談」！1906年3月這期的《萬國公報》乃論述歐美婦女地位的專號，荷馬史詩吟唱的潘尼羅珀的故事，作者與譯者顯然都作寫實觀，視之為歐洲歷史信而有徵的一部分。

雜誌以外的傳教士專書中，敘及荷馬者亦有之，以下謹舉二例，略為一說。光緒癸未年(1883)，丁韙良(William Alexander Parsons Martin, 1827-1916)遊歷歐美返華，夥同同文館學生著《西學考略》一書，便有數語再談荷馬其人，丁氏稱之為「瞽者賀梅爾」。荷馬目盲，此事在西方史上流傳已久，《奧德賽》或為其說之始，因為在亞西諾王宮中吟唱特洛依故事的史詩詩人德莫多古士(Demodocus)本身雙眼俱瞎。有趣的是，我所見《西學考略》之前的傳教士著述，從來沒有提過此事，所以在中國，「瞽者」荷馬之說，丁韙良可能是首倡者。《西學考略》繼之又說荷馬「擅絕世之才，歌詠諸邦戰跡，庶民心感，多默識之」。丁韙良還看出「東周之時」，泰西「士人」嘗仿荷馬的「體裁為詩」，而「亦有因之，別為戲文者」[57]。丁氏這裡所議，其實已逮西元前5世紀雅典盛世的荷馬仿詩(Homeric poems)如《蛙鼠鬥》(*Batrachomyomachia*)等等，當然也涉及了悲劇詩人如伊斯奇勒士(Aeschylus, *c.* 525-456 BCE)的《奧勒斯提亞》三部曲(*The Oresteia*)等劇。丁韙良出身美國長老會，先後為同文館與京師大學堂的總教習。他的專業是法律，不是文學，但文學史知識之豐富，當不在先他蒞華的傳教士如郭實獵等人之下。

---

56 〔清〕林樂知著、任保羅述，〈論歐洲古今女人地位〉，《萬國公報》189（光諸甲辰年〔1904〕9月），頁4b。

57 〔清〕丁韙良，《西學考略》（北京：總理衙門，同文館聚珍版，1883），見續修四庫全書編纂委員會編，《續修四庫全書》（上海：上海古籍出版社，1995-2002），子部‧西學譯著類‧1299，頁708。

　　如就專書再言，新教傳教士於荷馬仍有貢獻，而其首要者，我以為仍推前述艾約瑟。光緒廿四年（1898），上海圖書集成印書局刊行艾輯《西學啟蒙十六種》一套，其中不乏涉及荷馬的著作，然而就其犖犖大者而言，當又屬艾約瑟所著的《希臘志略》。此書第2卷第6節專論荷馬史詩，較諸《六合叢談》時代，變化較大的是此時艾約瑟棄郭實獵至《六合叢談》時常見的「和馬」或「何馬」不用，反而改向丁韙良看齊，拉長尾音而以三個字譯荷馬之名為「和美耳」，而《伊里亞德》與《奧德賽》譯得就較近似英文之音了。史詩中重要人名如前及「普萊姆」（「伯利暗」）、「派里斯」（「巴厘」）、「米內勞斯」（「米尼老」）、「海倫」（「赫蘭」）等等，皆已如數音譯而出。至於希臘群雄中那「桓桓赳赳」的「亞基利」（「阿基力士」）和特洛依眾將中那「赫赫烈烈」的「赫革多」（「海克待」）之名，那就不用多說了！不過艾約瑟的「出場人物表」依然瑕疵不免，例如「巴厘」的兄長「赫革多」，他就誤記為「巴厘」之「弟」[58]，使「伯利暗」的「長子」變成了「次子」。

　　撰寫《希臘志略》這一刻的艾約瑟，仍然十分重視史詩的情節，但在分析上，他則棄文學不論，以為史詩所述並非「實事」，但也承認「觀其書，可賴以知賦其詩時，希人曩〔昔〕所有之風土人情，勵行持家諸事」。艾約瑟也因荷馬詩而對比剖析了希臘各邦的政教制度，謂其時「國王」與「族長」皆可為「祭司」，集政教大權於一身：「和美耳詩道及民事處極少，蓋可節制王權，使不能獨擅者，惟執政人並各族長，非平民也」。易言之，希臘諸邦所行乃貴族式的寡頭民主政治，「議國事時，傳集其數人，可依己意抒言論。王決國事，雖未必盡依其論議。既有會商事務之責，君王威權自稍減耳。」此中唯「平民不准擅發言」，是以《奧德賽》中平民「代耳西低」（Thersites）發言干政，奧德修斯「從重撻」，而百姓則視之為理所當然也。雖然如此，艾約瑟依舊認為「當和美耳時，希臘亦有極多美俗，家庭中父母子女，長幼尊卑，俱互親睦。子女於父母前，極孝敬恭順，夫敬重妻室，不惟較他國有加，即後時希臘本國人亦不及也」。艾氏的結論是荷馬時人「友誼敦篤，主僕互愛，誠為太和景象

58　見艾約瑟，《希臘志略》，頁3。此書收為〔艾編〕《西學啟蒙十六種》之一（上海：圖書集成印書局，1898）。

耳。」[59]

　　由上面的節錄，我們可知《希臘志略》中為數頁餘的荷馬專論，艾約瑟所重已由《六合叢談》時代的文學改為倫理與政治，尤其是後者：一句希臘國事乃由眾人議決，而「君王威權自稍減耳」，便道盡了多少艾儒略的心事。《希臘志略》出版的1890年代後期，如此轉變其實有跡可尋，想來應和中國變法維新如火如荼的時代氛圍有關。19世紀傳教士入華，「傳教」以外，「啟蒙」乃其主要關懷，以期變化社會，改革中國傳之數千年的君主專政。艾儒略和丁韙良一樣，出身乃西方民主政治最盛的國家之一，在華縱然不敢提倡直接民主，但變法維新強調所在的「君主立憲」與「寡頭式民主政治」似乎仍可借荷馬史詩一澆心中塊壘。此外，《希臘志略》既屬《西學啟蒙十六種》之一，政風民俗的強調之勝過文學，似乎也順理成章，可以想見。郭實獵以外，歐美新教傳教士之重荷馬而善用史詩者，艾約瑟實不作第二人想。

　　純就翻譯言之，民國以前郭實獵在〈希臘國史〉中確曾夾「譯」夾「述」過《伊里亞德》，但大約同時，郭氏在所著《敲開中國的大門》（China Opened）一書第12章中也曾表示，中國的語言與修辭不夠華麗壯觀，不比南亞如印度古語之絢爛恣意，和歐洲古人的品味差距更大，而且因為科考勃興，章句自有義法，且已經定於一尊，變化不得，而原創性既失，想像力跟著便淪喪不舉，修辭遂也軟弱無力，故在《莊子》的鯤鵬之外，神話幾乎不興，中譯亞里斯多德（Aristotle, 384 -322 BCE）猶可，但若想翻譯荷馬史詩，縱然譯家力可掌握最細微的詩詞字句（poetic diction），依然可謂「不切實際」（impracticable）之舉[60]。是以在清末，我尚未看到前述之外，傳教士另有荷馬史詩的譯述。不過就管見所知，最遲到了宣統年間，某種程度的改寫本的史詩故事已經可見，乃中國人之舉，係某周夢賢（M. E. Tsur）者的〈廋西宮故事〉，出自所譯的《希臘稗史選譯》一書[61]。

　　周氏譯筆下的「廋西」，當然指寧芙「瑟西」。她的故事緣出《奧德賽》，

59　見艾約瑟，《希臘志略》，頁4-5。

60　Karl Friederich August Gützlaff, *China Opened*, revised by Andrew Reed（London: Smith, Elder and Co., 1838）, pp. 409-413.

61　M.E. Tsur（周夢賢）譯，《希臘稗史選譯》（上海：華美書局，1910），頁1a-15a。

文前已明。〈廈西宮故事〉由英文中譯而來，原來的改寫者是美國散文大家霍桑（Nathaniel Hawthorne, 1804-1864），出自所撰《唐格烏故事集》（*Tanglewood Tales for Boys and Girls*, 1853）。霍桑的原出版者乃麥克米倫（Macmillan）出版公司，所著內容則從寧芙瑟西到海神普魯陀（Pluto）的故事都有，大多亦為《伊里亞德》與《奧德賽》所涵，和「由列西司」（奧德修斯）關係更大。周夢賢的書題為「選譯」，惜乎所選實在有限，僅僅二篇而已[62]。霍桑將原著定位為「麥克米倫課外補充讀本」（Macmillan's Supplementary Readers），讀者群當以英美青少年為主，故不可謂荷馬的原本中譯，連足本都稱不上。然而瑟西和奧迪修斯的恩怨情仇，當時在中國知者幾希，一篇〈廈西宮故事〉，仍可謂最早在華譯述《奧德賽》情節片段者之一，不言可喻[63]。

此中若有問題，當在《希臘稗史選譯》乃周夢賢中譯，其時他自稱係「濟南府山東優級師範學堂」（The Higher Normal College, Tsinanfu）的教授（"Prof."），故非歐美新舊教各派各會所遣來華教士[64]。《希臘稗史選譯》因此已超出本文的論述範圍，似可略之不談，至少暫可不用深入。其實清末來華傳教士有關荷馬進一步的譯介，本文說來僅能拋磚引玉。我甚至連「詩史」何時改稱「史詩」[65]，或「和馬」及「何馬」何時又變為今日通稱的「荷馬」[66]，而這些變

---

62 另一篇是「雅生」（Jason）尋找金羊毛的英雄傳奇，稱之〈尋獲金羊毛記〉，見Tsur譯，《希臘稗史選譯》，頁16a-70b。此外，宋莉華，《傳教士漢文小說研究》（上海：上海古籍出版社，2010），頁338記有英人金司勒（Charles Kingsley）著《西方搜神記》（*The Heroes: Greek Fairy Tales*）一書（莫安仁〔Evan Morgan, 1860-1941〕、馬佑臣譯述，上海：廣學會，1912），收〈潘西斯傳〉、〈亞格海艦之英傑事略〉及〈昔西斯傳〉故事三篇，我雖緣慳一面，但由篇目衡之，想和荷馬及其史詩應無直接關係。

63 西方各國歷代，荷馬史詩的翻譯不斷，改寫之為散文敍事者所在多有。美國人鮑德敦（James Baldwin, 1841-1925）為青少年寫的《泰西三十軼事》（*Thirty More Famous Stories Retold*, 1905），林琴南（1852-1924）在1916年偕陳家麟（生卒年不詳）曾譯其中〈織錦拒婚〉（Penelop's Web）及〈木馬靈蛇〉（The Fall of Troy）二篇，刊載於是年的《小說月報》，而同年四月林氏再合以另十三篇而集為《秋燈譚屑》一書，又改鮑氏名之音為「包魯烏因」，委由商務印書館梓行，是為荷馬故事在上及楚民之譯外另一早期的譯本，不過時間上這已屆民國，非屬本文關懷的明末迄清末。相關的書目資料見薛綏之、張俊才編，《林紓研究資料》（福州：福建人民出版社，1982），頁500-504。

64 有關周夢賢的事蹟，參見楊俊傑，〈原來他是周夢賢：兼作〈阿哩原來是荷馬！〉讀後〉，載《道風：基督教文化評論》40（2014春）：257-269。

65 1910年，錢單士厘著《歸潛記》。其中譯「史詩」為「神詩」，而單氏恐怕也是最早注

化又是否為傳教士所為，中國人接受的程度為何，研究上仍乏進展。相關的精實之論，請容留待來日，再乞方家不吝指正。

意到荷馬的中國人之一。她以女流而能「承認」歐人也有文學，雖已遲至民國締建前兩年，應該也會讓西方傳教士驚訝不置，令中國士紳高官汗顏，見單著《歸潛記》，在所著《癸卯旅行記・歸潛記》，頁221。單士厘所指的「神詩」或艾約瑟筆下的「詩史」，就管見目前所及，到了1918年周作人在北京大學開設「歐洲文學」的課程時，已改為今人慣稱的「史詩」了。

66 不過「荷馬」一譯，管見所知最早乃1902或來年梁啟超《飲冰詩話》中所譯：「希臘詩人荷馬（舊譯作「和美耳」），古代第一文豪也。其詩篇為今日考據希臘史者獨一無二之秘本，每篇率數萬言。」梁氏案語中既有「舊譯」之說，則「荷馬」大有可能為他「新譯」，雖然這點有待證實，此地我不宜斷言。梁文見梁啟超著，吳松等點校，《飲冰室文集點校》，6：3792。這段刊出大約日期見同書，6：3862注1。如同注23所述，周作人在北大開設「歐洲文學」時，「和馬」也已改譯為「荷馬」了，倒比梁氏遲了十年以上。周著《歐洲文學史》裡論荷馬的一章，可能同為中國人最早提及「荷馬問題」的專論，而周氏之論《伊里亞德》與《奧德賽》，亦然，雖然他的譯法與論述又已遲至民國時代了，見《周作人先生文集》裡的《歐洲文學史》（1918），頁6-18。

第三輯

從巧奪天工到諧和自然
——中國園林藝術對西方文學的影響

　　洛夫喬伊(Arthur O. Lovejoy, 1873-1962)在約翰・霍普金斯大學倡議的觀念史(history of ideas)研究，從1940年代以還，便吸引過不少學者的注意。不過，若從學術運動的形成條件觀之，這種探討文學與哲學現象的歷史主義方法論，似乎還不曾在現代學術舞臺上扮演過舉足輕重的角色。韋勒克(René Wellek, 1903-1995)與華倫(Austin Warren, 1899-1986)合著的《文學論》(*Theory of Literature*)，對於觀念史何以不能蔚為學術主流的原因，曾有鞭辟入裡的分析：「〔觀念史〕只研究單一的觀念而不顧體系，就像把文學史限定於詩體、語法或譬喻的歷史而忽略了體系和個別作品的研究一樣，都只是片面不全的。」[1] 類此批評簡潔有力，充分道出了洛夫喬伊一派的局限。雖然如此，我們若自其積極的一面看，似乎也得承認韋氏等人之見仍有下面的暗示：觀念史縱然不能描繪文學史與哲學史的全豹，其所特具的詮釋立場，依舊能夠為研究者提供輔弼性的知識，以協助綜覽性的成果之獲得。在洛夫喬伊寫的《觀念史論集》(*Essays in the History of Ideas*)裡，至少就有一篇專論頗能符合上面的淺見。

　　此文題為〈一種浪漫主義的中國源起〉("The Chinese Origin of a Romanticism")，而文章方才開頭兩節，洛夫喬伊即細數歷來西方人對於中國的觀察，繼而又提出一個頗值得文化與文學史學者細繹的問題：歐洲或英國的浪漫主義，是否曾受過中國園林藝術的某種啟發[2]？在西方建築與園藝學的領域裡，中國造園觀

---

[1]　韋勒克、華倫著，王夢鷗、許國衡譯，《文學論》(臺北：志文出版社，1976)，頁181。

[2]　Arthur O. Lovejoy, "The Chinese Origin of a Romanticism," in his *Essays in the History of Ideas* (Westport: Greenwood Press, 1978), pp. 99-135. 本文以下所引洛氏之文概據此版，簡稱之為*EHI*，頁碼均夾附於正文中。

的影響已是老生常談，論者不在少數 3。但是，或許因為學界對於洛夫喬伊的
方法論始終存疑，從文學史的角度來探討此一問題的努力，目前似乎仍然停留
在假設的階段。在這篇短文裡，我無力面面俱到證實洛氏的理論，更不想為他
的方法論翻案。我想做的，只是在他建立的基礎上添加一些個人淺見，緣此再
探問題的可能性，並提供一點提示性的解決策略。個人才疏學淺，下文所論仍
然以文學史為主，不以造園藝術為限。

　　談到中國園林與西方文化的曲折接觸，稍有涉獵的學者馬上會想到17世紀
英國爵士威廉‧坦普爾(Sir William Temple, 1628-1699)的中國觀。坦普爾不曾到
過東方，不過從耳聞而來的他人轉述，發覺中國文化確實有許多西方人欠缺的
優異特質。他在1683年撰就的《論英雄氣概》(Upon Heroic Virtue)中，即有專
章推崇中國人的政府，許之為人類智慧最精緻的發揮，充滿了理性與巧智。坦
普爾同時又是一位園林愛好者：洛夫喬伊的專論謂之好以園林設計哲學化一般
的美學範疇；許是受到耶穌會西返教士與商旅煽發的中國情調(Chinoiserie)影
響，坦普爾在1685年的《論伊比鳩魯園林》(Upon the Gardens of Epicurus)裡，
譜出了歐人頌揚中國庭林觀的第一章。依照洛夫喬伊的說法，這篇專章中有一
段話道出了中國庭林的特質，同時也為18世紀出現的英國「中英庭園」或「英
格蘭風庭園」(jardin anglais)預畫藍圖，重要性非可小覷。坦普爾道：

> 我孤陋寡聞，竟然不知尚有其他庭園風格能以完全不講究規律的方式
> 造成比別的形式更能掌握住「美」的效果。可是他們中國人就是能臻
> 至此境。他們對自然必有不凡的體悟，否則就是天分上特擅設計，想
> 像力強，判斷力高。他們的技巧，可以化腐朽為神奇。我曾在某些地
> 方看到這種才情的發揮，雖然我更常聽到和中國人生活過的人士談及
> 此點。中國民族的思考範圍，似乎和我們歐洲人一樣博大。對我們而
> 言，建築與園林之美，主要的構成因素包括比例、對稱與一致性。我

3　例如陳受頤，〈十八世紀歐洲之中國園林〉，載陳受頤，《中歐文化交流史事論叢》(臺
　　北：臺灣商務印書館，1960)，頁195-236；方豪，《中西交通史》(5冊。臺北：華岡出
　　版公司，1977)，5：206-210；黃長美，〈中國庭園的歐洲波折〉，《當代》25(1988年5
　　月)：63-78。

們的走道和林木都經此一一安排，間距都丈量得非常準確。這種植樹方式，中國人卻加以詬責：能數滿百數的小男孩，也都會把林蔭道上的群樹筆直立好，使之對稱，讓自己稱心滿意。然而，中國人想像力的範疇除能延伸至圖案外，還能以不規則的方式創造至美，以常人所有的布置能力引人讚嘆。儘管我們對這種「美」一無所知，中國人卻悠游其中，並且創造出了一個名詞形容對其景仰之心：「散亂無紀」。只消瞧一眼印度人的長相，或其精緻屏風及瓷器上的圖案，任誰都認得出其中的「美」也具有同樣的風格：「缺乏秩序」[4]。

上面長篇譯引坦普爾的話，我別有用心，一則想凸出早期西人的道聽塗說是否有違中國人的庭林觀，二則這段話中的關鍵語「散亂無紀」，洛夫喬伊認為正關乎歐洲浪漫運動的興起。由於這兩個問題夾雜在文化交流的大範疇中，彼此形成互倚之勢，這裡似乎應該合併討論。儘管如此，有一點我得先予說明：從坦普爾的言談間架觀之，他顯然視「散亂無紀」為一美學標準，正可對照於傳統西方園林的美感原則，而我所中譯的此詞，正確性尚有待商榷，因為鄧普與洛夫喬伊俱不識中文，他們聽聞與引用而來的該詞羅馬音譯 "sharawadgi"，大有走音之可能，目前尚難還原。洛夫喬伊曾以同樣的困擾就教於華裔學者張沅長（1905-1980?）。但張氏仍然恢復不了中文原詞，不過暗示該字可能具有「由漫不經意與雜亂無章的優雅所形成的醒目突兀之感」的意思，更可能由某一中文四字詞的變調轉成（同上）。1930年，張沅長遂撰文為這四個音節作解，認為最有可能指「灑落懷奇」[5]。儘管如此，「灑落懷奇」仍非中文成語，而且意涵不明，我傾向以「散亂無紀」權且代之。

---

4 William Temple, *The Works of Sir William Temple* (London: J. Clarke, 1757), 3: 229-230. 洛夫喬伊的引文出現在所著*EHI*, p. 111.

5 Yuen-Zang Chang, "A Note on 'sharawadgi,'" *Modern Language Notes* 45/4（April 1930）: 221-224. 洛夫喬伊〈一種浪漫主義的中國源起〉及張沅長上引文，最近業已中譯，見勒夫喬伊（A.O. Lovejoy）著，陳碩文、楊尹瑄合譯，〈一種浪漫主義的中國源起〉，《東亞觀念史集刊》3（2012年12月）：441-444；以及張沅長著，楊尹瑄譯，〈有關"sharawadgi"的一個解釋〉，《東亞觀念史集刊》3：441-444。有趣的是，國際間另有學者以為"sharawadgi"不是中文，而是日文，見上舉陳碩文、楊尹瑄合譯文頁425譯注5。

坦普爾提出這個西方人陌生的美學標準以後，曾在相當大的程度上引起英國人的注意，18世紀詩人梅森（William Mason, 1724-1797）在其無韻詩作《英國花園》（*The English Garden*）第二卷中，不但承認坦普爾的園林觀有其優異性，而且還暗許他從中國造園觀獲得的靈感。當然，坦普爾最忠實的附議者，要推此時的方塊大家艾狄生（Joseph Addison, 1672-1719）。洛夫喬伊的文章中曾引到艾氏1712年6月25日發表在《旁觀者》（*Spectator*）上的話。艾氏說：

> 為我們介紹過中國的作家指出，該國人民嘲笑我們歐洲人的莊園是用規則以及線條組成的。中國人說：一排排等距的樹木和圓形工整的花園，任何人都設計得出來。他們寧為「造化神匠」（genius in works of nature），寧取深藏不露的神思所在的「巧術」（art）。他們庭園的獨特之美，乍見下會令我們震驚不已。他們不知道其效果如此宜人。他們有個「名字」（word），便是拿來形容這種「美」的。我們英國人恰恰相反，園藝師喜歡乖離自然，不喜調適自己於自然之中。我們的花木不是雕成錐形，就是塑成圓形或金字塔狀。我們的花木草叢裡，未免有太多刀剪的痕跡[6]。

坦普爾的影子，在這一段話中歷歷可見。而艾狄生於此所謂的中國「名字」，當為前引鄧氏文所稱的「散亂無紀」。在艾氏以外，此刻深受坦普爾影響的英國文士，還包括詩宗蒲柏（Alexander Pope, 1688-1744）。蒲氏對當時歐洲的園藝風格原本興趣就不大，在設計自己的庭園時，乃大量沿用中國風尚。有一位東方的現代園林評論者說：蒲柏庭園中「蜿蜒的小溪、路徑，沿地造景的做法」，也許「都可解釋為出之於自然」，但他重建特威克納姆（Twickenham）花園時，「採用的疊石假山和山洞，相信定然是由中國庭園取得靈感」[7]。下面，我想再翻譯一段洛夫喬伊的話，補充說明蒲柏所受坦普爾的影響：「在蒲氏早期反當代園藝觀的聲明中（《師保報》〔*The Guardian*〕第17期，1713年），他引用

6　See *Spectator* 414 (June 25, 1712). Also see *EHI*, p. 113.

7　參見黃長美，〈中國庭園的歐洲波折〉，頁69。

了坦普爾的話，同意其中的觀點。《致伯林頓伯爵書》（*Epistle to the Earl of Burlington*, 1731）上，又有一段談論庭園的名詩，雖未提及中國之名，但大部分讀來卻好似以韻文在衍說坦普爾的見解。」（*EHI*, p. 113）

讀者的觸角倘夠靈敏，一定可以察覺上述諸人在理解中國園藝之際，筆下也反映了西方人認識中有關中西庭園觀的一個基本對照：「散亂無紀」與「對稱排比」。這種對照雖嫌籠統，在今人某些相關著作裡卻持續不墜。自其大者觀之，更可謂淵源自各自的文化傳統，足以顯示19世紀前中西方人士看待自然的不同路數[8]。借用中國人熟悉的語詞，我們接下還可略衍這種對照道：西方人擬超越自然的局限，以達到「巧奪天工」的境界，中國人卻不以改造自然為己任，故而所謂「散亂無紀」者，很可能便是「曲徑通幽」與「因任親和」等手法製造出來的「表面失序感」。這些不同的園林觀，當然需要多方論證才能說明清楚。不過，此處我們仍得先牢記一點：不論是「對稱排比」、「散亂無紀」，或是「巧奪天工」與「曲徑通幽」等詞所欲擬仿的「諧和自然」的觀念，若置18世紀西方人的精神主流於不顧，則雙雙適為16世紀以降西方文化與文學史的斷代基礎，形成所謂「新古典」與「浪漫」自然觀的出發點。

論者常謂，新古典精神首見於個性的消除與共性的追求。18世紀英法等國作家於此尤其講究。他們的品味方向，對於格律規律的重視，在在反映出時人深受17世紀理性思潮的影響。笛卡兒（Rene Descartes, 1596-1650）強調數字與幾何的完整圓滿；制度化宗教與世俗權力結構又形成唯倫序是尚的精神。這些現象明示文化有其機制，追尋的不是創新的精神，而是在總結過去，爬梳整理，形成「規矩」（conventions）。自文學一方看，首當「規矩」之衝的，乃是想像力的消隱，甚至淪為次要的詩論。17世紀的德萊頓（John Dryden, 1631-1700）和稍後一個世紀的蒲柏（Samuel Johnson, 1709-1784）等人，莫不認為這種能力大而無當，必借判斷力予以制衡。適度使用自然或隱喻式意象，雖有其不容否認的功效，但天馬行空，肆無所羈，終究有違理性精神，非假特定的詩語規繩駕馭不可。感情更要有所節制，以免氾濫成災。在這些原則指導下，詩人——借用博

8　參見賀陳詞，《中國庭園與文人思想·序》，載黃長美，《中國庭園與文人思想》（臺北：明文書局，1985），頁3-5。

拉(Maurice Bowra, 1898-1971)的話說——與其說是個創造者，還不如說是個詮釋家[9]。生命存在的情趣，因此也僅停留在外相表層，難以拓展至奧秘深層。17世紀的洛克(John Lock, 1632-1704)以為心靈的認知力是被動式的，效果只等於外界印象的記錄，同樣在說明類似的精神。到了18世紀，牛頓在自己身上所聽到的宇宙機器的聲籟，則為此一精神的科學式迴響[10]。

　　新古典主義的形成背景既如上述，其觀念中的「自然」自是宇宙機制中的齒輪，基本上仍有缺陷，有賴人類的理性予以糾正。笛卡兒更難信任自然，嘗思以數位和幾何圖案取而代之。蒲柏又在這種理性機制上添加擾人的傳統包袱，認為「荷馬就是自然」[11]。他們聲稱的理性或人文自然，因此皆非世人眼前的蒼翠大地，而是一種不容造化插手的人為概念。形成這種概念的另一基礎，則為理性作風所蘊蓄的抗衡心理，亦即人文思緒所激發的世俗傾向。一言以蔽之，這種基礎已彙聚形成巧奪天工的美學觀，見諸詩歌，是蒲柏等18世紀詩人的制化詩風；見諸舞臺，是拉辛(Jean Racine, 1639-1699)的五幕悲劇；而見諸園林設計，典型的成品則是17世紀法人勒諾特爾(André Le Nôtre, 1613-1700)主持建造下的凡爾賽宮花園。後者尤其受到笛卡兒式觀點的影響，否認大自然為完美的化身，構圖與實體的展現，更在「強迫自然接受對稱的法則」[12]。18世紀風行一時的詩律英雄雙行體(heroic couplet)，同樣感染了園林藝術一般的精神，講求音韻工整，詞兼對偶，以造成視覺與音感上的幾何布局。若說庭林與文學精神此時業已合流，應不為過。

　　當然，誠如蒲柏也能欣賞坦普爾的園林觀所示，上面的綜覽自然難逃概化與一廂情願之譏。況且早在17、18世紀之交，英國政治家和哲學家古伯(Anthony Ashley Cooper, 1671-1713)的《德行論衡》(*An Inquiry Concerning Virtue or Merit*)就已顯示某種華滋華士(William Wordsworth, 1770-1850)式的自然觀，反對項上套著

9　Maurice Bowra, *The Romantic Imagination* (Oxford: Oxford University Press,1950), p. 1.

10　Bowra, *The Romantic Imagination*, pp. 2-3.

11　Alexander Pope, *An Essay on Criticism*, in Walter Jackson Bate, ed., *Criticism: The Major Texts*, enlarged ed. (San Diego: Harcourt Brace Jovanovich, Publishers, 1970), p. 175.

12　黃長美，〈中國庭園的歐洲波折〉，頁65。

指導原則與紀律鎖鏈的時人之見[13]。雖然如此，我相信到目前為止我所做的概論，應該是洛夫喬伊為園林與文學所做聯繫的重要前提。缺乏上述的認識，我們接下就難以為中國庭林與浪漫思潮鋪路造橋。至於蒲柏的思出其位，擺明是主流思想以外的反動意緒。湊巧的是，這種意緒涓流不息，簡直可以視為19世紀時代精神的前驅。因此，在後人如巴特（Walter Jackson Bate, 1918-1999）等人的著作中，我們才可能讀到如下之見：即使在17世紀，浪漫思緒也曾以不弱的力量和新古典作風同時並進。發軔於此際的英國心理經驗主義（psychological empiricism），從奧坎的威廉（William of Occam, 1285?-1347?）的唯名論（nominalism）以降，一貫就拒絕理性原則。培根重視經驗，排斥抽象與概化，著作中已洩露無遺，而霍布斯（Thomas Hobbes, 1588-1679）在說出「任何設辭都不能為事實道出抽象知識」之時，實則也已用十分浪漫的態度在說明一點：只有直接的感官經驗才能提供絕對的知識。即使是洛克，同樣也難逃類似的思出其位。他在《論理解》（*An Essay Concerning Human Understanding*）一書中，用清澈的語句重述傳統英人的懷疑精神，不信任邏輯三段論法與概化之風[14]。循此形成的方法風尚與判斷力，故不僅由學識累積凝成，同時蘊有強烈的感官經驗傾向，正為日後浪漫派詩人的精神取向樹下開路旗幟。

不錯，上述經驗論者不曾讓感官活動流於亂，基本上有其異於狂熱的浪漫作風處。以想像力而論，濟慈（John Keats, 1795-1821）與雪萊（Percy Bysshe Shelley, 1792-1822）的體現，是將之斥諸直覺與直觀，故而是一種失序的神秘的經驗，相當於柏拉圖警告過的「神啟」（divine inspiration）。但浪漫派詩人樂此不疲，寧可借「錯亂意緒」（madness）為造境之助，而這也可以說明他們何以特重想像力，甚至以為失此即難以自稱是詩人。牛頓的機械化宇宙觀，對威廉・布雷克（William Blake, 1757-1827）來說，非僅有礙啟示靈修，根本就是在否認詩人的地位，罪莫大焉。而布氏一掄起反抗的板斧，歐洲人──或縮小範圍為英人──的思緒觀念似乎便由對稱排比形成的巧奪天工的美學走向另一個新的境界。從

13　參見Ernest Bernbaum, *Guide Through the Romantic Movement*, 2nd ed.（New York: The Ronald Press Company, 1949）, p. 9.

14　參見Walter Jackson Bate, *From Classic to Romantic: Premises of Taste in Eighteenth Century England*（New York: Harper & Bros, 1961）, pp. 55-58.

洛夫喬伊的觀點看，這種新境界多少與西傳的中國庭林藝術沾上邊，而且後者
可能還曾為前者推波助瀾過。

　　浪漫主義有不同的源頭，強調處也因人而異[15]。但共同的傾向是要求個人
絕對的解放，不信任人工規律，以及對自然美景的崇拜。多數學者認為，至少
就某些顯著的趨向而言，法國大革命是激發浪漫的直接原因之一。但是，我們
若從文學敘寫中的園林演變史來看，仍然不能不承認，不同造園觀入侵歐洲，
恐怕也要擔負相當大的責任。西洋文學史上第一座著稱的花園，是《奧德賽》
第六、七卷敘及的阿爾喀諾俄斯花園（Garden of Alkínoös）。這是一座大果園，
坐落於王宮所在地，除具經濟價值外，相信亦用於休憩賞玩，有娛樂功能。花
園的周邊有樹籬草地，中間泉水湧流，菜畦排列有致，荷馬秉誠呼之曰：「雅
典娜的聖林」[16]。值得我們注意的是，詩人形容園景的方法無異於其敘寫軍容
的方式，都是出以所謂「點將或屢述」（catalogue）之法。如此一來，這座聖林
便遙啟西方園林的一項特色：不論景致有多複雜，園林的形式一定嚴整有序，
一絲不苟。在德國大學者庫爾提烏斯（E. R. Curtius, 1886-1956）眼中，這種規律
化的園林，正是西方「庭林勝地」（*locus amoenus*）的典型[17]。中古末期的但丁，
也師法過這種典型，將之套上天主教色彩，繪出《神曲‧淨界篇》中引人注目
的伊甸園。雖然這座塵世樂園鮮明生動的程度有限，但仍具荷馬的基本母題：
火牆環繞周遭，花草樹木羅列在平野上，溪泉則盛載瓊漿玉液；鳥啼風拂，各
自有序[18]。類似的秩序感，轉到文藝復興時期詩人的手中，推衍出來的似乎正
是人定勝天的造園哲學。史賓塞（Edmund Spenser, 1552?-1599）《仙后》（*The Faerie
Queene*）第3卷細寫的阿多尼斯之園（Garden of Adonis），便是最好的說明。詩人

15　參見*EHI*, p. 183-253；René Wellek, *Concepts of Criticism*（New Haven and London: Yale
　　University Press, 1963）, pp. 128-221；Mario Praz, *The Romantic Agony*, trans. Angus
　　Davidson, 2nd ed.（Oxford: Oxford University Press, 1970）, pp. 1-16。

16　曹鴻昭譯，《奧德修斯返國記》（臺北：聯經出版公司，1985），頁76及79-80。另請參見
　　葉維廉，〈美感意識意義成變的理路〉，載葉維廉，《歷史、傳釋與美學》（臺北：東大
　　圖書公司，1988），頁166。

17　Ernst Robert Curtius, *European Literature and the Latin Middle Ages*, trans. Willard R,Trask
　　（Princeton: Princeton University Press, 1973）, pp. 195-200.

18　參見A. Bartlett Giamatti, *The Earthly Paradise and the Renaissance Epic*（Princeton:
　　Princeton University Press, 1966）, pp. 105-119.

以傳神之筆描繪寬廣的平野及其周邊怒放中的花草，然後吟道：

> 傲岸花仙是女兒，
> 母神技藝帶慍容；
> 不滿自然多簡陋，
> 為伊濃妝扮新娘[19]。

　　史賓塞如此看待自然，不僅在宣告下一個世紀笛卡兒的美感原則，為凡爾賽宮的園圃預鋪基本的設計觀，同時也直接指出欲以匠心巧奪天工的西方造園心態。這位16世紀英國的基督徒史詩詩人，本身就是新柏拉圖主義的理性信徒。

　　和上述傳統西方園林觀比較起來，中國庭林藝術無疑表現出另一精神[20]。最早見諸載籍的中國園林，有神話傳說中黃帝的玄圃；堯舜之治，也有專司園苑的官職。史乘上所寫的這些園林，雖然沒有一座曾如荷馬史詩所述之燦爛翔實，但自春秋戰國以還，道家無違自然之旨一直和中國儒士文人相隨依伴，造園觀必然深受影響。漢世私人造園興，人與自然的關係每借之體現，根本精神乃在「和諧」一詞。政治史與文學史又昭示，魏晉南北朝之際，社會紊亂，山林思想盛極一時，出世之思凌駕在儒門教訓之上，大小庭園反映出文人更為寬廣的人格。明人計成（1582-1642）《園冶》所謂「三分匠，七分主人」[21]，所指在此。因此，自然與人兩造相忘的基本哲學，便成為李唐以後中國庭園的基本性格。杜牧（803-852）〈阿房宮賦〉固詠前代園景，然其觀點仍為唐人特有。是故「簷牙高啄」、「各抱地勢」，展示的正是中國人隨機造園，因景設施的設計觀念。兩宋山水畫風盛行，涵容禪機的理學方殷，好講神韻又為人與自然的關係再譜新韻。總之，中國設計家無不別出心裁以表現上述種種主題，以造出雖無縹緲之名卻有虛幻之實的微觀天地。

　　從傳統上可見的虛構文學觀之，上述造園觀亦經體現無間。唐後朝聖文學

19　Edmund Spenser, *The Faerie Queene,* II .XII.50, in J. C. Smith, et al., eds., *Spenser: Poetical Works* (Oxford: Oxford University Press, 1985), p. 136.

20　參見黃長美，《中國庭園與文人思想》，頁71-103。

21　〔明〕計成，《園冶》（臺北：金楓出版公司，1987），頁23。

登峰造極的百回本《西遊記》（1592），其首回群猴戲耍所在的「花果山福地，水簾洞洞天」，根本就在呈現中國人諧和自然的傳統園林觀。作者寫山林之盛，有賦為證：

> 丹崖怪石，削壁奇峰……。林中有壽鹿仙狐，樹上有靈禽玄鶴。瑤草奇花不謝，青松翠柏長春。仙桃常結果，修竹每留雲。一條澗壑藤蘿密，四面原堤草色新[22]。

小說寫水簾洞內景象，則曰：

> 虛牕靜室，滑凳板生花。乳窟龍珠倚掛，縈迴滿地奇葩。鍋竈傍崖存火跡，樽罍靠案見殽渣。石座石床真可愛，石盆石碗更堪誇，又見那一竿兩竿修竹，三點五點梅花。幾樹青松常帶雨，渾然像個人家。（《西》，頁4）

小說這裡的插詩或「有賦為證」所繪之景乍看繁雜，實則一派天成，兩相得宜。所謂「人家」，既無《仙后》中雕鏤自然的匠氣，亦無第3卷刻畫亞柯蘿西亞（Acrasia）「福亭」（Bower of Bliss）所用的奢靡意象。再以浦安迪（Andrew H. Plaks）譽為「集中國園林藝術之大成」的《紅樓夢》中的大觀園的園景為例：曹雪芹虛構該園雖時近現代，難免匠心人氣，然其構築原則仍為傳統的銜山抱水與曲徑通幽，所以形成柳暗花明又一村的天然玄境[23]。第42回眾女協議繪製大觀園，薛寶釵有一句話最足以道出該園布局上所講求的天人和合之狀：「如今畫這園子，非離了肚子裡頭有幾幅丘壑才能畫成。這園子卻是像畫兒一般，山石樹木，樓閣房屋，遠近疏密，也不多，也不少……。」[24] 所謂肚中丘壑或胸中丘壑不僅

---

22 〔明〕吳承恩，《西遊記》（北京：作家出版社，1954），頁2。

23 Andrew H. Plaks, *Archetype and Allegory in the Dream of the Red Chamber* (Princeton: Princeton University Press, 1976), p.187. 這方面研究頗多，參見明文書局編輯部編，《大觀園論集》（臺北：明文書局，1985）一書各文。

24 〔清〕曹雪芹、高鶚著，馮其庸等校注，《紅樓夢校注》（臺北：里仁書局，1984），頁

是畫論,更為中國人求取人與自然合一的心態反映。寶釵的話,有一半是借造境重製自然,但也有風從自然,隨機擺置之意,而這或許是黃長美《中國庭園與文人思想》一書所擬傳遞的要旨:「自然與人為達成巧妙的和諧。」[25]

在西方人眼裡,渾然天成可能是散亂無紀的另一說法,因為如前所述,笛卡兒以降的理性主義一貫強調自然並不完美,故此西方人才要用對稱,才要以等距和規則來設局布景,消弭自然的缺陷。艾狄生初識坦普爾的理論而大感詫異,原因在此。然而,中國人的造園觀果真毫無秩序可言?坦普爾的道聽塗說是否毫無百密一疏之處?假山疊石與不加剪葺的林木草叢,方之嚴謹的幾何布局,當然散漫失序,但是如同牛頓在盎然生機裡也能體會到某種機制,中國人的散亂無紀何嘗不在顯現亂中有序的冥冥天機?沈復(1763-1825)《浮生六記》云:「若夫園亭樓閣,套室迴廊,疊石成山,栽花取勢」,莫不有「規矩繩制」。此所以沈復續道:「又在大中見小,小中見大,虛中有實,實中有虛,或藏或露,或深或淺,不僅在周迴曲折四字,又不在地廣石多,徒煩工費。」[26]《浮生六記》之說,更在暗示中國庭林有其隱藏中的秩序,而傳統庭林學中對比襯托與借景對景之說甚囂塵上,其目的亦在借巧便凸顯佛語「納須彌於芥子」一般的精神:亂中有序。如此,才能在小小庭園中仰觀宇宙之大,俯察品類之盛。白居易(772-846)〈廬山草堂記〉中「廣袤豐殺,一稱心力」[27],也便是中國人從微觀中親和自然的秩序主線。

異態文化初次交鋒,總會形成對峙之感。西方人堅守本位,當然認為中國人有一套與之對立的美學標準。如果一意對抗這套標準,則新古典時代之後也就不會產生截然不同的文學思潮。因此,中國標準要成為浪漫詩人的借鑑,必賴通達中西事物的人士化解美學上的對立。從16世紀末葉以來,天主教教士與商旅東向中土者頗不乏人。他們親臨斯土,耳濡目染,對中國之了解當遠勝於道聽塗說者。金尼閣(Nicolas Trigault, 1577-1629)在西方譯刊利瑪竇(Matteo Ricci,

(續)─────────────────

653。

25　黃長美,《中國庭園與文人思想》,頁11。

26　〔清〕沈復,《浮生六記》(臺北:新陸書局,1963),頁92-93。

27　〔唐〕白居易,《白居易集》(臺北:里仁書局,1980),頁934。

1552-1610)的《中國開教史》(*Storia dell'Introduzione del Cristianesimo in Cina*),卷首便詳陳中國庭林的特色,尤詳假山水池的布置。1668年紐浩夫(Joan Nieuhof, 1618-1672)的《韃靼與中國等近事報告》(*Legatio batavica ad magnum Tartariæ chamum Sungteium, modernum Sinæ imperatorem*),又刻印了中國庭林的工繪圖影。然而,第一位深入研究中國庭林,帶動西方園景改革者,卻是18世紀中葉的英國皇家建築師錢伯斯(William Chambers, 1726-1796)。他曾兩度遊歷中國,在1757年著有重要的《中國建築、傢俱、服飾與器具》(*Designs of Chinese Buildings, Furniture, Dresses, Machines and Utensils*)一書。雖然這部對開本的皇皇巨著在當時並非隨處可見,但論中式造園部分卻重印在《好逑傳》英譯者珀西(Thomas Percy, 1729-1811)1762年的《中國事物彙編》(*Miscellaneous Pieces Relating to the Chinese*)裡,接觸較易。對錢伯斯而言,中國庭園設計觀之精要,盡集於「變化性」(variety)一詞(以上俱見*EHI*, p. 123)。

錢伯斯又說:「儘管中式建築大體不適合歐人之用,然而中國人的庭園景致卻變化多端,樓閣無數,串連成簇。我認為我們應借中國風味來取代自己次人一等的設計。『多彩多姿』總是引人入勝,而『新奇感』如果不是雜亂無章,俗不可耐,何嘗又不能成其為『美』!」(同上)錢伯斯這段話容或沒有在英國形成純中國式的園林跟風——因為「中英式」園林有評者譏為不倫不類——但「變化性」與「新奇感」卻是往後拜倫(George Golden Byron, 1788-1824)等人強調的「域外色彩」或「異國情調」(exoticism)的基本性格。《中國建築、傢俱、服飾與器具》中,錢伯斯還有更入微的觀察:「『自然』是中國庭園的模式,中國人的目的是要把『自然』的不規則擬仿出來,而這就是他們的『美』。」(*EHI*, p. 123)

洛夫喬伊的專論不太看重上引錢伯斯最後一句話,不過,任何人應能了解錢氏實則從根本精神入手,在為中國人的「散亂無紀」辯解,而且頗能契入本文討論過的中國造園觀。這種認識與了解,正是中國園林對西方浪漫思緒可能有所啟發的主因。雖然如此,錢伯斯畢竟是建築師,觀察上有其偏重之處,難以涵蓋洛夫喬伊的整個命題。從這方面再看,勒氏文中另引耶穌會士蔣友仁(Michael Benoist, 1715-1774)《益智書簡集》(*Lettres édifiantes*)中的辯解,無疑力

量便增強了很多，頗能釐清「散亂無紀」與浪漫主義之間的關係。下面我把〈一種浪漫主義的中國源起〉中蔣友仁的話完整譯出，稍作說明，結束本文：

> 中國人布置庭林時，確有增益自然的匠心。然其匠工所為引人樂道，是因他們技巧拿捏得恰到好處，而且模仿自然手法含蓄。他們不像歐洲人會開闢望不見盡頭的巷道，也不會構築可以極目四眺的陽臺。這些設施大而無當，只會阻礙我們對特定事物的想像力。中國人的花園卻令人賞心悅目；景致之組合有大小比例，一望即可辨知。若一覽全園，美景簡直難以盡收，不可勝數，足以使人欲罷不能。只消在中式花園裡走上數百步，您就可以見到前所未見的奇景奇觀，而且會讓您擊節三嘆，稱羨不已[28]。

許石丹在描述中國園林特色時，指出其「特點之一是順其自然，布局靈活，變化有致，真可謂『雖由人作，宛自天開』」[29]。即使方之今人此等認識，我們也可發現上譯蔣友仁的見解深具專業眼光。此外，若自文學史的角度看，我認為這段話還能反映出從新古典主義進展到浪漫思潮的一些痕跡。其犖犖大者，首推蔣氏以模擬自然來暗示「散亂無紀」的內涵。前文說過，自然欠缺理性規則，更不用說會以幾何圖案呈現自身。中國庭園在西方人眼中的表面失序之狀，正是緣此而來。另一方面，這種模仿論雖有為天地增麗之心，然而計成強調的「宛自天開」，卻又表白明示中國人擬附驥自然或與自然合一的企圖。這種矛盾心緒，絕對不同於新古典作風巧奪天工的單向雄心，更無關蒲柏詩論重點所在的「模仿古人」。假如「散亂無紀」確實啟發過浪漫思想，那麼，中國人弔詭的美學觀應該是華滋華士或柯律治（Samuel Taylor Coleridge, 1772-1834）崇尚自然景致的契機。

其次，蔣友仁所述中國庭園設施與自然的比例問題，在園林學上凝照出來

28　Aimé-Martin, ed., *Lettres édifiantes et curieuses concernant l'Asie, l'Afrique et l'Amérique* (Paris: P. Daffis, 1857-1877), 4: 120. Also see *EHI*, p. 116.

29　許石丹，《認識中國園林》（臺北：丹青圖書公司，1987），頁38。

的正是微觀自然的小中見大的哲學，以期在咫尺山林中與宇宙同化。雖然在西方思想中亦不乏類似之見的實體典型，但在近代超越論興起以前，中國人縮龍成寸，在象徵山水中體察萬物機趣的手法，卻是任何民族都難攀比。黃長美著作中指出來的山水畫「橫三尺之幅，體百里之趣」的精神，在實景實物的園林中的表現當如文震亨(1585-1645)《長物志》所謂「一峰則太華千尋，一勺則江湖萬里」[30]。要造成這種境界與機趣，自然非假比例裁剪不可。以微觀精神蘊蓄的超越精神而論，最佳的浪漫詩學翻版當屬布雷克觀花體悟的神秘思想。後者的宗教視境，更契合禪寺庭園的精神根本。

第三，蔣友仁對於中國庭園的整體印象，似乎在暗示這種園囿不僅內容豐富，繁複多姿，而且「如詩如畫」。在英文中，對應「如畫一般」一詞的"picturesque"，在17世紀之前，似乎不成其為重要的美學概念。洛夫喬伊指出，蒲柏在1712年使用此詞之時，還以為這是一個具有法國情調(gallicism)的字眼，對之退避三舍，寧採取保留的態度。洛氏又指出，此詞傳達的意念之成為美學標準，事在18、19世紀之交，也就是在坦普爾身後約百年之際。1794年，普賴斯(Uvedale Price, 1747-1829)在《論如畫的風格》(*Essays on the Picturesque*)裡，曾經定義此詞道：「這是一種由簡陋與突變所形成的不規則狀態。」(*EHI*, p. 114) 如此定義，顯然是從新古典精神出發所致。但誠如洛夫喬伊引胡賽(Christopher Hussey, 1899-1970)之文所說，「如詩如畫」的概念同時也是浪漫運動的前導美學，19世紀詩人莫不引為準則(同上)。我們在此故可進一步另行指出：普賴斯的定義適與坦普爾對於「散亂無紀」的看法桴鼓相應，坲然甚顯。兩者都以不規則為自然觀的主要見地，蔚為時尚的時間又是如此接近，因此難免令人猜疑其間是否有某種傳承的關係。

最後，我們也不要忘記一點：在微觀觀念下設計出來的中國庭園，當然得發揮想像力，才能在其中收俯仰之效。蔣友仁認為這是中西庭園觀的分歧點，而根據前文的概述，我更待為他補充的是，這一點也是新古典與浪漫精神的兩界山。

---

30 許石丹，《認識中國園林》，頁22。

　　從實證的態度衡量，本文上述所敘當然大有缺失，因為不論洛夫喬伊的研究或是我的補正，無一可在浪漫詩文中找到中國造園觀的直接影響。有之，反而出現在蒲柏或艾狄生一類古典心靈上，而二氏卻又僅視「散亂無紀」或中國庭園為理性之輔，未嘗擴充而使之變成時代精神。雖然如此，隨著西方建築與造園觀上規則、對稱及統一性在歷史中不斷消隱，我想誰也否認不了講究變化的曲折之美確實已在18世紀末葉形成，終而在19世紀轉換成為歐洲主要文論之一。在後一時代裡，最顯著的文學文化現象是：「自然」不再是個受到理性強姦的人為概念，而是一種實體，生機盎然；是一種成分，跳躍奔動。濟慈不就在自家的後花園裡聽到夜鶯唱出這種成分，絞痛人心[31]？

31 John Keats,"Ode to the Nightingale," in Stephen Breenblatt, eds., *The Norton Anthology of English Literature*, 8th ed. The Major Authors（New York: W. W. Norton, 2006）, pp. 1845-1847.

莎士比亞入華記

　　1912年3月，廣東詩僧蘇曼殊（1884-1918）在其自傳體小說《斷鴻零雁記》中，曾經將莎士比亞（William Shakespeare, 1564-1616）比喻為中國的杜甫，稱之為「仙才」[1]。再前兩年，亦即清宣統二年，他在致教友高天梅的一封發自印尼耶婆堤的信上又提到莎士比亞，謂氏乃英國的「國家詩人」，語多崇敬之意[2]。清末民初是新舊交替的時代,此時能夠像蘇曼殊這樣充分認識到莎士比亞價值的中國文士，實則已不乏其人。郭嵩燾使西日記嘗謂：「舍色斯畢爾為……〔英〕國二百年前善譜出者，與希臘詩人何滿得（Homer）齊名。」[3] 梁啟超（1873-1929）1902年發表的《飲冰室詩話》，亦因莎翁每有創作「動則數萬言」，拿他再和希臘的荷馬（Homer, 8th century BCE?）並論，認為「勿論文藻，即其氣魄，固已奪人矣」[4]。

　　然而，若就中西文學交流的沿革史來看，梁啟超或蘇曼殊均非在華倡言莎士比亞的先行者。最早演出莎劇者，據悉是19世紀中葉左右上海外人組成的劇團，語言自然是英語，但最早以中文提到莎翁之名的人，應該是林則徐（1785-1850）。他在1840左右所著的《四洲志》中，已音譯之為「沙士比阿」，並稱其人「工詩文，富著述」[5]。次者為咸豐年間的英國傳教士慕維廉（William Muirhead,

---

1　見柳無忌編，《曼殊大師紀念集》（臺北：眾文圖書公司，1975重印），頁172。
2　同上，頁47。
3　引自錢鍾書，〈漢譯第一首英語詩《人生頌》及有關二三事〉，收於錢著《也是集》（香港：廣角鏡出版社，1984），頁52注70。
4　見梁啟超，《飲冰室文集》（臺北：新興書局，1967重印），卷4，頁76。
5　林則徐，《四洲志》（北京：華夏出版社，2002），頁117。另見陳丁沙，〈中國早期舞

1822-1900)：早在1865年，慕氏即因中譯米憐(William Milne, 1785-1822)著《大英國志》而提及「舌克思畢」之名。29年後，同一國家的傳教士艾約瑟(Joseph Edkins, 1823-1905)編譯《西學略述》一書，其中亦有〈近世戲曲〉一章介紹莎士比亞。這兩本書雖然在當時或稍後分別由上海的墨海書院和著易堂書局刊行，但因屬教會人士著作，閱讀對象有限。莎翁之名得俟諸1894年，才由於嚴復(1854-1921)譯介《天演論》而廣泛出現在中國人眼前。嚴復稱莎士比亞為「詞人狹斯丕爾」，在〈進微篇〉的注腳裡又介紹道：「狹萬曆間英國詞曲家，其傳作大為各國所傳譯寶貴也」[6]。

嚴復早年曾奉遣出洋，遠赴英國學習船務，友朋或所閱者中不乏異邦哲人文士，於西方文史之認識絕不遜於梁啟超或蘇曼殊[7]。但是《天演論》譯就後雖一紙風行，屢經採為教科書，「狹斯丕爾」之名終嫌拗口，未嘗沿用下來。今日我們音譯的「莎士比亞」的著作權，反倒歸屬於粗識英語的梁啟超，隨著1920年《飲冰室詩話》的刊行而通行全中國。

一

《飲冰室詩話》刊行後的第二年，上海達文書社旋即出版了匿名者譯的《澥外奇譚》。這本書乃今日大家熟悉的《莎氏樂府本事》(*Tales from Shakespeare*)；不過蘭姆姊弟的原著總共改寫了20齣莎劇，《澥外奇譚》卻只譯出其半。1904年，林琴南(1852-1924)夥同魏易(1880-1930)重譯該書，更題為《英國詩人吟邊燕語》，則如數全譯了[8]。儘管如此，不論林琴南或《澥外奇譚》的譯者，他們對於蘭姆兄妹的作品實乏清楚的認識，就算我們不提篇首擅加的章回體標題——例如把《馴悍婦》譯為《畢楚里馴服惡癖娘》之類——林氏抑且變本加

(續)
臺上的莎士比亞〉，載戲劇報編輯委員會編，《戲劇報》1983年12月號(北京：中國文藝出版公司及中國戲劇出版社，1983)，頁56。

6　赫胥黎著，嚴復譯，《天演論》(臺北：臺灣商務印書館，1987重印)，卷上，頁40。

7　See Benjamin Schwartz, *In Search of Wealth and Power: Yen Fu and the West* (Cambridge: Harvard University Press, 1964), pp. 42-196.

8　林譯總目和現代譯本的對照，參見薛綏之、張俊才編，《林紓研究資料》(福州：福建人民出版社，1982)，頁406。

屬，誤題《吟邊燕語》為莎士比亞「原著」。武昌起義前一年，鄧以蟄(1892-1973)
在紐約觀賞歌劇《羅蜜歐與茱麗葉》，深為第二幕第二景的樓臺會所動，歸國
後乃據莎士比亞原著，以民謠體將該景譯出，冠名〈若邈久嫻新彈詞〉。這是
莎劇原著見諸中譯之始。1911年小說家包天笑(1876-1973)接續鄧以蟄之作，於
上海城東女學的年刊《女學生》第2期譯出《威尼斯商人》一劇。包天笑為突
出劇情，又不惜犧牲原來劇碼，遂以《女律師》之名代之。

　　民國締造之後，林琴南仍致力於迻譯莎劇本事，先後完成《雷差得記》等
五種，分別發表在《小說月報》和《小說世界》等刊物上。但同時期留學英美
的中國學生紛紛返國，加以海域已開，英語儼然變成中國人研習的重要外語，
不乏熟諳的人士，莎劇的翻譯遂日漸熱絡，日趨成熟。五四運動後的第二年，
徐志摩首開以白話詩翻譯的風氣，將《羅蜜歐與茱麗葉》中的樓臺會再度譯為
中文。徐氏的譯文雖然夾雜俚俗之語，但因係逐字譯出，而且不乏詩意，時人
評價甚高[9]。逮及1921年，田漢(1898-1968)又以語體文譯出《哈孟雷特》四幕，
刊載在《少年中國》雜誌上。田漢原計畫緊鑼密鼓的譯出莎劇十種，可惜他在
1924年譯畢《羅米歐與茱麗葉》後，就此擱筆。縱然如此，田譯在當時仍然廣
受注意，銷售量達六版以上。

　　1920年代著稱的莎劇中譯本，尚有邵挺(fl. 1924)的《天仇記》(*Hamlet*)與
張采真(1905-1930)的《如願》(*As You Like It*)等六、七種。進入1930年後的十年
間，莎劇的譯者輩出，譯作更精。1930年代一揭幕，詩人戴望舒(1905-1950)
即譯有《麥克倍斯》，而戲劇教授顧仲彝(1903-1965)亦譯有《威尼斯商人》一
劇。梁實秋(1903-1987)耗時甚久，用力最勤的莎翁全集的譯作，同樣濫觴於此
一時期。不過，若以此時譯作上的成就為限觀之，最值得一提的應該是曹未風
(1911-1963)和朱生豪(1912-1944)二人。

　　曹未風的企圖心比1920年代的田漢更大，成就則遠邁之。他早在1931年便
聲言譯出莎劇全集，十年後果然刊行自譯的莎劇11種，委由貴陽的文通書店出
版，題為《莎士比亞全集》。此一不全的全集，在1946年大肆刪定，別除兩種，

9　Chang Chan-hsien, "Shakespeare in China," *Shakespeare Survey* 6 (1953): 115.

並補入新譯一齣，由上海文化合作公司冠以《曹譯莎士比亞全集》重新問世。曹譯本雖然如同譯者所說的「尚非理想的譯本」，而且「全集」也始終不全，然而毫無疑問，這是中國人首度思以一己之力譯介莎翁全集的嘗試大業，歷史意義重大。至於稍後朱生豪翻譯的莎劇，則早已眾口交譽。朱氏和琦君（1917-2006）同為姜白石專家夏承燾（1900-1986）的得意門生，寫得一手典雅的英文。他從之江大學畢業後不久，即為陸高誼（1899-1984）羅致，進入世界書局擔任編輯。四、五十年前臺灣學生熟悉的《英漢四用字典》就是他和同僚合作的結果。朱生豪在學生時代即嗜讀莎士比亞的著作，進入世界書局後，詹文滸（1905-1973）乃鼓勵他迻譯莎劇。他從1935年著手致力於此，到了1946年病逝為止，雖然由於兵禍連年，一直處在物資與健康都不佳的狀況之下，但仍然譯得莎劇31種有餘，只有六部歷史劇未及譯出，確實耐力驚人，秉賦特佳。1947年世界書局將已經譯就的27種朱譯分三集刊行，題為《莎士比亞全集》。朱氏去世時年僅三十三歲，若非天不假年，他可能成為中國第一位莎劇全集的譯者。

　　從1930年到1940年代初期，傑出的譯者當然不僅止於上述諸人。例如彭兆良（生卒年不詳）於1930年代譯有《第十二夜》，余楠秋（1897-1966）和王淑英（生卒年不詳）夫婦也於兩年後合作譯出《暴風雨》。此時新譯的莎劇漸多，但一劇多譯的情形同樣可見。1940年代後，新劇的中譯益夥，除了曹未風和朱生豪的作品外，也包括邱存真（生卒年不詳）的《知法犯法》，楊晦（1899-1983）的《雅典人台滿》，孫大雨（1905-1997）的《黎琊王》（King Lear），以及張常信（生卒年不詳）的《好事多磨》等劇。總之，在1949年中國易幟之前，絕大部分的莎士比亞戲劇都已經有了中文譯本，不同的版本總數且達50種左右，經手刊行的出版社亦有21家之多，譯者更超過8人；他們或用文言，或用白話，或用詩體，或用散文迻譯，可謂各有特色，不一而足。

　　在諸多譯者之中，梁實秋的貢獻無疑最足以傲眾。從1931年翻譯《哈姆雷特》開始，到1967年臺北遠東圖書公司刊行莎劇全集為止，梁氏總共耗費了36年的光陰在莎劇譯事上。此中曲折與辛勞，恐怕只有梁氏本人最為清楚，也最能體會。1963年，他在《文星》第80期上發表〈關於莎士比亞的翻譯〉一文，明白交代當時已經付梓的20種莎劇翻譯的過程。他提到倡議迻譯莎劇的始作俑

者乃胡適：1920年，時任中華文化基金會董事會編譯委員會主委的胡適（1891-
1962），與旅華的英國名學者李查茲（I.A. Richards, 1893-1979）商議後，擬請聞一
多（1899-1946）、陳源（1896-1970）、徐志摩（1897-1931）、葉公超（1904-1981）與梁
實秋諸人，窮五至十年的功夫，譯出一部「莎氏集定本」，而且擬舉行年會討
論譯文的問題，連譯文體例和給酬辦法亦已擬妥眉目。可惜胡適的計畫過於理
想，最後胎死腹中。梁實秋說：「事實上我們並未按照計畫進行。根本就沒有
開過第一次年會。通伯不肯參加，志摩在二十年一月就不幸逝世，公超、一多
都志不在此，結果只剩下我一人孤獨的開始這漫長艱鉅的工作。」[10] 那時梁氏
身任青島大學外文系的教職，授課之餘即致力於翻譯。截至1936年底，已出版
莎劇七種；抗戰勝利後，又委由香港的出版社出版《第十二夜》。隨後近30種，
除了《仲夏夜夢》和《亨利四世》上下篇為大陸時期的舊譯外，其餘皆在臺灣
獨力完成。1969年，梁實秋又出版了莎翁的詩作《維諾斯與阿都尼斯》等三種。
一部由個人獨力完成的真正莎士比亞全集，總算在國人殷殷期盼下面世。

　　國民政府播遷來台後，除了梁實秋外，尚有虞爾昌（1904-1984）和夏翼天（生
卒年不詳）等致力於莎劇迻譯。其中以虞爾昌的成就較大。虞氏為朱生豪在之
江大學的同學，來台後曾任教職。他在1956至1957年間，曾出版《約翰王》等
8種歷史劇。1960年，臺北世界書局合虞譯和朱生豪譯本，刊行了另一部莎翁
全集。夏翼天的譯作，則以《朱立懊愷撒》與《卡里歐黎納士》較為人知。虞、
夏之後雖然也有他人的譯本和不同的「全集」在台港發行，但率皆竄改前人譯
作或拼裝各家譯本，不值得一提。

　　同時期海峽對岸中華人民共和國的文化單位與文人，也未嘗間斷出版或重
譯莎劇。據奠自佳和王忠祥二人合撰的〈莎士比亞和他的戲劇在中國〉一文所
稱[11]，曹未風本莎劇集曾在1979年前由不同出版單位陸續重印。但是中國最有
價值的出版壯舉，應屬1954年北京作家出版社重排的朱生豪譯《莎士比亞戲劇
全集》，以及1978年人民文學出版社梓行的《莎士比亞全集》。

10　梁實秋，〈關於莎士比亞的翻譯〉，在劉靖之主編，《翻譯論集》（臺北：書林書店，1989
　　重印），頁347-348。
11　奠自佳、王忠祥，〈莎士比亞和他的戲劇在中國〉，刊《外國文學研究》2（1986年2月）：
　　23。下引未注篇目者，均指本文而言，頁碼隨文夾附。

　　後一全集仍然以朱生豪本為主,再添加幾位譯者之作校訂補譯而成,原為1964年紀念莎翁四百冥誕而議行,可惜因文革十年動亂而拖至1978年才與讀者見面(頁23),是以此一譯本仍比梁譯全集本遲了近乎十年之久。不過相對的是,1978年後臺灣鮮見莎劇新譯[12],大陸上倒有方平(1921-2008)在來年出版的《莎士比亞喜劇五種》,以及林同濟(1906-1980)出版於1982年的《丹麥王子哈姆萊特的悲劇》一種。前者一刷即達10萬冊,可見莎劇風行的狀況。

　　從1903年《澥外奇譚》問世開始,到1982年林同濟重譯《哈姆雷特》為止,中間共歷79年。如果再加上1856年《大英國志》和1885年《西學略述》上莎翁及其戲劇的介紹,則莎士比亞進入中國人的文化生活已超過百年以上,不能說不長。在這段期間,莎劇由原為舊派文人包辦翻譯的狀況下,一變而為新派文人亟亟介紹的對象。譯文文體則由不同程度的文言逐漸進展至白話體的散文,由故事之衍述臻至全劇之迻譯,甚至連詩體翻譯都大有人嘗試。凡此在在昭示國人譯者的苦心與堅毅,而這恐怕是《聖經》、佛典以外的任何域外文學難以企及的中譯大業。

二

　　譯本的盛行,並不意味著翻譯上全無問題。對於莎劇譯者來講,首先在譯事準備上會遭到的問題,必然是原作版本的選擇。如果我們承認翻譯乃詮釋的過程,則詮釋正確與否,譯文是否斐然可誦,無一又不與版本校勘,譯作根據的底本之優劣有關。由於莎士比亞的戲劇原為舞臺上的腳本,業經當時演員增刪不迭,加以文藝復興時代的出版商又擁有擅改出版品的大權,所以傳世的版本與劇作家的原稿難以契合,事屬必然。如再經手民誤植,舛誤更多,問題愈趨複雜。梁實秋坦承自己在翻譯莎劇時,所遭遇到的第一個困難就是版本的選擇[13]。不過梁氏到底受過嚴謹的西洋文學訓練,他在眾多後人校訂的本子中,

---

12　例如彭鏡禧譯有《哈姆雷》,呂健忠譯有《馬克白》,而楊牧也譯有《暴風雨》等等。
13　參閱梁實秋,〈莎士比亞的版本〉,在《梁實秋論文學》(臺北:時報文化公司,1978),頁595-610。

慧眼獨具選擇柯拉以格（W.G. Craig）所編的牛津本，並以之為底本，顯示出不凡的學養。在英國的雅登（Arden）版未及完全面世之前，牛津本無疑是多數莎翁專家公認的「善本」。梁氏以外的譯者如朱生豪和以後為他接棒的人，同樣也使用牛津本。但曹未風的譯作多本劍橋版，卞之琳的《哈姆雷特》（1956）則據陶屯版、威爾遜版和吉特立其版對校譯出，顯然有個人的緣由，尚不失其嚴肅性。至於田漢的《哈孟雷特》和邵挺的《天仇記》，則根本不注明所據版本，恐怕是因為不明白版本的嚴重性有以致之，比起前述諸人就略遜一籌。

　　譯家處理版本的困擾後，接下來要面對的應該是譯文體裁的問題。莎劇有三分之一為散文，其他則多以抑揚五步格的無韻詩（blank verse）出之。譯者得先研究原作的韻律，再行揣摹譯作的方式。胡適倡議共譯莎劇時，早就留意到此類問題。他主張由聞一多和徐志摩先以韻文翻譯，另委陳源和梁實秋以散文試譯。1931年3月21日他致梁實秋的信上，又要求譯者注意原文，不使之成為「衍述」（paraphrase）之作[14]。胡適計畫中的集體翻譯雖然沒有實現，但是提出來的問題所有的譯者必然都曾考慮過。鄧以蟄和徐志摩本的《羅蜜歐與茱麗葉》都用韻體翻譯，一為文白夾雜的彈詞體，一為白話詩。不過鄧氏的試驗似乎不如徐氏成功。對於兩家譯作素有心得的張常信，對鄧氏就有過相當苛刻的批評。他認為鄧氏雖富於理想，只可惜不能掌握原文，又復受制於文白夾雜的文體，譯就的作品非特不能吟唱，抑且難以卒讀。至於徐志摩本的《羅》劇，張常信的批評就比較客氣，認為是早期莎劇漢譯中的翹楚，理由是徐氏的文句極富「詩意」。不過即使如此，張常信也不得不承認鄧徐的韻體譯文僅能供學術界傳觀，不懂原文的一般讀者根本無法借之欣賞莎劇的高妙[15]。

　　或許有鑑於此，孫大雨在1940年代後期發表的《黎琊王》，就蓄意以常人能懂的詩行翻譯。他企圖仿效莎翁的無韻詩，稱之為「音組」的翻譯，而且亟思以自己立下的格律，作為爾後新詩共同遵守的典範。如此一來，他的譯作雖然足以「達意」，卻不免竄改原文，擅添枝蔓，淪為「不信」。例如《黎琊王》第二幕第四景，黎琊在眾叛親離之下，兀自面對凄風苦雨，感嘆諸神以萬物為

14　1931年3月21日胡適致梁實秋及聞一多函，在梁實秋，〈關於莎士比亞的翻譯〉，頁346。

15　Chang, "Shakespeare in China," pp. 114-115.

祭品，乃在悲憤下而「問天」道：

> 你們見我在這裡，諸天的神們，
> 一個可憐的老人，悲痛和風霜
> 歲月一般深，都是莫奈何地慘澹。

這幾行莎士比亞的原文作："You see me here, you gods, a poor old man/ As full of grief as age, wretched in both." 明眼的讀者不難看出，孫大雨為了配合譯詩的節奏，不惜在原文之外另添「風霜」和「莫奈何地」兩組字詞，「破壞」了譯事上對「信」的要求。陳祖文(生卒年不詳)在1968年12月的《純文學》月刊上，曾經發表〈《李耳王》一段戲詞的三種中譯〉，針對孫氏擅接枝蔓的情形有深入的探討，認為他之「仿照原來詩體譯詩，固然正合信譯的原則；但是中西語文差別甚大，如果譯詩過於偏重詩體，勢必要加句或變更原來的句法，結果形體雖然近似，可是原義或會因之而走失了」[16]。這種為求信而特意琢磨譯作的文體，結果反而淪為不信的情形，正是中文譯者在介紹莎劇時常常碰到的兩難。

詩體的譯文雖然吃力不討好，但是早期用語體迻譯的莎劇同樣也難以獲得批評家的青睞。張常信相當不滿田漢的譯本，主因是田譯和徐志摩的翻譯一樣，都是圈內行家才看得懂的作品，不適合在舞臺上演出。不過張氏的文章並未指出田譯的癥結，倒是二十五年後周兆祥耗力甚深的《漢譯哈姆雷特研究》一書，曾經仔細論列此一問題。周氏一針見血地指出，田譯病在以直譯之法來傳達莎劇，形成的是以中文書寫的外文。比如原作有"For us and for our tragedy"一句，田譯作「為我們和我們的悲劇」，又如"woundless air"一詞，田譯為「無所謂損傷的空氣」，都是令人百思不得其解的「中文」。這一類的譯作若配合長篇大段，只會擾人耳目，徒滋混淆，令不能直接閱讀原文者掩卷三嘆[17]。

---

16 除了《純文學》該期，這裡所引〈三種中譯〉一節另見陳祖文，《譯詩的理論與實踐》
（臺北：寰宇出版社，1971），頁24。

17 周兆祥，《漢譯哈姆雷特研究》（香港：中文大學出版社，1981），頁356。

　　像田漢一類的翻譯，往好處說是在追求譯事標準上的「信」，往壞處想則簡直教人懷疑譯者是否理解原著。好在稍後如梁實秋和朱生豪的譯本，就比前期諸作優秀得多了。梁實秋一向以譯筆忠實著稱；他也曾經以此自許。大致上，梁譯本頗能滿足不諳原文的讀者的理解力。且舉前引《李爾王》一段為例說明一二。梁譯此段戲詞作：「天上的眾神喲，你們看我在這裡，一個可憐的老人，悲哀和年紀一般的大；在這兩種情況當中一般的狼狽。」梁譯直扣原作，甚至連句構也和原文殊無二致，可謂極忠極信矣。我們雖然難以將此類譯文比諸《雅舍小品》內的文字，但是讀懂總沒問題。梁譯真正的問題，是不能引發聯想力的散文句法。莎翁原著既為詩體，必然要求讀者發揮想像力，填補文意不足或句構上省略的地方。梁譯的散文體則缺乏這種引發讀者想像的力量，難怪楊牧以為梁實秋譯的最好的是劇中的散文，較不值其韻文部分的翻譯[18]。

　　朱生豪的譯筆恰好和梁實秋相反；他從不標榜「信」字。在〈莎士比亞全集譯者序〉中，朱生豪指出前人譯作往往失之於拘泥生硬，「不僅原作神味蕩然無存，甚且艱深晦澀，有如天書，令人不能卒讀。」所以他翻譯時，務求於「最大可能之範圍內，保持原作之神韻；必不得已而求其次，亦必以明白曉暢之字句，忠實傳達原文之意趣」。凡是遇到原作的字句不合中文語法的地方，「往往再四咀嚼，不惜更易全部原文之結構，務使作者之命意豁然呈露，不為晦澀之字句所掩盡。」[19]用這種內化的方式翻譯，造就的必然是明白曉暢的譯文，雖然忠實的程度或有減損。前引《李爾王》一段的朱譯就是最好的說明：「神啊，你們看見我在這兒，被憂傷和老邁折磨的好苦。」後一句和原作已大有出入，完全是譯者揣摹原文，再以中文口語構設出來的「譯文」。信雖未必，達則毫無問題。同類的「神來之筆」，朱譯中比比皆是，尤以《奧賽羅》一劇最稱明顯。

　　在詩體與語體之間，不乏文言譯作的特出例子。包天笑和邵挺都是箇中好手，後者的《天仇記》且為其中最優秀的一種。此劇即《哈姆雷特》，出版於

18　楊牧，〈梁譯莎劇印象〉，在其《傳統的與現代的》（臺北：志文出版社，1975），頁65。
19　朱生豪，〈莎士比亞全集譯者序〉，在梁實秋主編，《莎士比亞誕辰四百周年紀念集》（臺北：國立編譯館，1966），頁580。下引梁編一概簡稱《四百周年紀念集》。

田漢譯的同一劇後兩年，顯然是在攻擊白話譯文的臃腫笨拙。邵挺師法林琴南，譯文充滿文言文的意趣，例如第二幕第二景中丹麥王所說的一段話：「朕心悅盛；且啣杯臚歡，鳴礮慶祝，天鳴地響，以志盛會。同朕往」。為使譯文更加切合中國人的思維習慣，邵挺也會更改原作，逕行加入中國典故和辭彙，第二幕落幕前哈姆雷特的一段獨白就是例子：「彼何所為哉？為海僑巴哉？海僑巴之於彼，彼之於海僑巴，猶夫秦越人也。……何以加此？然予乃昏昧之棍徒，因循自誤，嚴若莊生沉睡，漠然忘情。」雖然邵挺仍然維持了劇本的形式，嚴格說來，他的譯作已經逾越了我們今天所持翻譯的常軌，頗近胡適所謂的「衍述」，和龐德（Ezra Pound , 1885-1972）英譯的《詩經》，黃克孫中譯的《魯拜集》一樣，都是翻譯上的創作行為。

把莎劇置換成中文，當然不僅牽涉到上述研究上和譯文文體上的要求。原作裡的雙關語，也令歷來譯者苦惱不已。《哈姆雷特》裡極其重要的同音雙關詞"sun"和"son"，不但困擾過梁實秋和朱生豪，相信也曾令田漢和邵挺徒呼負負。莎士比亞所處的英國伊莉莎白時代，文字的意義和現代英文頗有出入，必然曾讓因戰亂而顛沛流離的朱生豪徹夜苦思。涉及時代背景和西方傳統典故的詩文，更是讓邵挺等譯者茫然不知所措，終於捨棄而求助於中國文史，稍盡為讀者言詮的責任。譯壇上有所謂「譯者即逆者」的說法，可見佳作難求。朱梁之作已屬難能可貴，但顧此失彼，瑕疵仍然不免。張常信以為清末以來的莎劇率皆不堪上演，「只能供學生作為閱讀原作的輔助」[20]。此語容或過甚其詞，但衡諸環繞莎劇中譯的各種難題，恐怕也不是信口雌黃。

三

田漢的〈中國話劇藝術發展的路徑和展望〉一文，稱1907年以前的上海、廣州和蘇州等地的教會大學，都曾經上演莎士比亞和其他西洋劇家的戲劇，可惜他並未列出戲碼和確切的資料。近代有記錄可考的中文莎劇演出，最早僅能溯至1913年上海新民社上演的《威尼斯商人》。此劇當時的名稱不一：梁實秋

20　Chang, "Shakespeare in China," p. 116.

於1964年5月發表在臺北《中央日報》上的〈莎士比亞在中國〉一文稱之為《一磅肉》，陳丁沙指出又有《肉券》與《借債割肉》之稱，以汪優遊(1888-1937)演來最著名，而今日中國「仍保有《肉券》的鉛印幕表劇本」[21]。不論劇名為何，最晚遲至1913年中國即演過莎劇，殆可確認。1914年開始，歐陽予倩主持而由留日學生組成的上海春柳社，亦曾在兩年內分別演過《委塞羅》、《鑄情》、《馴悍記》和《韓姆列王子》等著名的莎氏悲喜劇，時稱「西裝戲」，劇中人名多予以中國化，頗符合日本人慣用的「飜案」式翻譯手法。到了1916年，亦即民國五年，由於袁世凱圖謀竊國，改元稱帝，鄭正秋(1889-1935)乃改編莎劇《馬克白》為《竊國賊》上演，一來諷刺袁氏，二則發揮社會批評的功效。此劇乃莎劇為中國實際政情效命的嚆矢，時而又有《巫禍》之稱。歐陽予倩不斷把其他莎劇搬上舞臺；他在兩年間分別改編了《哈姆雷特》為二劇，在上海的「笑舞臺」公演。總之，在五四時期前後上演過的莎劇，據陳丁沙的〈中國早期舞臺上的莎士比亞〉一文統計，至少包含十三、四種，總數更達二十齣以上[22]。雖然如此，早期上演的莎劇絕少根據原作改編，多數是根據林琴南的《吟邊燕語》改寫。奚自佳等人又從陳丁沙的研究了解，此時舞臺上多半採行「幕表制」，由「演員按照演出大綱在舞臺上即興表演，可隨意編造臺詞，並不忠於原著」(頁24)。

真正以嚴肅的態度演出的莎劇，可能要推1930年上海戲劇協社演出的《威尼斯商人》。劇協社成立於1922年，乃屬蔡元培(1868-1940)主持的中華職業教育社旗下的單位。先後加入此一劇團的名人，有谷劍塵(1897-1976)、顧仲彝(1903-1965)、洪琛(1894-1955)和鐵劍秋(生卒年不詳)等人。他們推出的《威尼斯商人》，即以顧譯本為底本，導演由應雲節(1904-1967)擔任，主要的演員有虞岫雲(生卒年不詳)、陳憲謨(生卒年不詳)、沈潼(生卒年不詳)諸人。劇協社後來又推出過《哈姆雷特》和《羅蜜歐與茱麗葉》，逮1932年才完全停止活動。盧溝橋事變前一個月，上海業餘實驗劇團復在章泯(1906-1975)的導演下，假卡爾登戲院演出田譯的《羅蜜歐與茱麗葉》，廣受好評。

21　見陳丁沙，〈中國早期舞臺上的莎士比亞〉，載戲劇報編輯委員會編，《戲劇報》，頁56。
22　同上。

從前面的敍述可以看出，抗戰前的莎劇演出幾乎都以上海為主，這與港埠地區接受新風氣較早有關。但是抗戰期間有案可考的莎劇公演，則不限於上海，以南京國立戲劇專科學校演出的次數較多。南京的劇運原本不如上海興盛，但是1934年中國旅行劇團訪問該市，戲劇運動逐漸萌芽。待劇專在1935年創立後，更為茁壯蓬勃，對後來後方的劇運有深刻的影響。劇專草創之時，余上沅(1897-1970)出長該校。他本為戲劇專家，曾在美國受過專業訓練，回國後又任北平國立藝專教授，卓有經驗。1937年抗戰軍興之際，余氏親自導演劇專第一屆畢業生演出《威尼斯商人》。戰局逆轉後，劇專西遷四川，余氏仍指導第二屆畢業生演出《奧賽羅》，重要演員包括謝重開(生卒年不詳)、石羽(生卒年不詳)、余淑芸(生卒年不詳)和張逸生(1913-?)諸人。1942年12月，劇專又在四川的重慶和江安推出《哈姆雷特》，由校長焦菊隱(1905-1975)執導筒，梁實秋親自策劃。此次公演極具盛況，同月的《紐約時報》上還有通訊報導。

除了劇專師生的努力外，抗戰期間上海新生活話劇團也演過《鑄情》，劇本是布雷克(William Blake, 1757-1827)研究者邢雲飛(生卒年不詳)根據自譯的《羅蜜歐與茱麗葉》改編而成。1944年，同一齣戲也在重慶公演，由神鷹劇社演出，導演為張駿祥(1910-1996)。曹未風在1954年4月的《文藝月報》上發表的〈莎士比亞在中國〉指出，這次公演同樣盛況感人，因為劇本由曹禺(1910-1996)自譯自編。他不但熟悉舞臺技巧，也擅長編劇方法。曹未風又道，曹禺的腳本是「不需要很多的改動，就完全可以在舞臺上使用的優秀劇本」。如果曹未風的批評屬實，則莎劇的演譯界又向前跨出了一大步，已經開始體會到翻譯與演出結合的重要性。

抗戰勝利後至中國易幟前的三、四年間，想必仍有莎劇搬上中國舞臺，但因不見文獻著錄，詳情我不得而知。臺灣首度上演莎劇似乎遲至1962年。那一年政工幹部學校影劇系第八屆的學生為了舉行畢業公演，改編了朱生豪本的《哈姆雷特》為《王子復仇記》，一連演了兩晚。兩年後的4月23日，即莎翁四百年冥誕紀念日，該校同系又把同劇排演一次。這一次情況特殊，製作的過程相當嚴謹，除了由劇作家李曼瑰(1907-1975)擔任演出執行人外，還由王慰誠(1915-1977)親執導筒，張永祥(1929-?)任後臺主任，崔福生(1931-2013)負責舞

臺設計。曾經活躍在螢幕前後的演員如朱磊(1931-2007)和陸廣浩(生卒年不詳)等人,也登臺演出。至於演出籌備月餘,道具與服飾之考究則尚屬餘事[23]。1964年以後,臺灣各大學的英文系發展迅速,以英文演出莎劇的學生團體逐年增加。「世界劇展」籌設之後,莎劇演出更見規模。在中文演出方面,最值得一提的應屬1978年臺北文化學院影劇系公演的《奧賽羅》。不論是燈光設計或演出技巧,都已臻至學生劇團的巔峰。此外,1984年4月在臺北上演的《仲夏夜夢》,同樣也廣獲重視。

　　同時期的中國大陸,由於鎖國甚久,莎劇少見用英文演出者。第一次正式的表演,應屬1952年上海人民劇院公演的《羅蜜歐與茱麗葉》中的樓臺會。此劇四年後又由中央戲劇學院的學生全劇搬演。劇本採用朱生豪本,導演則聘自蘇聯。《羅》劇的魅力尚不僅止於這兩次演出,1957年和1961年,上海戲劇學院和前述中央戲劇學院也曾兩度重演。莎劇中的資產階級式的浪漫愛情,似乎不因政情的轉換而稍掩光芒。或許這便因莎劇強調的人類共性使然。

　　不過,在文化大革命席捲大陸的十年間,莎劇的演出完全銷聲匿跡。一直到四人幫垮臺,莎劇才又步上舞臺,再度與中國百姓生活在一起。此時較具價值的演出,有1980年9月中國青年藝術劇院上演的《威尼斯商人》。此劇首演地點是北京;曹禺復出擔任藝術顧問,張奇虹執導。9月演出後,中國戲劇家協會旋於十月召開座談會,發言記錄則刊載於次年一月號的《外國戲劇》上面。據稱,與會者除了該劇有關演職員外,另請了莎學專家和劇評家多人。結論是該劇「有利於恢復和樹立良好的道德風尚」,能夠「增長人們的知識」,俾便劇運拓展。這齣戲在1981年開始在大陸各地巡迴公演,場數達二百以上,允為有史以來最為龐大的一次。同年北京的演藝人員,又在英籍導演襄助之下,以英若誠職司副導,並採用他中譯的《請君入甕》舉行公演。最富歷史意義的是,這一年上海戲劇學院的藏籍學生排演了《羅蜜歐與茱麗葉》,並且回到西藏高原公演,惟藏民接受的程度不得而知。

　　比較「新奇」的舞臺嘗試,則屬1982年北京實驗劇團以京戲的方式演出的

23　參見蔣紹成,〈王子復仇記的演出〉,在《四百周年紀念集》,頁509-516。

《奧賽羅》。編導的邵宏超和鄭碧賢二人,分別就原作諸景改成能唱、念、做、打、舞的八場京戲腳本。1983年6月12日《文匯報》上有劉昀的〈京劇舞臺上的《奧賽羅》〉一文,詳細介紹上演情形。另外,據奠自佳等人透露,「崑曲、粵劇、滬劇等劇種也移植過莎劇」。上海的光華滬劇團,「就曾把《羅蜜歐與茱麗葉》改編成滬劇上演,劇名改為《鐵漢嬌娃》」(頁26)。中國這一類嘗試性的莎劇改編,臺灣亦曾為之。1987年由李慧主編的京劇《慾望城國》,便由《馬克白》轉化而來。《慾望城國》且於1980及90年代應邀遠赴英國倫敦皇家劇院,又轉赴日本、美國、香港與歐陸各國演出,轟動一時[24]。

　　不論是臺灣或中國的演出,都證明莎劇從清末民初步上中國舞臺以來,一直維持足夠的觀眾。早先文明劇式的演出雖然設備簡陋,但隨著時間的推移,演出的情況和條件年年有所改進。翻譯和舞臺的配合,更因譯者逐漸高張的劇場意識而得以大備。從前面的追述,我們更可看出歷來最受歡迎的莎劇應屬《羅蜜歐與茱麗葉》和《威尼斯商人》二劇。前者熱情激昂,纏綿悱惻,雖然不是亞里斯多德式的悲劇,卻深扣中國傳統的悲劇觀;後者常能配合實際的政治社會狀況上演,在中國所受歡迎尤其熱烈,而這恐難與劇中強調的意識形態無關。至於上演次數也不在少數的《哈姆雷特》和《奧賽羅》,則純以劇中揭露的人類共性的追求吸引觀眾,以演出的技巧扣人心弦,藝術上的講究極其顯然。

四

　　幾乎和翻譯、演出同時並行的,還有中國人對於莎劇的研究。早期的譯者或因莎劇情節玄妙,感到新奇有趣。林琴南的《吟邊燕語·自序》,便認為莎翁作品「立義遣詞,往往託象於神怪」。儘管如此,即使在林琴南發表《吟》書前後,中國文人也能看出莎劇其他的價值。1904年蔣觀雲(1866-1929)發表在《新民叢報》上的〈中國之演劇界〉一文,即曾言及莎翁劇作中強烈的社

24　李慧敏主編,當代傳奇劇場修編,〈慾望城國〉,《中外文學》15.11(1987年4月):52-76。
　　另見林秀偉,〈青春,永不褪色:人生總有幾個關鍵點〉,載吳興國、林秀偉著,《英雄不卸甲:出發!慾望城國的傳奇旅程》(臺北:日月文化出版公司,2010),頁43-73。

會意識。1915年，遠在美國的胡適則在他的《留學日記》裡引述過《馴悍婦》中皮圖秋(Petruchio)的話，並為之製定英文標題曰：〈莎士比亞劇本中婦女之地位〉[25]。如果要再舉例說明早期莎劇的愛好者之看重劇中社會意義，則我們可舉1918年傅斯年(1896-1950)在《新青年》5卷4號上發表的〈戲劇改良各面觀〉一文為例。傅斯年說：「大前年我讀莎士比亞的 *Merchant of Venice*，覺得 "To bait fish withal...."一段，說人生而為平等，何等透徹，這是『盧梭以前的民約論』。在我們元曲選和現在的『崑曲』、『京調』裡，總找不出。」[26]

早期的愛好者所以屢屢強調莎劇中非屬藝術的層面，大約因當時國家處境特殊有以致之，可謂某種「感時憂國」的精神。包天笑翻譯《威尼斯商人》以及新民社演出該劇，想必也緣出類似的心理。阿英(1900-1977)謂翻譯小說初興時，「目的只在作政治宣傳」[27]，同樣切合中國人早期接受莎劇的心理。

雖說如北，此等態度卻不能盡括早期文人對於莎士比亞的看法。《澥外奇譚》的譯者在介紹莎翁時，謂「氏乃絕世名優，長於詩詞」，從而不著一字於其社會意義。梁啟超之看重莎翁，因其「氣魄奪人」，而蘇曼殊喻之為「仙才」，恐亦著眼於莎劇中的藝術。因此，不論是「載道」或「娛樂」派對莎劇的看法，都在說明中國文人雅士不願僅限於欣賞莎劇便罷：他們還有研究與批評上的企圖。

可惜的是，上述諸人論及莎翁之作多屬片段。在五四運動以前，真正介紹過莎翁的文字，除1915年初版的《辭源》中的〈莎士比亞〉條外，還有來年孫毓修(1871-1922)在《歐美小說論叢》裡的述評，以及1918年《太平洋》雜誌1卷9號的〈莎氏樂府談〉一文。後者是目前可見的第一篇評莎專文。五四後迄1930年代末期，研究莎翁的學者與論述與日俱增。不過真正特出的研究或評述，卻只能在邵挺的《天仇記》和梁實秋的單篇論文中看到。

邵挺或恐部分讀者不諳西洋事物，所以一面譯述，一面介紹、批評莎劇。

25　胡適，《胡適留學日記》(4冊。臺北：臺灣商務印書館，1947重印)，3：612。本注最後冒號之前的數字指冊數，冒號之後的數字指頁碼。以下有類似情況的書籍之注法，一併比照處理。

26　見傅斯年，《傅斯年全集》(7冊。臺北：聯經出版公司，1980)，4：36。

27　阿英，《晚清小說史》(上海：中華書局，1937)，頁185。

他認為莎士比亞為「教世而託於戲劇」，故評注中不乏從道德立場出發者。例如第一幕第二景中丹麥王尚未現身前，邵挺為加速讀者認識丹麥宮中亂倫的事實，便配合中國歷史情況而評道：「丹王可比唐太宗。蓋太宗殺元吉而娶其妃，滅理亂倫，正相伯仲。特六月四日事，容有不得已者，且人人知之，太宗亦不自諱。而丹王則以暗殺取其皇位，又汙其嫂，罪尤加等矣。」這種眉批解說性質的評語，不獨針對莎劇而發，同時又有春秋褒貶之意，邵譯中隨處可見，和嚴復等譯《天演論》的案語前呼後應。又如第二幕第二景哈姆雷特在感嘆身世時曾說：「予苟無惡夢，可囿居於果殼中，而自視如宇宙宰。」邵挺譯畢這段話，隨即添加案語道：「此即荀子所謂『充盈大宇而不窕，入郤穴而不偪。』」全書中此類比較式眉批案語甚多。周兆祥的專書第五章甚不值邵挺的翻譯策略，但其中依然可見面對新事物時，舊式文人仍然不忘舊傳統的心態，以及他們急於以金聖歎和李卓吾自期的心理[28]。

梁實秋接受的是正規的英美文學教育，他的研究不會僅泥於傳統的評注。從1930年代初到1940年代止，他陸續發表了10篇左右的莎評與研究，儼然莎劇專家。就管見所及，梁氏的第一篇莎論，應為1934年7月4日發表在天津《大公報》文藝副刊上的〈《威尼斯商人》的意義〉一文。這篇文章大抵在反駁楊邨人稍早在《現代》雜誌上發表的〈上海劇壇史料〉。由於楊文認為上海劇協社上演的《威》劇完全以布景為號召，劇本本身不具意義，梁氏乃起而攻之，並譯了海涅論莎劇的文章以壯聲色。全文主要的論點，環繞在莎翁描寫猶太人受壓迫的歷史窘境，以及他們因其處境所引發的悲劇感，說服力相當強[29]。梁氏在同期發表的研究中最具貢獻者，乃兩年後他在《東方雜誌》4月號上刊出的〈莎士比亞研究之現階段〉一文。梁氏不厭其煩複述歷來西方批評家對於莎劇的看法，又從版本、傳記與時代背景等方面轉介20世紀早期莎翁專家的成就和發現，充分顯示學養不凡，來日必可為中國莎劇中譯與研究的中堅[30]。

1930年代以後，由於譯本日趨精良，研究風氣復盛，各個譯者為譯本所寫

---

28 周兆祥，《漢譯哈姆雷特研究》，頁366-80。
29 梁實秋，《梁實秋論文學》，頁627-631。
30 同上，頁473-485。

的導言或長序，不乏具有批評上的價值者。柳無忌(1907-2002)譯畢《該撒大將》後所寫的〈莎士比亞的《該撒大將》〉就是一例[31]。有些譯者的評介雖然只有寥寥數言，但是往往一針見血，朱生豪本全集的自序可以為例。此一序言的首段旨在綜覽西方重要的詩人，然其所作之比較卻有月旦作品及其歷史地位的價值，已非蘇曼殊式的泛比。由於此段文字乃斯時中國譯者對於莎劇的一般之見，特具歷史意義，加以尋覓不易，請容全段照錄：

> 於世界文學史中，足以籠罩一世，凌越千古，卓然為詞壇之宗匠，詩人之冠冕者，其唯希臘之荷馬，義大利之但丁，英之莎士比亞，德之歌德乎！此四子各於不同之時代及環境中，發為不朽之歌聲。然荷馬史詩中之英雄，既與吾人之現實生活相去過遠；但丁之天堂地獄復與近代思想諸多牴牾，歌德去吾人較近，彼實為近代精神之卓越代表。然以超脫時空一點而論，則莎士比亞之成就，實遠在三子之上。蓋莎翁筆下人物，雖多為古代貴族階級，然彼所發掘者，實為古今中外貴賤貧富，人人所同具之人性。故雖經三百餘年以後，不僅其書全世界之文士所耽讀，其劇本且在各國舞臺與銀幕上歷久搬演而弗衰。蓋由於其作品中具有永恆性與普遍性，故能深入人心如此耳[32]。

朱生豪生當亂世，加以譯事纏身，故未曾寫下詳盡的莎評，但前引序文顯示他對「人性」和「普遍性」特別看重，實為我們撮述了其時受過文學訓練者深能與歷來西方學界的莎評契合的事實，重要性自不待言。

如果朱生豪確因命途多舛而不及留下長篇的研究心得，在他的全集本出版前後梓行《黎琊王》和《雅典人台滿》的孫大雨與楊晦(1899-1983)，無疑便要幸運得多了。孫譯本注解豐富，正代表譯者個人的研究成果與批評見地。不論我們看法如何，楊譯本的長序觀點特殊，乃中國第一篇馬列主義式的莎評。1940年代的第三年，文匯書店亦曾譯輯蘇聯的莎評，出版了《莎士比亞新論》一書，

---

31 見柳無忌，《西洋文學研究》(1946；臺北：洪範書店，1978重印)，頁103-122。
32 《四百周年紀念集》，頁580。

不過當時並未引人注意。奠自佳等人統計，五四後到1940年代末期，中國所發表的莎評幾達百篇，譯文還不算在內（頁27）。這些文章當然良莠不齊，不過各具特色，不僅代表時人研究或欣賞莎劇的成果，同時也是左右派文人批評取向的一面鏡子。

1949年以後，中文學界的莎劇研究可以台港和大陸分開說明。在臺灣提倡莎劇研究最力的人士，自然仍非梁實秋莫屬。他於1959年假青年文史年會發表一場〈莎士比亞的思想〉的講演，復於1963年出版《文學因緣》一書，收錄了《莎士比亞之謎》和寫於1949年後的〈莎士比亞的版本〉、〈孚斯塔夫的運命〉與〈《李爾王》辯〉諸文。談莎翁思想的講詞綜述莎氏的政治、宗教、經濟與人生等觀點，面面俱到，影響力大。〈孚斯塔夫〉和〈李爾王〉接近學院式論文，考核周詳，頗具批評眼光。非特如此，前文曾及的梁氏發表於1964年的〈莎士比亞在中國〉一文，不惟上承1954年曹未風在《文藝月報》上的論述，以及1951年張常信在英國伯明罕大學所作的同類研究，下則更開稍後戈寶權（1913-2000）、朱炎（1936-2012）與奠自佳等人類似題目的論著[33]。就在1964年，為紀念莎翁的四百冥誕，梁實秋又主編了《莎士比亞誕辰四百周年紀念集》。雖然從今天的角度來看，這本紀念論文集的歷史意義要超過其他的價值，但是無可否認，這本書乃中文世界的莎翁研究與歐美同類研究結合的起點，其中譯介的重要論文尤多。

莎翁誕辰四百周年時，臺灣的《文壇月刊》和《宜蘭青年》也曾經發行紀念特刊。臺北的耕莘文教院又舉辦了莎翁名著講座，熱鬧非凡。1970年代以後，傑出的莎劇論文陸續出現。且不談各大學學報上的英文專論，即以臺灣大學外文系出版的《中外文學》月刊上發表的中文論述而言，有份量的專論亦不乏見[34]。首先在這分重要刊物上發表莎評者，應屬顏元叔（1933-2012）。他在

33　參見C.H. Chang , *Shakespeare in China*, M. A. Thesis(University of Birmingham, 1951)；戈寶權，〈莎士比亞的作品在中國〉，見所著《中外文學因緣——戈寶權比較文學論文集》（北京：北京出版社，1992），頁459-470；以及Rudolph J. Chu, "Shakespear in China: Translations and Translators," *Tamkang Review* 1/2 (Oct., 1970): 155-181.

34　這方面的書目資料可以在張靜二等編，《中外文學論文索引》（臺北：中外文學月刊社，1987），頁69-71看到。

1974年10月號上發表的〈哈姆雷特──一個形上的爆炸〉一文，不僅為他自己
在十年後導出〈《哈姆雷特》的評論〉上、下篇，同時在後數年也引出陳祖文、
姚一葦(1922-1997)、郭博信(1923-1923)與朱立民(1920-1995)等人對於同劇所作
的評析。此刻重要的莎翁研究者和專論，尚有方光珞的〈均衡的力量──莎士
比亞悲劇中女主角的解析〉，張家綸的〈羅蜜歐與茱麗葉遊學記──談談劇本
中的『書籍』意象〉，以及滕以魯的〈悲劇缺陷與莎翁筆下的《奧賽羅》〉等。
1987年4月，《中外文學》為配合莎翁423歲冥誕，推出了莎士比亞專輯，發表
了數篇論文。各設有英語研究所的大學，在同一時期亦有不少研究生以莎劇作
為學位論文的題目。

　　在香港用中文發表的莎劇研究，主要以中文大學為中心展開。前述周兆祥
著《漢譯哈姆雷特研究》雖然以探討莎劇中譯的問題為主，但亦涉及原著的語
言與文化現象，意義故而廣泛多了。實際上，這本書還是管見所及最稱重要的
莎劇評論。至於中文大學內專攻比較文學的學者，同樣可見對莎劇興趣盎然的
專家。這方面可舉周英雄為例，他的〈懺教官與李爾王〉採用結構主義的方法，
分析《李爾王》和凌濛初《二刻拍案驚奇》中的一回故事[35]，反覆評比，構思
巧妙，和1985年中國大陸出版的《外國文學研究》上刊出的〈複調與莎士比亞〉
取徑近似。

　　中國本身的莎翁研究，就量而言並不多讓台港。1950年至1960年間，各地
期刊上發表的莎論可能不下兩百篇。1976年政權轉換後，又在十年中出現了587
篇莎劇研究(同上)。這些論著的品質極不一致，多半從馬列思想出發，專事莎
劇的社會背景和政經理念之分析。這種情形在1980年後稍有所轉變。有些學者
援引比較文學的觀念與方法，寫出如同前述〈複調與莎士比亞〉式的作品，也
有人實際比附文本，如馬棹榮的〈假定性與開放性──莎士比亞與中國戲曲的
藝術比較〉等等。1983年，中國的莎翁研究向前又邁進了一大步，因為這一年
《莎士比亞研究》創刊，在兩年內即刊出了48篇論文，內容亦有專注在語言與
藝術層面者。研究人士則包括范存忠(1903-1987)、卞之琳(1910-2000)、楊周翰

35　見鄭樹森等人合編，《中西比較文學論集》(臺北：時報文化公司，1980)，頁225-253。

(1915-1989)、顧綬昌(1904-2002)、方平與賀祥麟(1921-2012)等知名學者。

　　台港和中國大陸的莎劇研究，在1970年後確有一日千里的發展。這種成果得歸功於早期譯者的努力引介和舞臺演出的不斷鼓舞。當然，西方學界的刺激也是重要的原因。不過本文的篇幅有限，前面的介紹自然難以盡含由外文迻譯為中文的莎評或專論，而這一方面的發展，卻早已和中文學界的研究結為一體，不乏重要的論文。以臺灣一地為例，杜國清所譯〈哈姆雷特論〉("Hamlet and His Problems")，乃艾略特(T.S. Eliot, 1888-1965)的名作[36]，業經公認為本世紀莎評的經典論文之一。再如劉錫炳譯的〈莎士比亞時代的英格蘭〉(G.B. Harrison撰)[37]，以及杜若州譯的《莎士比亞傳》(Sir Sidney Lee本)等等[38]，也都是詳述莎翁生平和相關背景的專門性論著。進入21世紀後，顏元叔撰有《莎士比亞通論：傳奇劇‧商籟‧詩篇》，彭鏡禧也寫了幾篇莎劇譯論或譯評[39]，而《中外文學》上面刊登的論述更夥，但整體而言，因上世紀末到本世紀各種文化理論盛行，對莎劇的實質研究相對便有式微之感，而相關的莎評或莎論，當然就不足以在數量上和海峽彼岸的同行匹敵，儘管品質高，有研究上的啟發之效。

　　上述百餘年來莎劇在華的一頁傳播史，乃隨著中國社會的激變和政治上的動盪向前滾進，其中有光輝的一刻，也有消沉的時候，不過大致說來可用「成果豐碩」一詞加以形容。在這一頁歷史裡，若有任何遺憾之處，莫過於譯述體例的混亂和研究對象上的偏執。譯述體例的混亂首見於譯文文體不一，前已述及。然而此一情形畢竟難免：真正混亂的還是劇名、人名與地名各自為政，令人有為莎翁五馬分屍之感。胡適早在1931年即認識到統一譯名的重要，進而要求「譯書時，宜將書中地名人名之譯音，依原文字母分抄譯名表，以便匯交一人負責整理統一」[40]。可惜此一計畫未能實現，遂有一劇多稱，一人多名，以及一地多譯的現象發生。梁實秋的全集本刊行後，此一紛擾稍弭，但是仍然值

36　見杜國清譯，《艾略特文學評論選集》(臺北：田園出版社，1969)，頁203-212。
37　《四百周年紀念集》，頁93-236。
38　臺北中華日報出版，1979。
39　見顏元叔，《莎士比亞通論：傳奇劇‧商籟‧詩篇》(臺北：書林出版公司，2002)；彭鏡禧，《撲象：文學翻譯評論集》(臺北：書林出版公司，2009)，頁219-296。
40　1931年3月21日胡適致梁實秋及聞一多函，在梁實秋，〈關於莎士比亞的翻譯〉，頁346。

得後人警惕。

　　此外，由前文各節的概述可以看出，習稱的四大悲劇和四大喜劇一直都是中國人較為熟悉的莎劇。這八齣戲確實擁有不少的研究者，翻譯和上演的次數也最多。然而，儘管這種情形在西方國家亦屬常態，研究者卻不該畫地自限而無睹於其他「冷門」的莎劇。1986年以前統計較詳：莎士比亞的37種劇作中，只有25部有人發表專文評論。其餘包括《利查二世》、《脫愛勒斯與克萊西達》、《惡有惡報》、《皆大歡喜》、《馴悍婦》、《利查三世》、《安東尼與克利歐佩特拉》與《溫莎的風流婦人》等在內的八齣戲，直到近年來大陸才有少數專文評論，臺灣則除了顏元叔(1933-2012)的專文〈卓勞士和葵西妲〉以及少數研究生的論文曾加以論述外，幾乎乏人問津。就學術發展的角度來看，這種情形終屬偏頗，有賴學者多加努力，如此則中文世界的莎士比亞研究，有朝一日或可和英美以外的德國並駕齊驅。

可能異域為招魂
——蘇曼殊漢譯拜倫緣起

　　學者論述清末以降的中國文學，常以「狂飆」二字形容當時文壇態勢，原因不外乎西潮洶湧，去時未遠的歐洲浪漫作風宰制文人心緒，而政經情況巨變，略仿泰西諸邦，亦有以致之。因此，19世紀末與20世紀初內斂嚴肅的維多利亞與牧歌悠揚的喬治派文學乃遭當時中國文士棄置，勿寧貼切合理。一時具現在東方「摩羅」步武者身上的，若非軒昂狂放，便是哀怨淒冷，其勢如江河傾瀉，如驚風疾疾，難以遏止。最足以說明西方浪漫詩人在中國跟風蔚起的現象，莫過於時人競譯其詩，爭仿其體。除了經典巨匠如莎士比亞外，清末民初的譯壇上充溢雪萊（Percy Bysshe Shelley, 1792-1822）、拜倫（George Golden Byron, 1788-1824）等英國「魔鬼派」（The Satanic School）詩人的作品，也不乏歌德（Goethe, 1749-1823）等歐陸名家的浪漫傑作。

　　早在1906年，蘇曼殊即於東瀛譯竟《拜倫詩選》五篇四十二首，內涵可能由他合黃侃（1886-1935）所譯而廣受重視的〈哀希臘〉、〈去國行〉與〈讚大海〉諸詩 [1]。辛亥革命那一年出版的《潮音》之中，蘇氏且和英國外交官佛萊蓰（John B. Fletcher, 1879-1933）共訂〈拜輪年表〉。民國初年致劉半農（1891-1934）的書信

1　這幾首詩的譯作權眾說紛云，參見黃侃，〈雋秋華室說詩〉，見柳亞子編，《蘇曼殊全集》（5冊。北京：中國書店，1985），5：237-243；另見潘重規，〈蘄春黃季剛先生譯拜倫詩稿讀後記〉，《文物匯刊》1（1972）：40-48。鄺健行及朱少璋對黃侃的解釋有異，似仍以為詩稿係出蘇曼殊，見朱編《曼殊外集：蘇曼殊編譯集四種》（北京：學苑出版社，2009），頁ii-viii及頁183-187。《蘇曼殊全集》注尾冒號前的數字均指冊數，其後者則指頁碼。本文下面有類似情形之注文，同。

中，蘇氏亦表露他關懷東西方拜倫研究的心跡[2]。雖然《拜輪詩選》要到1909年才付梓，而廣為人知甚且遲至1914年左右，然而蘇曼殊欲導中國人親炙浪漫精神的篳路藍縷之功，實不下於歌德在19世紀介紹拜倫入德。當然，就譯史先後而言，梁啟超和馬君武率皆先蘇曼殊譯過拜倫，惜乎二氏不以譯詩名世，而且一詩既成，後繼無力，徒留佳話而已。蘇曼殊則不然，他不怠不懈，譯作之外，不時還在創作中頌揚拜倫，援引名句，甚至倡言「丹唐拜輪是我師」（《曼》：27），景仰之情溢於言表。譯罷《拜輪詩選》同年的〈日本錫飛僧《潮音》跋〉，另又提到蘇氏曾偕母居日本逗子櫻山，某日「夜月照積雪，泛舟中禪寺湖」，乃「歌拜輪〈哀希臘〉之篇。歌已哭，哭復歌，抗音與潮水相應」（《曼》：127）。類此追憶與行為，在蘇氏的創作如〈碎簪記〉中亦可一見，可知蘇氏不僅嗜讀拜倫詩，幾乎同時也與此一英國詩人共起居了。

既然如此，蘇曼殊有《拜輪詩選》之譯，不致出人意表。不過，我們若深一層追究，則蘇氏之中譯拜倫，似乎又與其他因素有關，他秉受的教育係其一。案蘇氏身世撲朔迷離，而這點學界一向樂於探究。他早歲留日所習，包括英法諸國語言，弱冠以後，則潛心梵典，嘗謂：「衲於各項文字之中，梵文為首，華文次之，西文更次矣。」他既然留學日本，血統又與扶桑有關，則1932年魯迅（1881-1936）致增田涉（1903-1977）書中所謂蘇氏日文「簡直像日本人一樣」，應為事實[3]。然而他一度譯出歌德（Johann Wolfgang von Goethe, 1749-1832）〈題《沙恭達羅》詩〉，「屈子沉江前三日」致高天梅（1877-1925）書（《曼》：46），又曾徵引歌德與愛克曼（Johann Peter Eckermann, 1792-1854）《對話錄》中的見解，則其略知德國文學一二，似亦可信。大凡精通數國語文的人，對翻譯均感興趣，蘇曼殊自不例外，柳無忌（1907-2002）編的《曼殊大師紀念集》中，大部分的書信和短論皆曾涉及蘇氏的翻譯成就。《燕子龕隨筆》則保存了某些英華音義並同

2　見柳無忌編，《曼殊大師紀念集》（臺北：臺灣時代書局，1975景印），頁77。劉半農在《新青年》第2卷第4期（1916年12月）刊有〈拜倫遺事〉一文，其中亦用文言文譯出〈哀希臘〉。劉氏此譯，已夾附於秦賢次撰〈劉半農二三事〉之中，見瘂弦編，《劉半農文選》（臺北：洪範書店，1978），頁263-264。《曼殊大師紀念集》以下簡稱《曼》，引用頁碼隨文夾註。

3　引自王孝廉，〈蘇曼殊與清末小說〉，在王著《神話與小說》（臺北：時報文化公司，1986），頁254。

的語彙，以回應「康奈爾大學教授某君」的研究（《曼》：88）。1906年東京齊民
社刊行的《文學因緣》，以及1914年8月出版的《漢英三昧集》，則分別彙編各
家用英、法文所譯漢詩成冊 [4]。《文學因緣·序》且曾說道：「先是在香港讀Candlin
師所譯〈葬花詩〉，詞氣湊泊，語無增減，若法譯《離騷經》、《琵琶行》諸篇，
雅麗遠遜原作。」（《曼》：117）如此則可知蘇曼殊譯輯拜倫成書，絕非一時興
到。他還具有深刻的譯評眼光，有一己的翻譯理論。1913年發表的《談劇》文
中，蘇曼殊又謂昔年留學日本早稻田大學時，曾從遊於日本莎劇專家坪內逍遙
（1859-1935），因坪內氏說戲譯劇雖態度嚴謹，「尚不能如松雪畫馬，得其神
駿」，故而對譯事多所戒懼（《曼》：122）。前引《致高天梅書》回顧清末譯壇，
也把他的敬謹之心表露無遺：

> 近世學人，均以為泰西文學精華，盡集林嚴二氏故紙堆中。嗟夫，何
> 吾國文風不競之甚也！嚴氏諸譯，衲均未曾經目，林氏說部，衲亦無
> 暇觀之，唯《金塔剖尸記》、《魯濱遜飄流記》二書，以少時曾讀其
> 元文，故售誦之，甚為佩服。餘如《吟邊燕語》、《不如歸》，均譯
> 自第二人之手。林不諳英文，可謂譯自第三人之手，所以不及萬一。
> 甚矣譯事之難也！（《曼》：47-48）

　　歸納這段話和蘇曼殊受過的教育，我們可知他力主通曉原文，即使不得已
而求助於翻譯，亦應由原文迻譯，不使於他手衍遞的重譯過程中喪失原著神
髓。此所以〈致高天梅書〉又曰：「衲謂凡治一國文學，須精通其文字。」此
亦所以同一書信曲引歌德事典道：「昔瞿（歌）德逢人，必勸之治英文，此語專
為治拜倫之詩而發。夫以瞿德之才，豈未能譯拜倫之詩，以其非本真耳。太白
復生，不易吾言。」（《曼》：48）
　　然則常人豈能盡誦拜倫原典？在清末的環境裡，翻譯實屬「必要之罪惡」。

4　有關《文學因緣》的討論，可見Liu Wu-chi, *Su Man-su* (New York: Twayne, 1972), pp.
　　56-58.《文學因緣》與《漢英三昧集》所輯的英譯中詩，朱少璋所編稱便，見《曼殊
　　外集：蘇曼殊編譯集四種》，頁1-55及214-304。

蘇曼殊曾觀東京春柳社譯演西劇，斥其傳譯麤劣幼穉。又曾讀梁啟超與馬君武
所譯拜倫詩，以為前者高過後者，因馬譯雖「婉轉不離原意」，卻「差稍失麗
豪耳」（《曼》：118）。這樣一來，蘇曼殊發展出一套譯事理論，作為自己中譯
拜倫的準據，可謂事屬必然。前引《燕子龕隨筆》留心英華同音語，猶難直叩
其譯論精要。但在《拜倫詩選·自序》中，蘇氏就要求信譯得「按文切理，語
無增飾，陳義悱惻，事辭相稱」了（《曼》：117）。若能交融東西，互相舉發，
更屬佳事。《燕子龕隨筆》記有讀拜倫詩一條，涉及此一譯論，摘抄如次：

> 春序將謝，細雨廉纖，展誦拜倫詩："What is wealth, as it to me, may
> pass in an hour.",即杜甫「富貴於我如浮雲」句也。"Comprehended for,
> without transformation, / Men become wolves on any slight occasion."
> 即陶潛「多謝諸少年，相知不忠厚。意氣傾人命，離隔復何有」句也。
> "As those who dote on odours pluck the flowers and place them on their
> breast, but place to die.",即李嘉佑「花開昔日黃鸝轉，妾向青樓已生
> 怨。花落黃鸝不復來，妾老君心亦應變」句也。（《曼》：91）

翻譯不但得如此精心細考，而且實踐上還得細火慢焙，盡傾胸中所貯以舉
發語文中的「事辭相稱」者。《文學因緣·序》中故道：「夫文章構造，各自含
英，有如吾粵木棉素馨，遷地弗為良，況詩歌之美，在乎節族長短之間，處非
譯意所能盡也。」（《曼》：117）因此，蘇曼殊要求形式與內容均得珠聯璧合，
思想音韻要匹配有致。王孝廉在〈蘇曼殊與清末小說〉中，暗示蘇氏是近代「為
藝術而藝術」的小說翹楚[5]。誠哉斯言！但以其人譯論視之，亦然。

《拜輪詩選》所收諸章，有短詩迻譯者，也有長詩截錄者。所譯原文體裁
不一，有每節六行，每行四音步者，亦有自由體的抑揚五步格。蘇曼殊譯作，
用字力求古雅，確有漢魏之風。在形式方面，他更講究。以《端志安》（*Don Juan*）
中的〈哀希臘〉一詩為例：梁啟超《新中國未來記》以戲曲曲牌〈如夢憶桃源〉

5　引自王孝廉，〈蘇曼殊與清末小說〉，見王著《神話與小說》，頁249。

合之，馬君武的前譯則以七言詩互換，但到了黃侃手中，大概認為六行四音步的英文原詩用中國的五言古體較為合適，遂改為每節八行的古詩形態。黃譯從詩體到用字遣詞，蘇曼殊都該筆潤過，形式內容也都照顧到。如此譯觀，當然仍有困難時，不過效果似乎甚佳。柳無忌對蘇曼殊的翻譯素有研究，嘗以為〈哀希臘〉乃蘇氏所譯，在〈蘇曼殊與拜倫哀希臘詩〉中故有一段說明：「以中文的五言譯英詩的四音步，一行對一行，尚不難安排，但把原來的六行英詩，譯成八行中文詩，卻需要巧妙地截長補短，尤其需要填襯得當，以安置多出的兩行中文詩。」從而認定「蘇氏」手法靈活巧妙，「翻譯甚為成功」，「改造得如天衣無縫」[6]。當然，〈哀希臘〉成功的另一要素，是蘇曼殊嘗為之潤飾補葺，章太炎與陳獨秀也曾助秉譯事[7]。於是，一時之間，「而我獨行謠／我猶無面目／我為希人羞／我為希人哭」（《曼》：37），乃傳誦於中華文士間。

　　雖然如此，上述種種的翻譯因緣卻非關緊要，真正重要的是：蘇曼殊在民國成立之前即已推出一部精湛的譯詩集，而除了艾儒略（Giulio Aleni, 1582-1649）在晚明譯述的《聖夢歌》之外[8]，他為中西文學關係史開創了一個幾乎前所未有的先例。從另一方面看，《拜輪詩選》也是近代中國留學運動的豐收之一。其影響或無《天演論》來得通盤[9]，但是對於引介浪漫精神，啟迪往後如徐志摩（1897-1931）、郁達夫（1896-1945）等人的類似情懷，功勞匪淺。在拜倫之外，蘇曼殊另譯有英國19世紀名家雪萊、彭斯（Robert Bums, 1759-1796）與豪易特（William Howitt, 1792-1879）等人之詩。他對雪萊印象尤佳，非特譯其《冬日》與〈含羞草〉二章（《曼》：31），並有〈題《師梨集》〉一詩，借表心事（《曼》：24）。《燕子龕隨筆》亦記有雪萊一條，引章太炎（1869-1936）文謂「英人詩句，以師梨最奇詭而兼流麗」（《曼》：92）。譯彭斯則為其最膾炙人口的〈潁潁赤薔

6　柳無忌，〈蘇曼殊與拜倫哀希臘詩〉，見《從磨劍室到燕子龕——紀念南社二大詩人蘇曼殊、柳亞子》（臺北：時報文化公司，1986），頁208-209。

7　參見劉心皇，《蘇曼殊大師新傳》（臺北：東大圖書公司，1984），頁49-50；陳萬雄，《新文化運動前的陳獨秀》（香港：中文大學出版社，1979），頁17-19。

8　見〔明〕艾儒略譯，《聖夢歌》（絳州：絳州天主堂，1639）。

9　參較郭正昭，〈達爾文主義與中國〉，在張灝等著，《近代中國思想人物論：晚清思想》（臺北：時報文化公司，1980），頁669-686; 以及Tzu-yun Chen, "Yen Fu's Translation of Huxley's *Evolution and Ethics*," *Tamkang Review* 13/2 (Winter, 1982): 111-135.

薇〉("The Red Red Rose",〔《曼》：31-32〕)，《隨筆》亦曾借此比諸天竺古詩人「好以蓮花喻所歡」(《曼》：83)。其他蘇曼殊特別喜好的西方詩人，還有莎士比亞、史賓賽(Edmund Spenser, 1552-1599)與希臘上古女詩人沙孚(Sappho, 600 BCE)等(例證見《曼》：80、82、181、184、226等)。若以教育背景與譯論實踐言之，這些曠世詩人亦足堪擔任試金石的重責，何以蘇氏對拜倫又情有獨鍾，一口氣便「譯」得數十首呢？要廓清這一點，我們還得從蘇氏個人的際遇與獨特的文學品味予以考察。

〈日本錫飛僧《潮音》跋〉指出，蘇曼殊「嘗從西班牙莊湘處士治歐洲詞學」(《曼》：126)。然另一〈答瑪德利莊湘處士書〉的信簡，則僅及梵籍漢譯的問題，通篇不著一字於師承。所以，我們不知莊湘是否曾授蘇氏拜倫詩。然而莊湘愛女雪鴻係詩詞行家，嘗譯華物為西文，和蘇氏的拜倫因緣就頗有關係。莊湘為姓，羅弼其名也，此即自傳小說〈斷鴻零雁記〉語及的「羅弼牧師」(尤請參閱《曼》：171)。而據柳亞子的考證，「雪鴻」也就是〈絳紗記〉中的「碧迦女士」[10]。莊湘父女博學多情，於蘇曼殊尤其多所照顧。牧師且欲以雪鴻妻之，惜蘇氏以披鬀有年，法身已證，婉轉拒之——雖則心念麗人，他亦不諱言。〈斷鴻零雁記〉載：莊湘曾遣女「共持英文書籍數種」貽贈蘇氏，包括「莎士比亞、拜輪及室梨全集」(《曼》：172)。小說中所寫的此事，實際上發生於1909年，也就是《拜輪詩選》付梓那一年，因為來年蘇氏自爪哇致高天梅書上已備陳其事。贈書地點為南洋星島。小說中又說道：獲書之後，蘇氏特好拜倫，展讀之餘，乃濡筆譯出《哈絡爾遊草》(Childe Herold's Pilgrimage)第六章〈讚大海〉。〈讚大海〉為黃侃所譯，文前已及，以故這裡蘇氏所述，當真是「小說家言」，而就小說論小說，儘管雪鴻贈書並非蘇氏「譯詩」的直接動機，但「此事」仍然深具意義，足以說明他獨鍾拜倫關乎生命際遇，更可能在為人生憾事權留紀念。不論真相是否真如虛構，此事已為蘇氏留下一首傳頌不已的名詩〈題《拜輪集》〉：

---

10 另參見劉心皇，《蘇曼殊大師新傳》，頁115。

秋風海上已黃昏，獨向遺編弔拜輪。

詞客飄蓬君與我，可能異域為招魂？

（《曼》：25）

1909年雪鴻贈書時，蘇曼殊寄客星洲，欲赴惹班中華會館任教，但一時罹病在床，而雪鴻「過存病榻，親持玉照一幅，拜輪遺集一卷，曼陀羅共含羞草一束見貽」（《曼》：24），是以乃有前引詩之作。這一首詩也顯示：雖然蘇氏對翻譯興趣盎然，然其教育背景──不論正式或非正式的──同樣有助於塑造他文化交流者的形象。雖然如此，蘇曼殊對拜倫的興趣，主要仍建立在個人的因素上。這一點，可從兩方面再予分論：第一，蘇氏獨特的文學品味；第二，時代與出身造成的狷介性格。

《燕子龕隨筆》於1913年11月開始在《華僑雜誌》上連載，對於了解蘇曼殊讀書生活重要無比，前引數語已端倪可見，梗概略具。《燕子龕隨筆》另有一條，引某「泰西學子言」曰：「西人以智性識物，東人以感情悟物。」（《曼》：86）所謂「西人」是否如此，我們姑且存而不論，但蘇氏這個「東人」卻是地道感情的產物。〈過若松町有感示仲兄〉一詩有「無端狂笑無端哭」一語，可資佐證（《曼》：21）。蘇氏既「以感情悟物」，難免傾向浪漫，講求性靈詩風，推崇古來狂放軒昂的詩人，於老成渾厚之作多所不取。拜倫笑傲不羈，豪放多情，為詩文下筆立成，自然湊泊而又渾然天成，理當得其眷寵。《斷鴻零雁記》中又有眉批式的比較，稱「拜輪猶中土李白，天才也」。至於其他西方詩人，則「莎士比亞猶中土杜甫，仙才也；室梨猶中土李賀，鬼才也」（《曼》：172）。蘇氏性傾浪漫，雪鴻贈書時乃「先展拜輪詩」讀。〈屈子沉江前三日〉與高天梅書又擴大此意，尤可說明雅好拜倫詩的原委：

衲嘗謂拜輪足以貫靈均太白，師梨足以合義山長吉，而莎士比亞、彌爾頓、田尼孫，以及美之朗弗勞諸子，只可與杜甫爭高下，此其所以為國家詩人，非所語於靈界詩翁也。（《曼》：47）

這種「詩話」式的評語雖非系統研究，所論所述亦不無商榷之處，但視之為早期跨接東西文化者的「比較文學」，似不為過。尤其值得注意的是：蘇曼殊索求東西合璧，無意之間也渲洩了個人主觀的品味方向，留下蛛絲馬跡，另則又洩露他為拜倫言詮的部分動機。

梁啟超以曲牌入拜倫〈哀希臘〉，目的在借西詩激勵國魂，以亡國之音喚醒睡獅，因此筆下「難道我為奴為隸今生便了」，並非為「瑪拉頓後啊山容縹緲」的希臘子民所發，反倒像在對著當時的中國人訓話。類此翻譯心態，同時也是蘇曼殊以古韻弔拜倫的重要出發點之一。不過，他對拜倫的了解當然深過梁啟超，也更能認清拜倫所處時代和自己有同工之妙。眾所周知，19世紀在西方史上承先啟後，是人類文明變遷的關鍵：在英國有工業革命，改變經濟結構；在法國有民主革命，帶動人權與民族國家興起。經濟上既然推倒了人力產業，中產階級愈趨茁壯；政治上既然剷除了神權君權，民為邦本的新紀元乃告確立。這一切的變動不居，保守陳腐的英國社會首當其衝。於是，在鄉村出現了糧食危機，而在都市裡便出現了熱情滿腔，諷刺社會不留餘地的拜倫。他回首前塵，前瞻未來，一身是膽，除了文學與情感生活外，全力投入對抗傳統，挑戰權威的行列中，憤憤然不滿如《該隱》（*Cain*)中的詩句：

> 我為何要溫馴柔和？
> ……
> 我為何要感激涕零？
> 雖然來自塵土，而且得匍匐其中，
> 我最後也要回歸塵土嗎？
> 若我空無所有，亦非面善心惡，
> 則我膽敢飲下苦酒，對之高歌讚美，發興遣懷；
> 則我便敢以永恆的臉龐逼視奧林帕斯的暴君，
> 告訴他：罪惡並非好事[11]。

---

11 見德雷克·巴克著，王希成譯，《拜倫的世界》（臺北：久大書局，1977），頁59。但此詩，我稍改王譯。

　　像拜倫一樣，蘇曼殊也曾意氣風發，不畏強權。他立身的中國，乃是個蘊蓄變革的時代：內有腐化的官僚體系禍國殃民，外有帝國主義強權虎視眈眈，而社會上麻木蒙昧，一派山雨欲來：風，早已滿樓吹襲。蘇曼殊早歲有志救國拯民，而面對保皇勢力猖獗，清末且曾計畫刺殺康有為。又加入同盟會，為孫中山腹友，但對口蜜腹劍的假志士，則痛心疾首，怒目仰視。二十歲譯雨果《慘世界》於《國民日報》，實不僅如是書編案所云在反映法國「當時光明與黑暗的鬥爭」（《曼》：307），同時──借用王孝廉〈行雲流水一孤僧〉中的話──更是在反映「他眼中清末異族統治下的中國」[12]。〈以詩並畫留別湯國頓〉一詩，最足以顯示此刻蘇曼殊與拜倫的精神契合處：「蹈海魯連不帝秦，茫茫煙水著浮身。國民孤憤英雄淚，灑上鮫綃贈故人。海天龍戰血玄黃，披髮長歌覽大荒。易水蕭蕭人去也，一天明月白如霜」（《曼》：22）。

　　1907年10月29日〈與劉三書〉，又顯示蘇氏曾涉獵社會主義論文（《曼》：41）。民國前《民報》連載的《嶺海幽光錄》，則勾沉廣州愛國古德事蹟，意欲令人讀後生「種族之愛」（《曼》：94）。民國之後，蘇曼殊以在野行腳為秋瑾遺詩作序，為喚醒粵人靈魂而又作〈嗚呼廣東人〉，抗議假愛國之名而包藏自利的日籍粵客（《曼》：135-37）。這種孤臣孽子的情懷，最激昂澎湃的迸發，是借拜倫事典命篇的1913年〈討袁宣言〉：「昔者，希臘獨立戰爭時，英吉利詩人拜倫投身戎行以助之，為詩以勵之，復從而弔之……。獨夫袁氏作孽作惡，迄今一年。……普國之內，同起伐罪之師。衲等雖托身世外，豈無責耶？」（《曼》：155）其明志之心，灼然如中天之日，相信亦有所感於《斷鴻零雁記》讚嘆拜倫的「雄渾奇偉，今古詩人，無其匹矣」一語而發（《曼》：172）。辛亥革命成功，蘇曼殊柱杖飄然引退，則又符合《拜輪詩選・自序》刻劃的拜倫行跡：「拜輪以詩人去國之憂，寄之吟詠，謀人家國，功成不居，雖與日月爭光，可也！」（《曼》：115）要之，蘇氏所處的特殊時空，已為他感佩拜倫造下初機，譯其詩歌為中文，不啻魯迅早有以拜倫之酒澆蘇氏或中國革命文人的塊壘之說，亦〈雜

12　王孝廉，〈行雲流水一孤僧〉，見王著《花落碧巖》（臺北：時報文化公司，1986），頁88。

憶〉所謂求新聲於異邦的正常反應[13]。

話說回來，以泰恩(Hippolyte Taine, 1828-1893)式的時代雷同詮解蘇、拜契合處雖有其效，卻也不該遮蔽兩人之間的歧異。拜倫的政治信念滿載詭論；他雖然力籲人類解放，奮不顧身加入希臘對抗鄂圖曼帝國高壓統治的獨立戰爭，然而鄙夷民主，崇尚貴族政治，卻也是人所共知的事實[14]。蘇曼殊則在民族主義之外，一度鼓吹無政府思想，1902年且寫〈女傑郭耳縵〉，為此大聲疾呼（《曼》: 132-35）。拜倫眼中的英國一無是處，民生雖非凋敝，但苛稅重捐紛至沓來，象徵國魂虛幻不已。然而他無意改革母國，不像蘇曼殊立志拯救故土。在《但丁的預言》(*The Prophecy of Dante*)中，拜倫棄英格蘭而心儀義大利；在《哈絡爾遊草》裡，他則緬懷上古希臘的榮光。因此，《潮音‧序》中蘇曼殊所稱的「心靈高尚」、「整個生命、經歷和作品，都是用愛國和自由的理想編織起來」的拜倫，多少便和這位英國詩人真正的形象有所牴牾。拜倫的懷古症，豈和當真願為四生請命的蘇曼殊相同？由是觀之，蘇氏同拜倫之聲氣，進而神遊其篇章，或又別有更深一層的原因。邵迎武的〈蘇曼殊與拜倫〉一文指出：二氏「有著大致相同的性格、氣質，這才是……〔他們〕產生共鳴的關鍵因素。」此語切中肯綮，為蘇、拜二人異中求同。而邵氏縷析的「同點」更具洞察力，約可歸納如下：「第一，崇尚真實，嫉恨虛偽……。第二，傾向感情用事，常常耽於幻想，而缺乏一種深入的理論思索的能力……。第三，他們的性格時而堅強，時而脆弱，他們的情感時而激憤，時而低沉；在他們身上還有一種一以貫之的氣質，就是狷介孤高，憂鬱纖敏，卑己自牧，憤世嫉俗。」[15]

邵迎武指出來的這些心領神契的「心理基礎」，某些業經蘇曼殊的友人和研究者證實。以第一點而論，章太炎為蘇氏作傳時即說：「亡友蘇玄瑛，蓋老氏所謂嬰兒也。……性愷直，見人詐偽敗行者常嗔目詈之。」（〈曼殊遺畫并言〉，《曼》: 477-478)至於拜倫，歌德也曾說過：他的作為像煞孩童，比起華滋華士

---

13 魯迅，〈雜憶〉，見《墳》，載《魯迅全集》，16冊（北京：人民文學出版社，1981），1: 203-205。下引《魯迅全集》概據此版，第一個數字指卷，第二個指頁數。

14 參閱約翰‧尼柯爾(John Nichol)著，朱丹仁譯，《拜倫傳》（臺北：正文出版社，1969），頁182-200。

15 邵迎武，〈蘇曼殊與拜倫〉，《天津師大學報》3(1986)：71。

（William Wordsworth, 1770-1850）或歌德自己一類帶有哲理傾向的詩人，則胸無城府。不過《對話集》裡也盛讚拜倫人格前無古人，後無來者，天真爛漫以致無視於惱怒他的虛假，暴躁無知又缺乏自制與德行[16]。這一類性格，基本上介於出世與入世之間。因此，拜倫固然有主人公離群索居的《曼弗雷德》（Manfred）之作，他也高聲歌詠流落紅塵的端志安。蘇曼殊激烈的程度猶有過之：他身在佛門，卻羈縻世網；名為出家，反又紅袖添香。而不論是誰，他們的性格都是以「有情」為共同基礎。對拜倫來說，《隨感集》烙下的"Amatoria Omnia"（大愛），是生命最高的指導原則，也是行事的準繩[17]，而蘇曼殊《馮春航談》亦自剖道：「人謂衲天生情種，實則別有傷心之處耳。」（《曼》：154）

弔詭的是，這種「有情」的論調同時也驅使蘇、拜二氏走向另一偏鋒：拜倫和蘇曼殊都是所謂女性憎惡論者（misogynist）。《端志安》裡的名句「且來享受醇酒婦人，明天再喝蘇打水，聽人講道」，固然是一派遊戲人間，但透露出拜倫對女人實在敬意缺缺。伯爾朋（Ernest Bernbaum, 1879-1958）乾脆指出：拜倫的女性觀非基於英國人的紳士作風，反而是屬於土耳其式的玩物心態[18]。這也就是說：女人只是縱樂玩忽的伴侶，就理智倫理而言，無非紅粉骷髏，不可嚴肅正視。在這種心態助長下，一部拜倫詩集雖然少不了女性要角，個個也都俏麗俊秀，細看卻如出一轍，毫無獨特個性可言。紅粉骷髏之說，蘇曼殊尤其感同身受。他的詩詞小說，每述周邊雲英知己，惜乎最終結論總是魚與熊掌，附加的道德標籤則是紅顏禍水。儘管柳無忌的《蘇曼殊傳》暗示蘇氏的女性觀接近叔本華，和拜倫一無牽連[19]，然而這種溯源卻只有部分屬實。拜倫的觀念是域外色彩渲染而成，蘇氏則身披袈裟，佛門的訓誨和戒律才是他憎惡女性的主因。《法句譬喻經》一類佛典昭示的「盛血皮囊」的女性觀，目的在勸化世人勿執女色，證道成佛。而無論《斷鴻零雁記》或較晚出的傳奇如〈碎簪記〉等，蘇氏皆嘗於其中引類，故以佛戒自律，力遏情瀾。諷刺的是，他也和拜倫一樣

16　參見朱光潛譯，《歌德對話集》（臺北：蒲公英出版社，1983重印），頁61-66。

17　莫里哀著，佚名譯，《拜倫的童年》（臺北：祥生出版社，1975重印），頁156。

18　Ernest Bernbaum, *Guide Through the Romantic Movement*, 2nd ed. (New York: The Ronald Press Company, 1949), p. 199.

19　中譯見柳無忌，《從磨劍室到燕子龕》，頁157。

再三陷溺情網，為生平的弔詭再添弔詭。就東方詩人而言，我們或許只能用張漢良《蘇曼殊的碎簪記》指出來的「愛情寓言」一語，略為情僧遭遇和創作虛擬一份託辭[20]。然而，即使上述論式可以成立，我們最後仍應謹記在心：「愛情寓言」不過是蘇曼殊和拜倫異中求同的另一基礎。

整體觀之，邵迎武為蘇、拜設定的性格一致，準確無比。以嬰孩之性凝結有情之心，入世時當然飛揚跋扈，可以化腐朽為神奇，反傳統於錯謬之中，進而改造社會，破除迷執，如赴希臘征戰的拜倫，如高唱「易水瀟瀟」的蘇曼殊。然其一旦受挫，有志難伸，馬上卻又轉為攬鏡自憐，以天地為幽囚，進而產生對月懷歸的「浪漫式的痛苦」(romantic agony)：夕陽西下，晚風一起，趺坐驚濤拍岸的奇岩上，清淚雙垂兀自感嘆的，不僅是拜倫的曼弗雷德(*Manfred*)或是夏多布里昂(François-René de Chateaubriand, 1768-1848)的惹內(Renè)，也是東京的慘綠少年郁達夫，更是「偷嘗天女唇中露，幾度臨風拭淚痕」(《曼》：26)的燕子山僧蘇曼殊！

魯迅〈摩羅詩力說〉形容激進的拜倫「如狂濤如厲風，舉一切偽飾陋習，悉與滌蕩」[21]。消沉時則「遠離人群，寧與天地為儕偶」。陳獨秀(1879-1942)評蘇曼殊則曰：「有情以至於生死戀，無情以至於當和尚。」[22] 兩人皆走偏鋒極致，但有情無情卻是一體之兩面，可為世人笑，也可為一己哭，不僅統合了拜倫與蘇曼殊的歧異，化解了兩人地域分處的畛界，同時也促使後者以中文為前者言詮，甚至譜下「詞客飄蓬君與我，可能異域為招魂」的詩句：隔海遙祭，凌空追悼。

20　見張漢良，〈蘇曼殊的碎簪記：愛的故事／言談〉，收於張著《比較文學理論與實踐》(臺北：東大圖書公司，1986)，頁255-269。

21　魯迅，〈摩羅詩力說〉，在《墳》，載《魯迅全集》，1：75及78。

22　引自王孝廉，《花落碧巖》，頁97。

在東西方的夾縫中思考
——傅斯年「西學爲用」的五四文學觀

一

　　1917年8月，胡適(1891-1962)應蔡元培(1868-1940)之聘，赴北京大學任教。前此數月，席捲近代中國的新文學運動，早已由他和陳獨秀(1879-1942)在《新青年》上揭開序幕。北大本爲臥龍藏虎之地，宿學鴻儒畢集，而學富五車，腹笥便便的學生亦所在多有。胡適乍臨上庠，戰戰兢兢，因爲據他自述，學校裡除了授課的先生外，還有學問比自己強的學生，當然要「加倍用功」了[1]。胡適一向虛懷若谷，不過他的話也有幾分真實。其時北大學生之中，不僅有後來的史學大家如顧頡剛(1893-1980)等人，還有曾經身跨學政界的聞人如傅斯年(1896-1950)等。

　　胡適在新文學史上的地位業經肯定，歷來學者論述是時文學，總是溯自〈文學改良芻議〉。然而，如果就新文學的推波助瀾而言，胡適初入北大時即已廁身門下的傅斯年的貢獻，絕不讓首揭大旗的師長輩專美於前。1918年1月傅斯年在《新青年》4卷1號上發表〈文學革新申義〉，直接承襲胡適與陳獨秀等人的意緒，發皇之，推衍之，非特膾炙時人之口，抑且代表斯時新青年期待的新文學品質。同年次月於同一刊物上刊出的〈文言合一草議〉，又把胡適的白話思想系統化，而且有公允持平的議論，即使以今日文學用語的思想爲標準衡

---

[1] 見羅家倫，〈元氣淋漓的傅孟真〉，在所著《逝者如斯集》(臺北：傳記文學出版社，1970)，頁166。

量，亦可謂先知先覺。10月15日刊載於《新青年》5卷4號上的〈戲劇改良各面觀〉及〈再論戲劇改良〉二文，一面從現代觀眾的立場回顧千年傳統，一面則前瞻未來，為中國新劇的內容催生，影響所至，旁及小說與詩歌等文類。

1919年1月，傅斯年又夥同朋輩創辦《新潮》雜誌，於〈發刊旨趣〉內明言倡導學術研究，並於一年內發表長篇短論43帙，一時激昂慷慨，同儕間難有能出其右者。此時的傅氏雖然尚為北大國學門的學生，但《新青年》與《新潮》上諸文的流布，卻也弔詭的使他從講臺下的一介學子，搖身一變而成為導引全國文風的「啟蒙人物」。在地位上，傅斯年已不讓胡適與錢玄同(1887-1939)、劉半農(1891-1934)諸人專美於前，甚至連同門顧頡剛都要比下去，儼然一代霸才[2]。

傅斯年何德何能，何以能臻至於此，何以能崛起於資質優異的北大學生群，又何以能走在時代前端，管領風騷？這些問題的因由，難道僅能以自然主義式的時代狂飆，秉賦特殊加以解釋？從傅氏出身中文系，而視野旁及其他學門，文史哲之外兼治自然科學的背景上看，他個人淬礪奮發，窮究群籍，學養過人，恐怕才是真正的肇因。我們要確切明白這一點，乃至於探訪他的文學思想的根源，恐怕得從他的書評〈王國維著《宋元戲曲史》〉(1919年1月)裡的一段話入手：「研治中國文學，而不解外國文學，撰述中國文學史，而未讀外國文學史，將永無得真之一日。以舊法著中國文學史，為文人列傳可也，為辛文房『唐才子傳體』可也，或變黃、全二君『學案體』以為『文案體』可也，或竟成世說新語可也；欲為近代科學的文學史，不可也。」[3]

二

雖然上引的話顯示傅斯年撰寫文學史的態度，卻也暗示他文學思想的根本形成方法。翻開〈文學革新申義〉看，同類精神的語句斑斑可尋：「中國今日

---

2 參見余英時，〈未盡的才情——從《顧頡剛日記》看顧頡剛的內心世界〉（臺北：聯經出版公司，2007），頁4-23。

3 在《傅斯年全集》（7冊。臺北：聯經出版公司，1980），4：382。本文下引未標書名者均指此書，第一個數字指冊數，冒號後者指頁碼。

除關閉而取開放，歐洲文化輸入中土，則歐洲文學中優點為中國所無者，理宜採納。」(4：5) 如此開明的態度，同文文末有更清楚的說明：「方今科學輸入中國，違反科學之文學，勢不能容，利用科學之文學，理必孳育。此天演公理，非人力所能逆從者矣。」(4：16) 終〈文學革新申義〉一文，傅斯年期諸新文學者，便是這種「中西輝映的科學的文學觀」。

本於此一態度，傅斯年首先要求文學具有某種浪漫的特質，不得以雕琢為尚。他稱許六詩、《楚辭》以降和漢代盛世以前的中國上古文學，便因其「全本性情，直抒胸臆，不為詞限，不因物拘」所致(4：6)。漢世則諛聲大作，浮泛成文，章句一興，性靈蔽矣！要俟諸盛唐開元之際，「李杜挺起」，而元和年間，「微之宮詞，婦人能解，香山樂府，全寫民情」，庶幾才能「除六朝之文弊，敵文圍之封疆，性靈大宏矣」(4：7)。職是之故，所謂「科學的文學」便無異於陳獨秀所謂的「社會文學」[4]，或是胡適所頌揚的「田野文學」與「平民文學」[5]。傅斯年所承所襲固然是胡陳意緒，而推崇民間不事雕琢之作也不遺餘力，但其看法之本源，仍然不能外於經年習得的西方文化。〈文學革新申義〉開頭數段中，傅氏嘗沿用西人慣例，為文學下一定義：「文學者，群類精神上之出產品，而表以文字者也。」(4：4) 他特別標出拉丁文"genus"一字，以示「出產」的行為是「自然生發」的。胸中所蓄一旦表為文字，則其中必然有「差」(difference)——今日文學理論家所強調的語言的反叛性，傅氏固知之甚矣！直抒胸臆的「性靈」之文尚不免於「差距」，阿諛藻飾之文更無論矣。既然強調文學的「自然生發」，傅斯年的「科學的文學觀」當然看重民歌樂府，也可以上溯到他對西洋文學源頭諸作的看法。在《中國古代文學史講義》的〈泛論〉裡，傅氏從閱讀荷馬和北歐史詩的經驗中，再度為我們闡明了「自然生發」的意義和效果：「這些初年文學中，人情本真，而有話直說，鋪排若誇，而大力排蕩，以神話為靈，以不文之人性為質，以若不自然者為自然，人生之起伏揚落固已備，世間之波蕩離合固已顯，若要說道理，說本義，便直說出來……。

---

4 陳獨秀，〈文學革命論〉，見胡適編，《中國新文學大系·建設理論集》(1935-1936。臺北：業強出版社重印，1990)，頁44。《中國新文學大系》全書10冊；主編為趙家璧(1908-1997)，下面簡稱第一冊為《大系》。

5 胡適，《白話文學史》(1928；臺北：文光圖書公司，1974重印)，頁10-11。

這已是大文學。」總之,「不文前之文學是真文學」(1:45-46),誠於中形於外,令人「不知手之舞之足之蹈之」的文學才合乎科學。

因此,傅斯年在〈文學革新申義〉裡巨筆撻伐司馬相如(c. 179-117 BCE)、揚雄(53 BCE-18 AD)等賦家,而且以為「京都之制,全無性靈。堆積為工,誕誇成性」(1:6)。因此,他在《中國近代文學史講義》裡遂不值《哈姆雷特》和《浮士德》諸劇,以為莎士比亞(William Shakespeare, 1564-1616)、歌德(Johann Wolfgang von Goethe, 1749-1832)之流「還不免時時返於」荷馬,求助於「野蠻時代感覺的出產品」(1:45及47)。

讀到這裡,熟悉文學沿革的讀者不免納悶:傅斯年屢屢強調的荷馬史詩等「不成文的文學」,難道都是他在〈文學革新申義〉裡所稱的「不牽詞句,不矜事類」之作(1:6)?他在〈白話文與心理的改革〉裡看重的杜甫(712-770)名詩〈兵車行〉,果真如微之宮詞,婦人能解?略識荷馬史詩的人都知道,《伊里亞德》和《奧德賽》皆非「不事雕琢」之作,反而是歷經千年錘煉後才告定形的曠古名著。柯爾(W. P. Ker, 1855-1923)《史詩與傳奇故事》裡強調的史詩特質「凝重與堅實」(weight and solidity)[6],早已不是「初民」文學的形式風格,只有高度發展的文化體和優雅的文學心靈才能駕馭無間。倘若荷馬史詩已非「野蠻時代」的「產品」,那麼,傅斯年何以要引來闡釋自己的文學觀?

〈隨感錄〉學步魯迅的筆調,其中傅斯年有一段話或許可以暗示上述問題應該如何用答:「文章大概可分做外發(expressive)和內涵(impressive)兩種。外發的文章很容易看,很容易忘;內涵的文章不容易看,也不容易忘。中國人做文章,只知道外發,不知道內涵;因為乃祖乃宗做過許多的八股和策論,後代有遺傳性的關係,實在難得領略有內涵滋味的文章。」(4:145)傅斯年認為魯迅的文章屬於內涵式,並以反語方式比之於「北歐中歐的文學」(4:146)。如果我們擴大「文章」一詞約定俗成的定義,則荷馬史詩在傅氏區分的文學範疇裡,就應該歸入所謂「內涵文」了。史詩的意義不是表現在文體風格上,不是在詩人細寫的爭戰與征逐,而是在英雄面對命運,面對人生大限等種種陰影時

6　W.P. Ker, *Epic and Romance: Essays on Medieval Literature* (New York: Dover Publications, 1957), p. 4.

所顯現出來的一往無悔,明知其不可為而為之的精神上。文學應當表現類似的內涵,把英雄之情、兒女之情與人倫之情等具現淋漓。專事雕琢,義貧詞富,炫學耀才之作,則「大而無當,放而無歸,瓠落而無所容」(4:6)。

維柯(Giambattista Vico, 1668-1744)在《新科學》(*Scienza Nuova*)裡的一段話,必然深合傅斯年舉荷馬以究明文學觀的真諦:「荷馬在他的詩的語句裡像星空那樣崇高。詩的語句必須是真實熱情的表現,或者說,憑一種烈火似的想像力,使我們真正受到感動,所以在受感動者心中必須是個性化的。」[7]易言之,內涵才是作家和讀者關係的橋樑。即使詞貧,只要義富,則文學的功效便會生發。外發的文學,確難引人共鳴。

儘管如此,我們於此仍然有第二個問題要問:「外發」與「內涵」果真可以二分?維柯顯然不作如是觀,但1918年發表〈文學革新申義〉時的傅斯年確持此見。他在綜論中國文學的流變之際,幾乎以一種比胡適和陳獨秀更激進的語調強分文質,遂有「章句興而性靈蔽」之語出現(4:6),而這興許是因時代使然:其時的傅斯年別無選擇。然而有趣的是,1928年傅斯年在撰述《中國古代文學史講義》時,態度已不復先前的激烈,而且還有大幅的轉變。這本書的〈泛論〉首先說明思想與語言的關係,從此再為「文學」尋繹新的定義。傅斯年自問自答道:「若界定文學為『思想之著於竹帛者』,則動感情的文辭與算學又何以異?」倘遵循此說,則「一切文學中之藝術的作用,原是附麗於語言者,……不免一齊抹殺〔了〕。」自此一思維邏輯反覆考究,傅斯年最後不得不承認道:「必以文學為藝術,然後文詞之品德和作用有可見其大體者。」(4:17)語言與思想最後合而為一,早年文質之爭的舊調自此不復重彈。

傅斯年發表《中國古代文學史講義》時,行年三十有三,甫自歐洲遊學歸國,任教於廣州中山大學。1918年到1921年間,他在文學本體上的思考迭有進境,可謂丕變,原因何在?除了文學革命所要求的各種因素外,答案至少還得追溯到傅氏在倫敦和柏林兩大學期間的思考。然而我們除了知道他曾在歐洲治

---

7 維科,〈發現真正的荷馬〉(《新科學》第3卷),見朱光潛,《維柯的新科學及其對中西美學的影響》(香港:香港中文大學出版社,1964),頁69。

哲學、語言學與自然科學之外,其他有關讀書思想的過程則幾無所悉[8]。儘管如此,我們若合〈文學革新申義〉後發表的〈文言合一草議〉觀之,仍可發現學生時代的傅斯年,早已為自己埋下爾後轉變的種籽。

〈文言合一草議〉具有深刻的時代意義,惜乎文學史家不曾多加注意。傅斯年的個性雖稱激進,但是他頗有文化上的智慧,深諳執兩用中之道。〈文言合一草議〉開始的段落中說道:「廢文詞而用白話,余所堅信而不疑也。雖然,廢文詞者,非舉文詞之用一括而盡之謂也。用白話者,非即以當今市語為已足,不加修飾,率爾用之也。」(4:17)傅斯年的主張,其實是一種糅和文言與白話的折衷論,所以他又說道:「正其名實,與其謂『廢文詞而用白話』,毋寧謂『文言合一』較為愜允。」(同上頁)這種中庸的文學語言觀雖有悖胡適堅持的「不避俗字俗語」的純白話思想[9],更加遠離了錢玄同在〈新文學與今韻問題〉裡贊許的合用外來語的作風[10],但是,從今人角度度之,傅斯年確能洞燭機先,充分認識到純白話的短缺不足。梁實秋曾針對文白問題說道:「詩人手段高強,便能推陳出新,他有擷取文言詞藻的自由。一味的使用粗淺的口語,並不一定就是成功的保證。」[11]撰寫〈文言合一草議〉時,傅斯年若能讀到梁氏之文,一定會引為知己。

或謂傅氏之舉「文言合一論」,目的不過在為過渡時期的作家籌謀,因而不得不對文言派多所妥協。即使事實確為如此,我們也可以從他的妥協出發,了解傅斯年之論文學殆非一成不變。合於時勢而有益於文心者,他必然會因利乘便而予以權變一番。《中國古代文學史講義》裡認同的文質不分的觀念,上距文學革命發生時已達十年之久,其之必變乃不可避免。即使姑存此書不論,我們以1919年1月發表在《新潮》上的〈怎樣做白話文〉觀之,亦可發現一年不到,傅氏即已變其〈文言合一草議〉中主張的純粹中文觀,進而承認「中國

8　參較羅家倫,〈元氣淋漓的傅孟真〉,頁172-173;毛子水,〈傅孟真先生傳略〉,見毛著《師友記》(臺北:傳記文學出版社,1966),頁90;以及傅樂成,〈傅孟真先生年譜〉,在《傅斯年全集》,7:271-275。

9　胡適,〈文學改良芻議〉,見《大系》,頁34。

10　錢玄同,〈新文學與今韻問題〉,見《大系》,頁74-77。

11　梁實秋,《談徐志摩》(臺北:遠東圖書公司,1976),頁47-48。

語受歐化,本是件免不了的事」(4:86)。由是觀之,我們就無需訝異傅斯年在文學本體論上的轉變。程滄波(1903-1990)曾指出,傅斯年在思想上是相對於胡適的所謂「急進的自由主義者」(7:269)。就政治社會觀衡之,程氏之語容或不虛,但是若就文學思想而言,傅斯年至少在思考本體問題時,乃是不折不扣的折衷論者,而且數十年如一日,不曾稍易態度。

傅斯年捨激進的語文觀而採「文言合一論」,其實適可看出他深受西方影響的另一思想:進化的文學觀。羅馬批評家賀拉斯(Horace, 65-8 BCE)在《詩之藝術》(*Ars Poetica*)中強調:詩的語言不是一成不變的,乃隨人類經驗與日俱增。語言欲有表現力,得隨時生變,以求適用[12]。荷雷斯以降,西方各國的文學用語代有不同。胡適援引過但丁(Dante Alighieri, 1265-1321)《神曲》(*La Comedia Divina*)以支持自己的白話思想,著眼所在就是拉丁文之「變」。文藝復興時期以後,歐洲國語文學勃興,迄19世紀中葉的浪漫時代終告大盛。達爾文(Charles Robert Darwin, 1809-1882)的進化論一出,語言嬗遞的過程儼然又結合生態演化的歷史,遂有「歷史的文學觀」之說。嚴復(1854-1921)在清末將《天演論》介紹進中國後,進化之說甚囂塵上,廣見於各種人文現象的解釋上。文學革命爆發,胡適復結合天演論與文學改良之議,發展成為他所稱的「歷史進化的文學觀」,從而在《新文學運動小史》裡說道:「……文學革命的作戰方略,簡單說來,只有用『白話作文作詩』一條是最基本的。這一條中心理論,有兩個方向:一面要推倒舊文學,一面要建立白話為一切文學的工具。在那破壞的方面,我們……採用的作戰方法是『歷史進化的文學觀』。」[13] 胡適之說,傅斯年顯然心有戚戚焉。他在〈文學革新申義〉裡不但認為白話的盛行是時勢所趨的必然結果,抑且認為「變古者恒居上乘,循古者必成文弊」(7:4)。其語調之激昂一如陳獨秀與錢玄同:「今世有今世之語,自應有今世之文以應之,不容借用古者。」(7:12)。

劉勰(*c.* 465-520)《文心雕龍》謂:「時運交移,質文代變。」傅斯年曾經

---

12 Horace, *Art of Poetry*, in Walter Jackson Bate, ed., *Criticism: The Major Texts*, enlarged ed. (New York : Harcourt, Brace, 1970), p. 52.

13 見胡適,《新文學運動小史》,在〔署名〕胡適編,《中國新文藝大系‧文學論戰一集》(臺北:大漢出版社,1977),頁24。此書以下簡稱《論戰》。

援引之以為自己進化的文學觀辯護。然而,我們若深入傅氏的著作,難免發覺他的認識依然源自西方思想與文學史。《中國古代文學史講義》有一節說道:「古文的生命在文書及金石刻上,雖有時也有以古文講話的,如羅馬加特力教的神父以拉丁語講話……。西洋的古文每是別國古代的語言,經不少的流變而成者,亞西里亞的古文是蘇末語,拉丁文自嘉洛林朝後而漸成所謂『腐敗的拉丁』,這樣拉丁恰是中世紀以來學者公用之古文,若把西塞路愷撒喚活來,不懂得這是什麼話。」這一段話雖然思考的是語言的嬗變,然而「語言大變,文學免不了變」(7:35及41)。我們若細考〈文學革新申義〉裡聲稱的「科學的文學觀」的涵意,那麼進化的文學觀恰為此一新說最適當的例示,因為科學的邏輯與文學的表現俱可映照於語文的演變中。

就五四前期的文人而論,傅斯年可能要比胡適更諳進化的規則。儘管〈文學革新申義〉明陳白話為不得不然的寫作工具,對漢世以還的古文有嚴厲的抨擊,但是執兩用中之道,仍然深刻的顯現在〈文言合一草議〉的內容裡:「取材於語言者,取其質,取其簡,取其切合近世人情,取其活潑饒有生趣。取材於文詞者,取其文,取其繁,取其名詞剖析毫厘,取其靜狀充盈物量。」(7:18) 這樣看來,傅斯年所主張的「進化論」,實為溫和理性的循序漸進,不是遽然間全盤改革。邢光祖(1914-1993)在〈當代中國的狂飆運動〉一文中,就曾批評胡適徒知援引但丁以壯聲色,「竟不知但丁在《論俚語》(*De Vulgari Eloquentia*)一書裡所主張的『宮詞』、『詞藻』和『音節』,適是胡適加以排斥的」(《論戰》:3)。傅斯年顯然難以苟同胡適一蹴立就的語言觀,寧願在過渡後再行全盤的白話。文學既然是「藝術」,就不能不考慮口語的不足了:「文詞所獨具,白話所未有,文詞能分別,白話所含混者,即不能曲循白話,不采文言」(7:10)。

三

如果傅斯年對於文學媒體的考察曾受西方的影響,那麼他苦心強調的文質不分的觀念——或擴而大之為技巧與內容的觀念——就益形接近荷馬以降的

西方心靈了。〈戲劇改良各面觀〉及〈再論戲劇改良〉二文，最足以看出他所承襲的西方文學背景。傅斯年在前一文裡定義「戲劇」為「人生動作和精神的表象」，並附英文"representation of human action and spirit"一語以明其根源(4：29)。在這篇文章中，儘管他暗示自己所以如此定義，乃因中國戲劇界「自宋朝到現在經七八百年的演化，還沒有真正的戲劇，還把那『百衲劇』當做戲劇的正宗」之故(同上)。他期待的新劇與其說是舊劇的改良，還不如說是西方戲劇觀念的移植。由「表象」一語可知，傅斯年的戲劇定義源出亞里斯多德的摹倣論。《詩學》第五和第六章中，亞氏謂「喜劇」乃「對低層人物之摹倣」，而「悲劇」則為對「嚴肅動作之摹倣」[14]。不論哪一種文類，無不建立在「摹倣」之上。其對象——即所謂「人生之動作」——包括人類的性格、行為與遭遇，亦即亞氏在《氣象學》(Meterologica)裡所稱的狹義的「自然」。倘若我們可以把傅斯年所稱的「戲劇」視為「文學」的代稱，則以西方批評觀念繩之，傅氏當為希臘羅馬的信徒，奉行的不外乎古典的原則。確然，同一文章在比較中西戲劇時，傅氏曾有如下的觀察與褒貶：「平情而論，〔西方式的〕演戲和〔中國式〕的玩把戲根本上不能融化；一個重摹倣，一個重自出，一個要像，一個無的可像，一個重情節，一個耍花俏，簡直是完全矛盾。」(4：30)

亞里斯多德論戲劇，以「情節」為悲劇六要素之首；論摹倣，則以「人生之共相」(the universal)為對象。從歷史的角度看，亞氏的學說源自自己對柏拉圖的「三度隔離說」的反動，但是，如就摹倣對象的本質言之，「人生之共相」實無異於柏氏的觀念界的投影。所以，亞氏的摹倣或可稱為「理想式的寫實」。然而傅斯年之所以強調摹倣，卻源於不滿中國舊戲，尤其是舞臺特技一類的把戲，言下大有舊戲和「人生之真拆開」之意(4：30)。我們若再深入思索，當會發覺傅氏雖有學步亞氏之心，惜乎難得摹倣論的真髓。他確實提到演戲「要像……人生之真」，不能外於「人類精神的表現」(同上)，但見之於推理，卻又瞠乎難以領略「人生之真」即為生活面的「共相」之理。〈再論戲劇改良〉之中，傅斯年和朋輩張謬子(1895-1955)辯論舞臺上的「假像」和「具體」的問題，並以「一拿馬鞭子，一跨腿，仍是『具體』，不是『抽象』」等語批評舊戲

---

14 Aristotle, *Poetics*, in Bate, *Criticism: The Major Texts*, p. 22.

的象徵風格，認為其「視而不可識，察而不見意」，實非「進化的作法」（4：51-52）。《戲劇改良各面觀》則另有數語云：舊戲「不是拿角色來合人類的動作，是拿人類的動作來合角色；這不是演動作，只是演角色」。如果傅斯年嫻熟亞里斯多德的摹倣論，必然會了解亞氏所求的摹倣是「類型」的神似，不是「個體」的維妙維肖。文學或舞臺上的「自然」正是「假作」的人生，其完整之呈現乃透過「角色」的動作來象徵。總之，亞氏歸納自上古舞臺的摹倣論，絕非19世紀以降的寫實風格。準此，則傅氏期許的「要像人生之真」，不啻等於柏拉圖所謂「第三度摹倣」[15]。用西洋文學術語來講，寫實劇場的「逼真」（verisimilitude）原則，恐怕更近傅斯年所期諸中國新戲的效果。

從寫實的標準看待中國舊戲，當然破綻百出；衡諸武旦戲，更無是處！不獨此也，傅斯年還從「西洋戲劇進化的階級」參證舊戲源出「巫」、「攤」、「傀儡」、「缽頭」、「競技」等「雜要」，目之為「奇形怪狀」，居然千年不廢，真是奇之怪哉：「在英國伊立沙白時代『雜戲體』本很流行，只為得有莎士比亞一流人，才把『雜戲』變成『真戲』。例如*Macbeth*開場，一個傷兵上來報告軍情，現在的『莎士比亞學者』用各種方法，證明這幾幕不是莎士比亞做的。因為傷兵報告軍情，是件不通的事，又給台下人一種反感，最和莎士比亞平日的美術的技術不合。現在的*Macbeth*劇本，所以有這樣情形，都由於被當時唱這戲的人，求合當時劇界的習慣，把純正的新體，加上些雜要的作法。」職是使然，傅斯年乃從進化的文學觀來非難舊劇，再度頌揚「西洋戲劇的進化，全在推陳出新」（4：58-59）。

矛盾的一點是：如果著眼於進化的文學觀，則傅斯年應當揚棄古典的原則，接受其時西方正在「回歸東潮」的意象運動與日趨主導的意識流之風，為何他反倒擁抱以表面邏輯為尚的寫實劇場，甚至漸行漸退，簡直以17世紀末葉興起的新古典教條為文學形式的質素？亞里斯多德曾經指出，戲劇演出的時間應不超過「太陽一周轉」的時間，義大利文學理論家卡斯特維屈（Lodovico Castelvtro, 1505-1571）在譯注《詩學》時，則擴展之而為「三一律」[16]，往後遂

15　Plato, *The Republic*, X, in Bate, *Criticism: The Major Texts*, pp. 43-49.
16　Bate, "Introductin" to his ed., *Criticism: The Major Texts*, p. 9.

為法國新古典作家沿用，奉為編劇鐵則。這種為完遂「逼真」原則而發展出來的形式論，雖然可在高乃伊(Pierre Corneille, 1606-1684)的劇作和德萊頓(John Dryden, 1631-1700)仿莎劇《安東尼與克麗奧佩托拉》(*Antony and Cleopatra*)的《一切為愛》(*All for Love*)裡看到最完美的呈現，然而未免僵化，連集新古典主義之大成者的約翰笙博士(Samuel Johnson, 1709-1784)都在〈莎劇序言〉裡大聲斥責，視之為泥古不化[17]。諷刺的是，身處20世紀的傅斯年卻在〈再論戲劇改良〉一文裡十分看重類似的思想。他縱然不全採信三一律，卻也毫無保留認為「時間地位的齊一」(unities of time and place)，是西洋戲劇「新加的原質」，是「西洋人日日改造的結果」，甚至因此而感慨叢生，回顧中國京戲之際，不禁問道：「中西人度量相差，何以這樣遠呢？」(4：59)

〈戲劇改良各面觀〉裡，傅斯年又提到另一古典制律「適宜性」(decorum)。他說：「凡做戲文，總要本色，說出來的話，不能變成了做戲人的語，也不能變成唱戲人的話，需要恰是戲中人的話，恰合他的身分心理，才能算好，才能稱得起『當行』。」(4：35)傅斯年或為強調適宜性，故在〈再論戲劇改良〉裡便以為「獨白」的「不見」也是西方戲劇新潮的「進步」現象，稱許有加(4：59)。從《詩學》(*Poetics*)到《詩之藝術》(*Ars Poetica*)，從文藝復興晚期的密爾頓(John Milton, 1608-1674)到新古典全盛時期的蒲柏(Alexander Pope, 1688-1744)，「適宜性」一直是西方主要批評思想之一。傅斯年雖然無睹於佛洛依德(Sigmund Freud, 1856-1939)以後的文學洪流，對於「適宜性」的討論亦僅止於暗示而已，但是就此一端，我們也可知他在戲劇形式──或文學技巧──上的見解確乎本於荷馬以還的西方文學思潮。

新古典作風崇古，不以新潮為尚。其時詩人所作率皆音律工整，對仗嚴謹，有如揚雄以下的漢賦駢文，窮極藻飾之美。蒲柏在《論批評》裡又說道：為文當「先循自然」，而「荷馬就是自然」[18]。他復古的心態昭然若揭，程度之明顯，絕不多讓幾乎同時的晚明「後七子」的復古運動。傅斯年以一介惡於中國「古典」者，居然大聲尊崇西洋「古典」，豈非怪哉？他的文學思想中另一相

17　Samuel Johnson, "Preface to Shakespeare," in Bate, *Criticism: The Major Texts*, pp. 207-217.

18　Alexander Pope, *An Essay on Criticism*, in Bate, *Criticism: The Major Texts*, p. 175.

互牴觸的傾向是：他一方面接受古典的約束，另一方面則又同意浪漫詩人的看法，以為文學難假「訓練」而得，乃源出衝動，和才氣關係密切。

蒲柏所說的為文當從荷馬，是指借閱讀古人之作來了解人性，發而為文。然而，傅斯年卻告訴我們好的文學「全本性情，直抒胸臆」(4：6)。在《中國古代文學史講義》裡，他據此強調「感覺」是文學的肇因與內容。如此一來，傅斯年不免要將華滋華士(William Wordsworth, 1770-1850)引為知己了。後者在《抒情詩集》(*Lyrical Ballads*)的〈序言〉裡有名句如下：「詩為人類感情的自然流露。」[19] 用〈文學革新申義〉裡的話來講，華滋華士所持也是「因情生文」的論調：為文當「以感慨為主」，如此則「吐辭天成」。傅斯年看重漢世之前的「屈宋之文」，便因二氏性傾浪漫：「決乎若翔風之運輕楸，灑乎若元泉之出乎蓬萊而注渤澥。」(4：6)

如此文學觀不僅指涉到文學用語的問題，同時也究明靈感天成，非假後天訓練的看法。濟慈(John Keats, 1795-1821)所謂「詩句得之如葉落」，雪萊(Percy Bysshe Shelley, 1792-1822)和哈茲利特(William Hazlitt, 1778-1830)共同信仰的「不自覺的創造」，都是在闡揚這種神秘的文學起源論。即使以傅斯年和同時的黨同者所不避諱的俚語俗字而論，我們亦可在華滋華士和柯律治(Samuel Taylor Coleridge, 1772-1834)所提倡的詩言鄉語觀念中覓到對應的理論。

當然，傅斯年源自浪漫的文學思想，多少不容於他所汲取的新古典思潮。在〈戲劇改良各面觀〉裡，他曾引西洋「一家學者」之言道：「齊一即是醜。」(4：34) 蒲柏乃至高乃伊等新古典主義者信奉的秩序美，至此分崩瓦解。形式上的「變化性」深深主宰著傅斯年的美學觀，令他難以忍受「千部一腔，千篇一律」的中國舊戲與繪畫：「中國文學和中國美術，無不含有『形式主義』(formalism)，在於戲劇，尤其顯著。據我們看來，『形式主義』是個壞根性，用到那裡那裡糟。」(4：33) 從個人與個性出發的浪漫思想，形成的文學局面萬紫千紅，百家爭鳴，恰與強調全體性與和諧感的新古典作風背道而馳。傅斯年身處近代中國的狂飆時代，處在中國知識史上第二個個人解放的時空裡，當

19　William Wordsworth, "Preface to the Lyrical Ballads," in Bate, *Criticism: The Major Texts*, p. 337.

然難以欣賞中國古典講究的井然有序，非得援引「變化性」與之抗衡不可。他甚至認為循規蹈矩便沒有好文章；談規論矩，便是村學究教書匠的行業。如此論調，唯雪萊、拜倫等前衛的浪漫心靈才能比擬。

傅斯年不但在文學形式上兼採浪漫與古典，在內容上亦復如是。他評論中國舊戲與說部，往往自西方文學觀點出發。〈戲劇改良各面觀〉批評中國戲劇常見的圓滿結局，便是採用古典的悲劇觀——甚至帶有一點柏克(Edmund Burke, 1729-1797)的味道——加以思考的：「戲劇做得精緻，可以在看的人心裡留下一個深切不能忘的感想。可是結尾出了大團圓，就把這些感想和情緒一筆勾銷，最好的劇是沒有結果，其次是不快的結果。」(4：61) 儘管傅氏未曾詳陳此一觀點的淵源，我們不難推得他係從古希臘或從文藝復興悲劇覓得立論所在。亞里斯多德早已明言悲劇是最高級的文類，原因不僅在結構有機，情節拓展合乎或然率(law of probability)，更因悲劇的淨化作用(katharsis/ purgation)能在人心澄然之前引發憐憫與恐懼，在心緒的進退間，思慮人世蹭蹬天道無違之理[20]。莎士比亞的悲劇則直指人生，把人類的困境與普遍的個性表露無遺。不論是《伊底帕斯王》(Oedipus the Rex)或《奧賽羅》(Othello)，其結局都如傅斯年所言的「不特動人感想，還可以引人批評的興味」(4：61)。反觀中國戲劇，不論起筆是悲是喜，結局往往皆大歡喜，某種意義上是但丁所謂「由悲入歡」的中古式「喜劇」。這種現代批評家屢屢詬病的劇法，傅斯年早在民國初期即斥之為單調不可思議，與人生常態不符。就創作或觀劇的心理而言，舊文學中的這一層表現，反映出作家與觀眾兩皆疲懶，不肯構思，不肯想像某種有意義的境界，但圖一時暢快而不思教誨，「反省」二字就不消說了。難怪在評戲之餘，傅斯年特地拈出《水滸傳》與《紅樓夢》，稱頌不已：這兩部小說，「一個沒有結果，一個結果不快」(4：63)。

除了要求文學內容得令人掩卷深思，有所感動之外，傅斯年最期待於文學的功效者，厥為荷雷斯所述的教化功能。表現於理論上，亦即傅氏——當然還要涵括多數五四文人——所倡言的人道主義的文學內容。1977年春天，夏志清

20　Aristotole, *Poetics*, in Bates, *Criticism: The Major Texts*, p. 22, and esp. p. 22n10.

發表〈人的文學〉[21]，推崇周作人(1885-1967)的文學思想。周氏同一標題的名文，則發表於1918年12月的《新青年》上。湊巧得很，傅斯年在該年同月也寫了一篇〈怎樣做白話文〉，刊於來年元月《新潮》的創刊號上。其中提出「人化的文學」的主張，與周作人不謀而合，甚至桴鼓相應。

〈中國文藝界之病根〉裡，傅斯年劈頭就說：「中國美術與文學，最慣脫離人世，而寄情於自然界。」(4：88) 於是乎，「重返人世」便成為他喊出「人化的文學」的第一個推動力。我們若從清末民初的中西文學交流史來探本尋源，則傅斯年的主張仍然脫離不了西潮的糾葛，亦即和王泛森所引傅氏聲稱的「歐化」的文學有關[22]。1918年6月《新青年》推出「易卜生專號」，刊出胡適和羅家倫(1897-1969)合譯的《娜拉》以及陶履恭(1887-1960)譯的《國民公敵》。同期胡適的〈易卜生主義〉則肯定娜拉的名言：「無論如何，我務必努力做一個人！」又凸出《國民公敵》(*An Enemy of the People*)裡斯鐸曼醫生(Dr. Thomas Stockmann)的宣言：「世上最強而有力的人就是那最孤獨的人。」[23] 立足於這種「真正純粹的個人主義」，周作人乃有「人的文學」的宣告：「我所說的人道主義，並非世間所謂『悲天憫人』或『博施濟眾』的慈善主義！乃是一種個人主義的人間本位主義。」[24] 傅斯年糅合胡適與周氏之見，再加上自己的看法提出來的「人化的文學」，其定義遂為文學得合乎人性，近乎人情。他說：「能引人感情，啟人理性，使人發生感想的，是好文學，不然，便不算文學；能引人在心上起許多境界的，是好文學，不然，便不算文學；能化別人，使人忘了自己，是好文學，不然，便不算文學。所以文學的職業，只是普通的『移人情』，文學的根本，只是『人化』。」(4：84)[25] 凡此「入世」的文學觀，不僅北歐的易卜生(Henrik Ibsen, 1828-1906)身體力行，也是文藝復興以降一切以人為本的作

21　夏志清，〈人的文學〉，《聯合報·聯合副刊》，1977年3月23-25日。

22　Wang Fan-sen, *Fu Ssu-nien: A Life in Chinese History and Politics* (Cambridge: Cambridge University Press, 2000), pp. 37-39.

23　胡適，〈易卜生主義〉，在《胡適文存》(4集。臺北：遠東圖書公司，1953年重印)，1：629-647。

24　周作人，〈人的文學〉，見《藝術與生活》(1936)，載《周作人先生文集》(臺北：里仁書店，1982重印)，頁18。

25　參較毛子水，〈傅孟真先生傳略〉，頁97；〈傅孟真先生和文學〉，在《師友記》，頁102。

家奉行不渝的圭臬。倘若「人化的文學」在中國相對於陳獨秀電力擊倒的「山林文學」，那麼，在西方便相對於以中世紀為主體的「宗教文學」。文藝復興時期那屬「人」的成分，嬗遞到19世紀遂成為以發揮個人、強調革新精神為主的浪漫思想。傅斯年的見解雖本於反田園與隱逸，仍然不至於連浪漫的自然詩都反對。後者實為玄思冥想，所寫的景色功在喚起「人」的情感，進而思慮個人與社會的危機。即使神秘如布雷克（William Blake, 1757-1827）者，在一朵花中認識到的也是大千世界。雪萊與拜倫的入世觀，更促使他們勇於對抗權威，甚至為信仰而捐軀。就傅斯年看來，「西洋近世的文學，全遵照這條『人化的』道路發展。」要學習西方的人文精神，即使是「一言一語，一切表詞法，一切造作文句的手段」都不能放過（4：84-85），何況是實質的文學內容！

五四前後一般有思想的青年，絕少忍受得了舊文學裡不合人性的地方。中國古典詩歌則多勸人超塵出世，遁跡人寰，寄情自然。靈異等志怪之作則又「強調亡魂作祟，無暇慮及悼亡等宗教儀式的實踐」[26]。中國古典文學既然脫離人生，荒謬絕倫，又要如何見容於五四期間「有見識」的青年？他們認為能動人情感，啟迪理性，使人關懷社會的作品才足以稱為「好文學」。傅斯年既有「人化」的思想，當然對古典之不合人道者就撻伐有加。斥之為「病根」，猶為餘事。像周作人一樣，他在〈白話文與心理的改革〉中，也感覺到繼易卜生之後值得中國新文人效法的對象，唯杜斯妥也夫斯基（Fyodor Mikhailovich Dostoyevsky, 1821-1881）與托爾斯泰（Leo Tolstoy, 1828-1910）等人道主義作家。在中國傳統文學裡，傅斯年只看到〈孔雀東南飛〉、〈石壕吏〉、〈兵車行〉等少數詩中「對人生做了可怕的描寫」，覺得只有寫這些詩的詩人才真正在關懷人生。杜甫以及漢人焦仲卿等民間詩人才是〈隨感錄〉裡頌揚的「哀生民之多艱」的作家（4：145）。

從理論的角度看，傅斯年觀念裡的「人化的文學」還可借哈姆雷特的話加以襯托：「演戲的目的不過是好像把一面鏡子舉起來映照人性；使美德顯示她的本相，醜態露出她的原形，時代的形形色色一齊呈現在我們眼前。」[27] 文

---

26 Anthony C. Yu, "'Rest, Rest, Perturbed Spirit !' Ghosts in Traditional Chinese Prose Fiction," *Harvard Journal of Asiatic Studies* 47/ 2（June, 1987): 433.

27 梁實秋譯，《哈姆雷特》，見梁譯，《莎士比亞全集》第12集（臺北：遠東圖書公司，1981），頁99。

學果然記錄人生，則「人化的文學」又牽涉到傅斯年的一個基本文學觀：文學不僅止於藝術性，同時還是思想性的、哲學性的。這一點也是他所以折衷文質，所以在《中國古代文學史講義》裡說出如下一語的緣由：「文學總是以語言為質料，卻實在以思想為體。」(4：17) 終傅氏一生，這種視文學為哲學的戲劇化的看法不曾或變。試引一段他在〈戲劇改良各面觀〉裡批評孔尚任的《桃花扇》的話，我們便不難見微知著，窺斑見豹：「就以《桃花扇》而論，題目那麼大，材料那麼多，時勢那麼重要，大可以加入哲學的見解了；然而不過寫了些芳草斜陽的情景，淒涼慘澹的感慨，就是史可法臨死的時候，也沒有什麼人生的覺悟。非特結構鬆散，思想裡也正少高明的觀念。」(4：26)

我們閱讀五四期間前後的文學批評或文本，通常可以在字裡行間感受到時人熱中文學，和他們重視文學的教育潛力有關。這種「功效」非屬個人式的「多識草木鳥獸蟲魚之名」，而是像夏志清所說的要勸人「感時憂國」(obsession with China)[28]，以芸芸眾生為念。傅斯年緊隨胡適和陳獨秀高舉文學革命的大旗，目的之一，不外乎借重白話文的淺顯易懂，可以方便教化群眾，完成文化與思想的改革，達到建設現代化國家的目的。〈白話文與心理的改革〉這個文題，即已清楚點出上述文學與社會的關係。既然如此，傅斯年便不可能是「為藝術而藝術」的唯美派作家。他和前輩或朋黨一樣，從不孤立文學，故而又在《中國古代文學史講義》的〈敘語〉中說道：「文學不是一件獨立的東西，而是時代的政治、思想、藝術、生活等等一切物事之印跡。」(4：13) 易言之，傅斯年必然服膺易卜生的主張，認為文學得為改革社會服務。這種觀念，促使他在鑽研中西學問之際，格外看重其中反映的社會意義，例如觀賞《孽海記》時，他從尼姑思凡一景看到宗教改革；又如閱讀莎劇《威尼斯的商人》時，他教人注意的也是猶太人夏洛克(Shylock)在其中所發的一套人生而平等的理論(4：13)。

較之時人，傅斯年的文學思想未若我們想像中的激進。他反對古典，然而絕非毫無理性的反對：「所惡於古典者，為其專用古典而忘本也。」(4：10)著

28　C.T. Hsia, "Obssession with China: The Moral Burden of Modern Chinese Literatrue," in his *A History of Modern Fiction* (New Heaven and London: Yale University Press, 1971), pp. 533-554.「感時憂國」一詞，我引自夏志清，《愛情‧社會‧小說》(臺北：純文學出版社，1970)，頁79-105。

文立說僅知學步古人，不知推陳出新，拾人餘唾東施效顰而失卻一己之立場者，傅氏期期以為不可。〈文學革新申義〉又謂：「今吾黨所以深信文學必趨革新，正所以尊崇吾國之文學，推本文學之性質，可冀其光輝日新也。」(4：5)這幾句在五四期間看來有點反動的話固可視為在安撫國粹派，但是其中顯示的精神，卻也說明傅氏所以借用西潮的目的與心態：「中西輝映的科學的文學觀」乃為中國新文學的生發而創設。為了達成目的，傅斯年的辦法由外而內。1919年發表於《新潮》1卷4號上的〈故書新評〉裡，他即曾如此勸告時下青年暫緩「讀故書」，「應當先研究西洋的有系統的學問，等到會使喚求學問的方法了」，回頭再埋首於故紙堆中(4：404)。

　　傅斯年出身中文系，一生的學術成就亦多局限在中國文史方面。他本人的學術背景因而是「中學為體」，但是如上所述，我們也可以確定在文學本體的認識上，傅斯年縱非全盤脫胎自西方，至少亦以「西學為用」，得力於歐洲古典與浪漫思潮者匪淺。這一點，說來或許是他在五四青年輩起之際所以能超越同儕，足為文學表率的原因之一。

托爾斯泰與中國左翼文人

　　西元1906年，俄國作家托爾斯泰(Leo Tolstoy, 1828-1910)在其雅斯那亞‧勃良納(Yasnaia Poliana)老家收到遠從中國寄來的一封信。發信人署名辜鴻銘(1857-1928)，身分可能是湖廣總督張之洞(1837-1909)的僚屬，隨信還附寄了一本可能題為《總督衙門論集》(*Papers from a Viceroy's Yamen*)的英文書，作者也是辜鴻銘。此刻的托爾斯泰早已著作等身，聲名遠播，儼然國際間公認的俄國文壇祭酒。即使在海域方開的清末中國，他也薄享令譽，而且正在快速竄升之中：1900年，上海廣學會刊行的《俄國政俗通考》剛剛正式引介他入華，而沒多久——同樣是在1906年——孫文(1866-1925)革命黨的機關報《民報》，馬上又刊出他的照片，而且附加了一行標題：「俄羅斯的新聖人」。收到辜鴻銘的信後，同年10月，托爾斯泰終於覆信給這位素來反對革命的帝國遺老。原函登在《世界週刊》第13期，不過1930年左右的第25卷第19號《東方雜誌》上，曾有署名「味荔」者曾將之如數譯為中文。到了1934年9月20日，林語堂主編的《人間世》雜誌，又一字不漏轉載該文[1]。

　　《人間世》的譯文譯得殊不高明，但在進入本文論旨之前，我想先引錄這封譯函的前二段，以便說明托爾斯泰和中國早期的淵源：

> 中國人的生活常引起我的興趣到最高點：我會竭力要知道我所懂到的一切，尤其是中國人的宗教的智慧的寶藏：孔子、老子、孟子的著作，

1　我看到的是劉心皇，《民初名人的愛情》(臺北：名人出版社，1978)，頁45-49中所附錄者。下引此文均據此版，簡稱「劉著」，頁碼隨文夾註。

以及關於他們的評注。我也曾調查〔過〕中國的佛教狀況,並且我讀
過歐洲人關於中國的著作。

但是,挽(晚)近以來,在歐洲——尤其是俄國——對於中國施行種種
橫暴的舉動之後……〔我終於注意到〕中國人民的思想的普遍的趨
向,……〔而且我永遠會加以注意〕。(劉著:45)

這兩段簡短的開場白,至少透露出兩點訊息:第一,托爾斯泰對於中國文
化素有興趣,尤其傾向於宗教哲學;第二,如同《戰爭與和平》(*War and Peace*)
等偉構所昭示的,托爾斯泰極其同情受侵略、受壓迫的民族,不會因為種族不
同就有所姑息,對清末東西方列強侵略中國尤表關切。按照法人特亞(Henri
Troyat, 1911-2007)《托爾斯泰傳》的昭示,這兩種心態還互為表裡,互通有無。
舉例言之:1884年左右,托爾斯泰曾經不顧親友訕笑,執意以貴族身分效法工
匠製鞋,並曾公開駁斥貴族可對窮人予取予求的傳統之見,就好像強國也不可
以欺凌弱國一樣。「製鞋」一事,恰可說明托爾斯泰的正義感與民胞物與的精
神。這種精神,再按照特亞的說法,曾帶給托爾斯泰極大的心靈喜悅:就在1884
年初的製鞋風波過後,托爾斯泰發現了中國哲學,擴大了上述喜悅。他竭盡所
能,大量「閱讀孔子和老子的著作,認識到自己的理念和東方聖人有契合之
處」。非特如此,他還曾在著作裡寫道:「我們必須有計畫的再三讀愛比克泰德
(Epictetus, 55-135)、奧熱流(Marcus Aurelius, 121-180)、老子、佛陀、巴斯葛(Pascal,
1623-1662),以及《福音書》等等。每個人都應該如此。」[2]

嚴靈峰(1903-1999)曾清楚指出:在東方聖人中,托爾斯泰獨鍾老子,曾以
嚴肅的態度鑽研《道德經》[3]。致辜鴻銘書裡,托翁也一再申覆佳兵不祥的道
家智慧,強調只有依循「道」字,只有以符合「人類的永久的法則」生活,中
國才可能撥亂反正,破迷歸覺,達到理想的大同治世(劉著:47)。或許由於具
有這種與天俱來的道德視境,托爾斯泰不但關切他所居處的舊俄社會,連清末

2　見Henri Troyat,*Tolstoy*, trans, by Nancy Amphoux(Rpt. Taipei: Zhongsahn, 1968), pp.
　　440-441.
3　嚴靈峰,〈托爾斯泰與俄文譯本老子《道德經》〉,《大陸雜誌》44.5(1972):21-23。

的中國情勢也殷殷致意。他繼之又為中國所受的壓迫與所處的險惡環境，預開一帖巴枯寧（Mikhail Bakunin, 1814-1876）式的「安那琪」良方：「歐洲人〔在中國〕的一切吞併和盜竊所以能成功，就是因為〔中國〕有一個政府存在，對於這個政府，你們承認做它的臣民。如果一旦中國沒有政府，外國人就不能施行他們的掠奪政策，借國際的關係為口實。如果你們不聽命於你們的政府，如果你們不幫著列強壓迫你們，如果你們拒絕替他們的機關——私人的，國家的，或軍隊的——服務，你們現在所受的痛苦就會消滅了。」（劉著：48）

上引當然疏漏不少，托爾斯泰過分天真了。不過載籍有闕，我不知辜鴻銘對托翁的無政府觀點有何反應。儘管如此，1906年致辜鴻銘書發表後，中國倒有不少人引托翁為知己。他勇於對抗強權的態度，磊磊聲援受辱民族的魄力，尤曾影響五四文人甚鉅，是其時左翼作家取法借鏡的異邦新聲。1918年魯迅（1881-1936）在《新青年》發表的〈破惡聲論〉，正是中國人援引托爾斯泰的先聲。雖然魯迅的重點不在介紹托爾斯泰，也十分不值他的理想主義，但是對他的人格地位卻推崇有加，甚且從文學觀點出發，約略論及托氏1879年寫的《懺悔錄》（*My Confession*）[4]。五四運動過後，托爾斯泰的作品正式和中國人見面，在當時《新青年》譯介過的外國作家群裡，佔有突出的地位，逐漸引起廣泛的討論。時移歲遷，這股潮流在1920年以後，終因上海、北京兩地文學研究會的成立以及左翼作家聯盟的興起，彙聚成為洪流，把托爾斯泰在中國的形象放大到了極點。

魯迅早年雖不值托爾斯泰的理想性格，但這點仍然有助於我們了解後來左翼言必稱托的原因。1933年，魯迅在一篇談小說創作緣起的文章中提到，他創作的原動力來自許多歐洲作品及翻譯文章。他曾深入了解這些作品、文章作者的人格與思想，以便決定是否推薦給中國人[5]。1915年，陳獨秀在《新青年》第1卷第3期發表〈現代歐洲文藝史譚〉時，即已認定托爾斯泰是世界上最偉大的作家之一，和易卜生（Hendrik Ibsen, 1828-1906）、左拉（Émile Zola, 1840-1902）

4　魯迅，〈破惡聲論〉，見所著《集外集拾遺補編》，載於《魯迅全集》（16卷。北京：人民文學出版社，1981），8：27。下引《魯迅全集》概據此版，第一個數字指卷數，第二個指頁數。下引類似之套書，注法同。

5　魯迅，〈我怎麼做起小說來〉，見《南腔北調集》，載《魯迅全集》，4：511-514。

鼎足三立，並稱「文豪」[6]。魯迅顯然和陳氏頗有同感，不過他看重托翁，並非完全著眼於其文學成就。中國當時內憂外患，民心思變，種種改革迫在眉睫，而這才是魯迅在抄寫古碑之餘，猶願意稱頌托爾斯泰的真正原因。1919年1月，魯迅在《隨感錄》第46條上所寫的一小段文字，適可看出他的目的所在：「不論中外，誠然都有偶像。但國外是破壞偶像的人多；那影響所及，便成功了宗教改革、法國革命。舊像愈摧破，人類便愈進步；所以現在才有比利時的義戰與人道的光明。那達爾文、易卜生、托爾斯泰、尼采諸人，便都是近來偶像破壞的大人物。」[7] 易言之，魯迅之所以引薦托爾斯泰，目的在借重其人所代表的時代意義，以樹立改造中國所需的種種先決條件。

回顧五四運動前新派知識分子的謀國之道，我們當然可以指出魯迅融合托爾斯泰與中國救亡圖存的努力於一爐，有其思想史上的背景。姑且不談清末的維新派人物與譯界名流如嚴復（1854-1921）等人的看法，就在魯迅發表〈隨感錄〉的前一年，時任《新青年》主編的陳獨秀（1879-1942）早也已寫下了炮聲隆隆的〈偶像破壞論〉，替他擁護托爾斯泰預奠理論基礎。陳獨秀宣稱「一切宗教家所尊重的崇拜的神佛仙鬼，都是無用的騙人的偶像，都應該破壞」。陳獨秀的論點，多少回應了托爾斯泰致辜鴻銘書中暗示的無國無政府思想：「我老實說一句，國家也是一種偶像。……現在歐洲的戰爭殺人如麻，就是這種偶像在那裡作怪。」[8] 像胡適借易卜生反抗舊社會的黑暗面一樣，魯迅——甚至是陳獨秀——早年也希望經由稱頌托翁以剷除中國人一些根深柢固的陋習，以便革新社會文化。魯迅稍後寫的〈再論雷峰塔的倒掉〉，就把上述旨意申論得異常清楚：「盧梭、斯蒂納爾、尼采、托爾斯泰、伊孛生等輩，若用勃蘭兌斯的話來說，乃是『軌道破壞者』，其實不單是破壞，而且是掃除，是大呼猛進，將礙腳的舊軌道不論是整條或碎片，一掃而空，並非想挖一塊廢鐵古磚挾回家去，預備賣給舊貨店。」[9] 如此援引托翁以為改造中國壯膽之用，魯迅早期雜文中顯而易見，無怪乎劉半農（1891-1934）後來送給魯迅的一幅對聯，調侃他是「托

---

6 見陳獨秀：〈現代歐洲文藝史譚〉，《新青年》1.3（1915年11月）：2。

7 魯迅，〈隨感錄〉，見《熱風》，載《魯迅全集》，1：332-333。

8 以上陳獨秀之見，見所著〈偶像破壞論〉，載《獨秀文存》，1：228-229。

9 魯迅，〈再論雷峰塔的倒掉〉，見魯撰《墳》，收於《魯迅全集》，1：192。

尼學說，魏晉文章」。據傳魯迅認為如此形容頗為貼切[10]。

1920年，周作人（1885-1967）在北京師範學校和協和醫學校演講〈文學上的俄國與中國〉，道：「俄國的文藝批評家自別林斯基（Franciszek Bieliński, 1683-1766）以至托爾斯泰，多是主張人生的藝術，……但使他們的主張能夠發生效力，還由於俄國社會的特別情形，供給他一個適當的背景。這便是俄國特殊的宗教政治與制度。」[11] 我們也可以轉換這一段話，指出托爾斯泰所以能夠深入中國人心，正是因為中國「社會的特別情形」使然。魯迅、陳獨秀擁護托翁，目的都在替中國「特殊的宗教政治與制度」拔除偶像。兩人更是有志一同，把文學化約到只剩社會意義。雖然胡適宣導易卜生也源出同一心態，但魯迅與陳獨秀的聲調無疑更為激昂。這種「激昂的聲調」一旦遇到阻力——尤有甚者——剎那間可能演變成為「激烈」，迸發為似是而非的極端情緒。〈隨感錄〉第四十六條即以此種情緒作結：「〔中國人〕與其崇拜孔丘、關羽，還不如崇拜達爾文、易卜生；與其犧牲於瘟將軍、五道神，還不如犧牲於Apollo。」[12]

在這種不無偏執的狀況下，「主張人生的藝術家」托爾斯泰遂搖身變成中國作家反抗傳統的利器了。弔詭的是，在中國作家借托翁以澆自己胸中塊壘之際，托翁反而變成是外於瘟將軍與五道神的中國新偶像，深入左翼文人對外的鬥爭之中，郭沫若（1892-1978）是例子。郭氏曾在自傳中說道：1919年五四運動過後，日本新聞界大肆抨擊學運，捏誣參加的中國學生為「學匪」，而他「感覺著無限的憤恨」，「為抗議『學匪』的誣蔑」，乃在東京寫出了長詩〈匪徒頌〉，投寄《時事新報》的〈學燈〉副刊[13]。這首長詩第五段謳頌「一切文藝革命的匪徒們」，乃以反諷的語調列舉羅丹（Auguste Rodin, 1840-1917）、惠特曼（Walt Whitman, 1819-1892）與托爾斯泰等人為文學上的「叛逆者」，實則本意在稱頌他們功在大眾文化。郭沫若特別聲明：托爾斯泰乃「反抗貴族神聖的文風，」是

---

10 參見曹聚仁，《魯迅評傳》（臺北：雙喜出版社，1982重印），頁41，以及余英時，〈五四運動與中國傳統〉，見余著《史學與傳統》（臺北：時報文化公司，1982），頁100。

11 周作人，〈文學上的俄國與中國〉，載《藝術與生活》，見《周作人先生文集》（臺北：里仁書局，1982），頁139。

12 魯迅，〈熱風〉，載《魯迅全集》，1：333。

13 郭沫若，《革命春秋·創造十年》（臺北：古楓出版社，1986重印），頁69-70。

個「不得善終」的文藝革命匪徒[14]。因此，郭氏確把托翁從外國偶像的破壞者，轉成了中國文學革命所膜拜的對象。左翼作家這般演來，的確使托爾斯泰在華的地位愈益鞏固，不僅魯迅據之為對內反抗陋習的利器，同時也發展成為郭沫若的文學革命功臣，更是中國人抵禦外侮的一道新的護身符。

郭沫若突出了托爾斯泰桀驁不馴的文學革命家形象，在〈巨炮的教訓〉一詩中，骨子裡反而心不甘情不願的把托翁還原為不同於列寧(Vladimir Lenin, 1870-1924)的甘地(Mohandās Gāndhī, 1869-1948)式政治人物：他滿嘴稱讚中國的墨翟與老子，徹頭徹尾卻是個不抵抗主義者。如此重新包裝托爾斯泰，革命新偶像似乎又變成柔順的布道家，反倒契合致辜鴻銘書裡的托翁的政治形象。但是，不管哪一種包裝才是托爾斯泰真正的文化屬性，《戰爭與和平》或《安娜・卡列尼娜》反映出來的這位俄國大文豪，的確是個強調社會意識的小說家。此所以在《歐洲現實主義研究》一書裡，盧卡奇(Lukács György, 1885-1971)才會說道：「在托爾斯泰看來，藝術的人民性毫無疑問是美學的中心問題。他非常單純的認為：能否具有偉大的藝術形式，要看當時的藝術是跟人民生活保持聯繫，還是跟人民生活隔絕而定。」[15] 這一點，陳獨秀、魯迅和郭沫若雖然沒有用理論和盤托出，卻用他們的崇拜和歌頌加以暗示。

不過令人深感諷刺的是：上述中國左翼文人若能熟讀托爾斯泰致辜鴻銘書，可能就會保留他們對托氏過濫的敬意。在致辜書後半部裡，托爾斯泰除了為中國開了一帖不合作與無政府主義的政治「妙」方外，還叮囑中國人恪守儒釋道三教教義，以之抗敵禦侮。他尤其呼籲「中國人不當模仿西方民族」：所謂創製憲法，振興實業，部署新式軍隊云云，還不如以傳統之「道」為矛，攻西人船堅砲利之盾(劉著：47)。這種回歸本源的意見，原屬左翼文人舉托翁之名想要剷除的歪風，不意反屬他們自己塑造的新偶像的本然，使人有矛盾中別加諷刺之感。在文學研究會的成員中，立場偏右的周作人，可能是唯一能超脫出這種矛盾的外國文學觀察家。他在1925年左右發表的〈托爾斯泰的事情〉中，

---

14 秦亢宗編，《郭沫若代表作賞析》(臺北重印，出版資料不詳)，頁50。
15 中譯引自盧卡奇著，黃大峰等譯，《托爾斯泰論》(臺北：南方叢書出版社，1988)，頁96。

直陳蘇聯不可能包容得了托爾斯泰，禁絕其作猶為餘事[16]。周氏的觀察，可能因深諳托氏偏好傳統的立場而發。按照當時中國文學史家的說法，周作人其時實在借托翁之名，大力攻擊蘇聯的無產階級專政，進而否定文學的階級性，甚至反抗左翼運動，壓低大眾文化的嚴肅面。事實究竟如何，我想尚有賴後世史家舉證說明。不過，左翼倒是不旋踵即對類似周氏的說法展開駁斥。最稱嚴重的反應，便來自周氏兄長魯迅的質疑。《南腔北調集》裡，魯迅暗示托爾斯泰反傳統，尤其反對傳統中的專制，並「看過歐戰時候他罵皇帝的信」，而他的作品更是「罵人文選」，為社會不公代言。這樣的平民文學家會遭到擁護普羅大眾的蘇共禁絕，會為中國傳統聲援，甚至反對改革，不是令人嘖嘖稱奇嗎？

在本文裡，我無意為文壇爭議妄下斷語，不過托爾斯泰雖然強調改革舊俄，對待中國人卻另有一套標準，致辜鴻銘書中證據確鑿，不辯自明。其實，拿魯迅在五四期間前後的文章看，他的意見同樣漏洞百出，而前後矛盾更是所在多有。前文提過，〈破惡聲論〉藐視托爾斯泰的理想主義，斥之為落伍，「不主張階級鬥爭」。但是，1933年的《南腔北調集》卻肯定托翁為現實主義者，「為現在而寫」。魯迅又以為：托爾斯泰的思想晚年方臻成熟，因為此際他改變創作風格，開始用通俗形式為農民寫故事。魯迅從〈破惡聲論〉到《南腔北調集》內的矛盾，若用辨證法分析，當然容易理解。1981年第1期《揚州師院學報》中陳元愷的〈托爾斯泰與中國文學〉，便曾就此點說明道：「如果魯迅在『五四』前後評論托爾斯泰的意義，在於解決封建主義的思想網羅與束縛，那麼在1930年代，則是為了捍衛與推動無產階級文藝運動的健康發展。」就左派理論而言，魯迅確實「轉變有理」，但是1898年托爾斯泰撰有《何謂藝術》（*What Is Art ?*），對道德與宗教執著非常[17]，是否真的認為自己在反階級鬥爭之餘，還在為社會大眾而寫，未嘗不是一個問題。

魯迅散文詩集《野草》壓軸的〈一覺〉之中，他提到托爾斯泰曾因一朵野

16　周作人，〈雨天的書〉，載《周作人先生文集》，頁17-28。
17　Cf. A.V. Knowles, ed., *Tolstoy: The Critical Heritage* (Boston: Routledge and Kegan Paul, 1978), pp. 436-437.

薊開花「受了很大的感動,因此寫出一篇小說來」[18]。據前引陳元愷文的了解,
這篇「小說」正是《哈吉・穆拉德》(*Hadji Maurad*),是托爾斯泰少見的以高
加索為背景的小說。陳文並為托翁強作解人,從左派的觀點指出:在這部純用
想像構設的作品中,托爾斯泰看到了人民的希望與信心。這種論調不啻也在焊
接魯迅和托爾斯泰的另一關係:「野薊」是隱喻,暗示魯迅和托爾斯泰都是心
念生民疾苦的人道主義先驅。

的確,近代中國的人道主義文論,有很大成分受到托爾斯泰的影響,至少
周作人在五四初期倡議「人的文學」的理論基礎,便曾深受託翁啟迪。但是,
魯迅使用「野薊」的意象,目的卻在說明自然萬物的生命力若堅韌無比,便能
化卑微為偉大,造福其他物種:「草木在旱乾的沙漠中間,拚命伸長他的根,
吸取深地中的水泉,造成碧綠的林莽,自然是為了自己的『生』的,然而使疲
勞枯渴的旅人,一見就怡然覺得遇到了暫時息肩之所。」[19]

魯迅這段話中固有其哲思慧見,但若再深一層分析,我們發現他在此使用
野薊意象,恐怕也緣出誤讀托爾斯泰。眾所周知,托氏的作品多數建立在東正
教的信仰上,但《哈吉・穆拉德》卻和宗教情懷一無關係,反而是一部以藝術
成就為主要關懷的小說:其主題是矯揉作態的文明的毀滅,是人類想要掙脫家
庭、傳統與信仰,以便成就權力欲望的劣根性。而這一切,小說中都以哈吉・
穆拉德為代表。小說的時間背景約當1850年左右,主角穆拉德勇氣可嘉,惜乎
殘忍狡詐。他痛恨薩米爾領道的回教殖民統治,乃背叛民族,屈迎俄軍擊敗之。
他滿心以為俄人會知所回報,冊封他為高加索沙皇。可惜如意算盤盡墨,他反
而遭到疑慮重重的俄軍拋棄。表面上他贏得榮譽,卻又發覺自己不過兒皇帝一
個,難以施展雄圖大略。野薊的意象,小說一開始就經托爾斯泰點出,正象徵
穆拉德汲汲營營,最後仍然被人踩在腳底。如果托爾斯泰確實在這部高加索故
事中看到「人民的希望與信心」,那麼這一幕應該發生在穆拉德擯棄俄軍,回
歸高加索百姓的那一刻。在小說中,托爾斯泰確實有所同情與關懷,不過絕非
魯迅以野薊借喻的自然生機。人性的貪婪,才是托翁再三致意的對象。

---

18 魯迅,《野草》,收於《魯迅全集》,2:224。
19 同上。

　　高田昭二的析論歷歷指陳：《野草》是魯迅「輸的哲學」的徹底實踐，其中即使有社會意識，也是薄弱的消極諷喻[20]。陳元愷用「人民的希望與信心」和「同情與關懷」串連《野草》展現的魯、托關係，因此未免誇大，頂多設想到片面而已。然而，即使這種「設想」無誤，我們仍然要問道：托爾斯泰的「希望與同情」，是否僅能以陳文暗示的階級鬥爭來傳達？托翁是否認為「同情」也有階級限制？倘若托爾斯泰在意識形態上另有他屬，那麼，從魯迅以降的左翼托爾斯泰觀，不免是在以己意逆彼志了。

　　早期推崇托爾斯泰的中國左翼文人中，以瞿秋白(1899-1935)最稱劍及履及。魏愛蓮(Ellen Widmer)〈瞿秋白與俄國文學〉一文暗示：舊俄文人當中，只有高爾基語帶街譚，能投瞿氏所好[21]。雖然如此，瞿秋白卻是五四初期最勤於譯介托翁的中國文人之一，也是第一位將列寧(Vladmir Lenin, 1870-1924)論托翁的文章譯成中文者。他還曾自稱此刻「是一個近於托爾斯泰派的無政府主義者」[22]。蘇聯十月革命以後，舉世矚目，北京《晨報》曾在1920年8月邀瞿秋白訪蘇，擔任特派員。10月，瞿氏和《晨報》另兩位記者俞頌華(1893-1947)、李仲武(生卒年不詳)離開北京，搭乘火車開往西伯利亞。瞿秋白在俄國總共停留了兩年多，寄回《晨報》的通訊報導，分別以《餓鄉記程》和《赤都心史》等總題發表[23]。司馬璐的《瞿秋白傳》載，他在赴俄之前，心情是「沉重的淒涼的」，彷如和故國世界「永告訣別」[24]。瞿秋白出身北京俄文專修館，通曉俄國語文民情，因此，他的觀察不是浮泛的遊記，而是如陳元愷所稱的「社會調查」。然而趁旅俄之便，瞿秋白也走訪了托爾斯泰的故居，寫成《赤都心史》中的〈清田村遊記〉一章。

20　高田昭二著，朱櫻譯，《魯迅的生涯及其文學》(臺北：新潮社文化公司，1987)，頁104。

21　Ellen Widmer, "Qu Qiubai and Russian Literature," in Merle Goldman, ed., *Modern Chinese Literature in the May Fourth Era* (Cambridge: Harvard University Press, 1977), p. 110.

22　瞿秋白，〈多餘的話〉，附錄於姜新立，《瞿秋白的悲劇》(臺北：幼獅文化公司，1982)，頁380。中國學者早年曾認為，〈多餘的話〉是瞿氏死前在獄中受國民政府脅迫而寫下的懺悔錄。不過，晚近堅彈此調的人較少，反而認為可借此文深刻觀察瞿氏「靈魂深處某些本質的東西」。見陳鐵健：〈重評多餘的話〉，在丁景唐等著，《瞿秋白研究文選》(天津：天津人民出版社，1984)，頁169。

23　俱見瞿秋白，《瞿秋白文集》(3卷。北京：人民文學出版社，1953)，1：3-254。

24　司馬璐，《瞿秋白傳》(香港：自聯出版社，1962)，頁17。

　　清田村就是托爾斯泰祖居的雅斯納亞・勃良納領地的所在，文前已及。托氏出身貴族豪門，莊園袤廣，房舍不計其數。他一生多半蟄居於此，與周遭的農奴頗有接觸，深諳其苦。紅色革命雖然已經肆掃蘇聯全境，不過1921年初履清田的瞿秋白，看到的卻是新舊夾雜的轉型期俄國農村的縮影。他以朝聖信徒的口氣回憶這次親履托氏故鄉的印象：

> 清田村一遊，令人心暢滿意，托爾斯泰——世界的偉大文學家，遺跡芳馨。舊時代的俄國——貴族遺風還喘息於草間，依稀縈繞殘夢。智識階級的唯心派，新村式的運動，也有稀微印象。俄羅斯的農家生活，渾樸的風俗氣息，而經濟上還深陷於小資產階級。平民農夫與智識階級之間的情感深種社會問題的根蒂，依然顯露。智識階級的問題，農民問題，經怒潮洶湧的十月革命，衝動了根本，正在自然傾向於解決[25]。

　　瞿秋白觀察入裡，深知托爾斯泰和後起的共產思想之間還是有出入。在《何謂藝術》裡，托翁曾說過文學有特定的階級對象，然而他領受的東正教把自己納入的卻屬十足的唯心派，一切政治上秉持的無政府或不抵抗作風，實則也源出於此。所以《何謂藝術》所認為的「藝術理論以美為基礎，並借由美學來推衍」[26]，就不是瞿秋白訪俄時的俄國共黨政權所能認同。這種藝術觀，當會導致如同1925年周作人微諷的蘇共查禁托著事件。不過，瞿秋白到底心傾共產思想，雖然心儀托爾斯泰，還是免不了一探托氏故居是否已經改漆紅色？比起從翻譯來了解托爾斯泰的左翼文人，瞿秋白的疑問顯示他更能掌握托翁看重的精神領域。前引文中，瞿氏說革命後的托氏故鄉「智識階級的唯心派」也還有「稀微印象」，原因便在於此。縱然此刻瞿秋白難以贊同這類現象，但有觀察若此，至少不枉他在中國勤譯托爾斯泰的一番苦心。或許因為認識特別深刻，〈清田村遊記〉一開頭，瞿秋白幾乎迫不及待便問清田父老道：「俄國的宗教怎樣」，

25　見瞿秋白，《瞿秋白文集》，1：198。

26　Leo Tolstoy, *What Is Art?* trans. Aylmer Maude (London: Walter Scott, 1899), p. 42.

是否「像托氏學說,傳布得深遠麼?」[27]

瞿秋白得到的答案,當然會令地下有知的托爾斯泰大吃一驚:「宗教麼?俄國人是有名的宗教民族。一派市儈式的教堂(會)宗教本是迷信,就是托爾斯泰也很反對他的。革命前社會運動中反對教堂(會),以及絕對的否認宗教,本是很甚的。現在呢?政府和教堂(會)分離了,宗教,及有宗教色彩的學說,未免大受打擊。」[28]

像同時代英國卡萊爾(Thomas Carlyle, 1795-1881)和羅斯金(John Ruskin, 1819-1900)等人一樣,托爾斯泰——據李維儂(Vernon Lee, 1856-1935)的觀察——在19世紀俄國社會扮演的乃「紅塵先知」(lay prophet)的角色,故舉手投足,所思所想,無不示範他所浸淫的宗教與道德傳統,而他所有的藝術品味——包括小說創作——又都包裝在這類價值體系中[29],《戰爭與和平》裡,托爾斯泰藉小說英雄安德列·包爾康斯基等人,宣揚「為上帝而活」與「愛一切世人」等《新約》理念。在《安娜·卡列尼娜》中,他則透過女主角的悲劇闡明宗教大愛,呈現人律與天道的分隔:安娜離家出走誠屬不當,未盡人妻人母之責更屬不赦,但社會並無立場裁定她的是非,只有上帝才是最後的法官,終極的自由也只有在祂的寬宥與福佑下才能找到。短篇名作〈上帝不是不知道,而是審判的時間未到〉("God Sees the Truth, But Waits")的篇名,則把紅塵靈客的宗教與道德視境進一步濃縮出來,強烈地向世人昭示真理的訊息所在。這種種的信念與作為,最後終於驅使托爾斯泰把《福音書》供為靈界寶典,救贖庇恃,而依此推衍的道德觀念,遂演變成為人世一切藝術的最高標準。只有在宗教與道德互成表裡的意識過程中,托爾斯泰才能確切的感受到自己的價值。相信上帝時,他才活著,否則就是死亡。

瞿秋白深明此中道理。然而他訪問清田村時雖上距托氏去世不過10年,一場革命風暴卻就在這十年中剷除了托氏一生的精神所寄。縱使瞿秋白篤信馬克斯的無神論,面對此情此景,恐怕也不得不興情何以堪的感慨!

27　見瞿秋白,《瞿秋白文集》,1:186。

28　同上。

29　Vernon Lee, "Tolstoi on Art," in his *Gospels of Anarchy and Other Contemporary Studies* (London: T. Fisher Unwin, 1908), p. 135.

俄國革命以後,托爾斯泰賴以存活的信仰崩解,道德結構似乎也有所鬆動。瞿秋白的觀察何其敏銳,當然看得出這一切。《赤都心史》裡,他借用托翁妻妹的話道:「革命之後,什麼事都翻過天地來。你昨天用心沒有:某小姐和那一少年,還有幾位,唔,都是年輕女郎,擠坐在一張沙發上,一點嫌疑禮貌也不顧。」[30] 當然,新政之下的俄國不再是契柯夫《櫻桃園》裡的舊社會,甚至也不是屠格涅夫《羅亭》裡的改革家的天地,但是,瞿秋白所見到的清田男女,恐怕不是《何謂藝術》裡急於標榜道德倫理的托爾斯泰所樂見。瞿秋白訪問清田期間,曾為托翁孫女蘇菲亞畫了一幅中國畫,想來是潑墨山水之類。上題小詩一首:「浩月落滄海,碎影搖萬里。生理亦如斯,浩波欲無際。」[31] 畫的筆法如何,我們不得而知,可是這首詩卻清楚顯示瞿秋白真實的心境:他仍然以托爾斯泰雄渾的精神為立身處世的指歸。

魯迅、郭沫若、瞿秋白以外,左翼深受託爾斯泰影響的作家,還應該包括茅盾(1896-1981)。他曾在1980年代出版的自傳中說:「從1919年起,我開始注意俄國文學,搜求這方面的書。這也是讀了《新青年》給我的啟示。〔萬人叢書〕有帝俄時代文豪如托爾斯泰等人的英譯本,得之甚易。」[32] 茅盾的「注意」,最初的結果便是五四運動前一個月發表在《學生雜誌》第6卷第415號上的〈托爾斯泰與今日之俄羅斯〉一文。就五四初期介紹歐洲文學的一般狀況而言,茅盾此文允稱力作,涵蓋面甚廣,舉凡托爾斯泰的生平、思想、創作與文學史地位等,靡不深入探討。不僅如此,他還費盡心力,企圖把托翁的成就附會到布爾什維克革命上。他說:「今俄之Bolshevism,已彌漫於東歐,且將及於西歐。世界潮流,澎湃動盪,正不知其伊何底也。而托爾斯泰實其最初之動力。」雖然1981年左右的茅盾認為當初的論點「現在看來是很可笑的」,但是,青年茅盾卻正經八百,一口咬定在紅色革命的過程中,托爾斯泰與有功焉:「〔談托爾斯泰的這篇文章,〕讀者作俄國文學史略觀可也,作托爾斯泰傳觀可也,作俄

---

30 瞿秋白,《瞿秋白文集》,1:193。
31 同上,1:137。
32 茅盾,《我走過的道路》(2冊。香港:生活、新知與文化生活三聯出版社,1981),1:114。

國革命遠因觀，亦無不可。」[33]

　　有位現代研究者曾謂：茅盾介紹或翻譯域外文學，常自覺或不自覺的陷入介紹對象的影響中，進而把影響表現在自己的作品與文學觀裡[34]。茅盾闡揚托爾斯泰，亦復如此：托翁一方面讓他有機會「錯窺」俄國革命的本源，再方面則同周作人一樣，促使他建立起平民文學的創作觀，揚棄一切高蹈不實的「理想」[35]。因此，1921年夥同鄭振鐸等人成立「文學研究會」時，茅盾一開頭才會深表同意該會所標榜的「人生的藝術」的信條[36]。從陳獨秀以下，左派文人一向視文學為民生疾苦的反映。這種觀念，多半也在茅盾式的心路歷程裡滋長。五四運動後一年，茅盾又在〈俄國近代文學雜談〉中重提托爾斯泰。這一次，他顯然已認識到托翁所處的世界大勢，乃將評論重心擺在十九世紀的文學格局上。茅盾並論托爾斯泰與狄更斯(Charles Dickens, 1812-1870)，評比判斷，結論是前者在呈現下層社會時，功力比英國小說家深，情感更見真摯。我不確定此時茅盾讀過的托著有多少，但相信他已涉獵過重要的幾部大部頭作品，因為他不僅撰文推介托翁，而且儼然以行家的姿態在中國為托氏辯護[37]。他曾批駁王純農、郁達夫，甚至是留學過西方的《學衡》大將吳宓(1894-1978)等人，認為他們對托氏的了解有誤。到了1923年，茅盾眼見吟風弄月感時傷己的禮拜六派作家猖獗，年底還在《文學》第103期上發表〈大轉變時期何時來呢〉，以反語借托爾斯泰打擊流行的文風：「我們自然不贊成托爾斯泰所主張的極端的『人生的藝術』，但是我們決然反對那些全然脫離人生的而且濫調的中國式的唯美的文學作品。」

33　茅盾，《我走過的道路》，1：115。

34　Susan Wilf Chen,"Mao Tun the Translator," *Harvard Journal of Asiatic Studies* 48/1（June, 1988): 71-94.

35　參較茅盾，〈《戰爭與和平》介紹〉，見（署名）托爾斯泰著，《托爾斯泰》（臺北：金楓出版公司，1987），頁179。

36　有關文學研究會宗旨之討論，請參見司馬長風，《中國新文學史》（香港：昭明出版社，1975），上卷，頁130-135；周錦，《中國新文學史》（臺北：長歌出版社，1977），頁121-125。不過，論述最稱扼要，見解最稱精當者仍推C.T. Hsia, *A History of Modern Chinese Fiction*, 2nd ed.（New Haven and London: Yale University Press, 1971), pp. 55-57.

37　見葉子銘，〈從茅盾譯介外國文學說起〉，在葉著《茅盾漫評》（天津：百花文藝出版社，1983），頁244-245。

　　1923年時，「文學研究會」勢力龐大，名作家與名教授如葉紹鈞（1894-
1988）、周作人等頭角嶄露，而茅盾曾參與編務的《小說月報》勢力殷盛，影
響力遲續擴大。在這個當頭，茅盾怎可能放棄他承襲自托爾斯泰的人道主義文
學？不論是否為遁詞，他還是緊緊抱著「人生的藝術」。1927年起在《小說月
報》連載的《幻滅》、《動搖》與《追求》三部曲，便顯示茅盾不改初衷，一派
關切社會人生的政治小說家模樣，而且他還投身實際政治，步武錯解了的托爾
斯泰道路。寫完《追求》以後，因政治故，茅盾從陳望道（1891-1977）建議，避
居東京。1928年7月16日，他為回應國內文壇的批評，寫下著名的文學表態文
章〈從牯嶺到東京〉（原載《小說月報》第19卷第19號），其中坦承自己和托爾斯
泰之間仍剪不斷理還亂：「我……更近托爾斯泰，……雖然人家認定我是自然
主義的信徒，……然而實在我未嘗依了自然主義的規律開始我的創作生涯。」
　　說得不錯。即使在左拉影響清晰可見的《子夜》中，茅盾展現社會的方法，
梳理思想的筆法，也不是自然主義式的冷眼看人生，不是在解剖枱上操刀霍
霍，肢解生命的「切片」（slice of life）。相反，他觀察人生的角度相當浪漫：是
熱情的凝視，不是冷靜的分析；是社會運動家的擁抱，不是生物學者的剖析歸
納。這種種的表現，近於托爾斯泰處多於左拉，是以陳元愷分析《子夜》時才
會說道：「《子夜》的二、三、四章，通過吳老太爺之死，吳府做喪事，各種人
物聚會交談，介紹社會背景與正在發生的事件，與《戰爭與和平》一開始，寫
安娜·巴甫洛夫娜·金雷爾的客廳，確有同工之妙。」質言之，寫實主義強調
的逼真，才是茅盾創作時的主要倚恃。左拉的自然主義理路分明，客觀冷靜，
然而一旦要在作品中溶入主觀的人道信念，就全然格格不入了。〈從牯嶺到東
京〉裡，茅盾又以為托爾斯泰矢志寫作之前，早已飽嘗人世辛酸，筆下刻劃的
人生，因此無不絲絲入扣，娓娓動人，若借來體現為無產階級吶喊的初衷，當
更合宜有效。儘管如此，茅盾恐怕還是只能在技巧上模仿托爾斯泰，不能深入
託翁靈魂最深之處。王德威直陳二人的分際道：「托爾斯泰雖然呼籲一種回歸
田野的平民主義與原始主義，且對沙皇治下的貴族腐化生活多所描述，但其對

基督教精神的熱中，卻絕不是左派無神論者所能忍受的。」[38] 此語信然：茅盾
處處取法托爾斯泰，但是左傾的性格使他終以「極端」二字標誌托翁「人生的
藝術」，乃至於鄙視宗教感始終不離托翁的事實。1908年，托爾斯泰寫下生命
真理的最後見證《愛的律法與暴力的律法》[39]，其中反覆呼籲世人信守人道，
追求救贖，並以「愛的律法」解釋人世與宇宙的各種神秘，冰消瓦解一切悖此
逆行。權威與人文、宗教結為一體，互補互濟，終於明告世人托翁「基督教人
道主義」的真正內容為何，也為我們表出他作品氣勢磅礴的確實源頭。對於這
一切，力主無神論的茅盾切切難忍。他的人道信仰乃無產階級的權宜性平民精
神，缺乏真正的穩定力量，就好似《虹》裡的梅女士追求精神解放，願意和大
眾站在一起，抨擊社會不公，可是生命理想卻嫌薄弱，因此，她充其量只能站
在人群裡吶喊，在政治口號上徘徊。茅盾既然不願對宇宙與人生的終極關懷仔
細思考，哪裡掌握得住《何謂藝術》裡揭櫫的雄渾大愛？茅盾的矛盾，首先表
現在他對托爾斯泰的認識片面不全。從魯迅到茅盾，托爾斯泰在左翼作家群裡
始終陰魂不散。無產階級的人道信仰縱然有失托翁原旨，彼此卻仍若即若離數
十年，可窺「托學」魅力一斑。抗日戰爭期間，田漢(1898-1968)稱呼托爾斯泰
為「偉大的良心」，效激進的俄國雅各賓黨(Jobcobins)首腦卡契夫(Piotr Nikítich
Tkachov, 1844-1885)之說[40]，誠心希望托翁的小說可以揚棄基督信仰及貴族習
氣，故和夏衍(1900-1995)共同改編托翁的《復活》，使之變成舞臺劇上演，大
大擴大托氏深入中國人心的程度。然而，正如田漢〈《復活》後記〉中說的，
他們的改編「不只在於紀念托爾斯泰，而在通過或假借托爾斯泰的人物說出我
們要說的話」[41]。藝術因此也淪為宣傳了，再度脫離托翁真髓。1949年以後，
中國社會變遷巨大，托爾斯泰儼然已成國家最為崇敬的外國作家。雖然托翁的

38 王德威，〈茅盾的矛盾〉，在王著《從劉鶚到王禎和》(臺北：時報文化公司，1986)，
　　頁141。另請參較約翰·柏寧豪森，〈茅盾早期小說中的主要矛盾〉，見莊鍾慶編，《茅
　　盾研究論集》(天津：人民出版社，1984)，頁536-570。
39 Leo Tolstoy, *The Law of Love and the Law of Violence*, trans. Mary Koutouzow Tolstoy
　　(New York: Holt, Rinehart and Winston, 1970).
40 Knowles, ed., *Tolstoy: The Critical Heritage*, pp. 250-261.
41 田漢，〈《復活》後記〉，見田漢，《田漢文集》(16冊。北京：中國戲劇出版社，1983-1987)，
　　4：456。「偉大的良心」一語，亦出自田漢，〈我為什麼改編《復活》〉，見同書4：454。

地位沒有馬克思（Karl Marx, 1818-1883）、恩格斯（Friedrich von Engels, 1820-1895）
那麼崇高，然而文藝刊物上論托的文章還是與日俱增。翻閱近年中國人民大學
書報資料社彙編的《外國文學研究》各期，托翁研究充斥，幾達汗牛充棟的地
步。這些「研究」──不論是賀慶升的〈高爾基與托爾斯泰〉、蔣連傑的〈托
爾斯泰作品中的「心靈辯證法」〉，或是魯效陽原發表在《上海師範學院學報》
上的〈試論托爾斯泰的宗教思想〉──都擺脫不了五四前後，甚至是1930年代
左翼文人論托翁的大旨。深入或許有之，惜乎「原教旨主義」仍然把托爾斯泰
圈在框框之中，使他在中國的地位依然徘徊在魯迅等人「借他人之酒，澆自己
塊壘」的意義上。

　　瞿秋白〈清田村遊記〉的第一卷，寫他初訪托爾斯泰故宅的印象，道是「一
進宅門，前室中就見五六架書櫥」，可見翁氏潛心學問。「再轉往東有一小過
室」，再「進一間就是書房，滿架書籍」。然而突然投入瞿氏眼簾的，「卻是幾
個中國字──原來是芝加哥版的英漢對照本老子的《道德經》。」[42] 晚年的托
爾斯泰，留連故宅，這間書房是他躲避人世紛擾，政治腐敗的地方。不知他在
摩挲翻閱《道德經》，高聲朗誦「道可道非常道」之際，是否曾經想到跨過冰
天雪地的西伯利亞，他的中國信徒卻已徹底擯棄了「無為」的崇高政治社會理
想？

42　見瞿秋白，《瞿秋白文集》，1：188。

從啟示之鏡到滑稽之雄
——中國文人眼中的蕭伯納

　　早期傳播入華的西方劇作家中，以探討社會問題見長者有二：挪威的易卜生(Henrik Ibsen, 1828-1906)與愛爾蘭的蕭伯納(George Bernard Shaw, 1856-1950)。若以五四運動前後的文化輿情為準，中國人之重視易卜生(Henrik Ibsen, 1828-1906)，無疑遠在蕭伯納之上。從19世紀中葉開始，包括《玩偶之家》(*A Doll's House*，亦譯《娜拉》)、《群鬼》(*Ghosts*)與《國民公敵》(*An Enemy of the People*)在內的典型易卜生劇作，不僅為西方現代寫實戲劇的發展奠定牢不可破的穩固基盤，同時也為易氏本人在中國的影響力預樹指標。19世紀末葉，蕭伯納曾以《易卜生主義的基質》(*The Quintessence of Ibsenism*)在西歐傳揚這位北歐宗師，其後又寫出《登徒子》(*The Philanderer*)，以身作則傳承易卜生的衣缽，然而，對20世紀前半葉的中國左右翼的知識分子而言，這位發跡於倫敦的劇壇宗師的形象似乎矛盾並見，每每啟人疑猜，尊敬或許有之，直接的移植就要費點思量。所以，在《新青年》早期譯介過的西方作家中，蕭伯納的重要性遠在易卜生之下；在巴金(1904-2005)1930年代的名著《家》裡，激勵過中國人，啟迪過「琴小姐」的西方傑作，也不是蕭伯納的《華倫夫人的職業》(*Mrs. Warren's Profession*)，而是易卜生的《娜拉》[1]。

　　揆諸凡此現象，可知問題劇(Problem Plays)的殊性絕不能釋盡一切，因為蕭伯納和易卜生同樣工於舉發社會弊端，同樣擅長推銷前衛思想。他們在各自的世界觀上，歷史意義不分軒輊。當然，整體看來，蕭伯納筆端走的是史威夫

1　巴金，《家》(香港：新藝出版社重印，年份不詳)，頁25。

特(Jonathan Swift, 1667-1745)式英國新古典主義的路數，易卜生則傾向左翼的自然主義，以「客觀性」──不論是否為主觀心態偽飾出來的客觀性──為運筆條件，劇力較顯沉著而不輕佻。五四文人以「科學」為宗，旗幟鮮明，易卜生這種寫實劇風，至少表面上較能配合改革需求。相形之下，蕭伯納的詼諧戲謔有其局限，尚難廣泛打入因襲傳統的中國社會，接受他的時間表當然要往後再挪。此外，蕭氏素行不一，打的是社會主義的招牌，表現的卻是資產階級的意識形態。兩相對峙之下，他顯然模糊了自己的形象，一時之間，又哪裡能叫未脫名教束縛的中國文人心口佩服？不齊的聲音乃紛紛出籠。

一

　　易卜生固然早著先鞭，可是蕭伯納在華的地位，並非在指陳蕭劇入華的時間瞠乎其後，充其量僅顯示蕭劇不曾像易劇一樣在中國先成氣候。雖然我確認不了華人引介蕭劇的首役之功，但至遲北京《甲寅雜誌》的讀者應在1915年即已聞知蕭翁之名，因為這年七、八月間，甫入哥倫比亞大學就讀的胡適(1891-1962)在致《甲寅雜誌》記者的一封公開信上，就曾經提過蕭伯納 [2]。第二年8月15日的《胡適留學日記》，又率先用英文抄錄了三條〈蕭伯納之憤世語〉，分屬1892年《快意與不快意戲劇集》(*Plays Pleasant and Unpleasant*)的〈序言〉，以及收入同一劇集中《華倫夫人的職業》的部分劇詞 [3]。1916年左右，《留學日記》曾經許怡蓀(?-1919)摘抄，冠以《藏暉室劄記》之題，連載於《新青年》上面。中國人得以聆賞蕭伯納的機智風趣(witticism)，此或其始。

　　胡適所記的第一條《快意與不快意戲劇集》的〈序言〉，旨在傳達蕭伯納那種「眾人皆醉我獨醒」的睥睨自豪。1925年，陳源(1896-1970)在《現代評論》發表蕭氏《武器與人》(*Arms and the Man*)的劇評時，曾夾敘夾譯該〈序言〉，我姑錄之，以代胡適所引原文：

2　見胡頌平編著，《胡適之先生年譜長編初稿》(10冊。臺北：聯經出版公司，1984)，1：
　　207。本注注尾冒號前之數字指冊數，其後者指頁碼。下引類似套書之注法，同。

3　胡適，《胡適留學日記》(4冊。臺北：臺灣商務印書館，1973)，4：999-1000。此書以
　　下簡稱《留學日記》。

蕭伯納說，他有一次去看眼科醫生，問他為什麼他眼睛看見的東西，常常與平常人所見的不一樣。醫生回他說：這並不是因為他的眼睛比一般人壞，卻因為他的眼睛比一般人好；一百人中只有一、二人的眼睛是正確的，其餘的都不正確，他卻在這一、二人的中間。他因此自負說：他的意見與一般人不同，一定是因為他的心眼也比一般人看得清楚，看得明確[4]。

胡適所以記下這一條蕭語，可能一時興到，也可能是在明志。他回國以後表現出來的反傳統作風，與蕭伯納的雄語自信正合，摘錄蕭語，表明了心跡，也為自己將來扮演「清流異聲」預設基礎。有趣的是，《留學日記》餘下的兩條語錄，一條反映出胡適對實用哲學的興趣：早在進入哥大開始，胡適就「寧花一周時間正視〔手中〕一磅，也不斜睨〔身外〕百萬。」另一條我也權譯如下：「女人的冰清潔志，只能表現在對她好的男人身上。」熟悉胡適文章的人，對他關懷女權的言論一定懷有深刻的印象，故《留學日記》所節錄的蕭伯納的豪情壯語，更該具有某種預告作用——雖然胡適當時沒有加入任何案語感想。

從最後摘自《華倫夫人的職業》一條語錄看來，我們還可了解胡適一貫秉持的文學態度：正如〈易卜生主義〉一文的暗示，文學必須揭櫫思想，發揮啟迪人心的力量，趕上時代，振聾發聵[5]。單就這層「實用」的文學觀而言，蕭伯納的貢獻就不輸易卜生，比往日的「舊文學家」如莎士比亞（William Shakespeare, 1564-1616）等人更能改良時代。因此，1980年「出土」的胡適早年北大日記裡，才會有如下的褒貶：「我們（案：指胡適和卓克〔Adolf Eduard Zucker, 1890-1971〕）又泛論到三百年來——自莎士比亞到蕭伯納——的戲劇的進步。我說，莎士比亞在當中與伊莉莎白女王一朝的戲曲家比起來，自然是一代聖手了；但是在今日平心而論，莎士比亞實多不能滿人意的地方，實遠不如近代的

4　陳西瀅，〈武器與武士〉，陳著《西瀅後話》（臺北：萌芽出版社，1970），頁148。

5　參見胡適，〈易卜生主義〉，在《胡適文存》（4集。臺北：遠東圖書公司，1953），1：629-647。

戲劇家。」[6] 從上下文臆度，胡適聲稱的「近代劇家」，簡直就是易卜生和蕭伯納等「寫實劇家」。而如同我在〈蕭乾論易卜生在中國〉中之所述[7]，胡適日記接下所用的術語「寫實劇」，其實就是他從進化觀點設想出來的「問題劇」。如此劇種，也是五四運動前胡適大談婦女纏足與貞操問題的文學借鏡。蕭伯納的劇作，當然不全是胡適認識到的問題劇，然而《華倫夫人的職業》細寫娼妓現象，公認是易卜生衣缽的西歐代表，無怪乎1916年還遠在美國留學的胡適，會對該劇有所反應。人在紐約這段時期，胡適反傳統的言論尚止於擬議階段，但是，說蕭伯納的戲劇是他來日作為的「啟示之鏡」，雖或不中，亦不遠矣。

由於胡適當時的影響力大，蕭伯納也就漸行漸近中國。提倡文學改良運動時，胡適雖然不曾多引蕭伯納以為奧援，但他任教北京大學後的一班學生，尤其是《新潮》雜誌諸君子，在闡揚白話與進化的文學觀等典型五四風尚之際，每每借用蕭伯納以壯聲色。傅斯年(1896-1950)幾乎讀過蕭伯納所有的劇本[8]，但因文學觀迭經轉變，和蕭劇關係亦復如是，我留待本文文末再談。此處需要先予說明的是：以蕭伯納做為新文學運動的宣導助力，並借用其事例以反擊舊文人的新派大將中，羅家倫(1897-1969)的表現最稱勇猛——雖則他和蕭伯納的因緣並不高過傅斯年。

《新潮》創刊於1918年。第二年五四運動那一期中，羅家倫以激昂的語調，全力駁擊胡先驌(1894-1968)早先發表在《南京高等師範日刊》上的〈中國文學改良論〉。除了易卜生與舊俄大家外，羅氏之文還多方引用包括蕭伯納在內的西歐宗師，而且是引來對抗精通英國文學的反新文學大將胡先驌。眾所周知，胡氏反對胡適，尤其在文學語言上更不妥協。他的根本論調簡單：「非謂信筆所之，信口所說，便足稱文學也。」[9] 所引麥考萊(Thomas Babington Macaulay, 1800-1859)、白朗蒂(Charlotte Bronte, 1816-1855)與約翰笙(Dr. Samuel Johnson,

---

6 胡適，《胡適的日記》(臺北：谷風出版社，1987重印)，頁75。
7 參見本書頁419-425。
8 羅家倫，〈元氣淋漓的傅孟真〉，在羅著《逝者如斯集》(臺北：傳記文學出版社，1967)，頁173。《逝者如斯集》以下簡稱「羅著」。
9 胡先驌，〈中國文學改良論〔上篇〕〉，在鄭振鐸編，《中國新文學大系·文學論爭集》(1935-1936；臺北：業強出版社，1990重印)，頁103。此書屬趙家璧主編《中國新文學大系》第二集，下文簡稱《大系》。

1709-1784)諸氏，都是講究用字，下筆斐然可觀的方家。看在羅家倫眼裡，胡先驌的論式薄弱不堪，他幾乎不帶任何研究前提，用常識一語就撥開胡氏的強打：「胡君以為白話文學為『信筆所之，信口所說』，則我不能夠不稍微說幾句：胡君讀過近代世界上的大文學家如易卜生Ibsen蕭伯納Shaw托爾斯泰Tolstoi屠格里夫Turgenev的著作嗎？胡君能不承認他們是白話文學嗎？」[10]

改革的歷史巨輪難擋，這一場辯論的贏家自然是羅家倫。雖然如此，上引的辯詞仍屬巧辯，蓋一方所談為語言的雅馴生動，另一方卻以革命所需的極端主義指鹿為馬。羅家倫不會不知道蕭伯納行文不全然「信筆所之」，否則《胡適留學日記》所錄蕭氏的典雅語句，無異自我掌嘴。在文學革命的文化脈絡中，羅家倫乞援蕭伯納的本意，實在是以他充當革命炮手，以其驚世駭俗的作風為白話文學推波助瀾。證諸〈駁胡先驌的文學改良論〉談莎士比亞部分，這一點我們可以先行板定。和多數研習西方文學的中國學者一樣，胡先驌極其敬重莎士比亞，尤折服於其語言的精妙雅致。然而他以貴族品味挑戰具有普羅傾向的少壯派文學革命旗手，不啻干犯大忌。所以羅家倫繼之二請蕭翁出山，當頭搶白：

> 胡君知道莎士比亞是種什麼著作家嗎？他的戲曲所寫的是什麼？他自己是一個貴族的著作家，他所寫的不外君，后，太子，貴族，豪商，佳人，才子，等等，如何胡君拿他們所用的話同平民日用起居的話對比呢？胡君既然「寢饋英國文學」，似不可忽略這點！退一步而論……現在莎士比亞在歐洲文學界的聲勢，還可以同從前情形作比嗎？他生平最著名的劇本*King Lear*為Dr. Johnson，Hazlitt，Shelley佩服的五體投地，現在被托爾斯泰批評的一文不值。他本國的大文豪Bernard Shaw也同時在*The Irrational Knot*一書的序上，把他攻擊得體無完膚，列在第二流裡。（《大系》：113）

10　羅家倫，〈駁胡先驌君的中國文學改良論〉，《大系》，頁111。

視托爾斯泰為平民的代表，乃五四以來部分中國文人的共同意見，羅家倫也不脫這種浮面態度。同理引申，他必然認為蕭伯納象徵英國「平民日用起居」，才會借蕭翁攻擊莎翁的貴族性，乃至夸夸其談的質詢胡先驌。

認真關懷西方文學的讀者，一定可以看出羅家倫這招「以夷制夷」轉成的「以夷制華」策略，本身就問題重重。民國以來的中國知識分子，每以自己信仰的教條轉化西方作家在其本國文化情境中的意義。托爾斯泰曾經如此扭曲[11]，而羅家倫此時的普羅性格，也促使他「美化」了蕭伯納，忽略了稍後威爾生(Edmund Wilson, 1895-1972)指斥為「一團混亂」的蕭氏並不適任文化打手的職位[12]。莎士比亞在20世紀初期是否風光大不如前？這個問題非關本文題旨，可以不論。但蕭伯納是否真在貶抑莎翁的地位，歷來卻有不少批評家大表懷疑。蕭翁喜歡獨出機杼，言人所不敢言。雖然種種標新立異或出諸其誠實的「心眼」，班特萊(Eric Bently)的《戲劇界思想家》卻以法眼照破他貶莎的真正心態：「如果〔蕭伯納〕對超凡入聖的某些劇作家報以嘲笑，那他是在敦促世人注意自己的劇作。……蕭伯納私底下實為大莎士比亞迷。」[13] 從此一角度看，羅家倫喜孜孜所引用的《非理之結》，實則並非在指控莎劇的美學。矛頭所以指向莎翁，完全是蕭翁在暗示自己高人一等。《非理之結》無異布勞菲(Brigid Brophy, 1929-1995)式著作，充其量只是《英美文學中少了這五十本亦無妨》(*Fifty Works of English Literature We Could Do Without*)的先聲榜樣。

從五四時期的革命意識形態出發，羅家倫自然顧慮不到蕭伯納緣自「影響的焦慮」的心態，所以重蹈之而猶不自知，馴至不加細究就抬出蕭翁以對抗中國的守舊派。當然，此時革命大纛已張，收煞不住，不是敵人便是朋友，何況蕭伯納的劇詞不乏「英國白話」，閱之確實可使「民智大開」，恍然大悟這種文體的無窮妙用。〈駁胡先驌的文學改良論〉的文末，羅家倫甚至反將了舊派一軍，借兩年前陶孟和(1887-1960)在《新青年》上的短文，狠狠譏諷胡先驌猶不懂「彼邦文學界之明星若Bernard Shaw」等人(《大系》: 126)。

---

11 參見本書頁279-294。
12 Eric Bently, *The Playwright as Thinkers: A Study of Modern Theatre* (New York: Meridian Books, 1955), p. 122.
13 Bently, *The Playwright as Thinkers: A Study of Modern Theatre*, p. 112.

二

文學革命的大勢底定之後，蕭伯納一度退居新舊對峙的幕後，回復他慧巧劇家與社會批評家的真身原貌。大略可稱「新月派」作家的陳源和徐志摩（1897-1931），是五四運動後為蕭翁正名的兩大功臣。兩人在同一時期，先後留學遊學英國，也都曾在倫敦和蕭伯納見面把談。徐志摩以詩人身分，比較重視蕭伯納的文學表現。憑其「英雄崇拜」的性格，也曾深入觀察蕭伯納其人。陳源雖對文學興致勃勃，不過他和蕭翁晤面之際，正於倫敦大學攻讀政治經濟，自然會關心蕭伯納的社會行為。

徐志摩涉及蕭伯納的主要言談，發表於1924年新月社成立前一年。文章是在南開大學暑期學校的演說記錄，由隨堂聽課的趙景深（1902-1985）整理為〈近代英文文學〉一文，收入1925年出版的《近代文學叢談》書內[14]。該文討論蕭伯納部分多集中在第九講，不過其他各講偶亦涉及。第七講中有一句話，識力過人，道出徐志摩和胡適、羅家倫之別：「蕭伯納是兼寫實和嘲諷。」（徐著：146）在19世紀末期，西方文化間架一面繞著維多利亞道德思潮迴旋而上，一面又由上層結構發展出為藝術而藝術的唯美作風，逐漸下滲。儘管嬉笑恣意與插科打諢不斷出現在蕭伯納的劇作閒談之中，但徐志摩深知憤世嫉俗並不表示頹廢墮落，觀察到的蕭翁形象，因此截然不同於王爾德（Oscar Wilde, 1854-1900）：「蕭伯納雖是攻擊舊道德，而他自己卻好似一個清教徒，循規蹈矩，連英倫海峽都沒有邁出一步。」（徐著：154）後一句話微諷王爾德，徐志摩借此暗示蕭伯納能夠禁得住時代考驗的原因。不過他的觀察簡略，若對照前耶魯大學教授加斯納（John Gassner, 1903-1967）在40年後的洞見，或許略可補充語意含混之處：「蕭伯納的美學和同代及繼起者均有不同。他的創新力量顯係在此。首先，他極力斥責為藝術而藝術的理論，也拒斥1890年代迄今虛無與否定的各

---

14 此文已收入蔣復璁、梁實秋主編，《徐志摩全集》（6冊。臺北：傳記文學出版社，1980），6：131-154。《徐志摩全集》下文簡稱為「徐著」，頁碼概出自此版。

種傾向。」[15]

　　這種認識培育出來的蕭伯納，實際上是十分維多利亞的，甚至帶有新古典的味道。徐志摩所謂「寫實」一語，唯有透過這種聯繫才能顯出意義。我們還可以在蕭伯納本人的談話中，澄清他有別於同代或稍後寫實作家之處。在《紐約時報》刊出的〈蕭伯納談蕭伯納〉("Mr. Shaw on Mr. Shaw")的一篇訪問記中，蕭翁曾如此說明自己：

> 我從來就不是你們所稱的呈現者或寫實主義者，我一向活在古典的傳統中。我了解作家需賦予舞臺角色自知之明，讓他們有表達自己的力量，有超越環境的自由。在真實生活裡，這種自由每能使人變成天才洋溢的不馴之徒。這種創造力，便是我（或莎士比亞）和留聲機或攝影機不同的地方[16]。

當然，這種「創造力」更是蕭伯納沒有附驥於左拉自然主義或易卜生式寫實的原因。既然如此，我們可以自此回溯關乎徐志摩所見的一個問題：「這種創造力的具體表現為何？」讀者不難想像：在〈近代英文文學〉中，徐志摩為這個問題求得的解答就是「嘲諷」一詞。

　　寫實兼嘲諷的形式，無可避免的讓蕭伯納披上反浪漫的外衣，而徐志摩也能深刻認識到此一立場：「他的作品雖有人說有些像浪漫，但他卻不是墮落的浪漫。」(徐著：150)既然蕭伯納在精神上已經擺脫19 世紀中葉的西方傳統，那麼他的內容又是什麼？徐文第九講開始就指出：「在研究蕭伯納之前，我們至少要了解一些尼采的思想。」(徐著：149)這是畫龍點睛的一句，充分暗示徐志摩對蕭劇內容理解正確：阿波羅式(Apollinian)的理性精神。此時徐志摩心中所思或許是蕭劇《人與超人》(Man and Superman)，所以他接著隨即說道：「尼采可以說是一個預言家，他的『超人』思想，到蕭氏方完全實現出來。蕭氏是

15　John Gassner, "Bernard Shaw and the Making of the Modern Mind," *College English* 23 (April, 1962): 523.

16　"Mr. Shaw on Mr. Shaw," *New York Times*, VII, p. 1, June 12, 1927.

一個終身主張超人的人。」(同上頁)且先不談別的,徐志摩能以蕭伯納與尼采的關係,甚至是以《人與超人》來「特徵化」蕭伯納,證明他已比胡適或羅家倫等人高出一籌,知道在問題劇與文體問題之外,還有蕭伯納所以為蕭伯納的其他原因。

尼采(Friedrich Wilhelm Nietzsche, 1844-1900)的理性超人,確為蕭劇最重要的內容。要針對此一特色思考,我們得先一探〈近代英文文學〉忽略的一種蕭氏編劇法:小劇碼。《人與超人》的小劇碼如次:《是喜劇,也是哲學》(A Comedy and a Philosophy)。蕭伯納利用此一名目,目的在宣洩自己對戲劇的終極看法:戲劇是工具,是詭計,目的在吸引觀眾來聽劇家的人生道理。除了小劇碼外,這個道理的陳述還分別表現在劇文和劇首的「蕭式序論」(Shavian prefaces)上,形成多元化的結構體。當然,蕭序的涵蓋面廣,而徐志摩也說得不錯:「如果將他的序論都湊在一處,直可似當作一部『政治科學史大綱』看。」(徐著:150)《人與超人》雖然不完全在談「政治科學史」,然其大小劇碼連同序論劇文所要表呈的道理,卻有超乎政治科學之上的根本人性問題者:兩性戰爭及男人之終於拜倒在石榴裙下。講得觀念化一點,亦即:在本能與理智的爭奪戰中,理智永遠屈居下風,接受本能的駕馭。

唯有如此安排劇情,蕭伯納才能為其劇作掌握具體的理性內容。在發展這種內容的過程中,尼采的哲學不是若隱若現,而是大量移植。蕭伯納的手法是滑稽兼反諷。他把歐洲傳統的唐璜(Don Juan)故事塗上一層現代的、哲學式的色彩,為這位家喻戶曉的英雄別立新名曰:約翰・泰納(John Tanner)。然後再予以改頭換面,以道德聖人的面貌推上舞臺。在這種包裝之下,蕭伯納的英雄幾乎便是尼采筆下的超人:他唯理是尚,又強烈反對體制社會裡的各種因襲。新唐璜其實就是蕭伯納本人,至少不折不扣是徐志摩眼中的蕭伯納。英文劇名中的"superman"一字雖易引起好萊塢式的聯想,但徐志摩顯然知道蕭伯納涉獵過《察拉圖斯特拉如是說》(Also Sprach Zarathustra),未嘗誤解尼采所用的"Übermensch"一詞本意:駕馭本能,發揮才情於文藝與新價值觀上。他更了解泰納在劇中難以力持貞潔,最後臣服在安・懷特菲(Ann Whitefield)巧計誘惑之下,而這並非表示尼采式價值已然喪失。因此,徐志摩代蕭伯納言詮道:「他

所講的戀愛，不是癡情，是使人不得不戀愛的生命力。他說人為生命力所壓迫才談戀愛的。」（徐著：150）

在戲劇內容的觀察之外，徐志摩也十分嫻熟蕭伯納的行誼，散文論述中常常見引。喜歡掌故雜譚的人，還可以在〈近代英文文學〉中讀到一段有趣的蕭伯納印象記。徐志摩說：「我見過〔蕭伯納〕好幾次。他的言語很鋒銳，談起話來，直沒你插話的機會。他的聲音很沉著，很純正。他愛穿綠色的服飾，因為愛爾蘭的標幟是綠色；形式都是獨出心裁，因為他自己便是個藝術家。他不好煙酒。」（徐著：149-150）從這些觀察可以推知，徐志摩確以文人之心看待蕭伯納。1925年4月在《晨報・副刊》譯輯〈蕭伯納的格言〉，也是從此一角度來捕捉蕭翁思想精粹[17]。〈近代英文文學〉一度提起蕭翁的社會思想，並及他與科幻名家威爾斯(H. G. Wells, 1866-1946)之間的社會主義論戰。可惜徐志摩遊學英倫時，對劍橋藍天白雲的興趣可能高過民生疾苦，因此這方面每每語焉不詳。

相反的，引薦徐志摩面見蕭翁的陳源，則比較關心文學以外的蕭伯納。陳源留英較早，倫敦作家圈相當熟，近代中英之間的作家因緣，出力最大：章士釗(1881-1973)求見蕭伯納，徐志摩和威爾斯的交情，陳源都曾居中穿針引線（徐著：152-154)[18]。《西瀅閒話》是陳源唯一可在新文學史上留名的作品，其中便不乏蕭伯納的影子。

以陳源留英所習推想，他對蕭伯納的興趣，首先必然反映在了解留學國民情政治上面，而凡此正是蕭劇部分關切所在，每以反語刺之。在〈開鋪子主義〉一文中，陳源曾引蕭劇《命運之人》(*The Man of Destiny*)中的一段話，表明自己所認識到的大英帝國，也挖苦英政府心如豺狼，卻厚顏披上各種羊皮：「〔英國人〕無論幹什麼事都有主義的。他和你戰爭是為了愛國主義；他搶劫你的財物是為了貿易主義；他征服你束縛你是為了帝國主義；他欺侮你是為了男子漢主義；他擁護他的國王是為了忠君主義；割去了他的國王的首級又是為了共和

---

17 請見梁錫華編著，《徐志摩詩文補遺》（臺北：時報文化公司，1980），頁536-538。

18 另參閱梁錫華，《徐志摩新傳》（修訂版。臺北：聯經出版公司，1983），頁22，及其〈徐志摩海外交遊錄〉，在其編自譯《徐志摩英文書信集》（臺北：聯經出版公司，1979），頁3-4。

主義。」[19] 陳源引用這一段劇詞的直接目的，雖然是在譏誚英國所擬的庚子賠款用途，但經由引用情境的巧妙烘托，卻為蕭伯納繪出了一幅全新的畫象；以往專講機智語，擅長否定古人的劇作家，如今已變成國際良心的化身，甚至可以為了正義，抖開英人「開鋪子主義」的作風。不特如此，陳源還會直接點名，強化蕭翁的道德形象。1925年「五卅」慘案在上海發生，華工群起抗議，西方各國知識分子與勞工階級組織的「國際工人後援會」馳電支援，斥責英警濫殺暴行。陳源假《現代評論》發表意見，特別列舉「後援會」各國的中央委員，蕭伯納之名赫然在焉(陳著：75)。陳源急於托出蕭翁良心化身的心情，由此可窺一斑。

五卅慘案發生同年，孫文(1866-1925)在北京協和醫院去世，移靈西山。陳源側身護送行列，看到群眾不莊不恭，乃感嘆民國以來中國人對於主義信仰的態度消極，每易流入形式主義的弊端。他歸來後振筆寫下〈中山先生大殯給我的感想〉，其中仍然不忘蕭伯納，復摘蕭翁名言一則借題發揮，說明信仰有賴理智導引，否則容易淪為空洞的口號：「世界上只有一條金科玉律，這條律說：世界上沒有金科玉律。」(陳著：2) 深一層看，蕭伯納這種懷疑不只在此時啟發過陳源的隨想，也曾經促成他本人反省西方民主制度，復為東西政治社會舉措搭起一道借鑑的橋樑。就在陳源感慨出殯行伍對偉人不敬之後，他想到孫文畢生提倡的考試舊制或有助於提升民眾理智選擇的能力。連帶的他又回想到1921年偕同章士釗拜訪蕭伯納時，後者對他們發表的一席「民主講話」：

> 配治的人才可以治人。「為人民的利益，由人民主持的人民的政府」這一句話，從林肯首倡以來，成了口頭禪了。但是人民是不能主持政府的，他們連戲都不會得寫。假使有人說戲劇應當是「為人民的愉快，由人民編著的人民的戲劇」，我就要說他們是瞎說。人民是不會寫戲的。他們要戲，他們就得請教我。政府也一樣的。英美歷代相傳的見解是誰都能治國，中國歷代相傳的見解可不同了。治人的一向須經過

---

19 陳西瀅，《西瀅閒話》（臺北：大林出版社，1969重印），頁37。下引陳氏此書概稱「陳著」，所附頁碼亦據此版。

　　一個智識的試驗。試驗的方法也許很糟，意思卻不錯。困難的地方就
在怎樣想出一個著實可靠的試驗方法來。(陳著：3-4)

　　蕭伯納比較中西制度的話，不見載於他任何英文著作中。他反對齊頭民主
的態度，不下於19世紀的浪漫派貴族詩人，也必然會導致孫文式的訓政思想，
基本上尤其是反普羅作風的。陳源回憶蕭氏有關考試制度的談話，實則不獨為
蕭翁個人的感想，而是18世紀耶穌會士從中國西返歐洲後，一般英國貴族知識
分子的普遍看法。威爾斯亦曾表示過類似之見(陳著：4)。然而，不管蕭伯納
從貴族資產階級意識形態立論的說詞是否曾引起過中國人廣泛的共鳴，陳源心
目中這位正義良心的代言人，卻已藉著這席話和當時中國部分政治社會思想掛
鈎。1933年左右，蔣廷黻(1895-1965)和胡適為專制及民主大展辯舌，多少便有
類似蕭伯納思想的淵源[20]。

三

　　有關陳源對蕭伯納的認識，下文談1930年代中國右翼對蕭翁展開的清算鬥
爭中會再度提到。在這一小節裡，我想岔開政治社會話題，稍談陳源的戲劇觀，
由此再引入關乎蕭翁的另一話題：新月派劇家因類似陳源的劇觀而在1920年代
中期導發的一波反蕭聲浪。從此以後，蕭翁在華的形象正反兩面互見，不止於
單一發展。

　　在1925年發表的〈民眾的戲劇〉一文裡，陳源以為戲劇不是少數人的專利：
「要創造戲劇，先須研究人民的思想、習慣、嗜好」(陳著：6)。陳源固然承
認純話劇(新戲)的重要性，但有鑑於廣大群眾仍然不捨舊戲，因此認為應該改
良且創新傳統：「把單調的音樂改為複雜有變化的，把簡單的顏色化為優美相
輝映的，把散漫的結構收成嚴密有精彩的，把粗俗的字句修成文秀有風韻的，
把男女分演改成合演的」戲劇(陳著：7)。經過這種改良，便可逐漸以新戲全

20　參閱蔣廷黻，〈革命與專制〉與〈論專制並答胡適之先生〉諸文，在《蔣廷黻選集》(6
　　冊。臺北：青文出版社，1968重印)，2：163-176。

面替代舊戲。但如此發展的同時，新戲也不該偏廢。因其市場較小，齊頭並進之際尤應朝小戲院的實驗劇方向走。陳源所稱的「小戲院」，當然有其西方藍本，如俄國莫斯科藝術劇院（The Moscow Art Theater）與德國的一些實驗劇場。以陳源對於西方文化界了解之深，他心中應該也存有愛爾蘭著名的亞貝劇場（Abbey Theatre）。陳源期待：由少數知識階級眾志成城發展出來的實驗劇，應能負起對抗日趨商業化的戲劇潮流的重責大任，以維護戲劇的起碼尊嚴。另一方面，實驗劇場還要充當溝通中西文化的橋樑，吸引藝術愛好者賞鑑歐美名劇，藉收攻錯之效，最後達到整合東西的理想。

或許由於陳源的鼓勵，1925年2月，旅華的歐美人士便在北京六國飯店成立了一個小劇院團體，首場演出的劇碼便是蕭伯納的《命運之人》。儘管陳源以在倫敦觀看蕭劇的豐富經驗，斥責這次演出「令人失望」（陳著：18），不過稍後由燕京大學女學生假同一舞臺演出凌叔華（1900-1990）的英文實驗劇，似乎便進步了不少，陳源特撰文致賀（陳著：71）。來年6月，新月派主要劇家如余上沅（1897-1970）、張嘉鑄（1847-1911）與趙太侔（1889-1968）等人，紛紛自美返國。他們深受愛爾蘭劇運的影響，遂在徐志摩帶動之下，創辦《晨報‧劇刊》，群起呼應陳源的構想，「要在最短期內辦起一個『小劇院』，並以國立藝專戲劇科作為各種資源的大本營」[21]。新月派劇家的美夢，匯通了陳源改良舊戲的期望，形成實際上由余上沅主導的「國劇運動」。不過此處我得澄清一個錯覺：他們聲稱的「國劇」不同於舊戲，而是舊戲與西方技巧的綜合體，講究有機統一與融合。實際的模仿對象，仍屬愛爾蘭劇運中的辛額（John Synge, 1871-1909）、葉慈（William Butler Yeats, 1865-1939）與格瑞格里女士（Lady Gregory, 1852-1932）等人。

正因國劇運動打出技巧「綜合」的口號，不願落入單調沉悶，所以一反五四以來胡適等人的強調，藝術性遂變成劇作家高度看重的條件。在這種追求的過程中，形式與內容之爭必然越演越烈，而中國人先入為主所認定的西方「思想劇家」蕭伯納與易卜生等人乃先後遭到鞭笞，成為部分新月劇人極欲擺脫的

21　徐志摩，〈劇刊始業〉，在徐著，6：266。

影響源頭。首先對蕭伯納發難的，是聞一多(1899-1946)1926年〈戲劇的歧途〉一文。在新月詩人當中，聞氏是同輩作家眼中「格律派」的代表[22]，可以想見他特重形式，對「獨重」思想的「問題劇」風一定排斥有加。確實如此，〈戲劇的歧途〉對問題劇最不寬貸。由於易卜生比蕭伯納早成氣候，必然首當其衝。聞一多說：「近代〔西方〕戲劇是碰巧走到中國來的。他們介紹了一位社會改造家——易卜生。碰巧易卜生曾用寫劇本的方法宣傳過思想，於是要易卜生來，就不能不請他的『問題戲』。」既然如此這般入華，「先入為主的『思想』便在……〔中國人〕的腦筋裡，成了戲劇的靈魂。」[23]

　　婉言抗議之際，易卜生的愛爾蘭門徒蕭伯納，繼之成為遭殃池魚，是聞一多諷刺的第二號人物。聞氏雖然承認中國社會問題遍布，有待「蕭伯納的筆尖給他一種猛烈的戟刺」，但是「講了一大堆社會主義，德謨克拉西，或是婦女解放的問題，就可以叫做戲」嗎？（聞著：274）如果只有「思想」卻缺乏戲劇的其他要素，聞一多寧可放棄這種戲。他要求兼具藝術與形式，而且重要性不得低於思想。

　　從今天的戲劇知識來看，聞一多攻擊蕭伯納的立場只對了一半。在寫實主義強調「逼真」的原則下，蕭式「寫實」卻不以場景取勝，而是以劇詞的優異統御觀眾。這種蕭伯納自稱的「討論劇」(Discussion Play)，《費尼的處女劇》(*Fanny's First Play*)中有最佳的現身說法。談到前衛劇風時，費尼和學究式批評家查托(Trotter)有對話如下：

　　　查托：我想知道你所指的娛樂戲的意思，但請勿用「戲劇」一詞稱之，
　　　以免招致疑慮。
　　　費尼：寫戲劇的劇家可沒這樣稱呼這種戲。
　　　查托：我知道有一位劇家稱之「對話劇」或「討論劇」。他是敝友，
　　　自以為沒人敢駁斥他，隨口就用這些詞兒稱他的戲，殊不知自己的話

22　參較許芥昱著，卓以玉譯，《新詩的開路人——聞一多》（香港：波文書局，1982），頁94-101。
23　聞一多，〈戲劇的歧途〉，在《聞一多全集》（上海：開明書店，1948），丁集，頁271。此文下稱「聞著」。

> 仍為遁詞，顯然在躲避批評。提到他的大名，我會臉紅。可是他的詭
> 計才不會讓我棄械投降。我說他的戲根本就不是戲，充其量只是對
> 話，或許只是在展現性格，自己的性格。虛構或許有之，……但說是
> 「戲劇」，門兒都沒有。我偏說不是戲，不是戲[24]。

　　討論劇的經營手法自有其偏重之處，思想內涵一定勝過形式要求，何況蕭
伯納師法易卜生，在《玩偶家庭》等劇中看到的也是這種特色。《易卜生主義
的基質》中又有這麼幾句話：

> 因為《玩偶家庭》之故，討論劇征服了歐洲。如今，嚴肅的劇作者已
> 體認到了「討論」的重要性。這不僅是他最高劇力的試金石，也是他
> 戲劇的真正價值所在[25]。

聞一多所攻擊的單調與偏重思想的作風，便存乎這種手法構設出來的問題劇。
但我們不禁要問一句：如果蕭劇全場只有討論，那麼珠璣妙語當真能吸引觀眾
直到終場？其中是否也有形式上的輔助，是否也有藝術效果上的強調？對於梅
色爾（Martin Meisel）來說，蕭劇中的技巧與藝術都是不容置疑的。蕭伯納取法
某些19世紀的傳統，角色的動作語言，乃至舞臺布景，無不和其時的「闊派頭」
（grand style）有密切的聯繫。梅色爾著《蕭伯納與十九世紀劇場》便以為蕭氏對
於演員的要求尤以語言為重，但他們吟詩道白結構複雜，亦需精湛的藝術手法
處理。又說蕭劇氣象萬千，當有賴於誇大的動作，盛大的排場，恢宏的角色及
其不凡的談吐[26]。除非我們認為梅色爾的評論非關「藝術性」，否則聞一多的
攻擊就禁不住細究了。
　　若要為此時的聞一多辯護，唯一的門徑是縮小範圍，專注在中國劇場的表
現上。截至聞氏撰〈戲劇的歧途〉為止，除了《武器與人》、《命運之人》與《華

24　George Bernard Shaw, *Fanny's First Play* (London: N. p., 1911), p. 261.

25　George Bernard Shaw, *The Quintessence of Ibsenism* (London: N. p., 1891), p. 135.

26　Martin Meisel, *Shaw and the Nineteenth Century Theater* (Princeton: Princeton University Press, 1963), p. 434.

倫夫人的職業》外，中國並沒有正式搬演過多少蕭伯納的戲。而寥寥可數的幾次演出，「賣座」也不甚理想[27]，更由於演員難以稱職，迭經劇評人抨擊。聞一多的話，在某種意義上說，只能視為對特殊時空下某戲劇偏風所作的反思或反動。因為即使在中國內外觀賞蕭劇最多的陳源，也難免受制於加斯納稱呼蕭伯納的「思想販子」（merchant of ideas）一語[28]，從而強調起主旨精神一類的話來。評燕大演出《武器與人》一文，陳氏就有類似胡適式的感慨：「蕭伯納的戲是不易演的。演他的戲，最要緊的，是懂他的主旨，領會他的精神。」[29]陳源所謂的「主旨」或「精神」，其實就是「思想」的代名詞。

聞一多發動的形式之爭，畢竟是現代戲劇史上的大事。然而以歐洲短命的唯美主義突擊中國的問題劇風，在知識分子心繫社會問題的1920年代，猶如蚍蜉之撼大樹，其軟弱無力自亦可知。況且聞氏雖調整了準心，面對靶的，奈何腰袋上終究缺乏足夠的理論彈藥。這一招縱然不虛，力道究竟有限。新月派強攻猛打蕭伯納，還得有賴於此時另一名文助陣：張嘉鑄（1847-1911）由內容下手的〈病入膏肓的蕭伯納〉。

儘管張氏不是戲劇或文學科班出身，他比較莎士比亞和蕭伯納的文章，以子之矛攻子之盾，寫得卻是當行本色：莎士比亞從大處著眼，直搗人性共相，細摹種種貪嗔癡愛等千古不易的人類情感；蕭伯納卻無此等功力。張嘉鑄的批評吸收了18世紀以來的西人之見，雖然不合羅家倫稍早的普羅論式，卻和稍後梁實秋、朱生豪等莎翁專家的見解一致。以莎士比亞為對照標準，蕭伯納的題材就愈顯狹窄，除了「他個人對於時下人類不滿意的牢騷」以外，題材還是徘徊在「制度的衝突，組織的腐敗，政策的不合，方法的不良」，以及「主義的不正確」上面[30]。對於激進的蕭翁，張嘉鑄微詞頗多。在五四運動過後不久的中國，張氏這一幅憤世嫉俗，滿腹牢騷的蕭翁畫像，和胡適、羅家倫眼中的打

---

27 Cf. Hsiao Ch'ien, *The Dragon Beards Versus the Blueprints* (London: The Pilot Press, 1944), p. 19.

28 Gassner, "Bernard Shaw and the Making of the Modern Mind," p. 517.

29 陳源，〈武器與武士〉，在《西瀅後話》，頁151。

30 張嘉鑄，〈病入膏肓的蕭伯納〉，在余上沅編，《國劇運動》（上海：新月書店，1927），頁159。此文下稱「張著」。

手形象大異其趣，更為對比。聞一多從形式攻打蕭翁，張嘉鑄復由內容鳴鼓擊之；腹背受敵，蕭伯納若有幸一睹，真要感覺裡外不是人了。張嘉鑄總結莎、蕭不同，用的是亞里斯多德的觀點：「莎士比亞是講先天的，蕭伯納是講後天的。先天是不容易改的，亦根本是不能改的，所以莎士比亞亦就沒來教訓過我們，勸導過我們，督責過我們，或者來『缺德』過我們。」（張著：159）

「我們」可以看出：張嘉鑄此刻在抱怨蕭伯納的促狹幽默，其實也就是在抱怨聞一多諷刺的「戲劇靈魂」。〈病入膏肓的蕭伯納〉還有一語，顯示張嘉鑄也深明「以夷制夷」的文化戰策略：「蕭伯納講了一生人類的意見，莎士比亞呢？人類的生活。」（同上）明眼的讀者當可看出這種對比仍然源乎《詩學》，套用了亞里斯多德有關歷史與文學、殊相與共相的比較。最後我們不要忘了：亞里斯多德寧取文學與共相。

四

從形式內容上貶抑蕭伯納，是否引起過中國人的共鳴？答案恐怕不樂觀。證之巴金《激流三部曲》中縈繫不去的激進主義，即可分曉。不過，董保中在〈新月派與現代中國戲劇〉裡對這段歷史的回顧，倒是相當中肯，清楚說明了1920年代劇家「貶蕭運動」的歷史意義：「張嘉鑄對於蕭伯納的批評，也就是對於那個時候中國新劇的間接的批評。」[31] 這股批評的旋風，進入1930年代後仍然持續吹著，而且力道之強，前所未見。不同於1920年代的是：此際的砲火並非完全針對文學問題而發，一大半已演變為人身與意識形態的攻擊，蔓延到1950年代方才稍戢。這場反蕭鬥爭，主要攻勢來自右翼保守派，而且涉及中國當時的政治局面。要回顧這段過程，我們得先從1933年蕭伯納訪華的歷史溯起。

徐志摩1920年代猶在稱頌蕭伯納足跡未出英倫三島，不料不出十年工夫，蕭翁就繞過半個地球，應請翩然來到東方。此行目的地為日本，但他曾在香港發表演說，還很「不情願」的應邀訪滬。負責接待蕭伯納涖華的團體，似乎是

---

31 董保中，〈新月派與中國現代戲劇〉，在董著《文學‧政治‧自由》（臺北：爾雅出版社，1978），頁87。

以蔡元培(1868-1940)為首的上海自由派「中國民權保障同盟」。其成員如林語堂(1895-1976)等大多親臨黃埔江畔迎迓,可見尊敬之深與殷望之篤。1933年2月17日,民盟副主席宋慶齡(1893-1981)設午宴款待蕭伯納,其時魯迅(1881-1936)寓居上海,有日記略陳此會:「午後汽車齎蔡〔元培〕先生信來,即乘車赴宋慶齡夫人宅午餐。同席為蕭伯納、伊〔羅生〕、斯沫特列女士、楊杏佛、林語堂、蔡先生、孫夫人共七位。飯畢照相二枚。」[32]

今日常見的一張蕭伯納訪華相片,就是此刻在宋宅前拍攝的。可惜魯迅日記宛如流水帳,未刻畫蕭伯納作客宋宅時的大概。倒是林語堂當時有〈蕭伯納〉一文,追記如下:

> 時為正午,在孫夫人客廳。蕭翁正坐在靠爐大椅上,眼光時看爐上的火,態度極舒閒,精神也矍爍。大凡英國人坐在爐邊時,就會如家居的閒適,這就是蕭伯納此時的神態。他一對淺藍的目光,反映著那高顙中所隱藏怪誕神奇的思想[33]。

林語堂繼承徐志摩一般的觀察,亦稱蕭伯納具有「樸實無華的文人本色,也是很近人情守禮的先生」(林著:1099)。林、蕭文風相去不遠,好創機鋒詭論,惺惜之感可以想見。席間暢談蕭傳與人情故實,風趣幽默之語盈耳。為人沉篤的蔡元培,對蕭伯納的看法大致亦同於林語堂,不過他此刻方入古稀之年,對年長七歲的蕭翁感受自有與人不同之處,乃特別注意眼前的劇家「鬚髮皓然,而言語爽利,舉動輕便,毫無老態」。這是另一種惺惺相惜之感。耳聞蕭翁老當益壯之語,蔡元培更借其畢生所宣導的美學抒發感想[34]。

---

32 見劉心皇,《魯迅這個人》(臺北:東大圖書公司,1986),頁217;另見魯迅,《日記》,在《魯迅全集》(16卷。北京:人民文學出版社,1981),15:65。下引《魯迅全集》概據此版,第一個數字指卷,第二個指頁數。

33 林語堂,《語堂文集》(2冊。臺北:臺灣開明書店,1978),2:1098。〈蕭伯納〉一文,下稱「林著」。

34 蔡元培,〈蕭伯納頗有老當益壯的感想〉,在孫常煒編,《蔡元培先生全集》(臺北:臺灣商務印書館,1968),頁637。

　　蕭伯納這趟上海之旅時間不長，不久便離滬北上會見胡適[35]，但是上海各界率皆撰文報導評論，後由樂雯彙集為專書《蕭伯納在上海》[36]。其中最引人注目的篇什，應該是魯迅和《大晚報》各自為蕭氏蒞臨所撰的應景文章。蕭伯納訪華之前，日本積極蠶食華北，鯨吞中國之心路人皆知。《大晚報》社論希望蕭氏的國際地位和人道主張，對日本的侵略行動能有勸阻作用。在這種期盼下，蕭伯納博得「和平老翁」的封號（魯著：32）。不意他到了香港，卻在港大發表一篇路透社譯為〈宣傳共產〉的演講，使得右翼麾下的《大晚報》失望不已。民權保障同盟多數成員一向和右翼不睦，由他們出面接待蕭翁，自然又引來冷箭暗笑。所以蕭伯納進入中國，便直接強化了其時左右兩翼知識圈的嚴重對峙，間接暴露國共交惡的事實。意識形態之爭本已如火如荼，劍拔弩張的雙方又把評論重心擺在蕭翁多所抵牾的行事思想上面，使得緊張的情勢火上加油。宋慶齡宅邸的溫馨爐火，似乎只是一場假相，狂風暴雨早已籠罩在上海文壇之上。

　　左翼當然因蕭翁「宣傳共產」而對他另眼相看，至少就魯迅來講，蕭伯納就頗有人類先知的架勢。2月14日路透社所譯的港大講詞中，蕭氏對中國學生說：「如汝在二十歲時不為赤色革命家，則在五十歲時將成不可能之僵石。汝欲在二十歲時成一赤色革命家，則汝可得在四十歲時不致落伍之機會。」（同上頁）魯迅隔日發表在《申報・自由談》上的〈頌蕭〉一文，便以嬉笑筆法引用了這兩句話，證明蕭伯納的「偉大」。當然，魯迅一向話中有話，崇蕭之心固有，實則另有目的，亦即借蕭翁極力諷刺上海極右派的法西斯作風，針砭「國情」：「但我所謂偉大的，並不在……〔蕭伯納〕要令人成為赤色革命家，因為我們有『特別國情』，不必赤色，只要汝今天成為革命家，明天汝就失掉了性

35　蕭氏和胡適在京的談話過程及內容，參見胡頌平編著，《胡適之先生年譜長編初稿》，4：1127及1135。

36　此書我緣慳一面，下文所用到的相關材料，概據魯迅的《偽自由書》，見《魯迅全集》，5：32-38。所輯資料。凡在正文中夾註「魯著」頁碼者，均指《偽自由書》而言。據魯著，頁38注8及茶陵（周玉山）主編，《魯迅與阿Q正傳》（臺北：四季出版公司，1981），頁479所示，《蕭伯納在上海》一書係瞿秋白（1899-1935）就魯迅所集剪報及他人翻譯編校所得，1933年3月由上海野草書屋印行。後由聯華書局印行。樂雯是魯迅的筆名，也是此刻瞿秋白的化名。

命，無從到四十歲。」（魯著：32-33）魯迅的尖辣，狠勁不輸蕭伯納。此刻舉蕭翁搏擊資本主義的白色恐怖，卻是謹慎異常。他深知「就是……〔蕭劇的中文〕譯本也只有三四種」（魯著：32），無法窺見蕭翁思想的來龍去脈，若鑿枘不合，反貽笑柄。所以〈頌蕭〉一文止於港大講詞，對右翼的攻勢不過像遊擊戰，點到為止。

即使如此，上海右翼也已浸浸乎難忍。魯迅使了一招借刀殺人，右翼則順水推舟，以其人之道還治其人。蕭伯納「宣傳共產」已經罪無可逭，那堪再讓左翼假其聲名肆無忌憚？《大晚報》馬上抓住魯迅頌蕭「偉大」的尾巴，在1933年2月17日推出社論〈蕭伯納究竟不凡〉，連諷帶刺狠狠貶抑了蕭翁一番。全文從陳源引過的《命運之人》批評英人「開鋪子主義」的段落始，對準蕭伯納的言行逐一發難：既然提倡「泛平」（費邊）思想，又「信仰共產主義」，蕭伯納為何不先「散盡家財」再發表港大講詞？他坐在「提倡共產主義的安樂椅裡」，為何行動上又是個「銖錙必較的積產專家」？（魯著：34）

這種質疑與揶揄，當然不是1930年代右翼申請到的專利。本文開頭，我已經指出言行矛盾，是蕭伯納模糊自己在華形象的根本癥結。早在1920年代初期，陳源在倫敦初會蕭翁時，就已感到事有蹊蹺。他在《西瀅閒話》裡說：「我在倫敦去訪蕭伯納的時候，偶然說及他的著作已有幾種譯成中文了。他回答道：『不要說了罷。那於我有什麼好處呢？反正我一個錢也拿不著。』」（陳著：159）章士釗見蕭翁時，也告訴他：「先生在中國很出名。」蕭伯納稍變答陳源之語，回道：「在中國出名何用？中國不曾參加國際版權協定。」[37] 在1920年代，這些言談猶可當幽默談資，顯示蕭伯納特立獨行，不損令譽。到了1930年代，中國政情丕變，左右翼壁壘分明，他從前種種案底，此時必然羅織成罪，何況又跑到中國的土地上「宣傳共產」！右翼為他扣上「借主義以成名，掛羊頭賣狗肉」（魯著：35）的帽子，還算客氣；拿他殺雞儆猴，對抗左派，實為順理成章。

訪華時的蕭伯納，料不到方才棄舟，就已身陷上海政治文化圈的槍林彈雨

---

37 見傅斯年，〈我對蕭伯納的看法〉，《傅斯年全集》（7冊。臺北：聯經出版公司，1980），6：39。下引傅斯年此文均簡稱「傅著」，不另添注。

之中。而且連兵工廠都未進入，馬上就變成左右翼交手十八般武器中的一部
分。此時國共意識形態之爭，局勢內情雖異於五四時期的新舊對立，但魯迅「以
夷制華」的心態，仍然和羅家倫稍早的挾洋自重沒有涇渭之判，以文學陣線的
階級意識而言，其中甚至還有契合之處。至於《大晚報》派給蕭伯納的帽子，
也未免得來太容易，重蹈了聞一多以偏概全的覆轍。在這些聯繫之中，更荒唐
的是：不論左、右翼的中國文士，似乎都未充分掌握住蕭伯納的心靈理念，眼
中的聖人罪人，其實都是各取所需，是從自己意念強行捏塑的蠟像。根據蕭伯
納的說法，他在1882年9月聽到亨利・喬治（Henry George, 1839-1897）的一場演講
後，政經問題的興趣開始萌芽。在一次會議機緣裡，深為馬克斯的《資本論》
吸引，但不旋踵在傑旺斯（William Stanley Jevons, 1835-1882）的影響下，開始不以
抽象的馬克斯經濟理論為然。他雖然不斷肯定經濟在人類歷史上的關鍵地位，
但終其一生，卻也不斷否定正統的馬克斯之見[38]。眾所周知，蕭伯納向以改良
派社會主義者自居，尤其相信魏伯夫婦（Sidney Webb, 1859-1947; Beatrice Webb,
1858-1943）派的效能理論。魯迅以電訊為準，率爾借刀殺人，恐怕只能洩露自
己的激進與左翼的迎敵戰術。他的頌蕭引蕭，理論上並無關蕭伯納本人的思
想。爾後未嘗多談蕭劇，原因或許在此。

　　魯迅雖有畫虎不成之嫌，但由頌蕭改為貶蕭的上海右翼，是不是善用資訊
刺到蕭伯納的要害了？從《大晚報》的表現看來，事有大謬不然者。蕭伯納坐
收巨額版稅與演出費，他自己從不否認。雖然如此，我們不要忽略本節上引陳
源語接下來的描述：「可是，你如以為蕭伯納的著作的目的是專門為掙錢，你
可就錯了。他初寫戲曲的時候，有經驗的朋友勸他去迎合觀眾的心理，還同他
說，照他那樣的寫法，他也許免不了要餓死，他連理也不理。」（陳著：159）我
們也不要忽略林語堂說蕭伯納「撇開俗套，說老實話」的性格。我們更不要忽
略赫理斯（Frank Harris）《蕭伯納傳》裡的追述：「他有一次與海恩門（Hyndman）
辯論時，站起來說：『馬克思主義已經死得像羊肉了。殺死它的正是我蕭伯

38　Cf. Julian B. Kaye, *Bernard Shaw and the Nineteenth-Century Tradition*（Norman:
　　University of Oklahoma Press, 1958）, pp. 132-152.

納。』」[39] 1933年為《大晚報》撰社論的主筆，若能回想七年前以《聖女貞德》(*Saint Joan*)獲諾貝爾獎的蕭伯納，或許就不會輕易以攻擊蕭翁人格來迎戰左翼的挑釁。1926年瑞典學院補頒前一年的諾貝爾文學獎，蕭伯納獨占鰲頭。有趣的是，就在舉世稱羨之際，他反而覆信一通，為瑞典學院分辨「獎」與「金」之別：「承蒙貴院頒獎，無任感激。然思之愈深，愈覺賞金愧不敢當。蓋拙作之讀者與觀眾，已付出足敷所需之銀錢。貴院所加之榮譽，於我不無大益，然貴院所賜之銀錢，於我則猶如錦上添花：一無作用也。」最後，蕭翁與瑞典學院兩造妥協，諾貝爾獎金頒發如儀，但悉數捐為英瑞兩國文藝交流基金[40]。

　　我重述這一則掌故，目的不在為蕭伯納的矛盾辯護，陳源〈版權論〉一文有更合理的詮釋。我只想指出：右翼使用的批評論式，很容易在史實印證下削弱力量。此外，如果不管論證周延與否，《蕭伯納在上海》的編者樂雯還曾用另一套說詞回敬《大晚報》的右傾機會主義，頗可對照上文：「小資產階級的知識階層分化出一些愛光明不肯落伍的人（案：此特指蕭伯納），他們向著革命的道路上開步走。他們利用自己的種種可能，誠懇的贊助革命的前進。他們在以前，也許客觀上是資本主義社會關係的擁護者。但是，他們偏要變成資產階級的『叛徒』」（魯著：36）。

　　樂雯的左翼公式，當然不脫早期中國普羅文藝觀的一個矛盾──一廂情願的主觀心態──因此，幾乎也在和《大晚報》同攀機會主義的危崖，正合乎蕭伯納所說的「借他的名字去介紹他們自己的思想，與他絲毫不相干」（陳著：159）。這幅「資產階級叛徒蕭伯納」的畫像，是否曾在無產階級中國發揚光大，有賴考察1949年後中國文學才能斷案。不過，可以確定的是，《大晚報》的遺緒在右翼之中綿延不絕，直到1950年才由前五四新青年傅斯年予以收梢。這年11月發表在《自由中國》上的〈我對蕭伯納的看法〉是傅斯年評蕭的定論。

　　在五四的年代，傅斯年對蕭伯納可謂拳拳服膺，崇拜不已。他說：「至少到那時候，⋯⋯〔蕭伯納〕寫的戲我大半看過。」但是，從1919年起「在英國

39　引自林語堂，〈再談蕭伯納〉，見所著《語堂文集》，2：1110。

40　Stanley Weintraub，"Introduction" to his ed., *Saint Joan Fifty Year After* (Baton Rouge: Louisiana State University Press, 1973), pp. 6-7. 另請參較另一頗有出入的說法，見王鴻仁譯，《諾貝爾文學獎秘史》（臺北：書評書目社，1977），頁146-151。

住了兩年多……，尤其到了德國之後，知道了他對於瓦（華）格納、尼采的關
係」，傅斯年便對蕭伯納興趣大減，「覺得他那個調調兒翻來翻去總是那一套。
在他每一戲中，『假如男主角不是蕭伯納，女主角一定是』。所以他的文章雖多，
只是一個調子，……讀者久而久之，自然倒了口味」（傅著：35）。

　　1950年代的傅斯年接下又分析道：蕭伯納這種「調子」源出莎士比亞的丑
角，多嘴多舌，除了娛樂之外，毫無意義。我們姑不論傅氏於此所做的溯源是
否正確，但此刻他的反蕭行動，確實有違五四時期新文學戰友的觀點，尤其是
羅家倫眼中的激進派蕭伯納。何以傅斯年會有這種觀念上的大轉折？是時勢使
然抑個人文學觀變遷有以致之？傅氏和羅家倫在1918年籌組新潮社，是現代中
國浪漫啟蒙運動的一環，這可於〈《新潮》發刊旨趣書〉強調的個性與批評精
神看出[41]。以浪漫情感對抗千瘡百孔的中國舊社會，無疑會流為激進的行動
派。蕭伯納那一套充滿批評精神與個人主義的作風，反映在他的反傳統反莎士
比亞的劇作與評論文字上，可想深合出洋留學以前傅斯年的反偶像作風。然
而，返國以後的傅斯年走入右翼的堡壘，變成狂熱的民族主義者。加上歷經了
一整個1930年代的左右翼對峙與1940年代的國共內戰，他再難苟同曩昔的浪漫
情懷。昨日已死，蕭伯納同樣得死。

　　所以，傅斯年非僅不欣賞蕭翁的浮薄趣語，也因此一竿子打翻隱藏在機智
幽默背後的嚴肅思想，繼之認定蕭翁晚年各種主張有大開倒車之嫌。比方說，
在政治社會思想上，蕭翁居然讚揚「反自由的極權主義」，居然也支持「反科
學的唯生主義」，而從1950年代右翼極端反共與「反極權」的政治形勢出發，
最不能寬赦的一點是：「蕭伯納晚年先佩服了墨索里尼，後又大佩服史達林。」
（傅著：38）從這些指摘來看，不難想像傅斯年與1930年代《大晚報》反蕭立場
的聯繫。機會主義在此表露無遺；時勢易位，往日「舊友」順手送上了煮鍋烹
煎。在這種情況下，1950年方才去世不久的蕭伯納，當然又難逃中國人三度鞭
屍的命運。

　　在另一方面，蕭伯納晚年「江郎才盡」，也變成傅斯年貶蕭的一大原因。

41　在傅斯年，《傅斯年全集》，4：349-353。

事實上，返回中國後的傅氏似乎不再認為蕭伯納具有偉大作家應有的原創力。隨著戲劇觀的大徹大悟，他打破聞一多也不否認的蕭翁社會醫生形象，反而奉上「滑稽之雄」的謔稱(傅著：40)，調侃劇作家一無主見，所作所為但為取悅他人。為了證明蕭翁一生拾人牙慧，傅斯年還開列了一張清單，總括自己的蕭氏印象，例如在政治社會思想上，蕭伯納一成不變，嚴守魏伯夫婦社會主義新官僚派的見解；在一般態度上，他不過是尼采、華格納乃至巴特勒(Samuel Butler, 1835-1902)的門徒。一言以蔽之，蕭翁徒知因襲，甚至是剽竊。最後，傅斯年祭出民族主義的大旗，把中國右翼對蕭翁的殘餘敬意連根拔除：「在東方的民族中，〔魏伯夫婦和蕭伯納〕三人都極佩服日本，而極其看不起中國人，因為中國人『亂烘烘』，『不會辦事』(好個帝國主義的看法)！魏伯遊中國後，說中國人是劣等民族；蕭伯納遊日本，路過上海幾有不屑上岸的樣子。」(傅著：38)

傅斯年最後的見解有無偏頗之處，讀者對照本文自可判斷，茲不贅。不過，上引幾句話雖然是隨手寫出，殺傷力卻極為強大，蕭伯納焉能不減損幾分風采？傅斯年工筆勾勒出來的這一幅蕭翁負面畫像，《新青年》的讀者當然難以逆料，《新潮》的讀者也不曾想到，而《現代評論》的讀者更無從揣知。有之，始自新月劇家與《大晚報》：汲汲探討社會問題與一場〈宣傳共產〉的演講造下的後果，真要令一向精打細算的蕭伯納跌破眼鏡了。羅家倫曾經說過，早年傅斯年所以對易卜生深感興趣，是因為受了蕭伯納的影響(羅著：173)。

不過，歐遊之後，尼采的理性主義和華格納反寫實的幻想悲劇退出這位五四青年的心靈，證明一股狂熱的新情感已經逐漸在中國抬頭。這股激情，隨後在1930年代結合當令的政治力量，即使稍後局勢演變有出人意表者，也已足使易卜生的問題劇變得緩不濟急，難再饜足需求，而傅斯年風雲際會，乃在1950年代一拳擊碎胡適的啟示之鏡。看來，隨著歷史巨輪的滾動，不僅蕭伯納在中國右翼的影響力已經壽終正寢，連易卜生也要大興「他生未卜此生休」的感嘆了。

周作人・布雷克・神秘主義

　　以傳統學問之卓絕與域外知識之廣博而言，知堂老人周作人(1885-1967)
設非民初文人的表率，亦應名列少數大家之林。楊牧的〈周作人論〉，借用西
方「文藝復興人」(Renaissance Man)一詞形容周氏，縱然不中，亦可道出他學
貫中西，博通古今的炳煥文采[1]。周作人兼集希臘古典與舊俄日本等近代文學
理念，化之為沉篤精深的大塊文章，非僅為中國新文學挖掘出人本精神的活水
源頭，也為中外文學的互通接續持之有年的典範。五四運動前夕，周作人發表
〈人的文學〉，揭示「人的藝術派的文學」主張[2]，充分顯示他汲取西方文藝
復興以降文學歸趨的努力，也呼應了此際中國改革先驅的要求，一掃古人虛無
縹緲的詩詞正統與怪力亂神的小說旁流。

　　論者多認為周作人「以人間為本位」的文學範疇，有其希臘、蘇俄與日本
的心源。但仔細檢視1919年前後周作人發表的理論文字，我們卻可發現在東西
源流之間，尚有一方模糊的第三影響力地帶，亦即「基督宗教」(Christianity)
正統解經勢力以外的神秘思想(mysticism)[3]。〈人的文學〉與稍後撰就的〈平民

1　楊牧(王靖獻)，〈周作人論〉，在所著《文學的源流》(臺北：洪範書店，1984)，頁147。
2　〈人的文學〉收於周作人，《藝術與生活》，載《周作人先生文集》(臺北：里仁書店，
　　1982)，頁11-30。下引此文稱〈人〉文。「人的藝術派的文學」語出1920年1月6日周作
　　人在北平少年學會的演講詞《新文學的要求》，見《藝術與生活》，載《周作人先生文
　　集》，頁32。
3　這裡所稱的「基督宗教」(Christianity)為天主教與基督教的統稱，亦即俗稱的「舊教」
　　與「新教」的集合體，甚至也包含下文會提及的北歐瑞典柏格派在內。這些信仰基督
　　的宗教常見教義上的扞格，不應僅以「基督教」一稱而將之混為一談。周作人下文所
　　謂「基督教」應該通括上舉宗教，如此則以「基督宗教」行文，應該更為精確。

文學〉，固然承襲文藝復興旨趣所在的人文主義，惜乎周作人此刻缺乏復古的理故熱忱，和希臘的淵源因此難免有些距離。他的人道精神塗有日本新村色彩，不容否認；舊俄小說的氣勢博絕，悲天憫人，亦為借鑑攻錯之處。但周作人顯然拒絕沉溺在「平民」難以化至的崇高理想裡，因而促使他對景仰的文壇巨人態度審慎。既然如此，基督宗教的神秘勢力乘虛而入，直間接牖啟周作人，並非不可能之事。

　　不過，在落實上面命題之前，研究者確實會遭遇到下面問題的挑戰：周作人當真宗教感強烈，非得借天啟以煥發文論新猷不可？質疑者必然也會借下引周氏〈凡人的信仰〉中的話強行予以否證：

> 宗教的信仰有如佛教基督教的那一類，我是沒有……。我是不信鬼神的存在的，但是不喜歡無神論者這名稱，因為在西洋通行，含有非聖無法的意味，容易被誤解……。我的意見大概可以說是屬於神滅的。據《梁書》所載，其要旨為形存則神存，形謝則神滅……。[4]

如此推度，周作人似乎確和任何宗教神秘思想毫無瓜葛。然而換個角度看，實情卻是半對半錯：周作人的神滅論雖非奠基於律克里修(Lucretius, 99-55 BCE)式的「原子論」，卻有其唯物式的進化論淵源，所以他即使不信宗教，仍然對神秘信仰有一種科學式的矛盾情結。證之1934年發表的〈鬼的生長〉一文，這點隨即水落石出：

> 我不信，而喜歡知道鬼的事情，此是一大矛盾也。雖然，我不信人死為鬼，卻相信鬼後有人。我不懂什麼是二氣之良能，但鬼為生人喜懼願望之投射，則當不謬也[5]。

　　據艾德豪(Evelyn Underhill, 1875-1941)的《神秘主義研究》，不論是源乎宗

4　周作人，〈過去的工作〉，載《周作人先生文集》，頁42。
5　周作人，〈夜讀抄〉，載《周作人先生文集》，頁258。

教或科學興趣，我們若在心理上願意了解超自然現象，本身即已具備某種程度
的神秘傾向[6]。因此，周作人願意深入「精神意識」內裡，願意考究「天人之
際」，當不違反其畢生宗奉的科學信條。何況他自「文藝」與「歷史」角度所
分析的宗教，在他整個生命過程中，所占的比重非同小可：從留學日本時代開
始，周作人對希臘神話，對佛萊哲（Sir James Frazer, 1854-1941）《金枝》（The Golden
Bough）及安特路‧藍恩（Andrew Lang, 1844-1912）的神話民俗學，就已經展露出
異常的興趣。他甚至曾因特好藍恩，於光緒丁未年（1907）動筆譯就哈葛德（H.R.
Haggard, 1856-1925）與藍氏合著的神怪小說《紅星佚史》（The World's Desire），儼
然「愛聽秋墳鬼唱詩」的少年人傑。

　　透過書籍與觀察，周作人和神秘世界聯繫頻繁。楊牧體大思精的〈周作人
與古典希臘〉一文指出：「周作人〔曾〕嘗試在日本生活中經驗希臘文明，例
如，他相信日本某種儀式中，參加者顯出來的神憑（Kamigakari），表現出有魔
術和令人神迷的動作，實在與希臘酒神祭的儀式相仿。」[7]返回中國後，周作
人讀過的舊籍，包括清人紀文達（1724-1805）的《乩談日記》與周櫟園（1612-1672）
的《字觸》等等，在各類文章中都引用不少。就官方舉措而言，周作人故進而
觀察術士求雨，《談虎集》和《永日集》均有所載。雖然他表現出反對玄虛的
態度，卻仍願借神秘主義解釋中國傳統某些傳統層面。1926年〈薩滿教的禮教
思想〉一文，便試圖以此說明儒家的道德觀：「中國絕不是無宗教國，雖然國
民的思想裡法術的分子比宗教的要多得多。講禮教者所喜說的風化一語，我就
覺得很是神秘，含有極大的超自然意義，這顯然是薩滿教的一種術語。」[8]在
西方神秘主義文獻方面，周作人接觸到的也不少，更涉獵基督宗教範圍內的作
品，其犖犖大者即包括15世紀耿稗思（Thomas Kempis, 1380-1471）的《遵主聖範》
（Imitatione christi）。這一本書，周作人早在1925年以前即已看過英譯，然而這
一年他在北京東安市場看到救世堂梓行的漢譯本，卻又興高采烈的購回展讀：

<hr>

6　Evelyn Underhill, *Mysticism: A Study in the Nature and Development of Man's Spiritual
　　Consciousness* (New York and Searborough: New American Library, 1974), pp. 44-69.

7　楊牧，〈周作人與古典希臘〉，載《文學的源流》，頁97-98。

8　周作人，《談虎集‧下卷》，載《周作人先生文集》，頁341。另見同書頁355-366；以及
　　周著〈關於妖術〉一文，載《永日集》，收於《周作人先生文集》，頁243-253。

「這部《遵主聖範》是我所喜歡的一種書，……雖然我不是天主教徒。我聽說這是中世紀基督教思想的一部代表的著作，卻沒有道學家的那種嚴厲氣，而且它的宗旨又近於神秘主義，使我們覺得很有趣味。」[9] 周作人還曾據瑪格那斯（Laurie Magnus, 1872-1933）《歐洲文學大綱》首卷，仔細描述過《遵主聖範》的出世思想，浸淫之深，五四文人罕見[10]。

興許是這種神秘的愛好使然，周作人性好以神秘作風來解釋藝術的起源。《詩・大序》謂：「情動於中而形於言；言之不足，故詠歌之；詠歌之不足，故嗟嘆之；嗟嘆之不足，不知手之舞之足之蹈之。」[11] 五四時代的知識分子，多半由宗教層面解釋這段話，周作人亦不例外。但他更能體會其中傳達的忘我狂喜（ecstasy）。在藍恩與佛萊哲的啟發下，復以象徵、符咒延申「忘我」的底蘊，轉而化之為人類內心無以言詮的領受。職是之故，周作人看出神秘性在人類行為史上的重要性。1932年出版的《中國新文學的源流》中，遂因此肯定宗教在釐測生命經驗上的崇高地位，認為文學難以望其項背[12]。此外，卜立德（David E. Pollard）討論周作人與中國文學傳統關係的專著《中國人看文學》一書，更暗示藍恩《民俗與神話》（*Custom and Myth*）討論羅斯金（John Ruskin, 1819-1900）的一段神秘語，可能特別影響了周作人對《詩・序》的解釋[13]。

〈人的文學〉寫於1918年12月，發表以來即為文學史家認定是文學新內容的劃時代宣言。周作人發揮他的科學理性，在文中攻擊的舊書包括《封神演義》、《西遊記》與《綠野仙蹤》等神鬼說部。他的立足點當然是他再三強調的敘寫人類生活的人間本位文學。從社會寫實主義的標準看，這種動機可謂光明磊落，此所以夏志清《中國現代小說史》喻該文為文學革命時期最深思熟慮和

9　周作人，〈自己的園地〉，載《周作人先生文集》，頁200。

10　同上，頁200-201。

11　見〔清〕阮元校刻，《十三經注疏》（2冊。北京：中華書局影印，1983），1：270。注尾冒號前的數字指冊數，其後者指頁碼。下引套書之注法，同。

12　周作人，〈中國新文學的源流〉，載《周作人先生文集》，頁24-28。

13　David E. Pollard, *A Chinese Look at Literature: The Literary Values of Chou Tso-jen in Relation to the Tradition*（Berkeley and Los Angeles: University of California Press, 1973）, p. 37.

最有建設性思想的專文[14]。無如周作人在為人間作家擬定內容大計時,他所呼籲「靈肉一致」的「人類正當生活」的理念,仍然是神秘主義式的,幾乎完全借自18世紀英國神秘主義詩人布雷克(William Blake, 1757-1827)的《天堂與地獄的婚盟》(*The Marriag of Heaven and Hell*)。布雷克虔信基督教,對《聖經》有一套不同於時人的看法,自成一格。所以在進一步討論〈人的文學〉與布雷克神秘主義的關係之前,我們尤其應先了解周作人和《聖經》的淵源。

楊牧的〈周作人與古典希臘〉又謂:「周作人對基督教……不信任,雖然《四福音書》是引導他熱愛希臘典籍的第一部作品。」[15]楊牧此語恐怕大有商榷的餘地。魯平生(Lewis Stewart Robinson)《兩刃之劍》的一條注上就曾公允指出:周作人雖非基督徒,可是他「曾公開肯定基督教的思想」,也曾把托爾斯泰(Leo Tolstoy, 1828-1910)及杜斯妥也夫斯基(Fyodor Dostoyevsky, 1821-1881)等人的人道主義文學溯源至《新約》中的「山上寶訓」(Sermon on the Mount)[16]。事實上,周作人對於《聖經》的認識,除了神職人員以外,五四時代的中國新派文人恐怕無以比肩。因為他不僅讀經,還旁徵博引,試圖從文學與文化人類學的角度定位《聖經》與中國文學的關係。種種努力的結果,是數篇解經文章以及一篇剪裁得當、體制頗見雄心的〈聖書與中國文學〉。這篇長論發表於1920年,洩露了不少周作人關於宗教與人生的看法。《聖經》中某些神秘性特強的章節,相信對他啟迪尤大。下引〈約翰福音〉的一段話,可能於周作人從布雷克形成自己靈肉合一的理念最有幫助:「使他們合而為一;正如你父在我裡面,使他們也在我裡面。」

雖然這種人道思想基本上產生自基督宗教的原始齊物論,但在周作人眼裡卻轉化為宗教神秘的最高情懷。像托爾斯泰一樣,周作人相信藝術若能涵容這種境界,則盡善盡美矣。因此,在〈聖書與中國文學〉裡,周作人乃不憚其煩

14　C.T. Hsia, *A History of Modern Chinese Fiction*, 2nd ed. (New Haven: Yale University Press, 1971), p. 20.

15　楊牧,〈周作人與古典希臘〉,見《文學的源流》,頁114。

16　Lewis Stewart Robinson, *Double-Edged Sword: Christianity & 20th Century Chinese Fiction* (Hong Kong: Tao Fong Shan Ecumenical Centre, 1986), pp. 328-329. 另請參較周作人,《知堂回想錄》(香港:育文圖書,1980),頁395-397。

的自譯托翁《何謂藝術》（*What Is Art?*）中的話，藉以加強說明神性與世俗合一即為民胞物與的精神，而此乃生命之真諦也：

> 基督教思想的精義在於各人的神子的資格，與人神的合一及人們的相
> 互合一，如《福音書》上所說。因此基督教藝術的內容，便是使人與
> 神合一及人們互相合一的感情。……但基督教的所謂的人們的合一，
> 並非只是幾個人的部分的獨占的合一，乃包括一切，沒有例外[17]。

我們可以大膽的假設，托爾斯泰的基督教見解縱非〈人的文學〉的全部內容，至少也是周作人依恃的部分基礎。精確一點說，周作人相不相信制化宗教是一回事，但他確實相信人類欲求美化生活，除了俗世個體的互相融會之外，還得借助「天人合一」的超昇。因此，周作人雖非教徒，卻仍願將「天人合一」化為「靈肉合一」，進而推展到生活本身。

　　周作人所了解的歐洲文明大勢，其泉源本為靈肉二元對立的希伯來與希臘思想，但在「天人合一」的大前提下，他仍然認為屬靈的層面得經過一層神秘的轉化，以便納入人間的系統之中。之所以會有如此見解，周作人所譯的謨爾（George F. Moore, 1887-1949）《舊約之文學》針對〈雅歌書〉中戀詩所作的詮解，當為跨接的橋樑：

> 〔〈雅歌書〉〕中反覆申說的一個題旨，是男女間的熱烈的官能的戀
> 愛……。在一世紀時，這書雖然題著所羅門的名字，在嚴正的宗派看
> 來不是《聖經》；後來等到他們發現——或者不如說加上——了一個
> 譬喻的意義，說他是借了夫婦的愛情在那裡詠嘆神與以色列的關係，
> 這才將他收到正《經》裡去。古代的神甫們將這譬喻取了過來，不過
> 把愛人指基督，所愛指教會……或靈魂。中古的教會卻是在新婦裡看
> 出處女馬理亞。……譬喻的戀愛詩——普通說神與靈魂之愛——在各

17　周作人，〈聖書與中國文學〉，見《藝術與生活》，載《周作人先生文集》，頁67。

種教義與神秘派裡並非少見的事；極端的精神詩人時常喜用情欲及會
合之感的比喻；但在〈雅歌〉裡看不出這樣的起源，而且在那幾世紀
中，我們也不知道猶太有這樣戀愛派神秘主義[18]。

從謨爾的解說裡，周作人體會到宗教的超然不能失去人間性。同樣的，若顛倒
這種解讀，人間性也不能失去超物質的靈性。因此，推展到人類自身的「靈肉
合一」，也唯有在宗教追求迸發的火光和俗世生活的汲汲營營兩相結合時，方
有存在的可能。

在另一篇題為〈歐洲古代文學上的婦女觀〉的早期論文裡，謨爾以人間性
詮釋《聖經》的方法再度為周作人所用，強烈透露出他「靈肉合一」的源頭和
《舊約》有關，值得我們再加申論。〈雅歌書〉第八章第六至七節原有一段熾
烈的情詩：

> 求你將我放在你心上如印記，帶在你臂上如戳記，因為愛情如死之堅
> 強，嫉恨如陰間之殘忍。所發出的電光，是火焰的電光，是耶和華的
> 烈焰。愛情，眾水不能息滅，大水也不能沒。

這一段詩是《舊約》抒情文學的最佳代表作，借用宗教意象形容愛情的激昂綿
密。正統解經學者若非以人與教會關係詮讀之，便是以神子與神的關係加以理
解。周作人的認識如何呢？他拔除宗教神秘，代之以人性的神秘：

> 我們看了這歌，覺得在禁欲思想的希伯來文學中，也有這樣熱烈的戀
> 愛詩，彷彿很是奇異；但因此也可以得到一個教訓，知道人性裡靈肉
> 二元原是並存，並不是可以偏廢的[19]。

18　周作人，〈聖書與中國文學〉，頁71-72。

19　周作人，〈歐洲古代文學上的婦女觀〉，見《藝術與生活》，載《周作人先生文集》，頁
　　157。下引〈歐洲古代文學上的婦女觀〉簡稱〈歐〉，頁碼同據此版，隨文夾注。

　　周作人就《聖經》所作的這段推論，本已足以將他和布雷克的神秘思想聯繫為一，不過布氏眼中的「靈肉合一」還有更深層的意蘊，周作人詮釋《舊約》時未及指出。他非得借用人間情愛，才能正本清源，帶我們走向思想淵源。有趣的是，他使用但丁（Dante Alighieri, 1265-1321）《神曲》（Divine Commedy）作為說明，仍然躲不過神秘主義的影響：

> 〔但丁和貝亞忒列契（Beatrice, 1266-1290）的〕愛是精神的，不以婚姻為歸宿，彷彿是忒洛巴陀耳〔troubadour〕的「宮廷之愛」（Courtly Love），而更為真摯。在但丁這愛的經驗，實在是宗教的經驗，《聖書》上「神即是愛」這句話，便是他的說明。世界萬有都被一個愛力所融浸，這也就稱作神；人們倘能投身愛流，超出物我，便是與神合體，完成了宗教的究竟大願。但是人多關閉在自我的果殼裡，不易解脫，只有在感著男女或親子之愛的頃刻，才與普遍的力相接觸，有一個出離的機會。由愛引起的自己的放棄，是宗教上的一個最要素，所以愛可以稱為人道之門。（〈歐〉：188-189）

　　就周作人要求的人間性而言，但丁的愛過分抽象，只能用宗教來規範。然而就愛的事實而言，天上人間並無不同；能夠從天上落實到人間來，則裨益當會更大。上引評但丁的話，基礎在此。周作人甚至還有一層引申而出的意念：如果地面上的人也能盡己之力擁抱所愛，其效果與偉大的程度，當不會遜於常人難及的宗教大愛。易言之，「神」也能讓人經由愛而神秘的體現，變成具體可觸的意涵。從這個基礎看，周作人與布雷克的聯繫一無矛盾，不會因科學與神秘的對斥而令人頻生困惑。

　　我們且再回到的〈人的文學〉中的布雷克成分。在引用《天堂與地獄的婚盟》之前，周作人的推理前提約如上述他從基督宗教文獻所獲取的觀念，充滿了「人間」的神秘意味：「獸性與神性，合起來便是人性。」（〈人〉：15-16）循此，布雷克詩中的意念理據乃經他譯成三點：

（一）人並無與靈魂分離的身體。因為這所謂身體者，原止是五官所能見的一部分的靈魂。

（二）力是唯一的生命，是從身體發生的。理就是力的外面的界。

（三）力是永久的悅樂。（〈人〉：16）

周作人認為力理合一，靈肉一致雖然難解，但這種一元論自始即為宇宙的本然。他從新柏拉圖主義開路先鋒普洛汀那斯（Plotinus, 204-270）的《九卷書》（The Enneads）開發布雷克的理路，又謂：「宇宙的起源本於一，由一生意，由意生靈，即宇宙魂。個體魂即由此而生，復分為三：為物性的，理智的，神智的。只因心為形役，所以忘了來路，逐漸分離，終為我執所包裹，入於孤獨的境地，為一切不幸的起源。欲求解脫，須憑神智，得諸理解，以至於物我無間，與宇宙魂合，復返於一。」[20] 所以由動物進化來的人，一面不免「宇宙魂」的指引，走向神性，一面卻也受制於物性的個體，走向獸性。理性的動物必然能憑力之所拽，結合靈肉，從賴以存在的「動物的生活」走向「漸與動物相遠」的生活，終而「達到高尚平和的境地」（〈人〉：15）。周作人自《聖經》理解到的基督宗教官能與精神之愛既然可統合於神人一體的觀念中，則靈肉合一的人類理想生活，實亦無異於宗教的追求。

就布雷克而言，神人殊無兩概之分。宇宙的最高存在甚且已化於具有完整人性的人的身上。約翰‧畢爾（John Beer）《布雷克靈視中的宇宙》一書更精確的指出：透過力與想像的運作，布雷克所相信的完整人性即可顯現出來[21]。周作人深知此理，不過除了布雷克本人的著作外，他的認識主要似乎借自斯布琴（Charles H. Spurgeon, 1834 -1892）所著《英文學上的神秘主義》（Mysticism in English Literature）一書。在〈勃來克的詩〉這篇中國人介紹布雷克的開山之作裡，周作人譯引了斯氏書中論布雷克的一段話，可見他對這位神秘詩人的倚重處：

20　見周作人，〈勃來克的詩〉，見《藝術與生活》，載《周作人先生文集》，頁197-198。此文以下簡稱〈勃〉。

21　John Beer, *Blake's Visionary Universe* (Manchester: Manchester University Press, 1969), p. 1.

> 在勃來克看來，人類最切要的性質，並非節制約束，服從或義務，乃
> 是在愛與理解。他說：「人被許可入天國去，並不因為他們能檢束他
> 們的情慾，或沒有情慾，……〔而〕是因為他們能培養他們的理解的
> 緣故。」理解是愛的三分；但因有了想像，我們才能理解。（〈勃〉：
> 198）

就在這種力與想像的交替運作裡，理解所化至的愛才能取得統制人生的地位。
「靈肉合一」亦因此而能完遂其功能。

　　周作人從斯布琴所體知的布雷克，正是西方學界對布氏思想的典型認識。
案布氏一生所受正式教育極尠，思想多在乃父薰習之下養成，而他父親信仰的
是基督宗教偏系瑞典柏格的神秘教派（Swedenborgianism）。因此之故，布雷克反
對正統教會與教義，對於靈魂神交特有所好，對於物質存在，總喜歡以屬靈的
一面體識。他在「一粒沙裡看出世界」，借猛虎喻教會，都是淵源自瑞典柏格
一派的神秘觀；對《聖經》中特具靈視天啟的部分，其體認方式亦因此有別於
同代詩人[22]。即使就周作人從《舊約》戀詩體察出來的意義而言，布雷克「力」
之一字，即可盡括其精義，此亦所以他認為檢束情欲非關生命要事。重要的是：
如何表現愛？

　　瑞典柏格思想所加諸布雷克的影響，周作人想必了解，否則他不會刻意突
出上引譯自斯布琴書中的話。在〈歐洲古代文學上的婦女觀〉一文裡，周作人
且曾借瑞典柏格「性的神秘主義」補充說明《聖經》與康得（Immanuel Kant,
1724-1804）對於兩性合一的見解：

> 又如性的神秘主義，在十八世紀以前，瑞典柏格……以基督教為本，
> 大加提倡；到了近代，也很有這種傾向，但是經過了科學的洗禮，更
> 為徹底了。神秘派於人間的男女親子關係上，認出人神關係的比例，
> 因為神是宇宙之源的「一」，萬有的生活原則，本來無不與他相應，

22　Cf. Ernest Bernbaum, *Guide Through the Romantic Movement*, 2nd ed.（New York: The
　　Ronald Press Company, 1949）, pp. 42-43.

性的牽引與創造，當然可以有神的意義。現代的詩人卻更進一層，便
直認愛是神，不復以愛為求神的梯階，或神之愛的影子。即此男女親
子的愛，便有甚深無量的意義。人人苟能充他的量，即是神的生活了。
（〈歐〉：192-193）

雖然周作人接下來例舉的「現代的詩人」是嘉本特（E. Carpenter, 1904-1976），但
他一定明白最值得引證瑞典柏格此一思想的詩人正是布雷克。《天堂與地獄的
婚盟》昭告的「靈肉合一」，換個角度看，不就是「性的神秘主義」的最佳體
現？這樣看來，中國新文學史上的第一篇人本主義的宣言中，除了文學史家考
究的各種源頭外，當更有其歐洲神秘教派的影響了。

　　上面拙見倘可成立，則布雷克無疑當居穿針引線的首功。他對瑞典柏格教
義特殊的感受，使他一反當代的宗教傾向，尤其憎惡喀爾文（John Calvin,
1509-1564）派的清教作風。自然主義式的命定論（predestination），更遭擯斥。情
況既然如此，而布雷克以寓言衍釋的神秘經驗也超越了世相，其中心主旨就難
以離開人性。周作人認為神性與完整人格之間，並無教會所指的疆界：耶穌具
有神性，因為他是人子；人為上帝所造，何嘗又不具神性？布雷克革命性的
「神學」不獨改變了基督新教的體質，也把神秘思想理性化與科學化了。為
了反對休謨（David Hume, 1711-1776）《自然宗教》（*Natural Religion*）與密爾頓（John
Milton, 1608-1674）《失樂園》（*Paradise Lost*）裡人神二分，天堂與地獄兩撅殊途，
而上帝與魔鬼又是二元對立的看法，布氏不僅寫出周作人極為看重的《天堂與
地獄的婚盟》，又秉巨橡譜出《世上無自然宗教》（*There Is No Natural Religion*）
和長詩《密爾頓》（*Milton*），大聲宣告神聖即寓於常態之中，上帝也寓於人類
的行為裡。布雷克所見，說來並無異於晚年的米爾頓：《復得樂園》（*Paradise
Regained*）中，密爾頓秘傳皮羅谷（Pelagius, fl. c. 390-418）的神學，以為「罪」（sin）
並非遺傳而來，人皆可憑一己之力而趨善避惡，更可以基督為榜樣，因信而稱
義[23]。佛教有「放下屠刀，立地成佛」之說，皮羅谷係其天主教的翻版。布雷

---

23 Anthony C. Yu, "The Order of Temptations in Paradise Regained: Implications for
　Christology," in his *Comparative Journeys* (New York: Columbia University Press, 2009),

克不相信喀爾文教派沉鬱的定命思想，最後的寄託反屬曾損上皮羅谷的聖奧斯定(St. Augustine of Hippo, 354-430)，從而歸結於奧氏所強調的「愛」(caritas)之上。駁斥喀爾文時，布氏復稱「傳播為原罪復仇的宗教，都是『敵人』的宗教」[24]。言下之意是：以神威牧馭世人，非暴君者何？所以布雷克必然和周作人一樣，認為《新約》中神即愛的化身的看法，才是合理的宗教觀，而就某層次言之的「靈肉合一」，無異是借「性的神秘」在體會神與「愛」的結合。

談到「愛」，周作人所引的斯布琴《英文學上的神秘主義》一書，另又突出了布雷克神秘主義的一個特色：想像。就詩人而言，發揮想像力有如柏拉圖(Plato, 427-347 BCE)所謂「神靈附體」(inspiration)，根本就是宗教行為。不過布雷克和柏拉圖的《愛仰篇》(Ion)所見不同，反認為這種「神憑」自然合理，值得世人身體力行，以掌握宇宙之真實與永恆。要認識神，要了解愛，無不需自此下手。因此，耶穌固為仁愛的化身，同樣也是「神聖的想像」：

> 「想像」的世界是「永恆」的世界，是「草木」之軀(Vegetated body)滅絕後我們要去的聖胸。「想像世界」〔乃〕「無曠涯際」，亦「無朝代年紀」(Eternal)，然而「生死紅塵」(Generation)或「草木」世界卻「咫尺可見」又「倏忽倥傯」(Finite and Temporal)。「無朝代年紀」之界「存有」此一「自然的花木之杯」，在我們眼裡所反映出來的是「事事物物的永恆實境」。「救主」即「永恆的真藤」，亦即「人類的想像力」。在其神聖的軀體中，諸「事」俱以各種「永恆之狀」為人所領受[25]。

(續)─────────────

　　pp. 77-95; also see Jaroslav Pelikan, *The Christian Tradition: A History of the Development of Doctrine*, 5 vols (Chicago: University of Chicago Press, 1991), 1: 313-318; and Wiliston Walker, *A History of the Christian Church* (New York: Charles Scribners, 1918), pp. 185-188.

24　Cf. William Blake, *Milton*, edited with a commentary by Kay Parkhurst Easson and Roger R. Easson (Boulder: Shambhala, 1978), pp. 135-140.

25　William Blake, *A Vision of the Last Judgement*, in *Poetry and Prose of William Blake*, ed. Geoffrey Keynes, 4th ed. (London：The Nonesuch Press, 1939), p. 639.

　　上引布雷克這段話，用了不少近似《紅樓夢》的意象，把中國談「愛」最
甚的小說拉近到耶穌的大愛(*agape*)去，無異又以想像在和神交。能夠以這般
方法通靈，則萬物不為芻狗，天地合為一體，「愛」(*eros*)自然就能浮現於世間。
想像之為用也，大矣。周作人所譯斯布琴的話，故而乃循此繼而說道：

> 勃來克用力的說，非等到我們能與一切生物同感，能與他人的哀樂相
> 感應，同自己的一樣，我們的想像終是遲鈍而不完全〔的〕。……只
> 要培養愛與理解，一切便自然順著而來了。(〈勃〉：198-199)

畢爾以「有其癖性的人道思想」(idiosyncratic humanism)界定布雷克，此之謂也
歟[26]！但在周作人看來，「這想像的語言，便是藝術。」(〈勃〉：202) 易言之，
周作人以己身體思，又把布雷克的神秘性「想像」罩在科學的理解範疇內，以
文學代神學，以可想像的來代替那不可想像的，頗有把天主或上帝擺在「修辭」
(*rhetorica*)的範疇裡。歸根究底，這一切仍然建立在「愛」的訴求之上，絕對
合乎「人的文學」的要求。

　　科學的定義，自〈人的文學〉的內容觀之，自然是指「人情以內，人力以
內」(頁24)的推理方式。布雷克的神秘思想，教了周作人認清在世俗的範疇內，
神人合一並非不可能。所以他也深知在科學與理性的基礎上創作的文學，當然
不會失去理想色彩。這層轉化而來的觀念，便是周作人援引布雷克而又不會陷
入制式宗教窠臼的主因。這也就是說：周作人從宗教出發，卻不因此而讓宗教
「妨礙人性的生長」。認識及此，我們更不難明白周作人何以一面說靈肉合一
「略含神秘的氣味」，一面又說這種神秘性也是「我們所信的人類正當生活」
(〈人〉：16)。當然，就周作人撰寫〈人的文學〉時的心態言之，他的世俗性神
秘傾向早已擺脫正統宗教認同的宗教情懷，故而割肉餵鷹，投身飼虎的佛教超
人間道德，他徒然感佩，並不贊同。若從西方近代文學思潮的角度衡之，這種
傾向也是周作人的文學理想和舊俄大家分道揚鑣的界線，標誌著五四人道思想
的中國特性。

26　Beer, *Blake's Visionary Universe*, p. 8.

　　周作人在一段著名的評論裡，甚至如此嚴拒他所尊崇的杜斯妥也夫斯基，更可見出中西的分際：「〔杜氏〕是偉大的人道主義的作家。但他在一部小說中，說一男人愛一女子，後來女子愛了別人，他卻竭力斡旋，使他們能夠配合。……〔杜氏〕自己，雖然言行畢竟是一致，但我們總不能承認這種種行為是在人情以內，人力以內，所以不願提倡。」（〈人〉：23-24）。同理衍論，回顧中國舊文學時，專談情色與怪邪的《肉蒲團》、《金瓶梅》，甚至是《聊齋志異》等書，連「靈肉合一」都談不上，當然甭想立足在周作人的文學共和國裡。

　　以人間本位來界定文學內容，在五四前夕的中國，確實有其不得不然的政治社會苦衷，但毋庸置疑，〈人的文學〉也因此而形成褊狹之處，招致不少物議。夏志清的《中國現代小說史》中，即曾婉言諷之[27]。話說回來，〈人的文學〉對中國新文學的影響仍然顯而易見，而這正表明：我們仍然「不能不承認」基督宗教偏系的神秘主義，尤其是富於社會革命精神的布雷克的思想，確實已發揮其潛在力量，帶領一位中國知識分子完成他所應負的時代使命。

27　Hsia, *A History of Modern Chinese Fiction*，pp. 19 and 21. 亦請參較夏氏另文〈人的文學〉，載所著《人的文學》（臺北：純文學出版社，1977），頁223-244。

傲慢與偏見
──毛姆的中國印象記

　　毛姆（W. Somerset Maugham, 1874-1965）在1915年發表《人性枷鎖》（*Of Human Bondage*），此後作品即源源不絕，廣獲大眾的喜愛。德萊賽（Theodore Dreiser, 1871-1945）曾著文頌揚這本小說，譽之為「天才之作」[1]。言下頗有毛姆是20世紀文壇新星之意。毛姆向來也以此自許，所以從初出茅廬至1965年以九一高齡去世為止，他最急於知道答案的問題是：自己筆耕一生，往後文學史家究竟要如何評價？時迄於今，20世紀都已過去了，稱道毛姆的批評家雖非絕無僅有，但諷刺的是，「高眉」批評家似乎從未把他放在眼裡。更尷尬的是：1945年《人性枷鎖》原稿移贈美國國會圖書館，就在社會上一片眾口交譽之際，大批評家威爾生（Edmund Wilson, 1895-1972）卻「力排眾議」，指斥美國人「重視」毛姆是文學素養開始低落的徵兆[2]。

　　批評家可以冷眼看毛姆：就文學藝術的嚴肅性而言，他多數作品確實構不成「偉大」的條件。但是對研究通俗文化的人來講，毛姆卻是一個活生生的樣板。他一生愛好旅行，屐痕處處，所見所聞往往落筆成書，因而使想像力構設的小說帶有濃郁的域外風味。再由於他每至一處，接觸面廣泛，遊記筆記，無不以歐人心態注視異國文化，因使其本身設非比較文化的見證，至少也是研究

1　德氏給《人性枷鎖》寫的書評題為"As a Realist Sees It"，發表於1915年11月25日的《新共和》（*New Republic*）上面。Ted Morgan, *Maugham: A Biography* (New York: Simon and Schuster, 1980), pp. 197-198詳細討論了德萊賽此文對毛姆的影響。此外，Carson Kanin, *Remembering Mr. Maugham* (New York: Atheneum, 1966), p. 170也載有毛姆對德萊賽此文的感念。

2　Edmund Wilson, "The Apotheosis of Somerset Maugham," in his *Classics and Commercial: A Literary Chronicle of the Forties* (New York: Farrar, Straus and Company, 1950), p. 319.

者的註腳。1920年毛姆偕秘書兼男友赫克斯頓(Gerald Haxton, 1892-1944)訪華，歸後兩年出版的《中國小景》(*On a Chinese Screen*)[3]，就是這樣的一本書。毛姆在書中不僅反映出自己的中國印象，也細寫了19世紀20世紀之交，旅華西人由船堅炮利與基督教文明媾合而成的矛盾性優越感。當然，書中不乏訝異，因為中國當時正處於歷史的轉型期，然而諷刺似乎更多，因為轉型期的社會難免有異於常態者。對中國讀者來講，毛姆——或是他筆下的西人——對華的觀感，幾可謂全出以傲慢與偏見之心。

《中國小景》雖然是毛姆與中國淵源的主要記錄，然而要追溯這層關係，我們最好還是由前文提到的《人性枷鎖》談起。眾所周知，這部小說是毛姆的自傳性作品，是敘寫他成長的「教育小說」(*Bildungsroman*)。主人翁菲力‧卡瑞(Philip Carey)為英國留德學生，在柏林經歷成長階段，其中包括首度和中國人交往的經驗。菲力初履德國時，寄宿在一位教授家裡。除了房東夫婦一家外，這個家庭另又寄宿了十來位房客。其中有一位中國人宋先生，是在海德堡大學研習西洋文化的學生，「黃色的面孔笑臉常開」[4]，溫文儒雅，脾氣好極了。他和其他房客一向交善，菲力起初對他印象極佳，甚至摒除我族中心的優越感，打破西方人的宗教框框，認為像宋先生這樣的大好人，不應該因為是異教徒就得打下地獄去。「中國人豈非自有他們的信仰，自有他們的救主？」(頁14)菲力如是問。

沒多久，菲力發現宋先生和同公寓的法國少女西雪麗(Fraulein Ccilie)在談戀愛。西雪麗金髮碧眼，梳一條辮子，「非常漂亮」(頁13)。可惜寄宿家庭其他人也察覺到兩人戀情，異國鴛鴦的災難於焉開始。一天傍晚，菲力散步時，遠遠看到宋先生和西雪麗挽手並肩而行。兩人看到菲力迎面走來，「人影」即「倏地分開」(頁15)。顯然，菲力在這一幕裡看到了異態文化的融合實屬不易。

3　W. Somerset Maugham, *On a Chinese Screen*(Rpt. Taipei: Xingyue, 1964). 此書有陳蒼多的中文譯本，題為《中國印象記》(臺北：華欣文化事業中心，1975)。本文下引毛姆此書內文，稍改陳氏譯本，正文中夾附的頁碼，亦據陳譯本。

4　引自喬治高節譯的〈宋先生和西雪麗〉，在喬氏譯著，《金山夜話》(臺北：純文學出版社，1973)，頁14。毛姆原著裡的這段情節，發生在第22至30章，見W. Somerset Maugham, *Of Human Bondage* (New York: The Modem Library, 1942), pp. 107-152. 本文下引此一情節內文，概據喬譯本稍作修改。喬譯本頁碼夾附於正文之中。

宋先生和西雪麗的自然反應，反映出面對外力「入侵」時，寄宿家庭封閉的歐洲文化不斷自我形成的疑懼與不安。

這一段敘寫固然是毛姆的小說家言，但何嘗不是歐洲文化變遷的心路歷程？從另一個角度看，虛構的小說也有可能是作者的實質傳記，則「疑懼與不安」，何嘗又不是毛姆首度接觸非母體文化的心靈投射？這樣一來，寄宿房客、敘述者與毛姆乃結成三位一體，對於事件的看法更形成交互指涉：在異國戀情未遭察覺之前，敘述者等人猶能以「客觀冷靜」的態度觀照宋先生所代表的異態文化，而菲力眼中的異邦人當然是「笑臉常開」的一等好人，不必繩之以西方文化標準。事發之後，文化群體起而反抗，事涉歷史文化演變的常軌，而原屬美事一椿的宋西戀情，在敘述者眼中乃變成「鬼鬼祟祟」，且「更無恥似的」醜聞（頁18）。只要宋先生沒上飯桌，菲力就會心想：「他一定是做賊心虛不敢露面。」（頁21）在這種虛擬而又象徵意味十足的氣氛下，異態文化入侵的難以抵禦與傳統文化的負嵎頑抗，乃交織成為如下寄宿家庭的畫面：「屋子裡熱得悶人。真好似這對男女胸中燃燒著的慾火攪得大家心中不安；好似空氣中嗅得見東方人的墮落，好似一種廟裡燒的香：神秘、罪惡，且富有魅力。」（頁22）毫無疑問，敘述者的矛盾敘述也是歐洲的矛盾：如果不影響到固有文化，宋先生的中國一切美好；如其不然，整個情況改觀。

對寄宿家庭而言，宋先生當然是「文化侵略者」。他所代表的一切陌生得令人悚然。雖然如此，倘若我們從問題的另一端看，這位「侵略者」卻可對照19世紀「入侵」中國的西方列強的姿態，頗值得玩味。宋先生雖「忍辱負重」，絲毫沒有「文化侵略」者的優越感，但不失其既定的原則。換作老舍來寫宋先生的故事，他一定是集《二馬》裡馬則仁、馬威父子個性於一身的外柔內剛型人物[5]。馬則仁以和為尚，到處彎腰屈膝；宋先生面臨逆境，依然謙恭有禮，不改恂恂然君子的作風。馬威威武不能屈，進退有據；宋先生儘管外表溫文，內心卻剛毅不已，為愛堅定之心一如磐石，風雨奈何不了。這兩種態度合為一體，至少是菲力承襲的西方文化難以理解者，所以毛姆的敘述者形容菲力「不

5　請參閱本書頁358。

知」宋先生到底是代表「東方文明的優越」或「侮蔑」（頁22），而西雪麗遭受
挫折後的悻悻然，更在說明歐洲文化的另一面。然而，欲求結合或融合成功，
不瞋不恚到底力量有限，心平氣和下的熾熱毅力才是致勝的保證。宋先生「加
倍客氣」（頁23），結果卻演出一幕私奔，表明循序漸進也會水到渠成。母體文
化如果泥古不變，就會像走了情侶後公寓裡一籌莫展，一團混亂的情況，徒留
教授太太「咆哮一聲，肥胖的身軀倒在沙發上」（頁24）。

　　毛姆八歲喪母，十歲失怙，仰仗叔父供給。十七歲入海德堡大學，習哲學
及耽美主義。一年後返英，立志寫作。菲力的困惑，寄宿家庭的矛盾，正是他
成年前對中西文化交流所持的看法。1920年，毛姆到了中國；1921年，他一度
浮蹤南洋，然後再回中國。這一趟遠行雖然目的在搜集寫作材料，增廣見聞，
但是《人性枷鎖》裡的困惑矛盾並未因之消失，反而隨著距離的縮短表現得更
為強烈，看待文化問題的角度益趨狹窄。

　　初履中國，毛姆持續《人性枷鎖》對華的觀感；中國是個神秘國度，百姓
優雅，風度翩翩，像宋先生，或者就像濟慈筆下的希臘古甕。他走在通衢大道，
看到的盡是雕刻細緻的窗格門面，隱藏在背後的是莊嚴氣氛，街巷深處且有人
在販賣東方的奇貨異物。這一幕，簡直是巴格達的黃昏，駝鈴聲聲；簡直是孟
買的晌午，弄蛇的人正在吹奏喇叭；更是雅典的清晨，微曦中有婦女在浣紗。
質言之，毛姆把自己的古文明懷舊感移情到中國的土地上。古代的榮光，昔日
的絢爛，逼使他漠視1920年的軍閥割據與生靈塗炭。因此，他在招搖而過的黃
包車上看到的不是民初十里洋場上的商人巨賈，也不是北京城裡的政客顯要，
而是一位儒雅的學者，「精通各樣的古典學術」，正要外出訪友，彼此吟詩唱和，
「討論永不再回頭的唐宋黃金時代」。再不然，黃包車上坐的必是位歌伎，「穿
著華貴絲服和繡工富麗的上衣，黑髮上裝飾著寶石」，正要外出赴宴，「跟受過
足夠教育，能夠欣賞機智的青年浪蕩子」巧妙對答（〈序幕〉〔The Rising of the
Curtain〕: 2）。一不留神，我們還真以為毛姆在倒卷時間的膠片，黃包車上坐著
的不是別人，正是從歷史閣幕中走出來的他，而且一手捧線裝書，一手持放大
鏡，正在六朝的清談中左顧右盼，在柳永杜牧的水榭樓臺上緬懷蘇杭。講得不
客氣點，剛踏上中國土地的毛姆，不正像菲力隔著飯桌在瞧宋先生？即使要學

西方文化，也應該向荷馬(Homer)、維吉爾(virgil)看齊。

待歷史的闈幕撤退，走出懷古病，毛姆馬上發現他正處在一個半新不舊的中國，東西交會，華洋雜處。《中國小景》第二篇〈女士的客廳〉("My Lady's Parlour")，寫毛姆寄居的一戶古城人家。房子是三百年前廟宇改建，如今跑了和尚，換成時髦的女主人。毛姆寫屋內陳設，手法是巴爾札克(Honoré de Balzac, 1799-1850)式的寫實，透露出來的正是轉型期中國的縮影：屋後「有一張很大的漆桌，後面有一尊永遠陷入沉思中的佛像」，可是女主人卻認為「這裡是放置一張美國火爐的適當之處」（頁4）。為了布置，女主人選買了一張地氈：地道中國製造，不過形式純仿西方。雖然毛姆沒有直截了當告訴我們他對五四運動後不久中國的看法，但是，我們仍可借用他筆下「憂鬱」的「內閣部長」(The Cabinet Minister)的話，觀照此時他所思所想：「一個世界上最古老的文明，正在遭受無情的摧毀。從歐洲和美國回來的學生，正在拆毀累世歷朝所建立的文明，但沒有代之以新的文明。他們沒有國家之愛，沒有宗教，沒有尊敬之心。信徒和僧侶遺棄的寺廟毀於一旦，美麗徒然成為回憶。」（頁13）

「內閣部長」的憂慮真像阿諾德(Matthew Arnold, 1822-1888)〈多佛海灘〉("Dover Beach")詩中表現出來的憂慮。「哲人日已遠，典型在宿昔」，也是此刻毛姆的心境。然而時乎不再，過去的傳奇已經逐漸褪色。緬懷唐宋餘暉，毛姆的心情必然類似「內閣部長」注視手中琉璃花瓶抑鬱不安的感受。新的文明或文化「入侵」中國勢所難免，就像宋先生也會進入歐洲，最後還要和西雪麗共效于飛。「內閣部長」抱殘守缺，毛姆何嘗不然？一個悻悻然哀悼過去的絢燦，一個訝訝然追念昔日的榮光，心情如一，都只能「嘴唇微微張開，意猶未盡的長吁短嘆」（頁15）。他們共同的錯誤是：他們都只看到歷史的美好，眼前的衰頹，卻對來日的展望與建設視若無睹。毛姆的矛盾更深：菲力因宋先生「入侵」歐洲文化而忐忑不安，從西方文化來的毛姆似乎卻也沒具備反省的能力，體會不到他所代表的世界也是造成眼前困境的因素。

此一因素，一方面是借船堅砲利打開門戶關閉，一方面則借旅華洋人挾帶的文明文化而形成洶湧暗潮。毛姆不是皓首窮經的學者，《中國小景》當然不會分析歸納因素。不過，小說家的慧眼往往更能裸呈事實，書內眾多在華洋商

政客的速寫，同樣可以把西方文化對待中國的方式一展無遺，而且刻畫深切，
鞭辟入裡。第一類在華西人是新教傳教士，從清朝中葉以來就勢力龐大，無孔
不入。只可惜良莠不齊，對中國的貢獻妍媸不一。毛姆所見的這些人，多數有
一共同特徵：一面虛心奉主，一面倨傲待人。用毛姆的話說：「他們可能是聖
人，但不常是紳士」（〈害怕〉〔Fear〕）。比如說，傳教士溫格羅佛（Wingrove）
夫婦一家便代表這兩面。溫先生注視兵燹連天中的中國百姓，眼光慈祥：「他
們很需要幫助，所以要離開他們很困難」（頁39-40）。這是虛心奉主的聖人。溫
太太呢？她是聖人內心的魔鬼，驕傲異常：「中國人是撒謊的人民，不值得信
任，殘忍，汙髒」（頁40）。聖人內心也有魔鬼。面對異態文化，優越感不期然
膨脹起來，每每演變為鄙夷他人，宗教精神更可能須臾間消逝無蹤。且看毛姆
下面這一段敘寫，則西方聖人的底蘊不問可知：

> 〔和溫氏夫婦談話之際，〕我們聽到……敲門聲，一個年輕的〔中國〕
> 女人進來了。她穿著長裙子，有本地基督徒的大腳，臉上有一種又是
> 畏縮又是不高興的表情。她向溫先生說了一些話。我剛好看到溫先生
> 的臉：他看到她時，臉上掠過一種最強烈的肉體嫌惡表情。那表情像
> 煞被一種噁心的惡臭所扭曲。然後表情忽然消失，嘴角抽動成為一絲
> 愉悅的微笑。（頁41）

　　稍通中西關係史的人看到這段話，再回想前引溫先生認為中國乏人幫助，
躍躍欲試的描寫，必定恍然大悟：原來毛姆在寫的是用《聖經》傳達的白種人
的負擔。清末民初傳教士的文化大任，就用這一幅淡筆構成。毛姆本人的意見
呢？值此之際，他倒是回到菲力初識宋先生的時代：「然後不知為何，我在閃
爍間認清真象。儘管溫先生的意志是『喜愛』，我在他的靈魂裡卻看到『嫌
惡』」（頁42）。「意志」與「靈魂」的矛盾，真是妙喻，不也是白種人優越的真
實寫照？
　　謝和耐（Jacques Gernet, 1921-）的《中國與天主教的衝擊》（China and Christian
Impact）一書，把西方旅華傳教士分為兩種：「樂觀主義者，他們信賴『自然理

性』，相信中國人的性情傾向天主教。另一種為悲觀論者，他們在中國看到的，只有迷信與無神論的暢行無阻。」[6] 粗略觀之，毛姆刻畫的溫氏夫婦，各自代表上述兩種極端。仔細推敲，即使是理性信徒的溫先生，本身恐怕也有濃厚的悲觀論者的色彩。對守舊的中國人而言，溫先生無疑是一位文化「侵略者」，以其信仰上的熱誠，試圖改變固有民情風俗，眼中更容納不下教區內有別於歐洲的各種現象。這種「熱誠」雖然表面上是宗教性的，骨子裡卻是文化性的。溫先生並不知道他的宗教福音根本就是中國人的文化惡訊，因為他認為不信《聖經》的中國異教徒必然會受到上帝的詛咒。這種武斷的心態，和宋先生的作法截然兩橛，淵源自清教傳統，是旅華傳教士不自覺的文化懷鄉病的反映。〈修女〉("The Nun")篇中旅華已廿年的葡萄牙修女，在窮鄉僻壤高舉基督大旗，目的是否在頌揚救世濟人的道理，只要聽聽她們喃喃抱怨看不到葡萄園，見不到愉快的莊園，即可思知過半。以這種心態來布教，溫先生的「袒護中國」，難免不為偏見蒙蔽，修女的貶抑中國山水，又難免不為文化傲慢所囿。

　　方之鐵甲船帶來的文化「入侵」，基督宗教的大系統當然「寬厚仁慈」，雖然白種優越論仍為一切的基礎。就接受的一方而言，腐蝕根基，破壞本源最大的力量，實則無過於這種相對於武力的「仁慈的白種優越論」。不僅在傳教士身上可以看到這類心態，毛姆極力揶揄的洋商洋客，多半也用這種態度「關懷」中國百姓，「批判」中國文化。亨德遜(Henderson)是一家外資銀行的經理，剛抵上海時，拒乘人力車：「人力車違反他的個人尊嚴感，一個與自己沒有兩樣的人，為什麼要把我到處拖著走？」（〈亨德遜〉：53）這位心胸「仁慈」不下於溫先生的經理級人物，還藉口走路可以運動，口渴可以喝啤酒，為自己的作風找理由。然而，就像海德堡寄宿家庭對宋先生前恭後倨一樣，亨德遜的道德理想也抵不住現實的誘惑，沒多久就屈服而隨波逐流了。毛姆說：「有時他有急事，所以不得不用這種退化的車子。雖然他仍心懷戚戚，以車夫為自家兄弟，但坐人力車卻真方便」（同上）。於是他出必乘車，不久即習以為常。

　　亨德遜的轉變，實則仍有心理上的文化優越感支持。未為現實所屈時，優

6　Jacques Genet, *China and Christian Impact*, trans. Janet Lloyd (Cambridge: The Press Syndicate of the University of Cambridge, 1985), p. 5.

越感或可保持距離，以「仁民愛物」的面貌偽裝，就像菲力初不認為異教徒宋先生應入地獄一樣。然而若涉及本身的利益，羊皮下的虎皮就顯露出來，就像宋西戀情一旦曝光，東方尊嚴在西方瞬成猥褻一樣。某次，毛姆和亨德遜乘人力車在大街小巷閒逛，後者突然要求車夫回轉到一家書店買「羅素的新書」。於是有下面毛、亨為「人道問題」所作的辯論：

> 「我們不是可以吃過午飯再叫車夫拉我們回去嗎？」……〔毛姆〕說。
> 「這兩個人都汗流浹背。」
> 「那對他們有好處，」……〔亨德遜〕回答。「你一定不曾注意中國人。我們之所以在這兒，是因為他們懼怕我們。我們是統治他們的民族。」（同上）

　　亨德遜替車夫「設想」，認為多運動，多流汗，「對他們有好處」，真是「慈悲」已極。然而看在中國人眼裡，這種慈悲的滋味真是苦澀，也把數千年文化傳統養成的國格連根剷除。毛姆還算良心未泯，他接下來並未搭腔，「甚至沒有笑」（頁56）。亨德遜的白種負擔慈悲風範則意猶未盡，理所當然的繼續表示道：「中國人總是有主人的，將來也是如此」（同上），好像他高踞車上一日，就是在為中國人的魯劣多承擔一點責任。前頭提過，吆喝人力車夫急轉回頭，是要到書肆買一本羅素新著。諷刺的是，亨德遜刻意提到羅素的《自由之路》（*Roads to Freedom*），還大言不慚的說裡面提出一些有趣的新觀念。毛姆不僅引述亨德遜的話，他連動作也不忘捕捉：在該轉的路口，人力車夫跑過了頭，亨德遜氣極敗壞，大罵笨蛋。為了強調這一點，他在「兄弟」的臀部上「用力踢了一下」（同上）。

　　傳教士與洋商既然如此「替天行道」，等而下之的西方在華政客就更糟糕。毛姆筆下的英國領事，各個集白種優越與傲慢無能於一身。彼得（Peter）先生的官場歷練可謂資深，旅華時間超過二十年。「他孜孜不倦從事鴉片買賣壓榨」，然而也是「城裡唯一不知其領事館僕人持有鴉片的人」（〈領事〉〔The Counsul〕：102）。彼得精通中國文史，了解百姓，「但從廣泛的閱讀裡學到的並

非『寬容』，而是『自負』」（同上）。說穿了，這種自負正是溫氏夫婦和亨德遜的優越感。洋商在中國住上三數十載，一句問路中文也不會講，毫不足為奇。然而彼得先生和同僚「必須借助罵人來學習中文」（頁101），心態就令人嘖嘖稱奇了。

　　毛姆寫這些在華洋人，筆觸不深，但是平淡中自有一股諷喻的味道[7]，造成的效果雖然不是啼笑皆非，卻能予人深刻印象，直追拉伯雷（François Rabelais, 1483-1553）與史威夫特（Jonathan Swift, 1667-1745）的傳統。甚且自成一格，下開近代名家如瑟帛（James Thurber, 1894-1961）等人的幽默諷刺。在刻畫旅華西人時，毛姆很少答置一詞，自己的態度往往在沉默中顯現。然而毛姆容或不以溫格羅佛、彼得諸先生為然，對他們「替天行道」心存鄙夷，他自己果真能逃過傲慢與偏見的文化心態？答案恐怕不盡肯定。傳教士與洋商政客對華人喜愛嫌惡兼而有之，不過因為難以擺脫工業革命後的優越利己之風，直以歐洲本位注視異態文化。虛構善能傳達典型：他們的「喜愛」與「寬厚仁慈」，直追菲力加諸宋先生的表面客觀；他們的「嫌惡」與「自負」，則又踵繼寄宿家庭對宋西戀情的反應。其間一脈相承，並未因地理轉換，知識增加而有所不同。至於毛姆，待他親自與中國人接觸，尤其是與自己所屬的知識文化圈接觸，沉默便再也不能掩飾心態，《人性枷鎖》裡的傲慢與偏見遂一一浮現，而且因為事涉真實社會環境，每每變得更為尖銳，更顯突出。

　　在側描一位旅華西方漢學家時，毛姆說：「他這個人只借著印刷的紙張去認識真實。蓮花的悲劇性華美只有供奉在李白詩篇中，才能感動他，而端莊的中國女孩的笑聲，也只有在化為完美又精雕細琢的絕句時，才會激動他，引起他的興趣」（〈漢學家〉〔The Sinologue〕：201）。毛姆呢？他雖非漢學家，但是如前所述，他的中國在漢唐盛世，甚至在莊子的〈秋水篇〉中。細細推敲，我們甚至發現，毛姆之所以願意隔著一層歷史的薄紗看20世紀的中國，與其說是源於漢學家一般的孺慕之心，還不如說是想在東方為遙遠的西方古人招魂。喜歡讀《莊子》，已經變成毛姆中國淵源的標籤，只可惜他看重的不是南華真人出

7　參見Anthony Curtis, *The Pattern of Maugham* (New York: Taplinger Publishing Company, 1974), pp. 196-197。

世的逍遙遊,而是等同於西方近代主流思想的「個人主義」。《中國小景》寫〈雨〉
("Rain")一篇云:

> 〔在我身心俱懶的時候,〕我只有拿起翟爾斯(Giles)教授譯的《莊子》
> 來讀。嚴肅的儒家對莊子皺眉頭,因為他是個人主義者,然而《莊子》
> 卻是很好的讀物。這本書特別適合下雨天。閣下讀《莊子》時,不用
> 費力就常可碰到使人心思遊移的思想。不過思想會像漲潮激起的浪
> 花,霎時沖洗而過,在知覺裡油然產生「暗示」,使自己只在老莊的
> 世界裡浮沉。(頁92)

「暗示」的是什麼呢?〈挑夫〉("The Beast of Burden")一篇諷刺終身碌碌,了
無個人的人生態度,毛姆引《齊物論》一段,或可解釋《莊子》給他的「暗
示」:「終身役役而不見其成功,苶然疲役而不知其所歸,可不哀邪!人謂
之不死,奚益?其形化,其心與之然,可不謂大哀乎?」
　　不僅挑夫勞勞役役,莫知「所歸」。在毛姆筆下,絕大多數的中國百姓都
「終身役役」,所以大街小巷人影幢幢,或許密匝匝如蟻排兵,卻冷漠得連自
己命運也不關心。毛姆認為這些人一點也不了解自己,為了口腹之慾,可以迷
失自己,忘記自己,更甭提有何人生大志。形化心死,正是中國民情。對此等
現象,毛姆心裡「充滿一種無益的慈悲」(頁66)。其實,如果和他諷刺的在華
西人比較起來,毛姆「無益的慈悲」真是以五十步在笑百步。他的「借古諷今」
不啻漢學家借線裝書認識中國。「慈悲」云云,又是拿西方尺度觀照一個不能
類比的社會。他全然忘了1920年中國的特殊環境,更未細思漢唐文化是否適用
於東西接觸頻仍的20世紀社會。以一個文化純粹論者看五四運動後的中國,各
種現象當然令人痛心。發現尚古之風碩果僅存,心中又難免竊喜。毛姆訪華時
會過不少名門顯要,《中國小景》裡面可以辨認者唯宋春舫與辜鴻銘二人。前
者唯唯諾諾,滑稽突梯。後者顧盼自雄,誓不與俗世妥協。小丑與巨人,對比
顯然。所以有此等差別,便因毛姆擴大文化純粹論使然。更精確一點講,這種
對比是毛姆「文化個人主義」發酵的結果。

　　宋春舫早歲留歐，於西洋戲劇與法國文學頗有心得，是五四時期新派學者
之一。毛姆會見宋氏，地點若非北京便是上海，所談問題亦多局限於文學與文
化。顯而易見，毛姆對於宋氏所代表的新中國缺乏同情，對於五四前後崛起的
新文學運動頻表懷疑。刻劃宋春舫（1892-1938）的〈戲劇工作者〉（"A Student of the
Drama"）一篇，筆調尖酸刻薄，一開頭就諷刺連連，完全是新古典式的誇張：「他
實為一矮小的青年，兩隻小手非常細緻，鼻子比一般中國人還大，戴著一副金
邊眼鏡。雖然天氣暖和，他卻穿著一套歐式厚重蘇格蘭呢服。他的模樣有一點
羞怯，講話帶著一種尖銳的假嗓，好像聲音從未變過。這種音調，使他的話有
一種難以名狀的虛假」（頁165）。尚未進入訪談主題，毛姆先入為主的偏見已
經如許之深，期待他為新文化運動聲援，戛戛乎難哉。

　　果然，一開頭接觸到戲劇問題，毛姆便頻頻給宋春舫難堪。宋氏倡行的新
劇，要求布景、幕幔齊全；講究的是有意外，有懸宕，有曲折的「善構劇」（*Piece
bien faite*）。毛姆卻力主守舊，認為中國古典戲劇自有其精緻的象徵主義，是西
方人期之已久的「觀念戲劇」，不宜輕言廢棄。在中國，這種戲「因枯燥無味，
逐漸式微」（頁166），令人惋惜。他言下不解宋氏何以不反求諸己，一味崇外，
反而貽笑大方。毛姆是否曲解了宋春舫的戲劇觀，林以亮（宋淇，1919-1996）在
〈毛姆與我的父親〉文內已有詳細說明[8]，此處我不擬多談。不過，宋氏的新
派作風有其歷史條件，也是不爭的事實。兩人論戲不久，宋氏一語道出毛姆和
當時中國文人的主要歧異。他半帶詢問的對毛姆說：「您知道我們的學生對社
會問題有很大的興趣。」（同上）然而毛姆卻以不關心社會問題而支吾其辭，
岔開話題。

　　毛姆的確有意迴避社會問題；他寧願重視個人經驗。從《人性枷鎖》到晚
期劇作如《三重奏》（*Trio*），毛姆在在強調的都是人類的通性，特殊時空下的
表象非其所長。然而，社會問題一直是五四前後中國作家最大的關懷，他們乞
援於西方的作家亦多以蕭伯納（George Bernard Shaw, 1856-1950）和易卜生（Henrik

8　林以亮，〈毛姆與我的父親〉，《純文學》3.1(1968)：1-10。此文另已收入林著《前言與
　　後語》（臺北：仙人掌出版社，1968），頁131-145。上揭《純文學》頁11-21另又重印了
　　宋春舫的〈從莎士比亞說到梅蘭芳〉及〈我不小覷平劇〉二文，可一併參看。

Ibsen, 1828-1906)為限。引進問題劇,目的在改良社會,恢復國格,振衰起敝[9]。毛姆訪華時中國內憂外患,環境險惡,人心思變是大勢所趨。凡此種種,豈是無睹社會葛藟,力主文化純粹的毛姆所願思及?他自西方來,衷心以希臘羅馬古典是尚,厭煩當代的寫實作風,渴望在中國舞臺上看到傳統的象徵戲劇,其情可憫。然而心態既然如此,宋春舫一時又語焉不詳,兩人談話必然格格不入。前揭林以亮文對毛、宋之別故有類似的說明:「毛姆心目中的中國戲是京戲,所謂象徵手法和思想性是他認為京戲中所特有而為當時歐美舞臺劇所缺少的。毛姆自己寫慣了寫實的舞臺劇,當然對中國京戲那種表面上簡單而又經過提煉的手法羨慕萬分。可是我父親,同他那一時代的參加五四運動的知識分子一樣,總希望文學能對時代發生一點作用,對改良社會有所貢獻。」[10] 惜乎宋春舫過分拘謹,竟不敢和毛姆辯置一詞。在尊敬西方作家的心情下,他面對咄咄逼人的毛姆,當然無可奈何的要慘遭曲解,甚至刻畫成卡通人物。

令人訝異的是,毛姆譏諷宋春舫學究氣重,居然不從西方典籍引喻,反而以中國傳統之矛攻子之盾。他舉《莊子·秋水篇》北海若與河伯對談的典故,暗諷宋氏難以理喻:「井蛙不可以語於海者,拘於虛也;夏蟲不可以語於冰者,篤於時也;曲士不可以語於道者,束於教也。」在近代英國文學史上,善以辭令譏諷時人者,蕭伯納與王爾德(Oscar Wilde, 1854-1900)之外,毛姆是一大家。傲慢刻薄,又善以機鋒嘲罵外國人者,也無過於毛姆。費德福著《毛姆傳》內,便屢曾記載毛姆譏諷美國人,毫不寬貸[11]。《中國小景》寫宋春舫一篇,更以巧言揶揄美國人為一極端現實的民族:「哈佛大學正在籌設一個講座,教導老祖母如何吸吮雞蛋。」(頁167-68) 方之此等尖酸言詞,毛姆譏刺宋氏為不可語冰的夏蟲,還算厚道。不過,他的諷喻或許無心,隨手拈來,卻深合自己一貫的性格。

從毛姆一再引用《莊子》,可以了解他迷古戀古已然成習。身處20世紀而猶心懷魏闕,稍一不慎,即可能演變成為偏見。辜鴻銘(1857-1928)所以是《中

---

9 請參閱本書頁295-318及419-425。

10 林以亮,《前言與後語》,頁136-137。

11 費德福著,阮恕譯,《毛姆傳》(臺北:中華日報社,1979),頁5-6。

國小景》書內唯一得毛姆青睞的中國人，原因便是在此。寫辜氏一篇題為〈哲學家〉("The Philosopher")。毛姆把訪談地點虛構在四川的成都：「日落西山的時刻，你可以從佈有鎗眼的大門，看到積雪的西藏山脈。」（頁128）不過，小說家的障眼法顯然在故布迷陣。1934年9月，黃嘉音(1913-1961)在《人間世》第12期率先譯出〈哲學家〉時，林語堂在編案中業已指出：毛姆訪辜實在北京。他把地點挪到西陲成都，可能有意暗示中國古文化已非當代重心，甚至崦嵫薄暮，一去不返。〈哲學家〉篇首說道：「在如此僻遠之處見到這樣大的城市，使我震驚不已。」（同上）這句話的弦外之音是：「在歐風東漸日趨熾熱的中國，我還能遙見昔日典型，怎不雀躍欣喜？」

毛姆稱辜鴻銘為「孔學最大的權威」，曾任「慈禧太后閣臣多年」（同上）。這些封號官職，當然不盡屬實，至少辜氏官最大不過入張之洞幕府。毛姆想要點明的，實是「孔學最大的權威」如今已後繼乏人，門下虛空。「大部分學生寧取外國大學建築輝煌，蠻夷之邦科學實用」（頁129）。然而毛姆的復古偏見積習已深，他仍然托人捎信求見辜鴻銘，只可惜一試未成。後者自視甚高，天生叛逆，率性而行，早已中外聞名。毛姆初嘗閉門羹，可以想見。但面對一位比自己還要貢高我慢的人，毛姆求見之心益切，終於拉下大英帝國的優越感，以他所能想到的「最禮貌的辭句」再表景仰之忱（同上）。斜眼睥睨宋春舫的毛姆，一時倒變成了謙遜的慕道信徒，倨恭盡在剎那之間轉換。然而辜氏拒人門外本為揚己策略，再表晉見豈無接納之理？第二天，欣喜若狂的毛姆便坐著轎子，往見他歷經艱險來到中國的「誘因」了。

毛姆訪華正當第一次世界大戰結束不久，歐洲滿目瘡痍，昔日信心動搖，新的典範未及樹立。辜鴻銘則深諳中西傳統，欲移東方學說以教西人，前後論述如《春秋大義》(*The Spirit of the Chinese People*)與《中國對於歐洲觀念之辯護》(*Chinas Verteidigung gegen europaeische Ideen*)等書，深能填補戰後歐人的虛無心靈。他在歐洲薄有令譽，大學者如丹麥文評家勃蘭德斯(Edvard Brandes, 1847-1931)等人，紛紛撰文推崇[12]，為其理論精義抉竅見微。毛姆在西方即讀

12　勃蘭德斯的〈辜鴻銘論〉，林語堂有譯文，刊於《人間世》第121期(1934)。這篇文章可見於劉心皇，《民初名人的愛情》（臺北：名人出版社，1978），頁18-27。

過辜氏著作，心儀不已。又從所聞辜氏種種作為，「斷定他是有骨氣有人格的人」（同上）。乘轎虛懷的他，最後終於穿過人群，來到門庭寂寥的辜府宅第。

儘管此時毛姆自以為在晉見偉人，卻也不得不秉客觀之筆，細寫初進辜府所見的敗破與蕭條，頗有自然主義的冷峻餘風，亦可見辜氏代表的舊傳統縮瑟侷促：

> 我走過一個邋遢院子，到達一間狹長低矮的房間，裡面稀疏擺著一張
> 美式折疊書桌、兩三張黑木椅和中國小几。靠牆邊的書架上有很多
> 書，當然大部分是中文，但也有許多英法德文的哲學和科學書籍。此
> 外，還有幾百份學術性評論刊物。牆上沒擺書架，掛著一些卷軸，寫
> 著不同字體的字，想來是孔夫子的格言。地板上沒鋪地氈。那是一間
> 空洞寒冷，令人感到不舒服的房間。（頁130）

就在這暮靄籠罩的房間裡，毛姆和辜鴻銘辯駁往聖的智慧。不過他甘拜下風，因為自己也是復古派，是一丘之貉。辜鴻銘初習歐西典籍，最後回歸文化本源，又切合毛姆的純粹論。但是兩人之間也有顯著的差異。辜鴻銘認為真智慧僅存在於儒門聖典，毛姆感興趣的卻是他獨尊儒術的心態：「這證明了我的看法：哲學是『性格』而非『邏輯』的事。」（頁132-133）易言之，毛姆從西方個人主義，從他所認識的《莊子》看待辜鴻銘的信念，所以接下才會結論道：「哲學家不按照客觀事實而按照主觀性情去信服。」（頁133）這一點，他並沒有把錯辜鴻銘的脈；辜氏的憤世嫉俗，早已是民國一絕。毛姆所未察覺的一件事，是他的復古偏見遮蔽了他所沒看出的辜鴻銘的矛盾。既然辜氏以主觀心態復古，鄙視重振國家地位所需要的各種改革，何以又以此等個人心態「痛恨現代人口口聲聲高喊個人主義」？（同上）如果陳序經(1903-1967)《東西文化觀》斥責辜氏不懂文化是正確的[13]，毛姆顯然也誤解了文化的真諦。他和辜氏一樣，本身就是多重矛盾的組合體，不了解因應適變是文化融合的常態。他只知

13　參閱陳序經，《東西文化觀》（臺北：牧童出版社，1976重印），頁28-46。

一味守成，強自以為「新」。在這種混沌不明裡，一遇到「偏見」比他深，「辯才」高過他的辜鴻銘，焉能不俯首稱臣？辜氏以中國文化的優越性迎擊西方人的優越感，一句「你們訴諸槍炮，也要受到槍炮的審判」（頁134），就足以使自視甚高的毛姆啞口無言，進而為這位「東方聖人」在民國的際遇叫屈，唏噓不已。

　　訪談臨終之際，辜鴻銘揮筆寫下兩首自撰中文詩送給毛姆。客人要求英譯，主人的回答卻是「翻譯即叛逆」，「你不能期望我出賣自己」（頁137）。毛姆開始嘗到〈序幕〉讚賞的歌妓和浪蕩子的「機智」對答。想來這才是他到中國來的本意，不僅滿足了西方偏見，也可以聚照復古心態。辜鴻銘強調以德服人而非武力征服，承繼的固屬古聖先賢的垂訓，然而以優越感對抗優越感的憤世嫉俗，又豈是中國人繼往聖，開絕學的文化本意？毛姆自以為在這位儒學「最後權威」身上認識到了中國，殊不知他仍是菲力隔著飯桌在瞧宋先生，也是《張文襄幕府紀聞》所載的陳蘭彬侍員讀西報[14]：解者既不得其人，毛姆的中國文化代表當然得流放到西陲成都。

　　歸結《中國小景》所刻畫的中國人物與洩露的文化觀點，可以說毛姆當之無愧的反映了西方文明的傲慢與偏見。在這種心態基礎上，他寧願中國仍然處在漢唐盛世，也不願華人步武西方，更不願土洋混陳，中西夾雜。所以毛姆雖然盡其可能秉持客觀之筆，卻也不由自主的就用起第一人稱敘寫；所以他雖然願意寫實，中國卻仍然罩在一片煙雨朦朧中。身在盧山猶如霧裡看花，《中國小景》怎麼也比不上1935年《費南多先生》（*Don Fernando*）裡分析西班牙文化表現的透視力。林以亮的評論有理，毛姆和他所代表的觀點「完全忽視了世界潮流的趨向和中國本身對現代化的迫切要求」。就此而論，「他們和一部分『中學為體，西學為用』的中國人士是相同的」[15]。宋春舫在傲慢下矮化了，辜鴻

14　辜鴻銘，《辜鴻銘的筆記》（原題《張文襄幕府紀聞》；臺北：西南書局，1978重印），
　　頁38 〈不解〉一條載：「昔年陳立秋侍郎名蘭彬，出使美國，有隨員徐某，夙不諳西
　　文。一日，持西報展覽，頗入神。使館譯員見之，訝然曰：『君何時已諳悉西文乎？』
　　徐曰：『我固不諳。』譯員曰：『君既不諳西文，閱此奚為？』徐答曰：『余以為閱西文
　　固不解，閱諸君之翻譯文亦不解。同一不解，固不如閱西文之為愈也。』」
15　林以亮，《前言與後語》，頁144。

銘在偏見下昇華了。兩者都是毛姆心態理所趨,兩者也都是隔岸觀火的西方心靈的犧牲品。

　　其實,不以立場廢言,毛姆的中國遊記不失為一部上乘的散文作品。費德福說:「1922年,亦即出版《中國小景》以前,毛姆所表現的僅是一位說故事的高手,而不是傑出的藝術家。毛姆雖然知道使用簡單字眼的力量,但直至《中國小景》,他才盡力發揮出來。雖然我們很難在全書中找出一句瑰麗的句子,但是就內容整體觀之,卻顯得非常有力量,這就是隱藏在藝術中的藝術。」[16]費氏是毛姆生前的好友,熟讀他所有的著作。上引的評語毫不為過。毛姆的文字確實以生動為尚,但在平實中才見真章。20世紀前半葉英國作家語言的誇大虛矯,《中國小景》內少見蹤影。

　　華夏山川誠然因《中國小景》的折射而扭曲不少,但如以虛構的想像藝術觀察,《中國小景》所記確可符合毛姆在〈自序〉內所擬的訪華初衷:為尋訪創作靈感,為蒐羅寫作素材。1921年結束在華行程後,毛姆西返,不旋踵果然在四年後發表了以中國為部分背景的長篇小說《彩畫面紗》(*The Painted Veil*)[17]。新著中有西方人熟悉的畸情,有傷感的善惡掙扎,也有不少香江的燈紅酒綠和中國內地的各式人馬:異國情調濃郁,確可投西方人渴慕浪漫的心理。唯一可惜的是,這本書的文化觀點一仍《中國小景》的玄虛空談,殊無進境,不值得我們費辭詳談[18]。

16　費德福,《毛姆傳》,頁68。

17　W. Somerset Maugham, *The Painted Veil* (1925; rpt. Harmondsworth:Penguin, 1979).

18　有關毛姆東方小說或戲劇的綜述,見趙毅衡,〈毛姆與華僑持槍女俠〉,載於所著《雙單行道:中西文化交流人物》(臺北:九歌出版公司,2004),頁188-192。

老舍倫敦書簡及其他

人生如白駒過隙，但是生命裡總會有一兩個駐足過的地方值得特別留戀，就好像人生際遇各有不同，但每一個人都會有永銘心頭的回憶：或屬人，或屬事。倫敦之於老舍，其意義絕不如北京，方之羅馬之於雪萊，雅典之於拜倫，意義更是難以相比。話雖如此，從1926年老舍初履英國開始，他居於倫敦，食於倫敦，於茲五載，先後完成《老張的哲學》、《趙子曰》與《二馬》等長篇說部——倫敦對他而言，絕非浮光掠影的西方地理名詞。

1986年，中國現代文學界公布了幾件老舍在倫敦的書簡。據譯注這些資料的舒悅說：這些陳年檔案是中國旅英的現代文學史家白霞及任教巴黎高等師範學院的保羅‧巴蒂分別蒐集到的。時間由1924年擴展到1929年6月，涵括了老舍人在英國的五年歲月。資料共計書信十五封，但不盡屬老舍所寫，其中有十封是他人寫給老舍，或是涉及旅英事務的官式公函。白霞和巴蒂尋獲這些書信後，將之轉贈老舍遺孀胡絜青(1905-2001)，然後譯為中文發表[1]。舒悅是老舍的後人，對父親生平想必所知不少，只可惜這些信譯得過分拘泥於原文，讀來稍嫌拗口。

一

老舍到英國去，時當1924年夏秋之交。他所以遠渡重洋，羈旅異邦，說來

1　舒悅譯注，〈老舍在倫敦的檔案資料〉，刊《中國現代文學研究叢刊》1(1986)：115-124。正文所附頁碼均指此文。

和英人埃文斯(Robert Kenneth Evans, 1852-1926)有關。埃氏為傳教士，隸屬於倫敦傳道會(London Missionary Society)，曾經兩度來華；從1920年起，又復執教於燕京大學三年。據老舍的〈北京缸瓦市倫敦會改建中華教會經過紀略〉一文載，1921年他在教會即識得埃文斯，來年又在燕京大學從埃氏習英文。1924年初，埃氏離華返回倫敦，透過教會，推薦老舍到倫敦大學的東方學院教授中文。學校應允後，便轉請倫敦教會駐北京代表伍德(M. Wood)女士代表學校與老舍簽訂聘任合同，為期正是五年。

老舍旅英時期，倫敦大學東方學院共分四系。中文系主任是前清廢帝溥儀昔日的英文教師莊士敦(Fleming Johnstone, 1874-1938)。不過老舍和此公似無深交，彼此間還曾發生過摩擦[2]。就已披露的倫敦信札來看，老舍交涉較深的倫大人員是該校校長及其直屬助理。舒悅所譯的第一封信，發信人正是校長本人，日期署1924年9月16日，其時老舍已抵倫敦，住在市內巴尼特區的卡那文路十八號，同住者還有中國文壇名人許地山(1894-1941)，其後的小說創作，多蒙提攜[3]。上述的信件實為聘任合同的補充，提到倫大董事會已於7月16日的校務會議上發表老舍為新任中文講師，聘約的生效日期是同年8月1日。此外信中所談，不過是一般合同上的官樣文字，如授課時數與工作時間等等。

比較有趣的一點是：倫大校長提到他「能理解」老舍此時棄本名舒慶春的音譯不用，而「希望用Colin C. Shu(舒柯林)」來代替中文名字的「願望」(頁116)。老舍一向痛恨殖民地社會的陋俗，尤其不敢苟同東方人買辦似的媚外心理，「柯林」是他少見使用的洋名。不過他選擇這個名字，可能因為這是早先入教時受洗的教名。「柯林」出自《聖經》，據日本學者日下恒夫的考證，在基督徒人名中，代表「人民的勝利」之意(同上)。

老舍到達倫敦的日期是9月10日，埃文斯親至火車站迎接，卡那文路的居停似乎也是埃氏的產業。不過，剛入境的老舍在居留上發生了一點小麻煩，9

---

2 參見胡金銓，《老舍和他的作品》(香港：文化生活出版社，1977)。我用的是此書的部分英譯，見King Hu, "Lao She in England," trans. Cecilia Y.L. Tsim, in George Kao, ed., *Two Writers and the Cultural Revolution* (Hong Kong: The Chinese University of Hong Kong Press, 1980), p. 21.

3 參見趙毅衡，《雙單行道：中西文化交流人物》(臺北：九歌出版公司，2004)，頁34-35。

月16日倫大校長除了有封致老舍的信外，還為他發了一封陳情書給英國入境檢查局的中國部內務辦公室。照這封信的內容看來，原乘德萬哈號郵輪入境英國的老舍，似乎只拿到一個月的居留權，根本不符聘書上所載的五年任期。因此，倫大校長請求入檢局「更正舒先生的註冊登記」（同上），延長他的居留期限。這一類的陳情書，在西方國家是機關首長分內當做的事，本來不足為奇，然而老舍久居中國，一向自己處理類似私事，一旦有人出面幫忙，感激之情油然而生，不言可喻。1934年8月，他在第92期的《良友畫報》上發表〈頭一天〉一文，就曾重敘此事。

除了居留權的問題外，初抵異域的老舍也遭逢財務上的困擾。1924年10月21日，埃文斯親自擬了一封信給倫大校長秘書克萊格小姐，討論有關老舍赴英旅費的給付方法。老舍離開中國之前，說好由倫敦教會代學校預支旅費，不僅包括北京到上海的50元墨西哥鷹洋，還包括德萬哈號郵輪的船票。後來大約手續上出了點問題，此事懸而未決，老舍只好通知上海的教會駐華總代表布萊克。後者乃去信埃文斯，請他就近和學校交涉。埃氏不僅親函詢問，而且把布萊克的信轉致北京的伍德，因為她是事件的原始負責人。致校長秘書的信果然發生作用，老舍由北京而上海而倫敦的龐大旅費，一一如數發還。

老舍身在倫敦，經濟問題顯然一直是壓力。1924年9月16日校長給他的函件上，明載老舍在倫敦大學的年俸為250英鎊。但是這個數目似乎不敷老舍生活所需，況且他還有接濟中國家人的責任。1926年6月16日，我們看到這位當時在中國已薄有文名的作家，終於開口向東方學院院長丹尼森‧羅斯博士要求調薪了：

親愛的先生：

到本學期末我就在此工作整整兩年了。依據我的合同中的條件，我請求您考慮給我增加工資。

對於我的工作，我是全力以赴的，我承擔了學生們所希望學到的科目的教學任務，不論它們是否包括在合同內。

要支付我目前在倫敦的生活費用和幫助我在中國的寡母，我現在的兩

百五十鎊年薪是不夠用的。如果您能同意我加薪的請求，我將不勝感
激。

忠實於您的舒慶春（簽名）（頁120-121）

這封信果然發生作用。四個月後，也就是同年的10月9月，學校秘書代表
校長更新合同條件，再發一函給老舍，其中便提到「從1926年8月1日起，舒慶
春先生在今後的三年裡被任命為標準中國官話和中國古典文學講師，年薪為三
百鎊」。老舍的請求有了回應：五十鎊的差額不是多大的錢，但是不無小補。
終老舍旅英的後三年，他便靠這些微薄的收入來維持生活，貼補中國的家用。

學校秘書致老舍的信函中，不時透露他在倫大的教學狀況。在學校的正課
外，老舍不時還受託為學生「補習」，所收「束脩」按理可如數納入私囊，例
如1925年7月8日，克萊格小姐便曾發信問老舍道：「您願意教一個學生說點中
文嗎？他希望每星期上三節上午的課。如果您願意的話，那麼就從下星期五的
十點開始。」（頁118）老舍收到信後，第二天馬上覆信云：「剛剛收到您的來信，
非常感謝您的好意。我很樂意在假期中幫助一名學生多學點中文。明天上午十
點我去學校見見他。」（同上）這一次的「補習」事件，時間應該在1925年的
暑期，而老舍那時已搬離卡那文路，住進倫敦第三十一街。他仍然願意到校去
教額外的課，或許是為了「束脩」故，不過往來信函中不曾言明。可以確定的
是：老舍對教學的確有一份熱誠，因為同時發生的類似事件不止此端。

按照西方人辦事的習慣，發聘與受聘人應該共持合同正副本。老舍在這方
面似乎十分在意。1924年受聘後，他一直沒有收到聘書的副本。為了此事，他
一度和克萊格秘書磋商。事隔兩年後，他或許因此而在1926年6月6日親筆致函
秘書，要求審慎處理合同的事：

親愛的克萊格小姐：
您能否就我本人和學校簽署的合同一事給我一個準確的消息？
我在1924年由北京啟程來英國之前，在伍德小姐的學校裡簽署了這個
合同，可是，我卻從未得到它的副本，而且我也不知道她把它送到學

校呢？還是把它送給了里斯博士？如果是後一種情況，那很有可能根本就沒有送到學校，因為里斯博士恰在那時去世了。我知道，按照英國人的習慣，簽約雙方都要在合同上簽名，而且雙方要分別保留一份有對方簽名的副本。由於我不清楚伍德小姐是否已把有我簽名的副本寄給了學校，所以我遲遲未向學校要有校方簽字的合同副本。請您告訴我：第一，伍德小姐是否把合同交給了學校；第二，我希望保存一份有校方簽字的合同副本。儘管我對合同中的條件記得很清楚，我仍希望有一份校方簽字的副本。如果您能滿足我的請求，我將非常感謝。忠實於您的舒慶春(頁119-120)

聘書本身牽涉到老舍、倫敦大學與倫敦教會三方面。伍德是教會駐北京代表，前文業已提及；里斯博士應該是大學負責老舍受聘的主管人員。克萊格秘書實則並未忽視老舍的請求，6月10日她還去信北京，煩請伍德賜覆(頁120)。當然，由於文獻不足，我們不知道老舍是否如願以償。整個事件的啟示是：老舍的確一絲不苟，絕不忽視自己的權利。

舒悅稱：伍德所屬的「倫敦教會」總部設在倫敦，早在「1864年」即正式派遣傳教士進入中國[4]，有支會數處。老舍受洗的地點，是該會北京支會的缸瓦市基督堂，受洗時間則已遲至1922年的上半年。從前面的引述中，不難看出在老舍旅英的過程中，倫敦教會一直扮演著重要的角色。這種「角色」，不但建立起1924年後老舍在倫敦的生活方式，也開啟了往後以寫作為職志的一生。因為抵達倫敦後不數年間，老舍的長篇創作便一部部的面世。

二

老舍天生是作家，是文字的觀察者。他在英國的歲月，當然也難以自甘為

4　舒悅所指的「倫敦教會」，正式名稱應為「倫敦傳道會」(The London Mission Society)。這裡所稱的「1864年」恐怕也有誤，因為第一任傳教士馬禮遜早在1807年來華，1823年已譯出新教首部《聖經》──《神天聖書》了。

語言的教授者，僅止於和洋人弄語一番便罷。事實上，倫敦大學想必十分看重這位遠道來訪的中國近世天才。1926年7月16日，大學校長還委請秘書再發一信給老舍，請他在校內開設「公眾講座」，以便「作為教學人員組織的『東方和非洲詩歌』系列講座的一部分」，連題目亦已代擬妥當：《唐代愛情小說》（頁121）。

兩天後，老舍立即動手覆信，請秘書轉達校長願意一試的心意；演講內容亦大致指出：

> 親愛的克萊格小姐：
>
> 謝謝您的來信。我將非常樂意接受校長的建議，開設一個關於唐代愛情小說的公眾講座。對於這個題目我有四點設想：（1）唐代短篇小說的發展——作為我的講座的序論；（2）唐代愛情小說的分類和思潮（有關倫理或宗教等方面的小說）；（3）語言以及研究唐代愛情小說的必備書籍；（4）對元明戲劇形成的影響。第二部份將是我講課的重點，大概要佔去授課時間的一大半。我只是粗略的計畫一下，您如能告訴我它是否妥當，我將非常高興。唯一讓我擔心的是不知我的英語能否表達我要說的。在講課之前，我要請我的英國朋友對我的講稿修改一番，以免在講課中出了什麼差錯。另外我願意將我的講稿拿給校長過目，得到他的批准。
>
> 您誠實的舒慶春（頁122）

信上所指的「唐代小說」，應該就是《李娃傳》或《聶小玉傳》一類的唐傳奇。老舍這封信雖然僅提供粗略的計畫，但從所舉看來，卻也四平八穩，深合當時中國文士論學的習慣。倫敦大學的校長想來是中國文學的門外漢，只能以為「講座計畫好極了」（1926年7月19日學校秘書致老舍信；同上頁）。老舍所開的講座原訂同年11月17日下午5點舉行，但是否如期完成，結果如何，我們又不得而知了。不過老舍原擬的英文講稿"Tang's Love Stories"倒是曾加修訂，於1932年發表在燕京書院的學報上，署的是另名舒舍予。這是老舍生平所寫的第一篇學術

論文。

　　由於文獻查考不易，老舍論文的詳細內容一時難以獲悉。但從〈唐代愛情小說〉的大綱中，我們至少可以知道老舍對古典文學確有一己之見。1905年進入私塾開始，老舍即潛心追求古典，曾在〈我的創作經驗〉文內說道：「我比一般小學生多念背幾篇古文。」舒乙在記錄〈老舍的童年〉時，也曾強調老舍對於傳統經典之外的民間文學的興趣：「他愛看書，愛幻想，愛聽故事。有點錢的小夥伴常邀請他一塊去小茶館聽說書。這是他唯一的業餘享受，這享受使他終生對通俗民間文藝都有一種特殊的愛好。」1913年老舍入北京師範學校後，又專攻桐城古文，大量接觸古典說部，唐人傳奇、宋人平話、《三國演義》、《水滸傳》與《儒林外史》等，都在他研讀之列。

　　倫敦大學在1926年和老舍換聘時，已不僅要求他教授中國語言了，同時也請他講授古典文學。對老舍而言，這自然不是難事。不過如今我們所知的他對古典文學的看法，除了零星文章外，應推前述〈唐代愛情小說〉及1940年代初期的〈現代中國小說〉二文。前者既難查知，後者的流覽則不無裨益。〈現代中國小說〉所論者，實不僅涵括五四後的作品，還包括明代以來的白話小說。該文原以英文寫成，發表在戰時留美學生主辦的《學術建國叢刊》(*National Reconstruction*)第7卷第1期(1946年7月)，並曾於1986年在《中國現代文學研究叢刊》第三期上重刊，由區鉷迻為中文。依老舍之見，「現代中國小說」的特點根植於民間：文言文「對於普通人來說，簡直是一門外國語」，只有白話才是民間語言。從這種普遍的五四觀念出發，老舍審視古典說部的結論，往往便有如胡適一般。例如討論《三國演義》時，他寧可花費大量篇幅，追述民間說書人將《三國志》改編的歷史，認為他們「用人民群眾聽得懂的語言來講述這場長達半個多世紀，把中國分成三個互相攻伐的國家的內戰中天不怕地不怕的英雄人物的故事」。

　　談到其他的明清小說，老舍認為《金瓶梅》的重要性遠在《紅樓夢》之上，因為這部小說「用山東方言寫成，是一部十分嚴肅的作品，是大手筆」。至於《紅樓夢》，他則比之為美國的《飄》(*Gone with the Wind*)，1941年在《文學月刊》第1卷第5期上發表〈如何接受文學遺產〉一文時，就認為《紅樓夢》固然

偉大，但是不能像《戰爭與和平》那樣啟發大眾，只能在「哥哥妹妹」那一點上有極大成就。單是方之於《飄》，老舍眼中的《紅樓夢》，就有點不堪了。顯而易見，老舍重《金瓶梅》和五四時人反文言文有關，心情略如胡適(1891-1962)之重視《海上花列傳》[5]。不過在語言的世俗性之外，老舍也要求思想上的現世性。他中的不僅是胡適的「毒」，還要加上陳獨秀的「毒」。這種普遍的五四文學觀，早在倫敦時期即已潛藏在老舍心裡，逼使他寫出上述攸關此一時期的三部作品，最後則總集其大成於1938年的《駱駝祥子》上面。

〈現代中國小說〉中，有一大部分探討五四以來的新文學，老舍所持的評價標準，也是上述普遍的五四文學觀。他的觀察相當銳利，以為古典小說到了清末已呈強弩之末，而民國初年，「中國出現了試圖按照西方模式來創作的小說就不足為怪了」。在追尋新的模式與內容之時，新小說都背離了「公式化的死板的古典模式」。老舍論證的邏輯如下：

> 首先，新小說不管直接的或間接的，都不曾表現修身、齊家、治國的儒家思想，也不因襲傳統小說中特別突出的神怪成分。相反，新小說努力擺脫多年來儒家道德的束縛，反映國家面臨的急待解決的問題，甚至包括政治問題——這些問題是舊小說毫不理會的。古典小說常寫的是鬼怪，神龍，狐仙，以及一些想像奇詭的故事。一言蔽之，這些小說毫無社會意義。相反，現代中國小說從一開始，就幾乎無一例外的反映人們在日常生活中遇到的問題，以及由此引起的衝突，特別是家庭束縛個人時產生的衝突，因為人們已經開始同舊思想決裂，接受新思想。

老舍這裡的論證，有一大部分無疑正確。他認為巴金(1904-2005)的《激流三部曲》和茅盾(1896-1981)的《蝕》都是「新小說」的典範。不過在此同時，老舍卻又一筆抹殺了李汝珍(1763-1830)的《鏡花緣》，甚至是愚山老人的《蜃樓志》

5　胡適，〈《海上花列傳》〉，見《胡適文存》(4集。臺北：遠東圖書公司，1953)，3：488-496。本注注尾冒號前之數字指集數，其後者指頁數。

(1804)所代表的舊傳統,輕忽了從沈從文(1902-1988)的《邊城》一路擴展至蕭紅(1911-1942)《呼蘭河傳》的新傳統。

當然,老舍期待的新文學的社會面並非毫無理性與跡象可尋:他從古文堆裡走出,開始面對新的文學形式的契機,種因所在,依然是本文重點所談的倫敦生涯。佟家桓在《老舍小說研究》一書中說道:「在英國幾年間,老舍靠艱苦的自學,廣泛的閱讀了西歐各國的文學作品。從古希臘、古羅馬文藝、中古文學、文藝復興時代的作品,到近代的英法小說,老舍都有濃厚的興致與深刻的理解。」[6] 這種「興致」的推衍與「理解」求出的結論,恐怕也是促使老舍回省古典,揚棄古典,進而正視人生,面對社會的重要原因。西方文學在傳統上實與人生不可細分,汲汲探索的多半是人生的終極關懷。老舍的調整、轉向,確實有自己理論上的基礎。即使像《老張的哲學》這樣「生澀」的「練習」[7],也是受了英國小說傳統的影響,脫胎自倫敦時期的博覽群籍。

老張是世界文學裡常見的原型人物。他刻薄成性,對人毫不寬貸。他以債養債,視他人如囊中之物,連自己的妻妾亦不例外。小說中其他的角色,一個個若非有如老張的金錢奴隸,便是他據以擴張高利貸世界的工具。從左派的文評觀點來看,老舍在這部長篇處女作中讓我們看到的是「時代已經進入了民國,封建帝制已經推翻,而掩蓋在民國旗幟下的人與人的關係依舊是封建的甚至是奴隸的關係」[8]。中國人積習難改,誠然不容否認,不過,如同夏志清在《中國現代小說史》中指出來的,老舍的滑稽小說還是接觸狄更斯(Charles Dickens, 1812-1870)的作品所成的結果[9]。

倫敦時期的第二部長篇《趙子曰》,實為《老張的哲學》的續作。老舍說過:「這兩本東西在結構上,人物上,事實上,都有顯然的不同;可是在精神

6　另請參閱老舍,〈讀與寫〉,見胡絜青編,《老舍生活與創作自述》(香港:生活・讀書・新知三聯書店,1981),頁377-386。

7　老舍,〈我怎麼寫《老張的哲學》〉,在胡絜青編,《老舍生活與創作自述》,頁8。

8　孟廣來,〈二十年代老舍思想發展初探〉,《齊魯學刊》4(1982):82。

9　C.T. Hsia, *A History of Modern Chinese Fiction*, 2nd ed. (New Haven: Yale University Press, 1971), p. 166.

上實在是一貫的。」[10] 到了寫《二馬》的時候，老舍視野再開，從社會現象一躍而進入歷史縱面的探討，開始思索中華民族幾千年來僵化的問題。《二馬》中，老舍用「老化」一詞總括民族的困境，他說：「民族要是老了，人人生下來就是『出窩兒老』。出窩老是生下來便眼花耳聾痰喘咳嗽的！一國裡要有這麼四萬萬出窩老，這個老國便越來越老，直到老得爬也爬不動，便一聲不響的嗚呼哀哉了！」[11] 近代史上，中國常處於長期分裂之狀，民心不振，老舍都歸結於民族老化，故他一意想從語言文字的組合上來激勵民眾。北伐時期，他身處倫敦，但仍然心繫故國：小說中如此，實際生活上也是如此。《二馬》書後就有這樣的話：「我們在倫敦的一些朋友，天天用針插在地圖上，革命軍前進了，我們狂喜，退卻了，懊喪。」[12]

《二馬》是倫敦時期的殿軍之作。撰寫之時，老舍閱人已久，讀書已廣，又充分吸取西方作家的特長，所以在人物刻畫上有獨到的表現。小說中的「大馬」馬則仁是一個漫畫型的諷刺角色，集傳統文人的劣性於一身：愛面子而又無所事事，不屑於「士」以外的社會活動而又無力供養自己。他的兒子馬威則代表中國新生的一代，有社會良心，有國家意識。小說刻畫這對父子確實筆力萬鈞，不過在激勵民族士氣外，老舍還有一個急於表現的主題，亦即夏志清所謂的「中英關係」，尤其是中英民族歧異處的比較[13]。

儘管在〈我怎樣寫《二馬》〉一文裡，老舍振振有詞的說：「故事中那些人與事全是想像的，幾乎沒有一個人一件事曾在倫敦見過或發生過」，但是，既然「是在比較中國人與英國人的不同處」，故事中的主人公當然具有普遍性。老舍十分嫌惡英國人，認為「他們的狹〔隘〕的愛國主義決定了他們的罪案，他們所表現的都是偏見與討厭，沒有別的」[14]。至於書中的中國人，則愚昧而昏聵，充滿了懦弱與奴性。若非華工最後覺醒，馬威、李子榮等獻身民族大義，在英國的中國人幾乎要淪為次等民族了。

10　老舍，〈我怎樣寫《趙子曰》〉，在胡絜青編，《老舍生活與創作自述》，頁10。

11　老舍，《二馬》（1931；上海：晨光出版公司，1948年重印），頁70-71。

12　老舍，〈我怎樣寫《二馬》〉，在胡絜青編，《老舍生活與創作自述》，頁15。

13　C.T. Hsia, *A History of Modern Chinese Fiction*, pp. 176ff.

14　老舍，〈我怎樣寫《二馬》〉，頁18與20。

　　老舍雖然不值英人的各種劣性，小說中卻也顯示出願意吸取他人之長的態度。如果馬威能夠代表身處倫敦的作者說話，顯然他對西方國家的觀察也是老舍期待中國新生代有朝一日能夠認識到的：「帝國主義不是瞎吹的！……不專是奪了人家的地方，滅了人家的國家，也真的把人家的東西都拿來，加一番研究。動物，植物，地理，語言，風俗，他們全部研究。這是帝國主義厲害的地方！他們不專在軍事上霸道，他們的知識也真高！知識和武力！武力可以有朝一日被廢的，知識永遠需要的！」[15] 老舍對於中西或中英民族的比較，已經不自囿於標舉異同的消極面，倫敦生活和西方傳統的體認，使得他在純粹的比較之外，多了一分積極進取的目的。

　　然而要完成此一「目的」，老舍必須要學魯迅，要向傳統決裂，文學或社會上都得如此。在倫敦小說裡，老張和馬則仁是決裂的對象，在社會上，一切五四人物憎恨的制度也都是決裂的對象。老舍雖然此時人在倫敦，雖然沒有參加過五四運動，可是在精神上仍然和大海彼岸的中國連為一體。馬則仁庸碌不堪，願意「好歹活著」；老舍可不願意。面對如此麻木不仁的社會中人，老舍終於說出倫敦經驗讓他體會到者何：「完全消極，至少可以產生幾個大思想家。完全積極，至少也叫國家抖抖精神，叫生命多幾分樂趣。就怕，像老馬，像老馬的四萬萬同胞，既不完全消極，又懶得振起精神幹事。這種好歹活著的態度是最賤、最沒出息的態度，是人類的羞恥。」[16]

　　老舍在倫敦的所作所為，當然不僅止於上文所述者。比方說，他在宣揚文化上亦曾盡一己之力：舒悅譯注的檔案裡，有一信曾提及老舍在倫敦大學揮毫寫中國字以供「複製」之用（頁119）。胡金銓的《老舍和他的作品》書中，也提過他曾協助摯友兼同事艾支頓（Clement Egerton）英譯《金瓶梅》。英譯本在1935年出版時，艾氏在獻書頁上題道：「獻給我的朋友——舒慶春」。老舍為文，一向諱言此事，胡金銓認為這是因為他「覺得翻譯這類『淫』書有點『不好意思』。」[17] 我倒不覺得如此，因為老舍十分稀罕《金瓶梅》，文前已及。他不談，

15　老舍，《二馬》，頁334。
16　同上，頁260。
17　Hu, "Lao She in England," trans. Tsim, in Kao, ed., *Two Writers and the Cultural Revolution*, p. 23. 艾支頓所譯《金瓶梅》的書目資料為Clement Egerton，trans., *The Golden Lotus*

是「不好意思」邀功，何況不是自己譯筆，何必夸夸其辭！

　　不論如何，老舍旅居倫敦五年，收穫可真不少。他不但謀得差事，養活自己，也接濟了家人，在廣義上還「傳播了中華文化」，更寫了幾部小說，奠定往後更上層樓的文名，又比較了中西民族的特性，進而為中國把脈，爾後才有完全落實於中國的《駱駝祥子》與《牛天賜傳》等巨著出現。1940年代，老舍再出國門，應美國國務院之邀赴花旗國訪問，一住三年。此行他寫了兩本小說，頗有收穫[18]。但問老舍一生要有什麼值得特別留戀的地方，北京之外，必然定要推倫敦了。

(續)────────────

　　　(London: George Routledge & Sons, 1939)。老舍本人所寫他與艾支頓關係最詳細的回憶
　　　文章是〈我的幾個房東〉，在胡絜青編，《老舍生活與創作自述》，頁370-374。
18　抗戰勝利後，老舍寫下《四世同堂》，在美殺青，又寫了《鼓書藝人》，也在美國，見
　　　孟廣來，《孟廣來論著集──老舍研究》(北京：文化藝術出版社，1991)，頁53-58及
　　　155-156。另見李奭學，〈五十年後看老舍──評《四世同堂》〉，見李著《臺灣觀點：書
　　　話中國與世界小說》(臺北：九歌出版公司，2008)，頁206-209。

另一種浪漫主義
——梁遇春與英法散文傳統

　　微像畫家希里阿德（Nicholas Hilliard, 1547-1619）在描繪培根（Francis Bacon, 1561-1626）的側身小像時，據傳曾以拉丁文說出如下譯句：「我真希望畫得出他的內心」[1]。略識英國宮闈歷史的人，相信都可體會這句話確非泛泛戲言。在培根雋永凝煉的散文表象之下，包藏著的心緒不僅他的同代人一無所知，今天佔研究優勢的學者，恐怕不時也同感捉摸不定。行事與言辭的對立矛盾，古往今來的文人所在多有，但以不露痕跡而論，培根自是斫輪老手。此事史有定論，毋庸申述。

　　雖然如此，我們在回顧西方散文史時，仍得心生戒慎：因為培根儘管有虧斯文，卻非斗方名士的典型。英國19世紀的蘭姆（Charles Lamb, 1775-1834）、哈茲立特（William Hazlitt, 1778-1830）與德昆西（Thomas De Quincey, 1785-1859）等人，都是文如其人，章法不蔽心緒的文章魁首，足資佐證。當然，有人或會反詰：蘭姆諸氏不過時代風氣下的浪漫異例，缺乏亙古貫今的普遍性。自推理上看，如是之見有其蓋然性，難以峻斥。但是，即使堅彈此調的人，恐亦難以消除另一事實：在培根之前奠定西方散文基礎，並曾予往後英國小品方家莫大影響的法人蒙田（Michel Eyquem Montaigne, 1533-1592），本身就是個「我手寫我思」的啟蒙巨擘。愛默生（Ralph Waldo Emerson, 1803-1882）說得好：蒙田「是一切作家中最坦白最誠實的一個。他的法國風的自由發言有時候流為粗俗；但是他早

---

[1] Benjamin Farrington, *Francis Bacon: Pioneer of Planned Science* (New York: Frederick A. Praeger, 196), p. 62.

已預料到這些批評，先發制人，自己儘量的懺悔。」[2] 因此，「坦誠」實為西方散文高手的共同座右銘，更賴不避己短己長的心靈維護。美國當代名家懷特(E.B. White, 1899-1985)，不也在其文集的「前言」中暗示這一點：「唯有天性孤芳自賞的人，才能面不紅耳不赤，蓄力撰作散文。」[3] 我們明乎此，則前引希里阿德不乏春秋之意的隨口觀感，與其說在揚揄或反刺培根，還不如說在宣洩西方人看待散文家的普遍心理：生花妙筆固可澡雪精神，不過讀者總希望散文家多談自己，而且愈寫愈深愈好。蒙田以降的正統西方散文，批評家多譯之為「個人艾寫」(personal essay)，良有以也[4]。

換個歷史時空，關乎散文的類似心態，在中國也灼然可見，而其最特出的說明，莫如宋代以來每求「修辭立其誠」所反映的讀者作者心理。其程度之深且廣，時而足令西方人靦腆羞赧。無怪乎西潮拍岸湧入中國，在師夷長技的風氣掩護之下，現代讀者乃變本加厲，直以窺視作家心緒為主要閱讀目的。現代作家也不負各方殷索，競相以「隨感錄」、「日記」或「書信」為題，掀露其靈魂最深之處[5]。一時之間，「懺悔」或「自剖」髣髴時代風尚，是不分黨派的文章聖手千絲萬縷總繫於一的主題。魯迅(1881-1936)如此，徐志摩(1897-1931)如此，郁達夫(1896-1945)和郭沫若(1892-1978)更是人所共知的範例。

在這些新文人的新散文中，多的是表態過甚，新文藝腔消化不了新激情者。文章中的意識形態，且多已化為梁實秋(1903-1987)〈現代中國文學之浪漫的趨勢〉文中數落的對象[6]。即便如此，我們仍不該忽略前述西洋文史教訓而以多喻少。蓋無隱無晦且能坐收舌粲蓮花之效的魯殿靈光，確實也曾經照亮過民國歷史的夜空。本文所要討論的梁遇春(1906-1932)，便是這樣一位世不多見也不多知的「自剖奇才」。

梁遇春操刀自剖告訴了我們些什麼，下文會慢慢道來。說他「世不多知」，

---

2 愛默生，〈蒙泰恩──一個懷疑者〉，在范道倫(Mark van Doren)編選，張愛玲譯，《愛默生文選》(*The Portable Emerson*；香港：今日世界出版社，1975)，頁156。

3 E.B. White, "Foreword" to *Essays of E. B. White* (New York: Harper & Row, 1977), p. vii.

4 參閱董崇選，《西洋散文的面貌》(臺北：中央文物供應社，1983)，頁63。

5 參較李歐梵，〈五四文人的浪漫精神〉，在所著《西潮的彼岸》(臺北：時報文化公司，1975)，頁38-39。

6 此文重印於梁實秋，《梁實秋論文學》(臺北：時報文化公司，1978)，頁3-23。

倒是從對比的角度立論。梁遇春的處女作發表於1926年底：是時的中國文壇上，周氏兄弟早已蜚聲全國，創造社與文學研究會的其他成員亦已鋒芒畢露，互於上海及北京攻城掠地，揚名立萬。與稍後新月社諸君分庭抗禮，夾於中間的則是以林語堂（1895-1976）為首的《語絲》月刊作家。梁遇春此後雖然屢曾在重要文學刊物上發表新作，所受到的矚目卻不能和上述諸人或團體成員並比。首部散文集《春醪集》在1930年推出，引起的注意僅限於某些同窗好友。第二本書《淚與笑》，據說還是身後由廢名（1901-1967）奔走多時，才勉強獲得出版機會。1949年以後，港臺不斷重印1920年代散文專著，梁遇春的際遇卻仍周折一如在世前後。設非秦賢次近年輾轉輯成新編《梁遇春散文集》[7]，這位北大英文系出身英年早逝的文苑干將，恐怕就要長久淹沒在時間的洪流之中。

從《梁遇春散文集》所收錄的35篇長短不一的作品看來，梁遇春的意義至少包括兩方面。首先是語言文字的錘鍊再鑄。梁遇春崛起之時，震撼近代中國的五四政治運動已告落幕，餘波轉為左右翼的文化社會意識形態之爭。就文學一面而言，白話文強竄出頭，以摧枯拉朽之勢廣獲認可。梁遇春雖未立下語言改革的首役之功，但在「後五四時代」的環境裡，他這一輩文字工作者的職責，則是在前人奠下的基礎上再奠新猷，使新文字成為更切實際的新文語，以便涵容新意與新的感性。文學史早已冷酷指出：無負此類使命的散文大家寥寥可數，足供我們臨摹攻錯的作品千不及一，而「新文藝腔」是文體演變史上的病態，「濃得化不開」又非後人稱頌的標準。我們同樣難以在魯迅的論戰雜文中看到辛辣以外的文體風格。周作人（1885-1967）的沉篤堪稱一絕，但他是浪漫中國的「今之古人」：思想論式當然有其西方根苗，風華卻像巔峰時期的梁實秋，基本上得力於自己棄如敝屣的舊傳統[8]。梁遇春不免時弊，不過方之擅長自剖的朋輩，他也勤勤用功，收穫頗豐。文字翻新，體裁多變，更是一大特色：梁遇春在婉約中別見深邃，嫵媚中少了一分淺薄，玲瓏中又透露出一股老成。蛟龍翻滾，大海固投其所好，淺水也戲得悠哉。銀彈迸裂，遊走中又現寶相莊嚴。

7　秦賢次編，《梁遇春散文集》（臺北：洪範出版社，1979）。此書之「附錄：關於梁遇春」收各家回憶及簡評。本文正文中未注明出處之頁碼，均出自此書及附錄中之資料。

8　參見周作人，〈新文學的源流〉，在《周作人先生文集》（臺北：里仁書店，1982），頁33-92。

我們不得不懷疑:一個二十六歲即齎志以歿的青年,如何能在數年間斬獲如此之大?廢名為《淚與笑》所撰之〈序〉,稱梁氏文為「新文學中的六朝文」(頁306)。此喻或仍可議,但重點所在的渾厚與喜巧的交融無間卻是一點也錯不了。

倘若我可以打破文類的迷思,那麼總論風格,梁遇春應屬浪漫中的古典,兼集太白與老杜,堪稱《沉淪》與《女神》世界的出泥青蓮。雖然如此,我還是得立即聲明:上面的印象式綜評,並無意暗示梁遇春是「漢學淵源」。實際上,他的散文可能是管見所及最無關於中國傳統的一支。我若可在缺乏研究前提下再作結論,則此點恰可凸出梁遇春在後五四時代的第二層意義:他在前人帶動的西潮之中,精挑細選師法借鑑的對象,而非一窩蜂搶搭列車。據柳存仁(1917-2009)的〈徐志摩與梁遇春〉一文回憶,梁氏「是一個博覽的人,可是卻不是什麼都好的;他只吃幾塊挑出來的青草城」(頁323),便呼應了上文的命題。好談個人,誇言理想,應為梁遇春走向浪漫,借重散文的緣故:「小品文最能表現出作者的性格。」(頁289)正因基奠如此強硬,梁遇春乃無睹於胡適(1891-1962)點名稱許的近代西方寫實大師,一眼溜過左翼矗矗然附驥的自然主義宗匠,而自發性的在西方歷史上覓訪匹配自己才性的散文先聲,進而形成獨特的個人行文風貌。梁遇春雖生也晚,然逝者如斯,他也因此具有反芻與反思時尚的時間優勢。他甚至不在拜倫(George Gordon Byron, 1788-1824)的浪蕩不羈下自命旗手,也不在雪萊(Percy Bysshe Shelley, 1792-1822)的西風裡傲視寰宇。他的浪漫隱藏在倫敦的市井或法國的莊園閣樓中。書齋裡雖無百萬雄師,卻有溫馨爐火及神遊之資,何假南面稱王?這種異於魯迅「摩羅」作風的另一種浪漫,縱然一時為時代潮流沖失,難保百代後不在文字功力幫襯下異軍再起。

溫源寧(1899-1984)與柳存仁等人都是梁遇春的師友,他們一再提示,19世紀英國小品名家才是梁氏浪漫的出處(頁323及325)。葉公超(1904-1981)跋《淚與笑》時又指出:梁遇春深受蘭姆(Charles Lamb, 1775 -1834)與哈茲立特(William Hazlitt, 1778-1830)的影響,「始終不忍釋手」這兩位英國19世紀散文大家的全集(頁318)。但是,打開《春醪集》首篇〈講演〉——他二十歲時寫於北大西齋的一篇「對話錄」——我們卻不得不承認比上述英國作家早三百年的蒙田(Michel de Montaigne, 1533-1592),才更可能是梁氏心印傳承的直接源流。蘭姆

是蒙田的英國嫡裔，梁遇春知之甚稔。他的偏好「性格」，喜歡「自剖」，無疑得益於這層聯繫。二十二歲時所寫的《查理斯・蘭姆評傳》（下文簡稱《蘭姆評傳》），引用了蒙田《散文集》（Essais）中著名的〈得勝頭迴〉（"To the Reader"）：「我想在這本書裡描寫這個簡單普通的真我，不用大言，說假話，弄巧計，因為我寫的是我自己。我的毛病要纖毫畢露地說出來，習慣允許我能坦白到那裡，我就寫這自然的我到那地步。」（頁46）[9] 蘭姆祖述這種「自剖」（l'étalage du moi）的傾向，而〈講演〉裡的第一人稱對話者，何嘗不也在接續類似的聲音？他自我公開的結果，是承認自己「什麼……都不知道」（頁6）。

當然，沒有讀者開卷就天真到相信梁遇春的話。從世俗的眼光看，梁遇春的淵博遠非年紀所能局限。寡聞謭陋的形容詞，無論如何也輪不到他借為謙語。說穿了，梁遇春在〈講演〉中表現出來的「迷惘」，正是在為我們暗示他凡事謹慎，「不妄斷」，就像蒙田引賽士達（Sextus Empiricus, 160-210）懸在書齋橫樑上的名言一般[10]。〈講演〉全文的內涵，克紹箕裘了這種蒙田在西方散文史上立下的「比洛主義」（Pyrrhonism）。其中倘有不諧之處，充其量因梁遇春外加了些許蕭伯納（George Bernard Shaw, 1856-1950）式的幽默諷刺，尖銳感更深更重罷了。

五四運動過後，北京大學開始敦聘東西學者名人蒞華演講，梁啟超（1873-1929）主持的講學社繼之經辦。梁遇春始終恭逢其盛，且看他如何細數這段期間的「民國講演史」：

> 自從杜威先生來華以後，講演這件事同新思潮同時流行起來。杜先生曾到過敝處，那時我還在中學讀書，也曾親耳聽過，親眼看過。印象現在已模糊了，大概只記得他說一大陣什麼自治，磚頭，打球……。後來我們校長以「君子不重則不威」一句話來發揮杜先生的意思。……跟著羅素來了，恍惚有人說他講的數理哲學不好懂。羅素去後，杜里

---

9 英譯請參酌 Donald M. Frame, trans., *The Complete Essays of Montaigne*（Stanford: Stanford University Press, 1971）, p. 2.

10 柏克（Peter Burke）著，林啟藩譯，《蒙田》（臺北：聯經出版公司，1983），頁15。

舒又來。中國近年來，文化進步得真快，講得真熱鬧，杜里舒博士在
中國講演，有十冊演講錄。……總而言之普照十方，凡我青年，無不
蒙庇。所以中國人民近來常識才有這麼發達。太戈爾來京時，我也到
真光去聽。他的聲音是很美妙。可惜我們（至少我個人）都只了解他的
音樂，而對於他的意義倒有點模糊了。（頁6-7）

蒙田善疑，不人云亦云。生命中的各種面具，更難逃其法眼照破。梁遇春上引
的話，是否在鄙薄名人講演的神話，非關緊要。但他用反語反疑時尚，頗見蒙
田精神。在1920年代的中國，確屬異數。只消對照記錄此刻杜威(John Dewey,
1859-1952)等人在華經驗的文字，這點即可判知[11]。《講演》裡的嘲弄不僅是
蕭伯納式的，其中賦予了一種更寬更廣的伊拉斯謨(Desiderius Erasmus,
1466-1536)式的笑謔，分外耀眼，也照見梁遇春的「比洛主義」實非魯迅式的
尖酸刻薄。他在修辭上擺出來的低姿態，正顯示他具有紀德(André Gide, 1869-
1951)稱譽蒙田時所謂的「自由主義作風」[12]。

　　這種作風來自靜觀人生的空無，而其具體表現，則為容許自身成為笑謔的
對象。「笑」似乎便是中和兩極化經驗的要件，以對抗生命中無言以對的部分。
梁遇春理論與實踐並出；秦賢次為他編的文集首篇乃〈醉中夢話〉，其中有云：
「有很多人以為捧腹大笑有損於上流中的威嚴，……可是真真把人生的意義咀
嚼過的人，是曉得笑的價值的。」（頁15）所以梁遇春一方面要給1920年代犯
「時代狂」的人服一帖「清涼散」（頁20），自己面對文化亂象時，也會反唇相
譏道：「魯拙的我看著不免有無限的羨慕同嫉妒。」（頁21）聽到社會上齊聲高
唱「除舊布新」，他更為溶溶洩洩的空氣大感杞憂，終至發揮自由主義的精蘊，
大吼一聲：「還我頭來！」（頁22）

　　不為流俗所惑的這種精神，確認個人的發言權，浪漫小品名家最能舉一反
三，而教之誘之的源頭典範，正是蒙田。中國「國情」有所不同，魯迅化「懷

11　張朋園，《梁啟超與民國政治》（臺北：食貨出版社，1981），頁159-161；曹聚仁，《文
　　壇五十年》（香港：新文化社，1955），頁144-145。

12　André Gide, "Presenting Montaigne," in his ed., *Montaigne* (1939; New York: McGraw-Hill,
　　1964), p. 23.

疑」為憤世嫉俗，難保不在異中又要求同？梁遇春寫過一篇〈一個心力克的微笑〉，深能體會幻滅感迸發後的反社會思緒。乍看之下，他似有同情魯迅的傾向，但是——且慢——蒙田寬廣的精神，到底使他懸崖勒馬，沒有進一步發展出「唯我獨尊」的拒世情結。不但如此，梁遇春還反嘲自己「畢竟不是一個地道的『心力克』」（頁181）。

不論蒙田或伊拉斯謨筆下的「否來」（Folly），他們對希臘詭辯家普羅泰哥拉斯（Protagras, c. 490-420 BCE）都鳴鼓攻之，強烈懷疑人為萬物之靈這種《舊約》遺傳下來的優越感。蒙田有一句名言：「我和貓鬧著玩時，天曉得它當我是玩物，還是我當它是玩物？」[13] 梁遇春的懷疑論尚未走到如此顯然的「齊物論」。他怕貓怕狗，態度幾近鄙視。儘管如此，若細讀〈貓狗〉一文，我們還是可以發現某種程度的「蒙田作風」。因為上述梁遇春的心態，實指狺狺然的「惡犬」和潛行鬼祟的「壞貓」而言。人類倘若同樣「猙獰墮落」，則和這些惡類不過百五十步之別（頁158-159），何足異哉？這種類比的正面訊息，即使不等同——也應當——通於〈為雷蒙‧西蓬辯護〉的精神。

探討梁遇春的心源時，我們應該再補充一點：他和蒙田都好引經據典，以為論證之助，而且移花接木，各擅勝場。貝慈（Blanchard Bates, 1908-1993）在卡登（Charles Cotton, 1630-1687）與哈茲立特合譯的英文本《蒙田選集》的〈導論〉上指出：蒙田散文初集的形式共同點之一，是他每自閱讀過的書籍中「採集無數的有趣情境與思緒，加以品頭論足，再用鬆散造作的方式織線成錦」，以便「引出道德真理」[14]。柏克（Peter Burke, 1937-）認為這種人文主義式的技巧，是蒙田與所屬時代最後的掛鉤，意義或許僅在表示他腹笥便便[15]。就比洛信徒的意義而言，這種章法自是矛盾重重：認同經典上的意見，不啻以權威壓抑另一種權威。梁遇春在反思社會制約之際，重蹈了類似路數，多少在令人拍案之餘不免又覺爽然。不過他用之泰然，不讓蒙田專美。我們可以拿內涵略同〈講演〉

13　Montaigne, "Apology for Raymond Sebond," in Frame, trans., *The Complete Essays of Montaigne*, p. 331.

14　Blanchard Bates, "Introduction" to his ed., *Montaigne: Slected Essays* (New York: The Modern Library, 1949), p. xxi.

15　柏克著，林啟藩譯，《蒙田》，頁13。

的〈論知識販賣所的夥計〉為例，稍作說明。由篇題不難想見梁遇春故技重施，在篇中諷刺他所熟悉的高等教育界，托出門牆內的慨慨然無生氣。他說：「夥計們」既「看不到古昔學者的狂熱，對知識本身又因為太熟悉生出厭倦的心情」（頁128）。因此，為收引路之效，他特於篇首引用威廉‧詹姆斯（Williar James, 1842-1910）一句話：「每門學問的天生仇敵，是那門〔學問〕的教授。」（頁127）

且不管梁遇春此刻是故作誇張或一時忍不住「心力克」的誘惑，他的引經據典惹人發噱，別見修辭力量，也彰顯了通篇旨意所在。類此的精彩例證——雖然也有少數是惡例——《散文集》內多得不勝枚舉，稱全書為「珠璣大全」，猶難叩其逸趣。在英國文學史上，蘭姆是此中行家，不過他的博引只是「旁徵」，未若蒙田或梁遇春之能「觸類旁通」。單以引證之精到而言，梁遇春自非近代中國散文史上的特例。比他年長的：周作人善抄冷書古書，卓爾有名。在他身後聲名鵲起的：錢鍾書（1910-1998）中西兼擅，業經肯定，而且遊走於各式文類之中[16]。梁遇春是否飽讀漢籍，《梁遇春散文集》中看不出功力深淺。不過在西方著作方面，他卻是博聞強識，引用時直如探囊取物一般便捷，貼切的程度也不遜前述諸人。貝慈評述蒙田的話，幾乎就是他筆法所繫。

妙的是，蒙田晚年不再費神注意所用經卷，散文餘集多見個人感想。然而梁遇春未達壯室即撒手人寰，哪得此等桑榆暮景之利？他的掉書袋，好徵引，生活經驗不足是原因之一，每每也可能會逼得熟悉李汝珍（1763-1830）的研究者為他戲冠「文人散文家」的封號[17]。前文說腹笥寒酸容不得梁遇春藉口自謙，意即在此。事事引證，同時也反映梁遇春「不厭瑣碎」，「對於人生裡一切的事情都有不會疲勞的濃厚的興趣」，開了後世小說家如張愛玲（1920-1995）與王安憶那「細瑣詩學」的先河。

16　參較黃國彬，〈在七度空間逍遙——錢鍾書談藝〉，刊《聯合文學》第54期（1989年4月），頁137-144；黃維梁，《清通與多姿：中文語法修辭論集》（臺北：時報文化公司，1984），頁49-51及頁136-47。

17　我這裡套用的是夏志清的話，他稱呼李汝珍為「文人小說家」，見夏志清著，黃維梁譯，〈文人小說家和中國文化——《鏡花緣》新論〉，載所著《人的文學》（臺北：純文學出版社，1977），頁25-62。「文人小說家」一詞，夏氏的原文是"the scholar novelist"，見C.T. Hsia, "The Scholar Novelist and Chinese Culture," in his *C.T. Hsia on Chinese Literature* (New York: Columbia University Press,1893), pp. 188-222.

　　上面最後的引文，是梁遇春對蒙田的觀感，出自為英譯本《蒙田的義大利旅行日記》（*The Diary of Montaigne's Journey to Italy in 1580 and 1581*）所寫的書評（頁286）。不過癡愛本為極端，在物極必反的自然律下，梁遇春的早熟反易使他陷入懷疑主義的末流：悲觀。同窗劉國平序《淚與笑》時，指出梁氏雖對人生有所期許，卻矛盾得「不敢自己直接冒險……嘗試」（頁309），原因乃他每在樂觀中別見淒涼，開懷時又暗自垂淚。蒙田有篇隨筆說：人生愜意與否，唯賴大限才能論定[18]。梁遇春深得蒙文三昧，處世時進中有退，心中常存寂滅。在《春醪集》的〈自序〉裡，他引《洛陽伽藍記》所載白墮春醪，飲之經月不醒的典故，表示願意「陶醉在人生裡，幻出些紅霞般的好夢」（頁3）。但他生非征逐逸樂之徒，這種「客豁得飲」（*carpe diem*）的論調，就禁不住〈自序〉中另一句話的解構：「正當我們夢得有趣時，命運之神……〔卻會〕匆匆地把我們帶上衰老同墳墓之途。」（頁3）若借世界文學上的典故作比：「春火珠紅酒裡天，心中塊壘碎尊前」的豁達，只能凸顯出梁遇春心中「時光翼車背後趕」的無力感[19]。夢醒之後的蕭條，因使他行文每墮「笑中有淚」的套式。

　　雖然如此，我們仍得承認：梁遇春的悲觀，反而變成是自己落筆不矯，因而不愧「自剖奇才」的聲名。接觸其人散文，由是不宜輕忽此種陰鬱基調。〈人死觀〉裡，梁氏如此自問自答：「人生觀中間的一個重要問題不是人生的目的嗎？可是我們生下來並不是自己情願的，或者還是萬不得已的……。既然……〔如此〕，我們又怎麼能夠知道人生的目的呢？」（頁27）如此自問自答，猶如孟塔顧（Lady Mary Wortley Montagu, 1689-1762）之論母女關係[20]，乃出乎中國人倫理觀念之外，顯示梁遇春難免「少不更事」之譏。然而唯其如此，我們才能見其心思無染，設辭正確。〈人死觀〉中還有如此奇巧與率直的感慨：「一般人口頭裡所說關於死的思想，剝蕉抽繭看起來，中間只包了生的意志，那裡是老老

18　Montaigne, "That Our Happiness Must Not Be Judged until after Our Death," in Frame, trans., *The Complete Essays of Montaigne*, pp. 54-55.

19　見黃克孫衍譯，《魯拜集》（1956；臺北：書林書店，1987），頁9; Andrew Marvel, "To His Coy Mistress," in M. H. Abrams, et al., eds., *The Norton Anthology of English Literature*, 4th ed., vol. I（New York: W. W. Norton, 1979）, p. 1361.

20　參見錢鍾書，《管錐編增訂》（北京：中華書局，1982），頁80。

實實的人死觀呢？」（頁30）

　　民國以來的散文方家中，如實「高彈」過這種「低調」者，周棄子(1912-1984)
堪比梁遇春。不過《未埋庵短書》的悲觀有主人的涉世根由，梁遇春年紀輕輕，
憑什麼如此冷酷的掀露生命遊戲的底牌呢？理由無他，乃他源乎價值感與目
的感的雙雙失落。〈人死觀〉中有一段話讀之悚然；可引來說明梁遇春如何像
擁抱生命中的瑣屑一般的擁抱悲觀：

> 我平常看到骸骨總覺有一種不可名言的痛快。它是這麼光著，毫無所
> 怕地站在你面前。我真想抱著他來探一探它的神秘，或者我身裡的
> 骨，全同他有共鳴的現象，能夠得到一種新的發現。（頁32）

我想誰都不能否認這段話的紋理既「病態」又「理性」，反映出梁遇春最陰鬱
矛盾的生命面。我們取之對照《春醪集》的〈自序〉，還可以了解他縱有「豁
達」的一面，也是世人詭異稱之為「無可為歡」的「豁達」。拿梁遇春短暫的
生命衡之，如此心緒更是一語成讖，幾乎是垂死中的迴光返照。一經反彈，甚
至會化為一種弔詭性的視死如歸的勇氣，有愛倫坡(Edgar Allan Poe, 1809- 1849)
的厭世與密爾頓(John Milton, 1608-1674)筆下撒旦的譎異。走到激昂處，我們甚
至看到梁遇春在冷月荒城摟著骷髏翩然起舞，聽到他以「每人」(Everyman)般
的口吻而無其怯弱的邀請我們齊赴鬼域，共賞陰都冥殿的青面獠牙。此所以上
引〈人死觀〉續道：「骸骨不過是死宮的門，已經給我們這種無量的歡悅，為
什麼我們不漫步到宮裡，看那千奇萬怪的建築呢？」（頁32）

　　當然，我們若屈服在梁遇春的心境下，眼前的評論也就無以為繼了。他的
悲觀雖為比洛思緒的支節末流，我們也不要忘了他每借笑臉化解可能走上的極
端。〈人死觀〉捨行之已久的「人生觀」不談，便是要在世人目為「荒謬」的
過程中打破秩序常規形成的實存感。若合〈講演〉與〈論知識販賣所的夥計〉
等文以觀，精神當在指出變動不居的宇宙及知識的本質：一切「理所當然」與
「同聲一氣」的現象，全在瓦解之列。梁遇春如此風格雖因生性悲觀使然，其
間仍然有積極的一面，顯示他已洞察歷史過程與生命本然。〈毋忘草〉文中評

論《道德經》裡「信言不美，美言不信」的一段話，更有譬喻洩露他能自「笑中有淚」的消極轉為「淚中有笑」的積極：「天下許多事情都是翻觔斗，未翻之前是這樣站著，既翻之後還是這麼站著，然而中間卻有這麼一個觔斗！」(頁172)如此看來，懷疑論與悲觀非僅在梁遇春的思緒中並行不悖，抑且相得益彰。而如此引發的終極結果，產生的實為纖敏的靈慧之心。下面愛默生觀察蒙田的話，亦可借比年輕的梁遇春：「社會不喜歡人們對現存的秩序發生疑問。然而一個優越的心靈，必定要向風俗習慣的每一點都提出質問。那是每一個優越的心靈在成長中的一個必然的階段，證實它觀察到宇宙間那種在一切變化中依然保存它的本性的流動力。」[21]

《梁遇春散文集》中的「淚中有笑」，因此不僅是蒙田自由主義風格的延伸，也是梁遇春在變幻人世能賴以活命保身之道，更是我們隔代猶能一窺其文章風華的因素。令人莞爾的是，在自剖這點時，梁氏的陳述乃出以某種靜態的風趣幽默，心燈熒現：「天下事講來講去講到徹底時正像沒有講一樣，只有知道講出來是沒有意義的人才會講那麼多話，又講得那麼好」(同上)。這種慧見正是所有深思天人之際者的特色，包括蒙田在內。但此刻我更應指出來的是：梁遇春於此的心源，還得涵括莎士比亞以迄蘭姆的西方巨人。

《淚與笑》的書題篇說道：「我們一生忙碌，把不可再得的光陰消磨在馬蹄輪鐵，……可是自己不曉得為什麼這麼費心機，……總之黑漆一團活著。夜闌人靜，回頭一想，那能夠不吃吃地笑，笑時感到無限生的悲哀。」(頁110)梁遇春後面的「生的悲哀」一詞，揆諸上下文，應指文前所說生命喪失「目的感」後衍生的「纏綣無聊」(ennui)。在1920年代的中國，狂飆文人對此多乏感觸，蓋社會格局有所不容也。然則西方文學此際卻正持續類此憫憫之感，艾略特的《荒原》(The Wasteland)可為明證，足見淵源流長。梁遇春折衝思緒與個性，在塵囂的轇轕中攀援到的，正是莎士比亞在《第十二夜》(The Twelfth Night)裡所說的「對著悲哀微笑」(smiling at grief)[22]。他不僅在「淚與笑」中明陳此一本源，又引拜倫〈端志安〉(Don Juan)詩二句(同上)，說明世事無住，笑意

21　愛默生著，張愛玲譯，《愛默生文選》，頁160。
22　William Shakespeare, *The Twelfth Night*, II. iv.118.

憑添淒寂的世相矛盾：「一曲悲歌世無其匹╱頷首微笑兮益見悲切。」（拙譯，原引文為"Of all the tales t'is the saddest—and more sad, ╱Because it makes us smile."）對此情境，梁遇春雖以「悲劇的情調」名之，但不管苦中如何帶澀，我們可以想見他的悲觀已見新機，而「黑漆一團」縱未全消，其中也有曙光一現。如此，他才能在百無聊賴中解開心鎖，譜出葉公超借典稱許他的「悲劇的幽默」（tragic humonr）的散文體調（頁318）。

葉公超以此喻梁，無異在提示英國小品名家的聯繫，尤其是蘭姆的影響。眾所周知，蘭姆家庭牽掛甚重，乃姊癲症已肇悲劇，而且隨時還有復發的可能，故而活得惴惴難安。蘭姆熱愛倫敦社會，生活卻因此而陰影幢幢。喜悲摻雜。他在載籍生活中一一體驗，感之彌深[23]。所謂「悲劇的幽默」云云，正是他抗拒、平衡生命重壓的方便善巧。梁遇春耽讀《伊里亞隨筆》（The Essays of Elia），也研究過蘭姆生平，不會不知道這位蒙田英國衣缽和自己的投緣。他的《蘭姆評傳》，民國以來無出其右者，更可能是僅此一家。如同西方批評家的觀察，梁遇春在「淚中有笑」以外認識到的蘭姆特質，也是同情心的十方普施，人情體貼入微。《蘭姆評傳》中又認為蘭姆性喜冥想，尋常事在彩筆下也會化為羽衣霓裳，「說得津津有味」，使人「聽得入迷」（頁37），欲罷不能。

梁遇春的通論雖然是對異邦文士而發，但一不留神，我們仿若看到梁氏在敘說自己。之所以如此，一因梁遇春巨筆如椽，眼及之事稱獺祭魚，篇題且巨細不羈，「同情」與「人情」又紛紛照應。二則他們心領神契，不管是「悲劇的幽默」或「淚中有笑」，都已洞見宇宙本然與人事紛陳的機宜，逗人深思。兩者合而為一，當然形成主題乃至手法上的效尤互契，奠下中西文學史上前後輝映的文章特例。

戴啟思（David Daiches, 1912-2005）的《英國文學史述評》指出：「回憶與懷舊」是蘭姆作品的大旨所在，其手法為嚴肅中略帶某種「假正經」（mock seriousness）[24]。梁遇春躬行此一作風，也如此奉勸一位朋友：「從前是不會死的。

23　William Hazlitt, *English Comic Writers* (London: G.M. & Sons, 1951), p. 144; Edmund Blunder, *Charles Lamb*, rev. ed. (London: Longmans, Green & Co., 1964), p. 29.

24　David Daiches, *A Critical History of English Literature*, 2 vols. (New York: Ronald, 1960),

就算形質上看不見，它的精神卻還是存在」（頁11）。熟悉〈古瓷〉（"Old China"）
的讀者，對此等教訓應該不會感到陌生。不過梁遇春在靜默中憶往，不時還把
眼前的鏡花水月化為永恆，那就像煞了思邃慮深的浪漫哲學家。寄給一個失戀
人的信，對此曾提出一套「理論」：

> 我相信要深深地領略人生的味兒的人們，非把「過去」當做有它獨立
> 的價值不可，千萬不要只看做「現在」的工具。由我們生來不帶樂觀
> 性的人看來，「將來」總未免太渺茫了，「現在」不過一剎那，好像
> 一個沒有存在的東西似的。所以只有「過去」是這不斷時間之流中站
> 得住的岩石。我們只好緊緊抱著它，……免得漂流無依的痛苦。（同
> 上頁）

梁遇春把情感回注在過去，人情故實必然躍成筆端的形形色色。他的散文
集裡談故交，談某年夜巷裡的救火夫，溫情與冥想併發，莫不緣乎此。蘭姆的
心緒不下於梁遇春，過往雲煙亦皆轉化為具體的陳述。梁遇春捧讀之不暇，《蘭
姆評傳》裡又極盡鼓舌之餘事，把他刻畫成一位厭惡現實的人，只「喜歡坐在
爐邊和他姊姊談幼年事情」（頁29）。對照前引「理論」看，這種避新向舊的人
生態度，當然要為梁遇春提供臨摹的範本，奉之為圭臬。不過生命的意義若僅
停留在「發生過」的時間內，任誰都難免因「過去」羼雜不快的經驗而感到悲
觀，至少會惆悵不已。溫梓川(1911-1986)的〈梁遇春與散文〉一文，便持類似
之見[25]。

「懷舊」不是梁遇春和蘭姆的特權。古往今來的文章大家多少有之。梁、
蘭所以讓我們更容產生聯想，其實有一重要關目；他們念舊守舊，都出以強盛
的我執之心。對蘭姆來講，「我執」即為「偏見」，因特有所愛，所以是文思之
始，也是《伊里亞隨筆》中矛盾呼之的「不完美的同情」[26]。研究蘭姆有年的

（續）

2: 937. 此注注尾冒號前之頁碼指冊數，其後者指頁碼。下引套書之注法，同。

25 溫梓川，《文人的另一面》（臺北：晨鐘出版社，1972），頁19。

26 Charles Lamb, "Imperfect Sympathies," in Percy Fitzgerald, ed., *The Letters and Writings of*

柏朗恩(John Mason Brown, 1900-1969)甚至說道:「微偏見,蘭姆不復成其為蘭姆矣!」[27] 梁遇春了解:在此等心態下的憶舊感舊,早已變成蘭姆一種「古怪的信仰」,而且還是他遊於市井卻不墮人世淵藪,孜孜營生而不落俗趣的心靈力量。因此,在《蘭姆評傳》裡,梁遇春一面引哈茲立特在《時代精神》(*The Spirit of the Age*)中描寫蘭姆的話印證己見,一面又不勝感慨地嘆道:「蘭姆實在戀著過去的骸骨。」(同上)面對如此強烈的措辭,我們當然也要問一聲:那麼梁遇春自己呢?從前面的引證、討論可想而知,梁遇春的我執更深,偏好過去更重,和凡俗的距離也就更遠。一如蘭姆之嗜讀舊籍[28],憧憬過去已經是梁遇春的神秘動作。他形容自己所用的修辭,略仿其加諸於蘭姆者,而且意象更重:「我是個戀著『過去』的骸骨同化石的人。」(頁11)在人世的火砂海裡載浮載沉,若缺乏「過去」的甜蜜與辛酸,何來苦中作樂與對抗變幻的力量?

由於執著於過去,梁遇春即使在「現時」裡慷慨高歌,仍然是欲語還休。悲觀與懷舊,因此又導出他有別於狂飆文士的一種美學觀:屠格涅夫(Ivan Turgenev, 1818-1883)式「像紫羅蘭一般淡淡的哀愁」。這種纖敏意緒,其實指向某種殘缺之美。第二封〈寄給一個失戀人的信〉中,梁遇春從王爾德(Oscar Wilde, 1854-1900)《杜連魁》(*The Picture of Dorian Gray*)之見,強調時間稍縱即逝,越發拒絕「現時」。他並且相信,「美」之所以為「美」,係因缺乏住性使然。同篇文中論「青春」,又道:「青春的美,就在它那種蜻蜓點水燕子拍綠波的同我們一接近就跑去一點。……青春一給我們抓到,它的美就失去了,同肥皂泡子相像。」(頁60)正因美是如此脆弱,梁遇春連霎時放鬆自己也不敢,深恐一時縱情,來日會因誘惑而重蹈覆轍,反而保不住美的特質。所謂「客齸得飲」,固非其所望也。因此,他反諷式的像林黛玉一樣——或者更精確的說,像寫「我的心在痛」的濟慈一樣——戒慎恐懼說道:「使人精神廢弛一切灰心的事情,無過於不散的筵席。」(頁61)即使劫後餘燼中的龐貝古城,也要比輝煌耀眼的

(續)————————
   Charles Lamb, 6 vols. (London: John Slark,1882), 3: 220-230.

27   John Mason Brown, "Editor's Introduction" to *The Portable Charles Lamb* (New York: The Viking Press, 1949), p. 19.

28   Charles Lamb, "Detached Thoughts on Books and Reading," in Fitzgerald, ed., *The Letters and Writings of Charles Lamb*, 3: 399-407.

億載金城完美。「過去」誠然殘缺,但滿招損,何如謙受益啊!我們由是可以
推想:梁遇春寧願葬花,也不願意看花。美學觀如此,人世觀亦復如此。由是,
他更小心翼翼的擇取自己的浪漫鼻祖。華滋華士(William Wordsworth, 1770-1850)
〈永生頌〉詩裡的「嬰兒論」(「童年是人底生父」)[29],未免樂觀,只有徐志摩
一般的心靈才能激賞得義無反顧。梁遇春呢?他「抱殘守缺」,走的是恰如其
反的方向。〈天真與經驗〉裡的意見,蘇曼殊讀來一定怵目驚心,不明其然:「我
覺得小孩子的天真是靠不住的」,難以承受「現實」的侵擾,因為他們一發現
「人情的險詐同世路的崎嶇」,當會「非常震驚」,進而以得失利害為重,「柔
嫩的心或者就此麻木下去,變成個所謂值得父兄讚美的少年老成人」(頁114)。
循此脈線推衍,梁遇春眼中的「理想人」,當為一「老年少成」的心靈。這一
點;他自己申論得很清楚:

> 至於那班已墜世網的人們的天真就大不同了。他們閱盡人世間的紛
> 擾,經過了許多得失哀樂,因為看穿了雞蟲得失的無謂,又知道在太
> 陽底下是難逢笑口的,所以肯將一切利害的觀念丟開,……任情去欣
> 賞自然界的快樂。……他們的天真可說是被經驗鍛煉過了,髣髴在八
> 卦爐裡蹲過,做成了火眼金睛的孫悟空。人世的波濤再也不能將他們
> 的天真捲去,他們是「世路如今已慣,此心到處悠然」。(頁114-15)

用英國文典作譬,我還可以進一步說:此種風雷不能驚的「天真」,合取
布雷克《經驗之歌》(*Songs of Experience*)裡的世態與《天真之歌》(*Songs of
Innocence*)裡的無染,最後必然會化為費爾丁(Henry Fielding, 1707-1754)筆下的
小說英雄湯姆·瓊斯(Tom Jones)。儘管此一「理想人」的觀念有其「天真」的
一面,但也為梁遇春提供靈感,讓他譜下不少「思無邪」式的散文佳構,以消
盡蘊蓄胸中的許多塊壘。他所特好的文學史上名家,多數為拓落不羈,反叛人

---

29 William Wordsworth, "Ode: Intimations of Immortality from Recollections of Early
Childhood," in Abrams, et al., eds., *The Norton Anthology of English Literature*, 4th ed., vol.
II, p. 213; 這裡引的是李光浦所譯,見其《華茨華斯詩選》(臺北:臺灣商務印書館,
1984),頁50。

世卻又無礙於人的「風塵奇俠」。牛津運動的紐曼(J. H. Newman, 1801-1890)及吳市吹簫的高爾史密斯(Oliver Goldsmith, 1730-1774)，都是典型。論盡此類奇人的〈流浪漢〉一文，合知性與感性於一體，借引證排比，左右申說，把英文"vagabond" 一字的意義，闡發得一無罣礙，具體可見。因此，梁遇春一反常人，在真實生活中僅賞識女優賣解，可謂其來有自。〈文藝雜話〉文中不滿華滋華士，也因後者歷練有餘，熱情不足，只是「空頭嬰兒」罷了(頁64)。「鍛鍊過的天真」之說，實為民國世界裡的「愛蓮」或「愛荷」說，雖然其中霍桑(Nathaniel Hawthorne, 1804-1864)的成分可能要重過周敦頤(1017-1073)[30]。

　　人世紛雜，梁遇春的「理想人」畢竟罕見。他只能向書堆裡尋覓知音，在伊里亞身上傾聽迴響，與俗世保持距離。葉公超說：梁遇春「所要求於自己的只是一個有理解的生存，所以他處處才感覺矛盾。」(頁317)理想與現實的扞格不入，由此可窺一斑，也可知梁氏何以「存亡慣見渾無淚」(頁112)，對人生悲觀已極。即使「淚中有笑」之時，也難以讓他僅憑熱血便揭竿而起，效「摩羅詩人」仰天長嘯，終至與時代脫節。蒙田式的懷疑作風，又迫使這種心態加劇。最後的結果，則反映在他排斥時尚與堅持己念上。這一點，尤以文學觀為然。

　　在1920年代的中國，文人創作觀幾乎一面倒向文學反映人生的鏡論。雖然不分中國或西方，這種模仿說均有其浪漫主義的淵源，但梁遇春所堅持的浪漫卻仍然是時代的異端，迴避了中國人——尤其是小說家——承此而來的寫實作風。文學可以鼓舞人心，可以教化世人的賀拉斯(Horace, 65-8 BCE)之見，梁遇春並未拒斥，然而就他而言，此意僅能在文學為想像藝術所規範時才成立得了。他的浪漫精神局限於此。如果他認同「寫實」，也是秉此精神層面的擬仿而來。在〈文學與人生〉裡，梁氏如此為自己的浪漫信念辯護道：

　　　大概有人會說浪漫派捕風捉影，在空中建起八寶樓臺，癡人說夢，自

30　在〈古屋雜憶〉(The Old Manse)中，霍桑說：「荷花如此清香可愛，可以說是天下最完美的花，可是它的根，卻長在河底的黑色污泥中。根濁花清，這不得不說是一種奇跡。」這段話的原文及譯文俱見夏濟安譯，《名家散文選讀》(2卷。香港：今日世界出版社，1976)，1：110。

然不能同實際人生發生關係。寫實派腳踏實地，靠客觀的觀察來描寫，自然是能夠把生活畫在紙上。但是天下實在沒有比這個再錯的話。文學無非敍述人的精神經驗（述得確不確實又是另一個問題），色慾利心固然是人性一部分，而向渺茫處飛翔的意志也是構成我們生活的一個重要成分。（頁50-51）

這一段話裡，梁遇春真正要強調的，實為「癡人說夢」亦屬「寫實」一部分的浪漫理論。他的極端唯心論參合以意志之說，已經超越了同時代的「寫實」──尤其是茅盾一類左翼作家的筆法──所大力推動的自然主義式觀點。引文中的精神經驗與意志擴張論雖然沒有演變成為真正的前衛理念，難以和此際西方澎湃推展的現代思潮並比，不過梁氏不與俗同，見解異人之處，仍然示範了中國最特立獨行的懷疑精神，值得所有對文學史有興趣的人注意。

因此，我們更可以知道梁遇春何以強烈反對寫實衍生的「使命文學」。他的悲觀，在某種意義上也是悲見，證明自己不乏人道式惻隱之心。可是，若效時人用社會熱誠作為評判文學的高下，甚至以此為文學唯一的內容，梁遇春就期期不以為然了。他急於割斷寫實與浪漫的臍帶，心情因此可以理解：他本來就是逆流而泳的一尾錦鯉。他重熱情，但反對化熱情為一以貫之的意識形態。他對托爾斯泰（Leo Tolstoy, 1828-1910）觀感不佳，主要因他東正教色彩使命感太重。蒙田投其所好，蘭姆處處頌揚，則因為他們不多談生民艱困，而是以相容並蓄的文字娓娓道出真正的生命情境，凸顯出「塵世隱士」的精神層面。最讓梁遇春引為憂慮的，是各種「思想界權威」的紛紛出現。胡適高呼文章「要用氣力做」，便引得梁遇春不顧學生身分，回敬一句不免「高眉長臉孔」（頁19）。〈講演〉文中的社會觀，至此乃演為文學觀。梁遇春強調隨興遣詞，以自然風韻為尚，要信手拈來都成其妙諦。傳記作家中，他分外推崇斯特刺奇（Giles Lytton Strachey, 1880-1932），寫過一篇萬餘字的蓋棺綜評（頁201-215），一因斯氏筆風自然靈巧，不避屑屑之談；二因此種手法也已打破傳統傳記權威的窠臼，正符合自己在文學上的見解。

初登文壇之時，梁遇春的經濟環境料應不差，至少毋需為謀稻粱而蠅營狗

苟，所以有充裕的時間照顧筆底春秋。一生所寫的散文，草率篇什不免，但玲瓏佳作則觸手可及。他還有為數近乎散文的譯書，生命力實在充沛。難得的是，在如此繁忙的寫作歲月裡，他仍可盡情吸收西方文學，把蒙田以下散文名家的精華盡攬袖中。文如其人，才性優雅，又顯現出1920年代優異心靈的風範。想想二十來歲的梁遇春一面酣飲春醪，一面又在淒寂的心境下苦中作樂。那種浪漫，培根不曾有過，蒙田和蘭姆也要過了壯年，才能毫無矯飾的體現無間。

尋找象徵的劇作家
——談桑登・威爾德的中國經驗

　　1960年代以前，桑登・威爾德(Thornton Wilder, 1897-1975)在美國日趨極端的劇場上，一直扮演著反潮流者的角色：他公然反抗19世紀以降寫實戲劇的末流，也不以描繪負面人生為能事，反而再三致力於圍繞在人生神秘與喜悅中的純樸世人，在他們身上披上一層達觀進取的外衣。他的劇作，往往像唯一神格派牧師在格林威治村撞響的宏亮鐘聲，在層層的痛苦與解析之後，終於開啟我們對於簡樸人事的敬畏與驚奇之感。

　　伴隨著威爾德的樂觀精神而來的，是他對「世界文學」懷抱的理想。1949年，威爾德在柯羅拉多州奧斯本城的歌德年會上發表了一篇題為〈歌德與世界文學〉的演講。他開宗明義指出，歌德(Johann Wolfgang von Goethe, 1749-1832)所謂的「世界文學」不僅止於名著的並列，還要能夠描繪人類的共相，揭開世人共同的追求。在演講中，威爾德又提到歌德曾經讀過一部中國敍事文學。可惜威爾德惜墨如金，點到即過，未能就此多作引申。然而，同一講辭涉及龐德(Ezra Pound, 1885-1972)的《詩章》(*The Cantos*)時，威爾德卻一反常態，強烈暗示西方讀者不當自囿於本位文化的了解，而應該延伸知識觸角到不同的文化傳統去[1]。正如《詩章》中龐德取法借鏡的，古老的中國文化也是威爾德再三致意的對象。他個人的經驗，戲劇上的表現，或多或少都受到類此態度的影響。此外，儘管研究威爾德的著作迄今已不下數十種之多，由於他早年的日記難求，成年後的回顧亦屬蛛絲馬跡式的追憶，故而下面我擬談論的懷氏的中國經

---

[1]　Thornton Wilder, "World Literature and the Modern Mind," in Arnold Bergstraesser, ed., *Goethe and the Modern Age* (Chicago: Regnery, 1950), pp. 213-224.

驗，僅屬「大綱式」的素描，詳情尚待方家來日細剖。

一

　　1897年，威爾德生於威斯康辛州的陌地生(Madison)。父親是耶魯大學的經濟學博士，曾在紐約當過記者，陌地生時期，自己則擁有一家報館。老威爾德熱中政治，是老羅斯福(Theodore Roosevelt, 1858-1919)的支持者。羅氏連任總統後，為酬庸故，任命他為駐香港總領事。所以威爾德九歲時，即跟隨父母離開美國中西部，橫越太平洋而抵達中國。這一趟香江小住，為期約七個月。威爾德隨後在母親帶領下，和兄妹重返美國，在加州柏克萊繼續學業。

　　和漫長人生比較起來，七個月為時短暫，但是就青少年而言，卻長得足以在腦中烙下鮮明的印象，在記憶深處儲存日後寫作的素材。威爾德滯港期間，雖然僅入一家德文學校就讀，但是麥爾康・戈登斯坦(Malcolm Goldstein)卻指出，香港影響懷氏一生甚巨。戈氏繼之又謂：「威爾德身在香港，處於異態文化之中，日常生活本身即令人驚訝不置，是複雜不已的經驗。」[2] 文獻誠然不足，然而香港經驗帶給威爾德諸多回憶，也是不爭的事實，影響到他爾後的文學特色。

　　老威爾德的香港日記，曾經仔細反省香港的西方軍事與社交圈內的種種粗鄙不文，也曾經深入比較西方外交人士的形式作風與中國人謙虛的克己工夫。他印象最深刻的，是中國人以人本思想為出發點的處世態度。威爾德兄長阿摩士・尼溫・威爾德(Amos Niven Wilder, 1895-1993)是位詩人，而且學而優則仕，擔任過政府部門的首長，也出任芝加哥及哈佛等大學的教授。據他在所著《威爾德及其大眾》書內的回憶，老威爾德在香港體驗到的中國民族的特性，對威爾德的衝擊既深且鉅。父親十分輕視威爾德早年的作品，簡直以雕蟲小技目之，認為距離人生太遠，因而要求他執筆為文時應當留意人類的生活，

2　Malcolm Golstein, *The Art of Thornton Wilder* (Lincoln: University of Nebraska Press, 1965), p. 2.

以同情心為世人譜出畫像[3]。基本上，威爾德是個西方之子，繼承了接近古希臘與文藝復興時期的人文理念，所以批評家常認為他是20世紀人文主義作家的代表。不過，從阿摩士‧尼溫‧威爾德的追憶中，我們也不難確認中國儒家一脈的信念，亦曾混陳在懷氏的思想本源中，為他的劇作提供基礎架構，形成處處關懷人類的特色。

香港經驗同時提供威爾德不少器具性質的靈感，為他的劇作塑造出某種特殊的氛圍。《威爾德及其大眾》一書故而指出像《九死一生》(The Skin of Our Teeth)之類的劇作中，有某些細節的處理乃因威爾德的香港經驗有以致之。以《九死一生》為例，該劇第二幕的舞臺說明中，便提到一具吊在船桅上的天氣標示儀，而這便是威爾德從香港碼頭觀察到的神來之筆。標示儀在劇中是主要意象之一，象徵或警告洪水或末日災難來臨。威爾德住在香港時，常於課後到碼頭溜搭，看到聳立在船隻甲板上的風向球嘗為工作中的中國苦力預示風災。類此幾乎微不足道的經驗，十數年後卻轉化為《九死一生》中最令人怵目驚心，最具暗示性的象徵，說來有趣(TWHP: 9)。

老威爾德駐港的任期共三年。1909年後，他一度返美，辛亥革命那年重返中國，全家老少同行。老威爾德的新任職位是美國駐滬總領事。其時上海是革命精英薈萃之地，革命黨人往返懷家者不少。老威爾德雖然到了1917年才結束任期，不過威爾德停留在上海的時間並不長，約莫才一年而已。這一年，他再度進入德語學校就讀。很多批評家認為威爾德在劇中表現出來的神秘感，應該歸功於這一段上海經驗。阿摩士‧尼溫‧威爾德雖然認為這種說法過於牽強，沒有依據，但是，他也不得不承認上海是影響乃弟對人性的透視最深刻的地方之一。威爾德自己亦曾明白表示：《小城風光》(Our Town)一劇中，舞臺經理談到遙遠的巴比倫那一段話的深遠內涵，其實就是他從上海經驗演繹得來(TWHP: 64)。

從1902年懷氏一家初抵香港以來，他們很少與中國人分開過，即使身處柏克萊，亦復如此。1913年，威爾德的母親攜帶家小重返美西，其時老威爾德尚

3　Amos Niven Wilder, *Thornton Wilder and His Public* (Philadelphia: Fortress Press, 1980), p. 53. 此書以下簡稱*TWHP*。

滯留上海，乃派遣了兩名中國青年到加州接受教育，順便幫襯懷家家務。這兩名青年中，第一位出生於廣東的苦力家庭，另一位則早失雙親，從小就由老威爾德收養成人，放在身邊擔任辦公室裡的傳達工作。兩名青年初到加州，僅能操洋涇浜英文，年齡約在十五、六之間。但是數年後，雙雙從柏克萊加州大學拿到博士學位，定居西岸。

這兩名中國青年最讓懷家難以忘懷的，是他們赤膽忠誠，感恩圖報。1936年老威爾德去世時，其中一位還千里迢迢遠從西岸輾轉來到東岸弔唁。阿摩士・尼溫・威爾德說：「從這一件小事中，我們就可以了解中國老人對於人際組織與關係，為何一向持有那麼難以令人置信的信心。」（*TWHP*: 63）雖然僅僅是兄長的感慨，這一點卻也可以幫助我們了解《小城風光》一開頭，威爾德何以要強調子女應有的孝道，以及他為何那麼重視家庭價值。

威爾德早年與中國的接觸，影響往後作品的內容更甚於形式。長大成人後，他的中國經驗卻從私人關係一變而為舞臺形式的互通有無。這種轉換，與梅蘭芳（1894-1961）於1930年在紐約登臺演出關係密切。梅氏在1917及1924年赴日演出，頗受好評[4]。再出國門，則登輪赴美，更形轟動[5]。其影響力，迄今尚乏系統研究，但是從當時觀賞他的戲竟是一票難求的事實上，我們可以想見他在西方造成的震撼有多大。寓居紐約時的威爾德十分幸運，是時恰為某一顯要的貴賓，因而得以入場觀賞梅蘭芳的表演。著名的劇評家史塔克・楊（Stark Young, 1881-1963）當時和懷氏同場看戲，過後撰文道：中國戲劇表現出來的，

4　喝倒彩的人，當然也有，陳獨秀是例子：梅蘭芳「到日本聽說很受日本人歡迎。若是歡迎他的藝術，我為中國藝術羞煞！若是歡迎他的容貌，我為中國民族羞煞！」見陳獨秀，《獨秀文存》（3卷。上海：亞東圖書館，1922），3：40。本注注尾冒號前之數字指卷數，其後者指頁數。

5　關於梅蘭芳訪美公演及影響的較詳細資料，請參看齊如山，《梅蘭芳遊美記》，附錄於陳紀瀅，《齊如老與梅蘭芳》（臺北：傳記文學出版社，1980），頁142-311；唐德剛，〈梅蘭芳傳稿〉，在唐著，《五十年代底塵埃》（臺北：傳記文學出版社，1981），頁109-121。較簡略的說明可見Leonard Cabell Pronko, *Theater East and West: Perspectives Toward a Total Theater* (Berkeley: University of California Press, 1967), p. 43; William Dolby, *A History of Chinese Drama* (London: Elek Books Limited, 1976), p. 217; 以及Colin Mackerras, *The Chinese Theatre in Modern Times: From 1840 to the Present Day* (London: Thames and Hudson, 1975), p. 60.

正是所謂「戲劇之真」的最佳寫照[6]。史塔克‧楊深深為梅蘭芳的舞臺世界所折服，威爾德亦心有戚戚焉：象徵劇藝讓他夢迴心縈，是影響他的戲劇理論最重要的因素，而這點迄今已為不移之論。此所以于漪有如下評論：威爾德「特別注重中國戲劇的象徵手法。在他的戲裡，幾把椅子就代表某人的家、墳墓、火車等等，而許多道具也都是無形的，他的演員還不時跳出角色之外，直接對觀眾說起話來，與我們所見的樂戲中的丑角相似。」[7]

中國影響威爾德的，不僅僅在器具與思想的層面，同時也深入舞臺表演。這些特色或同時結合在劇作如《小城風光》之中，或單獨出現在個別劇本如《九死一生》和《鴛鴦配》（The Matchmaker）裡。要之，我們若想闡明威爾德在時空及文化上的透視能力，他的中國經驗是不得不重視的因素。其影響所及，甚且廣及1920年代威爾德在羅馬從事考古工作時對西方上古文化的想像。

二

早在1938年一篇未曾發表的《小城風光》的序文中，威爾德就已對中國劇場的舞臺特徵仰慕不已。不過此一態度理論化後的表示，卻要遲至1941年發表的〈戲劇寫作的一些思維〉才能見到。這篇論文加上1957年為《小城風光及其他戲劇》一書所寫的序文，咸認為是威爾德的戲劇觀最直接有力的陳述。他在〈一些思維〉中提出四點戲劇要求，一面自我期許，一面說明他的舞臺已脫離文藝復興時期以後的西方傳統劇場，轉向另類戲劇文化的探索：

一、戲劇仰賴多方合作；
二、戲劇陳述的對象是廣大人群；

6　Donald Haberman, *The Plays of Thornton Wilder: A Critical Study*（Middletown: Wesleyan University Press,1967）, p. 85.

7　Clara Yü Cuadrado, "Cross Cultural Currents in the Theatre: China and the West," in William Tay, et al., eds., *China and the West: Comparative Literature Studies*（Hong Kong: The Chinese University Press, 1980）, p. 227.中譯引自鄭樹森等編：《中西比較文學論集》（臺北：時報出版公司，1980），頁275。

三、戲劇建築於虛構之上，假像的複雜性為其特質；

四、戲劇的動作發生在永恆的目前。[8]

　　威爾德期待於戲劇的前兩點，要求的是形式方面的藝術。後二者則屬內容與本質上的考慮。細而陳之：第一項要求暗示戲劇為一綜合藝術；第二項提示演員與觀眾為一體之兩面；第三項指出舞臺並不等於人生；第四項則說明威爾德對戲劇時間的看法。巴特勒(Joseph Butler, 1692-1752)嘗謂戲劇呈現事物之本質而非他界，此非威爾德的戲劇觀最好的說明？

　　類此戲劇本質的轉變，在西方世界是革命性的看法。威爾德所以改革，緣於他對19世紀寫實傳統的強烈憎惡。在《小城風光及其他戲劇》的序言裡，威爾德又說道：早在1920年代末期，西方劇場即已令他深感不滿。他在寫實劇的場景中，察覺不出「戲劇之真」來。寫實傳統狀摹人生，以「逼真」為鵠的。但是處理人心狀態，威爾德認為無能為力。所以他最嫌惡於西方劇場的，正是寫實舞臺上的道具與布景。這二者使戲劇脫離「假像」的本質。他說：演員需要的，不過是「一座舞臺和一點熱情」罷了。他甚至提醒大眾道：「在中國戲劇裡」，演出者「跨過一根拂塵，觀眾就知道他已經騎上馬背了。」[9]

　　劇評家唐納德‧哈柏門(Donald Haberman, 1933-2913)說得好：威爾德的戲劇根本就是用象徵手法在闡釋人生。哈柏門可能也是西方劇評家裡，第一位能夠看出懷劇和梅蘭芳的演出之間的關係者。他直陳《小城風光》全劇最難駕馭的一景，當屬其中的默劇。這場戲完全沒有道具，深受中國戲劇的影響，所以哈柏門又說：「我們倘用威爾德的中國經驗解釋這一景，必然可以理解個大概。」[10] 梅蘭芳的表演是威爾德乞靈之處，哈柏門如此結論值得我們信賴。在撰述與評論的過程中，他曾獲懷氏鼎力襄助，而且肯定了他的析論精當過人。

8　Thornton Wilder, "Some Thoughts on Playwriting," in Sylvan Barnet, et al., eds., *Aspects of the Drama: A Handbook* (Boston and Toronto: Little, Brown and Company, 1962), p. 1.

9　Thornton Wilder, "Preface" to his *Our Town and Other Plays* (Harmondsworth: Penguin, 1977), pp. 11-12；另請參較上注，頁9。

10　Donald Haberman, *The Plays of Thornton Wilder: A Critical Study*, pp. 85-88. 不過，Helmut Papajewski認為日本能劇才是威爾德靈感的來源，見所看*Thornton Wilder*, trans. John Conway (New York: Frederick Unger, 1965), p. 96.

不過話說回來，哈柏門的評論仍有不足之處：他不曾比較懷劇與中國象徵舞臺的異同。事實上，我們亦可借用戲劇理論家約翰‧加斯納(John Gassner, 1903-1967)所稱的「劇場主義」(theatricalism)來說明威爾德編劇的手法[11]。就戲劇哲學而論，威爾德顯然不主常態觀念下所以為的亞里斯多德的模仿說；他的觀察接近柏拉圖的第一度空間，雖然其間仍有小部分的差距。他又認為：戲劇的特色是要坦白承認舞臺上的動作是一場「戲」，不是真實生活的反映。這種看法是古希臘的，也是古中國的，完全違反文藝復興時期以降以舞臺為人生完美呈現的看法，和19世紀的寫實劇場更是背道而馳。

威爾德相信演戲如慶典節目，觀眾是臺上台下整體劇場的一部分。准此，他求諸戲劇的四點原則，不啻要求回復到劇場的原點去，而中國戲劇一向就不曾遠離戲劇初生的狀態。除了必要的一、兩張桌椅，劇場的舞臺上經常常空曠一片，演員進出之間，場景的內涵就在觀眾腦海中轉換。中國戲的舞臺雖有背幕，傳統劇場例無前幕，場內變化，一覽無遺。在寫實劇裡，演員動作的意義乃附著在道具布景之上，象徵舞臺則泯除此類的限制。威爾德蓄意仿效中國舞臺，《小城風光》第一幕即可見出端倪。這一幕只有寥寥幾句說明：

沒有幕。沒有布景。觀眾到場後，看到舞臺上半明半暗，空無所有[12]。

舞臺上的空曠，解除了時空限制，可讓觀眾的想像力發揮到極致。《小城風光》隨後各幕，道具布景也減到最少的程度：幾張桌椅代表廚房；階梯用來顯示樓房各層；一塊木板演示酒櫃；一排椅子圍上數人，就變成想像中的墳場；再添上幾張椅子，靠背景置放，儼然就是小城的教堂。威爾德的觀眾不僅是觀眾，借著想像力的馳騁，他們也變成了演員。舞臺經理甚至打趣「觀眾」道：「如果有人想要觀看寫實的舞臺」，他可以帶他到別處去看(頁22)。第三幕茱麗魂返人間，重過十二歲生日那一景，舞臺上更杳無一物。

---

11 John Gassner, *Form and Idea in Modern Theatre* (New York: Holt, Rinehart and Winston, 1956), p. xii.

12 Thornton Wilder, *Our Town*, in his *Our Town and Other Plays*, p. 21. 本書所論各劇之劇文，除非另有所陳，頁碼概據此版且隨文夾附，不另添注。

　　所謂場景與道具，在《小城風光》中，大多由舞臺經理口頭指稱就帶過去。
威爾德要求觀眾在腦海裡重建第一度空間的景致與器物。諸如此類的技巧與觀
念，正是因威爾德有感於中產階級之墮落，有感於他們不願多想像與構思戲劇
之「真」而來。威爾德又說，人類的喜怒哀樂都是心靈的產物，非關外在事物
的投射。所以他迷戀抽象的中國舞臺，把自己的劇場轉化為骨骼式的時空思
維。亞倫‧路易斯(Allan Lewis)所著《當代美國劇場上的戲劇與劇作家》，因此
認為威爾德已經把觀眾從機械式的時空反應推展到想像與觀念的層次上了[13]。

　　正因缺乏寫實的場景，《小城風光》裡的舞臺經理扮演的角色就益形重要。
他一面站在戲劇週邊，一面又融入情節之中，殊堪玩味。這一類「角色」在威
爾德的劇作中時常出現，而其首要功能，便是演示小說術語中「敘事者」
(narrator)的功能。《小城風光》啟幕時，舞臺經理上臺說出的第一段話，充分
顯示出這一點：

> 這齣戲叫做《小城風光》，是桑登‧威爾德所寫的劇本；由A演出與
> 導演……(或是由A演出，……由B導演……)。在這齣劇裡，你們會看見
> C小姐……，D小姐……，還有其他角色。這個小城叫做葛羅威爾角，
> 是在新罕姆什爾州，鄰近麻省：經度四十二度四十分：緯度七十度三
> 十七分。第一幕演的是我們小城的第一天。這天是1901年5月7日。時
> 間在黎明之前。(頁21)

上面的引文，換個方式就是一齣戲的節目單，作者、導演，以及演員的卡司俱
在其中。如此戲劇敘事，又符合西方傳統的「楔子」的功能，一如謝里登(Richard
Brinsley Sheridan, 1751-1816)《醜聞學校》(*The School for Scandal*)中的「楔子」所
具有者。類似的戲劇慣例，東方劇場上也屢見不鮮。雖然如此，威爾德的編劇
法與其說是繼承西方傳統，還不如說是受到中國戲劇的影響。以元曲為代表的
中國古典戲劇，概略說來，每包含四折，外加一個楔子。主戲正式開鑼前，要

13　Allan Lewis, *American Plays and Playwrights of the Contemporary Theatre*, rev. ed. (New
　　York: Crown Publishers, 1970), pp. 68-69.

角多半先在楔子中現身，或自報家門，或介紹主題，或兩者兼具。他們不但是整齣劇的介紹人，也是劇中的角色，身分多重。如此傳統，在現代京戲舞臺上仍然持續不墜，威爾德稍加推衍，便變成《小城風光》中兼具雙重身分的舞臺經理了。他為我們開宗明義，點出背景為何，也為我們指陳過去，預示未來，簡直就是全知作者(omniscient author)的化身。介紹線索背景之後，舞臺經理馬上走進舞臺核心，而且有成為中心角色的傾向。為了把觀眾帶回時間的律動之中，威爾德還讓舞臺經理說明各景的時空架構，讓他化成于漪指出來的中國舊戲的丑角。

威爾德求諸戲劇的第二點，不但牽涉到上述的編劇特色，同時也和演員的表演能力有關，要求他們和觀眾打成一片。再舉舞臺經理為例。借著向觀眾陳述劇情，舞臺經理打破西方劇場加諸演員與觀眾之間的分離感。馬婁(Christopher Marlowe, 1564-1593)的名劇《馬爾他的猶太人》(*The Jew of Malta*)裡的楔子，雖然也能借角色的聲明，造成演觀一體的效果。但是這種效果，僅能停留在楔子之中。進入戲劇核心之後，演觀各自獨立，一邊是演，一邊是看，毫不相干。威爾德的舞臺經理則始終和觀眾打成一片，不時和他們閒話家常，或雄辯滔滔，或諄諄期勉，距離感減到最低的程度。非特如此，舞臺經理時而或稱觀眾為「兄弟」或「老友」，談話對象也有特殊的局限或指涉。像在第一幕的「廚房」一景中，他聊天的對象便落在觀眾席中的家庭主婦上。劇中角色也常常出現同類的行為：報館老闆韋伯(Weber)談論小鎮的日常作息時，也師法舞臺經理，直接對著觀眾說將起來。威爾德顯然並不欣賞寫實劇中被動的觀眾：演觀融為一體的特色並非僅見於《小城風光》之中，《九死一生》裡的女主角莎賓娜(Sabina)，同樣也常對著觀眾聊將起來。

中國劇場中演員觀眾相互流通的特色，由來已久。席爾登・契尼(Shelden Cheeney)早已指出，中國梨園嘈雜一片的特色，與演出的性質有極其重要的關連[14]。契尼的目的雖然在撻伐中國劇場，斥責劇本鬆散，但是他的意見反映出來的中國戲劇與觀眾的關係，卻也不是布萊希特(Bertolt Brecht, 1898-1956)強作

14　Shelden Cheeney, *The Theatre: Three Thousand Years of Drama, Acting and Stagecraft* (London: Longmans, Green and Company, 1929), pp. 119-120.

結論的「疏離效果」（alienation effect）。

在中國劇家的心目中，演員與觀眾是否能在同一個屋簷下交織成一片，是劇本成敗的重要因素之一。京戲中的角色，不時和觀眾對話；他們自我介紹的目的，利用旁白宣示內心的原則，多少即有和觀眾溝通的企圖。《拾玉鐲》裡，孫玉姣聽完傅朋表明身分後，馬上打了個旁白，告訴觀眾她和富家子弟邂逅後的興奮之情。她仔細為觀眾縷述傅朋的相貌時，實際上已把觀眾視為閨中密友，要他們分享自己的喜怒哀樂[15]。

若以實證的態度來處理威爾德與中國戲劇的關係，研究者可能要大失所望，因為我們迄今尚難尋到直接的證據闡明威爾德所受的影響。然而毋庸置疑的是：我們至少可以從中國戲劇理論出發，解釋威爾德的劇作與思想，指陳其間肖似與精神契合的所在。威爾德屢次提到希臘古劇和伊莉莎白時代的劇場，用來暗示自己的戲劇觀的出處。但是就演員觀眾一體的觀念而言，古典戲劇裡的「歌舞隊」（chorus）與觀眾之間的關係，恐怕不如中國劇場裡角色與看戲人的關係來得微妙。文藝復興時期的戲劇，如同前面我曾略及的馬婁劇作所示，演員觀眾之間更形疏離。事實上，每當威爾德以希臘或伊莉莎白劇場為自己辯護時，緊接著通常還會以中國戲劇的特色壯膽。中國戲劇特徵與西方該二時期的劇場不免有雷同之處，劉若愚的專論《伊莉莎白戲劇與元曲之比較》業已點明數端[16]。但是就細微的傳統而言，卻也不盡類似。威爾德的辯解方式，不禁讓我們懷疑他是否混陳中西，不分彼此。

三

劇場理念之外，威爾德劇作中的思想亦不乏中國風味特重者。下面我且舉時間觀念為例，再以《小城風光》一劇說明之。如同引前舞臺經理所說的話，這齣戲發生於新罕姆什爾州的葛羅威爾角，時間由1901年擴展到1913年間。主

15　參見施叔青的評論，見所著《西方人看中國戲劇》（臺北：聯經出版公司，1976），頁114。
16　James Liu, *Elizabethan and Yuan: A Brief Comparison of Some Conventions in Poetic Drama* (London: The China Society, 1955).

要寫喬治・吉布斯(George Gibbs)與艾茉麗・韋伯(Emily Webb)兩人日常的要事，兼及兩家之間的瑣事。每一幕以一個家庭為中心展開劇情，然而進入主戲之前，威爾德慣以街景營塑氣氛。中心主題是生命平凡，生活中充滿永無止境的動作重複。從馬斯特士(E.L. Masters, 1868-1950)的抒情詩集《匙河集》(*Spoon River Anthology*)在1915年問世以來，「小鎮」(the old town)的主題在近代美國文學史上已成老生常談。這類作品中的敍事態勢，通常都有某種邏輯可循，都有某種批評運作的方式。但是威爾德的戲從1938年首度搬上舞臺迄今，毀譽不一，誤讀誤看的觀眾時或有之。1971年，批評家摩里斯・佛里門(Morris Freedman, 1920-)的《美國戲劇與社會》(*American Drama in Social Context*)一書，甚至抨擊過《小城風光》有逃避人類共相的傾向。但佛里門顯然看走眼了：生命的共相正是威爾德在劇中急於傳遞的訊息。

佛里門之所以形成上述的批評，原因在威爾德並不以西方傳統觀念為全劇的思想架構。首先，《小城風光》乃一高度實驗性的劇本，編劇法是傳統西方觀眾陌生的。其次，威爾德喜歡以對照性的手法來表達時間的觀念，而這亦非西方劇作家經常強調者。前一現象所以形成，固然因為威爾德把東方經驗形諸筆墨，更重要的是他以中國為仿效對象的象徵劇場本身就不是習慣於寫實劇者體會得了。至於後面的時間觀念，威爾德的基本手法是永恆與短暫的對照：時間的意義，全在對照之下彰顯。

舞臺經理介紹全劇的開場白，已經把整齣戲放在廣闊的時間與空間之中。劇中的小設計皆在大架構下凸顯而出，所以威爾德才有足夠的理由，從反方向稱道自己的戲是「在極小的生活事件中，追尋超越一切的價值」。既然要戲劇化個體小生命的價值，他只好把葛羅威爾角擺在「遼闊的時間與空間層面」上來寫。他又說：劇中一再使用「成千上萬」一類的辭彙，目的無非是要通性化艾茉麗的快樂與哀愁[17]。要達到這一類的目的，就要把一切時間及其變奏以大小對比的方式融入觀眾的感覺裡，例如以大時間的歷史對照小時間的日常生活等等。

這種時間觀念，顯然近於中國古典文學者更甚於西方傳統。中國人把個人

---

17 Thornton Wilder, "Preface" to his *Our Town and Other Plays*, p. 12.

生命的時間看成是浩翰宇宙時間中的一小點，而大小對比的趣味，洋溢在各式
文類之中。古詩十九首第十三首所謂的「生年不滿百，常懷千歲憂」，便是把
個己的小生命對應在歷史的時間洪流中。第十五首又謂「浩浩陰陽移，年命如
朝露，人生忽如寄，壽無金石固，萬歲更相移，聖賢莫能度」，固然詠嘆生命
苦短，但寄寓的仍屬宇宙生命的無涯無際。蘇軾(1037-1101)〈赤壁賦〉中的名
句「寄蜉蝣於天地，渺蒼海之一粟，哀吾生之須臾，羨長江之無窮」[18]，則是
短暫與永恆的對照最膾炙人口的例子。在這種手法的聚照之下，不論威爾德或
中國人，終極目的都是在強調大時間，以永恆與共性為重。

即便是在《小城風光》的第一幕中，對照性的時間觀也已經開演到高潮。
舞臺經理「演示」過「廚房」一景後，請到州立大學的衛勒德(Willard)教授代
他為觀眾主講一節葛羅威爾角的歷史。賓主對談之際，威爾德透過舞臺經理的
急躁不耐，巧妙的把戲劇裡的小時間投射到歷史的大時間中：「教授，請你簡
短講些〔歷史〕，我們時間有限。」（頁33）

如同威爾德的戲劇理念第四點所示，戲劇時間的意義，只有擺在時間的永
恆上才能彰顯。時間擴展到極致，便會和空間結為渾然的一體。所以威爾德接
下便把《小城風光》裡的時間轉換為空間的架構，指出我們皆屬宇宙無盡的空
間的一部分，而小鎮乃成為布魯克斯・阿金生(Brooks Atkinson, 1894-1984)所說
的「宇宙的綠色之角」。這樣看來，喬治・布吉斯的妹妹羅碧嘉(Rebecca)在第
一幕行將結束前的一段話，就顯得別具意義了。她說有一位朋友收到一封信，
地址由葛羅威爾角一直延伸到地球、宇宙，乃至上帝（頁48）。羅碧嘉的話，不
啻是威爾德的時間觀的變奏：「小鎮」的漫漫生活，已然納入宇宙空間的系統。
這種強烈的神秘感，雖然接近布雷克及美國超越論者如愛默生(Ralph Waldo
Emerson, 1803-1882)等人之見，但是同樣接近中國文化所強調的個體與宇宙的
不可分，乃至於和諧。〈赤壁賦〉依然可以提供最好的說明：「自其變者而觀之，
則天地曾不能以一瞬；自其不變者而觀之，則物與我皆無盡也。」[19]

18　〔宋〕蘇軾，〈前赤壁賦〉，見〔清〕吳楚材、周調侯原編，陰法魯主編，《古文觀止譯
　　注》，修訂本(北京：北京大學出版社，2011)，頁738。

19　蘇軾，《前赤壁賦》，見吳楚材、周調侯原編，陰法魯主編，《古文觀止譯注》，頁738。

　　超越論者把個體昇華到宇宙的層次，其間有「相等」的意味存焉。但是蘇軾與威爾德雖然同意個體應與宇宙保持和諧，卻也認為個體只是宇宙的構成分子之一而已：「物我」兩皆無盡，但「物我」都在天地包容之下。所以，儘管威爾德拿日常生活和宇宙相互對照，兩者間差別仍然難免。蘇軾教人從永恆著眼，以便解脫浮生的苦痛，臻至天人合一的化境。威爾德則要求觀眾珍視「目前」，庶幾能夠抓住「永恆」。宇宙時間浩瀚無邊，皆由「目前」組成。人類要擺脫日常生活的了無意義，唯有正視、堅忍的抓住日常生活，才能達到與永恆同在的目的。《戲劇寫作的一些思維》中，威爾德又說道：「小說以目前呈現過去，戲劇恆以『現在』來演示人生。」[20] 人生會隨著生命的延續，永遠存在下去，「現在」也會隨著時間的重複滾動而演變成為永恆。

　　聖奧斯定（St. Augustine, 354-430）雖然也勸人珍視「目前」[21]，以馬爾維爾（Andrew Marvelle, 1621-1678）為代表的「今朝有酒今朝醉」（carpe diem）的詩歌，同樣由目前出發追求人生，但是威爾德希望以目前銜接永恆，以把握現在來解脫繁瑣的俗務的觀念，卻使他的戲劇精神擺脫了中古神學，遠離17世紀的享樂主義，從而回歸到中國人的時間與人生態度去。威爾德可能從未聽過《呂氏春秋》，但是從他與中國的宿緣，與中國人的交往，再加上對中國戲劇的概括性認識看來，他不難把《呂氏春秋》重視目前，以「合時」來開創人生苦境的思想，轉化為自己對戲劇與時間的要求。這一點，恰可說明威爾德為何看重「頓悟」，說明第三幕中的角色何以有一顰一笑的肇因。艾茉麗死後返回陽間一景，並未如一般批評家所以為的加深她「再生」的信心，反而在「迷戀」人生後，使她幡然省悟，益發堅信唯有抓住即使是陰間的「目前」，才是把自己融入時間永恆律動的最好方法。

　　後世研究威爾德與中國的因緣的學者，應該感謝阿摩士‧尼溫‧威爾德。他的《威爾德及其大眾》一書儘管所涉有限，在劇作家威爾德本人未曾留下旅華日記及追憶文章的狀況下，仍然能夠為我們提供初步的線索，得以借此探討

20　Thornton Wilder, "Some Thoughts on Playwriting," in Sylvan Barnet, et al., eds., *Aspects of the Drama: A Handbook*, p. 10.

21　Cf. Hans Meyerhoff, *Time in Literature*（Berkeley and Los Angeles: University of California Press, 1955）, p. 8.

懷氏與中國接觸的層面。香港與上海經驗，促使威爾德認識西方以外的生活，而透過老威爾德的香港日記、柏克萊時期，以及往後他與中國人的交往，我們益發有理由深信：威爾德本人的人文思想至少有部分乃受中國智慧啟迪而來。中國經驗拓展了舞臺擺設中的器具層面，使威爾德的作品罩上一層特殊的氣氛，加強了主題的力量。除了《小城風光》和《九死一生》等名劇外，《鴛鴦配》裡利用中國屏風展示的「屏裡屏外」的人生，也是劇作家有感於戲劇第三種要求的實踐：屏裡屏外，就是舞臺上的人生「假相」與舞臺下的生命「真相」的差異。

　　令我們驚訝不置的是：影響威爾德的戲劇思想最深刻的中國因素，乃紐約時期觀賞梅蘭芳的演出。梅氏1935年在蘇聯公演時，曾挾其繁複而精緻的技藝，誘發了德國劇家布萊希特的靈感，給予所謂「史詩劇場」（epic theatre）甚大的影響[22]。可惜布氏解釋中國戲劇，常囿於錯誤的認識。威爾德的體會就深刻多了：他能把握住象徵舞臺的真諦，認清戲劇的本質，然後將之化入自己的理念之中。1938年，威爾德在《紐約時報》上寫道：「劇院渴求的是事物的象徵層面，不是事物本身。戲劇說出來的『謊言』——如謂某一年輕仕女為凱撒之妻、通過無韻詩可以演示生活、某人『殺了』某人等等——增強控制故事與神話的真實面。」[23] 中國戲劇既非寫實劇種，舞臺演出無非便是象徵的集合，更是「假作」的人生。威爾德在他的文章中再三強調，中國的象徵舞臺是解救西方寫實劇一味自認「逼真」的陳套最後的憑藉：觀念之真，唯有「象徵」能傳達之，寫實只是次等的「逼真」。劇評家柏班克（Rex Burbank, 1925-2009）是威爾德專家，他曾指出威爾德改革性的戲劇思想無疑「可以獲得中國人的支援，因為他們的戲劇只用一些『招貼』來點明場景」[24]，舞臺就變得栩栩如生。誠哉斯言！

22　John Willett, ed. and trans., *Brecht on Theatre* (New York: Hill and Wang, 1964), p. 97.
23　Thornton Wilder, "A Preface for *Our Town*," *New York Times*, Feburary 13,1938, sec.2, p.1.
24　Rex Burbank, *Thornton Wilder* (New York: Twayne, 1961), p. 87.

烽火行

——中國抗日戰爭裡的奧登與伊舍伍德

　　中國抗日戰爭期間，來華報導戰況的西方文字工作者絡繹不絕，大致可以分為三類。首先是專業新聞記者，如艾金生（Brooks Atkinson, 1894-1984）與史沫特萊（Agnes Smedley, 1892-1950）等人，其次是介於記者與作家之間的「灰色」人物，可舉《亞洲內幕》作者約翰根室（John Gunther, 1901-1970）為代表，最後是偶爾客串記者的高眉作家，如海明威（Ernest Hemingway, 1899-1961）等人（參見本書頁407-418）。本文主角美籍詩人奧登（W.H. Auden, 1907-1973）與小說家伊舍伍德（Christopher Isherwood, 1904-1986）自是第三種人當中的翹楚，蒞華時間甚至比海明威還要早。

　　訪華之際，奧登和依舍伍德其實應屬「英國人」，要待回返西方後才歸化美國。他們少年訂交，同性愛情終生不渝。他們之所以遠道來華，據依舍伍德在《克里斯多福和他那類人》（*Christopher and His Kind*）中的回憶，可能肇因於兩人在1936年合作推出的《F6升空》（*The Ascent of F6*）一劇。戲的背景是亞洲某地，異國情調甚濃，頗受觀眾喜愛，奧登在英美兩國的出版商藍登書屋（Random House）與法伯（Faber and Faber）書店，乃聯合約請二人再度攜手，到東方國家合撰遊記[1]。奧登曾在《冰島來鴻》（*Letters from Iceland*）裡提到，「遠國之旅」有助人「由外反思過去與文化之效」[2]，藍登與法伯的條件又十分優渥，何不借此再度印證自己的理論？當時七七事變剛剛爆發，日本動員全面侵華，

1　Christopher Isherwood, *Christopher and His Kind* (1976; rpt. Minneapolis: University of Minnesota Press, 2001), p. 288. *Christopher and His Kind* 下簡稱*CHK*，引文隨文夾注。

2　轉引自 Stan Smith, *W. H. Auden* (Oxford : Basil Blackwell, 1943), p. 95.

京滬告急,中國正是國際矚目的焦點。奧登方才由西班牙內戰訪歸,依舍伍德對戰爭也有某種憧憬,兩人乃敲定走訪中國,合寫一本「真正屬於自己的戰爭」的書籍(*CHK*: 289),而這便是我借為文題的《烽火行》(*Journey to a War*)[3]。

按照奧登和依舍伍德的計畫,他們各依所長分工撰寫《烽火行》,所以書內日記體的遊記全由依氏執筆,詩人則負責攝影和韻體文字,後者的結果是數首序詩和當時稱為「戰時作」(In Time of War)的27首《商籟詩組》(*A Sonnet Sequence*)及其〈詩注〉("Verse Commentary")。下文中,我多據遊記衍述。

1938年1月19日,奧登和依舍伍德搭上前往多佛(Dover)的列車,準備由法國馬塞走水路,經蘇伊士運河,由印度洋到中國。行前,奧登的文學「導師」福斯特(E.M. Forster, 1879-1970)夥同一班文壇朋友為他們餞行。奧登一向瀟灑冷靜,依舍伍德則頗有「風蕭蕭兮易水寒」的滄然之感。《烽火行》的封面,是行前倫敦報界在火車站為他們拍的照片。這一年2月16日,他們搭乘的法國郵輪「阿拉米斯號」(Aramis)經開羅、科隆坡、新加坡、西貢,終於抵達香港,落腳港大副校長的官邸。此時香江早已風聲鶴唳,一片山雨欲來,彷彿隨時都看得見日軍虎視眈眈[4]。

依舍伍德曾在1957年二訪香港,印象中山明水秀,如詩如畫。但在1938年,他和奧登都覺得香江面目可憎,大違其「東方主義」的成見(*CHK*: 299)。儘管如此,港英當局相當重視他們來訪,不但設宴洗塵,而且要人紛紛出席。對關心文學的人來講,奧登在席上首逢英國著名批評家燕卜蓀(William Empson, 1906-1984),最具意義。在某種程度上,燕氏是日本侵華的犧牲者。他本任教劍橋,是瑞恰茲(I. A. Richards, 1893-1979)的學生,因私生活不合劍橋僵化的道德思想而被逐,乃師乃迎他東來任教。戰前,燕卜蓀從日本而迤邐西向,入北京大學擔任英國文學教授,依舍伍德稱之為「朦朧的燕普生」(Ambiguity Empson),蓋燕氏的成名作書題為《朦朧的七種類型》(*The Seven Types of Ambiguity*)。北平淪陷後,依舍伍德本以為燕卜蓀轉赴昆明的西南聯大,一度

3　W.H. Auden and C. Isherwood, *Journey to a War* (New York: Paragon House, 1939). 本文以下未著書名之頁碼,均指此書。

4　Charles Osborne, *W. H. Auden: The Life of a Poet* (New York and London: Harcourt Brace Jovanovich, 1979), pp. 148-149.

還曾打算假道重慶赴雲南訪之 [5]，孰料此時燕氏已經長沙離華，和瑞恰茲南下準備返英，正在香港候船，所以得遇奧登一行人。他與奧登見面，自然帶有英雄相惜的心情。1939年，奧登在紐約再見燕卜遜，此時奧氏已棄英籍而移民美國。燕卜遜念舊，在哈佛大學《哈佛倡議者》(*The Harvard Advocate*)的奧登紀念專刊(第108卷第2、3期合刊)特地撰文，回憶香江盛會，還道當時即將進入中國訪問的詩人頗有「報刊特派員的春風滿面。像王爾德一樣意氣風發」。他「抽著大雪茄」，談笑風生，往來皆豪門 [6]。

　　2月最後一天，奧登和依舍伍德登上渡輪，沿「西江」——我想應該是珠江——上溯廣州。他們在江上碰到一艘日本砲艇，好在有驚無險，平安過關。依舍伍德童心未泯，居然如此定義道：「戰爭就是兩條船擦身而過，沒有人向對方招手。」(頁29) 棄舟上岸後，他們見過廣州市長，但首位求見的中國要員應屬前上海市長吳鐵城(1888-1953)。吳氏時任廣東省長，集羊城精英在官邸款待來賓。當時英國外相伊登(Anthony Eden, 1897-1977)剛剛去職，在座精英頻頻追問客人英國外交政策是否會因此轉向。吳氏隨後入場，不免一番介紹。他對來賓說，抗戰是中國有史以來最大的災難，百業蕭條，百姓流離失所，不過中國也因此團結了起來，凝聚成統一的國家。這是戰爭的教訓。離開嚴肅話題，大夥入座進餐，氣氛隨即輕鬆下來。吳鐵城健談而不多談，為人不拘小節，客人倒是有點失望。依舍伍德寫道：來訪之前，他們以為中國人仍然像《中國別墅》(*The Chinese Bungalow*)描寫的一樣，客氣而拘謹。他們期待的官場應對是這樣：「省長應該說：『貴客光臨，蓬蓽生輝。』而我們應該如此回道：『鄙足微賤，不登大雅之堂。』」(頁38-39)

　　這番儒雅的遐想，最後在現實裡觸礁。農業部長也在座，應請向客人報告了戰時糧食問題和鄉村教育。一桌飯才吃了不多久，傭人就進來報告：日機正在廣東與新界交接處轟炸。吳鐵城聞後大怒。用洋涇濱英語斥道：「日本人的

5　John Lehmann, *Christopher Isherwood: A Personal Memoir* (New York: Henry Holt and Company, 198), p. 42.

6　Charles Osborne, *W. H. Auden: The Life of a Poet*, p. 150. 燕卜遜旅華的生涯，參見趙毅衡：〈燕卜遜：某種複雜意義〉，載於所著《雙單行道：中西文化交流人物》(臺北：九歌出版公司，2004)，頁163-170。另見趙著，頁205。

心態真可笑，不打戰就可以得到，偏要製造戰端。日本和別的國家想法不同；……不過，英國阻止得了戰爭嗎？」(頁42)最後一句話當然是沖著奧登和依舍伍德說的。兩人一陣尷尬，支吾以對，飯局草草結束。

不知從那裡送來的靈感，奧登和依舍伍德人境隨俗，在廣州印了一疊配上中文音譯的名片(頁43)，然後在3月4日踏上粵漢鐵路，前往漢口。沿途無事，但長沙之後氣候轉冷，各車站旁的農民都頭綁大布巾，看來像倫勃朗(Rembrandt Harmenszoon van Rijn, 1606-1669)《聖經》繪畫裡的人物。一陣急雨，奧登見識到洞庭湖的浩渺煙波，而三個月前在倫敦，依舍伍德還指著地圖，懷疑能否如此深入中國！車過武昌，漢口的樓房在低垂的雲靄下浮現。驀地又雪浪翻天，驚濤拍岸，長江就橫在目前，他們以為來到了世界盡頭(頁44-48)。

然而奧登和依舍伍德馬上發覺：漢口，他們來得正是時候。這個內陸港埠曾在列強壓力下對外開放，面對長江的乃其歐化的一面，而在當時局勢下，其實只存在著法租界，中外重要機構多集中於此。當局唯恐日軍來襲，在四周構築工事，鐵蒺藜和大木門環立。市街綿延甚長，之外就是白茫茫的湖北平原。市區內的衣店、布店或餐館多由白俄經營，在櫃檯、吧台後圓滾滾站著。他們生活沒有目的，有的沉迷杯中物，有的陷在麻將與橋牌陣中。他們多由蒙古南下，或由香港輾轉北上，有的更遠從美國繞道而來。身上不是懷著過時的沙皇證件，便是端著來源可疑的中國國籍。奧登常看到他們手持茶杯，口銜紙煙，面對未來一臉茫然，不禁感慨繫之，大發議論：「這些白俄的時鐘停在1917年。從彼時開始，他們一直都在喝下午茶。」(頁49-50)

漢口街上還有一景：人力車夫吆喝著叫客，士兵則默默地走著。奧登和依舍伍德認為漢口才是「中國戰時真正的首都」(頁50)：政治人物雲集，記者、傳教士和間諜也在此伺機活動。「此間各種線索潛伏，只要找得出來，任何專家都可據之預測未來五十年的變化。歷史已經厭倦上海，煩透了巴賽隆納。她善變，興趣已經轉移到漢口。但是歷史藏身何處呢？大家都誇說見過，卻不曾說得準。我們可以在大飯店發現芳蹤嗎？她或許正和記者在吧台細啜著威士忌？也可能身為委員長的座上客或蘇聯大使的門中人？她到底是喜歡八路軍各地的總部呢，還是德軍顧問團？看過人力車夫的蓬門陋室，她可稱心滿意？」

（頁50-51）奧登與依舍伍德的問題和感嘆都沒錯，1938年的漢口正是戰爭樞紐，也是歷史見證。淞滬一役後，國民政府棄守南京，雖然鎖定重慶為日後陪都，華中會戰前夕卻在漢口設立行轅，中央各部會都進駐辦公。在這年年底退走長沙之前，國民政府在漢口一共堅持了11個月左右。

所以奧登等人進入漢口，此其時也。《烽火行》記錄了當時國際宣傳部副部長董顯光（1887-1971）主持的一場記者會，相當生動，比海明威1941年在港會晤董氏有趣多了（參見本書頁410及413-414）。奧登和依舍伍德是會中唯一英倫來客，不但領教了《董顯光自傳》屢屢詬責的浮誇戰聞，也不無諷刺地認識到軍方宣傳單位沒有「撤退」，只有「轉進」（strategic withdrawal）的心態，嘖嘖稱奇（頁54）。3月21日，德軍顧問團某副官又面告二人：歐洲德軍在前一夜已開進奧地利。這個消息如晴天霹靂，明指戰爭不再是中日專利，歐亞都已難逃浩劫。依舍伍德從英人立場出發，懷疑他和奧登是否應取消行程，兼程回國一探究竟：「和〔德軍入奧〕這碼事比較起來，中國還相干嗎？」他甚至自我調侃：假若命喪黃河前線，那可真是死有輕於鴻毛！（頁59）好在奧登沉著，兩人決定仍照原定計劃行事。這兩天，他們受邀和史沫特萊（Agnes Smedley, 1892-1950）一談，對所建議的參觀八路軍或延安興趣缺缺，倒接受了中央社社長蕭同茲（1895-1973）的邀請，觀賞了京戲《王寶釧》。奧登看到觀眾在梨園進進出出，侍者穿梭分送熱毛巾，錯以為他們在義大利教堂裡望彌撒。不消多說，兩人對京戲的認識都很膚淺（頁60-64）。董顯光的記者會反而加深了他們一個信念：不能待在漢口隔岸觀火，不能光聽居停隔壁的宋子文（1894-1971）在為中國幣制把脈。奧登和依舍伍德決定北上鄭州，深入前線。

離開漢口前的高潮是晉見宋美齡（1897-2003）。當時她和蔣介石（1887-1975）住在一座舊軍部，門階兩側有一對石雕彩獅，廳堂懸掛著孫中山先生的遺像、國旗和國民黨黨旗。奧登和依舍伍德一走進去，迎面便看到一座蛋糕。原來蔣夫人剛過完生日，打算把漢口婦女界所獻的這座蛋糕送給難民營的孩童。依舍伍德筆下的蔣夫人可用「冷豔」形容，頗有二次大戰時美國流行漫畫「小龍女」（Dragon Lady）的味道。不過宋美齡極為幽默，聽完兩人向她祝賀生日快樂，機智地回答道：「男人喜歡慶生，女人可不。那讓人想到年華老去。」彼此讓坐

之後，夫人再度啟齒，地道美式英文。這回單問奧登：「請問當詩人的也喜歡吃蛋糕嗎？」奧登稱是，夫人又說：「哦，我聞之欣然。我還以為他們或許只喜歡精神糧食。」（頁65）奧登與蔣夫人彼此乃這般閒話家常，最嚴肅的話題要算其時蔣介石大力推行的新生活運動。照宋美齡的解釋，這個運動背後的目的在對抗共產黨提倡的經濟與社會改革，手段為儒家的生活哲學。奧登和依舍伍德趁機追問：戰後國共兩黨可能攜手合作？宋氏認為這不是問題，「真正的問題是：共產黨是否會和我們合作？……只要他們願為中國而戰，我們就是朋友。」兩人聆聽完畢，正想起身告辭，蔣委員長卻從樓下信步上來，仍然是禿頭、斗篷與一張撲克臉，和新聞影片中一般無二。不過依舍伍德覺得他雖望之儼然，卻即之也溫，甚至帶點羞赧。宋美齡把他帶到陽臺，挽手並肩讓奧登拍照如儀（頁67-68）。

三天以後，奧登和依舍伍德走平漢鐵路抵達鄭州，手持蔣介石親自用印的戰時通行證。途中他們最感難過的是中國人到處吐痰，從孩童到政府高官皆然，看來新生活運動作用有限（頁72-73）。抵達那晚，皓月當空。鄭州車站附近一片斷垣頹壁，瘡痍滿目，可見日軍空襲不斷。依舍伍德輾轉竟夜，奧登則沉酣一覺到天明。美國學者譯薩默斯（Claude J. Summers）在所著的《依舍伍德評傳》（*Christopher Isherwood*）中，曾拿這段經驗證明奧登不愧性格上的強人[7]。鄭州打過尖，詩人和小說家換乘隴海線列車直奔歸德，奧登有回到歐洲中世紀之感：盜賊橫行（頁86）。入夜後誰都不敢上街。歸德只是歇腳處。他們不久又登車東進，目的地是徐州，也就是逐漸逼近黃河與運河之間的血戰場。其時日軍第十師團磯谷廉介（1886-1967）部進佔山東韓莊部分，並以獺穀旅團之主力南下，企圖速奪台兒莊，據之再直搗徐州，情勢之危急可以想見。奧登與依舍伍德在3月24日步下徐州車站，蔣委員長夫婦也同車抵達，準備親臨前線策畫漸以台兒莊為中心的中日大戰（頁96）。

此時坐鎮徐州督軍的是桂系李宗仁（1891-1969）和白崇禧（1893-1966），奧登等對二人戰前與蔣介石交惡一事知之甚稔。他們帶著董顯光的介紹信，住進花

7　Claude J. Summers, *Christopher Isherwood* (New York: Frederick Ungar, 1980), p. 68.

園飯店，隨後求見李宗仁，告以擬赴最前線採訪。一旁李氏部屬面有難色，李氏也以危險建議緩議，但不久卻派兵送來親筆簽字的許可證（頁97-102）。幾經周折，奧登與依舍伍德終於在3月27日心願得償，進入微山湖附近的國軍第三線，開啟烽火行全程的最高潮。

微山湖一帶在運河以西，東去不遠即韓莊。運河隔岸已為日軍佔領，隔水對峙。奧登與依舍伍德不願在第三線打住，當天即鋌進至第二線，亦即進人日軍射程以內。他們望出壕溝外，看到第一線有守軍站在工事上，「狀極悠閒」，登時乃要求推進至此。他們時而匍匐前進。所在的村落大半已落入日軍手中。不過這僅屬表相，就當時戰況而言，運河一帶日軍實已三面為國軍包抄，隨時有首尾腰折之虞。奧登與依舍伍德在第一線待了不久，天色已黑，乃步行踅回後方據點（頁109-110）。

第二天，兩人要求再赴第一線。但當時會戰在即，國軍軍官紛紛告以勢險情危，難以擔保性命。奧登不得已，乃請出傳譯，亮出「底牌」：「請告訴他們，……記者就像軍人有其職責，有時也得出生入死。」（頁112）這段話慷慨激昂，感動守軍，大家不再勸阻，一小時內即再上第一線。那是個春寒料峭的清晨，所在的村內有只狗在啃一隻殘臂，據說是前不久處死的間諜的手。夜間戰鬥來臨，這個村子往往被日軍奪去；白天日軍轉回韓莊，村子又回到國軍手中。奧登一夥潛至微山湖邊，戰壕裡的中國守軍各個舉手敬禮。他們斯時所處的位置，離日軍只有投石之遙。冷不防就會有機槍掃射過來。所以眾人小心翼翼。大夥還在戰壕裡苦中作樂，拿開水舉杯互敬。指揮官張軫（1894-1981）稱讚奧登一行不畏死亡，而他們一再掏出名片送人留念。「開水宴」進行了一半，守軍忘了客人，都用中文交談起來。有趣的是，奧登和依舍伍德也發覺，不知何時開始，他們倆居然在討論布里奇斯（Robert Bridges, 1844-1930）的詩，認為眼前這一幕活像《美的證言》（*The Testament of Beauty*）所寫（頁113-114）。奧登果然勇氣過人，冒險探頭拍攝了幾張日軍陣地。他還在懷疑其中有無敵兵，一陣砲聲就隆隆響起。那是中國部隊在射擊，陪同的軍官要求他們盡速後撤，因為日軍馬上會還擊。就在他們離開後不久，日軍炮火已落在剛剛駐足的壕溝中

（頁114）[8]。

　　回到徐州以後，奧登和依舍伍德一致同意：中國部隊的士氣不是他們這種過客評估得了的。按照西方標準，第一線守軍確實有點灰頭土臉，但是中國軍人的緘默往往不是失敗的表示。還在最前線時，一位軍官指著一個地帶說：日軍如果越過該線，他們就得撤退。奧登信以為真，連忙鼓勵道：「可是你們絕不能退！」軍官只是笑笑。大夥還請教客人對整個戰壕系統的看法，奧登等回道：「好極了！」眾軍官這下反而有些失望。依舍伍德覺得他們確實想聽忠言，他又評論道：「一般中國軍人講話保守，士兵則信心飽滿。」有位士兵還對他們說道：「日本人用坦克和飛機作戰，我們中國人靠士氣打。」中國軍隊的武器談不上精良，醫護設備更差。奧登等認為換作歐洲部隊，一夕間不垮也會降（頁116-117）。這兩位英國名家1938年的徐州結論，煞似海明威1941年在重慶時對中央軍所下的斷語（參見本書頁411-414）。

　　就在國軍對台兒莊附近日軍展開全面反擊的前兩日，奧登偕依舍伍德經開封回到了鄭州，然後循隴海西線經過洛陽與潼關，一路朝西安奔馳而去。靈寶附近有火車出軌，稍微稽延。此外，這程古都之旅還算平順，只發生過一次日機追擊事件。戰時的西安城令人望而生畏，車站對面是高聳的城樓，在晨靄中，東西向的城牆極目難盡。奧登與依舍伍德驗過文書，隨即進城，但城內敗破多了。戈壁南下的塵土飛揚，像濃霧般罩住全城，下起雨來活似個大泥坑。依舍伍德說：「如果鄭州有病味兒，西安隨時都像有兇殺案一般。」（頁130）他實則話中有話：西安是古來兵家逐鹿目標，一部歷史腥風血雨，光是辛亥年那鼎革之際，漢人就在此擊殺了兩萬五千名滿人。1936年冬，張學良也在此演出震驚全球的西安事變。

　　兩位英倫稀客對西安事變並不陌生，住的地方還是和少帥有關的西安賓館。清明節前夕或當天，他們到碑林參觀，見到和西方歷史頗有淵源的「大秦景教流行中國碑」，讚嘆之餘也有不勝今昔之感。隨後進入附近賣拓本的小店品茗小憩，和店主談了兩句話，日機又來襲，丟下25顆炸彈才遁走。西安地處

8　另見趙毅衡：《雙單行道──中西文化交流人物》，頁205。另參見白先勇，《父親與民國》，上集（臺北：時報文化出版公司，2012），頁114-135。

內陸,是現代文明的盲點,沒有為空襲準備的消防設施。遇到敵機臨空,駐守的空軍似乎也無意升空攔截,奧登和依舍伍德頗感詫異(頁132)。

他們在此興趣最大的是俄援問題。一般說來,由中亞經陸路入華的俄援,多半會在新疆迪化轉駁,而關內首站便是西安。不問時局的時候,兩人也會到處尋幽訪勝,例如西安事變所在地的臨潼溫泉或始皇陵等。前往後者參觀之際,依舍伍德把周幽王為博褒姒一笑而升烽火的陳年往事記到嬴政帳下(頁143),說來可笑。他們幸而遇見一位前南京大學的現代史教授,稍得專家領港。不過這位劉教授樂觀得近乎天真,居然在這年4月8日為他們預言戰爭可在十五個月內結束,蓋屆時日本的財政會崩潰。奧登和依舍伍德幾乎同聲反問:「那麼中國的呢?」劉教授笑答:「中國沒有財政可言,那是我們的優點。」(頁145)劉教授也反映戰時右翼知識分子對憲政的看法:人民教育程度太差,民主在當前行不通。這晚奧登和依舍伍德回賓館和朋友聊天,全市街道突然鞭炮聲大作,原來運河一帶對峙的局面打開了,國軍在台兒莊大捷傳來。奧登和依舍伍德聞訊興奮雀躍,座中只有一位中國醫生若有所思,愁容滿面,因為他太太是日本人(頁145-146)。

依舍伍德2月間在香港時,曾從港大給詩人好友列門(John Lehmann, 1907-1987)去信一通,提到他們可能在漢口溯長江三峽到重慶去。此事詳載列氏撰《回憶依舍伍德》(*Christopher Isherwood: A Personal Memoir*)[9]。不過此刻他們擬由西安赴寶雞,再由寶雞走蜀道入成都與重慶,然後東返漢口。這個如意算盤在有關單位勸阻下最後胎死腹中,他們無奈乃循隴海原線再至鄭州下漢口,其時已是4月13、14日了。春天把漢口妝扮一新,「這裡不再是西伯利亞,而是亞熱帶地區,暖和得如同6月的英倫」(頁152)。4月21日,杭立武(1903-1991)約集漢口藝文界為他們舉辦茶敘。出席者尚稱「俊彥」,例如田漢(1898-1968)等人,連「基督將軍」馮玉祥(1882-1948)也到場,而且頗得客人好評,認為剛中帶柔,不愧仁慈長者。田漢在席間寫了一首詩獻客,奧登隨即和以十四行詩,是《中國商籟》系列之一,主要寫他見過的一具兵屍。諷刺的是,詩中象徵性地說這具屍首「為將軍和蟲子所棄」,兩天後,《大公報》不但以「不宜」而略

9　John Lehmann, *Christopher Isherwood: A Personal Memoir*, p. 42.

此不譯，並且擅自代補了一句抗戰八股：「無論貧富，團結作戰。」[10] 依舍伍德雖然沒有記下奧登的反應，我想他不會接受。事實上，他們倆一直覺得上述的茶敘太假，《大公報》記者訪談的態度更荒唐（頁154）。

4月22日的活動值得轉述。上午身兼畫家與世界語作家的葉淺予（1907-1995）前來拜訪。葉氏乃儒蓮・貝爾（Julian Bell, 1908-1937）在武漢大學的門生，其時供職於政治部宣傳處。《烽火行》在1939年首版時，扉頁重印了葉氏手繪的日機轟炸圖〈為仇恨而生〉。奧登一行會過這位武大畢業生，下午就應武大教授之邀赴該校參觀訪問，同行者有英國駐華大使柯爾（Archibald Clark Kerr, 1882-1951）夫婦。武大位於長江南岸的武昌市內，前身是張之洞開辦的自強學堂，1928年改為今名，1938年才完成大部分的建築。奧登與依舍伍德察覺前來接待的教授團憂心忡忡，深怕戰火蔓延，多年努力毀於一旦。雖然如此，他們還是竭力款待遠客，餐宴豐盛異常，令詩人和小說家深感不安，自責耗掉他們一個月的薪水。陳源（1896-1970）當時是武大文學院院長，想來在主人之列。凌叔華（1900-1990）一向心儀吳爾芙夫人（Virginia Woolf, 1882-1941），而前述貝爾不但是畫家，是小說家，也是吳爾芙夫人的親侄兒，係乃姊所出，所以凌氏對英國作家特具好感，面對奧登與依舍伍德，當場即揮就兩隻扇面分贈，並題上自譯與自撰的詩句，最後還托奧登等帶一隻象牙雕品回去給吳爾芙夫人（頁158-160）。

和會見知識分子大異其趣的是拜訪杜月笙（1888-1951）。奧登等人早已聽過這位上海灘聞人的傳奇，對他在1927年助蔣介石清黨，鞏固權力一事瞭若指掌，也知道淞滬一役後杜氏在滬資產遭日軍摧毀，所剩無幾。不過他們仍視之為碩果僅存的中國資本家，代表國民黨右翼和富室互通的史實。漢口時期，杜氏任中國紅十字會要職。居處保鏢林立，不改幫會本色，奧登和依舍伍德興趣更大。他們覺得杜氏神情冷峻，五官宛如石中鑿出，酷似獅身人面獸。他足登歐式尖靴，內著絲襪，一身又是絲質長袍，把依舍伍德看得目瞪口呆。杜氏身邊有幾位醫師權充翻譯，和奧登等所談幾乎全為紅十字會務，客人從而得以知

10　Charles Osborne, *W. H. Auden: The Life of a Poet*, p. 154. 這兩句是拙譯。

悉中國當時僅有八千名合格醫師，其中加入紅十字會工作的有一千八百位，並有醫護車在前線或附近服務。杜氏還問奧登和依舍伍德對華觀感，聆聽翻譯時微微點頭，但力量十足，最後「以人道為名」，感謝他們關懷紅十字會（頁170-171）。

整個訪問在第二天上午以諷刺收場。史沫特萊認定奧登是她的左翼同路人，同意讓他攝影，收入《烽火行》之中。奧登到漢口八路街探望史氏時，湊巧碰到可能由南昌前來洽公的周恩來（1898-1976），而周氏在清黨之際正是杜月笙擬追殺的黑名單榜首。他帶頭發動武裝暴動，又領銜罷工示威。和史沫特萊晤面之時，周恩來剛完成一篇文字，駁斥國民黨極右派的攻擊，言談中深恐國民黨和日軍談和，出賣了共產黨。奧登走訪西班牙內戰之前乃公認的左派，其後則政治態度轉向，故對史、周所論幾乎緘口以對。4月29日，奧登等辭別漢口，束裝前往中國東南。這天也是日本天皇的生日，日軍慶生的方法是一陣空襲濫炸。中國空軍不甘示弱，立即駕著美製和俄製軍機迎敵，還以顏色（頁171-172）。

當時日軍除了奪取華北，進逼華中以外，另由上海長驅直入，對江南展開爪形鉗制，從南京經蕪湖到杭州，全在掌控之中。但是國軍的戰力也有出乎意料之外的時候，各地遊擊隊更是頻頻牽制日軍，只要熟悉地形與交通狀況，即使外國記者也不難由後方闖進他們的華南據點上海，而這就是奧登與依舍伍德擬定的烽火行最後一站。他們先由鐵路東行至江西九江，然後在5月3日抵達南昌。贛人在他們看來，和湘鄂有別，眼睛較大較圓，鼻長如鈎。隔日，兩人走訪新四軍總部，沒見到想見的人。但接下來倒見識了西方傳教單位，印象不佳，乃於8日東至浙江金華。一下火車，他們發現身陷軍警陣中，且有軍官驅前行禮，把他們讓進車站警衛室。奧登以為他們被捕了，依舍伍德則懷疑對方錯當他們是日諜。溝通之後，疑團解開，原來董顯光由漢口拍電報交代行程，而南昌報紙更渲染他們是大人物，金華當局乃視之為貴賓，差人迎迓（頁185-192）。

5月9日，他們在市政府劉姓秘書陪同下繞行金華，斷定這是所見最美的中國小城。市區街道都懸掛國旗；街道雖窄雖小，卻異常整潔。店家供貨充足，從扇子到玉佩都賣，令人錯以為到了馬可波羅筆下的杭州或泉州。奧登買了兩

件刺繡外衣，準備攜回英國送給教子。不過他們不敢多買，因為陪行者搶著付帳。市政府請他們演講，對象是三百名四周村鎮調訓的教師和文宣人員，負有返鄉教育農民的重責大任。依舍伍德回憶道，跟一群不識英文之無的人演講，奧登只能大作手勢，憑本能大聲嚷嚷，就當是對失聰者發表高論：「各位在戰後要面對比日本人還可怕的敵人：各位要和疾病作戰，要和惡劣的居家環境作戰，更要和文盲髒亂作戰，……各位一定要打贏，要解救中國，解救日本，解救歐洲。」他們每講完五六句，就得停下讓劉秘書或警察局長翻譯。依舍伍德又說：「天曉得他們怎麼翻譯我們的話，看來像是他們在另做演講，比我們長得多了。」學員中除有一兩位打盹或畫畫之外，倒都豎耳恭聽（頁194-196）。

鄰近地區與大埠有太湖、蘭溪、天目山與麗水等，奧登及依舍伍德在軍政人員陪同下一一往訪。途中常苦中作樂，或聽奧登談英詩，或聽某軍官唱起〈滿江紅〉（頁197-205）。所到之處則多受歡迎，熱情款待，奧登腸胃吃不消，決定「反對中國菜」（頁231）。不過長達數日的這趟軍區專訪比運河經驗輕鬆多了。除了例行的拜會軍政首長與少數演講活動之外，餘者乏善可陳。到了5月20日，奧登和依舍伍德取消了原定的寧波之行，因為據聞日軍可能在附近發動登陸戰。當天他們也謝別了傳譯與陪員，驅車南下溫州。盤桓兩日，船期一到，他們立即登輪，溯東海海岸北上上海。所乘雖屬義籍船隻，但日軍艦艇出沒無常，奧登和依舍伍德難免提心吊膽，有腹背受敵之感（頁232-236）。

船行兩天，黃浦江口在望。從一二八事變到八一三之役，上海飽嘗戰火蹂躪，但奧登與依舍伍德所見的港埠仍然不失國際大城的氣派。十里洋場風韻猶存，物資之富之奢令人咋舌。《烽火行》記道：此地盛行各種球類運動，美國剛拍完的電影馬上便可在戲院看到，也可以到澡堂、妓院銷金蝕骨。店裡要鴉片有鴉片，要金飾有金飾，要古玩有古玩，甚至連威士忌也不缺。紐約第五街也不過如此。奧登與依舍伍德借宿在法租界英國大使的私人官邸。租界像孤島，像曠野中的綠洲。不過日本人也暗中在此政治角力，扶植傀儡政權。依舍伍德由側面了解前一年底的上海保衛戰，以敬謹態度記下謝晉元（1905-1941）率八百所部固守閘北四行倉庫的歷史，對英國協調與孤軍退入租界的情形著墨不少（頁237-242）。

　　《烽火行》初版題獻福斯特，奧登在獻詩中暗示會追隨《霍華德莊園》（*Howards Ends*）揭示的自由派人道精神，並以此觀察中國抗日戰爭（頁11）。他的立場因而是反侵略的，甚至和國民黨右派有某種程度上的契合。在上海會晤四名日本政商要人時，即嘗以日軍暴行窘迫對方，並和依舍伍德聯手護華，毫不留情譏刺日本。他們的人道精神還弔詭地表現在對上海下層社會的刻畫上，尤其強調人力車夫的問題（頁243-248）。港都苦力多半來自鄉間，總憧憬上海遍地黃金白銀，隻手營生的下場往往是變成人力車夫，有的還會受到車行剝削。依舍伍德在《克里斯多福和他那類人》中批評過坐人力車不合人道，但也坦承腳力不濟時也無可奈何。何況苦力若沒車資賺，生活會更慘。當時，光是租界就有一萬名人力車夫（*CHK*: 301）。

　　上海還有一個戰時問題：傷兵。這些人為數不少，泰半因淞滬戰役而致殘，又因行動不便而無法隨所屬師團西撤，只好滯留上海。從漢口日子算起，奧登和依舍伍德走過許多民間與軍方醫院，但上海教會所辦的傷兵醫院記載最詳。這些棄兵不是缺手就是斷腳，醫院實為謀生訓練所，然而經常人滿為患，加以傳教士傳教興趣大過一切，傷兵往往技能尚未習成就面臨遣散的命運，最後淪落街頭，乞討以終。院方曾經做過調查，發現很多傷兵實因愛國而入伍，不完全是經濟因素使然（頁248-249）。

　　在上海都會，奧登和依舍伍德一共停留二十日左右。他們白天去貧民窟採訪，在市區或邊域做筆記或拍照，時而唏噓不已，時而義憤填膺。可是他們到底不屬於這個苦難的世界，夜晚一到，又回到花園派對與雞尾酒會中去（頁252）。奧斯本（Charles Osborne）著《詩人奧登的一生》（*W. H. Auden: The Life of a Poet*），也打聽到他們有幾個下午都待在澡堂銷魂，晚上再回到大使官邸，或加入金迷紙醉的上海洋人社交圈——這是一個無睹災變或根本幸災樂禍的特權集團。在歡宴的高聲闊論中，奧登與依舍伍德時而想起圈外兵燹連天，然而似乎也只能徒呼負負[11]。

　　兩人最後由日本橫越太平洋回到西方世界，那時已經是1938年的下半年。

11　Charles Osborne, *W. H. Auden: The Life of a Poet*, p. 158. 另見*CHK*, p. 308.

回憶四個月來的「抗戰經驗」，有驕傲，有生死關頭，也有臉紅的一刻。奧登總是戴著一頂毛製便帽，穿著一襲寬得不成形狀的薄大衣，腳跟一雙毛絨絨的淺幫鞋；他長雞眼。依舍伍德則頭戴貝雷帽，身著高領毛線衣，足踩一雙大馬靴；他長水泡(*CHK*: 301)。他們在潼關時遇到日機用機槍掃射火車，在漢口時曾仰臥在英國領事館的草坪上，看日機和中國空軍捉對廝殺，在韓莊時也曾就地臥倒聽槍彈飛過頭頂。奧登與依舍伍德雖是「總角之交」，同性愛侶，卻也有個性衝突：畢竟是如此漫長的朝夕相處！依舍伍德跋扈成性，奧登凡事冷靜，像個老夫子事事講客觀，兩人時而僵持不下。幸好詩人脾氣好，往往在最後以幽默化解小說家的善妒(*CHK*: 302-304)。

　　奧登承認西方人不易適應中國生活。不過以他屐痕之廣，仍然坦言中國是所到「最佳的國度」，所以卡本特(Humphrey Carpenter, 1946-2005)的標準本《奧登評傳》(*W. H. Auden: A Biography*)指出，詩人曾自責他們在中國不過「走馬看花」(a tourist's acquaintance)，恨其未能像採訪西班牙內戰一樣深入[12]。然而證之《烽火行》的內容，奧登似有過謙之嫌。這是他和依舍伍德合作的巔峰，報導實在，臨場感重，勝過專業記者的渲染和內幕作家的偏頗，早已被公認為戰地採訪典範。《烽火行》是歷史見證，得力於詩人和小說家分工優異，可惜本文僅能嘗鼎一臠，以依舍伍德的日記轉述二人在華經驗。奧登的《戰時作》異於記遊文字的事事必錄，從宏觀的角度面對戰爭與人類自身，寫來尤顯氣象萬千，對歷史更有絕佳的詮解，乃英語世界眾口交響的最佳的十四行詩組，大多帶有強烈的里爾克的色彩[13]。卞之琳(1910-2000)對奧登佩服得很，不過總在文字上因緣際會。奧登的《戰時作》，他曾選譯五首，認為其中帶有一點中國傳統詩歌的影子[14]。《戰時作》既有卞譯論之在前[15]，本文結尾，我就不另贅述了。

---

12 Humphrey Carpenter, *W. H. Auden: A Biography* (Boston: Houghton Mifflin, 1981), p. 239.

13 Edward Mendelson, *Early Auden* (Cambridge: Harvard University Press, 198), p. 356.

14 參見John Fuller, *W. H. Auden: A Commentary* (Princeton: Princeton University Press, 1998), pp. 230-244.

15 卞之琳譯〈戰時作〉五首，《現代文學》復刊第21期(1983年9月)，頁163-170曾予重刊，題為〈戰時十四行詩〉。《現代文學》這一期正是「抗戰文學專號」。卞之琳對奧登的仰慕之忱，可見之於趙毅衡，《雙單行道──中西文化交流人物》，頁69-70。

海明威筆下的戰時中國

　　1961年夏初，海明威(Ernest Hemingway, 1899-1961)在愛達荷州凱徹姆市(Ketchum)寓所因「擦槍不慎」，走火喪生。1920年代崛起於美國文壇，第一次世界大戰後有所謂「失落的一代」之稱的作家群裡，海明威享年居中，與同輩作家路易・布羅姆菲爾德(Louis Bromfield, 1896-1956)大約相仿。但是，海明威一生62年的歲月充滿了冒險與浪漫，早已成為20世紀美國文壇的傳奇故事，而其曲折離奇，卻只有另一同輩作家菲茨傑拉德(F. Scott Fitzgerald, 1896-1940)的生平差堪比擬。

　　很多人對海明威一生與著作瞭若指掌：他浮蹤寰宇，赴歐陸有《戰地鐘聲》(For Whom the Bell Tolls)與《戰地春夢》(A Farewell to Arms)出版；赴非洲有〈雪山盟〉("The Snow of Kilimanjaro")之作；赴中南美洲，則名著如《老人與海》(The Old Man and the Sea)等踵繼而出。海明威不僅是作家，他同時也是傑出的新聞從業人員，足跡遍及東西兩方。第二次世界大戰爆發不久，遠東兵燹如火如荼，海明威應美國《午報》(PM)之聘赴中國戰區擔任特派員，滯留約五個月，就是一例。這件事雖然載籍可見，遺憾的是詳情罕為人知。即使是卡洛斯・貝克(Carlos Baker, 1909-1987)的標準傳記《海明威傳》(Hemingway: A Life Story)，亦語焉不詳 [1]。

　　《海明威傳》初版於1968年左右，其時海明威已經謝世多年，但貝克可能因為關注對象所限，不及周詳研究海氏的中國之旅。倒是在1967年，威廉・懷

1　貝克著，楊耐冬譯，《海明威傳》(臺北：志文出版社，1981)，頁312-316。

特(William White, 1910-1995)有感於海氏記者生涯長達四十年，所見所聞不外乎世界史上的大事，特地搜集了他所寫的報導文字，出版了《海明威通訊集》(*By-line：Ernest Hemingway*)，才把這一段遠東行的全貌公諸於世[2]。1979年6月，宋廣仁復依據懷特的編纂以及無數的專訪與通信，撰成論文〈海明威的中國經驗及其迴響〉[3]。海氏旅華事蹟，詳情至此方才可稱「大白於世」。1981年，貝克教授又編印了《海明威書信選》一大冊[4]，收入數封關乎海氏中國行的信函，亦可窺見海氏中國印象之一斑。至於楊仁敬其後的《海明威在中國》，則進一步探討，可謂大成之集[5]。

據宋廣仁的研究，海明威可能早在1903年對中國即有耳聞：同堂親戚中，他有長輩出生於河北的張家口。稍長，復因叔父在山西傳教頗有成就，一度想寄寓大海，赴遠東見識一番。可惜最後夢殘，要遲至1941年，他才能親赴斯地。在此之前，海氏只能從親人口中，從朋輩的著作如龐德(Ezra Pound, 1885-1972)的《國泰集》(*Cathay*)和賽珍珠(Pearl S. Buck, 1892-1973)的《大地》(*The Good Earth*)之中，略識華夏風采(Sung: 2-28)。

海明威抵達中國，時在1941年元月。他在同年6月18日發表的一篇通訊稿指出，此行目的在報導當時蔣介石(1887-1975)領導下的中國對日戰況。其實倘就美國人的關懷而言，此一目的僅屬表面。《午報》期望海明威的，還是美國在遠東地位的發展、美日戰爭將來發生的可能性等等，而海明威實則也肩負美國軍方的情報使命，並非單純來訪(楊著：20)。海明威訪華近半年內所寫的報導，絕大部分是在討論上述問題。懷特所輯的中國通訊，包括一篇《午報》編輯殷格索(Ralph Ingersoll, 1900-1985)在6月9日訪問海外歸來的海明威的記錄，透露了海氏在華的詳細行程及所見所聞(頁303-314)。此外，殷格索還指出

---

2 William White, ed., *By-line: Ernest Hemingway*(New York: Charles Scribner's Sons, 1967). 本文下引頁碼若未附書名，均指此書。

3 Warren K.J. Sung, "Hemingway's Chinese Experience and Its Echoes", MA thesis (Tamkang College of Arts and Sciences, 1979). 此書以下以作者名簡稱"Sung"，引用頁碼隨文夾注。

4 Carlos Baker, ed., *Ernest Hemingway: Selected Letters, 1917-1961* (London: Granada Publishing Limited, 1981).

5 楊仁敬，《海明威在中國》(增訂本。廈門：廈門大學出版社，2006)。此書以下簡稱「楊著」，引用頁碼隨文夾注。

每一篇刊出的通訊皆非泛泛之作：海明威在稿成之後，皆曾一再修改斟酌，態度之嚴謹不遜於撰寫小說。這些通訊，可謂海氏個人對於中國民情與戰情的忠實反映與見證。

　　眾所周知，戰爭對海明威有一種特殊的誘惑力。殷格索的訪問記中有一句話頗值得玩味：「海明威整個人是個戰爭的研究者。任何牽涉到作戰的事情……，他無不嫻熟。他研究戰爭長達二十年之久。」（頁304）美國現代作家中，曾經直、間接涉入重要戰爭者，為數不少。海明威之外，福克納（William Faulkner, 1897-1962）與達斯帕索斯（John Dos Passos, 1896-1970）等人亦曾浴血歐戰。後者的傑作《美國三部曲》（U. S. A.）中，歐戰的陰影和實體一直揮之不去。不過海明威對戰爭的感受與洞察力，更在同輩之上，每能透過藝術的形式傳達出來。《戰地春夢》細寫歐戰，《戰地鐘聲》處理西班牙內戰，在在反映海氏對戰爭情有獨鍾，也傳達出他對榮譽、自由與生命的看法。因此，海明威啟程前往中國再訪戰爭時，他已經不是初出茅廬的戰爭之子，而是深有認識的觀察家。文名既享，海明威當能搶在其他西方記者之前，直趨中國戰區的最前線。抗日軍興之際，這固然出於中國國民政府的禮遇，也是海氏個人的成就獲致的殊榮。

　　偕同海明威訪問中國戰區的，還有他的第三任夫人瑪莎（Martha），時任《庫利葉週刊》（Collier's）的特派員。海明威夫婦先到夏威夷，然後搭乘泛美客機飛抵香港，不過貝克另有一說，他的傳記謂海氏夫婦乃乘麥迪森尼亞號郵輪抵達 [6]。總之，在港第二天——亦即1941年2月23日——重慶的《大公報》旋從香港發出一則通訊，略謂海氏日內將蒞臨國府戰時陪都訪問，為新的小說搜集資料。實情當然不無出入：海明威對香港的興趣頗大，總共滯留了一個月的時間。當時的香港，可以說是個具體而微的中國戰區的縮影：日、英、美三國軍方都在此「工作」，而中國共產黨和國民政府的各派人馬也四處活動。香港危機四伏，「戰況」之緊張不下於真正的戰場。海明威一面接觸中國人，瞭解民情，一面探訪日本軍方，頻頻洽談。在這種風雲日變，天地變色的政治社會情

6　見貝克著，楊耐冬譯，《海明威傳》，頁313。

勢下,海明威當然不無所感。他在《午報》中寫道:香港居民已視危難為日常
生活的一部分了。他看到的香港,故而不是大英帝國的「東方明珠」,而是艾
略特(T.S. Eliot, 1888-1965)筆下「蒼白的都市」,正在預告人類的墮落。海明威
估計,當時至少有五百位大陸富豪避亂於此,包括很多上海大亨。尾隨大陸豪
門而來的,還有不少的「女人」。海明威說:這些女人姿色超人的幸運一等,
搖身變成富家的姨太太;姿色平庸的,生活慘澹,每每淪落街頭。香港的殖民
地政府禁止公娼,因此轉入地下操業者,海氏估計約有五萬之譜。每當夜色低
垂,華燈初上,香港的阻街女郎就四出活動。雖然如此,海明威習慣戰爭,並
未指斥這群亂世兒女:承平之時尚且有人淪落此道,戰時民生拮据,弱女子又
能如何?海明威和殷格索對談香港妓女,語帶同情。

香港英軍的編組,也是海明威訪港的重要目標。殷格索謂港府曾經明告海
氏部隊確切的人數,但是《午報》不願發表這類軍事機密,免致批評。海明威
訪港這一個月當中,社會上一派昇平,歐式、中式飯店林立,賭馬跳舞球賽一
樣不缺。但是,這一切無非暴風雨前的寧靜:海明威對香港的未來深表憂慮。
他確定香港遲早會落入日軍手中,也預告糧食匱乏必將成為港人的嚴重問題,
水源不足同樣會困擾這個殖民社會。

在香港,海明威見到無數的西方記者,與他們喝酒鬥拳鬧事是家常,就好
像他仍然生活在西方一般。羅斯福總統派到中國了解國共內訌的勞契林・庫力
(Lauchlin Currie, 1902-1993),也曾在此詳告海明威重慶的軍政近況。遠東橡膠
公司的一位經理級要員卡爾・布蘭(Carl Blum),則為海明威說明橡膠在戰略上
的重要性,促使海氏以此為題寫下第一篇報導:〈荷屬東印度群島的橡膠供給
問題〉(1941年6月11日)。當然,就中國人的關懷來說,海明威和黨政要員以及
華人作家的會面更具意義。曾經和海明威會過面的學者要人,包括溫源寧
(1899-1984)、林語堂(1895-1976)與董顯光(1887-1971)諸人。前述《大公報》上
的電訊,就是林語堂從香港拍發的,而林氏也是第一位在中國報刊上撰文評論
海明威的中國作家,其後才有喬志高(1912-2008)等人繼之敘寫(楊著:29-30)。
董顯光(1887-1971)時任國府宣傳部長,因公赴港,傳記中多處談到海明威的中
國行。訪港的日子中,海氏還從熟諳中國政情的洋人馬昆(Morris Abraham Cohen,

1887-1970)口中，得悉有關中國政客與蔣委員長的某些事蹟。馬昆不但介紹海明威認識宋靄齡(1889-1973)，也建議他赴第七戰區採訪戰情。不過另一說法是：重慶當局特派宋靄齡和孔祥熙(1880-1967)的機要秘書夏晉熊(1902-?)前赴香江迎接海明威，帶他們夫婦前往第七戰區採訪(楊著：13、16及26)。

第七戰區以廣東省為首要地帶，海明威夫婦於3月25日搭乘飛機降落於南雄，再驅車赴韶關旅邸下榻。第二天，戰區副司令朱麗泉(1913-?)將軍過訪韶關，陪同海氏一行晉見司令余漢謀(1896-1981)將軍，晚宴款待，雙方晤談將近五個鐘頭。宴會中，有中國軍官問到英國對中國部隊的看法，海氏的回答刊載在《午報》6月10日的〈日俄協定〉一文裡：「英軍不太瞧得起中國部隊……。他們說，老蔣一切都好，也是大好人，可是，你知道，老蔣對侵略者實在太過絕望了……。『所以』英軍對中國部隊缺乏信心，一絲一毫也沒有。真糟糕！」(頁318)

當然，英軍的看法未必代表海明威的看法。海氏在第七戰區訪問過很多地方，包括瀧源、北江、三華等地，見過幾位重要的軍事幹部，如黃國梁(1900-1978)、黃濤、張浩東等人。海明威沒有一般記者的浮泛態度；他一接觸中國軍人，便開始研究他們作戰的方式，從當局決策到野戰型態都細心考察。有趣的一點是，海氏堅持他要「研究」的對象，是國民政府的正規部隊，不是共產黨的八路軍。他認為共軍「花樣多」，而且常邀請外國記者參觀，已經充斥美國報章，自己無需添上一筆。海氏自稱：他是最早和中國中央部隊接觸的美國新聞從業人員。此話是否屬實，有待再證。但是，海明威認為中央軍有三分之二以上可稱勁旅，倒是和英國人的看法大相逕庭。揆諸中南半島上的多次戰役，中國軍隊每能馳援英軍，高下立判。海明威訪問中央軍的另一理由，是要匡正國際視聽。他在第七戰區和部隊一起生活，一起行動。他也跟隨部隊坐過舢舨，騎過馬匹，並曾應黃國梁將軍之請，徒步行軍。在韶關遇到雨季，海氏夫婦曾有十二天衣服沒有乾過。余漢謀將軍請他喝蛇酒，他覺得味道甚佳，相信多飲可以治癒牛山濯濯，還說要買幾瓶送給朋友服用。

一個月後，海氏夫婦乘火車抵達桂林。此行原在計畫之外，乃因北上途中有人介紹桂林之美，臨時變更所致。海明威偕瑪莎泛舟遊於灕江之上，山水輝

映，水天相連，一派清明。以海氏旅遊之廣，見識之多，論到桂林仍稱山水甲天下，而七星岩洞之大之美，確非虛傳：「在中國典籍和山水畫中的景致，……真的是桂林風景的翻版。」(頁307)他們不來則已，一待便是兩天。

留桂不久，海氏夫婦於4月6日終於乘道格拉斯公司的DC-3型飛機抵達抗日重鎮重慶。此時海明威已頗了解中國民情，戰爭的情況也了然於胸，加上他是國際聞名的大作家，美國重要刊物的特派員，重慶各界對他遠道來訪，難免轟動。4月7日的《中央日報》上有專電報導，軍政首長紛紛接見，待之如同上賓。抵達當晚，蔣宋美齡(1897-2003)的胞弟宋子良(1899-1983)特地撥出行館供海氏夫婦休息，其後下塌在美即結識的孔祥熙(1880-1967)的官邸，兩人且曾促膝長談(楊著：13)。除了會見美國駐華大使納爾森‧強遜(Nelson T. Johnson, 1887-1954)之外，海明威這段期間還拜訪了各方要員，接受宴會款待。教育部長陳立夫(1900-2001)、國防部長何應欽(1890-1987)都曾分別接見，親切懇談。重慶期間最重要的活動，當然是晉見軍事委員會的蔣委員長。和殷格索的對話裡，他提到蔣氏軍事知識豐富，熟知英文的軍事術語。他又蒙蔣夫人撥冗共進午餐，暢談了一下午。和蔣夫人的談話，顯然為海明威解答了有關中日戰爭的一些重要問題，加深他對中國人抗戰到底的印象。

從1940年8月25日至翌年3月3日止，重慶大霧，能見度低，日軍轟炸的情況不算嚴重。因此，4月上旬抵達山城的海明威，見到的陪都戰時生活尚稱良好，不但旅館裡伙食供給無虞，還有熱水可用，足見燃料並不缺乏。徐鍾佩(1917-2006)在戰後倫敦所見的食物配給制度，海明威至少在烽火連天的重慶幸未遇上。中國幅員雖廣，資源雖豐，但是海明威相信戰爭後期難免糧食短缺。交通不便，帶來的問題更多；海氏預料陝西和偏北省分這類現象會特別嚴重。不過，此刻他看到的重慶一切尚好，雖然物價過昂。

海明威訪華之際，周恩來(1898-1976)恰為中共駐渝代表。他對海氏在美國的影響力知之甚深，特別派了德裔的秘書王安娜和瑪莎接洽，然後帶著兩人到曾家岩50號周寓密談。周恩來講話簡扼，重點據說在解釋新四軍事件，而且下了紙條交代何應欽及白崇禧(1893-1966)在事件中的「罪狀」，希望海明威帶回美國遞交有關當局。瑪莎對國府的宣傳攻勢嘖有怨言，對周恩來印象就好多

了，而海明威在周寓一打開話匣子，也結束不了，大談遠東問題的解決之道。他對周恩來印象也不差(楊著：17-21)。1941年7月30日致美國財長摩根索(Henry Morgenthau, Jr., 1891-1967)的信上，海明威陳述國共之間的齟齬，強調日軍、汪精衛(1883-1944)政權是摩擦主因，而國民黨高階將領也各有盤算。除此之外，海明威開始批判蔣介石「先安內，後攘外」的軍事政策，認為他推諉卸責(楊著：6及18)。凡此種種，恐怕都和密會周恩來有關。海明威「情報員」的身分，通常在類似之舉上表現出來。

第二次世界大戰時，美國本土是唯一不受戰火蹂躪的地方。捲入戰局之後，儘管歲支龐大，一般百姓的生活猶過得下去，遠非清末以來連年處於征戰中的中國百姓可比。抗戰期間訪華的美國記者，往往拿美國民生狀況的尺度衡量中國社會，在不能比較的對比情況下，結論時見荒謬不實，以為中國經濟已經病入膏肓。海明威就沒犯過這種硬比的幼稚病。他的看法較為持平：「從美國到中國來的人，看到通貨膨脹的情形，便以為事情糟透了，國家經濟快要崩潰了。殊不知中國實際情況甚佳。想想中國抗日已經進入第四個年頭，但是通貨膨脹率絕不比別的打過四年仗的國家高。比起歐洲國家的落魄相，中國算是頂好的。」(頁309)

當然，海明威認為中國經濟有待改進之處仍多，比方說，通貨問題必須配合米價一併考慮，才能抑止物價上揚等等。就一位外國軍事記者的立場而言，海明威的批評顯然可以兼顧中國國情。

政治問題上，海明威和多數訪華的西方記者一樣，對國共之間的齟齬興致特高。他在嘉陵賓館和西方記者晤談時，發現他們大多傾向延安，深感驚訝。1940年皖南新四軍事件之後，西方記者態度日趨激烈，加以國府處置不當，怨聲頻起。海明威既然首開訪問中央軍的先例，對國共問題的看法尚不致於人云亦云。他在6月16日刊出的〈日軍在華之地位〉專文中，曾坦率指出國共之間何以會有「優劣」之別的根本癥結：「中央軍不事宣傳，共產黨卻歡迎〔諸如史諾(Edgar Snow, 1905-1972)與史沫特萊(Agnes Smedley, 1892-1950)一類的〕好作家，每能為他們美言一番。」(頁330)看待政治問題，海明威的銳眼能夠力保平衡，不致一面倒向共方。宋廣仁的論文引述董顯光在《中國與世界報業》

(*China and the World Press*)裡的一段話,頗可見中國人對海明威的持平的觀察印象深刻。董氏說:「外國記者當中,並非每一個人都無異議的接受共產黨對於新四軍事件──或往後國共的衝突──的看法。1941年海明威訪問中國時,我曾和他談過話。我相信他的觀察就公允得一點偏頗也沒有。」(Sung: 55)

重慶之行的下一站是成都,嘉陵賓館又是冠蓋雲集,國府要人紛紛前來歡送海明威。抵達成都,海明威分別造訪了中央軍校和筧橋空校。他觀察入微,結論是中國軍人充滿朝氣:德國式的軍事教育造就一個個英氣煥發,信仰堅定的革命軍人。因此,他對蔣委員長領導下的中央軍的素質,信心益發堅定。在成都盤桓不久,海明威已經打心底感受到中華民族確具潛能,中日戰爭勝券在握,個個確定不已。在成都軍校的俱樂部中,海明威還和援華的俄國軍事顧問交談,但是印象欠佳,覺得俄國人名為援華,卻辦事不力,缺乏誠心。

顯示海明威瞭解中國軍人最透徹的一篇報導,仍然是6月中旬發表在《午報》上的〈日本在華之地位〉一文,因為這篇通訊稿正是訪問中央軍校後的成果。海明威在文章開頭第二段便指出:「日本永遠征服不了中國。」(頁329)他的理由是:中國軍隊大都具有豐富的作戰經驗,訓練嚴格,裝備日趨精良。尤其值得稱道的是:紀律嚴明,一絲不苟。中央軍既然是他所謂的「普魯士型」的部隊,主帥當然身先士卒,屬下也就無畏死亡。海氏又評論道:「如果我們把德國軍隊視為理想的部隊,中國的中央軍更形接近此一理想。他們克盡軍人的職責,行動敏捷,比起歐洲人的部隊來,他們吃得少,不怕死,具有軍人冷酷的優秀品質。」(頁330)據此,海明威一再譴責西方記者,認為他們還沒有見過中央軍出生入死就率爾報導。

海明威在成都住了四天,4月14日再返重慶,準備離華。當日晚上,嘉陵賓館同樣冠蓋雲集,為海明威餞行。這場盛會各界費心打點,包括中國新聞學會、各報聯合委員會、國民外交協會、中美文化協會、全國文藝抗敵協會,以及中央文化運動委員會等九個單位,無不盡心以對。三百來賓之中,有孔祥熙、張道藩(1897-1968)與蕭同茲(1895-1973)等政界與文化界聞人。4月15日,《中央日報》上有專文報導此一「盛會」。海明威一入會場,給人的第一印象是「絳紅的臉,棕色鬍鬚,肥壯的體幹,個子高過孔副院長一頭。……手指比頭號派

克筆管還粗。」站在他身邊的瑪莎呢？她有「淺黃色的金絲頭髮，尖長的面孔，只差一雙碧眼，否則就是一個真正的"blonde"。在絲竹夾雜聲中，海明威不斷向各方致意，連說：『太奇妙了，太奇妙了！』」[7]

曲終人散後，海明威夫婦在第二天取道滇緬公路向中國戰區最南端──緬甸──而去。沿途，他們看到載貨卡車翻山越嶺隆隆行走，而日軍頻頻轟炸，有不少橋樑被毀。但是，海明威同時也看到中國人發揮聰明才智：橋樑一斷，接駁的渡船馬上解決了運輸上的難題。雖然抵達昆明時日軍不斷空襲，海氏卻覺得日本罔費心機。

旅華的經驗在在加強海明威一個印象：中國人是個富於韌性的民族。在重慶時，強遜大使有一次在官邸告訴海氏：「中國可以完成任何想做的事情。」（頁335）這句話烙在海明威的腦海中，馬上使他聯想到五千年的悠久歷史。他在成都時，見到很多西藏來的喇嘛，佩服他們跋涉千里，不辭勞苦的宗教家精神。中國通訊最後一篇是〈中國人建造飛機場〉（6月18日），其中海明威談到中國政府在經費、裝備兩缺的情況下，猶能全憑人工，準備開闢一處可以容納「空中堡壘」轟炸機的大型機場。四川省政府每天派出十萬工人，輪流工作。面對此種萬眾一心的勤奮現象，海明威豁然開通，領悟到中華民族所以偉大的原因。他聽到構築機場的工人引吭高歌；透過翻譯，他知道歌詞屬於鐵杵亦能磨成繡花針一類的內涵，不禁打從底流露出讚美的聲音。離開中國時，歌聲猶繞耳際。

緬甸是整個中國戰區中央軍曾贏得舉世敬佩的地方。海明威首先抵達緬中靠東的臘戌，然後驅車直赴緬中瓦城，再由鐵道進入仰光。在這一段不算短的途程中，他一路思索滇緬公路的問題，相信中國人必能以刻苦耐勞的精神完成艱鉅的工程。除了讚美當局的毅力之外，海明威也不避談這個民族的短絀。他說中國人訂定的計畫，如果不牽涉到金錢，必然可以順利完成；反之，經商經驗已有數世紀的中國人，一旦把計畫和金錢綁在一起，結果往往不是延宕，就是泡湯。雖然海明威不以此種性格為然，卻也不願多加非難：冰凍三尺，究非

7　這篇報導的原件之複印本，附錄在Sung, p. 103；重排版則可見於楊著，頁41-43。

一日之寒，古老的習俗才是這種根性的罪魁禍首。行走在滇緬路上，海明威察覺某些卡車司機或為私利而盜販汽油，或為強邀旅客搭車圖利而故意破壞路面。人性的弱點，他也無情予以披露。

然而，中國若和緬甸相比，後者之惡劣只有過之。海明威斥道：「緬甸官僚充斥。」（頁312）境內不但惡習到處可見，即使最緊要的軍務，也完全受制於送往迎來趁機打秋風的積習上。海明威追溯緬人根性，認為全因印度和法國人的影響所致。緬人抑且變本加厲，令人難忍。一位中國軍方人員到仰光提取軍需，送回昆明，至少要經過兩天才通得過層層關卡，才能完成手續，才能達成任務。戰況危急之際，這種慢郎中簡直令人氣結，不可思議之至。駐緬的英軍就開通多了，效率高而且不拘形式。浪漫的緬甸民族，似乎不知向保守的殖民地統治者學習，也不曾學會中國人通權達變的哲學。

仰光之行為期一周。結束後，海明威夫婦取原道返回昆明，然後再南下香港。4月初抵重慶，海明威再承蔣宋美齡茶宴款待。其時日俄友好條約剛剛締結，形勢對中國極為不利。海明威問蔣夫人道：蔣委員長對此協定有何反應？5月初，海明威終於在香港收到蔣夫人的回函：「委員長不認為此一協定會影響中國抗戰的決心：中國人隻手抗日始，只要必要，也願意隻手抗日終。其他國家對我們是否友善，不會妨礙到我們。我們會堅持下去，直到勝利來臨。外蒙古與滿州都是中國的一部分，該二地區的人民與國民政府也有血濃於水的感情。我們之間沒有『國界』，向來也不想『設界』。」（頁316）在重慶晉見蔣夫人之際，海明威夫婦深為她所傾倒，景仰有加，瑪莎且在8月30日的《庫利葉週刊》上撰文稱頌蔣夫人，認為她「一人可敵二十師」[8]，現在收到蔣夫人的信，當然為其中堅毅的語句感動。1950年9月，海明威在寫給蘭哈姆(Charles T. Lanham, 1902-1978)將軍的信上，不時還念念不忘蔣夫人的名字[9]。

海明威夫婦返港後不到一週，便分道揚鑣。瑪莎前往雅加達續訪新聞，海明威則飛赴馬尼拉。他為《午報》擔任的中國戰區特派員的任務，至此大功告成。不過，昆明飛往香港的路途似乎並不順遂。海明威在1941年4月29日

8　Marth Gellhorn, "Her Day," *Collier*, August 30, 1941.
9　Baker, ed., *Ernest Hemingway: Selected Letters, 1917-1961*, p. 715.

寫給名編輯馬克斯威爾‧柏金斯(Maxwell Perkins, 1884-1947)的信上,抱怨連連。當然,身在中國的海明威也不忘在信上問了柏氏一句話:他的書在美國賣得如何[10]?

　　美國人從海明威的中國行最想了解的問題是,美俄兩國在中日戰爭前期所扮演的角色令人迷惘:俄國人向日本頻送秋波,「伸出友誼之手」,同時卻又航運物資援助中國。美國曾經貸款數億給中國,同一時間卻也賣汽油給日本。這一類的矛盾尤其困擾美國的正義人士,而這個問題海明威試擬的答案很簡單:美俄兩國都想在這場競爭中撈上一筆,都想拉攏可能勝利的一方。身處中國的海明威,其實早已知道美日終須一戰,問題只在時間遲早而已。美國人當然希望參戰的時間不要來得太早;日本則因長期打消耗戰,對於美國的態度提心吊膽。日軍深陷中國戰區,是否有能力回馬將死美國,大成問題。另一方面,英軍強弱又關係著美日之戰的可能性。如果英國國力足以牽制日本,美軍續保太平洋上的優勢,大戰或可倖免,美國甚至可以兵不血刃,贏得勝利。在中國時,海明威雖然沒有料到六個月後會爆發珍珠港事件,但已隱約看出美日難免一搏的陰影。

　　1941年6月13日《午報》的通訊標題是:〈日本必須征服中國〉。海明威探討日軍南下的動機,認為中亞油田才是他們虎視眈眈的對象。日本故此得跨過中國南部,揮兵直逼中南半島。海氏的標題斬釘截鐵,不過他內心對日本強取中國的能力大表懷疑。其時日本兵力共計52師:37師已深陷中國內陸,餘下的15師分布在滿洲、朝鮮、臺灣、海南島、河內與日本本土。精銳全蓄於中國本土與東北,中央軍與蘇聯又不好惹,日本怎敢輕舉妄動,把主力移到中南半島或印度?唯一解決這種戰況上尾大不掉的方法,就是盡速迫降中國,和蘇聯達成「真正」的互不侵犯條約。然而中國豈是懦夫?蘇聯又豈是信義道上的朋友?

　　海明威認為中國抗戰必勝,原因源自他和中國軍政首長的談話、對戰時中國社會的觀察,以及他對中國民族性的了解。在〈美國援華〉(6月15日)一文裡,海明威回憶他和蔣委員長的談話,謂蔣氏抗日的決心根植於「內心的選擇」。他又說:委員長認為「只要他能活著一天,只要戰爭在能力範圍內可以

10　Baker, ed., *Ernest Hemingway: Selected Letters, 1917-1961*, p. 522.

持續下去，他寧為玉碎」。儘管糧食可能匱乏，通貨可能膨脹，社會一時不會平靜，但是「委員長會克服種種困難，繼續和日本奮戰下去」（頁326）。不論站在正義或美國利益的立場，海明威都認為蔣委員長見解卓越，而且深為所動。或許因時勢所致，海明威個人一向強烈的虛無思想，倒沒有表現在他對蔣氏的觀感之中。他甚且以為「在戰爭長期蹂躪下，中國仍朝向民主政治邁進，西方世界應同表欽佩」（頁327）。海明威眼中的中國，顯然和史諾、史沫特萊等人所見大異。

綜觀海明威一生，中國之旅不過是他生命中的一段小插曲。但是，他報導戰時中國，可謂客觀詳實，不但發揮了小說家最優異的秉賦，也堅持住新聞記者的良心。

1941年4月15日重慶《中央日報》上的〈歡迎海明威──嘉陵賓館的一場盛會〉一文謂：「除了『中國是奇妙的』以外，〔海明威訪華〕可曾也有其他的感覺？……可以相信的是他不會歪曲事實。還有一點，他似乎不致如 *Of Human Bondage*……的作者毛姆那本 *On a Chinese Screene*（案：指《中國小景》）的捕風捉影，茫然不著邊際吧！」毛姆是大英帝國優越論者，下筆每每扭曲中國的形象[11]。海明威旅華雖然僅寫了八篇報導文字，但是方諸《中國小景》，這八篇文章探討問題的深度和廣度，確實遠非毛姆的著作可比。

---

11 參閱本書頁333-348。

蕭乾論易卜生在中國

1935年7月，沈從文(1902-1988)離開天津《大公報》，推薦蕭乾(1910-1999)代他編輯該報的文藝副刊。是時，蕭乾剛剛從燕京大學畢業，雖然發表過一些文章，惜乎尚無藉藉文名。不過沈從文很快就發現，這位他在兩年前即賞識有加的年輕人，確能不負所託，馬上進入狀況，維繫住文藝副刊一貫的水準，而且還辦得有聲有色，絲毫不後前人。不多久，蕭乾又獲得當時《大公報》上司胡政之(1889-1949)器重，在報社的地位愈趨重要。抗戰軍興，《大公報》幾度南遷，蕭乾皆能唧命在上海、香港等地工作。1938年9月，他終於以《大公報》特派員的身分遠渡重洋，赴英國採訪報導。在倫敦，蕭乾繼老舍(1899-1966)之後，先於倫敦大學東方語文學院執中文教鞭，繼之則進劍橋大學進修。直到1946年5月，才假道南洋重返上海，繼續主編文藝副刊。

這一段約莫八年的旅外歲月裡，蕭乾不但陸續為《大公報》寫了許多通訊，還廣結文士，以英語在英國報刊介紹中國國情。這些論述後來結集成書，總計約五種，其中最稱重要的一部，當推1944年倫敦領航出版社(The Pilot Press)刊行的《龍鬚與藍圖》(*The Dragon Beards Versus the Blueprints*)[1]。此書所以重要，不僅因其中有專文為中國抗戰辯護，更因書內有數文涉及中國當時文壇情況，在把現代中國文學介紹到西方去的過程裡，具有篳路藍縷的功能。加以是書題獻英國小說大家福斯特(E.M. Forster, 1879-1970)以及漢學巨擘亞瑟‧偉利(Arthur Waley, 1889-1966)，相信一般英國文人多少會注意到，在中外文學關係上確具

---

1 以下引文，頁碼均為該書所有。

地位²。

其中最值得研究中西文學交流史的人士注意的，應屬蕭乾為英人報導的〈易卜生在中國〉("Ibsen in China")。這篇短文僅有五頁，確實的寫作時間不得而知，不過可以確定的是，該文發表之際蕭伯納(George Bernard Shaw, 1856-1950)已經過訪上海，胡適(1891-1962)的名文〈易卜生主義〉早在中國早也一紙風行，所以蕭乾擁有足夠的材料，回溯易卜生(Henrik Ibsen, 1828-1906)和秉持易氏理念的西方作家在中國的傳布狀況。從1918年6月《新青年》第4卷第6號推出「易卜生專號」以來，這位挪威劇作家即挾其「問題劇」雷霆萬鈞一般的威力，肆行橫掃中國文壇，勢力之強，廣及政治與社會等層面。1956年9月，阿英(1900-1977)在《文藝報》第17期上發表的〈易卜生的作品在中國〉一文，總結這段歷史，認為若論西洋劇家對早期現代中國文壇的影響，易卜生無疑是第一人。《新青年》專號上，胡適和羅家倫(1897-1969)翻譯的《娜拉》(《傀儡家庭》)，以及他人所譯部分的《國民之敵》、《小愛友夫》等劇，非但在中國掀起社會與家庭風暴，而且還以其涓流不息的力量，為往後的作家如曹禺(1910-1996)、巴金(1904-2005)和茅盾(1896-1981)等，提供過無數的創作靈感。凡此種種，當然其來有自。蕭乾的〈易卜生在中國〉對此一問題的回答，切中肯綮。

文章中，蕭乾劈頭便說道：「在中國，易卜生〔主要〕為人視為一位外科醫師，而不是一位劇作家。」(頁16)換句話說，蕭乾認為易卜生所以在中國文壇有舉足輕重的地位，係因其改革社會的理想，不是因其文學技巧使然。一旦如此認定，蕭乾無疑便把易卜生置於梁啟超(1873-1929)〈譯印政治小說序〉的傳統裡看待。梁啟超說：「在昔歐洲各國變革之始，其魁儒碩學，仁人志士，往往以其親身之經歷，及胸中所懷政治之議論，一寄之於小說」³，所以，「欲新一國之民，不可不先新一國之小說」⁴。儘管易卜生並不以小說著稱於世，

2　蕭乾和福斯特的友誼，可參看他1980年代之作：〈記E.M.福斯特〉，載《聯合報‧聯合副刊》(1989年10月5日)。

3　見阿英，《晚清文學叢抄：小說戲曲研究卷》(北京：中華書局，1960)，頁14。

4　〔清/民國〕梁啟超，〈論小說與群治之關係〉，見《飲冰室文集》卷3，學術類二(臺北：新興書局，1967)，頁12。

對政治亦未懷抱遠大的理想，但是他的戲劇揭露的，卻是個人對於社會積習的反抗，對於傳統的反叛，充滿新國新民的熱忱。蕭乾援引易卜生的社會意義，為他在中國的影響定位，雖不中，亦不遠矣。斯時知識分子有感於中國劇壇所缺乏者，正是像易卜生的戲劇所含攝的激發改革、策動進步的力量。傅斯年（1896-1950）在〈戲劇改良各面觀〉一文裡就曾宣稱，他在中國舊戲中，往往尋不出有關國計民生的片段[5]。難怪蕭乾接下來說道：「有十年之久，易卜生幾乎是中國知識分子心目中的偶像。這並不是我們〔故意〕選擇他來當偶像，而是因為他傳達出文學革命所引發的中國青年的熱情。」（同上）

　　蕭乾的話有倒果為因的嫌疑，易卜生的影響力也不止十年之久，但是上面的引文確能反映出五四前後，易卜生給予一般中國學子的印象。事實上，胡適在〈易卜生主義〉裡所強調的，也是易氏劇中的社會意義。胡適雖用「寫實主義」一詞來界定易卜生「作文學的根本方法」，然而他所稱的「寫實」，指的卻是劇情所寫的「近世社會」，和文學技巧本身無涉。胡適尤其強調易卜生宣揚的個人主義，他說：「社會最大的罪惡莫過於摧殘個人的個性，不使他自由發展」[6]。而像《野雁》、《娜拉》等名劇，無一不透過寓言與現實的呈現，來影射社會加之於人的桎梏，或反省傳統和社會習俗裡泯滅個性的因素。五四前後的中國，需要的便是反抗舊社會的勇氣，掙脫桎梏的決心。易卜生趁虛而入，事屬時代的必然。這也就是蕭乾接下來要說「在那個時候，中國病入膏肓，極待一位勇敢的醫師來對症下藥」的原因（同上）。

　　蕭乾的文章繼而又說道：「中國人看到西方戲劇鼓吹妻子從自以為是的丈夫身邊走開，又看到有人寫出一位為真理而寧與全民為敵的醫師。此時，他們的興奮之情，西方人很難想像。黃帝以來的社會傳統，如今終於有人敢舉大旗與之抗頡了。」（同上）蕭乾的論點，實則仍無異於胡適的名文所提出者。胡適既然能從《鏡花緣》裡看出李汝珍（1763-1830）的反傳統思想，當然就可以從易卜生的戲劇聯想到中國社會近千年來的黑暗面，進而指出家庭中的罪惡，宗

5　見傅斯年，《傅斯年全集》（7冊。臺北：聯經出版事業公司，1980），4：37。本注注尾冒號前之數字指冊數，其後者指頁數。下引套書之注法，同。

6　見胡適，《胡適文存》（4集。臺北：遠東圖書公司，1953），1：630及644。

教上的迷信，進而大談個人的覺醒。實際上，我們若不善忘的話，早在〈易卜生主義〉發表之前，陳獨秀(1879-1942)即在〈偶像破壞論〉中，大聲疾呼中國青年破壞虛偽的偶像 [7]，而李亦民(生卒年不詳)也在〈人生唯一之目的〉一文中，反復向中國青年致意：「汝知汝所處之境地為痛苦之境地乎？自由之意志毫無發展之餘地。」[8] 這些呼籲，都要求其時的中國人發展出自己的個性，不要再為傳統的習俗與道德所困。不過，蕭乾容或能從胡適的文章認識到個人思想是促成易卜生大盛於中國的原因，他卻像陳獨秀與李大釗(1889-1927)一樣，沒有體會出在個人思想之外，還有更重要的因素是胡適樂於提倡易卜生的原因。胡適說：「發展個人個性，須要有兩個條件。第一，須使個人有自由意志。第二，須使個人擔干係，負責任。」[9]

胡適此一所謂「健全的個人主義」，乃他在為易卜生搖旗吶喊時所汲汲宣揚者。他引用《娜拉》說明自己的體會，認為戲中的郝爾茂(Torvald Helmer)的最大缺點，是他既未賦予妻子自由意志，又不容許她為家庭負責。娜拉一旦覺醒，便棄家而去，為自己負責。又如《海上夫人》裡的後母，在丈夫允許她離家後，思想丕變，再也不想出海，因為她發覺「完全自由」之後，居然還要「自己擔干係！」胡適說：「自治的社會，共和的國家，只是要個人有自由選擇之權，還要個人對自己所行所為都負責。若不如此，決不能造出自己獨立的人格。」[10]

可惜蕭乾在探討易卜生為人接受的緣由時，沒有注意到胡適提倡的深意。他僅知易卜生在「平靜的，苦修式的儒家中國」裡投下一枚反叛的炸彈。這一枚炸彈的藥量，又因接二連三的以易卜生為效法對象的文學作品而增加。待巨雷轟然一響，易卜生就順理成章變成眾所「敬愛的導師」，是萬人景從的「斯坎地那維亞聖人」了(同上)。

在這種「反叛者易卜生」的錯覺之下，蕭乾當然無睹於梁實秋(1903-1987)等白璧德(Irving Babbitt, 1865-1933)信徒的反浪漫傾向。誠如李歐梵所示，易卜

7　見陳獨秀：《獨秀文存》，3卷(上海：亞東圖書館，1922)，1: 227-230。

8　載《青年雜誌》，第1卷第2號(1915年10月15日)，頁132。

9　見《胡適文存》，1: 644。

10　見《胡適文存》，1: 645。

生式的情節是近代中國浪漫思想的泉源[11]。蕭乾透過浪漫的鏡片看易卜生的戲劇，無疑便會認為這些作品「似乎都在傳遞」中國人「對於既存社會的憎惡，對於反叛的熱情」（同上）。職是之故，他眼中的郭沫若（1892-1978）與田漢（1898-1968），無一便不是易卜生的信徒。蕭乾的推斷離事實實則不遠：田漢在1920年早已以中國的新易卜生自許[12]。蕭乾又推崇郭沫若的戲劇，斬釘截鐵地指出其中有「易卜生主義」的「蹤跡」（頁18）。他在文章中舉出來佐證的，係郭氏所寫的《卓文君》一劇。有鑑於英國人對中國民間傳說所知不深，蕭乾略費言辭說明故事輪廓，然後評道卓文君和司馬相如私奔，反映出作者擬突出「寡婦亦有再嫁之權」的主題（同上）。如此主題的嘗試，當然得追溯到「易卜生主義」去。

或許為加深英國人的興趣，蕭乾迫不及待地指出：傳統上多認為卓文君的故事是一則醜聞。他言下大有易卜生進入中國後，傳統的評價才見改觀之意。他又刻意說道：「浙江師範的女學生在1923年擬演出《卓文君》時，曾遭到該校校長的阻攔，而稍後當地的教育單位，也嚴斥該劇骯髒不堪。」（同上）

卓文君的故事雖然可以反映出五四以來文人堅持的易卜生式理想，但是蕭乾顯然沒有料到，現代文學中行跡最近娜拉的女英雄，應推茅盾（1896-1981）《虹》裡的新青年「梅女士」。這位家庭教師最愛讀的刊物正是《新青年》，對易卜生的《娜拉》熟悉不已。她一度成了婚姻的囊中物，發現自己頗能沉醉在丈夫的甜言蜜語中。然而，她很快又能武裝自己，汲汲以覺醒了的娜拉自期，想盡辦法擺脫婚前曾經混跡歡場的丈夫柳遇春。夏志清在《中國現代小說史》中因而評論道：「梅女士是個典型的易卜生個人主義的信徒」，她企圖逃離的是「代表根深柢固的傳統的柳遇春」[13]。就蕭乾對易卜生主義所下的定義來看，茅盾的《虹》稱得上是混合社會思想與女性主義的作品中表現得最貼切、最細緻的一部。

類似情節的現代小說或戲劇當然不少，巴金的《家》裡也有梅女士的影子。

---

11 Leo Ou-fan Lee, *The Romantic Generation of Modern Chinese Writers* (Cambridge: Harvard University Press, 1973), p. 34.

12 田漢、宗白華、郭沫若著，《三葉集》（上海：上海書店，1982），頁81。

13 夏志清著，劉紹銘編譯，《中國現代小說史》（臺北：傳記文學出版社，1979），頁174。

問題是易卜生帶給中國人的，難道就只有一點胡適稱為「寫實主義」的題材選擇和故事架構嗎？難道在表面故事下含括社會問題，便是易氏的「問題劇」？這類問題，蕭乾並未正面回答。不過他在追述文壇趨勢上際，倒是很恰當地觀察道：「回顧沖積在中國現代文學的海岸邊的巨浪，我們發覺緊隨著易卜生個人主義而來的，是馬克斯主義者所不樂與聞的浪漫洪流、世紀末的頹廢。」（同上）

所以易卜生熱一過，王爾德（Oscar Wilde, 1854-1900）和波特萊爾（Charles Pierre Baudelaire, 1821-1867）便相繼湧入，而惡之華到處開放的結果，是濫情戲劇充斥，維特的煩惱也變成時髦的中國青年的煩惱[14]。雖然這些新興的文學思潮，表面上是易卜生主義推倒舊傳統後的結果，骨子裡卻是對於易卜生式文學的反抗，不願再於嚴肅的社會問題裡毀喪原始的文學功用之一：娛樂。

一談到踵繼而來的文學思潮，蕭乾也不得不承認，中國的「問題劇」作家曾經犯下一些「錯誤」：「他們緊抱易卜生的社會福音，熱情地散布這些福音，卻忽視了一般大眾要求於文學的娛樂效果。」他說若缺乏「娛樂」的效果，「問題劇」和歐洲中古的「道德劇」沒有什麼差異，難以維繫大眾的興趣（頁19）。1921年，以易卜生門徒自居的蕭伯納的名劇《華倫夫人的職業》（Mrs. Warren's Profession）在上海公演時，最佳的賣座率尚不足六成。蕭乾抓住這一事實，借用他人的話評論道：中國觀眾已不再對舞臺上反復提到的「女人的自由」或「經濟平等」感到興趣；他們需求的不僅是進步的理念，還有「複雜的情節」（同上）。

如果說〈易卜生在中國〉一文有什麼真知卓見的話，蕭乾在追述易氏的正面影響時，還能指出「問題劇」的疲態。引用聞一多（1899-1946）的話時，蕭乾進一步又說現代戲劇之進入中國，事出偶然，而易卜生湊巧是第一位影響中國的西方劇作家。更巧的是，對易卜生而言，戲劇不過是他傳播社會理念的工具。於是，從易卜生進入中國開始，中國的劇家便以為理念是戲劇最重要的因素了

---

14 波特萊爾的傳布與影響，參見莫渝，〈波特賴爾在中國〉，見莫渝譯，《惡之華》（臺北：志文出版社，1985），頁563-583。

（同上）[15]。最後，蕭乾乾脆再假趙太侔(1889-1968)之口，總結他對於易卜生在華為人接受的看法：「我想我們把藝術和生命混為一談。」藝術的職責固然在追尋深層的人性，探究生命的基本力量，但是劇作家或文學家，「並沒有權力可以逕假演員之口，傳揚自己對社會，對政治的看法」（頁19-20）。

蕭乾承認早期擁抱易卜生為宗師的中國人，尚處在「青少年時期」（頁20）。要經過這一段時間，他們才會變得成熟，眼界開闊。從1933年初登文壇以來，蕭乾一生皆和中國現代文學脫離不了關係。1957年他出任《文藝報》的副總編輯，旋因抨擊當權者的文藝政策而被打為「右派分子」。如果易卜生的思想確有助人拓展視野的功效，此一時期的蕭乾才脫離「青少年時期」，真的成熟了。〈易卜生在中國〉一文，也才真的在東西之間架起了一道文學溝通的橋樑。

15　參見聞一多，〈戲劇的歧途〉，見《聞一多全集》，丁集（上海：開明書店，1948），頁271。

第

四

輯

普洛透斯變形記

——從金隄《尤利西斯》看文體翻譯的問題

　　本文的論述客體是金隄(1921-2008)所譯《尤利西斯》第14章 [1]，不是喬伊斯(James Joyce, 1882-1941)《尤利西斯》(*Ulysses*)中人稱〈太陽神牛〉("Oxen of the Sun")的那一章。我之所以破題就如此區隔，原因在金隄所譯「擬仿」之心昭然，程度之深並不亞於喬伊斯於「原文」中對各種古今英文文體的仿效。若就金隄匠心之講究質而再言，所譯其實也已非尋常的翻譯行為可比，而幾乎是另一種層次的文學「再現」，值得我們視同「第二原本」加以處理。

　　上面所談如果言之成理，那麼金譯實已涉及語言與翻譯之間的某種弔詭，亦即金譯第14章若可視同「第二原本」，那麼，所「譯」還稱得上是「譯」嗎？此外，〈太陽神牛〉所仿效的各大英文體調如果只是「形似」而已，而中、英文從字形到語法相去都不可以道里計，則金「譯」果然是「譯」，那麼，在柏拉圖唯心主義的本體論系統中，他所「譯」到底又算是第幾度的模仿？在我看來，金譯至少已經是「模仿的模仿的模仿」，而我們難道仍得以「信達雅」作為其評比規範上的條件？即使應該，就「信」的一面而言，金隄是要對喬伊斯「信」，還是要「信」於喬伊斯所模仿的對象，抑或忠乎「喬伊斯的模仿」？如果這裡的「信」非得捨柏拉圖而就亞里斯多德的實在論(realism)才說得通，那麼，這是否意味著從理體中心論(logocentrism)的角度看，我們這個世界上根本就沒有「翻譯」這回事，因為語言一旦落入「言詮」就已「失真」？而最值

1　金隄譯，《尤利西斯》(2冊。臺北：九歌出版社，1993/1996)，2：807-871。下文或稱金譯，引文頁碼夾註於正文中。注文中冒號前之數字指冊數，其後者指頁碼。下文中套書的注法，同。

得深思的是：何以我們明知翻譯——例如金「譯」《尤利西斯》第14章——是「假」的，為什麼讀時又「寧可信其為真」（willing suspension of disbelief），甚至以為這就是喬伊斯？

　　類此問題錯綜複雜，孔狄亞克（Etienne Bonnot de Condillac, 1715-1780）以來的語言思想家欲解還結[2]。我們拉雜言之，或許只能借19世紀西方寫實主義的「逼真觀」（verisimilitude），在某種「尋根熱」（anasemia）的蠱力下，硬說譯家若本領高強，神來之筆常可直追原著，縮小差距。就我所知，喬伊斯對英文文體志在「戲仿」（parody），而金隄對喬氏卻始終嚴肅其事，是以亞里斯多德的謚論宏言在「正視」自己的翻譯大業（金譯，〈譯者序〉及〈前言〉，頁21及32-33）。以此為準，要判斷金譯〈太陽神牛〉是否信守喬著神髓，那麼首要之務恐非字義問題，而是文體迷霧的廓清，蓋《尤利西斯》體調多變，而其極致又非此章莫甚。

　　20世紀初，喬伊斯在致巴勁（Frank Budgen, 1882-1971）的信上曾經說過：「技巧上」，〈太陽神牛〉「九節不分，環扣組成」，由薩盧斯特（Sallust, 86-35 BCE）與塔西佗（Tacitus, 56-117?）的混合體「揭開序幕」，再經古英文（Old English）與中古英文（Medieval English）各體，直下近代的洋涇浜和黑人英文，期能展示「胎結的階段發展和動物演化各期」[3]。喬伊斯是否按計行事，讓願望成真，學界眾說紛紜[4]。不過這「九道」文體倒是早經注家與疏者詳予指明，大致屬實。其中近代部分和原先計畫略見出入，但文藝復興以前的四或五體卻可能確因聖茨柏里（George Saintsbury, 1845-1933）《英國散文韻律史》（*A History of English Prose Rhythm*, 1912）之影響而寫成[5]，乃依年代順序陸續在推展[6]。文體之外，尾隨而

2　Cf. Michael Payne, *Reading Theory: An Introduction to Lacan, Derrida, and Kristeva* (Oxford: Blackwell, 1993), pp. 151-155.

3　在致Harriet Weaver的信上，同一內容又複誦如儀。前函見Stuart Gilbert and Richard Ellman, eds., *Letters of James Joyce*, 3 vols. (London: Faber and Faber, 1957), 1: 138-139; 我引自C.H. Peake, *James Joyce: The Citizen and the Artist* (Stanford: Stanford University Press, 1977), p. 249上據Richard Ellman, *James Joyce* (London: Oxford University Press, 1959), pp. 489-490的重建版。後函見Gilbert and Ellman, eds., *Letters of James Joyce*, 3: 16.

4　Cf. Peake, *James Joyce: The Citizen and the Artist*, pp. 250ff.

5　George Saintsbury, *A History of English Prose Rhythm* (Rpt; Bloomington: Indiana University Press, 1965).

來的是章旨的問題：除了《奧德賽》（*Odyssey*）神話上的情節對應外，〈太陽神牛〉所述尚包括生命之孕育成形及其尾隨的分娩。這個過程不僅指「純樂夫人」（Mrs. Purefoy）臨盆產子[7]，也可能在遙射斯蒂芬‧迪達勒斯（Stephen Dedalus）胎熟墮地，更可附會到來日這個「青年藝術家」的形塑與藝術本身的蛹生。易言之，喬伊斯巧思聯翩，隱喻連環，在〈太陽神牛〉中把文體和生命進程揉合為一。

下文中，我所擬探討者，僅限於喬伊斯已經指明的前四體的金譯。但在進入討論之前，我想我們有必要一探布雷米爾士（Harry Blamiers, 1916-）引吉伯特（Stuart Gilbert, 1883-1969）所稱一份全章的三重「序曲」[8]。這套「序曲」實為形式各異的三份「咒文」（incantations），是生命史詩發軔前的「呼神式」（invocation）。「序曲」初奏，乃是一行拉丁文咒禱，其次是國立產院（National Maternity Hospital）兩位主事之一的霍恩（Andrew J. Horne）的祝文，最後則是產後產婆複誦如儀的嬰兒性別的「聲明」。三段咒文當然都具情節上的指標作用，但各自也有諧趣在焉，要之皆出以類似《西遊記》形容法師念唱的喜劇手法。後兩段「咒文」一古一今，金隄的處理討巧兼討俏，頗能隨原文體性和誦者身份裁剪變化，把半文言和臨場白話點石成金。但和譯本其他諸章一樣，喬伊斯的拉丁文他一律直引，頂多權借邊注加以說明。

我在有關金隄《尤利西斯》上卷的一篇短評中，曾經表示我對直引不譯的做法無法苟同[9]。如今細繹，仍然覺得從「逼真觀」出發，金隄更應擇「體」譯出這句拉丁文，甚至包括其他非英語的西方語言在內。眾所周知，對歐洲人來講，拉丁文、希臘文和各民族國家語言之間的關係，大致就等同於中文文言

（續）──────────────

6　Cf. Peake, *James Joyce: The Citizen and the Artist*, p. 253.

7　這是一個相當有趣的名字，令人想到斯賓塞（Edmund Spenser, 1552-1599）《仙后》（*The Faerie Queene*）裡和紅十字武士為敵的薩拉森騎士「無樂」（Sansfoy），所以我忍不住就把她給托寓化了。「純樂先生」外表拘謹嚴肅，播育九胎，卻是「淫樂」的象徵。參較 A. Nicholas Fargnoli and Michael P. Gillespie, *James Joyce A to Z: The Essential Reference to the Life and Work* (New York: Facts on File, 1995), p. 186.

8　Harry Blamiers, *The New Bloomsday Book: A Guide through Ulysses*, rev. ed. (London: Routledge, 1988), p. 139.

9　拙作〈哪一個喬伊斯來臺灣──評金隄譯《尤利西斯》（上卷）〉，載《中時晚報》，時代文學副刊（1994年1月21日）。

文之於白話文一般，前者更是德里達(Jacques Derrida, 1930-2004)譏諷得有點矛盾的「大娘、奶奶或是太歲奶奶的語言，未經人事，純潔如處子」[10]。所以上述拉丁咒文在全章中的「讀感」，就有如在《人民日報》中偶爾夾上一、二句《九歌》一般。看報的人讀懂與否是一回事，但視之為語言傳統的一部分大概錯不了。我以《九歌》為例，事出有因：《九歌》乃薩滿教(shamanism)的產物，各章本源係巫覡祝禱[11]。而直引原文的後果呢？那是硬把傳統腰斬為二，而且和目的語並互無字形上的連屬，怎麼比得上——再例如說——仿《九歌》而來一段歌體的對譯呢？更何況——恕我大膽假設——讀者如果只懂方塊字而不知「蟹行文」，那麼面對金譯的正文，他們恐怕連發音的權利也要慘遭剝奪！就後面這點而言，直引就不如古來梵語音譯讓人稍得「參與」之感。

那麼非屬英語的現代歐語怎麼辦？這倒讓我想起劉若愚(1926-1986)早年曾有一見，以為歐洲國家語言其實略似古今中華文化下各國或各地的語言或方言。西元前6世紀的〈越人歌〉原文出以吳越之語[12]，可相對於北方的「中心」語言。今天用方塊字寫下的廣東話香港「中文」，也可和中國內地的霸權語文互成犄角。依同樣的邏輯類推，喬伊斯的英文當然是「中心」或「霸權」之所在，而德、法文乃《尤利西斯》情境裡的邊緣語言。前者對之以「普通話」，後者用粵語或蘇白等譯，不更貼合或逼肖小說以英語為中心的歐洲語情？上述中國「方言」或「方文」同中有異，異中有同，和法、英或德、英的縱橫轇轕相通，學過兩種以上歐語或通曉兩種以上「版本」的漢語的人，當可了然於胸。

對第14章全章來講，這三段咒文其實是某種德希達式的「邊銘」(exergue)，雖然在體調上非隸前揭九道，其中紛變和情節伏筆卻是全章不可分割的組成。經其縮龍成寸，我們了解全章旨趣，接下就可順理走進象徵懷胎九月的那九道文體，一探喬伊斯如何化布魯姆(Bloom)為「精蟲」，化醫院為「子宮」，化護

---

10 Jacques Derrida, *The Ear of the Other*, trans. Peggy Kamuf (Lincoln: University of Nebraska Press, 1985), p. 114.

11 參見劉永濟，《屈賦通箋》，見楊家駱編，《楚辭新義五種》（臺北：鼎文書局，1974），頁66-70。

12 〈越人歌〉的記音及譯文俱載於劉向《說苑·善說篇》。見盧元駿注譯，陳貽鈺訂正，《說苑今注今譯》（臺北：臺灣商務印書館，1995），頁365。

士為「卵子」，又化斯蒂芬為「胚胎」了[13]。這種生命與藝術孕育的雙重表意或寓言，可想必由靈感迸閃前的迷離狀態前導，就像《紅樓夢》開書前的虛無飄渺，玄機處處，最後瓜熟蒂落，而以「斐然成章」總結之[14]。在文體托意的層次上，上述「迷離」至少由三段句構和語彙都含藏大量拉丁文用法的段落組成，充分呼應了上文討論過的第一句咒語所用的文字，多少也再度反映出金隄直引中的暴力成分，因為尾隨其後的三段拉丁式的「史前英文」，金隄的「譯本」已經不能不加以處理了。這三段話讀來含糊，原因不在使用了"sapience"（智慧）或"behoove"（理應）一類源自拉丁或盎格魯撒克遜的古字，雕績滿眼，而是喬伊斯故弄玄虛，語法雜遝，有點像在直譯薩盧斯特與塔西佗的辯詞或史學撰述所致。是以他隨「原文」拉長句構，半頁方才成「句」，令人讀後忘前，守中而又懵懂於首尾。

　　薩盧斯特字裡行間充斥過時的古字，簡要時晦澀不已，花樣翻新時則常參入希臘風格，箴言式的文風咄咄逼人。塔西佗私淑其人，擅長壓縮文句，明快時犀利無比，但也常刻意避開俗語常字，仿西塞羅（Cicero, 106-43BCE）或李維（Livy, 59 BCE-17 AD），別創一種酣暢的拉丁「駢偶風格」（parallelism），拖長句法，文縐縐到矯揉造做。據說「一個『死亡』的概念」，他「可以用五十種方式來講」[15]。喬伊斯這段話寫來彷彿二氏，其他的原因不談，光就句構特長一點而論，我看中文的複製能力就有限，足以令金隄疲於奔命。由於喬氏意在古體，金隄不可能用可以錘扁扯細的現代白話入替，反須借重古則古矣，理論上結構卻唯精簡是尚的文言。而窺諸結果，金隄其實兩執用中，所「寫」乃桐城勢頹後的近代淺文理的文言文，略如梁啟超（1873-1929）輩在清末的救國文宣。句子當然不可能盡合喬伊斯原意，喬氏恐怕也不盡自知所寫，所「易」（「譯」）者何？金隄倒有捕捉原作文體特徵的企圖，譯或寫出了稼軒詞「凡我

13　Gilbert, ed., *Letters of James Joyce*, 1: 139.
14　有關《紅樓夢》情節本身所含藏的修辭寓言，參見下書第1及第3章：Anthony C. Yu, *Rereading the Stone: Desire and the Making of Fiction in Dream of the Red Chamber* (Princeton: Princeton University Press, 1997).
15　Moses Hadas, "Introduction" to Alfred John Church and William Jackson Brodribb, trans., *Complete Works of Tacitus* (New York: The Modern Library, 1942), pp. xxi-xxii.

同盟鷗鷺」一類的偽英雄體(mock heroism)[16]，又放大空洞字句，造成一種荒謬性的假正經之感。間隨此類用法同時並出的，還有誇大其辭，聲韻氣勢兼備，琅琅上口，倒也風韻別具。

坦白說，譯得出這三段話即可見金隄化繁為簡的能力，用得來上面淺析的體調，也表明他工於琢磨，務求體用兼顧。不過求全之下，我仍不能不指出這種譯法稍違喬伊斯的旨意。原文三段佶屈聱牙，本為「有字天書」，連文法都有問題，金隄反以金針度人，逞其錦心繡口，化之為略加思索即可得的長慶詩文，從而失去「史前英文」晦澀與湮遠的意境。其次，吉福德(Don Gifford, 1919-2000)說這三段從用字到句構都不以英文為考慮[17]。這固然表明喬伊斯有「拉譯英」之意，更重要的是，這也在暗示布雷米爾士據進化論所提出來的「渾沌」(chaos)觀有理[18]。希臘人說渾沌退而「秩序」(kosmos)生，宇宙於是形成。對喬伊斯來講，這自然是英國文體弁創的先聲，我們進一步則可附會到克利斯蒂娃(Julia Kristeva, 1941-)借柏拉圖《提麥奧斯篇》(Timaeus)與生物學所衍構的「母性空間」(chora)去，其力足以涵容記號界(the semiotic)與象徵界(the symbolic)電激雷射的互動[19]。拐個彎兒，這也就是說，往後文體的主體就是在這空間中遊移、否定而終底於成。愚意以為，我們固不必觀瀾而索求甲骨、金文，但金隄若能棄近體文言而就《尚書》的體式，或許在歷史意義與主體形塑上更堪與喬著相埒。後世中國散文，《尚書》畢竟是母體。最後，《尚書》字句艱澀，對非專家如在下來講，不啻「天書」：翻索字典，遍覽疏解，還未必弄得清雅教何在，「讀感」實如乍看喬文三段一般。

上文最後固屬笑譚，其實也離常情不遠。作家多半因情生文，譯家則通常是因文生情。在「天書」三段中，喬伊斯卻是兩種身份兼具，所以金隄不妨「日

---

16 〈水調歌頭〉，見薛祥生編，《稼軒詞選注》(濟南：齊魯書社，1980)，頁39。

17 Don Gifford, *Ulysses Annotated: Notes for James Joyce's Ulysses*, rev. and exp. ed. (Berkeley: University of California Press, 1989), p. 409.

18 Blamiers, *The New Bloomsday Book*, p. 140.

19 Margaret Waller, trans., *Revolution in Poetic Language* (New York: Columbia University Press, 1984), pp. 25-30; Thomas Gora, et al., trans., "From One Identity to an Other," in Leon S. Roudiez, ed., *Desire in Language: A Semiotic Approach to Literature and Art* (New York: Columbia University Press, 1980), p. 133.

若稽古，奧希爾氏」一番，文、情並出，讓中文讀者讀來也像閱讀原典那樣一愣一愣的！

　　「天書」過後，喬伊斯堂皇進入盎格魯薩克遜時期，以頭韻體（alliteration）揭開散文序幕，期使我們不費吹灰之力，就可捲進古英文詩歌的形式特質之中。原文當然不是用日爾曼語彙與語法寫就，而是和「天書」三段一樣，用文藝復興以降的現代英文諧擬而成。形式亦非唯一重點——連14世紀末中古英文的壓軸長詩《農夫皮爾斯》（*Piers Plowman*）都還在仿製至少三四百年前流行的這種韻體呢！我略感詫異的是，金隄於此之譯仿並不明顯，尤其是常見討論的開頭兩句，其原文如下："Before born babe bliss had. Within womb won he worship."[20] 這兩句話寫於散體之前，其實頗有兩漢駢文的氣勢，"B"與"W"音所形成的頭韻固可解釋這種比較之大半，抑揚格的對襯、五和四音步的映照及副詞片語的強調，更強化了偶對之感。中文要表現頭韻並非易事，因為我們的詩韻主要由韻母形成，以聲母造成的機會極少，即使有，通常也是用字或全音的重複來表現，大略就是西洋修辭學所謂「複字法」（diacope），例如《西遊記》第二十一回的「莊居非是俗人居」，或是第二十回寫黃風嶺肅殺氣象的文字遊戲的後兩行：「猛然一陣狼蟲過，／嚇得人心趷蹬蹬驚，／正是那當倒洞當當倒洞，／洞當當倒洞當山。」[21] 金譯並未追隨宗教詩詞或兒歌中這種常體，反而配合原文的散體在製造「文感」，雖則其字數對稱和套語複詞，也強令這兩句的中譯帶有對聯一般的「詩意」：「嬰兒出生之前即已有福，身居子宮而已受崇拜。」（金譯：809）

　　英詩中，頭韻體最長，最有名的例子是英雄史詩《貝武爾夫》（*Beowulf*）。我們今天視史詩為政治意義強烈的帝國主義文類，但從史詩擁有國的角度看，史詩卻糅合複雜的感情，是民族文類，通常也是國家興起或國力鼎盛的表記[22]。

20　James Joyce, *Ulysses: A Critical Edition*, vol. II (New York: Garland, 1986), pp. 826 and 827. 下引本書內文，頁碼夾附正文中。

21　這些例子之引用，我深受余國藩教授之啟發。參見拙譯：《余國藩西遊記論集》（臺北：聯經出版公司，1989），頁37-39。

22　關於史詩的這些特質，可參看兩本相當精彩的近著：David Qint, *Epic and Empire: Politics and Generic Form from Virgil to Milton* (Princeton: Princeton University Press, 1993);

由是觀之，金隄上述兩行的散體複製，恐難掌握這種鴻蒙初判的歷史感，尤其彰顯不了和拉丁體對照下所應有的送舊迎新、渾沌初開的「開國格調」。就文學史的比較面而言，《詩經》無疑是盎格魯撒克遜詩行最佳的中文對應，〈大雅〉裡那些詠史之作尤然。如果上舉喬伊斯的兩行是個人生命源起的讚詠，下引〈生民〉寫姜嫄胎動，后稷出生一節，顯然就是個人生命擴大後國族或部族生命濫觴的敘寫，而且也用到了類似頭韻的套語式「複字法」：她「履帝武敏歆」後，「攸介攸止」，遂乃「載震載夙，載生載育」[23]。

眾所周知，從書題到內容，整部《尤利西斯》都是史詩的仿作或戲擬，關乎布魯姆的「奧德賽」，也關乎斯蒂芬這個「青年藝術家」破繭而出。喬伊斯對盎格魯撒克遜體與史詩之間的聯想，想必了然於胸，而早有學者從史詩的國族特質出發，確認〈大雅〉裡的「史記」也有西方史詩的況味[24]。對我來講，這不啻又暗示：要兼顧體式史義及其本身的特質，〈大雅〉中這類句法可能是迻譯頭韻詩文最值得參考的方向之一。套語式「複字法」，上舉並非孤例，是整部《詩經》相當普遍的現象。〈生民〉第二章還有產後母體平安的「不坼不副，無菑無害」兩句[25]。這些用法，後世甚至都已融入「文」體之中，韻散不分，有如喬伊斯在〈太陽神牛〉裡的筆法。

布魯姆正式登場，趕到產院探視「純樂夫人」。喬伊斯刻畫我們這位英雄，同樣是文體與題旨兼顧，在〈太陽神牛〉之中再度形成映對之趣。刻畫的開頭先是一段《漂泊者之歌》(*The Wanderer*)的仿作，繼之則是《猶太浪子》(*The Wondering Jew*)的諧擬，而譜出來的現代尤利西斯形貌倥傯，有如盡力要從都柏林這片瀚海劃向產院，尋找那「性」趣盎然的拋錨之處，從而揭開胎結的第

(續)————————————————

Michael Murrin, *History and Warfare in Renaissance Epic* (Chicago: University of Chicago Press, 1994).

23 見楊任之，《詩經今譯今注》(天津：天津古籍出版社，1986)，頁422。

24 C.H. Wang, "Towards Defining a Chinese Heroism," *Journal of American Oriental Society* 95/1 (1975): 25-35.

25 另一個方向是疊字，如〈堯典〉中頗具詩意的對話：「湯湯洪水方割，蕩蕩懷山襄陵，浩浩滔天，下民其咨，有能俾乂？」見方孝嶽，《尚書今語》(北京：北京古籍出版社，1958)，頁12。後世疊字最精彩的例子，往往出現在漢季古詩中，例如「迢迢牽女星，皎皎河漢女。纖纖擢素手，札札弄機杼。」見劉萬章輯注，《古詩選》(廣州：開明書店，1933)，頁3a。另請參較劉輯第2和第3首，頁1b-2a。

一個月。〈漂泊者之歌〉是古英詩的傑作之一,《猶太浪子》則是基督教傳統的名典,前此至少在第二及第九章都曾出現過(金譯:117及494)。「體」典和「經」典在此交互修飾,配合尾隨的許多盎格魯撒克遜字彙,終於撞擊出一片埃爾弗里克(Aelfric, 955-1022?)式的古英文體,其特色為散中暗藏頭韻,間夾驚嘆,讀來頓挫,跌宕有致。在歷史上,埃爾弗里克是第一位講究文體的「英文」大師,卻仍踵武十世紀的拉丁體而卓然成家,所著《天主教佈道文集》(*Homilies*)和所譯《聖人列傳》(*Saints' Lives*)俱可為證。易言之,喬伊斯在此仍未放棄歷史性的文體戲擬。

布魯姆探訪友妻出於同情,兼以自憐。霍恩院長麾下則「產床有七十」(金譯:809),嚴陣以待。原文中類此之誇飾貧嘴,其實是《貝爾武夫》英雄「吹擂」(boasting)的喜劇性翻版。金隄工筆細擘,排開五言詩陣,各句擊破,極其所譯之能事。五言詩並非中文最古的韻體,《詩經》絕大多數都出以四言,騷體則分五、六或七言。金隄的譯法,開頭有一點「騷」味,可見於「漢兮以色列,浪跡天一方」這種句式。隨後筆鋒一轉,他跌進漢末古詩十九首或〈孔雀東南飛〉的五言素句裡,時而也讓人聯想到敦煌變文裡的韻體。下面這幾句寫布魯姆向某護士探詢多年前相熟的醫生。兩人交談後,瞬間心情互易,唏噓悵惘緊隨著一陣歡喜,可見這些段落典型的詩筆——

> 伊眼往下垂,見其黑喪服,心中猛一驚,深恐有噩耗,噩耗非事實,
> 伊心甚欣喜。客向伊探詢,彼岸奧大夫,有無新消息。彼女長嘆息,
> 大夫已升天。來客聞此言,悲往腹中沉。(金譯:810)

我知道金隄選五言,目的在抒情。第14章稍後,他另有四言句,其志在敘事[26]。然而從上引看來,五言體的敘事能力似乎也不差。我們且不談字義的問題,蓋

---

26 1992年2月間,金隄在給我的電話中述及。遺憾的是,篇旨所限,我不能多談四言體。
　　儘管如此,我仍得指出本章頁816-818的金譯,是佛典漢譯盛極而衰後,難得一見的譯界的四字格的復興,用法和佛教文學大致雷同,而且上追荀賦。參見拙作〈與喬伊斯共舞——評金隄譯《尤利西斯》(下卷)〉,載《星島日報》,「書局街」(1996年8月12日)。

其中某種程度的壓縮與扭曲免不了[27]，但是就體式觀之，這種騷體與古詩合流，至少在文學發展上頗副埃爾弗里克體的歷史地位。我唯一想問的是：埃氏體中的頓挫跌宕，金隄是否傳達得出？

我想答案不言可喻：金譯雖見變化，五言詩的氣勢畢竟較弱。文前說過，埃爾弗里克師法拉丁體以成其古英文體式，而喬伊斯又以他為無形的底本藍圖，所作所為已是擬仿的擬仿，於塔西佗或西塞羅則為三或四度之變換。這無異說：仿盎格魯撒克遜體，冶拉丁及其英倫二世之子息於一爐，「厚重之感」自不待言。所以仿作中再見頭韻，而倒裝中強調頻繁，間或透露出拉丁文的結構丰采。諸句往往得借詞類變化重排句構，斷定句意，加以句句相襲，形成的腦力激盪冗長。尤有甚者，其中音步分明，節拍有序，音韻隨重感交集而澱積成沉鬱，猶如盎格魯與撒克遜等部族所出的北歐海象：

As her eyes then ongot his weeds swart therefore sorrow she feared. Glad after she was that ere adread was.　Her he asked if O'Hare Doctor tidings sent from far coast and she with grameful sigh him answered that O'Hare Doctor in heaven was. Sad was the man that word to hear that him so heavied in bowels ruthful. (pp. 828/29-830-31)

這幾句敘寫有詩之實而無其名，喬伊斯頂多以「散文詩」(rhythmic prose) 目之。金隄的五言仿效，其實也不以「詩」自居，故未效現代人強予分行。這倒有趣，因為翻譯詭局又因此造成：中國古來詩句直排到底，然依今人看來，「不分行」者，其散文之謂乎？所以金隄的演示計中有計，是譯上加譯的銳見與智取。古詩十九首以降，五言詩多半以明快為其節奏特色，語意簡明，例如「青青河畔草，鬱鬱園中柳」，又如「孔雀東南飛，五里一徘徊」[28]。這裡面有倒裝，有對偶，有疊字，但我們出常之感不強，因為古代漢語沒有確定不可

27　舉例言之，同體稍前有「突見島西天，閃電刺人眼」兩句(頁809)，第一句中的「島」
　　字就是由原文的"Ireland"壓縮轉喻而來的。這一句的結構，頗似唐人薛昭蘊〈女冠子〉
　　中「去住島經三」一句。此句見趙崇祚編，《花間集》(臺北：世界書局，1962)，頁17。
28　見劉萬章輯注，《古詩選》(廣州：開明書店，1922)，頁1b及39b。

變的語法秩序，依稀有若早期拉丁文的結構形貌。所以像「悲往腹中沉」一類
的句子，其實也算是成功的埃體仿作。所差者，其句意似乎比上引原文清楚太
多，拗口之感已不復。造成這種情況，主因有二：一為金隄依賴古詩的程度更
甚於短句型騷體，二為"gramful"這種「古意盎然」的字眼，他的譯文用得有
限。喬作引經據典，故作古奧[29]，金譯則似乎太受新文學運動以來胡適一類「八
不」主義的影響。

　　談到這裡，我知道我幾近吹毛求疵，頗有請金隄效章太炎(1869-1936)晚年
用字之嫌，何況尋常人遇到這幾段可能一體到底，換也不換！可是金隄有心求
全[30]，他的《尤利西斯》更如「原作」，是獨力成書，個人擬仿，所以意義迥
異。因此之故，在總結本文之前，我想再加上一點個人的偏見：埃爾弗里克體
的中文擬作雖然一眼可辨，接下一段，可惜就和金隄前譯之體式難分，而這一
段偏偏跳過近四百年的時間，一闖就闖進15世紀中古英文名劇《凡人》
(Everyman)裡去。照布雷米爾士的說法，這一段《凡人》仿作，旨在「奧大夫」
噩耗所傳遞的年命無住之感[31]，是以一下筆就是——

> Therefore, everyman, look to that last end that is thy death and the dust
> that gripeth on every man that is born of woman for as he came naked
> forth from his mother's womb so naked shall he wend him at the last for
> to go as he came. (p. 830/831)

這一句話應該有其《聖經》上的根源(尤其是〈創世記〉3：19)，如假包換卻是
《凡人》劇首神使(Messenger)和部分死神(Death)劇詞的改編[32]。金譯如次：「因

29　Cf. Weldon Thornton, "The Allusive Method in *Ulysses*," in Thomas F. Staley and Bernard
　　Benstock, eds., *Approaches to Ulysses: Ten Essays* (Pittsburgh: University of Pittsburgh
　　Press, 1970), pp. 235-248.

30　參見黃梅，〈《尤利西斯》自遠方來〉，載《讀書》4(1995)：93-96；Kun-liang Chuang, "Review
　　of *Ulysses*, translated by Jin Di," *James Joyce Quarterly* 32/3-4 (Spring and Summer 1995):
　　761-765；自立，〈徐志摩讀喬伊斯〉，載《經濟日報》，國際副刊(1996年2月20日)。

31　Cf. Blamiers, *The New Bloomsday Book*, p. 140.

32　David Bevington, ed., *Medieval Drama* (Boston: Houghton Mifflin, 1975), pp. 940-942.

此，人人均應明鑑，汝至最終死時，惟有塵土附身，一切由女人所生之人，出娘胎時赤條條，最終去時亦必同惟赤條條也。」（金譯：810）

金譯四平八穩，顯而易見。但恕我眼拙，始終都看不出和下引仿拉丁體又有何差別可言：「一切正直公民，均應以教誨同胞為己任，……方能起而伸張正義，譴責任何將神意置於湮沒遺忘境地之企圖。」（金譯：808）

我承認仿《凡人》的這段中古英文不易譯得「得體」，除非譯者開筆即「設定」某種「史前英文」的中文對應體，極力與之區別，否則在「文宗兩漢」，甚至是以先秦為尚的文言書寫傳統中，想要找出匹配得宜的體裁，甚難。儘管如此，我倒覺得原作既為劇詞變化而來，用中國古劇劇文鬆散以對，似乎也不是個壞主意。問題是：《九歌》雖有戲劇成分，所謂「中國古劇」頂多卻只見於漢唐戲弄，如參軍與代面等等，傳世者非僅斷卷殘篇；說其體也，反又接近詩詞與散曲。宋、金院本與諸宮調當然成熟了許多，不失為選擇的對象，但若棄曲而就詞，「中世紀」的元雜劇似乎才比較接近眼前的英文散體。這倒好，因為元曲也和喬伊斯的選擇一樣，和古詩最早的體式間已有年隔。英國文學全史迄今不超過一千二百寒暑：他們四百年，中國文學發展已千年。其次，今天常見的元代曲文其實有明人刪削的痕跡，也是某種「改編」，時間就在《凡人》演出後百來歲的光景，和這段「編」自戲文的小說，恰可桴鼓相應。下面我獻個醜，把上引金譯「戲編」為仿元曲的戲詞，看看體調的區別是否較顯：「因此上，人人均應明鑑大限來時土附身，出娘胎啊精光光，女人所生者，化作北邙鄉人來去也赤條條。」

《凡人》乃宗教勸世的道德劇，頗受北歐天主教改革運動的影響。不過，不論是金隄的「仿譯」，或是我的第三度「戲翻」，其實頂多帶有那麼一絲絲釋與道的味道，好似在聽馬致遠（1250-1321）《三醉岳陽樓》等道化劇一般，天主教色彩幾乎緣木求魚，而斯蒂芬更有如從「中國文學」而非「英國文學」在汲取成長的教育養分一般！

仿中國古體以就喬伊斯之戲仿英國古文，就會碰上類似的「翻譯」盲點。這是文體與文化認識間的互動所造成的惡果，已經非關語意清晰與否，有如我們讀到《尚書》或《詩經》中的「上帝」，不會像明末耶穌會士附會到《聖經》

裡去；讀到唐代景教經籍中的「法王」或「世尊」，除非是對經卷背景有特殊的了解，否則也難以聯想到這裡指的是「耶穌」或基督教獨一無二的真「神」。明乎此，我不得不接回文前的討論，且試著再問一句：翻譯是否可能，又可能「再現」得了原著的文體精神嗎？

嚴格說來，翻譯的可能與否全看我們定義的寬嚴或要求的多寡而定。但從上文的淺析看來，理想懸得再高，應該也不會有人以為翻譯可如印章印出原著。所涉若兼及字義以外的文體問題，那就更像譯者文采的演練，原著神髓充其量只是參考上的指導原則。我們說元曲曲文可以再現中世紀的英國戲劇，那不過是自我假設，元曲當然不是中世紀或伊莉莎白時代的英國戲劇。職是之故，文體翻譯的結果常常非關原著，最為交關者，反而是譯者所出的文學源流，係其譯作所擬介入的文字傳統。這種「翻轉」，中國古代譯經僧體之已深，《翻譯名義集》的編次者法雲(1088-1158)便曾在是書書序說過：譯者，猶言「易」也[33]。這個籠統之見，上承近千年梵典漢譯的心得，下開今日西人如德希達(Jaques Derrida, 1930-2004)等人的見解：譯者，「變」(transformation)也[34]。

諷刺的是，這個教訓得來不易，每每在遇到盲點後，我們才能冰鑑洞悉，更常以犧牲傳統真理為代價。犧牲的真理是什麼？是作者才是譯作主體的──在我看來是──「過分」謙卑之見。

喬伊斯拉起九條文體金繩，織成一匹小說新錦，把古今英國大家盡攬袖中。這個批評定見是金隄第十四章的立足境，拙文對金隄的討論也循此發展。金隄當然是文體上的孫悟空，以中文七十二變在轉化喬伊斯，而我一時間也頗似變色龍，隨著金隄或喬伊斯的變化在轉變文體的評論顏色或標準。在某種意義上，我們都視〈太陽神牛〉為喬伊斯御筆欽定，是班雅明(Walter Benjamin, 1892-1940)所嘲諷的「聖經」(the sacred text)[35]。但深一層思索，如其如此，則金隄必然不敢譯，而我理當也不該談，蓋只要下筆翻轉，文字便墮惡趣，某種程度的脫落與不信是必然，而這一切豈非都是語言文字的褻瀆？話說回來，「前

---

33 原文為「譯之言易也」，見羅新璋編，《翻譯論集》（北京：商務印書館，1984），頁51。
34 Derrida, *The Ear of the Other*, trans. Kamuf, p. 95.
35 Cf. Derrida, *The Ear of the Other*, trans. Kamuf, p. 123.

巴別塔的時代」已經一去不返，即使《聖經》也有兩千年的譯史，喬伊斯又何
獨能倖免於譯者的「挪轉」（appropriation）？既然如此，我們何不敞開心胸，面
對現實，再效德希達說一句：「翻譯不是次等工作，也不是某原文或某原典的
衍生物。」[36] 譯者反而有其自主性，是所譯或所寫的主體。原文的意義和體
調更非一成不變，而是個有機體，會隨時空生長，會由作者延展到身兼讀者和
銘刻者的譯家身上去。

　　文藝復興時代的歐洲人視希臘神話裡的普洛透斯（Proteus）為翻譯之神，原
因不僅在海神的這位助手像孫悟空，會挪移變化的神通，還因為他的神性「含
納了自然之神潘（Pan）在內。這也就是說，除非普洛透斯幻形化身，否則自然
的種種『奧妙』都難以呈現」。所以，譯家在讀或寫的過程中，不應滿足於原
文的「重複」（redundancy）[37]，不可像曹雪芹（1715-1763）或高鶚（c. 1738-c. 1815）
所說的「刻舟求劍」或「膠柱鼓瑟」[38]，反而應該巧手施為，以「增麗」或「豐
富」（abundance）原文的詮解為己任[39]。庶幾讀者才不會為「假相」所累，才能
從譯文受益，甚而躐等而不以真假為意，把譯作視同「第二原本」來解讀。

　　知識與翻譯的發展果然可以臻此化境，則上文所談應該是金隄銘刻的《尤
利西斯》，不是喬伊斯用英文寫的那一本[40]。

36　Jacques Derrida, "Letter to a Japanese Friend," in Peggy Kamuf, ed., *A Derrida Reader: Between the Blinds* (New York: Columbia University Press, 1991), p. 275.

37　Cf. Derrida,, *The Ear of the Other*, trans. Kamuf, pp. 122 and 138.

38　〔清〕曹雪芹撰，饒彬校訂，《紅樓夢》（台此：三民書局，1990），頁1061。

39　Cf. Jacques Derrida, Peggy Kamuf, trans., *The Ear of the Other*, pp. 122 and138.

40　Cf. Sher-shiueh Li, "'Proteus' Revisited: A Critical Note on the Stylistics of Jin Di's Chinese *Ulysses*," *James Joyce Quarterly* 36/2 (Winter, 1999): 262-269.

西秦飲渭水，東洛薦河圖
——我所知道的「龍」字歐譯的始末

　　中文「龍」字應該如何英譯，是沿襲舊例譯為"dragon"，抑或可另作他說？這個問題易問難答，學術與政治兩界都曾為之困擾不已[1]，幾年來也常在我腦海裡打轉，還曾鼓勵學生以此為題撰寫學位論文[2]。坦白說，問題的答案我迄今仍無，但其中的譯事糾葛並非始自今日，我則略知一二。道光五年(1825)，美國商人韓特(William C. Hunter, 1812-1891)履華，一住四十載，歸後著有《雜記舊中國》(*Bits of Old China*)一書，龍就是他議論的對象之一。韓特道：中國

---

[1] 西元2006年，北京當局為免兩年後奧林匹克運動會期間外人誤解，曾責成上海某大學研究龍字英譯的方式。消息公布以後，網路上沸沸揚揚，各種建議紛至沓來，莫衷一是。北京最後放棄以龍為國家圖騰或吉祥物的傳統做法，改以「祥雲獻瑞」入替。上述參見《中國擬換圖騰，不當龍的傳人》，載《中國時報》，A13版(2006年12月5日)；另參見《北京奧運》(網址：http://multitude.marlito.com/archiver/?tid-116.html，檢索日期：2009年3月2日)。北京當時的顧慮，不是無端為之，而是有其歷史背景。下文探討龍和dragon互譯成風的過程，而如此譯法在東、西方習以為常之後，至少到了十九世紀，政治上的惡果就出現了，而且變成西方主體和中國他者的對照性寓言，還曾在鴉片戰爭前後，令下文談到的聖喬治屠龍這個西方宗教與文學母題，化為英國報刊上兩國關係的卡通化模擬：聖喬治乃英國的護國聖人，1860年12月22日，英國《笨拙》或《潘趣》雜誌(*Punch*)刊出的一幅漫畫裡，即以他代表大英帝國，再令dragon或所謂「龍」代表大清或中國這個古老的「邪惡帝國」。聖喬治屠龍此一宗教常譚經此傳釋，在漫畫中遂轉寓英國對中國只能以屠殺待之之意，而且訊息顯然。從另一角度看，此一「聖喬治屠龍」的文化套式，根本就是翻譯訛誤造成的政治惡果，也是文化翻譯上的當頭棒喝。此外，聖喬治屠龍在天主教史與西方文學史上都神聖無比，而上述模擬在史上首開先例，在其前後的鴉片戰爭或清末民初各場中西戰爭當然也就跟著合理化了，甚至通變得有如天主教史上的十字軍東征一般神聖。《潘趣》此一文化翻譯的例子所隱含的強烈的東方主義(orientalism)，論之最有見地者乃Zhijian Tao, *Drawing the Dragon: Western European Reinvention of China* (Bern: Peter Lang, 2009), pp. 184-186。

[2] 參見林虹秀，《龍之英譯初探》，天主教輔仁大學翻譯研究所碩士論文(2007年7月)。

龍有五爪者乃祥瑞之兆,係皇室的象徵,縱為高官也不得擅用;即使不得已而為之,也只能易以四爪者。中國人向來又有「真命天子」之說:從劉邦以來,這個概念每和龍結為一體,因此種下「居龍脈者理天下」這個迄今猶存的民俗觀念,每令凡夫以生子肖龍為尚[3]。蒙古人入主中原,皇室和龍的文化媾合益深,遂將黃袍龍飾分為五爪與四爪兩種,君臣使用之別森嚴。此一情形,明代稍見廢弛,但縱為明人,也不曾因鬆動而使龍飾流於濫用——雖則入清後劉廷璣(fl. 1677-1715)改稱四爪為蟒,五爪為龍,而且認為時人已無復曩昔分飾之嚴[4]。韓特在華既久,細比詳對下當然也知道中國龍乃神獸靈類,係祥瑞之兆,和西方龍或dragon的外觀內涵大相徑庭,也大異其趣,不可混為一談,何況後者還是罪惡的化身,又是基督宗教認定的魔鬼,怎能魚目混珠?

韓特所處的19世紀,龍和"dragon"的互換早成翻譯常態,復因清室在同治年間開始以龍紋為國旗,而令西方知者大增,所以問題的問者益覂。然而遠在韓特之前,相關問題反有不少入華西人一問再問。且舉明季耶穌會士為例一談。1583年,利瑪竇(Matteo Ricci, 1552-1610)及羅明堅(Michele Ruggieri, 1543-1607)進入中國,他們為傳教故而不能不接觸中國文化。龍的意象龐然,利、羅及往後的耶穌會士當然得加正視,要如何歐譯就曾困擾過他們。雖然在基督宗教的《新約》中,英文所謂dragon早已可見,但此一動物是否就是中國人所稱之龍,明室易鼎前夕,艾儒略(Giulio Aleni, 1582-1649)疑竇已啟。思宗崇禎年間,艾氏入閩敷教,十一年七月(1638年8月)五日,有中國信徒以「雨由龍致」的傳說就教於他,而艾氏信口反問的卻是龍的真實性:「中邦之龍可得而見乎?抑徒出之載籍傳聞也?」這位名喚李九標(字其香,歿於1647年左右)的信徒答得老實,內容不言可喻:「載而傳者多,若目則未之見也。」[5]

---

3 劉邦母「劉媼嘗息大澤之陂,夢與神遇。是時雷電晦冥」,劉父「往觀,則見紋龍於其上。已有身,遂產高祖」。見司馬遷,《史記》(北京:中華書局,1969)卷8〈高祖本紀第八〉,頁341。另請參較劉志雄、楊靜榮,《龍與中國文化》(北京:人民出版社,1996),頁273-280。

4 參見〔明〕沈德符,《萬曆野獲編》(北京:中華書局,1997),頁20-21;〔清〕劉廷璣,《在園雜志》(北京:中華書局,2005),頁15-16。另請參較劉志雄、楊靜榮,《龍與中國文化》,頁280-286。

5 見〔明〕李九標記,《口鐸日抄》,載鐘鳴旦(Nicholas Standaert)、杜鼎克(Adrian Dudink)

　　「載而傳者多」一句幾乎不用多論，蓋中國墳典確實不乏龍的記載，不但《易》、《詩》與《書》中常見，而且，從遠古龜甲亦可窺得蹤跡[6]。不過，龍和麒麟一樣，都是傳說或根本就是神話動物，李九標或在他之前的中國古人哪曾見過？龍那似蟒而又複雜過之的形體，十之八九乃先民想像形成，再於有唐一代，經佛教增麗，從而在帝王的聯繫外，又變成民族與國家的圖騰[7]。這裡「似蟒而又複雜過之」一語，我乃簡略其說，蓋中華文化中人沒有不知龍為鱗介，識見高過我者比比皆是，豈容我浪言多談？艾儒略和李九標的對答見於明末刊刻的《口鐸日抄》，可知艾氏壓根兒不信世之有龍，而我們可以確定而為之再詳的是：龍乃中國文化特有，西方傳統並無是類動物。這個觀察，在艾儒略之前——詳細一點說，是在明嘉靖三十五年(1556)——另有歐人業已提示。該年葡萄牙多明我會士克魯士(Gaspar da Cruz, 1520-1570)往遊廣州，探訪中外商業貿易活動[8]，不數年著有通譯為《中國志》(*Tractado em que se côtam muito por estêso as cousas da China,* 1570)的介紹性書籍一本，其中也提到前及韓特所謂皇室象徵，但朝中要員每用金線繡在官服上的龍紋，克魯士反名之為「蛇形記號」，並稱這類紋形是時還曾外銷葡國，大多繳交教堂以為裝飾。《中國志》所謂「蛇形記號」的葡文原文為何，我尚未覓得，不過，此書中譯本的譯者何高濟提到這部分時，有注曰：「也就是龍。」[9] 易言之，克魯士此地所用或為葡文"serpens"，不會是歐人指龍的另字。我們再易而言之，對克魯士來說，明代皇袍與高官官服上的龍紋不能因形應聲，以歐洲魔物之類似者搪塞。我們所

(續)———————————————————————————

編，《耶穌會羅馬檔案館明清天主教文獻》(12冊。臺北：臺北利氏學社，2002)，7：551-552。本注注尾冒號前之數字指冊數，其後者指頁碼。下引套書之注法，同。

6　龍從甲骨文以迄近代各種文字或圖貌演化，請參較楚戈(袁德星)，《龍史》(臺北：楚戈自印，2009)，頁14-735。

7　參見范利，《龍王信仰探秘》(臺北：東大圖書公司，2003)，頁23-77。

8　參見李慶新，〈貿易、移殖與文化交流：15-17世紀廣東人與越南〉(網址：http://www.lib.cuhk.edu.hk/conference/occ/liqingxin.pdf，檢索日期：2007年8月2日)，頁12。

9　克魯士，《中國志》，見C.R.博克舍編注、何濟高譯，《十六世紀中國南部行記》(北京：中華書局，1990)，頁108-109。《中國志》的葡文原文，除見 *História e Antologia da Literatura Portuguesa–Século XVI –Literatura de Viagens –II–Fundação Calouste Gulbenkian* (Boletim nº 23, Dezembro de 2002)之外，下面網站亦收之，唯其為重排後的節本：http://carreiradaindia. net/2007/05/tratado-das-cousas-da-china-frei-gaspar-da-cruz/tratado-das- cousas-da-china-vii/。

得，故為一極具歷史與翻譯意義的蛇字。

如果可以不計歐洲中世紀一些真偽難辨的著作[10]，克魯士的《中國志》可能是首部綜論震旦古國的歐洲專書。克氏在廣州實則僅留數月，所寫部分據傳抄自比他更早入華的葡人伯來拉(Galeote Pereira, fl. 1534-1562)的中國見聞。在麻六甲與廣東外海的上川島上，伯來拉曾兩度接觸天主教東方使徒沙勿略(St. François Xavier, 1506-1552)。1548年左右，他進入華南後，像沙氏以「遠夷」之故不得詣華一樣，因「擅入」之罪而身繫囹圄，直到1552年才獲釋西返[11]。《中國志》中所謂「蛇形記號」一說，不論是克魯士或他所蹈襲的伯來拉，要之，都早於艾儒略，甚至比利瑪竇與羅明堅等人對龍的看法還要早。最重要的一點，當然是其中顯示兩人深知歐龍與華龍確實有別，故而著作中不敢令龍蛇雜處。無獨有偶，在1322至1328年間，也就是比馬可波羅(Marco Polo, 1254-1364)東來稍晚一甲子左右，天主教另有方濟會士鄂多立克(Odoric of Friuli, *c.* 1286-1331)抵達了汗八里。他歸後口述的《鄂多立克東遊錄》(*The Journal of Friar Odoric*)曾細寫所見道：元英宗與泰定帝兩朝宮廷華麗雄壯，正殿「中央有一尊大甕」，「四周悉以金繞之，四角亦各塑有一蟒，作兇猛搏擊狀」。這四條蟒蛇，我所見英譯本均作"serpent"[12]，拉丁原文和葡文一樣，亦為"serpens"，而這當然就是龍。蒙古人初則有自己在草原上的宗教，南下定鼎中原後，卻縱之雜糅中國傳統，使佛、道兩教的思想與科儀融入其中。龍乃兩教神物，並現元宮，極其自然。話說回來，我們由此一漢化的蒙古龍也可揣知，鄂多立克——或在病榻邊為其筆受的歐人——大概在歐文中難以覓得龍的對應字，故而懵懂下乃以蛇代之；或是他們僅知龍為神物，但與歐龍不同，故而不敢也難以拉丁文的"dracō"或其複數形式"draconis"錄下傳世[13]。

---

10 例見下文述及安科納的雅各布及馬可波羅的著作。

11 克魯士與伯來拉的傳記性研究，參見伯來拉、克魯士等著，何濟高譯，《南明行紀》(北京：中國工人出版社，1999)，頁1-62。

12 *The Journal of Friar Odoric*, in Manuel Komroff, ed., *Contemporaries of Marco Polo* (New York: Dorset Press, 1989), p. 237.

13 《鄂多立克東遊錄》有各種歐洲俗語抄本，但主要版本仍為法國國家圖書館庋藏的拉丁文本。該書應非信口雌黃的偽書，蓋所云上都宮中之龍，元人筆記亦可證之：元廷正殿之中，有「木質銀裏漆甕一，金雲龍蜿繞之」——此一敘述見〔明〕陶宗儀

職是之故，《口鐸日抄》中艾儒略代歐人二答李九標時，所謂「中邦之言龍也，謂其能屈伸變化，詫為神物。敝邦向無斯說，故不敢妄對耳」一句，就不是信口開河，妄加比較，而是在歐龍、華龍有別的基礎上發展出來的慎答之詞。就龍的翻譯史言之，意義自然比克魯士或鄂多立克更深[14]。明季的耶穌會士既有此見，時序入清，同為耶穌會士的馬若瑟(Joseph de Prémare, 1666-1736)，難怪也只好把《周易・乾卦》中的「龍」字以法文音譯為"Long"[15]。當然，艾儒略或馬若瑟的否定我們今天聽來或許奇甚，甚至左違了克魯士與伯來拉的先見，因為從當今英漢字典的角度看，"dragon"不就是時常可見的「龍」的對譯，而類似李九標話中「龍王致雨」或「龍麟蓄水」一類舊說，我們也就不必信以為真了？

是的，不必，而且艾儒略「奇甚」。即便「應龍化雨」等中國故譚[16]，艾儒略也不信，甬提天竺那伽(Nāga)信仰在中土與王權結合，使之擬人化了的佛教神話如八部天龍、七海龍王與五龍王等等[17]。梵典中《大集經》、《最勝經》

(續)————————————————

(1316-1403)，《輟耕錄》(2冊。北京：中華書局，1985)，2：298。這一條記載，我得悉自何濟高譯，《海屯行紀・鄂多立克東遊錄・沙哈魯遣使中國記》(北京：中華書局，1981)，頁74注1。但何譯以龍代蛇(頁73)，顯然是譯者擅改。拉丁原文見於第13章："De ciuitate Cambaleth," *The Journal of Friar Odoric* (*The iournall of Frier Odoricus, one of the order of the Minorites, concerning strange things which hee sawe among the Tarters of the East*; N.p.: eBooks@adelaide, 2006), in Richard Hakluyt collects and Edmund Goldsmid, F.R.H.S., ed., *Principal Navigations, Voyages, Traffiques and Discoveries of the English Nation*。網址：http://etext.library.adelaide.edu.au/h/hakluyt/voyages/，檢索日期：2007年8月8日。

14 參見〔明〕艾儒略譯，《聖夢歌》，見鐘鳴旦、杜鼎克編，《耶穌會羅馬檔案館明清天主教文獻》，6：447。其中有「炮鳳烹龍張宴會」一句，此詩雖譯自中古英詩拉丁詩*Visio Sancti Bernardi*(《聖伯爾納的異相》)，「炮鳳烹龍」四字卻非依字面而得，是原文的意譯或隱喻性翻譯。有關《聖夢歌》的原文與中譯問題，參見李奭學，《譯述：明末耶穌會翻譯文學論》(香港：中文大學出版社，2012)，頁311-364。

15 Joseph Henri De Prémare, *Vestiges des principaux dogmes chrétiens, tires des anciens livres chinois*, trans. Augustin Bonnetty and Paul Hubert Perny (LaVergne, TN: Nabu Press, 2010), p. 245.

16 中國龍種類不少，其中唯應龍有翼，稍近歐龍。《廣雅》曰：「有翼曰應龍。」見〔南朝・梁〕歐陽詢等輯，汪紹楹校，《藝文類聚》(上海：上海古籍出版社，1999)，2：1661。

17 關於那伽神話研究，見J. Ph. Vogel, *Indian Serpent-Lore or the Nāgas in Hindu Legend and Art* (Varanasi-5, India: Prithivi Prakashan, 1972)。

與《法華經》等深富龍王傳奇者，入華漢譯後，曾對道教造成巨大衝擊，所謂青、白、黑、赤與黃等五帝說所突顯的五方龍王，就是最好的例子。道士不止看佛經，繼而也曾傳寫各類龍王經，形成宗派內以龍為主的神獸信仰或神獸觀，對後世民間說部如《西遊記》影響頗鉅[18]。艾儒略乃基督徒，既難相信上述中國古說今譚，回李九標問雨時，當然也僅能以歐洲是時的氣象新知覆之。

艾儒略在耶穌會內另有前輩高一志(Alfonso Vagnoni, 1566-1640)，而高氏在破除中國人所謂「水龍柱」這類氣象神話時，也有類如艾儒略之舉，《空際格致》一書即曾三致其意。此書畢集高氏所知地理學、氣象學與天文學知識，力斥「祠龍祈雨」或「飛龍捲水」等俗譚之非，根本不信世上有龍。清初亦醫亦儒的王宏翰(1648-c. 1700)從之，也跟著駁斥下面我會提到的「黃帝抱弓乘龍上天而去」一事[19]。不過，可笑的是，前及劉廷璣《在園雜志》亦有「龍見」一條，書其在華北盱眙縣水道風雨中見有「四龍掛空中」，謂「最近者可一箭及之，然皆不露頭角。只見大水四股，倒流上天，如旱地之大旋風」。劉氏所睹分明是「水龍柱」，不見龍卻又稱之「龍見」「龍現」，疑神疑鬼，難怪前朝高一志非得堅持「龍不見」不可[20]。

當然，高一志本人也有其足堪反諷之處。首先，他雖不見龍，但翻譯時會權變使巧。1631年，高氏先以中文大致傳譯14世紀歐洲聖傳名著《聖傳金庫》（*Legenda aurea*），題為《天主聖教聖人行實》[21]，其中有聖人喜辣戀(St. Hilarion,

---

18　這方面的討論，詳見范利，《龍王信仰探秘》，頁23-77；以及劉志雄、楊靜榮，《龍與中國文化》，頁255-269。

19　參見〔明〕高一志，《空際格致》，見吳湘相編，《天主教東傳文獻三編》(6冊。臺北：臺灣學生書局，1984)，2：926-927。高氏曰：「地出之氣，不甚熱燥密厚，冲騰之際，忽遇寒雲，必退轉下方，乃其旋迴之間必致，點燃而成龍騰之象。又因其氣上升之首本清潔，其退回時點燃之象，猶龍吐火而旋下之尾。又為寒雲所逼，因細而蜿蜒猶龍尾。然俗以為真龍，謬矣。」此外，〔清〕王宏翰，《古今醫史》，見續修四庫全書編纂委員會編，《續修四庫全書》(上海：上海古籍出版社，1997)，1030：316-317中，王氏亦云：「飛龍雲中取水一端，……乃空中燥氣為寒雲所逼，有一線放下，而下面地上之濕氣得吸接之燥氣，直奔趨上」，故黃帝抱弓乘龍望天而去之事，「係後人好事者造作」，不可信也。另請參考祝平一，〈天學與歷史意識的變遷──王宏翰的《古今醫史》〉，見《中央研究院歷史語言研究所集刊》77.4(2006年12月)：604。

20　劉廷璣，《在園雜志》，頁157。

21　高一志述，《天主聖教聖人行實》(7卷。武林：超性堂，崇禎2年)。下引此書內文，卷

c. 291-*c.* 371)生平一篇，脫胎自聖熱落尼莫(St. Hieronymus或St. Jerome, *c.* 347-420)的《聖喜辣戀傳》(*Vita Sancti Hilarionis*, 390)。熱氏稱喜氏生前嘗遊至「〔大〕兒馬濟亞國」(Dalmatia)，其時國中有巨蟒(serpens)波阿斯(Boas)為害。這條巨蟒，熱氏一仍西方舊貫而以"dracō"稱之，高一志的中文本遂權變而譯之為「異形毒龍」(*draco mirae agnitudinis*)。《聖喜辣戀傳》裡，聖人確借基督之名降服了波阿斯，幾乎不費吹灰之力。有意思的是，《喜辣戀聖人行實》的譯文中，聖喜辣戀同時也用自己的名號收服了這條異形毒龍：聖人「令積聚乾薪，命龍自入薪，躬引火焚之」(5：26b)。波阿斯既伏誅，高一志同時也入鄉隨俗，在傳中用他自己都不相信的中國龍權譯那歐洲人眼中的邪物或魔物。我謂高氏「權譯」之，因為中國龍的傳統樣貌，他非常清楚[22]。高氏嘗合會友為利瑪竇續修《西國紀法》[23]，曾以十字為廣資程式，教人由空間概念記憶中文「辰」字，顯示華龍長相他毫不陌生：辰字者，「一龍角端日旮」是也。

在歐洲，龍之為物也，最早未必有角，更難覓得形如中國龍的鹿角。就外形觀之，歐龍有地域之別，但通體而言，都是印歐神話這條文化之河的沖積物。屠龍乃歐人處理歐龍常見的故事形態之一，而其情節模式大多便出自《梨俱吠陀》(*Rig-Veda*)等印度古典。《梨俱吠陀》中的惡龍弗栗多(Vrtra)曾為人追捕獵狩。在歐洲，此一故事的敘述結構，一可見於希臘人處理泰豐(Typhon)神話或怪獸喀邁拉(Chimaira)之死，二可見於羅馬人如奧維德(Ovid, 43 BCE-17 AD)筆下阿波羅屠殺皮同(Python)的敘寫。然而，嚴格說來，上述三種神話動物都非

(續)————

數及頁碼均出自此一版本。

22 有關高一志，我可再舉一例。所譯《天主聖教聖人行實》的聖瑪竇(St. Matthew the Apostle)傳中，宗徒瑪竇在耶穌升天後第八年到了厄弟阿彼亞(案即埃塞俄比亞)某郡傳道，時「闔城中有二巫，襲托魔術，逆道害民」，而這二巫的看家本領就是「用咒召魔，使其造引蝮蛇，以驚愚民」(1：46a)。《天主聖教聖人行實》此地所稱之「蝮蛇」(agkistrodon)，在原文中實乃二"draconibus"，現代人可能會用「龍」字中譯之，但高一志卻不作此圖，可見他了解龍和"dracō"類非同一。另請參見Jocobi á Voragine, *Legenda aurea*, ed., Th. Graesse (Leipzig: Impensis Librariae Arnoldianae, 1846), p. 623. 蝮蛇分布於美洲，因口中有「毒牙」(odon)如「勾」(agkistro)而得名。蝮蛇頭部又有大塊鱗片，如中國龍身所附者，故高一志可能也因此在沒有dracō的中文對等詞的情況下，勉強譯之為蝮蛇。見高氏譯述，《天主聖教聖人行實》，1：46a。

23 〔明〕利瑪竇撰、高一志刪潤，《西國紀法》，見吳湘相編，《天主教東傳文獻》(臺北：臺灣學生書局，1982)，頁66。

龍屬。信史可徵的歐人的第一條龍，我們恐怕得俟諸傑生(Jason)追尋金羊毛的傳說。希臘古史分有英雄時期，傑生便是其時偉岸的神人之一。他率眾尋找金羊毛時，《阿爾戈英雄紀》(*Argonautica*)謂曾出現過一條「愛奧尼亞之龍」，而這位希臘英雄也必須通過忠心看守金羊毛的一條不眠巨龍——也有現代神話學者寧可稱之為巨蟒(serpent)——的考驗[24]，方能達成任務。同一神話在歐里庇得斯(Euripides, *c.* 480-406 BCE)的名劇《米蒂亞》(*Medea*)中發揮得更為深刻，令人動容：米蒂亞遭傑生遺棄後，為報仇雪恨，手刃自己兩個親生兒子，人神同悲。不過，米蒂亞因為是太陽神赫利俄斯(Helios)的孫女，歐里庇得斯在劇尾乃安排了一條確可名之為 "drákōn" 的黑龍，令其拖著祖父所賜戰車破空而去，也帶她跳出人世的無常與無情[25]。對米蒂亞來說，這條希臘古龍絕非惡龍，而是救命恩龍，和看守金羊毛的龍俱寓天命神意。

中國人好談地理風水，關乎龍者，素有「龍穴」之說。歐洲龍亦有似是而非的特徵，著名者幾乎每一條都有自己的洞穴，每位於淵林澤畔，而且常像傑生所屠之龍，其穴內藏寶物，就由自己看守。這點並非希臘文化獨有，亦見於深受北歐神話影響的中世紀英國。其時有某格言詩用古英文吟唱，而所唱者有以下兩句可為上文佐證：

    …. Draca sceal on hlewe Frod,

    frætwum wlanc.

    龍居於澤穴護寶，

---

24 Apollonius Rhodius, R. C. Seaton, trans., *Argonautica* (Cambridge: Harvard University Press, 1998), pp. 274 and 302. Also see Edith Hamilton, *Mythology* (Boston: Little, Brown, and Company, 1969), p. 126.

25 這條黑龍的身影，在希臘原文中僅可稱「隱含」，不過米蒂亞在劇尾即將破空而去之時，其形象卻可體得一二。Cf. Arthur S. Way, trans., *Euripides IV* (Cambridge: Harvard University Press, 1980), pp. 392-393. 不過，若參考此劇的英語名譯，則黑龍的意象就顯然可見了：Rex Warner, trans., *The Medea*, in David Greene and Richmond Lattimore, eds., *Euripides I* (Chicago: University of Chicago Press, 1955), pp. 104-106. 相關之精論，另見 Daniel Ogden, *Drakōn: Dragon Myth and Serpent Cult in the Greek and Roman Worlds* (Oxford: Oxford University Press, 2013), pp. 198-206.

榮此而智有壽考[26]。

這兩句詩以龍為主詞，呼之為draca，和古斯堪的那維亞語(Old Norse)中的dreki 都是由希臘與拉丁系統轉成，因此也像傑生與米蒂亞傳奇中的卡爾基斯之龍或 太陽神之龍一樣是善獸：忠心護寶，甚至代表智慧[27]。

龍可護寶，希羅多德(Herodotus, *c.* 490-*c.* 425 BCE)的《歷史》(*The History*) 早已言之鑿鑿。他也談過一種有翼之蛇，其類似龍。羅馬人老蒲林尼(Pliny the Elder, 23-79)的《博物志》(*Historia naturalis*)又稱印度有龍，身長軀碩，每可置 巨象於死。凡此上古龍的傳說，最後都經塞維利亞的伊西多爾(Isidore of Seville, *c.* 560-636)收納，構成其《語源學》(*Etymologica*)中「巨龍」(draco maior)一詞 的論述基礎。伊希朵稱龍穴炙熱如火，龍頭有冠而其嘴細，時常猖猖然吐舌， 可如巨鵠般「一飛沖天」(*in aerum*)[28]。中國人固然也講「飛龍在天」與「潛龍 勿用」，不過《易》卦之說並非寫實，毋寧說是農業社會節氣時令的隱喻，比 擬的多屬工具性的內涵[29]。伊西多爾的《語源學》乃歐洲上古末期的知識寶庫， 印歐神話中龍的形象幾乎糾集其中。到了8世紀左右，《盎格魯-撒克遜編年史》 (*Anglo-Saxon Chronicle*)裡又有「空際明爍，火龍飛天」的記載[30]。紀年中的火 龍，或許寫來比喻彗星等天文奇景，然而學者咸信這個名詞形成之後，「火龍

---

26 "Maxim II," in Elliott van Kirk Dobbie, ed., *The Anglo-Saxon Minor Poems* (New York: Columbia University Press, 1942), 26a-27b. Also cf. David Williams, *Cain and Beowulf: A Study in Secular Allegory* (Toronto: University of Toronto Press, 1982), p. 64.

27 斯堪的那維亞及其他北歐地區，另有較罕受到古希臘與羅馬影響的薩迦故事(saga)與史 詩等。這些著作除了是英、德兩國文學、文化的濫觴外，其中龍的歷史幾乎也自成一 格，如下幾部民族偉構尤然：*VǪlsunga saga*；*þiðreks saga af Bern*；*Beowulf*。相關討論 參見：Joyce Tally Linonarons, *The Medieval Dragon: The Nature of the Beast in Germanic Literature* (Enfield Lock: Hisarlik Press, 1998), pp. 49-92.

28 Isidore of Seville, *Etymologiarum Sive Originum*, ed., W. M. Lindsay (Oxford: Clarendon Press, 1911), Book XII.

29 楚戈以為《周易》上關乎龍的這幾卦都是農業社會產物。這點我同意。但其所著《龍 史》以「龍」諧「農」(頁14-19)，故舉為農事，我則有所保留，因為此論必得待我們 證明得了上古之際，二字同音，方具意義。楚戈的意見，另見其文，〈龍的真相──回 應李奭學的大文〈龍的翻譯〉〉，載《聯合報》，E7版「聯合副刊」(2007年3月15日)。

30 C. Plummer, ed., *The Anglo-Saxon Chronicle* (Oxford: Oxford University Press, 1893), p. 76.

彌天而飛」的意象隨之在歐洲龍史中登場。火龍的形貌，學者以為亦出自《聖
經》，或因《聖經》影響形成[31]。《貝武爾夫》裡的龍鼻噴火焰，口吐火舌，尤
合《新約》所狀的地獄形貌：滿布硫磺，烈焰熊熊。

　　所以，天主教在歐洲興起後，歐龍的形象隨之生變。德國《尼貝龍根之歌》
(*Das Nibelungenlied*)裡齊格弗里德(Siegfried)，或英國與西班牙中古聖傳中聖喬
治(St. George)所屠之龍，其耳尖長如驢耳，便可能因《聖經》所狀撒殫(或撒
旦，Satan)面貌所致[32]，當然不是你我在東方佛寺道觀的柱梁上或壁畫中所見，
是翱翔於水天雲際的如蟒鱗介，其角崢嶸。在歐洲敍事文學裡，龍多半兩其翼
而身似蜥蜴，皮如鱷而長有鱗甲，吐火的同時，另可噴毒。若其有角，泰半亦
因〈若望默示錄〉故而近似魔鬼頭上的山羊之角，寓意早已由吉轉凶，和中國
龍不但有別，連品類都生差異。

　　再就字源看，除非我們視龍為蛇，或視龍如〈約伯傳〉率先提到的巨靈利
未坦(利維坦；Leviathan)等怪獸(例見Job 3: 8, 26: 13, 41: 1-34; Ps.74: 13-14, 104:
26)，否則，我們幾可鐵口直斷：希伯來文中絕無英文"dragon"的對應詞。後
者所源，我們還得由小亞細亞踅回巴爾幹半島，在希臘文化中尋尋覓覓，而其
始也，居然還不得以《新約》為繩墨，反得由希臘神話發端，和古典文學與宗
教上的關聯才屬論述正統。所以，嚴格說來，今日所稱歐龍，歷史上得遲至《新
約》集成，方才見重於世。而且不僅關乎〈若望默示錄〉中那脅迫據稱是瑪利
亞的古龍、古蛇、魔鬼或撒殫等邪惡的概念與力量(12: 1-13: 18)[33]，彼此在殊音
同義這個現象外，甚至也可視同對方，一體相連。我們熟悉的雅典全盛的紀元
前五世紀，希臘文化或神話中罕見《聖經》或今日西人所謂惡龍。

　　由是再看，"drákön"邪惡的今義，確實萌芽自猶太教與天主教傳統中的《創

31　Cf. Alan K. Brown, "The Firedrake in *Beowulf*," *Neophiologus* 64 (1980): 439-443; also see
　　Tally Linonarons, *The Medieval Dragon: The Nature of the Beast in Germanic Literature*, p.
　　15.

32　有關基督宗教中「龍」的形象變化，可參見Ogden, *Drakōn: Dragon Myth and Serpent Cult
　　in the Greek and Roman Worlds*, pp. 383-426.

33　〈若望默示錄〉未曾直指那古龍所逐之女的身分，僅稱其為孕育人子者。不過，4世紀
　　沙漠聖父之一伊皮凡尼烏斯(Epiphanius, *c.* 315-403)卻說這女子「應為」聖母瑪利亞，
　　參見Mary Ford-Grabowsky, ed., *Spiritual Writings on Mary Annotated and Explained*
　　(Woodstock: Skylight Paths, 2005), p. 42.

世記》，再經《新約》鑄出，然後化為拉丁音的"dracō"，終而演變成為現代各種歐語中龍的共同字根。從羅曼語到低地日爾曼語系，無一非屬如是。上述字根所成就的俗語，也因此而淹有義大利文的"drago"，西班牙文的"dragón"，葡萄牙文的"dragão"或德文的"Ḍrache"等等。法文龍的發音和英文不同，拼寫則如一。所謂"dragon"，即便不論古英文中的拉丁影響，抑且是英國龍的字源出處。"dragon"的異音因此萬系同源，其形貌容或有地域之別，但貶意則一，從天主教上古迄至文藝復興時期以還，莫非如此。

我們循線再返大明帝國。艾儒略在《口鐸日抄》中的體認可謂一語中的，深知中國龍自成一格，而從翻譯實務的角度看，艾氏言下也有中國龍根本不能以歐語說之之意。儘管如此，英語如今依然把龍譯成"dragon"，是何道理？我們振葉尋根，說來卻非英漢字典或漢英字典所造之孽。這筆「帳」如果可以暫且按下文本的真偽，我以為應先追溯到13世紀來華的安科納的雅各（Jacob d'Ancona）身上去，因為他寫過一本「所謂」迄今可見最早的歐語中國遊記《光明之城》（*The City of Light*）。雅各是猶太人，不過似乎世居義大利；他業商，但具有某種學者氣質。《光明之城》載，雅各在1271年左右抵達福建泉州，這年正是南宋度宗咸淳七年。所謂光明之城，指其時歐人稱為刺桐（Zaitun）的泉州，是時乃舉世吞吐量最大的海港。《光明之城》涉及龍的歐譯處頗類《西國記法》，不過無關干支，涉及的乃生肖。雅各的書據稱用中世紀托斯卡納語寫在紙面，間雜當時義大利其他方言及希伯來文、希臘文與拉丁文等。可惜擁有寫本的義大利原收藏家拒絕公佈，僅允許曾任芝加哥與牛津兩大學研究員的英人塞爾本（David Selbourne, 1937-）細讀，後者再以英文編譯成書[34]。雅各抵達泉州那年歲次屬羊，他筆下隨手提到的其他生肖裡，便有其循規蹈矩，以現代英文譯為dragon的靈類[35]。我在文前說過，"dragon"出自"drákön"和"dracō"，其他歐語龍字均為苗裔，故而雅各的原文雖「佚」，我們亦可從塞爾本所用英文推得該字若非希臘或拉丁原字，便是中世紀洎自同源的義大利各種方言或其格變

---

34 David Selbourne, "Introduction" to *The City of Light* (New York: Citadel Press, 2000), pp. 1-13.

35 Jacob d'Ancona, *The City of Light*, p. 124.

（declension）。

　　塞爾本所譯《光明之城》出版於2000年，其後雖有中國學者如李學勤等人力辯其實[36]，論者仍因寫本未見而疑其作偽，而且幾成定論。這種情形，1950年代以來，《馬可波羅行紀》也曾經歷，英國學者吳芳思（Frances Wood）質疑尤甚，蓋不僅馬可波羅之名《元史》闕載，其他證據也顯示他蒞華的可能性問題重重。吳氏開啟史檔，重審《馬可波羅行紀》後，刊有《馬可波羅到過中國嗎？》一書，所論迄今猶餘波蕩漾[37]。

　　這裡我之所以提到《馬可波羅行紀》，原因是此書在《光明之城》尚未出現之前，一直是史上公認的第一本歐人的中國遊記。蒙古西征，廣開歐亞交通，天主教士與義大利商人紛紛來華。他們西返後，頗留下一些記遊著作[38]。但由於《光明之城》問世，原本所以為的馬可波羅抵華的1275年遂落後四年，不得不讓雅各後來居上了。數世紀來公認的權威自此頹然，而且也吃上了作偽的學術與歷史官司。《馬可波羅行紀》最早可能用威尼斯或倫巴底（Lombard）的語言寫下，但「原文」早佚或根本闕如，目前可得最早的義大利文本，要待1563年才面世，而——是的——該版和上面我假設的《光明之城》一樣，都以"drago"（dragone/dragoni）譯龍，《馬可波羅行紀》中出現於形容元世祖忽必烈宮中的金銀繪飾的段落。這一點，有人業已詳予查證[39]，非我考悉，文前已及。不過既乏「原文」，那麼，在各種語言的文本的抄者瞎扯及真偽等問題的可能

36　參見李學勤，〈導讀〉，見雅各布‧德安科納著，楊民等譯，《光明之城》（臺北：臺灣商務印書館，2000），頁1-6。

37　Frances Wood, *Did Marco Polo Go to China?* (Boulder: Westview Press, 1996). Also see Jonatahn D. Spencer, *The Chan's Great Continent: China in Western Minds* (New York: W. W. Norton, 1998), chapter 2; Herbert Frank, "Sino-Western Contacts under the Mongol Empire," *Jouranl of Hong Kong Branch of the Royal Asiatic Society* 6 (1996): 49-72. 另見李守中，〈馬可波羅與長城〉，載《中央日報‧文教報》，「歷史長河」（2001年6月14日）。

38　這段經過，參見裕爾（Henry Yule）著，考迪埃（Henri Cordier）修訂，張緒山譯，《東域紀程錄叢》（昆明：雲南人民出版社，2002），頁122-131。

39　參見林虹秀，〈龍之英譯初探〉，頁23-24及84（附錄一）。簡便的《馬可波羅行紀》英譯有：Manuel Komroff, ed., *The Travels of Marco Polo〔the Venetian〕*, revised from Marsden's translation (New York: W. W. Norton, 1982). 當然，以馬可旅華據傳十七年看，後世論者可不會忽視這些元人宮中的龍飾。相關討論參見：Richard Humble, *Marco Polo* (New York: G.P. Putnam's Sons, 1975), pp. 120-121.

性外，我想我得再補充說明一點：如果我們慮及雅各和馬可波羅何以將龍誤為"drago"，則正如伊西多爾指出來的，歐人古來難分龍蛇，甚至常以龍為巨蟒之尤者[40]，而中國也同樣有龍出於蟒的舊說──唐宋以來還變本加厲，尤其不辨龍袍與蟒袍──可能是一大關鍵。形貌及說法拉近，道聽塗說者不察，馴至歷史指鹿為馬了。

當然，我們如果不作上述觀，非得以史有明徵、信實無疑為范圍，那麼，查起龍的翻譯這筆「帳」，我覺得我們仍得回到明末的耶穌會士去，而且要回到比艾儒略還早約30年入華的利瑪竇和羅明堅兩人去。

利、羅二公和艾儒略、高一志一樣，出身義大利。不過當其入華之時，葡萄牙帝國崛起業已有年，羅馬教會的保教權落在葡人手裡，耶穌會士自西徂東之前，每得到葡國高因伯大學(Coimbra University)進修，再從里斯本放洋東來。他們東至印度，北上日本布道，所賴多為葡人供給，船隻及安全考慮也都由帝國資助。葡文因此變成南歐各國入華耶穌會士「共同的語言」(lingua franca)[41]。利瑪竇和羅明堅當非例外，也都通曉。1583-1588年間，兩人在廣東肇慶傳教，為學中文並資來者，他們共編了一本字書，後人題為《葡漢辭典》。這本書實為殘稿，當時未刊，如今也僅見手稿，近年方才影印流傳。根據研究，此書編譯係由羅明堅主筆，利瑪竇助理。他們當時所慮並非義大利文，而是保教國所用的葡萄牙文。《葡漢辭典》先依字母順序臚列葡文字詞，繼之以基本上是義大利文系統的羅馬注音，最後才寫出漢字或其詞語的解釋。從語音史的角度看，若不論奧斯定會士16世紀中葉在菲律賓所編的閩南語詞匯表(已佚)，《葡漢辭典》可能是後世中文拉丁化最早的系統雛形，比利瑪竇自題《西字奇跡》的一本小書還可上推十年有餘。我們倘也不計前此可能偽作的《馬可波羅行紀》或其他真假參半的所謂遊記，則《葡漢辭典》應該是中文龍字在信史上最早的確切歐語說明。

40　Isidore of Seville, *Etymologiarum Sive Originum*, Book XII. 中國人的觀念參見歐陽詢等輯，汪紹楹校，《藝文類聚》，2：1661-1663(卷96鱗介部上龍)；以及劉志雄、楊靜榮，《龍與中國文化》，頁2。

41　Cf. Liam Matthew Brockey, *Journey to the East: The Jesuit Mission to China, 1579-1724* (Cambridge: Harvard University Press, 2007), p. 17.

　　利瑪竇晚年用義大利及葡萄牙文另行撰就《中國開教史》，其中第七章，三度顯示他深知龍(*dragoni*)在中國文化上的地位，也曉得係帝王及祥瑞的共同表徵。在這章稍前的第五章，他又暗示自己瞭解某些中國人或許受到佛教的影響，以為日蝕、月蝕係「某蛇」(*un serpente*)將日月吞噬使然[42]。然而就《葡漢辭典》編纂的1580年代而言，利瑪竇和羅明堅顯然都曾為龍的葡語說法困惑不已，甚至不知所措。字典中龍字出現兩字，亦即定義了兩次。第一次簡直無從下筆，可從當頁手跡特別混亂看出。利、羅二人當然找不出龍的葡文對等字，懵懂下只好從《韓非子‧說難》或許慎《說文解字》一類古籍，粗略將之歸於「蟲」(*bicho/bichinho*)屬，然後再如前此西班牙人門多薩《中華大帝國史》裡所述聽聞，加上蛇(*serpens*)字以為說明。最後形成的是一個複合字──「蟲蛇」或「似蛇之大蟲」(*bicha-serpens*)[43]，頗似中國北方，如北京或定縣方言中的說法[44]。這個名詞或字，當係辭書上歐人首次以歐語成就的中國龍的譯法。如此歐譯，在某一意義上表出利、羅二公亦如艾儒略，深知歐洲於中國龍之為物也，「向無斯說」，否則，他們不至於左支右絀，在傳譯上笨拙至此。話說回來，中國也有龍演化自巨蛇或蟒的舊說，何況二者形態確近，是以《葡漢辭典》二度定義時，乾脆單挑一字，就以葡文的蛇字"serpens"說之[45]。這就有趣，因為如此一來，譯法倒和利、羅二人信仰的《新約》一致，因為如前所述，〈若望默示錄〉在撒殫或魔鬼之外，也視蛇與龍為一體，故而詳載撒殫這條古蛇就是巨龍[46]。

42　Matteo Ricci, *Storia dell'Introduczione del Cristianesimo in Cina*, in Pasquale M., D'Elia, S. I., ed., *Fonti Ricci.*, 3 vols (Rome: La Libreria dello stato, 1942), 1:42, 80-81.

43　林虹秀，〈龍之英譯初探〉，頁35。《葡漢辭典》相關之處如下：Michele Ruggieri and Matteo Ricci, John W. Witek, S. J., ed., *Dicionário Português-Chinês* (Lisbon and San Francisco: Biblioteca Nacional Portugal, Instituto Português do Oriente, and Ricci Institute for Chinese-Western Cultural History, University of San Francisco, 2001), pp. 52a (mss part).

44　參見〔清〕賀清泰，《古新聖經》(上海徐家滙藏書樓藏清抄本)卷1〈化成之經〉，頁15。其中提及「蛇蟲」一詞。

45　Michele Ruggieri and Matteo Ricci, *Dicionário Português-Chinês*, p. 144b (mss part).

46　唐代景教文獻目前可見者，不曾以龍稱呼撒殫；《一神論》僅以惡魔或魔鬼名喚那「娑多那」。參見翁紹軍編著，《漢語景教文典詮釋》(香港：基督教文化研究所，1995)，頁130。

　　中國傳統向來蛟、龍並用，而蛟之為物也——請注意其部首係蟲——說來亦龍之屬，雖然另有文獻指出龍之無角者方可稱為蛟。有趣的是，《葡漢辭典》解釋蛟字，居然和今人譯龍一致，幾乎毫不遲疑就以"dragão"對之[47]，大有向"drákön"這條萬系之源傾斜的態勢。這種譯法或說明，當然也顯示利瑪竇和羅明堅自我矛盾，以不同葡文歐譯品類其實並無大異的中國神物。兩人當時之困惑，顯然！

　　林虹秀考察中國史上涉蛟的語句或故事，如《世說新語》裡的「周處除三害」，反而認為利瑪竇和羅明堅的聯想或譯法無誤，而且其來有自，因為蛟在中華文化中常帶負面印象。「義興水中有蛟」，並周處與一白額虎而有「三橫」之稱。周處「入水擊蛟」，浮沒十餘里，經三晝夜而殺之。這個故事後世述者甚多，而「蛟害」一詞遂告確立[48]。「蛟害」當然遠比「龍患」為多[49]，而龍中除了夔龍——試想白先勇《孽子》如何命那龍鳳戀中的「龍子」之名，而羅琳（J.K. Rowling, 1965-）《哈利波特》（*Harry Potter*）中的反派角色馬份（Malfoy）的第一個名字（first name）也是賤哥或惡龍（Draco）——之外，從古至今，多數卻是好龍，係祥瑞與豐年之兆，更是真命天子的本尊。由是觀之，龍在英、法文中均作"dragon"，似乎就和蛟字的負面聯想關係較大。就我所知，1588年迄利瑪竇完成《中國開教史》之前，義大利耶穌會士中會把dracō譯為龍者，亦唯利氏在耶穌會中的繼承人龍華民（Nicolas Longobardi, 1565-1655）而已。龍氏出身亦義大利，取龍為姓，乃諧其義文之姓"Longobado"的第一音節，至於華民的意義，我不必贅言多述。1602年左右，龍氏在廣東韶州中譯了聖若望達瑪瑟（St. John Damascene, *c*. 676-*c*. 754）的《聖若撒法始末》，而該書內五則重要的證道故事（*exemplum*）裡，有一則就出現了一條"dracō"。當時，龍華民入華業已多年，合以他取龍為姓而毫無梗介觀之，想來深知龍在中國多為吉物，更是權與威的絕對象徵。中譯《聖若撒法始末》時，龍氏因此小心翼翼，在《葡華字典》的中

47　Michele Ruggieri and Matteo Ricci, *Dicionário Português-Chinês*, p. 85b（mss part）.

48　林虹秀，〈龍之英譯初探〉，頁36-37。另見〔南朝·宋〕劉義慶撰，余嘉錫注，《世說新語箋疏》（臺北：華正書局，1989），頁627。

49　參見《藝文類聚》卷96取自《呂氏春秋》等書諸例，在歐陽詢等輯，汪紹楹校，《藝文類聚》，卷96鱗介部上蛟，2：1664。

文詞條外另添一字，使拉丁文"dracō"變成「毒龍」或「猛龍」，而《聖若撒法始末》裡這條龍「口中吐火，兩目炫耀」，果然邪物，正合乎英文或歐人概念中龍的傳統形象與文化內涵。蛟或龍字的歐譯或"dracō"的中譯，可能便因此而在信史上正式定調[50]。

在基督宗教尚未入華而英文的"dragon"亦未在華出現之前，上述情形的另一顯例是耶穌會士曾德昭(Alvaro Semmedo, 1585-1658)的譯法。曾氏，葡人也。1613年，他北上南京宣教，其後因教案故一度離華，隨之又潛返中國內地布道，22年後始離華返歐。揚帆西行返鄉的途中，曾德昭在印度臥亞(Goa)停留了一陣子，用葡萄牙文潛心完成《大中國志》一書，於中國事物無所不談，而涉及龍的言談除了有關龍袍的陳述外，另含史典。後者之所以出現，乃為解說〈大秦景教流行中國碑〉中所謂「龍鬚雖遠，弓劍可攀」一句。就宗教史而言，景教是天主教東方教會最早來華的一支，但現存的中譯景經中從未提過〈若望默示錄〉之龍，所以〈景教碑〉中這尾神物當然是條中國龍。唐代翼護景教的皇帝有五，上引兩句碑文隱喻他們雖已駕崩，但音容宛在，事功亦歷歷如在目前。〈景教碑〉的句子顯然典出《史記》，指〈封禪書〉中黃帝抱弓乘龍上天而去一事[51]，其中連龍的長相也略有刻畫。就語詞的譯史言之，《大中國志》較羅明堅、利瑪竇諸人應該往前又邁進了一步。此書寫成後未刊，逮及1642年，方見西班牙文譯本。如今葡文原本早已佚亡，但西文譯本仍存，所釋黃帝乘坐之龍，時借法文"dragon"一字表之，但在其他場合中，多數則用西班牙文"dragón"的複數形式"dragones"傳釋[52]。換句話說，對曾德昭或對他的西班牙文譯者而言，龍與蛟不僅不分，而且共為一體。在字源上，曾氏等所循當然又難脫"dracō"帶動的拉丁系統的影響。

耶穌會士東來的目的是傳揚天主教，這點他們成功的程度，可能反不如他

50　參見李奭學，《中國晚明與歐洲文學——明末耶穌會古典型證道故事考詮》（臺北：中央研究院及聯經出版公司，2005），頁393-398。

51　翁紹軍編著，《漢語景教文典詮釋》，頁60。《封禪書》相關之典見《史記》，2：1394。

52　Alvaro Semmedo, *Imperio de la China i la cultura evangelican en èl, por los religiosas de al Compañia de JESUS*（Madrid: Impresso por Iuan Sanchez, 1642）, pp. 57, 77, 98, and 100-101.

們寄回或攜回的中國思想在歐洲所發揮的影響[53]，龍的歐譯──依個人淺見──恐怕也是貢獻之一。17世紀結束以前，曾德昭的《大中國志》至少出現了四種歐語譯本，而最重要的是，在某種程度上，此書偕其他耶穌會士的著作，影響了約莫50年後風行一時的《中國圖說》(*China Illustrata*)。後書原名頗長，作者為德國耶穌會士基歇爾(Athanasius Kircher, 1602-1680)，而書寫語言則為拉丁文。在歐洲，基氏素有萬事通之稱，《中國圖說》不僅介紹了中國可見的各種飛禽走獸、奇花異木，同時也將上述〈景教碑〉的內容再譯一過，可想涉龍之處亦多。在一幅有關道教神祇的插畫中，基歇爾甚至有圖為證，就龍再予分說。不過有趣的是，龍的形貌，基氏似乎中西混用或予以並構。上述有圖為證的龍，乃是一條鱗蟒四爪的典型中國龍。但《中國圖說》此外另繪一張江西龍虎山上龍虎相鬥的插圖，其中的龍的長相則近乎兩其翼而身若蜥或鱷的歐洲龍。龍虎相鬥一圖，我疑其靈感除了山勢與地形外，或與明代盛行的丹道隱喻龍虎交媾有關[54]。《中國圖說》將華龍與歐龍混淆若此，顯示即使晚至17、18世紀，歐人猶如今天不懂中華文化的西方人士一般，對中國龍的概念依然模糊不清，僅知以"dracō"名之，而此字以貶義為主的文化意涵，當然也因此如影隨形，難以抹除[55]。翻譯與文化認識的關係，這裡可見一般。

　　基歇爾雖然指鹿為馬，但在歐洲東部，17、18世紀間，仍然有人對中國龍的認識正確。我指的乃羅馬尼亞人米列斯庫(N. Spataru Milescu, 1636-1708)。米氏著有《中國漫記》，其中的龍是條地道的中國龍。米氏素來以博學稱，通曉中東與歐洲古典語言多種，1675年還代表俄國出使中國。來年，他入宮觀見康熙皇帝，在觀察後對皇室表徵頗有心得。龍之為皇權也，米列斯庫所見便不容利瑪竇等耶穌會士專美於前，也不遑多讓近兩百年後的韓特。《中國漫記》顯

53　參見赫德遜著，王遵仲、李申、張毅譯，何兆武校，《歐洲與中國》（北京：中華書局，1995），頁267。另見李奭學，《中國晚明與歐洲文學──明末耶穌會古典型證道故事考詮》，頁351-352。

54　參見中野美代子，《西遊記の秘密》（東京：福武書店，1987），頁86-170。

55　Athanasii Kircher, *China Monumentis qua Sacris qua profanes, Nec non variis Naturæ & Artis Spectaculis, Aliarumque rerum memorabilium Argumentis illustrata* (Amstelodami: Apud Joannem Janssonium a Waesberge and Elizeum Weyerstrae), LXVII, pp. 4-35 and 140-141.

示米列斯庫瞭解入關後,女真人馬上認同而繼承了漢人的文化,視龍為真命天子的本相,而皇室所用龍徽和臣庶也有區別。所謂五爪、四爪之分,固無論矣。除了偶爾會犯點將麒麟混為龍的錯誤外,米列斯庫是管見所及最早以古斯拉夫語記載龍與風水的關係者,所以他深知對中國人而言,龍首、龍身、龍尾等部位不僅是地理之佳者的隱喻,同時也是地理實體,是睡龍或臥龍的本然[56]。這一點,明末以來的耶穌會士便罕見論及。他們不僅不承認龍的存在,除了帝王之尊這種政治正確性不得不承認外,他們絕少認同風水之說,龍的涉入就毋庸贅言。占卜之談,耶穌會原就多方駁斥,16世紀以來就是如此[57]。

我所讀的《中國漫記》為蔣本良與柳鳳運所譯,原文為羅馬尼亞文。可惜我不諳東歐語言,斯拉夫語系更是認識有限,只能就地理位置與語言常識推測:米列斯庫書中的龍字應近前面指出來的希臘古音。而我們若將今日俄語之龍轉成羅馬拼音,其實亦近"dragon",同為希臘與羅馬古典的苗裔[58]。

走筆至此,我不能不再回到前面關懷的《中國圖說》。書中最關乎龍的翻譯者,一為基歇爾引自明末耶穌會士衛匡國(Matinus Martini, 1614-1661)的龍穴與龍脈之說,足足比米列斯庫的認識早了近百年,而且分說起來,嘲弄的意味重,乃耶穌會的典型。一為基氏為中國文字所做的分類:他在同會其他弟兄襄助下,取法或為明人所著的類書《萬寶全書》,藉以析論所知的方塊字。他的分類多達十六種,其中之一便是龍字,蓋以為是類文字乃「造自蛇或龍」(ex serpentibus & draconibus consectum),係伏羲而非倉頡所製。基歇爾甚且因此而為中國「發明」了一本《龍書》(Draconum liber),雖則其中盈紙者無非數術或數學與星相知識[59]。

---

56 尼・斯・米列斯庫著,蔣本良、柳鳳運譯,《中國漫記》(北京:中華書局,1989),頁50及56。

57 參見利瑪竇,〈利先生復蓮池大和尚竹窗天說四端〉,見利瑪竇等著,《辯學遺牘》,收於〔明〕李之藻輯,《天學初函》(6冊。1629;臺北:臺灣學生書局,1965),2:680-681。耶穌會對星相數術的排斥,見李九功,《問答匯抄》,在鐘鳴旦、杜鼎克編,《耶穌會羅馬檔案館明清天主教文獻》,8:577-604。

58 羅馬尼亞文有近半近乎俄文,有關後者表「龍」之音的發法,我感謝我的同事陳相因博士賜教。

59 Athanasii Kircher, *China Monumentis qua Sacris qua profanes, Nec non variis Naturæ & Artis Spectaculis, Aliarumque rerum memorabilium Argumentis illustrate*, pp. 170-171 and

　　基歇爾之外，我們其實還可在同一傳統上添加柏應理（Philippe Couplet, 1623-1693）與衛方濟（François Noël, 1651-1729）等明清天主教士的名字。《孟子‧滕文公》稱帝堯之世，中國有「蛇龍居之」，而禹為治水，也曾「掘地而注之海，驅蛇龍而放之菹」（第九章）。利瑪竇曾譯《四書》為拉丁文，此句必然處理過，可惜其譯不傳。柏應理也曾主持過《中華哲人孔子》（Confucius sinarum philosophus）的拉丁文翻譯，迻過儒家經典如《大學》、《中庸》與《論語》等（1687年於巴黎出版）。衛方濟則有《中國六經》（Sinensis imperii libri classici sex）的拉丁文翻譯，含括《四書》、《小學》與《孝經》等儒籍，其中當然包括《孟子》，也包括上述龍字。《孟子》中「蛇龍居之」一句，衛氏譯為"locáque undis vacua tantùm penè erant serpentium atque *draconum* receptacula"，而大禹之「驅蛇龍」，他也迻為"serpents & *dracones* expulit...."；句中"dracō"的影響顯然可見[60]。至於《周易》，那更是耶穌會最感興趣的中國古典之一，歐譯不斷，注解甚詳，清初白晉（Joachim Bouvet, 1656-1730）與馬若瑟等法國教士尤然，是以〈乾卦〉所謂「見龍在田」等句，他們非以歐語說之不可。不過，在華耶穌會的傳統上文已及，《易經》的譯法，我想這裡不應重複申說[61]。

　　前及韓特往遊麻六甲，英華書院教師朱清嘗給他看過一本書名不明的涉及中國文字起源的書[62]，而其開頭之詩所談雖非龍形字，所吟卻巧妙印證了這種文字和古史結合的程度：

　　When on the 'Dragon's seat' sat Hwang the long-lived king,

（續）────────────────
　　　228.

60　François Noël, *Sinensis imperii libri classici sex* (Pragae: Joachimum Joannem Kamenicky, 1711), p. 321 (*Memcii* Libri I. Caput VI).

61　他們譯書的經過，詳D. E. Mungello, "The Seventeenth Century Jesuit Translation Project of the Confucian Four Books," in Charles E. Ronan and Bonnie B. C. Oh, eds., *East Meets West: The Jesuit in China, 1582-1773* (Chicago: Loyola University Press, 1988), pp. 252-272。

62　朱清（Chu Tsing）之名，我從蘇精之說，見所著《馬禮遜與中文印刷出版》（臺北：臺灣學生書局，2000），頁78；此一朱氏乃馬禮遜在英華書院的中文啟蒙師，見上引蘇著，頁76-77。

In cycle one, as all agree, writing had its origin.[63]

萬壽無疆是黃帝，而他初登龍背的寶座，

就在干支方過一甲子，文字初造眾議同。

　　我想不用多言，韓特這裡所說黃帝時代初造的文字，便是基歇爾筆下的龍書。基氏下筆於龍所用的拉丁字，以他對在華耶穌會士如利瑪竇等人所著的熟悉，又以他和清初會士如湯若望等人往還之緊密而言[64]，大有可能還是仿效龐華民早先所作聯繫，所以寫成了"dracō"一詞。不過更形緊要的是，比起曾德昭的《大中國志》，在17、18世紀的歐洲，《中國圖說》才是真正的暢銷書，不但俗語譯本眾多，而且強烈影響了許多討論中國的歐語書籍，加深──也擴大了──中國龍和歐洲龍合一這種錯誤的對等印象。

　　翻譯上時見以訛傳訛，負負得正，從而使錯譯變正解的現象，英語以外的歐洲古典或現代語言中龍字的翻譯，我想就是最佳的說明。西是西來東是東，如此馬鹿判然，卻又可強行合流的現象，其實還帶有一點某唐人詠龍詩中所況之味：「西秦飲渭水，東洛薦河圖。」[65] 當然，西方歷史走到了曾德昭或基歇爾，以"dragão"或"dracō"譯龍幾乎已根深蒂固，再難撼動了。而接下來接替天主教稱霸歐洲的是基督新教或所謂抗議宗。此時，時序也已跳過了百年光陰，進入了19世紀。新教非特是船堅炮利的帝國主義共犯，立下中國不得不面對西方的歷史起點，同時也為龍的翻譯打造了通往英語世界的最後一塊里程碑。

　　1815年以前，英國傳教士馬禮遜(Robert Morrison, 1782-1834)首開以中文全譯《聖經》的歷史先聲。他原先所用底本，早有人疑為詹姆士一世在位時英譯的所謂欽定本(King James Bible)。馬禮遜由《新約》下手，繼之才和助手米憐(William Milne, 1785-1822)共譯《舊約》。在中譯《新約》或所謂《新遺詔書》

63　Hunter, *Bits of Old China*, p. 228. 下面兩行中「詩」為拙譯，不是朱清提供的原文。

64　基歇爾熟識同會會士，如卜彌格(Michael Boym, 1612-1659)等人，嘗從之得悉大量有關中國的知識。Cf. J. Michelle Molina, "Athanasius Kircher's *China Illustrata* and the *Life Story of a Mexican Mystic*," in Paula Findlen, ed., *Athanasius Kircher: The Last Man Who Knew Everything* (London: Routledge, 2004), p. 366.

65　李嶠，〈龍〉，見林德保、李俊編，《詳注全唐詩》(60卷。大連：大連出版社，1998)，1：223。

時，馬禮遜當然得處理〈若望默示錄〉中"dragon"的中譯。19世紀時，新、舊基督教在華大致實則勢同水火。但值得一提的是，馬禮遜曾受惠於天主教徒與耶穌會士[66]，而在傳教手法上，新教也曾深刻受到舊教的影響，尤受上述明代耶穌會內那些分袂的兄弟的啟發。所以利瑪竇以降，耶穌會好用《伊索寓言》，視之為證道上的示範故事，而我們若以稍晚入華的美國北長老會傳教士丁韙良（W.A.P. Martin, 1827-1916）為例，也可發現他在1850年代同樣以寓言體寫成了《喻道傳》一書，後來在《中西聞見錄》及《新學月報》等雜誌上，又「翻譯及撰寫」了「若干則伊索寓言」[67]，幾乎呼應了利瑪竇及金尼閣（Nicholas Trigault, 1577-1628）等人在明末以西方動物寓言傳教的作為（參見本書頁51-61）。馬禮遜先丁韙良到華，對舊教也不陌生。1815迄1823年，馬氏為中譯《聖經》故，在澳門先行編印了一套六冊的《字典》（A Dictionary of the Chinese Language），通稱《華英字典》，為中西史上首部以英語解釋中文的專門辭書。馬禮遜編譯此一字典的經緯複雜，韓特在19世紀觀察深刻，告訴我們在感動之餘，向來反對傳教士最力的東印度公司居然也曾捐資贊助[68]。《華英字典》以《康熙字典》為選字依據，另參考了《五車韻府》及嘉慶十二年（1807）版的《藝文備覽》，檢索了用西班牙文撰寫的中文語法與相關辭書，尤受法人小德金（Chrétien-Louis-Joseph de Guignes, 1759-1845）《漢法拉丁語字典》（Dictionnaire chinois, français et latin, la Vocabulaire Chinois Latin）的影響[69]。德金的父親約瑟夫（Joseph de Guignes, 1721-1800）也是漢學家，乃是時法國東方學者傅爾蒙（Eitenne Fourmont, 1683-1745）在

66　參見孫尚揚，〈馬禮遜時代在華天主教與新教之關係〉，載《道風：基督教文化評論》，27（2007年秋）：39。

67　王文兵，〈通往基督教文學的橋樑——丁韙良對中國語言、文學的介紹和研究〉，載《漢學研究通訊》26.1（2007年2月）：33。

68　Hunter, Bits of Old China, pp. 160-161. 另參見馬禮遜夫人伊莉莎白（Elizabeth）編，顧長聲譯，《馬禮遜回憶錄》（Memoris of the Life and Labours of Robert Morrison；桂林：廣西師範大學出版社，2004），頁98-101；尤請參見頁99譯者注1。

69　參見蘇精，《馬禮遜與中文印刷出版》，頁81-107。另參見Robert Morrison, "Advertisement" to his comp., A Dictionary of the Chinese Language, in Three Parts, 6 vols. (1815; rpt. Tokyo: Yumani Shobo, 1996), 1: A；Tereza Sena, "Robert Morrison: A Man with a Body of Iron and the Eyes of an Eagle," Chinese Cross Currents 4/4 (Oct 2007): 168-170; 馮錦榮，〈陳藎謨（1600?-1692）之生平及西學研究——兼論其著作與馬禮遜（Robert Morrison, 1782-1834）《英華字典》之中西學緣〉，載《明清史集刊》9（2007）：210-212。

皇家圖書館的繼任者，主張中國字和埃及古代的象形文字有關。德金隨乃父學習中文，又曾奉拿破崙之命擔任廣州領事，隨荷蘭使節團入宮覲見乾隆皇帝。1813年，德金在巴黎出版《漢法拉丁語字典》，其中釋龍，不但解為鹿角蛇體的鱗介，而且分別以法文、拉丁文稱之為"dragon"與"dracō"[70]。馬禮遜入華時攜帶了德金此書，在編寫《華英字典》時大量參考。此所以釋龍之際，書中首先以拉丁文"dracō"附會，然後才用英文為之正名，曰"dragon"[71]。至於上述〈若望默示錄〉中的古蛇，1823年的《神天聖書》或《新遺詔書》當然也以巨龍譯之。

有趣的是，德金的字典出版次年，法國漢學家雷慕沙(J.P. Abel-Remusat, 1788-1832)與德國漢學家柯恆儒(J. Klaporoth, 1783-1835)馬上指其為抄襲，謂其「原著」係方濟會士葉尊孝(Basilio Brollo da Gemona, 1648-1704)編纂的一本拉中對照字典。葉氏出身義大利，1680年入華。他的字典編於南京傳教時，1699年左右完成後，印量有限，但手稿度藏於梵蒂岡圖書館，迄今仍可一見[72]。字典釋義承襲前此天主教傳教士編纂甚夥的各種歐華辭典，而其中釋龍，我相信仍從龍華民一脈的耶穌會出之。在葉尊孝與德金的光照下，馬禮遜與天主教的聯繫或英國龍與羅曼語系的淵源，自是彰明較著，再難否認[73]。

中國基督新教早期的歷史上，馬禮遜的影響力罕見其匹，連稍後倫敦差會

---

70 Chrétien-Louis-Joseph de Guignes, *Dictionnaire chinois, français et latin, la Vocabulaire Chinois Latin* (Paris: De L'Imprimerie Impériale, 1813), pp. 927 and 1027.

71 Robert Morrison, *A Dictionary of the Chinese Language, in Three Parts*, 3: 904. 不過馬禮遜也難以英文釋蛟。他所得亦見文化差異，和他以鱷(alligator)定義龍之品類一樣似是而非："A kind of crocodile found in Yang-tze-keang, said to weight two thousand catties; to have four feet, and to resemble a snake."（頁252）有趣的是，今人何新亦持龍出於鱷之說，見何新，《龍：神話與真相》(上海：上海人民出版社，1989)。另參見《新遺詔書》（網址：http://bible.fhl.net/new/ob.html）。

72 參見楊慧玲，〈葉尊孝的《漢字西譯》與馬禮遜的《漢英詞典》〉，載《辭書研究》，第1期(2007)；見網址：http://qkzz.net/magazine/7532-6200/2007/01/2167246.htm，檢索日期：2009年3月4日。另參見圖莉(Antonella Tulli)著，蔡雅菁譯，《義大利漢學研究現況——從歷史觀點》（網址：http://www.italy.fju.edu.tw/files/Sinologia_Ital_TULLI_Chinese.pdf，檢索日期：2009年3月4日）。

73 參見馬西尼(Federico Matini)著，錢志衣譯，〈十七、十八世紀西方傳教士編撰的漢語字典〉，見卓新平編，《相遇與對話：明末清初中西文化交流國際學術研討會論文集》(北京：宗教文化出版社，2003)，頁334-347。

的大譯家理雅各（James Legge, 1815-1897）都難免受其啟發，是以《新遺詔書》和《華英字典》以還，各種中國古籍裡龍的英譯，或各式《聖經》中"dragon"的中譯，遂如此這般「以訛傳訛」，繼而在世人不查或疏於再詳的情況下流淌至今，包括理雅各筆下各種中國古代經典的英譯[74]。其他新教牧師，如衛三畏（Samuel Wells Williams, 1812-1884）、麥都思（Walter Henry Medhurst, 1796- 1857）與羅存德（William Lobscheid, 1822-1893）等人，固無論矣。19世紀也是英國和美國崛起的年代，英語變成舉世的霸權語言，"dragon"一詞如虎添翼，挾兩國幾乎無遠弗屆的影響力四處流傳，輾轉散播，終至難以收拾而又負負得正了。所謂"dragon king"與"dragon boat"，或漫畫書上的"dragon lady"這類相關的說法，緊跟著也變成了定譯，連韓特這種觀察入微的正牌中國通都隨之起舞，而在《雜記舊中國》中也「以訛傳訛」了[75]。

　　從翻譯史和歷史語言學的角度看，類如龍字在英譯上的訛誤，當非世所僅見，唾手拾來，史上至少有和龍並稱祥兆的神話動物「鳳」（phoenix）可以再證。不過，後者並非本文的關懷。而就龍字如何英譯或以其他歐語正之，說來確實也嘎嘎乎其難。失察之下，抑且可能治絲益棼。所以拉雜寫到這裡，我愈談畏愈生，當然不敢造次而越俎代辭典學家或比我更夠資格的比較文學家作答。儘管如此，翻譯上所謂「不可譯」之說，由來久矣，多指歧義性強的語詞的迻譯，亦指文字遊戲如雙關語或文化與地緣上甲有而乙無，反之亦然的品類或現象的傳釋。一千三百年前，大唐三藏法師玄奘（602-664）在梵典中嘗遇到後一類情形，他的做法是譯音不譯字，也就是以音譯代字義之譯，從而形成佛教譯史上著名的「五不翻」第三條的「此無故」[76]。"Dragon"和龍本為牛頭與馬嘴，逕

74　James Legge, *The Chinese Classics: With A Translation, Critical And Exegetical Notes, Prolegomena, and Copious Indexes*, 5 vols. (Hong Kong: Legge; London: Trubner, 1861-1872).

75　Hunter, *Bits of Old China*, pp. 142-144. 衛三畏等人編的字典中有關「龍」的問題，參見關世傑，〈跨文化傳播學視角中「龍」與"Dragon"的互譯更改問題〉，見《翻譯與跨文化交流》（「海峽兩岸四地第二屆跨文化與翻譯研討會」〔2007年11月23-24日〕論文集；上海：上海外語教育出版社，2009），頁8-10。

76　參見周敦義，〈翻譯名義序〉，見高楠順次郎、渡邊海旭主編，《大正新脩大藏經》（100卷。東京：大正一切經刊行會，1934），54：1055。

渭判然，何止甲有而乙無？所以不能互譯，孺子可解。由是觀之，玄奘在大唐
貞觀年間的論述，我以為後之好事者仍可參考. 如此一來，2006年前後開啟的
以"loong"或沿用前代馬若瑟而以"Long"代"dragon"的新見或新譯[77]，我想我們
非但不能說是無的放矢，還得正大光明地承認其來有自。

---

77 這種先例不是沒有，1994年美國學者海伊（John Hay）就用威瞿氏拼音在自己的文章中稱
   "*lung*"終篇，參見John Hay, "The Persisitant Dragon (*Lung*)," in Willard J. Peterson, Andrew H.
   Plaks, and Ying-shi Yu, eds., *The Power of Culture: Studies in Chinese Culutral History* (Hong
   Kong: The Chinese University Press, 1994), pp. 119-149. 另見〈學者呼籲為中國龍正名，英譯
   名用"Loong"代Dragon〉，載《新民晚報》（2006年12月7日）。我引自《人民網》的「觀點」，
   網址：http://big5.people.com.cn/gate/big5/opinion.people.com.cn/GB/5140397html，檢索日
   期：2009年3月4日。另參見Tao, *Drawing the Dragon: Western European Reinvention of
   China*, pp. 15-21.

中外文學關係論稿

2015年1月初版　　　　　　　　　　　　　　　　定價：新台幣800元
有著作權　翻印必究
Printed in Taiwan

著　　　者	李　奭　學
發　行　人	林　載　爵

出　版　者	聯經出版事業股份有限公司	叢書主編	方　清　河
地　　　址	台北市信義區基隆路一段180號4樓	封面設計	翁　國　鈞
編輯部地址	台北市信義區基隆路一段180號4樓		
叢書主編電話	(02)87876242轉202		
台北聯經書房	台北市新生南路三段94號		
電　　　話	(02)23620308		
台中分公司	台中市北區崇德路一段198號		
電　　　話	(04)22312023		
印　刷　者	百通科技股份有限公司		

中外文學關係論稿 / 李奭學著. -- 初版. -- 臺北
市：　聯經，2015.01
　　488面；17×23公分
　　ISBN 978-957-08-4527-3(精裝)
　　1.文學評論 2.中國文學 3.西洋文學

812　　　　　　　　　　　　　　　　104001401

國家圖書館出版品預行編目（CIP）資料

福建師範大學文學院百年學術論叢. 第一輯.
福建文學發展史；陳慶元著.
鄭家建、李建華總策畫
-- 初版. -- 臺北市：萬卷樓，2015.01
10 冊 ； 17（寬）x23（高）公分
ISBN 978-957-739-917-5（全套：精裝）
ISBN 978-957-739-913-7（第 7 冊：精裝）

1.中國文學 2.文學評論 3.文集

820.7   103026498

福建師範大學文學院百年學術論叢　第一輯

福建文學發展史

ISBN 978-957-739-913-7

作　　者　陳慶元
總策畫　鄭家建　李建華

出　　版　萬卷樓圖書股份有限公司
總編輯　陳滿銘
發　　行　萬卷樓圖書股份有限公司
發行人　陳滿銘
聯　　絡　電話 02-23216565　　　　傳真 02-23944113
　　　　　網址 www.wanjuan.com.tw
　　　　　郵箱 service@wanjuan.com.tw
地　　址　106 臺北市羅斯福路二段 41 號 6 樓之三
印　　刷　百通科技股份有限公司
初　　版　2015 年 1 月
定　　價　新臺幣 36000 元　全套十冊精裝　不分售